现代微观/宏观经济学
习题解析

李致平　洪功翔　主编

中国科学技术大学出版社

合　肥

内 容 简 介

本习题解析是根据中国科学技术大学出版社《现代微观经济学》(第3版)和《现代宏观经济学》(第3版)教科书而编写的,参考了研究生入学全国统一考试"西方经济学"考试大纲,并尽可能与教育部院校考卷结构和题型保持一致。全书分为"微观经济学"和"宏观经济学"两个部分,共24章,按照名词解释、选择题、判断题、简答题、计算题、论述题和案例分析等7种题型编排,并附有详细解答。习题覆盖了"西方经济学"各章节的基本概念、基本理论、基本方法、基本计算和基本应用。为了便于读者理解和灵活应用,对重点、难点内容,除安排了深入浅出的习题之外,还适当设计了一些有一定难度的习题。为了更好地帮助读者考研,我们一直坚持收集重点高校研究生"西方经济学"入学考题,对具有代表性的习题作出详细解答,收录到本习题解析中。因此,本书具有覆盖面广、代表性强、题型齐全、实用性强、解答详细等特点。

本习题解析可以作为大专院校经济类、管理类各专业大学生学习"西方经济学"的重要参考书和教师教学参考书。本习题解析特别适合有志于报考研究生的大学生,能够使之在较短时间内提高解题能力和应试能力。同时,对于参加各类相关考试的在职人员、自考生和其他有志于学习"西方经济学"的专业人士,本习题解析都是学习、掌握"西方经济学"的重要参考资料。

图书在版编目(CIP)数据

现代微观/宏观经济学习题解析/李致平,洪功翔主编.—合肥:中国科学技术大学出版社,2014.3(2014.11重印)

ISBN 978-7-312-03336-0

Ⅰ.现… Ⅱ.①李… ②洪… Ⅲ.①微观经济学—题解 ②宏观经济学—题解 Ⅳ.①F016-44 ②F015-44

中国版本图书馆 CIP 数据核字(2013)第 267208 号

出版者:中国科学技术大学出版社
地　址:安徽省合肥市金寨路96号,邮编:230026
网　址:http://press.ustc.edu.cn
电　话:发行部 0551-63606806-8810
印刷者:合肥学苑印务有限公司
发行者:中国科学技术大学出版社
经销者:全国新华书店
开　本:710 mm×960 mm　1/16　印张:39.5　字数:752千
版　次:2014年3月第1版
印　次:2014年11月第2次印刷
印　数:3001—6000册
定　价:58.00元

前　言

"西方经济学"是经济、管理类各专业最重要的基础课程之一,是学习专业课的必备条件,同时也是大学生普遍感觉到有难度的一门课程。我们在长期的教学工作中,深深感受到使低年级大学生尽快掌握"西方经济学"的基本概念、基本方法、基本理论和基本计算,并能够运用经济学原理分析现实经济问题,对于他们学好经济学及其相关课程、培养经济学思维方式,具有十分重要的意义。要想很好地实现上述目标,大学生必须要在认真学习教科书的基础上,通过各种典型习题练习,加深对理论的理解,做到融会贯通和灵活应用。另一方面,"西方经济学"是经济类和部分管理类专业研究生入学考试的必考科目,如何迅速提高考生的解题能力和应试能力,也是我们教授"西方经济学"教师责无旁贷的责任。基于上述两方面考虑,我们在参考了大量国内外习题的基础上,组织编写了这本习题解析。

本习题解析是中国科学技术大学出版社出版的教科书《现代微观经济学》(第3版)和《现代宏观经济学》(第3版)的配套习题解析,具有以下几个特点:

(1) 覆盖面广,简明扼要。本习题解析涵盖了"西方经济学"的基本概念、基本理论、基本方法和基本计算,同时选入了"西方经济学"的理论前沿和最新发展成果。在选题过程中,我们进行了大量的比较分析,一方面考虑到大学生学习和应试所必需的题型、题量;另一方面,也充分考虑避免"题海"给大学生带来的不便,尽量选编具有典型代表性的习题,能够起到举一反三的作用。

(2) 题型齐全,实用性强。我们参阅了目前比较流行的习题集的题型,以及高校尤其是重点大学近年来研究生入学试题的题型。本习题解析几乎涵盖了国内所有重点高校研究生入学试题的题型,特别便于考生复习。同时,在基本练习的基础上,也选编了部分难度较大的习题,有利于培养大学生的综合分析能力和经济学思维方式。

(3) 解答详尽,重点突出。一是做到习题解答力争结合基本概念、基本原理,解答详尽,思路、步骤清晰明确,条理分明,便于掌握和记忆;二是重点、难点突出,特别是对于容易混淆的概念、重要的知识点,力求做到分析透彻,便于融会贯通。

(4) 注重应用,适应面广。考虑到国内重点大学研究生入学试题中,运用基本理论和基本方法分析现实经济问题和综合性试题比重不断加大的趋势,本习题解析适当增加了这部分题量,而且新编入了部分案例分析题,以便于考生在笔试和面试中,能够沉着应对各类考题。

应该特别说明的是,为了方便读者学习,本书编目与课内教材保持一致,上篇各章与《现代微观经济学》(第3版)一一对应,下篇各章与《现代宏观经济学》(第3版)一一对应。

参与编写本习题解析的老师有李丽、方大春、查会琼、陈咸奖、沈宏超、江小国、王劲松、王传斌等。本习题解析是我们团队长期学习和教学实践积累的结果,也是广大学者、专家的智慧结晶。在编写过程中,我们有幸得到国内十余所知名高校名师的指点和无私帮助,对此,我们表示由衷的感谢!但是由于我们才疏学浅,在选编习题和解答习题的过程中,一定会存在疏漏和不妥之处,希望广大读者不吝赐教,以便本书在重印或再版时予以更正,从而使本书成为一本受广大读者欢迎并从中获益的好书。

作　者
2013年12月20日

目 录

前言 ··· (ⅰ)

上篇 现代微观经济学习题解析

第一章 导言 ·· (3)
第二章 供求理论 ··· (20)
第三章 弹性理论 ··· (47)
第四章 消费者行为理论 ··· (85)
第五章 生产理论 ··· (132)
第六章 成本理论 ··· (157)
第七章 市场理论一:完全竞争市场 ································· (181)
第八章 市场理论二:不完全竞争市场 ······························ (206)
第九章 博弈论 ··· (242)
第十章 要素价格与收入分配 ·· (261)
第十一章 市场失灵与政府规制 ······································ (284)
第十二章 一般均衡与福利经济理论 ································· (306)

下篇 现代宏观经济学习题解析

第一章 国内生产总值及其核算 ······································ (347)
第二章 国民收入的决定:收入—支出模型 ·························· (384)
第三章 货币、利率和国民收入 ······································ (417)

现代微观/宏观经济学习题解析

第四章　国民收入的决定：IS-LM 模型 …………………………（438）
第五章　宏观经济政策 ……………………………………………（461）
第六章　国民收入的决定：总需求—总供给模型 ………………（486）
第七章　失业 ………………………………………………………（510）
第八章　通货膨胀理论 ……………………………………………（524）
第九章　开放的宏观经济理论 ……………………………………（540）
第十章　经济增长理论 ……………………………………………（573）
第十一章　经济周期理论 …………………………………………（594）
第十二章　西方经济学主要流派 …………………………………（607）

上 篇

现代微观经济学习题解析

第一章 导　言

第一部分 习　题

一、名词解释

1. 经济学　2. 微观经济学　3. 欲望　4. 稀缺性　5. 选择　6. 机会成本　7. 生产可能曲线　8. 产权　9. 经济人假定　10. 完全信息　11. 个量分析　12. 总量分析　13. 结构分析　14. 静态分析　15. 比较静态分析　16. 动态分析　17. 实证分析　18. 规范分析　19. 均衡分析　20. 过程分析　21. 常量与变量　22. 内生变量与外生变量　23. 经济模型

二、单项选择题

1. 经济学中的"稀缺性"是指（　　）。
   A. 世界上大多数人生活在贫困中
   B. 相对于资源的需求而言，资源总是不足的
   C. 利用资源必须考虑下一代
   D. 世界上的资源终将被人类消耗光

2. 经济物品是指（　　）。
   A. 有用的物品
   B. 数量有限，要花费代价才能得到的物品
   C. 稀缺的物品
   D. 数量无限，不用付出代价就能得到的物品

3. 一国的生产可能性曲线以内的点表示（　　）。
   A. 生产品最适度水平
   B. 该国可利用的资源减少和技术水平降低
   C. 失业或资源未被充分利用
   D. 通货膨胀

4. 生产可能曲线的基本原理是（　　）。

A. 假定所有资源都得到了充分利用

B. 一国资源总能被充分利用

C. 改进技术引起生产可能曲线向内移动

D. 生产可能曲线上的每一点的产品组合,对于该国来说,都是最佳的

5. 下列哪一项最可能导致生产可能性曲线向外移动?(　　)

　　A. 消费品生产增加,资本品生产减少

　　B. 有用性资源增加或技术进步

　　C. 通货膨胀

　　D. 失业

6. 经济学中的基本选择包括(　　)。

　　A. 生产什么,生产多少　　　　B. 怎样生产,何时生产

　　C. 为谁生产　　　　　　　　　D. 以上都包括

7. 下列哪一项属于规范分析?(　　)

　　A. 2000年货币当局连续降息,以拉动经济增长

　　B. 从去年开始,持续下降的物价开始回升

　　C. 个人所得税征收起点太低,不利于公平原则

　　D. 在短短的五年内,政府的财政支出扩大了一倍

8. 对于某个汽车生产企业来说,下列哪一变量是外生变量?(　　)

　　A. 汽车的年产量　　　　　　　B. 生产线的技术水平

　　C. 消费者收入增加　　　　　　D. 企业的人力资本管理

9. 下列哪一个变量属于存量?(　　)

　　A. 国民生产总值　　　　　　　B. 年生产能力

　　C. 居民收入　　　　　　　　　D. 固定资产价值

10. 下列哪一个变量属于流量?(　　)

　　A. 一个家庭的财富　　　　　　B. 一个国家的债务

　　C. 一个经济中所有住房的价值　D. 一个企业家在一年之内的投资

三、判断题

1. 资源的稀缺性是指世界上的资源最终将由于不断用于生产产品和劳务而消耗完。(　　)

2. "政府实行扩张的财政政策,如果挤出效应很大,财政政策的效果就不明显。"这是一个实证经济学命题。(　　)

3. 一般而言,生产可能性曲线描述的是在一定的技术条件和封闭经济下一国可能生产的最大产量的组合,如果在技术改进或经济开放利用外部资源条件

下,生产可能性曲线会向右移动。( )

4. 在多方案决策时,某一方案的机会成本是指决策者为采取该方案而放弃的所有其他方案的利益。( )

5. 只有在不存在闲置资源情况下,机会成本才有意义。( )

6. 流量是指一定时期内发生的变量数值,它说明在某段时期内某种变量变化了多少,如企业的库存。( )

四、简答题

1. 微观经济对宏观经济的影响主要表现在哪些方面?
2. 微观经济学研究以哪些假定为基础?
3. 解释经济活动的流量指标与存量指标的关系,并给出两者之间的数学关系。
4. 根据经济学原理,简析我国森林面积减少、珍稀动物灭绝的原因及解决措施。
5. 机会成本与一般成本的区别是什么?请举例说明。
6. 为什么说生产可能曲线又称为产品转换曲线?
7. 简述微观分析、宏观分析以及结构分析的含义,并说明三者之间的关系如何?
8. 为什么稀缺性是产生经济问题的根源?
9. 微观经济学的核心思想是什么?
10. 微观经济学的主要研究内容是什么?

五、论述题

1. 实证分析与规范分析的区别是什么?为什么经济学要以实证分析为主?
2. 试述微观经济学的产生与发展。
3. 如何理解"边际革命"?
4. 分析说明不同经济体制下资源配置和利用的方式有何不同?
5. 什么是经济学的十大原理?这十大原理能够解决现实经济中的哪些问题?

第二部分 参考答案

一、名词解释

1. 经济学:是研究个人、企业、政府和其他组织如何在社会内进行选择,以及这些选择如何决定社会稀缺资源配置的科学。包含了三个方面的内容:无限的欲望、稀缺的资源以及产生的选择。

2. **微观经济学**：微观经济学采用个量分析法，以市场价格为中心，以主体利益为目标，研究家庭和企业的经济行为怎样通过市场竞争达到资源最优配置。微观经济学与宏观经济学相对应。宏观经济学采用总量分析法，以国民收入为中心，以社会福利为目标，研究要素市场、产品市场、货币市场、公共财政、国际收支的协调发展，以及怎样通过政府调控达到资源的充分利用。微观经济学与宏观经济学既有区别又有联系。

3. **欲望**：是指人们心理上具有的一种缺乏与不满足的感觉以及求得满足的愿望。简单地说，就是人们的需求。人们的欲望表现为对物品(goods)和劳务(service)的不断需求。

4. **稀缺性**：资源的稀缺性(scarcity)有两层含义：一是指人类的资源数量是有限的；二是指相对于对人们的无限欲望，资源是有限的。也就是说，人类所拥有的资源，无论是从数量还是从质量、种类上来说都远不能满足人类自身的需求。利用有限的资源生产出来的物品和劳务同样远远满足不了人们的无限欲望。因此，如何有效地利用有限的资源来更好地满足人们的各种欲望，是人类必须面对的一个永恒的课题。为此，人们必须作出各种选择(choice)，决定如何有效地配置稀缺的资源，以生产出更多更好的物品和劳务，最大限度地满足人们的欲望。

5. **选择**：是指人们决定如何有效地配置稀缺的资源，以生产出更多更好的物品和劳务，最大限度地满足人们的欲望。经济学家把选择问题简化为三个基本问题：生产什么？为谁生产？如何生产？

6. **机会成本**：即使用某一资源的机会成本，是指把某一资源投入某一特定用途以后所放弃的所有其他可能用途中获得的最大收益。

7. **生产可能性曲线**：生产可能性曲线或称生产可能性边界(production possibility boundary)，也可以称为产品转换曲线(product transformation curve)，是指一国在既定的技术条件下所有能够生产的最大数量的产品组合。生产可能性曲线凹向原点的特性表明：从一种产品的生产转换到另一种产品的生产所产生的机会成本是递增的。也就是说，随着资本品生产的不断增加而消费品生产的不断减少，每增加一个单位的资本品生产所放弃的消费品生产的数量就越来越多，或者说，随着资本品生产的不断增加而消费品生产的不断减少，每增加一个单位资本品的机会成本不断上升。

8. **产权**：是指法律或伦理所确定的个人、厂商、政府和其他组织对财产的所有权利，包括对财产的所有权、支配权、使用权、受益权和受损权等等。经济学原理告诉我们：产权是有边界的，而且产权的边界必须清晰，否则会在整个社会造成资源配置损失。

9. 经济人假定：经济人(economic man)假定是西方经济学最基本、最重要的假定，主要包括以下两个方面的内容：

(1) 在经济活动中，经济主体(消费者、厂商和政府等)所追求的唯一目标是自身经济利益的最大化。也就是说，经济人主观上既不考虑他人的利益和社会利益，也不考虑自身的非经济利益。因此，经济人是专门利己的。

(2) 经济主体所有的经济行为都是有意识的和理性的，都是按照自身利益最大化的目标选择自己的行为，不存在任何经验型的或随机型的选择。也就是说，经济人具有完全的理性。

10. 完全信息：是指经济活动中的所有当事人都拥有进行选择所需要的信息是充分的和完全相同的，而且获取这些信息是不需要任何代价的。也就是说，在经济活动中，所有当事人都清楚地了解其他当事人的所有相关信息(如产品质量、数量、成本价格等等)，以及所有经济活动的条件和结果，任何当事人不能利用私人信息在经济活动中获取额外利益。因而，经济活动中不存在任何不确定性。

11. 个量分析：是指以单个经济主体作为考察的出发点，研究单个消费者、单个厂商以及单个生产要素所有者的经济行为，并通过单个经济主体行为的叠加，研究单个市场以及整个国民经济的变化规律。

12. 总量分析：又称宏观分析，是指以整个国民经济为独立的考察出发点，研究国民收入的决定、就业量、总体价格水平、经济增长、经济周期等国民经济全局性的问题。

13. 结构分析：又称部门分析或总量分解，是指以国民经济各个行业或地区作为考察的出发点，研究各个行业或地区的结构、行为以及经济绩效等问题。

14. 静态分析：是指不考虑时间因素，不考虑均衡达到和变动的过程，只是在假定条件下分析均衡达到和变动的条件。因而，静态分析是一种状态分析。

15. 比较静态分析：是在静态分析的基础上，考察当原有的条件(变量)发生变化时，原有的均衡状态将如何变化，并分析比较新旧均衡状态。

16. 动态分析：动态分析是指在引进时间变量的基础上，考察研究不同时点上诸变量的相互作用在均衡的形成和变化过程中所起的作用，以及在时间变化过程中的均衡状态的实际变化过程。动态分析与过程分析总是联系在一起的。

17. 实证分析：是在给出假定的前提下，研究经济现象之间的关系，分析经济活动运行过程，预测经济活动的结果。实证分析拒绝价值判断(value judgement)，即不对产生结果的好与坏作出主观判断。实证分析只回答"是什么"(What is?)的问题。诸如：经济的现状如何？有几种可能的选择？以及每种选择会带来什么样的结果？但是，它拒绝回答经济现状是好还是坏？应该如何选择？什么样的结果是好的或坏的？

18．规范分析：是指以一定的价值判断为基础，提出行为准则，探讨怎样才能使理论和政策符合这一准则。规范分析目的在于回答"应该是什么"（What ought to?）的问题。例如，"垄断应该受到限制"，"利润应该被课税"，"什么样的通货膨胀率是理想的"等等。

19．均衡分析：均衡（equilibrium）是来自于物理学中的平衡概念。平衡是指一个物体同时受到多个大小相等、方向相反的外力作用下处于一种静止不动的状态。经济学中的均衡是指这样一种状态：经济主体在权衡选择其资源的方式或方法时，通过调整选择已经不可能获得更多的好处，从而不再改变其经济行为，达到某种相对稳定状态。

均衡分析是指对研究对象所涉及的诸经济变量中，自变量被假定为已知和固定不变的情况下，考察当因变量达到均衡状态时会出现的情况以及为此所具备的条件，即所谓均衡条件。例如，在考察某种商品的市场均衡时，假定作为自变量的需求状况（需求函数或需求曲线）和供给状况（供给函数或供给曲线）是已知和固定不变的，并且假定市场价格是由供求关系决定的。当市场的供给量大于需求量时，市场价格将下跌；当供给量小于需求量时，价格上涨；只有当供给量恰好与需求量相等时，市场价格不再变动，处于一种相对静止状态，即市场达到均衡。均衡分析就是分析该商品的供给量与需求量相等时的数量（均衡产量），以及这时的市场价格（均衡价格）。均衡分析不论是在微观经济学还是在宏观经济学中，运用都非常广泛。

20．过程分析：均衡分析只是分析达到均衡状态时出现的情况以及实现均衡应具备的条件，并不论及均衡的过程。实际上，从非均衡到均衡的整个过程中，诸经济变量要经过一系列的相互作用、不断变动的时间过程，而过程分析研究的正是这一变化过程。过程分析是指把经济运动过程划分为连续的不同时期，考察研究有关变量在不断变化的各个时期的变化情况。过程分析又称为"时期分析"或"时序分析"。例如，人们在考察农产品的市场供求关系时，常常采用过程分析。由于农产品生产的阶段性特征，因此当某一时期的供求非均衡时，必然会导致市场价格的涨跌。那么，考察研究这种价格的涨跌是怎样引起继起的各生产时期的供求关系变化和价格变化，就是一个典型的微观经济学的动态过程分析。又如，在考察经济周期时，分析研究国民经济怎样经历繁荣、危机、萧条和复苏四个阶段的周期波动，是一个典型的宏观经济过程分析。

21．常量与变量：常量（constant）是指在一定时期内、一定条件下不发生变化的经济量。如人们在考察需求函数时,一般假定人的偏好、收入以及其他产品价格等都是不变的常量。变量(variable)是指在一定时期内、一定条件下会发生变化的经济量。例如,在考察需求函数时,随着市场供求关系发生变化,市场的需求量、供给量、价格等都会随之变化。因此,这里的需求量、供给量、价格都是变量。

22. 内生变量与外生变量:内生变量(endogenous variable)是指所研究的经济系统内部或经济模型所能够说明和决定的变量。外生变量(exogenous variable)是指所研究的经济系统内部或经济模型不能得到说明和决定的常量和变量。例如,在分析商品市场均衡时,该商品的供给量和需求量都是由经济模型可以得到解释,并且可以决定的量,因此,这两个变量属于内生变量。而其他相关商品的价格、生产该商品的技术条件不能在该模型中得到解释,更不能由该模型决定,所以,它们属于外生变量。在理解内生变量和外生变量的概念时,需要明确两个问题:一是一个变量究竟是内生变量还是外生变量不是固定不变的,关键要看该变量在经济模型中所起的作用。在某一经济模型中属于外生变量,在另一经济模型中可能是内生变量。二是外生变量虽然不能由模型解释和决定,但是,外生变量的变化会对内生变量,乃至模型的结果产生影响,而内生变量的变动往往不会对外生变量产生影响。例如,当生产的技术条件发生变化时,就会对供给曲线直接产生影响,从而导致均衡价格和均衡产量的变化;而均衡价格或均衡产量发生变化时,一般不会对生产该产品的技术条件产生影响。这也是区分内生变量和外生变量的一个重要依据。

23. 经济模型:是指用于描述所研究的经济事物的有关变量之间相互关系的理论结构,是现代经济学理论分析的一种主要方法。由于现实经济现象和经济活动错综复杂,因此,在分析经济现象和经济活动时,往往需要舍弃一些非主要因素,抓住影响经济现象和经济活动的主要因素,建立主要影响因素之间的逻辑关系,这种逻辑关系就是经济模型。经济模型包括文字描述和数学关系,后者称为经济数学模型。

二、单项选择题

1. C 2. B 3. C 4. A 5. B 6. D 7. C 8. C 9. D 10. D

三、判断题

1. 错误。【提示】资源的稀缺性是指人类所拥有的资源相对人类资源的需求,总是不足的。

2. 正确。【提示】实证经济学是阐述客观事物是怎样的,在什么条件下将发生什么样的结果,它不涉及道德标准和价值观。而规范经济学则研究应该怎样行动的命题,显然,不同的价值观对同一问题会有不同的答案。

3. 正确。【提示】生产可能曲线是描述在既定技术水平和封闭经济下,一国所能生产最大数量的产品组合。一旦技术条件改善或利用外部资源,生产可能性曲线就会右移。

4. 错误。【提示】机会成本是指决策者选择某种方案时而放弃的所有方案中可能带来的最大利益或最小损失。

5. 正确。【提示】该题考查机会成本的适用性。要注意把握两点:一是在不存在闲置资源的情况下,机会成本才有意义,否则,无法形成对比。二是资源要具有多种用途,即存在多种选择的可能,否则,机会成本也因为不可比较而没有意义。

6. 错误。【提示】定义正确,但企业库存是一个存量的例子。

四、简答题

1. 答:微观经济学对宏观经济学的影响主要表现在两个方面:

(1) 当社会中有较多的个人根据自己的价格预期、利率预期或对市场供求状况的预期,改变自己的消费品购买量时;或社会中有较多的人由于个人偏好发生较大变化,从而改变自己的现金持有量时,宏观经济就会受到影响。

(2) 当社会中有较多的企业根据自己的价格预期、利率预期或对市场供求状况的预期,改变目标存货水平或实际存货水平,改变进货量;或社会中有较多的企业由于生产技术方面的改变而改变产量时,宏观经济就会受到影响。

2. 答:微观经济学的基本假定包括:

(1) 经济人假定。经济人假定又称理性人假定。经济人假定是西方经济学最基本、最重要的假定,主要包括以下两个方面的内容:一是在经济活动中,经济主体(消费者、厂商和政府等)所追求的唯一目标是自身经济利益的最大化。也就是说,经济人主观上既不考虑他人的利益和社会利益,也不考虑自身的非经济利益。因此,经济人是自私的、专门利己的。二是经济主体所有的经济行为都是有意识的和理性的,都是按照自身利益最大化的目标选择自己的行为,不存在任何经验型的或随机型的选择。也就是说,经济人具有完全的理性。

(2) 完全信息。完全信息是指经济活动中的所有当事人都拥有进行选择所需要的信息是充分的和完全相同的,而且获取这些信息是不需要任何代价的。也就是说,在经济活动中,所有当事人都清楚地了解其他当事人的所有相关信息(如产品质量、数量、成本价格等等),以及所有经济活动的条件和结果,任何当事人不能利用私人信息在经济活动中获取额外利益。因而,经济活动中不存在任何不确定性。

(3) 产权清晰假定。产权是指法律或伦理所确定的个人、厂商、政府和其他组织对财产的所有权利,包括对财产的所有权、支配权、使用权、受益权和受损权等等。经济学原理告诉我们:产权是有边界的,而且产权的边界必须清晰。否则会在整个社会造成资源配置损失。

3. 答:流量(flow)是指在某一时期内发生的量值。例如,某一国家一年内的人口出生数、某企业的月产量等,这些量值都是反映了经济现象在某一段时期内发生、变化的总量,是各个时点上发生的量值的总和。对于另一类经济量,人们只能通过经济现象在某一时点上的量值来反映其特征。例如,一个国家的人口数、企业的库存量以及企业拥有的资本量等,这些经济现象总是处于不断变动之中,而且量值的变化与时间变化没有直接关系。因此,人们说一个国家的人口数或一个企业某商品的库存量,都是说在某一时点上的量值。这种反映某一时点上发生的量值称为存量(stock)。

流量与存量既有联系又有区别。联系在于:流量来自于存量,如国民收入来自于国民财富;流量又归于存量之中,如新创造的国民收入又形成了新增的国民财富。区别在于:流量是在一定时期测度的,其大小有时间维度;而存量则是在一定时点上测度的,其大小没有维度。

两者的数学关系可由以下两个公式表示:① 增量 = 流入量 - 流出量;② 本期期末存量 = 上期期末存量 + 本期内增量。

4. 答:从经济学的角度来看,我国森林减少、珍稀动物灭绝的根本原因在于这些资源的稀缺性,资源稀缺必然导致这些资源的需求远大于供给,这种需求与供给的缺口就会反映出价格奇高、利润巨大,从而导致对这些资源的开发使用也很高,最终导致了森林减少、珍稀动物灭绝。在一定时期内,森林和珍稀动物的总量几乎是不变的,因此,它们的供给曲线是垂直的。随着社会财富的增加,人们对这些稀缺资源的需求不断加大,必然导致价格不断上升,在获取这些资源的成本不变的情况下,出售这些稀缺资源的利润也就不断上升,往往会形成暴利。暴利又会驱使一些人使用非常手段获取并出售这些稀缺资源,从而加速这些资源的减少和灭绝。

对像森林和珍稀动物这样的稀缺资源,政府必须加以严格管理。从经济学角度看,就是要加大获取、出售和购买者的机会成本。一方面要通过政府转移支付给予这些稀缺资源所在地的居民适当补贴。因为当地居民获取这些稀缺资源的边际成本很低,给予适当补贴,激励他们成为稀缺资源的保护者。另一方面,就是要加大对这些稀缺资源获取、出售和购买者的惩罚力度,加大他们的机会成本。只有这样才能有效地对稀缺资源进行保护。

5. 答:机会成本是指将某种要素投入到某一特定用途以后所放弃的在其他

所有可能用途中所能获得的最大收益。一般成本是指在作出某种选择时实际支付的费用或损失。因此,机会成本不同于一般成本。第一,机会成本是一种观念上的成本或损失,而不是实际发生的;第二,机会成本不完全是由个人选择所引起的,其他人的选择会给你带来机会成本,你的选择也会给其他人带来机会成本;第三,机会成本是作出选择时所放弃的其他可能选择中最好的一种。第四,理解机会成本还要考虑其适用性。所谓机会成本的适用性有两层含义:一是在不存在资源闲置情况下,机会成本才有意义;二是资源要有多种用途,否则,机会成本也没有意义。

例如,有一笔资金,可能存在四种投资方案 A、B、C、D,A 方案预期收益为 12%,B 方案预期收益为 10%,C 方案为 9%,D 方案为 8%。如果选择 A 方案,那么就意味着放弃了 B、C、D 方案,因此选择 A 方案的机会成本就是 B 方案的 10%。

6. 答:生产可能性曲线是由生产的契约曲线转换到以产品为二维坐标系下的曲线,它反应了在两种产品和技术既定条件下,一定投入要素可以生产出来的有效率的产品组合。它有两个特点:一是向右下方倾斜;二是在假定资源的边际生产率递减条件下,生产可能性曲线是凹向原点的。因此,一般而言,生产可能性曲线上的斜率就表示了生产两种产品的边际转换率,也是生产两种产品的边际成本。就是说在生产可能性曲线上,要增加某种产品的生产就必须要减少另一种产品的生产,而且由于资源的边际生产率递减,随着两种产品的不断替代,边际替代率也是递减的。因此,生产可能性曲线的斜率是反应生产两种产品之间的转换关系,也是生产可能性曲线的本质特征,所以,生产可能性曲线又称产品转换曲线。

7. 答:现代经济学按照其出发点不同,可以分为微观经济学(micro-economics)和宏观经济学(macro-economics)。相应地采用个量分析方法和总量分析方法。

微观经济学采用个量分析的方法或微观分析的方法。个量分析或微观分析是指以单个经济主体作为考察的出发点,研究单个消费者、单个厂商以及单个生产要素所有者的经济行为,并通过单个经济主体行为的叠加,研究单个市场以及整个国民经济的变化规律。

宏观经济学采用总量分析的方法或宏观分析的方法。总量分析或宏观分析是指以整个国民经济为独立的考察出发点,研究国民收入的决定、就业量、总体价格水平、经济增长、经济周期等国民经济全局性的问题。

总量是由许多个量所组成的,个量分析是总量分析的基础。但是,国民经济总量并不是所有个量的简单代数和。从系统论的观点来看,国民经济是一个大系统。系统的好坏并不完全取决于单个元件的优劣。例如,垄断厂商一般具有较高的垄断利润,但垄断利润高意味着整个国民经济的资源配置效率低。在经济学领域里,常常遇到这样的例子:对于个体来说是对的东西,对于整个社会来说却并不总是对的;对于大家来说是对的东西,对于任何个人来说可能是十分错误的。这就是所谓的"合成推理的谬误"。不过,目前微观经济学与宏观经济学之间的相互脱节现象,不属于个量分析与总量分析之关系的范畴,而是由历史原因造成的西方经济学的一大缺憾,是经济学家长期想解决而悬而未决的一个问题。

结构分析又称部门分析或总量分解,是指以国民经济各个行业或地区作为考察的出发点,研究各个行业或地区的结构、行为以及经济绩效等问题。结构分析把国民经济分解为具有不同的各个部分进行分析,每个部分相对于个体而言是总量,相对于国民经济来说又不是总量,而是总量的一个构成部分。产业组织理论和区域经济理论属于结构分析。

8. 答:根据经济学假定,稀缺性即指相对于人们的无穷欲望而言,资源、生产的物质和生活资料总是有限的和稀缺的,总不能充分满足人们各种各样的需求。因此,客观存在的物质生活资料稀缺性的事实,就是经济问题产生的根源,也是经济学研究的出发点。一切经济问题来源于稀缺性。由于稀缺性,怎样使有限的物品和劳务在有限的时间内去满足人们最急需和最迫切的欲望,就成为人类社会经济生活的首要问题。要解决这个问题,人们只有去有目的地"选择",而不是随机生产和随机消费,所以稀缺性是产生经济问题的根源。

9. 答:微观经济学的核心思想主要是论证市场经济能够实现有效率的资源配置。在市场经济体制下,通过市场机制或价格机制(即"看不见的手")能够实现社会资源的优化配置。在市场经济中,每个消费者、生产者或经营者都是相互独立的,他们按照自身利益最大化进行消费和生产,就能够实现整个社会的供求关系的均衡(即"一般均衡理论"),并且实现整个社会资源配置和利用的最优化(即"帕累托有效")。政府无须对企业的经营决策进行直接干预,生产什么、生产多少和如何生产都完全是由企业按照自己的经营目标,根据市场价格的变动和市场供求状况来决定的。在这里,市场机制或价格机制就如同一只"看不见的手"在引导着生产者、经营者和消费者的经济活动,从而支配着资源在社会范围内的配置和利用。

实际上,纯粹的市场经济体制在现实中是不存在的,市场经济体制的缺陷也越来越被人们所认识。目前,混合经济体制正在被大多数国家所接受。

10. 答:微观经济学是在马歇尔的均衡价格理论基础上,吸收美国经济学家张伯伦和英国经济学家罗宾逊的垄断竞争理论以及其他理论后逐步建立起来的。

凯恩斯主义的宏观经济学盛行之后,这种着重研究个体经济行为的传统理论,就被称为微观经济学。微观经济学包括的内容相当广泛,其中主要有:均衡价格理论,消费者行为理论,生产者行为理论(包括生产理论、成本理论和市场均衡理论),分配理论,一般均衡理论与福利经济学,市场失灵与微观经济政策等。

微观经济学的研究方向:微观经济学研究市场中个体的经济行为,亦即单个家庭、单个厂商和单个市场的经济行为以及相应的经济变量。它从资源稀缺这个基本概念出发,认为所有个体的行为准则在此设法利用有限资源取得最大收获,并由此来考察个体取得最大收获的条件。在商品与劳务市场上,作为消费者的家庭根据各种商品的不同价格进行选择,设法用有限的收入从所购买的各种商品量中获得最大的效用或满足。家庭选择商品的行动必然会影响商品的价格,市场价格的变动又是厂商确定生产何种商品的信号。厂商是各种商品及劳务的供给者,厂商的目的则在于如何用最小的生产成本,生产出最大的产品量,获取最大限度的利润。厂商的抉择又将影响生产要素市场上的各项价格,从而影响家庭的收入。家庭和厂商的抉择均通过市场上的供求关系表现出来,通过价格变动进行协调。因此,微观经济学的任务就是研究市场机制及其作用,均衡价格的决定,考察市场机制如何通过调节个体行为取得资源最优配置的条件与途径。微观经济学也就是关于市场机制的经济学,它以价格为分析的中心,因此也称作价格理论。微观经济学还考察了市场机制失灵时,政府如何采取干预行为与措施的理论基础。

五、分析题

1. 实证分析是在给出假定的前提下,研究经济现象之间的关系,分析经济活动运行过程,预测经济活动的结果。实证分析拒绝价值判断(value judgement),即不对产生结果的好与坏作出主观判断。实证分析只回答"是什么"(What is?)的问题。诸如:经济的现状如何?有几种可能的选择?以及每种选择会带来什么样的结果?但是,它拒绝回答经济现状是好还是坏,应该如何选择,什么样的结果是好的或坏的。

研究经济分析中实证性质命题的经济学称为"实证经济学"(positive economics)。实证经济学所研究的内容具有客观性,它提出的用于解释经济现象、经济行为和运行结果是否正确,可以用经济过程的事实进行检验。从这个意义上说,它与自然科学一样,都是说明客观事物是怎样的实证科学。

规范分析是指以一定的价值判断为基础,提出行为准则,探讨怎样才能使理论和政策符合这一准则。规范分析目的在于回答"应该是什么"(What ought to?)的问题。例如,"垄断应该受到限制","利润应该被课税","什么样的通货膨胀率是理想的"等等。显然,由于人们的立场、观点、伦理和道德观念不同,对同一经济现象、同一经济结果、同一经济政策会有截然不同的意见和价值判断。对于应该做什么、应该怎样去做的问题,不同的经济学家可能会得出完全相反的结论。

研究经济分析中规范性质命题的经济学称为"规范经济学"(normative economics)。很多人坚持认为经济学应当是一门纯实证科学,但更多的人认为,既然经济学是一门社会科学,因此,经济学既可以像自然科学一样运用实证分析方法,又可以像社会科学一样采用规范分析方法。不管怎样,在西方经济学中,除少数内容外,绝大多数都是运用实证分析方法进行研究的。而且在这些少数内容中间,除了制度经济学基本属于规范经济学以外,其他内容,如消费者的偏好、收入分配、充分就业、经济增长的后果等,只是具有规范分析的含义,不属于规范经济学的范畴。

2. 微观经济学的产生与发展大致经历了如下阶段:

(1) 萌芽阶段(1662~1873年)。微观经济学的产生,最早可以追溯到17世纪价值理论的研究时期。当时,一些经济学家在研究整个经济活动的同时,把个别商品价值的形成和决定、个别市场价格的决定和变动,作为重要的研究对象,开创了微观经济的研究。在经济学的初创时期,微观分析和宏观分析往往是混在一起的,并没有明确划分。从早期古典政治经济学的著作不难看出,虽然大多从国民财富、货币流通总量等方面探讨宏观经济问题,但是,在考察宏观经济的同时,又每每涉及个别商品的价值和价格如何确定、收入如何分配等微观经济问题。总之,这一阶段宏观分析和微观分析不加以区分或宏观、微观并用。

(2) 产生阶段(1837~1947年)。随着自然科学和技术进步的迅猛发展,经济学开始朝着微观和宏观两端发展。特别是边际分析的价值理论、市场(价格)理论和分配理论作为核心的微观经济理论的形成,为微观经济学的产生和发展奠定了基础,而且在理论体系的系统化方面,远远走到了宏观分析的前面。边际分析阶段形成和发展的主要理论有:企业理论、消费者理论、一般均衡理论、均衡的稳定性、资源的最优配置和一般交易理论。

(3) 形成和发展阶段(1948~1960年)。第二次世界大战后,国际社会面临大战带来的经济萧条和危机,出现了许多难以解释的现象,以往的边际分析已经不能适应需要,迫使经济学家去开创新的分析方法。集合论和线性模型开始进入经济学大门,替代原来的微积分手段,成为经济学的主要分析手段。以集合论为基础的经济理论,更具有广泛性和一般性,集合论和线性模型都可以用来分析"光滑性"所不能解释的经济现象。集合论的主要分析工具是数学分析、凸分析和拓扑学,线性模型的主要工具是线性代数和线性规划。

(4) 最新发展(1961年至今)。这一时期创立的公理化经济学,使得经济学家和数学家之间的对话变得更加方面,也更加频繁。同样经济理论也开始影响数学,典型的例子有:角谷定理、集值映射的积分理论、近似不动点算法以及方程组的近似解法等。数学思想开始向经济学全面渗透,经济学也不断开创新理论,各种分析方法的相互融合,形成了经济学的大发展时期。20世纪60年代以来,微观经济学的研究课题主要有:不确定性和信息经济学、总需求函数、经济核心和连续统经济、时际均衡、社会选择理论、不完全资产市场理论、不完全竞争理论、无限维经济分析、博弈论、现代公司理论和非标准经济理论。

3. 19世纪下半叶以后,人们彻底抛弃了劳动价值论,以传统的生产费用价值论和边际效用价值学说为基础,开创了现代微观经济学的研究阶段。众所周知,19世纪下半叶到20世纪初,随着资本主义从自由竞争向垄断和垄断竞争过渡,国际国内市场竞争日趋激烈,企业经济活动在国家的地位和作用日显重要。如何从企业角度进一步改进生产技术和经营管理,降低成本,运用价格机制扩大销路,已经成为企业竞争的关键。而过去的研究侧重于供给方面,现在要更加注重需求方面,研究市场供求关系。同时,随着企业规模的不断扩大,传统的经验分析不能满足进一步发展的需要,需要精确的数量分析和统计分析。这样一来,对微观经济学的研究就产生了新的需求,为微观经济学引进和运用数学方法提供了客观要求,数量方法和统计方法的运用,也使微观经济学得到了前所未有的发展。这一时期的微观经济学主要体现在奥地利学派的边际效用价值论、马歇尔的均衡价格理论和克拉克的边际生产力分配理论等方面。

边际效用价值论是现代微观经济学的理论支柱之一,也是需求理论和价格理论的重要基础。19世纪70年代初,奥地利经济学家门格尔(C. Menger)、庞巴维克(E. von Bohm-Bawerk)和维色(F. V. Wieser),英国经济学家杰文斯(W. S. Jevons),法国经济学家瓦尔拉斯把主观效用看作价值的源泉,用边际效用作为衡量价值的尺度,先后创立了"基数效用理论"和"序数效用理论"。这一理论一直是微观经济学的核心理论,也是宏观经济学的前提和基础。由此发展起来的边际分析方法也成为现代经济学研究中的基本分析方法。边际分析方法的产生被认为是经济学发展过程中的一次革命。正如英国经济学家罗尔(E. Roll)在《经济思想史》中写到的那样,"人们通常把上一世纪70年代在经济分析工具方面的变化,看成是经济学中爆发的一场全面革命的标志。有人说,古典学派强调生产、供给和成本,而现代经济学者关心的则主要是消费、需求和效用。边际效用概念的引入实现了这种重点的转移,从那时起它几乎以无尚的权威统治着学术思想。"

虽然,早在1838年法国经济学家古诺(Cournot)就开始运用数理分析方法研究经济问题,但并没有引起人们的注意,也没有更多的人响应。直到19世纪70年代初,杰文斯和瓦尔拉斯(L. Walras)的著作问世后,古诺的理论和数理分析方法才受到人们的重视。直到现在,人们还把运用数学符号和数理方法来表述、研究和论证经济现象及其相互关系的经济学家,称为数理经济学派。特别是瓦尔拉斯以边际分析为基础,考察了全部商品的交换和商品供求同时达到均衡状态时的价格决定问题,创立了"一般均衡理论"。该理论与马歇尔的"局部均衡分析"成为微观经济学中常用的分析方法。瓦尔拉斯的继承人、意大利经济学家帕累托(A. Pareto)首次提出了序数效用观点,并在此基础上发展了瓦尔拉斯的一般均衡理论,完善和扩张了瓦尔拉斯理论,使该理论更加接近现实。

边际生产力理论首先是由约翰·亨利·屠能在1850年提出的,但该理论的系统化和广泛运用,则要归功于美国经济学家克拉克(J. B. Clark)。在1890年出版的《财富的分配》一书中,克拉克把"收益递减规律"扩张到生产要素上,提出"生产力递减规律",然后综合边际分析方法构成"边际生产力分配论"。克拉克的"边际生产力论"是生产要素需求规律的基本理论支柱。

1890年,英国经济学家马歇尔(A. Marshall)集各种理论之大成,出版了他的代表作《经济学原理》。在这本著名的著作中,马歇尔把供求理论、边际效用理论、边际生产力理论、生产费用理论等融为一体。他在边际分析的基础上,提出了连续原理、需求弹性、供给弹性和消费者剩余等概念。同时他还建立了自己的分配理论。马歇尔以"局部均衡"为特征,以"均衡价格"为核心的经济学体系,成为现代微观经济学的核心。可以说,马歇尔的《经济学原理》为传统的微观经济学划上了一个圆满的句号,也为现代微观经济学奠定了坚实的基础。

4. 总体而言,人类经历了自给自足经济、市场经济、计划经济和混合经济等四种经济体制,各种经济体制的资源配置和利用方式是不同的。

自给自足经济基本上没有资源配置,因为每个个体占有资源,自己生产自己消费,不需要进行资源配置和利用。

市场经济是指以市场作为资源配置的主要方式的一种经济体制;在市场经济体制下,资源配置和利用是通过市场机制或价格机制实现的。在市场经济中,每个消费者、生产者或经营者都是相互独立的,政府对企业的经营决策一般不进行直接干预,生产什么、生产多少和如何生产都完全是由企业按照自己的经营目标,根据市场价格的变动和市场供求状况来决定的。在这里,市场机制或价格机制就如同一只"看不见的手"在引导着生产者、经营者和消费者的经济活动,从而支配着资源在社会范围内的配置和利用。

计划经济是指以计划作为资源配置的主要方式的一种经济体制;在计划经济

上篇 现代微观经济学习题解析

体制下,生产资料及各种资源和利用都为国家所有或主要为国家所有,企业只是政府的附属物。资源配置是通过中央政府的统一计划进行的。首先,中央政府要搜集和掌握有关资源的拥有量、社会对各种产品的需求量,然后根据政府的特定目标来编制统一的国民经济计划,接着把这个计划按照行政层次逐层分解下达,最后到企业或其他生产单位。也就是说,由中央政府来决定生产什么、生产多少和如何生产等问题,企业或生产单位完全是计划的执行者,对资源配置没有什么影响。

混合经济是计划经济和市场经济的混合体,根据不同情况的市场和政府发挥不同的作用。

实践证明,无论哪一种纯粹单一的经济形式,都不利于资源的优化配置和经济效率的提高。混合经济是目前存在最为普及的一种经济体制。

5. 曼昆的《经济学》中列出了经济学十大原理:

(1) 人们面临权衡取舍问题。这是经济学中的"选择"理论,研究资源稀缺条件下的资源配置问题,是经济学的最基本问题。如消费者如何在自身预算约束条件下,通过选择不同商品组合,实现效益最大化;生产者如何通过决定生产什么、生产多少和如何生产等问题,实现利润最大化;政府如何通过权衡利弊后,选择经济政策以及社会如何通过对有限资源的选择,实现资源配置优化等。

(2) 某种东西的成本是为了得到他而放弃的东西。这是经济学中一个最基本的概念——机会成本。机会成本是经济决策中首要考虑的问题。机会成本泛指一切在作出选择后其中一个最大的损失,机会成本会随付出代价的改变而作出改变,例如被舍弃掉的选项之喜爱程度或价值作出改变时,而得到之价值是不会令机会成本改变的。而如果在选择中放弃选择最高价值的选项(首选),那么其机会成本将会是首选。而作出选择时,应该要选择最高价值的选项(机会成本最低的选项),而放弃选择机会成本最高的选项,即失去越少越明智。

(3) 理性人考虑边际。这是经济学中最重要的分析方法——边际分析方法。生产和生活中的许多决策涉及对现有行动计划进行微小的增量调整。经济学家把这些调整称为边际变动。在一般情况下,人们都是通过边际量的调整来作出最优决策的。

(4) 人们会对激励做出反应。这是经济分析必须要考虑的一个背景——制度决定人的行为,要用制度引导和约束人的行为。在企业管理、政府公共政策等制度及机制设计的研究和实践中,只要涉及人,合理的制度安排都是决定成败的一个重要因素。

以上四条原理是有关个人决策的基本原理。经济学研究的出发点是个人行为,这四条原理说明了经济学是如何研究个人行为的。

以下三个原理是市场经济的基本原理,也是微观经济学研究的内容。

(5) 贸易能使每个人状况变好。人与人之间关系的本质是交易关系,这种关系之所以产生是因为贸易是双赢的,无论对个人还是对国家都是如此。该原理的本质是比较优势理论。比较优势的原理使得每个人从事相对优势的行业,互相自由贸易比自给自足要好。

(6) 市场通常是组织经济活动的一种好方式。市场机制的基本原理是"看不见的手"(价格)调整每个人的经济活动。市场机制调节是经济学的基本内容。市场经济体制主要依靠"看不见的手"实现资源优化配置。

(7) 政府有时候可以改善市场结果。这是市场失灵和政府管理的基本原理。市场经济需要法制,同时市场也不是万能的,在有些场合市场机制会失灵,需要政府对市场加以补充和纠正。我们说政府有时可以改善市场结果,但并不意味着它总能这样。公共政策并不是天使制定的,而是由极不完善的政治程序制定的。有时所设计的政策只是为了有利于政治上有权势的人。有时政策由动机良好但信息不充分的领导人制定。学习经济学的目的之一就是帮助你判断,什么时候一项政府政策适用于促进效率与公正,而什么时候不行。

(8) 一国的生活水平取决于其生产商品与劳务的能力。决定一国整体经济(宏观经济)状况的是其生产能力,这是整体经济分析的中心问题。改革开放以来,中国经济取得举世瞩目的成就,生产商品和劳务能力快速上升,经济总量一跃为世界第二经济大国,人们生活水平也步入了中等发达国家行列。

(9) 政府发行了过多货币时物价上升。这是关于通货膨胀的基本原理。现代经济是货币经济,货币经济下的通货膨胀一直是困扰人类的一个问题。什么引起了通货膨胀?在大多数严重或持续的通货膨胀情况下,罪魁祸首总是货币量的过快增长。货币与物价的关系一直是经济学家关注的一个热点问题。

(10) 社会面临着通货膨胀与失业之间的短期选择关系。这是短期中整体经济的中心问题,也是政府调控的难点。如果通货膨胀这么容易解释,为什么决策者常常却在使经济免受通货膨胀之苦上遇到麻烦呢?一个原因是人们通常认为降低通货膨胀会引起失业暂时增加。通货膨胀与失业之间的这种交替关系被称为菲利普斯曲线。短期中决策者可以通过改变政府支出量、税收量和发行的货币量来影响经济所经历的通货膨胀与失业的结合。由于这些货币与财政政策工具具有如此大的潜在力量,所以,决策者应该如何运用这些工具来控制经济,一直是一个有争议的问题。

最后三个原理是宏观经济学研究的主要内容。

第二章 供求理论

第一部分 习　题

一、名词解释

1. 需求　2. 需求函数　3. 需求规律　4. 供给　5. 供给函数　6. 供给规律　7. 均衡价格　8. 替代品　9. 互补品　10. 吉芬商品　11. 支持价格　12. 限制价格　13. 市场出清　14. 稳定均衡　15. 供求规律　16. 最低工资法　17. 市场需求　18. 市场供给

二、单项选择题

1. 出租车租金上涨后，人们对公共汽车服务的(　　)。
   A. 需求下降　　　　　　　　B. 需求增加
   C. 需求量增加　　　　　　　D. 需求量下降

2. 如果甲商品价格下降引起乙商品需求曲线向右移动，那么(　　)。
   A. 甲与乙为替代品　　　　　B. 甲与乙为互补品
   C. 甲为高档商品,乙为低档商品　　D. 乙为高档商品,甲为低档商品

3. 玉米歉收导致玉米市场价格上涨，这个过程发生了(　　)。
   A. 玉米供给的减少引起玉米需求的减少
   B. 玉米供给的减少引起玉米需求量的减少
   C. 玉米供给量的减少引起玉米需求的减少
   D. 玉米供给量的减少引起玉米需求量的减少

4. 如果商品甲和商品乙是替代品，则甲的价格下降将造成(　　)。
   A. 甲的需求曲线向右移动　　B. 甲的需求曲线向左移动
   C. 乙的需求曲线向右移动　　D. 乙的需求曲线向左移动

5. 如果商品甲和商品乙是互补商品，则甲的价格提高将导致(　　)。
   A. 乙的需求曲线右移　　　　B. 乙的需求曲线左移
   C. 乙的供给曲线右移　　　　D. 乙的供给曲线左移

6. 当汽油价格急剧上涨时,对小汽车的需求将(　　)。
   A. 减少　　　B. 保持不变　　　C. 增加　　　D. 以上都有可能
7. 当咖啡价格下跌时,对茶叶的需求将(　　)。
   A. 减少　　　B. 增加　　　C. 保持不变　　　D. 不确定
8. 某种商品需求曲线右移的原因,可能是(　　)。
   A. 该商品价格上涨　　　B. 该商品价格下跌
   C. 消费者的收入水平提高　　　D. 消费者的收入水平下降
9. 在分析农民的粮食供给曲线时,下列哪一个因素不为常数?(　　)
   A. 技术水平　　　B. 投入成本
   C. 自然条件　　　D. 粮食的价格
10. 在得出某商品的个人需求曲线时,下列因素除哪一种外均保持常数?(　　)
    A. 个人收入　　　B. 其他商品的价格
    C. 个人偏好　　　D. 所考虑商品的价格
11. 一般而言,当一种商品的市场价格下跌时,将导致该商品的(　　)。
    A. 供给减少　　　B. 供给增加
    C. 供给量增加　　　D. 供给量减少
12. 当建筑工人工资增加时,将导致(　　)。
    A. 新房子供给曲线左移,且新房子价格下跌
    B. 新房子供给曲线右移,且价格下跌
    C. 新房子供给曲线左移,且价格上涨
    D. 新房子供给曲线右移,且价格上涨
13. 已知某商品的均衡价格为1元,均衡交易量为1 000单位。如果消费者收入增加使得该商品的需求量增加400单位,那么在新的均衡价格下,均衡交易量是(　　)。
    A. 1 000单位　　　B. 1 400单位
    C. 大于1 400单位　　　D. 小于1 400但大于1 000单位
14. 政府为了扶持农业,对农产品规定了高于其均衡价格的支持价格。政府为了维持支持价格,应采取的相应措施是(　　)。
    A. 实行农产品的配给制　　　B. 对农民实行补贴
    C. 增加对农产品的税收　　　D. 收购过剩的农产品
15. 政府把价格限制在均衡价格水平之下,将导致(　　)。
    A. 商品大量积压

B. 买者以低价买到了希望购买的商品数量
　　C. 黑市交易
　　D. 以上都不对
16. 在供给和需求同时增加的情况下,有( )。
　　A. 均衡交易量和均衡价格都增加
　　B. 均衡价格上升,均衡交易量不确定
　　C. 均衡价格不确定,均衡交易量上升
　　D. 均衡价格上升,均衡交易量下降
17. 需求法则之所以成立是因为( )。
　　A. 替代效应的作用　　　　　　B. 收入效应的作用
　　C. 替代效应和收入效应的共同作用　D. 以上均不对
18. 供给曲线的位置由下列哪种因素决定?( )
　　A. 厂商的预期　　　　　　　　B. 生产成本
　　C. 技术状况　　　　　　　　　D. 以上三者都是
19. 对于大白菜供给的减少,不可能是由于( )。
　　A. 气候异常严寒　　　　　　　B. 大白菜的价格下降
　　C. 化肥价格上涨　　　　　　　D. 农业工人工资上涨
20. 对于西红柿需求的增加,可能是由于( )。
　　A. 种植西红柿的技术有了改进　B. 消费者预期西红柿将降价
　　C. 消费者得知西红柿有益健康　D. 其他商品价格的下降

三、判断题

1. 如果一种物品的需求量大于其供给量,那么交易量将小于其需求量。( )
2. 商品价格下降导致需求曲线位置发生移动,使该商品需求量上升。( )
3. 如果需求增加,那么需求量一定增加。( )
4. 照相机与胶卷是互补品。如果照相机降价,对胶卷的需求就会增加。( )
5. 猪排与牛排是替代品。如果猪排降价,对牛排的需求就会增加。( )
6. 消费者偏好的改变,引起需求在某条需求曲线上向上或向下移动。( )
7. 降低成本的技术进步将使供给曲线向右方移动。( )
8. 如果我们观察到面粉价格上升了,那么就可以预期到面包的供给曲线将向左方移动。( )
9. 牛肉可做成牛排,牛皮可制成牛皮鞋,所以牛排与牛皮鞋是替代品。( )
10. 需求的变动会引起均衡价格和交易量反方向变动。( )
11. 假定笔记本电脑的需求增加而生产笔记本电脑的成本下降,那么就可以

预期到,笔记本电脑交易量会增加,但价格可能上升也可能下降。( )

12. 需求曲线代表了在收入水平、其他商品价格、人口与消费者偏好既定时,一种商品价格与其需求量之间的关系。( )

13. 黑麦市场的变化将影响小麦和玉米市场。( )

14. 市场上某种商品存在超额需求,是因为该商品价格超过均衡价格。( )

15. 统计显示,人造黄油的消费随着收入增加而减少,这表面该商品为低档商品。( )

四、简答题

1. 需求量变动与需求变动之间的区别有哪些?
2. 供给量变动与供给变动之间的区别是什么?
3. 均衡是如何确定的?其中价格机制是如何发挥作用的?
4. 粮食价格的降低对猪肉的供给曲线有何影响?猪肉价格的降低对猪肉的销售量和猪肉的供给曲线是否会产生影响?
5. 当经济学家观察到一种商品价格上升,需求反而增加时,他们会给出什么样的解释?
6. 简述需求规律的含义及其特例。
7. 简述供给规律的含义及其特例。
8. 生活用电价格上升对家用电器的销售量有何影响?
9. 为什么需求曲线向右下方倾斜?
10. 为什么供给曲线向右上方倾斜?
11. 解释为什么经济学家通常总是反对价格控制。
12. 什么引起了商品短缺,是价格上限还是价格下限?什么引起了过剩?

五、论述题

1. 商品需求受哪些因素影响?这些因素对商品需求具有何种影响?
2. 商品供给受哪些因素影响?这些因素对商品供给具有何种影响?
3. 什么是供求规律?并举例说明。
4. 指出发生下列几种情况时,苹果市场的需求曲线会怎样移动?并说明原因。
  (1) 卫生组织发布一份报告,称市场上销售的苹果农药含量过高。
  (2) 消费者的收入增加了。
  (3) 市场上的梨和香蕉的价格下跌了。
5. 下列事件对产品 X 的需求会产生什么影响?
  (1) 产品 X 变得更为时行。

(2) 产品 X 的替代品 Y 的价格上升。
(3) 预计居民收入将上升。
(4) 预计人口将有一个较大增长。

6. 下列事件对商品 A 的供给有何影响？为什么？
(1) 生产 A 的技术有重大突破。
(2) 生产 A 的企业数目增加了。
(3) 生产 A 的工人工资和原料价格上涨了。
(4) 生产者预期商品 A 的价格下跌。
(5) 新一代产品将逐步替代 A。

7. 图 2.1 是啤酒市场的需求曲线和供给曲线，当以下情况发生时，啤酒的市场价格如何变化？

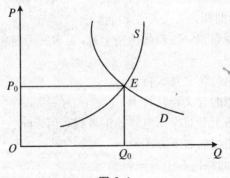

图 2.1

(1) 啤酒原料价格上涨。
(2) 消费者收入普遍提高。
(3) 啤酒同行进行大规模的广告促销。
(4) 市场上流行喝啤酒。
(5) 凉夏。

8. 试分析税收变动对市场均衡的影响。
9. 试分析赋税的无谓损失。
10. 假设一场严重的干旱使甘蔗收获减少，指出这将对糖市场和蜂蜜市场上的均衡价格和均衡数量产生什么影响？请画图说明。
11. 试述微观价格政策及其在我国的应用。
12. 试用供求定理说明石油输出国组织（OPEC）为什么经常限制石油产量。
13. 用经济学原理说明"谷贱伤农"，并以此说明政府在农业领域应采取什么措施。

14. 实施物业税改革后对中国房地产市场有什么影响?

六、计算题

1. 某产品 X 的市场需求函数、供给函数分别为 $D = 10 - 2P_X + 0.5I + 4P_Y$,$S = 10 + 2t + 3.5P_X$。其中,$P_X$ 为 X 产品的价格,P_Y 为相关品 Y 的价格,I 为消费者收入,t 代表生产技术水平。求当 $I = 22, P_Y = 5.5, t = 2.75$ 时的均衡价格和均衡数量。

2. 设某市场只有两个消费者,其需求曲线分别为

$$\begin{cases} Q_1 = 100 - 2P & (P \leqslant 50) \\ Q_1 = 0 & (P > 50) \end{cases}$$

$$\begin{cases} Q_2 = 160 - 4P & (P \leqslant 40) \\ Q_2 = 0 & (P > 40) \end{cases}$$

试求该市场的需求曲线。

3. 已知某时期内某商品的需求函数为 $Q_x^d = 50 - 5P$,供给函数为 $Q_x^s = -10 + 5P$。

(1) 求均衡价格和均衡产量,并作出几何图形。

(2) 假定供给函数不变,由于收入水平提高,使需求函数变为 $Q_x^d = 60 - 5P$。求出相应的均衡价格和均衡产量,并画出几何图形。

(3) 假定需求函数不变,由于生产的技术水平提高,使供给函数变为 $Q_x^s = -5 + 5P$。求出相应的均衡价格和均衡产量,并作出几何图形。

七、案例分析

【案例1】 收拥挤费到底有没有用?

北京市规划委近期组织相关部门针对城市发展进程中的交通问题进行研究,提出了解决北京旧城交通问题的十项策略。其中,"车辆进入旧城要交拥挤费"赫然在列。

北京的交通拥堵是出了名的,这些年来,人们为缓解交通拥堵问题想了很多招数。在市中心地区收取拥挤费,这个办法早有人提过,但一直颇有争议,赞同者很多,反对者也不少。此次市规划委有意将收拥挤费由政策设想变成现实,确实需要几分勇气。

收取拥挤费有没有用?"拥挤费"是个舶来品。2003年,伦敦市长列文斯顿在市民的拥护和非议声中,在伦敦市中心开征拥挤费:凡是在工作日早7点至晚6点半进入市中心的车辆需交纳拥挤费,每车每天交费5英镑(2005年又涨到了

8英镑),违规者要受重罚。有关调查显示,收取拥挤费后,伦敦市中心路面交通流量减少了30%,70%以上的伦敦市民认为拥挤费对改善市内交通发挥了高效作用。收取拥挤费,说到底就是政府利用价格杠杆调节特定区域车流量的一种方式,其通过改变公共服务价格(使用市中心道路的费用)影响人们的行为选择,确实能发挥出分流车辆、缓解市中心交通拥堵的作用。

收取拥挤费合不合理?

很多反对者质疑拥挤费的合理性,认为有失公平。政府收取拥挤费,等于让"有车一族"承担了额外的成本,但只要定价合理,这些额外的成本并不会破坏社会公平。第一,与那些步行、骑车和乘坐公交工具的人相比,"有车一族"占用的人均公共交通服务份额更多,自然要承担更大的责任,多负担一些"买路钱"也合乎情理。第二,大量小汽车(私车和公务车)的涌入是造成北京交通拥堵日益严重的重要原因。有车族(包括私家车车主和公务车使用者)在享受方便、舒适的同时,却连带其他人时时饱受交通拥挤的苦果。交纳一定的拥挤费,算是有车族为自己用车行为的"外部性"付了费,否则就真的有点不公平了。

收取拥挤费能不能根治北京的交通问题?拥挤费的确有用,但有限。在治理交通拥堵的大舞台上,拥挤费至多只能"暖暖场",让它压大轴、当主唱是万万不可的。最重要的"治本"之策是改善公共交通服务。在旧城收取拥挤费,旨在限制车流,但永远也无法限制"人流"——该进旧城的人还是要按时进去,一个也少不了。

收取拥挤费的主要目的是鼓励市民多用公共交通工具出行,但如果公交工具还继续保持目前少、慢、挤,加上服务态度差的状况,那最后无非有两种结果:一是交通拥挤一时得到缓解,但以大家的生活质量下降为代价;二是有车族不堪忍受,重新被逼回小车里,分流车辆的目标完全落空。因此,要根本解决北京的交通问题,还必须从扩大公交容量、改善公交服务质量入手,只有公交才能担当"压轴"的角色。即使将来真的收取拥挤费,也要首先服务于改善公交状况的需要。还是以伦敦为例,伦敦每年征收的拥挤费约1亿英磅,政府将其用于伦敦地铁及公共汽车等交通设施的建设,大大优化了公交服务,才使越来越多的市民乐于弃私车选公交。

目前,收取拥挤费,应当是缓解市中心等特定区域交通拥堵问题的可行之策。不过,根本解决问题还是要依靠综合治理,只有制定和执行好以改善公交服务为中心的"政策套餐",公众出行才能舒心、省心、放心。

(摘自2005年10月15日《北京青年报》)

讨论题:

(1) 收取拥挤费能够改变北京交通拥挤现象吗?

第二章　供求理论

(2) 从供给角度如何解决北京拥挤现象？

【案例2】"限购令"能够控制房价持续上涨吗？

2011年5月18日，著名经济学家厉以宁在APEC智慧城市智能产业高端会议上表示，资产价格变动通常出现在经济复苏之初，这时实体经济投资方向不明朗，大量资本进行资产炒作，导致了资产价格上涨。宽松的货币政策下，大量的资金流入房地产领域，导致房价的飙升。当前，限制资金流入房地产领域，抑制投机性的炒房需求，有效地遏制了房价上涨，但没有解决问题。要增加房产供给，特别是针对中低收入群体的供给，才能真正解决房价问题。厉以宁说，政府应该针对高收入、中收入、低收入家庭制定不同的政策：低收入由政府提供廉租房，这是政府的责任。中等收入要建立平价房，房价稍高于廉租房，但低于市场价。"平价房应该通过政府收购的方式来解决，买到房以后若干年内不能转让，只能回购给政府。"高收入则交给市场。如果房地产不增加供给，只是限制投机性需求，钢材、水泥等上游产业就会出问题，影响中国经济增速。

也有人对中国房价上涨过快的原因进行总结：① 中国的人口数量与结构决定着住房高增长的需求。中国的人口数量的增长让中国不得不进行大规模的住房生产。中国的人口结构也决定着家庭分裂的速度。如果不能加大投资与供给，长期的供不应求现象无法缓解，政策的调控可以平衡一时的供求关系，但不等于满足、释放了需求，最终反而让打压中的需求膨胀，严重地冲击市场的稳定性。② 中国的城市化需求。中国用了三十年的改革时间解决了2亿农民的进城问题，但还需解决4亿农民的进城问题。③ 土地财政抬高土地价格和房价，根据有关统计，2009年全国土地出让金收入上万亿元，有政府为了获得更多土地出让金的收入，助长土地价格的上升，因而抬高了这些地方住宅的价格，实际上，住宅的建筑成本每平方米只有一千元到两千元，或稍高一些，其余的都是土地的价格和配套设施的成本。④ 土地资源的稀缺性。中国对粮食安全的顾虑不得不出台严守18亿亩（1.2亿公顷）红线的政策。⑤ 城市基础设施和公共服务提升。⑥ 价格的提升也是一种货币现象。有了货币流动性过剩，必然导致通货膨胀。⑦ 成本因素的变化。土地的价格在提高，钢材、水泥等建材的价格也在提高，使用的新材料在提高了质量的同时价格也在提高，连工人的工资也在提高，最终的产品——房子的价格自然也会是上涨的。⑧ 不动产的多重功能作用。住房是可抵押性最强、抵押率最高和最容易变现的。正因为多重功能的作用同时集于一身，因此增加了民众对住房的偏好，特别是供不应求让升值的预期长期并稳定，更促成了价格的上涨。住房也变成了身份与地位的象征，价格则伴随着这种精神的需求而不断上涨。⑨ 中国的传统文化。"有恒产才能有恒心"，中国的历史一直给社会一种成家立业要先置恒产的观念。没有遗产税,让这种传承的文化成为现代大多数老年人一种根深蒂固的观念。而对年轻的一代则成为没有私有住房的财富作为生活安全的保障就无法成家立业,让祖孙几代人共同为置业而奋斗。
⑩ 不可忽略的收入增长。因此在收入的增长中,特别是高收入群体收入的快速增长中,房价也就停不下上涨的脚步。

持续高涨的房价对我国经济的可持续发展产生不可估计的危害。近年来,我国政府出台一系列政策,调控房价过快上涨。今年我国在北京、上海、天津、深圳、杭州、南京、宁波、福州、厦门、三亚、海口等一线城市,推出了"限购令"政策,主要内容是只能新购一套商品住房,对违反规定购房的,房地产登记机构不予受理权属登记手续。

讨论题:
(1) "限购令"能够控制房价持续上涨吗?
(2) 从供给角度如何调控房价过快上涨?

【案例3】 石油与天然气。

在20世纪80年代晚期,很多美国东海岸的学校都采购了昂贵的设备,准备用来使学校能迅速地从以油为热源转而使用天然气,以避免遭受油价突然上升的打击,就像他们在20世纪70年代早期曾遭受过的那样。

在1990年秋天,伊拉克入侵科威特,油价飞涨,而那些学校已由烧油改为烧天然气。估计能源费将有很大节省的学校主管们却受到了一个打击:他们根本没有节省多少。当他们收到来自当地公共事业公司的账单时,他们发现天然气的价格就像油价一样也显著上涨。许多主管在公共事业公司愤怒地抱怨和谴责公司的价格欺诈。他们的理由是,伊拉克侵占科威特,根本没有影响到天然气的供应,所以天然气的价格没有理由也上升。这些学校的主管们正确吗? 这是公共事业公司乘国际危机之机,为增加自己的利润而搞价格欺诈的一个例子吗?

试用供给和需求理论回答下列两个问题:
(1) 为什么伊拉克侵占科威特造成了油价的上升?
(2) 为什么天然气的价格也上升了?

第二部分 参考答案

一、名词解释

1. 需求:指在某一特定时期内,对应于某一商品的各种价格,消费者愿意而且能够购买的数量。它包含两层含义:消费者既有购买欲望,又有支付能力。

2. 需求函数:是用来表示一种商品需求量和影响该需求量的各种因素之间相互关系的函数表达式。由于影响某种商品需求量的因素很多,我们通常研究的是该商品价格变动对其需求量的影响。

3. 需求规律:指在影响需求的其他因素既定的条件下,商品的需求量与其价格之间存在着反向的依存关系,即商品价格上升,需求量减少;商品价格下降,需求量增加。

4. 供给:是指生产者(厂商)在一定时期和一定价格水平下愿意而且能够提供的某种商品数量。它包含两层含义:生产者既有供给欲望,又有供给能力。

5. 供给函数:是用来表示一种商品供给量和影响该供给量的各种因素之间相互关系的函数表达式。由于影响某种商品供给量的因素很多,我们通常研究的是该商品价格变动对其供给量的影响。

6. 供给规律:指在影响供给的其他因素既定的条件下,商品的供给量与其价格同方向变化,即商品价格上升,供给量增加;商品价格下降,供给量减少。

7. 均衡价格:是指消费者对某种商品的需求量等于生产者所提供的该商品的供给量时的市场价格。在均衡价格水平下的相等的供求数量被称为均衡数量或均衡产量。

8. 替代品:指在效用上能相互替代以满足消费者同一种消费欲望的商品。对于替代品来说,一种商品的需求量与另一种商品的价格呈同方向变化。

9. 互补品:指在消费中相互补充才可以满足消费者某种欲望的商品。对于互补品来说,一种商品的需求量与另一种商品的价格呈反方向变化。

10. 吉芬商品:指的是具有正向需求曲线特性的各种商品。英国统计学家罗伯特·吉芬最先叙述了某种商品的价格提高,其需求量反而增加这种现象。

11. 支持价格:指政府为了扶持某一行业的生产,对该行业产品规定的高于市场均衡价格的最低价格。

12. 限制价格:指政府为了限制某些商品的价格而对其规定的低于市场均衡价格的最高价格。其目的是为了稳定经济生活与经济活动秩序。

13. 市场出清:指市场经济体系中各个市场上的供求自动趋于均衡或超额供给和超额需求等于零的状态。它是新古典宏观经济学的核心建设之一。

14. 稳定均衡:指当一个均衡价格体系在受到外力干扰而偏离均衡点时,如果这个体系在市场机制的作用下能回到原有的均衡点,则称这个均衡为稳定均衡。

15. 供求规律:供求变动对均衡价格和均衡产量的影响。需求的变动引起均衡价格和均衡产量同方向变动;供给的变动引起均衡价格反方向变动,均衡产量同方向变动。

16. **最低工资法**：一项政府的管制措施规定，凡是以低于其规定的工资率来雇佣工人的行为是违法的。这是政府最低限价的一个实例。

17. **市场需求**：是指在某一特定市场和某一特定时期内，所有消费者在各种可能的价格下将购买的某种商品的数量总和。

18. **市场供给**：是指在一定的时期内，一定条件下，在一定的市场范围内可提供给消费者的某种商品或劳务的总量。

二、单项选择题

1．B　2．B　3．B　4．D　5．B　6．A　7．A　8．C　9．D　10．D　11．B
12．C　13．D　14．D　15．C　16．C　17．C　18．D　19．B　20．C

三、判断题

1．正确。【提示】交易量是由供求双方共同决定的。即使需求量大于供给量，但交易量不可能超过供给量。

2．错误。【提示】本题考查的是需求量的变动与需求的变动的区别。商品价格的下降只会导致需求量沿着既定的需求曲线向下移动，而不会引起需求曲线位置的移动。

3．错误。【提示】需求量还受价格变动的影响。

4．正确。【提示】对于互补品来说，一种商品的价格下降，另一种商品的需求就会增加。

5．错误。【提示】对于替代品来说，一种商品的价格下降，由于替代效应的作用，对另一种商品的需求量就会减少。

6．错误。【提示】消费者偏好的改变，属于价格以外的其他因素变动引起需求量的变动，而价格以外的其他因素变动只会引起需求曲线向右或向左移动。

7．正确。【提示】价格以外的其他因素变动是通过供给曲线的移动来影响供给的。降低成本的技术进步使供给曲线向右方移动，表明技术进步将使供给增加。

8．正确。【提示】面粉是生产面包的原料，面粉价格上升使生产面包的成本上升，导致面包的供给曲线向左方移动。

9．错误。【提示】替代品是指在效用上能相互替代以满足消费者同一种消费欲望的商品。牛排与牛皮鞋不能相互替代满足消费者的某种消费欲望。

10．错误。【提示】需求的变动会引起均衡价格和交易量同方向变动。

11．正确。【提示】笔记本电脑的需求增加和成本下降，都会使笔记本电脑的交易量增加；如果笔记本电脑的需求增加比例大于（小于）其成本下降比例，则

第二章 供求理论

价格上升(下降)。

12. 正确。【提示】需求曲线表示的是在影响需求的其他因素不变的条件下,一种商品价格与其需求量之间关系的图形。

13. 正确。【提示】黑麦是小麦、玉米的替代品。黑麦价格下降,将引起小麦、玉米的需求曲线向左移动;黑麦价格上升,将引起小麦、玉米的需求曲线向右移动。

14. 错误。【提示】市场上某种商品存在超额需求,这是因为该商品价格低于均衡价格。

15. 正确。【提示】对于低档品来说,其需求随着社会收入增加而减少。

四、简答题

1. 答:需求量的变动是指在其他条件不变的条件下,由某商品价格变动所引起的该商品的需求量的变动。在图形上,需求量的变动表现为在一条既定的需求曲线上点的位置的移动。

需求的变动是指在某商品价格不变的条件下,由于其他因素变动所引起的该商品需求量的变动。这里的其他因素变动是指消费者的货币收入变动、相关商品的价格变动、消费者的偏好变动和消费者对未来的预期变动等等。需求的变动在图形上表现为整条需求曲线的移动。

2. 答:供给量的变动是指在其他条件不变时,由某商品的价格变动所引起的该商品供给数量的变动。供给量的变动在图形上表现为在一条既定的供给曲线上点的位置的移动。

供给的变动是指在某商品价格不变的条件下,由于其他因素变动所引起的该商品的供给数量的变动。这里的其他因素变动可以指生产成本的变动、生产技术和管理水平的变动、相关商品价格的变动以及生产者对未来预期的变化等等。

3. 答:在市场经济中,均衡是通过市场机制自发调节来实现的,而不是由某个人或某个组织确定的。当消费者对某种商品的需求量等于生产者所提供的该商品的供给量时,均衡就形成了。此时的价格为均衡价格,此时的交易量为均衡交易量。

在均衡形成过程中,价格机制是通过调节供求来发挥作用的。如果某一商品初始的市场价格高于市场均衡价格,那么相对应的供给量就会大于此价格水平下的需求量,因而存在超额供给量。在纯粹的市场竞争经济中,这种情况必然会导致供给方,即生产者之间的激烈竞争,结果使价格逐渐下降,供给量逐渐减少,需求量逐渐增加。这个过程将持续进行下去,一直到需求量和供给量相等。

如果某一商品初始的市场价格低于市场均衡价格,那么,相对应的需求量就会大于此价格水平下的供给量,因而有部分消费者不能在既定的价格下买到所需要的商品,存在超额需求量。在纯粹的市场竞争经济中,这种情况必然会导致需求方即买者之间的激烈竞争,结果使价格逐渐上升,供给量逐渐增加,需求量逐渐减少。这个过程将持续进行下去,一直到需求量和供给量相等。

4. 答:(1)粮食是猪饲料的主要原料,粮食价格降低使猪饲料价格降低,猪饲料价格降低使生猪的饲养成本下降,生猪的饲养成本下降使生猪供给增加,从而导致猪肉的供给曲线向右移动。

(2)由于猪肉不是低档品,所以根据需求规律,猪肉价格降低将使猪肉的销售量增加。

(3)猪肉价格的降低,对猪肉的供给曲线不会产生影响。猪肉价格降低使猪肉的供给量下降,但猪肉价格降低对猪肉供给量的影响表现为在一条既定的供给曲线上点的位置的移动。

5. 答:(1)需求规律表明,在影响商品需求的其他因素不变的条件下,一种商品的需求量大小,取决于该商品价格的高低。如果商品价格上升,则消费者对该商品的需求量就相应减少;如果该商品的价格下降,其需求量就会相应增加。

(2)对于一种商品的价格上升需求反而增加,经济学家通常所给出的解释是:需求规律只适用于一般商品即正常商品,对低档商品或吉芬商品则不适用。消费者对低档商品或吉芬商品的需求量是随着商品价格的上升而增加的。

6. 答:(1)一般来说,需求规律的含义是,在影响需求的其他因素既定的条件下,商品的需求量与其价格之间存在着反向的依存关系,即商品价格上升,需求量减少;商品价格下降,需求量增加。

需求规律给出了消费者对商品需求的基本特征,大多数商品都满足需求定律,但也有例外。某些商品的价格下降不一定导致对它的购买量的上升,或者其价格的上升不一定导致对它的购买量的下降。① 某些低档商品。在特定的条件下,当价格下跌时,对某些低档商品的需求会减少;而价格上涨时,对其需求反而会增加。最著名的是以英国人而得名的"吉芬商品"(Giffen goods)。吉芬发现,在1845年爱尔兰发生灾荒时,马铃薯的价格虽然急剧上涨,但它的需求量反而增加。原因是灾荒造成爱尔兰人民收入急剧下降,不得不增加这类生活必需的低档食品的消费。② 某些炫耀性消费的商品。如名车、名画、珠宝、文物等。这类商品的价格已成为消费者地位和身份的象征。价格越高,越能显示拥有者的地位,需求量也越大;反之,当价格下跌,不能再显示拥有者的地位时,需求量反而下降。

7. 答:一般说来,供给规律的含义是,在影响供给的其他因素既定的条件下,商品的供给量与价格之间存在着正向的依存关系,即商品价格上升,供给量增加;

商品价格下降,供给量减少。

（2）供给规律也有例外:① 某种无法多生产的商品或孤品,即使出价再高,也无法增加供给数量。例如,名画、古玩的拍卖。这种情况下,供给曲线的斜率为无穷大,即价格提高,供给不变。② 成本下降大于价格下降的商品。例如,某些原只能以手工、单件生产的商品,由于生产技术的发展、规模经营和管理水平的提高,使成本锐减且大批量供给成为现实,这时虽然商品价格下降,厂商仍愿意供给更多的产品。在这种情况下,其供给曲线表现为向右下方倾斜,斜率为负值。

8. 答:电力与家用电器是互补品,在其他条件不变的情况下,生活用电价格上升,必将导致对家用电器的需求量下降。但家用电器的销售是受多种因素影响的,如消费者家庭实际收入的变化、消费者偏好的变化、家用电器本身价格的变化等等都会影响家用电器的销售。家用电器的销售量是由多种因素综合作用的结果,而不是由某一因素决定的。

9. 答:需求曲线向右下方倾斜表明:价格下降,需求增加;价格上升,需求减少。出现这种情形,原因在于替代效应和收入效应的作用。替代效应是指在其他条件不变的情况下,因商品的价格变动引起的商品相对价格变动,使得消费者在保持原有效用水平不变条件下用较便宜的商品代替较昂贵商品而对商品需求量产生的影响。收入效应是指在收入不变的条件下,由商品价格变动引起实际收入水平变动,进而由实际收入水平变动所引起的商品需求量的变动。

在其他商品价格不变的前提下,某种商品价格下跌,在替代效应和收入效应的作用下消费者会选择增加该种产品消费;某种商品价格上升,在替代效应和收入效应的作用下消费者会选择减少该种产品消费,从而出现价格下降需求增加,价格上升需求减少。

需求曲线就是在替代效应和收入效应的共同作用下向右下方倾斜的。

10. 答:由于厂商的目标是追求利润极大化,在其他条件既定的条件下,如果某种商品价格上升,说明生产该种商品可以获得丰厚的利润,厂商就会投入更多的生产资源用于该商品的生产,从而使其供给量增加;反之,则厂商就会将生产资源转用于其他相对价格较高的商品的生产,从而使该商品的供给量减少。

11. 答:价格控制有两种情况:价格上限与价格下限。经济学家通常总是反对价格控制,是因为在经济学家看来,价格并不是某些偶然过程的结果,而是在供给和需求曲线背后的千百万企业和消费者决策的结果。由于家庭和企业在决定购买什么和卖出什么时关注价格,所以,他们就不知不觉地考虑到了他们行动的收益与成本。结果,价格指引这些个别决策者在大多数情况下实现了整个社会福利最大化的结果。可见,价格有平衡供求、协调经济活动的关键作用。当决策者用立法规定的方法确定价格时,他们模糊了正常指引社会资源配置的信号。

12. 答:商品短缺是由价格上限引起的。价格上限是某种商品与劳务价格法定的最高限。由于价格上限低于均衡价格,导致需求量大于供给量,从而引起了短缺。

商品过剩是由价格下限引起的。价格下限是某种商品或劳务价格法定的最低限。由于价格下限高于均衡价格,导致供给量大于需求量,从而出现过剩。

五、论述题

1. 答:一种商品的需求是指在某一特定时期内,对应于某一商品的各种价格,消费者愿意而且能够购买的数量。某一商品的需求量主要受以下因素影响:

(1) 商品自身的价格。一般来说,一种商品的价格越高,该商品的需求量就会越小;相反,价格越低需求量越大。

(2) 消费者的偏好。一个消费者对某种商品的偏好增强后,即使价格不变,需求量也会增加;相反,消费者反感或厌恶某种商品,则其需求量必将下降。所以,厂商的广告宣传、营销手段,往往立足于改变或培育消费者的偏好。

(3) 消费者的货币收入。货币收入对需求的影响要区分商品的不同特性。一般而言,消费者对正常商品的需求是随着收入水平的提高而增加,对低档商品的需求是随着收入水平的提高而下降。一些较低档的日用消费品,如化纤服装、黑白电视机等,在城镇居民收入有较大提高时,其需求就会下降。

(4) 其他商品的价格。其他商品的价格变化对消费者所购买商品的需求影响是,根据其他商品是替代品还是互补品而有所不同。如果 A 商品与 B 商品是替代品,A 商品的需求与 B 商品的价格同方向变化,即 B 商品价格的提高将引起 A 商品需求的增加,B 商品价格的降低将引起 A 商品需求的减少。如果 B 商品是 A 商品的互补品,A 商品的需求将与 B 商品的价格反方向变化,即 B 商品价格的提高将引起 A 商品需求的降低,B 商品价格的降低将引起 A 商品需求的提高。

(5) 消费者对商品价格的预期。当消费者预期某种商品的价格在未来不远的时期内会上升时,就会增加对该商品的现期需求量;当消费者预期某种商品的价格在未来不远的时期内会下降时,就会减少对该商品的现期需求量。

其他如气候、消费者人数、广告宣传、政府政策、时间等因素也可能会影响商品的需求,但上述五个因素是基本因素。

2. 答:供给是指生产者(厂商)在一定时期和一定价格水平下愿意而且能够提供的某种商品数量。一种商品的供给数量取决于多种因素的影响,其中主要的因素有以下几种:

(1) 商品自身的价格。由于厂商的目标是追求利润极大化,在其他条件既定的条件下,如果某种商品价格上升,厂商就会投入更多的生产资源用于该商品的生产,从而使其供给量增加;反之,则厂商就会将生产资源转用于其他相对价格较高的商品的生产,从而使该商品的供给量减少。

(2) 生产的成本。在商品自身价格不变的条件下,生产成本上升会减少利润,从而使得商品的供给量减少。相反,生产成本下降会增加利润,从而使得商品的供给量增加。

(3) 生产的技术和管理水平。在一般情况下,生产技术与管理水平的提高,可以降低原有的生产成本,增加生产者的利润,使在同一价格水平下生产者愿意提供更多的产量。

(4) 相关商品的价格。在一种商品价格不变,而其他相关商品价格发生变化时,该商品的供给量发生变化。例如,对于某个生产小麦和玉米的农户来说,在玉米价格不变和小麦价格上升时,该农户就可能增加小麦的耕种面积而减少玉米的耕种面积。原因是,相关产品价格变化引起生产不同产品的机会成本发生了变化。

(5) 生产者对未来的预期。如果生产者对未来的预期看好,如预期商品的价格上涨,生产者在制定计划时就会增加产量。如果生产者对未来的预期是悲观的,如预期商品的价格会下降,生产者在制定生产计划时就会减少产量。

另外,其他如气候、厂商数量、时间、政府税收政策与扶持政策的变化等因素也可能会影响供给。

3. 答:供求变动对均衡价格和均衡产量的影响,称为供求规律。包含四层含义:第一,需求增加,使均衡价格上升;需求减少,使均衡价格下降。第二,需求增加,使均衡产量增加;需求减少,使均衡产量下降。因此,需求的变动将引起均衡价格和均衡产量呈同方向变动。第三,供给增加,使均衡价格下降;供给减少,使均衡价格上升。第四,供给增加,使均衡产量增加;供给减少,使均衡产量减少。因此,供给的变动与均衡价格呈反方向变动,而与均衡产量呈同方向变动。

例如,笔记本电脑供给过剩引起价格下降,价格下降引起需求增加、供给减少,并使价格一直下降到市场实现均衡,使厂商愿意生产的数量与消费者愿意购买的数量达到一致。相反,笔记本电脑供给不足将引起价格上涨,价格上涨势必使供给量增加、需求量减少,并使价格一直上涨到市场实现均衡,使厂商愿意生产的数量与消费者愿意购买的数量达到一致。

4. 答:(1) 苹果市场的需求曲线将向左移动。由于卫生组织发布的报告称市场上销售的苹果农药含量过高,使人们对苹果产生恐惧心理,导致对苹果的需求下降,在其他条件不变的情况下,苹果的需求曲线向左移动,表明在任一价格水平下减少了对苹果的需求。

(2) 苹果市场的需求曲线将向右移动。由于苹果是正常品,随着消费者收入的增加,苹果的需求曲线向右移动,表明在任一价格水平下,对苹果的需求增加了。

(3) 苹果市场的需求曲线将向左移动。因为作为替代品梨和香蕉的价格下跌后,消费者会减少对苹果消费,并通过多消费梨和香蕉来实现替代。此时,苹果的需求曲线左移,表明在任一价格水平下减少了对苹果的需求量。

5. 答:(1) 对产品 X 的需求会增加。因为产品 X 变得更流行,将会产生示范效应,就会有更多的消费者追逐对产品 X 的消费,导致产品 X 的需求曲线右移,从而在任一价格水平下大大增加对 X 的需求量。

(2) 对产品 X 的需求会增加。因为作为替代品 Y 的价格上升后,消费者会减少对 Y 的需求量,并通过多消费 X 来实现替代。此时,产品 X 的需求曲线右移,在任一价格水平下增加了对产品 X 的需求量。

(3) 对产品 X 的需求要视产品 X 是正常品还是劣等品而定。如果是正常品,居民收入上升意味着消费者的购买力增强,将使他们增加对包括 X 商品在内的正常品的需求量。相反,如果 X 是劣等品,居民收入上升后,消费者会转向对质量较高的商品的消费,从而减少对 X 商品的需求量。

(4) 对产品 X 的需求会增加。因为新增的人口将会产生额外的需求,导致 X 的需求曲线右移,从而在任一价格水平下增加了对 X 的需求量。

6. 答:(1) 商品 A 的供给增加。因为,生产 A 的技术有重大突破,要么使成本降低,要么使产品更成熟,从而使供给增加。

(2) 商品 A 的供给增加。因为,额外的厂商进入会增加额外的产出。

(3) 商品 A 的供给下降。因为,生产 A 的工人工资和原料价格上涨使成本提高,从而使供给减少。

(4) 商品 A 的供给变动不确定。从短期看,预期商品 A 价格下跌,对其供给影响不会太大;从长期看,如果生产商品 A 的成本下降大于其价格下降,则其供给会增加,相反,则可能下降。

(5) 商品 A 的供给会减少,直到退出市场。因为新一代产品的推出,使产品的升级换代成为现实。

7. 答:(1) 啤酒原料价格上涨,使供给曲线向左上方移动,导致均衡价格提高,均衡交易量下降。

(2) 消费者收入普遍提高,使需求曲线向右上方移动,导致均衡价格上升,均衡交易量增加。

（3）啤酒同行进行大规模的广告促销，使需求曲线向右上方移动，导致均衡价格上升，均衡交易量增加。

（4）市场上流行喝啤酒，使需求曲线向右上方移动，导致均衡价格下降，均衡交易量增加。

（5）凉夏使需求曲线向左下方移动，导致均衡价格降低，均衡交易量下降。

8. 答：税收是政府常用的调控经济的政策工具。税收变动不外呼两个方面：减税与增税，我们将从这两个方面来进行分析。

（1）政府减税对市场均衡的影响：

假定政府对消费者实行减税政策。由于并不向生产者减税，在任何一种既定价格时，生产者对该产品的供给量是相同的，所以，供给曲线不变。与此相比，对消费者减税将使消费者的收入相应增加，这就使消费者在每一价格水平上的需求数量增多了，因而需求曲线向右移动。如图2.2所示，需求曲线由 D 移动到 D_1，移动的距离为减税额，均衡点由 E 移至 E_1，销售价格由 P_0 提高到 P_1，销售量从 OQ_0 增加到 OQ_1。这就是政府对消费者减税对市场均衡的影响。

假定政府对生产者实行减税政策。由于并不向消费者减税，在任何一种既定价格时，消费者对该产品的需求量是相同的，所以，需求曲线不变。与此相比，对厂商减税将使厂商的生产成本、利润水平相应降低，这就使厂商在每一价格水平上的供给数量增多了，因而供给曲线向右移动。如图2.3所示，供给曲线由 S 移动到 S_1，移动的距离为减税额，均衡点由 E 移至 E_1，销售价格由 OP_0 下降到 OP_2，销售量从 OQ_0 增加到 OQ_2。这就是政府对生产者减税对市场均衡的影响。

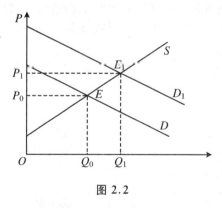

图 2.2

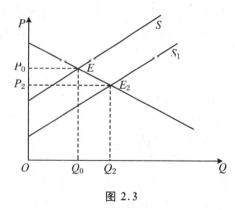

图 2.3

（2）政府增税对市场均衡的影响：

假定政府对消费者征收 T 量交易税。由于并不向生产者征税，在任何一种既定价格时,生产者对该产品的供给量是相同的,所以,供给曲线不变。与此相比,对消费者征税将使消费者的收入相应减少,这就使消费者在每一价格水平上的需求数量减少了,因而需求曲线向左移动。如图 2.4 所示,需求曲线由 D 移动到 D_1,移动的距离为 T,均衡点由 E 移至 E_2,销售价格由 OP_0 下降到 OP_2,销售量从 OQ_0 减少到 OQ_1。这就是政府对消费者征收交易税对市场均衡的影响。

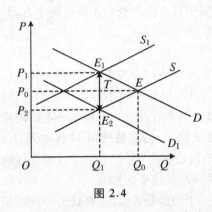

图 2.4

假定政府对厂商征收 T 量从量税。由于并不向消费者征税,在任何一种既定价格时,消费者对该产品的需求量是相同的,所以,需求曲线不变。与此相比,对厂商征税将使厂商的生产成本或供应成本相应提高,这就使厂商在每一价格水平上的供给数量减少了,因而供给曲线向左移动。如图 2.4 所示,供给曲线由 S 移动到 S_1,移动的距离为 T,均衡点由 E 移至 E_1,销售价格由 OP_0 上升到 OP_1,销售量从 OQ_0 减少到 OQ_1。这就是政府对厂商征收销售税对市场均衡的影响。

因此,无论政府对交易征税的对象是厂商还是消费者,对均衡的影响是一样的。对消费者征税时,销售价格 OP_2 加上应缴纳的税收 T,即为消费者实际支付的价格 OP_1,等于对厂商征税时实行的销售价格。而均衡交易量均为 OQ_1。

最后再分析一下政府对商品交易征税的税收分摊问题。当政府对一种商品征税时,该商品的消费者与生产者将共同分摊税收负担。但税收负担如何确切地划分呢?我们不妨以政府对厂商征税为例来进行分析。假定政府向厂商征收从量税,税额仍为 T,如图 2.5 所示。由于征税,均衡点从 C 点上升至 B 点,销售价格从 OG 上升 OA。因此,消费者需支付数量为 AG 的单位税额,总的税负为 $AG \times Q_1$,即图 2.5 中的 $AGFB$ 的面积。而厂商需支付的单位税额为 $T - AG$,即 GH,总的税负为 $GH \times OQ_1$,即 $GFEH$ 的面积。究竟由谁更多地承担税额,取决于供给曲线与需求曲线的斜率。当需求曲线斜率大于供给曲线斜率时,则税负主要由消费者承担;反之,主要由生产者承担。这

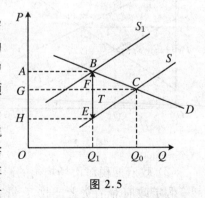

图 2.5

是因为,当需求曲线斜率大于供给曲线斜率时,表示需求弹性小于供给弹性,意味着即使价格提高,该消费者也不能不买,因而生产者可通过提高价格来转移税收;而供给曲线斜率大于需求曲线斜率时,情况则相反。只有当需求曲线斜率等于供给曲线斜率,需求弹性等于供给弹性时,税收才由生产者与消费者平均分摊。

(3) 总结:

通过上面的分析,我们得出了两个一般性的结论:第一,税收抑制了市场活动。当对一种商品征税时,该商品在新的均衡时销售量减少了。第二,减税刺激了市场活动。当对消费者或对生产者减税时,在新的均衡时,该商品的销售量增加了。

9. 答:赋税的无谓损失是指税收引起的总剩余减少。分析赋税的无谓损失是从考察税收如何影响福利即市场参与者的经济福利来展开分析的。

(1) 没有税收时的福利。

为了说明税收如何影响福利,我们从考虑政府征税之前的福利开始。图 2.6 表示供求图,并用字母表示出福利变动的面积。表 2.1 也直观地反映出福利的变动。

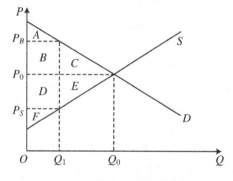

图 2.6　税收对福利的影响

表 2.1

	没有税收时	有税收时	变动
消费者剩余	$A+B+C$	A	$-(B+C)$
生产者剩余	$D+E+F$	F	$-(D+E)$
税收收入	无	$B+D$	$+(B+D)$
总剩余	$A+B+C+D+E+F$	$A+B+D+F$	$-(C+E)$

没有税收时,均衡价格为 P_0,均衡销售量为 Q_0。由于需求曲线反映了买者的支付意愿,所以,消费者剩余是需求曲线和价格之间的面积,即 $A+B+C$。同样,由于供给曲线反映了卖者的成本,所以,生产者剩余是供给曲线和价格之间的面积,即 $D+E+F$。在这种情况下,由于没有税收,税收收入等于零。

总剩余,即消费者和生产者剩余之和,等于面积 $A+B+C+D+E+F$。

(2) 有税收时的福利。

如果是向消费者征税,则需求曲线向左下方移动;如果是向生产者征税,则供给曲线向左上方移动。因为,无论是向生产者征税,还是向消费者征税,其对市场均衡的影响是相同的,所以我们可以忽略供需曲线移动而简化图形。

政府征税后,买者支付的价格从 P_0 上升到 P_B,因此,消费者剩余现在只等于面积 A;卖者得到的价格从 P_0 下降到 P_S,因此,生产者剩余现在只等于面积 F;销售量从 Q_0 减少为 Q_1,政府得到的税收收入等于面积 $B+D$。我们把消费者剩余、生产者剩余和政府税收收入相加,得到总剩余面积为 $A+B+D+F$。

(3) 福利的变动。

总福利的变动包括消费者剩余的变动(是负的),生产者剩余的变动(也是负的)和政府税收收入的变动(是正的)。把这三者相加后,市场剩余减少了 $C+E$。因此,买者和卖者受到的损失大于政府筹集到的收入。当税收(或某种其他政策)扭曲了市场结果时所引起的总剩余减少被称为无谓损失。图 2.5 中的面积 $C+E$ 就是无谓损失的规模。

税收的无谓损失大小,与供、需曲线的弹性大小有关,弹性越大,无谓损失越大。

10. 答:干旱使甘蔗收获减少,对糖市场和蜂蜜市场上的均衡价格及均衡数量带来不同的影响。

(1) 对糖市场的影响(见图 2.7 所示糖市场的均衡)。

甘蔗是糖的原料,干旱使甘蔗收获减少,使糖的供给曲线向左上方移动,由 S 移动到 S_1,均衡价格由 P_0 提高到 P_1,均衡数量由 Q_0 减少到 Q_1。

(2) 对蜂蜜市场的影响(见图 2.8 所示蜂蜜市场的均衡)。

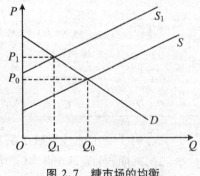

图 2.7 糖市场的均衡

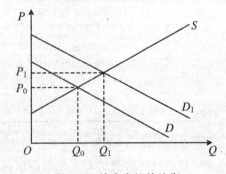

图 2.8 蜂蜜市场的均衡

甘蔗产量下降使糖的价格上升,而糖是蜂蜜的替代品,因此其价格上升将引起对蜂蜜的需求增加,蜂蜜市场的需求曲线向右上方移动,由 D 移动到 D_1,从而使蜂蜜市场的均衡发生了变化,均衡价格由 P_0 提高到 P_1,均衡数量由 Q_0 增加

到 Q_1。

11. 答：微观价格政策是政府为了实现自己的经济目标，弥补市场调节局限性而采取的影响或变动市场价格的措施。一般采取限制价格与支持价格的做法。

（1）限制价格。

限制价格是指政府为了限制某些商品的价格而对其规定的低于市场均衡价格的最高价格。其目的是为了稳定经济生活与经济活动秩序。例如，政府为了防止产成品价格的普遍上涨，往往限制原材料、燃料等的价格；政府为了保护消费者的利益，保持社会的长治久安和人民安居乐业的幸福生活，往往限制一些有关居民消费水平的生活必需品的价格。

限制价格会导致一系列不良后果。由于供给短缺，需求大于供给，会出现排队抢购。而排长队是无效率的，因为这样做浪费了买者的时间。在供不应求的情况下，政府可能不得不通过发放票证的方式实行配给。但配给制只能适应短期内的特殊情况，否则，一方面可能使购物券货币化，另一方面会挫伤厂商的生产积极性，使短缺变得更加严重。限价还会导致黑市猖獗，在限价的产品需求的价格弹性需求较小的情况下，所产生的黑市价格会大大高于市场均衡价格。与此同时，限制价格还会导致搭配销售与产品的低劣化。

因此，对于我国政府而言，除非在特殊的情况下，比如战时，或通货膨胀不可收拾的情况下，否则不应该对竞争性产品实行限价政策。而对某些垄断性很强的公用事业却另当别论，由于在这些行业缺乏竞争的市场，政府可以采取适当的限价政策。否则，垄断者会通过垄断价格来侵吞消费者的剩余，使社会福利受损。

（2）支持价格。

支持价格是政府为了扶持某一行业的生产，对该行业产品规定的高于市场均衡价格的最低价格。如果政府认为由市场供求力量自发决定的某种产品的价格太低，不利于该行业的发展，政府就可以对该产品实行支持价格。当价格被限定在高于均衡价格水平时，对于供给者而言，高价格意味着高利润，使供给量增加，从而起到了鼓励生产的作用；而对于消费者来说，高价格意味着高支出，从而迫使消费者减少该商品的消费，对需求起到抑制作用。

支持价格对经济发展和稳定具有积极意义，对农业更是如此。在农业生产中，支持价格可以稳定生产和农民的收入，减少经济波动对农业的冲击。在具体运用中，农产品支持价格一般采取两种形式：一种形式是缓冲库存法，即政府或代理机构按照某一平价购买农产品，建立库存。在供大于求时购买农产品增加库存，从而增加需求；在供小于求时减少库存，从而增加供给。另一种形式是建立稳定基金法,即政府或代理机构运用政府基金在支持价格水平上向农民订购农产品。当供给大于需求时,农产品价格低,农民可以按支持价格向政府出售;当供给小于需求时,农产品价格高,农民可以在市场上自由出售农产品。由于农业的基础地位,几乎每个国家都有对农产品市场进行干预的机构。其中规模最大的是欧共体国家,美国也有这样的机构。它们的任务是通过支持价格来稳定农产品价格,稳定农民收入。

但是,支持价格也有副作用,例如使得价格机制的作用难以发挥,同时也使得政府的财政负担加重。所以,对于我国政府而言,在一定的时期内对农产品实行支持价格是必要的,从长远看,解决"三农"问题的根本出路应该是工业化、城市化与农业的规模经营。

12. 答:供求定理是指在其他条件不变的情况下,需求变动分别引起均衡价格和均衡数量的同方向变动;供给变动分别引起均衡价格的反方向变动和均衡数量的同方向变动。

石油作为重要能源,在短时间内需求没有大幅度变化。石油作为天然资源,其生产成本表现为开采成本。随着技术进步,其供给变化在短时间内改变。在现有石油价格水平下,石油价格一般高于开采成本,如果不限制各国开采量,石油供给曲线大幅度向右下方移动,在需求曲线不变情况下,均衡石油价格将大幅度下降。短时间内,石油又是不可再生资源,石油输出国组织为了实现短期和长期利润最大化,必将经常限制石油产量。

石油生产比较容易,其供给弹性较大;石油因作为战略资源,其需求弹性较小。

石油市场均衡如图 2.9 所示。限制石油产量,需求量从 Q_2 减少到 Q_1。因为供给曲线弹性小于需求曲线弹性,矩形 $E_2 Q_2 O P_2$ 的面积小于 $E_1 Q_1 O P_1$ 的面积。不仅使总收益增加,而且减少供给量,获取长期受益。

13. 答:(1)"谷贱伤农"是指农民粮食增收,但卖粮食的收入却比往年少。

农民粮食收割后到底能卖多少钱取决于两个因素:产量和粮价,是二者的乘积。但这两个变量并不是独立的,而是相互关联、相互影响的。粮食是一种必需品,对粮食的需求最主要的是由人对粮食的生理需求所决定的。对于大部分人来说,粮食方面的花费在全部花费中所占比例已很小了,并且还会越来越小,这也导致人们对粮价的变化反应不敏感,也就是说,需求量对价格的变化不是很敏感。当粮价下跌时,对粮食的需求量会增加,但增加得不是很多。很有可能出现粮价下跌的百分比超过粮食增产的百分比,则就出现增产不增收甚至减收的状况,这就是"谷贱伤农"。如图 2.10 所示,粮食丰收后使供给曲线 S_1 的位置向右平移至

S_2，在缺乏弹性需求曲线 D 的情况下，粮食的均衡价格大幅度地由 P_1 下降到 P_2。农民的总收入由原来矩形 $OP_1E_1Q_1$ 降至 $OP_2E_2Q_2$。

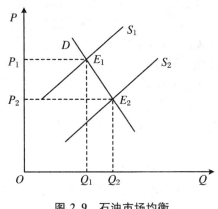

图 2.9　石油市场均衡

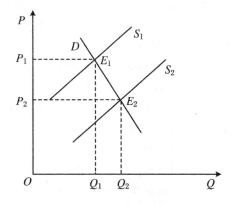

图 2.10　粮食市场均衡

（2）政府可以在农业领域发展作用的措施：

第一，政府对农产品采用保护价收购。即使在丰收时，为了避免价格大幅度下降给农民造成损失，伤害农民下一年度生产积极性，需要政府对丰收农产品设定收购保护价，不低于成本和平均利润之和。

第二，对农业进行补贴。对进行农业生产的农民进行财政补贴，其实质就是降低农业生产成本，保证农民不会因农产品丰收反而降低农产品丰收收入，保证了农民农业生产的积极性。

14. 答：所谓物业税是针对土地、房屋等不动产，要求其拥有者每年都要缴纳一定的税款。从种类上划分，物业税属于财产税。从世界范围来看，物业税的征收没有统一的形式，征收对象也很不一样。有的国家对个人持有的不动产一般不征收物业税，对获取收益的商业用途的房屋才征税，例如美国。有的国家则对所有的土地、建筑物及折旧资产均征税，例如日本。

（1）物业税对房地产市场需求的影响：

第一，对自住型需求的影响。物业税的出台意味着房地产交易环节的税费被大部分清理和废止，原先需要居民在购买房产时支付的那部分税费大幅度减轻，同时原先由开发商缴纳但是转嫁到购买者身上的税负也能够得到一定程度的减轻。税负减轻意味着购房负担的减轻，在一定程度上有利于自住型需求的实现。为实现物业税优先考虑公平的目标，物业税的税制设计就应当保障居民基本居住需求，各地方处于平均居住水平以下的居民无需纳税或只需要交很少的税。

第二，对投资型需求的影响。房地产作为一种特殊的商品，本身就具有投资和消费的双重属性。众多事实表明,中国的房地产市场中投资性的购房需求占总需求的比重正在上升,投机因素的加大使得房地产市场中的泡沫成分已不容忽视。物业税的开征可以改变房地产投资的相对优势,进而抑制投资需求。首先,物业税的开征减弱了投资人对物业区位升值的分享。因为物业税是按年从价计征的,若房产价值提升,则相应的物业税负加重,持有成本增加,投资回收期延长;若房屋价值稳定或下滑,则物业税负平稳或偏低,但投资处于失利状态。其次,物业税的开征降低了房地产投资的税负优势。在开征物业税之前,与生产性投资相比,由于房屋所有人可以不缴纳所得税,从而使得投资拥有房地产坐待升值,由于不必为保有纳税而成为更加"合算"的投资选择。物业税的开征可以在一定程度上扭转这种局面。

(2) 物业税对房地产价格的影响:

第一,物业税短期内能够促使房价下降。首先,物业税是将原本房地产交易环节的税费进行整理,在房地产保有环节征税。一方面增加了开发商囤积土地、捂盘惜售的成本,另一方面也增加了住房投资者保有住房的成本,促使更多的二手房进入市场交易,增加供给。其次,由于物业税的开征会使开发商前期开发成本大幅度减少,房地产行业的进入门槛大大降低,有利于吸引更多的开发商进入,促进房地产业的竞争,也增加了供给。

第二,物业税使房价下降幅度有限。一方面,在物业税的影响下会使房价下降,降低了的房价会将原本不具备购房能力的人具备了购房能力,从而迅速进入房地产市场,增加了需求;另一方面,现阶段的中国,城镇化进程的步伐不断加快,这势必使得更多的人涌入城市,尤其是大城市,大量人口的涌入使得房地产市场的需求激增。在这两方面的影响下,会使得房地产市场仍然成为卖方市场,房价的下降幅度有限。另外,房价不仅受物业税影响,还受国家宏观经济政策、贷款利率、消费者收入、位置、风险等多种因素影响。房地产市场的稳定与否同时也关系到中国经济发展的稳定。在目前中国经济求稳的大环境下,房价下降的幅度必然是有限的。

六、计算题

1. 解:当 $I=22, P_Y=5.5, t=2.75$ 时,需求函数、供给函数分别为

$$D = 10 - 2P_X + 0.5I + 4P_Y$$
$$= 10 - 2P_X + 0.5 \times 22 + 4 \times 5.5 = 43 - 2P$$
$$S = 10 + 2t + 3.5P_X$$
$$= 10 + 2 \times 2.75 + 3.5P_X = 15.5 + 3.5P_X$$

根据 $D=S$,即

$$43 - 2P = 15.5 + 3.5P_X$$

求得
$$P_X = 5$$

此时的均衡数量
$$D = S = 43 - 2 \times 5 = 33$$

2. 解:该题在计算需求函数时,需要考虑对 P 分区间计算。

当 $P \leq 40$ 时
$$Q_1 = 100 - 2P, \quad Q_2 = 160 - 4P$$

所以
$$Q = Q_1 + Q_2 = 260 - 6P$$

当 $40 < P \leq 50$ 时
$$Q_1 = 100 - 2P, \quad Q_2 = 0$$

所以
$$Q = Q_1 + Q_2 = 100 - 2P$$

当 $P > 50$ 时
$$Q_1 = 0, \quad Q_2 = 0$$

所以
$$Q = Q_1 + Q_2 = 0$$

3. 解:(1) 由 $Q_x^d = Q_x^s$,即 $50 - 5P = -10 + 5P$,得到 $P = 6$,所以
$$Q_x^d = Q_x^s = 50 - 5 \times 6 = 20$$

(2) 由 $Q_x^d = Q_x^s$,即 $60 - 5P = -10 + 5P$,得到 $P = 7$,所以
$$Q_x^d = Q_x^s = 60 - 5 \times 7 = 25$$

(3) 由 $Q_x^d = Q_x^s$,即 $50 - 5P = -5 + 5P$,得到 $P = 5.5$,所以
$$Q_x^d = Q_x^s = 50 - 5 \times 5.5 = 22.5$$

七、案例分析

【案例1参考答案】

(1) 收取拥挤费不能改变北京车辆拥堵现象,只可能暂时缓解交通拥挤现状。北京交通拥挤现象根本原因是人们使用车辆对道路需求大大超过城市道路供给。如果没有合理办法,可能导致拥挤现象更加严重。

(2) 解决北京交通拥挤的根本办法还是要从供求理论入手,一方面,增加城市道路供给,另一方面,减少人们使用车辆。

供给方面:城市立体化交通网络建设,包括城市高架快速通道、城市道路扩建、增加地铁交通建设,建设快速交通线路,完善城市交通系统,等等。

需求方面:提倡低碳出行,鼓励人们选择公交出行。城市建设规划需要系统

谋划，减少人们用于工作区与生活区之间交通时间，引导人们在相对固定城区内生活与工作。

【案例2参考答案】

（1）房价上涨原因很多，有主、客观两方面原因。"限购令"只能限制房子的投资性需求等其他非居住需求，如果不配合其他措施，难以控制房价持续上涨。

（2）目前房价持续上涨，主要原因是供给不足，需求过旺，加上对未来上涨预期刺激，导致房价持续上涨。解决办法如下：

第一，扩大供给。盘活土地存量，增加限价商品房、经济适用房、经济租赁房等保障性住房的土地供给；加强保障性住房供给；加大土地供应量和交易市场检查力度，依法查处房地产开发商土地闲置、拖延开竣工时间、捂盘惜售等违法违规行为。

第二，减少需求。继续加强财税、金融、土地等政策调节，规范市场秩序，坚决抑制投资投机性住房需求，坚决打击投机性住房需求，引导住房回归居住功能，减少对住房的非理性需求。

【案例3参考答案】

（1）伊拉克侵占科威特，主要目的是控制石油产量。科威特是石油主要出口国之一，伊拉克侵占科威特造成石油供给曲线向左移动，均衡价格上升。

（2）天然气与石油是替代品，石油价格上涨也导致天然气价格上涨。

第三章 弹性理论

第一部分 习题

一、名词解释
1. 弹性系数 2. 点弹性 3. 弧弹性 4. 需求价格弹性 5. 需求收入弹性 6. 需求交叉弹性 7. 供给价格弹性 8. 蛛网模型 9. 期货市场

二、单项选择题
1. 贵夫人对一般的美容化妆品的需求价格弹性(　　)。
   A. 大于1　　　B. 小于1　　　C. 等于零　　　D. 以上都有可能
2. 如果某产业许多厂商生产同一种标准化产品,则其中任一厂商的产品的需求(　　)。
   A. 完全无弹性　　　　　　B. 有单位弹性
   C. 缺乏弹性　　　　　　　D. 富有弹性
3. 假定生产某种产品的原料价格上升了,则这种产品的(　　)。
   A. 需求曲线左移　　　　　B. 需求曲线右移
   C. 供给曲线左移　　　　　D. 供给曲线右移
4. 如果某种商品的需求富有弹性,则意味着价格一定程度的下跌将会导致(　　)。
   A. 卖者总收益增加　　　　B. 买者需求量减少
   C. 买者总支出减少　　　　D. 买者需求增加
5. 如果价格上升10%能使买者总支出增加2%,则该商品的需求价格弹性(　　)。
   A. 缺乏弹性　　　　　　　B. 富有弹性
   C. 具有单位弹性　　　　　D. 完全无弹性
6. 厂商在工资率下降时,一般倾向于增雇工人,假如对工人的需求缺乏弹性,工资率的下降将导致工资总额(　　)。

A. 减少　　　B. 增加　　　C. 不变　　　D. 无法确定

7. 如果小麦市场是缺乏弹性的,小麦的产量等于销售量且等于需求量,由于气候原因使小麦产量下降20%,则(　　)。

　　A. 小麦生产者的收入减少,因为小麦产量下降20%
　　B. 小麦生产者的收入增加,因为小麦的价格上升低于20%
　　C. 小麦生产者的收入增加,因为小麦的价格上升超过20%
　　D. 以上都不对

8. 政府对卖者出售的商品每单位征税5元,假定这种商品的需求价格弹性为零,可以预期价格上升(　　)。

　　A. 多于5元　　B. 少于5元　　C. 等于5元　　D. 以上都不对

9. 政府为增加财政收入,决定对销售者征税,如果政府希望全部税收由买者承担,并尽可能不影响交易量,则应具备的条件是(　　)。

　　A. 需求和供给的价格弹性均大于零小于无穷大
　　B. 需求的价格弹性大于零小于无穷大,供给弹性为零
　　C. 供给弹性大于零小于无穷大,需求价格弹性等于零
　　D. 以上都有可能

10. 劣等品足球的收入弹性为(　　)。

　　A. 等于零　　B. 大于零　　C. 小于零　　D. 大于1

11. 商品的供给曲线为过原点的一条直线,则该商品的供给价格弹性(　　)。

　　A. 等于1　　　　　　　　B. 等于该供给曲线的斜率
　　C. 不确定　　　　　　　D. 随价格的变化而变化

12. 对一斜率为正且在原点的左端与数量轴(横坐标)相交的线性供给曲线,其价格弹性(　　)。

　　A. 大于1　　B. 小于1　　C. 等于1　　D. 以上都不对

13. 当两种商品中的一种商品的价格发生变化时,这两种商品的需求量同时增加或减少,则这两种商品的需求交叉弹性(　　)。

　　A. 大于零　　B. 小于零　　C. 等于零　　D. 等于1

14. 一个高于均衡价格的价格表示(　　)。

　　A. 在此价格上生产者无法收回生产成本
　　B. 在此价格上供给量大于需求量
　　C. 消费者愿意按此价格购买所有产品
　　D. 在此价格上需求量大于供给量

15. 如果某种商品的需求价格弹性为正值,说明(　　)。

A. 此种商品是必需品　　　　B. 此种商品是高档品
C. 此种商品是正常品　　　　D. 此种商品是吉芬商品

16. 某地区的居民收入从去年的 200 亿元上升到今年的 220 亿元,对 X 商品的需求数量上升了 20%,此种商品是(　　)。

A. 奢侈品　　B. 必需品　　C. 低等品　　D. 吉芬商品

三、判断题

1. 一般说来,生活必需品的需求弹性比奢侈品的需求弹性要小。(　　)
2. 当商品的需求价格弹性小于 1 时,降低销售价格会使总收益增加。(　　)
3. 需求的价格弹性可以由需求曲线的斜率单独表示。(　　)
4. 需求完全有弹性是指价格的变化对总收益没有影响。(　　)
5. 某种商品越是容易被替代,其需求也就越缺乏弹性。(　　)
6. 如果价格和总收益表现为同方向变化,那么需求是富有弹性的。(　　)
7. 长期供给一般比短期供给更缺乏弹性。(　　)
8. 如果供给富有弹性,那么即使需求只有很少增加,这对交易量的影响也会较大。(　　)
9. 垂直的供给曲线表明供给弹性为零。(　　)
10. 商品的需求弹性越大,政府从这些商品中征收的税就越多。(　　)
11. 如果一种商品的收入弹性为负,那么这种商品需求曲线的斜率一定为负。(　　)
12. 需求曲线为直线时,在单位弹性点上总收益为最大。(　　)
13. 互补品的交叉弹性系数为负值。(　　)
14. 蛛网中立的条件为供给弹性小于需求弹性。(　　)
15. 蛛网理论是研究具有较长生产周期的产品的价格与产量的周期性波动的。(　　)

四、简答题

1. 给出影响需求价格弹性的因素。
2. 简述影响供给弹性的因素。
3. 简述需求收入弹性及其三种情况。
4. 简述需求交叉弹性及其三种情况。
5. 毕加索油画的供给价格弹性是多大?
6. 某生产者面临的需求曲线向右下方倾斜,问生产者是否应该将产量水平推进到缺乏弹性区间?
7. 若 X 商品与 Y 商品是互补品,X 商品的需求交叉弹性如何?若 X 商品与 Y 商品为相互替代关系时,X 商品的需求交叉弹性有何不同?

8. 短期供给价格弹性大,还是长期供给弹性大?为什么?

9. 用几何方法推导线性需求曲线上某一点的点弹性。

10. 证明需求直角双曲线的点弹性恒等于 1。

11. 用几何方法推导非线性供给曲线上某一点的点弹性。

12. 什么决定了税收负担在买者与卖者之间的分摊?为什么?

13. 若要增加生产者的销售收入,对粮食、食油一类的商品和对黄金首饰、高级音响一类的商品分别应采取提价还是降价的方法?为什么?(上海大学 2003 研,(后文相同之处省略"研"字);北京邮电大学 2007;暨南大学 2010;东南大学 2010)

14. 张三将全部的收入用于商品 X 和商品 Y 的消费。设他对这两种商品的消费已经满足 $\frac{MU_X}{P_X} = \frac{MU_Y}{P_Y}$。现在,设 P_X 下降,P_Y 和消费者收入保持不变。试分别在张三对 X 的需求价格弹性小于 1、等于 1 和大于 1 时,讨论张三对 Y 的需求量会如何变化。(辽宁大学 2005)

15. 近年来,我国的部分农产品价格出现了周期性波动的态势:价格在丰收年份往往很低,但次年会有较大幅度的上升……如此反复。试对此进行解释,并分析就此采取的政策。(华中科技大学 2008;云南大学 2008)

16. 如果汽油价格上涨较大幅度,将对汽车的需求产生什么影响?请结合有关弹性理论作简要分析。

五、计算题

1. 某消费者对消费品 X 的需求弹性为 $P = 100 - \sqrt{Q}$,分别计算 $P = 60$ 和 $P = 30$ 时的价格弹性系数。

2. 假定某商品市场由 A、B 两个消费者和 I、J 两个生产者构成。A、B 两个消费者对该商品的需求函数分别为 $q_A^d = 200 - 2p$,$q_B^d = 150 - p$,p 为该商品价格;I、J 两个生产者的供给函数分别为 $q_I^s = -100 + 2p$,$q_J^s = -150 + 3p$。

(1) 求该商品的市场需求函数和供给函数。

(2) 求均衡价格和均衡产量。

(3) 当市场价格为 50 时,求市场的需求价格弹性。

(4) 当市场价格为 100 时,求市场供给价格弹性。

3. 在英国,对新汽车需求的价格弹性为 1.2,需求的收入弹性为 3,求:

(1) 其他条件不变,价格提高 3% 对需求的影响。

(2) 其他条件不变,收入增加 2% 对需求的影响。

(3) 假定价格提高10%,收入增加12%,2003年新汽车销售量为1000万辆,利用有关弹性数据,预测英国2004年新汽车的销售量。

4. 设笔记本电脑的需求价格弹性为2,其价格现为每台8000元,试问笔记本电脑价格上涨多少元才能使其消费量减少10%?

5. 在商品 X 市场,有10 000个相同的人,每人的需求函数均为 $q^d = 12 - 2P$;同时有1 000个相同的生产者,每个生产者的供给函数均为 $q^s = 20P$。

(1) 推导商品 X 的市场需求函数和市场供给函数。

(2) 求均衡价格和均衡产量。

(3) 假定每个消费者的收入增加,其个人需求曲线向右移动了2个单位,求收入变化后的市场需求函数及均衡价格和均衡产量。

(4) 假定每个生产者的生产技术水平有了很大提高,使得每个生产者的供给曲线向右移动了40个单位,求技术变化后的市场供给函数及其均衡价格和均衡产量。

(5) 假定政府对出售的每一个单位 X 商品征收2元的销售税,政府这一行为对均衡价格和均衡产量有何影响?政府征收的总税额是多少?这些税款实际上是谁支付的?

6. 设某商品需求曲线的方程为 $Q = 20 - 2P$。求:

(1) 价格 $P = 4$ 时的点弹性为多少?

(2) 怎样调整价格,可以使总收益增加?

(3) 计算 $P = 5$ 时的消费者剩余是多少?

7. X 公司和 Y 公司是机床行业的两个竞争者,这两家公司的主要产品的需求曲线分别为 $P_X = 1000 - 5Q_X$, $P_Y = 1600 - 4Q_Y$。

这两家公司现在的销售量分别为100单位 X 产品和250单位 Y 产品。

(1) 求 X 产品和 Y 产品当前的价格弹性。

(2) 假定 Y 产品降价后,使其销售量增加到300单位,同时导致 X 产品的销售量下降到75单位,试计算 X 产品对 Y 产品的交叉价格弹性。

(3) 假定 Y 公司目标是谋求销售收入极大化,试分析它降价在经济上是否合理。

8. 设需求函数为 $Q = \dfrac{M}{P^n}$,其中,M 为收入,P 为价格,n 为常数,求需求的点收入弹性与价格弹性。

9. 某钢铁公司对某种钢 X 的需求受到该种钢的价格 P_x、钢的替代品铝的价格 P_y,以及收入 M 的影响。所估计的各种价格弹性如下:钢需求的价格弹性

$e_d = 2.5$;钢对铝的交叉价格弹性 $e_{xy} = 2$;钢需求的收入弹性 $e_m = 1.5$。下一年,该公司打算将钢的价格提高 8%。根据公司预测,明年收入将增加 6%,铝的价格将下降 2%。

(1) 如果该公司今年钢的销售量是 2 400 万吨,在给定以上条件的情况下,该公司明年钢的需求量是多少?

(2) 如果该公司明年将钢的销售量仍维持在 2 400 万吨,在收入增加 6%,铝的价格下降 2%的条件下,钢铁公司把钢的价格定在多高?

10. 某电子公司估计市场对其电子产品 DVD 与居民收入之间的关系可用函数 $Q = 400 + 0.4M$ 表示,这里 Q 为需求量,M 为每一人口的收入。

(1) 求收入水平分别为 6 000 元、8 000 元、10 000 元时的需求量。

(2) 求收入水平在 6 000 元和 8 000 元时的点收入弹性。

(3) 求收入范围在 6 000 元到 8 000 元之间和 8 000 元到 10 000 元之间的弧收入弹性。

(4) 该公司生产能否快于居民收入的增长速度?

11. 已知需求函数的动态模型分别为(i) $D_t = 40 - 10P_t, S_t = 5P_{t-1} - 5, P_0 = 5$;(ii) $D_t = 30 - 5P_t, S_t = 5P_{t-1} - 10, P_0 = 3$;(iii) $D_t = 70 - 4P_t, S_t = 8P_{t-1} - 2, P_0 = 6.5$。

(1) 指出其市场动态模型分别属于哪种情况,如果属于价格趋向均衡的情况,试求出均衡价格和均衡产量。

(2) 试求各市场动态模型初始价格 P_0 以后第 1、2、3、4 期的价格,即 P_1、P_2、P_3、P_4。

12. 设一个商品的供给和需求曲线都是直线,函数分别为:$Q = c + dP$ 和 $Q = a - bP$,假如就该商品对厂商或销售方征收从量税,单位商品税收为 1,请回答下列问题:

(1) 计算其对均衡价格和均衡数量的影响。

(2) 计算供求双方各自负担的税收是多少,并利用经济学原理解释税收为什么被转嫁,又为什么没有全部被转嫁。

13. 设需求函数为 $Q = 10 - 2P$,求其点弹性值为多少?怎样调整价格,使总收益增加?(山东大学 2000)

14. 已知消费者对某种商品的需求函数为 $Q = 100 - 2P$,写出相应的总收益函数和边际收益函数。在什么价格水平上,需求价格弹性系数为 1?(中国人民大学 2004)

15. 假定表 3.1 是需求函数 $Q_d = 500 - 100P$ 在一定价格范围内的需求表:

表 3.1

价格(元)	1	2	3	4	5
需求量	400	300	200	100	0

(1) 求出 2 元和 4 元之间需求的价格弧弹性。

(2) 根据给出的需求函数,求 $P=2$ 时的价格点弹性。

(3) 根据该需求函数或需求表作出几何图形,利用几何方法求出 $P=2$ 时的需求价格点弹性。它与(2)的结果相同吗?(北京交通大学 2005)

16. 假设对于某商品,市场上共有 100 个消费者,该商品的 50% 为 75 个彼此相同的消费者所购买,他们每个人的需求价格弹性为 2;另外 50% 的商品为其余 25 个彼此相同的消费者所购买,他们每个人的需求价格弹性为 3,试求这 100 个消费者合起来的需求价格弹性。(东北财经大学 2009)

17. 香蕉的反需求函数为 $P_d = 18 - 3Q_d$,反供给函数是 $P_s = 6 + Q_s$。

(1) 假设没有税收和补贴,均衡价格和均衡产量各是多少?

(2) 假设对香蕉的生产者支付每单位(千克)2 元的补贴,新的均衡价格和均衡量各是多少?

(3) 计算对香蕉提供生产补贴后消费者剩余和生产者剩余的变化额。

(4) 如果苹果和香蕉之间的交叉价格弹性为 0.5,那么在苹果价格保持不变的情况下,对香蕉生产者的补贴会对苹果的需求量产生怎样的影响?(南开大学 2008)

18. 假设某商品的反需求曲线为 $P = 11 - 0.15Q$,其反供给曲线为 $P = 1 + 0.05Q$,试求:

(1) 市场达到均衡时,消费者剩余是多少?

(2) 如果政府对这种商品每单位征收 1.00 元销售税,政府的税收收入是多少?

(3) 在这 1.00 元的税收中,消费者和生产者各负担多少?(南开大学 2005)

19. 已知某商品的需求函数为 $Q_d = 60 - 2P$,供给函数为 $Q_s = -30 + 3P$,求均衡点的需求价格弹性和供给弹性。如果政府对每一件产品课以 5 元的销售税,政府的税收收入是多少?其中生产者和消费者各分担多少?(上海大学 2007)

20. 已知某商品的需求方程和供给方程分别为 $Q_d = 14 - 3P$,$Q_s = 2 + 6P$,试求该商品的均衡价格以及均衡时的需求价格弹性和供给弹性。(武汉大学 2006)

21. 已知某商品 X 的需求函数为 $Q = 80 - 8P + 20P_Y + 0.04I$,其中,$P_Y$ 为

另一商品价格，I 为收入。已知 $P=10, P_Y=20, I=5\,000$，求：

(1) 该商品的价格弹性。

(2) 商品 X 对 Y 的交叉弹性，并指出它们之间是什么商品关系。

(3) 该商品的收入弹性，并指出属于吉芬商品还是正常商品、劣等商品。（同济大学 2008）

六、论述题

1. 试分析说明需求价格弹性与销售总收益之间的关系。

2. 弹性理论对厂商的生产经营决策有何帮助？

3. 回答下列问题：

(1) 某出口企业，其出口产品的需求价格弹性估计为 0.8，为了增加出口创汇收入，出口产品价格应该提高还是降低？

(2) 甲、乙同为生产电子产品的两家企业，假设甲产品对乙产品的需求交叉价格弹性为 1.5，那么乙降价 10%，甲产品价格应该提高还是降低？

(3) 当农业歉收，对农民的收入变化有两种截然不同的观点：一种观点认为，由于农业歉收，农民的收入将减少；另一种观点认为，农业歉收，农产品产量虽然减少，但由于农产品价格会上升，因此，农民的收入会增加。你是如何看待这一问题的？理由是什么？

4. 考虑到提高生产者的收入，那么对农产品和对摄像机、等离子电视等高档商品应采取提价还是降价的办法？为什么？

5. 用需求的价格弹性理论说明"薄利多销"这一传统的经商理念。

6. 农产品期货市场为什么可以减轻农产品的波动？

7. 经济学家已经注意到，在经济衰退期间，在餐馆吃饭的支出比在家吃的食物支出减少得多。弹性原理如何有助于解释这种现象？

8. 药物性毒品需求缺乏弹性，而计算机需求富有弹性。假设技术进步使这两种物品都增加了一倍（这就是说，在每种价格水平上，供给量是以前的两倍）：

(1) 每个市场上的均衡价格和数量会发生什么变动？

(2) 哪一种产品价格变动大？

(3) 哪一种产品数量变动大？

(4) 消费者对每种产品的总支出会发生什么变动？

9. 如果政府：

(1) 对某种商品的所有生产者给予单位现金补贴，将对该商品的供给曲线产生什么影响？

(2) 与上述相反，对该商品的所有生产者征收单位销售税，将对该商品的供给曲线产生什么影响?

(3) 对于一种商品的所有生产者来说,实行最低限价或最高限价与给予单位补贴或征收单位销售税有何不同?

10. 海滨疗养胜地供给缺乏弹性,汽车供给富有弹性。假设人口对这两种产品的需求都增加了一倍(这就是说,在每种价格水平下,需求量是以前的两倍),请问:

(1) 每个市场上的均衡价格和数量会发生什么变动?

(2) 哪一种产品价格变动大?

(3) 哪一种产品数量变动大?

(4) 消费者对每种产品的总支出会发生什么变动?

11. 论述收入弹性和需求交叉弹性的决定及其经济意义。(山东大学 2007)

12. 政府如果对产品的卖方征收销售税,那么,在其他条件不变的情况下这将会导致商品的供给曲线向上平移。然而,根据供求曲线具体形状的不同,实际的税收负担情况是不同的。假定商品的需求曲线为负斜率的直线,试结合图形分析一下:

(1) 在什么情况下税收负担能够完全转嫁给买方?

(2) 在什么情况下买卖双方均承担一定的税负?

(3) 在什么情况下税收负担完全不能转嫁给买方?

(4) 上述变化有什么规律性?(东北财经大学 2009;同济大学 2010)

13. 蛛网理论的基本假设有哪些?请画出收敛型蛛网模型。(山东师范大学 2005)

七、案例分析

【案例1】 分时电价推动"定时"家电供求。

"高峰低谷电价有别"的分时电价政策背后蕴藏着巨大商机,掀起了一轮家电更新换代热潮。因为"分时电价"中的"低谷电"的电价比"高峰电"少花近4倍的钱,所以不少家电企业将目光投向了一个新市场——有蓄热蓄冷功能和定时预约功能的新型电器。

截止2012年8月,除西藏等个别地区外,我国基本实行了分时电价。如上海地区峰谷比例为4.6:1,其高峰、平段、低谷的电价分别为1.017元/kWh、0.646元/kWh、0.222元/kWh,其峰谷电价差为0.795元/kWh。显然,在电力低谷0.222元/kWh时期,开制冷机并蓄存冷量,在电力高峰1.017元/kWh时,不开或少开制冷机,用低谷蓄存的冷量满足供冷要求,可以节省大量的空调电费。与常规空调系统相比,节省空调电费的比例为30%~70%。

自从南京要实施分时电价消息一出,杭州华电华源环境工程有限公司驻南京办事处就变得更加热闹,前来该公司咨询冰储冷中央空调的单位络绎不绝。冰储冷中央空调的最大特点就是在夜间低谷电力时段将所需空调冷量部分或全部制备好,并以冰的形式储存起来,在非电力低谷段时融冰供冷。江苏省从1999年10月起就在机械、冶金、化工等六大行业试行峰谷分时电价,该公司就是从那时起带着冰储冷空调进入南京,但当时峰谷时段划分不尽合理,峰谷价差偏小,冰储冷空调的优势并不十分明显,此次江苏省物价局决定将工业用电峰谷比价由原来的3∶1拉大到5∶1,这项规定无疑将给冰储冷空调带来更大的市场空间,也将给使用者带来更大优惠。

分时电价也影响着居民对电器的选择,居民希望电器具备"分时"功能。海尔200遥控热水器有预约温度、时间功能。用户可根据自己的需求,设定热水器加热时间段和加热温度。这款热水器销量已经占海尔热水器总量的80%。

(根据http://www.lodestar.com.cn/dl/news/72778.html 2003年8月18日《江苏省分时电价商机诱人》、中国家电网2005年2月8日《分时电价带火"预约"家电产品》、http://www.poweru.cn/news/2010524143249.htm 2012年8月15日《分时电价对空调蓄冷节电的影响》整理而得。)

讨论题:

1. 如果把低谷电价看作电价下调,"分时"功能的电器是否起到提高电价弹性的作用?

2. 如果没有这种电器,电价的弹性会如何?由此你能领悟到除了本章内容中谈到的影响需求价格弹性的因素之外,实际上存在着许多影响需求价格弹性的直接或间接因素吗?

【案例2】 水价上涨导致的变化。

北京市居民生活用水价格自2009年12月22日起由每立方米3.70元调整为4.00元。北京市社情民意调查网围绕水价调整、市民日常生活用水习惯、节水意识等问题对18个区县的2022位市民进行了电话调查。调查结果显示,居民生活用水价格调整后,居民家庭月均用水量6.6吨,与水价调整期间相比,降低了0.5吨。市民节水意识提高,市民采用"一水多用"的比例增加了3.6个百分点。

市民采用节水措施的比例逐步提高。调查显示,市民在生活中普遍采取了各种节水设施,65.9%的市民在家中安装了节水龙头,比上期调查时的安装率高出2个百分点;市民家中使用节水马桶的比例占44.2%,比上期调查时的使用率高出5个百分点。调查还表明,此次水价调整对高收入人群的变化并不明显。因此,水价调整配以加大对居民节约用水、科学用水的宣传力度,才能达到提高全民节水意识的目的。

水价上涨,使一些商家从中看到了无限商机,在某建材商场记者看到某品牌打出"省水、省心、省钱"的广告。销售人员告诉记者,以节水为卖点的广告效果非常明显。

据业内人士透露,节水型器具的价格往往要比普通不节水型器具高出20%~40%,但消费者仍然愿意为节水型器具买单。

(根据中国信息报 2005.01.06 www.zgxxb.com.cn、中国新闻网 2009 年 12 月 22 日 http://news.163.com/09/1222/00/5R3KUM5A000120GU.html 整理而得;本案例来自"圣才学习网"http://www.100xuexi.com。)

讨论题:
1. 请用弹性理论中的有关概念解释为什么节水型器具会热销。
2. 请用上述有关数据计算水的需求价格弹性。
3. 这个弹性是大还是小?是否能说明水是哪一类消费品?
4. 为什么此次水价调整对高收入人群的变化并不明显?
5. 设想一下再过几个月之后居民生活用水的需求价格弹性是否会有所变化?为什么会有变化?

第二部分 参考答案

一、名词解释

1. **弹性系数**:经济学中的弹性是指经济变量之间存在函数关系时,因变量对自变量变动的反应程度大小,即两个变量变动的百分比之比。若两个经济变量之间的函数关系为 $Y=f(X)$,e 表示弹性系数,则 e 等于 Y 变动的百分比与 X 变动的百分比之比,即 $e = \dfrac{Y\text{变动的百分比}}{X\text{变动的百分比}}$。

2. **点弹性**:需求点弹性是指在某一个价格水平点上,当价格波动很微小的一点,所引起的需求量变化的敏感程度。

3. **弧弹性**:用来表示某商品需求曲线上两点之间的需求量的相对变动对于价格的相对变动的反应程度。简单地说,它表示需求曲线上两点之间的弹性。

4. **需求价格弹性**:是指一种商品需求量对其价格变动的反应程度,其弹性系数等于需求量变动百分比除以价格变动百分比。

5. **需求收入弹性**:是指一种商品的需求量对消费者收入变动的反应程度,是需求量变动百分比与收入变动百分比之比。

6. 需求交叉弹性：是指一种商品的需求量对另一种商品价格变动的反应程度，其弹性系数是一种商品需求量变动的百分比与另一种商品价格变动的百分比之比。

7. 供给价格弹性：是指一种商品的需求量对其价格变动的反应程度，其弹性系数等于供给量变动的百分比与价格变动百分比之比。

8. 蛛网模型：是西方经济学家建立的一个动态的价格分析模型，用以解释某些商品特别是农产品、生猪等的价格和产量一旦失去均衡时所发生的波动情况。该模型因所描述的价格运动图形类似蛛网而得名。

9. 期货市场：是进行标准化期货合约交易的市场。在这个市场上所买卖的期货合约是在未来交货（或通过合约买卖对冲而结束交易）的，或者说买卖的是未来的农产品。这样，就可以在竞争中发现农产品的未来价格。

二、单项选择题

1. B 2. D 3. C 4. A 5. A 6. A 7. C 8. C 9. C 10. C 11. A 12. A 13. B 14. B 15. D 16. A

三、判断题

1. 正确。【提示】一般而言，消费者对生活必需品的需求强度大且比较稳定，受价格变化影响较小，因而需求弹性小；对非奢侈品的需求强度小且不稳定，受价格变化影响较大，因而需求弹性大。

2. 错误。【提示】当商品的需求价格弹性小于1时，需求量变动的百分比小于价格变动的百分比，这意味着，价格下降所引起的销售收益的减少量必定大于需求量增加所引起的销售收益的增加量。即价格下降，则总收益减少。

3. 错误。【提示】因为需求的价格弹性既与需求曲线的斜率有关，又与价格、需求量有关。

4. 错误。【提示】需求完全有弹性表示在既定的价格水平上，需求量是无限的，一旦高于既定价格，需求量即为0，其总收益也就为0。

5. 错误。【提示】一般说来，一种商品的替代品越多，可替代程度越高，价格变动对其需求量影响就越大，其需求价格弹性也就越大；反之，则需求弹性越小。

6. 错误。【提示】如果价格和总收益表现为同方向变化，则需求是缺乏弹性的。因为当商品的需求价格弹性小于1时，需求量变动的百分比小于价格变动的百分比，这意味着，价格上升所引起的销售收益的增加量必定大于需求量下降所引起的销售收益的减少量。即价格上升，则总收益增加。

7. 错误。【提示】一般而言，在短期内厂商来不及调整生产规模，以适应价格的变化，因此弹性较小；而在长期内厂商能够比较从容地调整生产规模以适应价格的变化,因此弹性较大。

8. 正确。【提示】如果供给富有弹性,那么供给曲线将比较平缓,此时需求量较小增加,即需求曲线向右较小移动,使交易量较大增加。

9. 正确。【提示】如果供给曲线是垂直的,则表明无论价格如何变动,供给量为一常量,即供给弹性为零。

10. 错误。【提示】商品的需求弹性越大,价格变动对其需求量的影响越大,如果政府提高税收必将引起需求量的较大下降,使政府从这些商品中征收的税反而减少。

11. 错误。【提示】低档品的收入弹性为负,而低档品中的吉芬商品的需求曲线的斜率则为正值。

12. 正确。【提示】在单位弹性点的上方,需求弹性大于1,此时,价格降低收益增加;在单位弹性点的下方,需求弹性小于1,此时,价格提高收益增加。只有在单位弹性点上总收益为最大。

13. 正确。【提示】交叉弹性系数是指一种商品的需求量对另一种商品价格变动的反应程度,其弹性系数是一种商品需求量变动的百分比与另一种商品价格变动的百分比之比。对于互补品来说,一种商品的需求量与另一种商品的价格呈反方向变化,所以互补品的交叉弹性系数为负值。

14. 错误。【提示】蛛网中立的条件为供给弹性等于需求弹性,供给弹性小于需求弹性为蛛网稳定的条件。

15. 错误。【提示】蛛网理论是在一些假设的条件下来分析具有较长生产周期的农产品价格与产量的周期性波动的。

四、简答题

1. 答:需求弹性的大小主要取决于下列因素:

(1) 消费者对商品的需求强度。一般而言,消费者对生活必需品的需求强度大且比较稳定,受价格变化影响较小,因而需求弹性小;对非生活必需品的需求强度小且不稳定,受价格变化影响较大,因而需求弹性大。

(2) 商品的替代数目与替代程度。一般说来,一种商品的替代品越多,可替代程度越高,其需求弹性就越大;反之,则需求弹性越小。

(3) 商品用途的广泛性。一般而言,一种商品的用途越是广泛,其需求弹性就可能越大;相反,用途越是狭窄,其需求弹性可能越小。

(4) 购买商品的支出在人们收入中所占的比重。比重大的商品,其弹性就大,比重小的其弹性就小。

(5) 时间因素。同样的商品,从长期看,其需求弹性就大;如果只看短期,其需求弹性就小。

此外,商品的耐用程度、地域差别、消费习惯、商品质量、售后服务等因素也会影响商品的需求弹性。当然,一种商品的需求价格弹性大小,是由多种因素综合作用的结果,我们要视具体情况对其进行全面的综合分析。

2. 答:影响供给价格弹性的因素主要有以下几方面:

(1) 生产的难易程度。一般而言,在一定时期内,容易生产的产品,当价格变动时其产量变动速度快,因而供给弹性大;较难生产的产品,则供给弹性小。

(2) 生产规模和规模变化的难易程度。一般说来,生产规模大的资本密集型企业,其生产规模较难变动,调整周期长,因而其产品的供给弹性小;而规模较小的劳动密集型企业,则应变能力强,其产品的供给弹性大。

(3) 成本的变化。如果随着产量的提高,只引起单位成本的轻微提高,甚至是下降,则供给弹性就大;而如果单位成本随着产量的扩大而明显上升,则供给弹性就小。

(4) 时间长短。一般而言,在短期内厂商来不及调整生产规模以适应价格的变化,因此弹性较小;而在长期内厂商能够比较从容地调整生产规模以适应价格的变化,因此弹性较大。

此外,生产周期的长短、厂商生产能力、对未来价格预期等因素也会影响供给弹性。

3. 答:需求的收入弹性是指一种商品的需求量对消费者收入变动的反应程度,是需求量变动百分比与收入变动百分比之比。如果用 e_m 表示需求的收入弹性系数,用 I 和 ΔI 分别表示收入和收入的变动量,Q 和 ΔQ 表示需求量与需求量的变动量,则需求的收入弹性公式为

$$e_m = \frac{需求量的百分率}{收入的百分率} = \frac{\frac{\Delta Q}{Q}}{\frac{\Delta P}{P}} = \frac{\Delta Q}{\Delta P} \cdot \frac{P}{Q}$$

需求收入弹性可以为正值,也可以为负值,一般可以分为三种情况:

(1) 需求的收入弹性大于1,即 $e_m > 1$,为富有收入弹性。

(2) 需求的收入弹性在 0 与 1 之间,即 $0 < e_m < 1$,为缺乏收入弹性。

(3) 需求的收入弹性小于0,即 $e_m < 0$,为负的收入弹性。

4. 答:需求的交叉弹性是需求的交叉价格弹性的简称,它是指一种商品的需求量对另一种商品价格变动的反应程度,其弹性系数是一种商品需求量变动的百分比与另一种商品价格变动的百分比之比。如果用 X、Y 代表两种商品,用 e_{xy}

第三章 弹性理论

代表 X 商品的需求量对 Y 商品价格的反应程度,则需求的交叉弹性公式为

$$e_{xy} = \frac{X \text{商品需求量的百分比}}{Y \text{商品价格的百分比}} = \frac{\frac{\Delta Q_x}{Q_x}}{\frac{\Delta P_y}{P_y}} = \frac{\Delta Q_x}{\Delta P_y} \cdot \frac{P_y}{Q_x}$$

交叉弹性有三种情况:① 交叉弹性系数为正值,即 $e_{xy} > 0$,它表明 Y 价格变动与 X 需求量的变动方向一致,这意味着这两种商品是替代品;② 交叉弹性系数为负值,即 $e_{xy} < 0$,它表明 Y 价格变动与 X 需求量的变动方向相反,这意味着这两种商品为互补关系;③ 交叉弹性系数为 0,即 $e_{xy} = 0$,它表明 Y 价格变动对 X 需求量没有影响,说明这两种商品之间不存在相关关系。

5. 答:毕加索是早已故去的画家,其生前所留下的油画是非常有限的,也是一定的,因此,无论价格如何变动,其供给量是不变的,即毕加索油画的供给曲线为一条垂直于横轴的直线,供给价格弹性为零。

6. 答:若某生产者面临的需求曲线向右下方倾斜,生产者应该在单位弹性处生产,而不应该将产量水平推进到缺乏弹性区间。根据需求价格弹性大小和销售收益之间的关系,当需求缺乏弹性时,提高价格销售收益增加;当需求富有弹性时,降低价格销售收益增加;因此生产者不应该将产量水平推进到缺乏弹性区间,也不应该停留在富有弹性区间,而是在单位弹性处生产,因为此处生产销售收益最大。

7. 答:需求交叉弹性是指一种商品的需求量对另一种商品价格变动的反应程度,其弹性系数是一种商品需求量变动的百分比与另一种商品价格变动的百分比之比。需求的交叉弹性可以是正值,也可以是负值,它取决于商品间关系的性质,即是替代品还是互补品。

若 X 商品与 Y 商品是互补品,则 X 商品的需求交叉弹性是负值,即 $e_{xy} < 0$,表示随着 Y 商品价格的提高(降低),X 商品的需求量也随之减少(增加)。其弹性系数越大,互补性就越强。

若 X 商品与 Y 商品为相互替代关系,则 X 商品的需求交叉弹性是正值,即 $e_{xy} > 0$,表示随着 Y 商品价格的提高(降低),X 商品的需求量也随之增加(减少)。其弹性系数越大,替代性就越强。

8. 答:长期供给弹性大。因为在短期内厂商来不及调整生产规模以适应价格的变化,因此弹性较小;而在长期内厂商能够比较从容地调整生产规模以适应价格的变化,因此弹性较大。

9. 答:图 3.1 中有一条线性的需求曲线 AB,它交坐标纵轴和横轴分别于 A、B 两点,C 点为该需求曲线上的任意一点。从几何意义上看,根据需求弹性公式,

C 点的需求点弹性可以表示为

$$e_d = -\frac{dQ}{dP} \cdot \frac{P}{Q} = \frac{GB}{CG} \cdot \frac{CG}{OG} = \frac{GB}{OG} = \frac{OF}{AF} = \frac{CB}{CA}$$

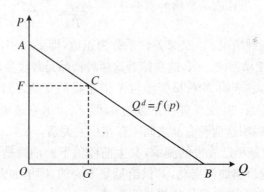

图 3.1 线性需求曲线的点弹性

由此,可得这样一个结论:线性需求曲线上任何一点的点弹性,都可以通过由该点分别向价格轴或数量轴引垂线的方法来求得。而且线性需求曲线 AB 上任何一点 C 的价格弹性均用 $\frac{CB}{CA}$ 来表示。若 C 位于 AB 的中点,则该点的弹性系数等于 1;若 C 位于 AB 的中点以上,则该点的弹性系数大于 1;若 C 位于 AB 的中点以下,则该点的弹性系数小于 1。这也说明,就同一种商品而言,在不同的价格水平下,其需求弹性的大小是不同的。

10. 答:先设需求直角双曲线函数为 $Q = \frac{K}{P}$,其中,K 为大于零的常数,由 $Q = \frac{K}{P}$ 推导出 $\frac{dQ}{dP} = -\frac{K}{P^2}$,这样就可以进一步推导出:$e_d = -\frac{dQ}{dP} \cdot \frac{P}{Q}$

$= -\left(-\frac{K}{P^2} \cdot \frac{P}{\frac{K}{P}}\right) = 1$。

需求直角双曲线的点弹性具有这一特点的原因在于:对于任何的需求直角双曲线函数 $Q = \frac{K}{P}$(其中,K 为大于零的常数)来说,不管价格变化的百分比是多少,需求量总是以相同的百分比呈反方向变化,从而使得需求曲线上每点的点弹性 $-\left(\frac{dQ}{Q} / \frac{dP}{P}\right)$ 的值均为 1。

11. 答:如图 3.2 所示,非线性供给曲线上任一点 T 的供给价格弹性可以这样得到:从 T 点向代表数量的横坐标引垂线得到 B 点,过 T 点作供给曲线的切线使之与横坐标相交于 A 点,T 点的供给价格弹性可表示为线段 AB 与线段 OB 之比。因为,从几何意义上看,根据供给弹性公式,T 点的供给价格弹性可表示为

$$e_s = \frac{dQ}{dP} \cdot \frac{P}{Q} = \frac{AB}{TB} \cdot \frac{TB}{OB} = \frac{AB}{OB}$$

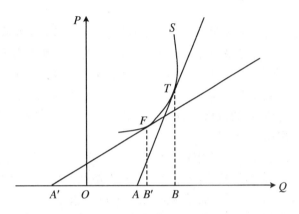

图 3.2 非线性供给价格弹性

由于与 T 点相切的切线在原点 O 的右端与横坐标相交于 A 点,线段 AB 小于线段 OB,因此供给价格弹性小于 1。若与供给曲线上任一点 F 相切的切线在原点 O 的左端与横坐标交于 A' 点,线段 $A'B'$ 大于线段 OB',F 点的供给价格弹性大于 1。如果供给曲线上任一点的切线恰好经过原点,那么该点的弹性等于 1。

12. 答:需求弹性和供给弹性决定了税收负担在买者和卖者之间的分摊。税收负担将更多地落在缺乏弹性的市场一方身上。因为弹性实际上衡量当条件变得不利时,买者或卖者离开市场的意愿。当对某种物品征税时,市场中其他合适选择少的一方不能轻而易举地离开,从而必须承担更多的税收负担。

13. 答:若要增加生产者的销售收入,对粮食、食油一类缺乏弹性的商品应该采取提价的方法,而对黄金首饰、高级音响一类富有弹性的商品则应该采取降价的方法。具体分析如下:

商品的需求价格弹性和厂商的销售收入之间存在着密切的关系。具体来说,如果商品是富有弹性的,降低价格会增加厂商的销售收入,其原因在于厂商降价所引起的需求量的增加率大于价格的下降率,即价格下降所造成的销售收入的减少量必定小于需求量增加所带来的销售收入的增加量;如果商品是缺乏弹性的,提高价格会使厂商的销售收入增加,其原因在于厂商提价所引起的需求量的减少

率小于价格的上涨率,即价格上涨所造成的销售收入的增加量必定大于需求量减少所带来的销售收入的减少量。

所以,需求缺乏弹性的商品,如粮食、食油一类的生活必需品,为了增加生产者的销售收入,一般应该采取提价的方法;相反,需求富有弹性的商品,如黄金首饰、高级音响一类的高档消费品或奢侈品,为了增加生产者的销售收入,一般应该采取降价的方法。

14. 答:(1)当张三对商品 X 的需求价格弹性 $e_d<1$ 时,表示张三对商品 X 的需求缺乏弹性。当商品 X 的价格下降,商品 Y 的价格和消费者收入保持不变时,张三会增加对商品 Y 的购买,即张三对商品 Y 的需求量会增加。

(2)当张三对商品 X 的需求价格弹性 $e_d=1$ 时,表示张三对商品 X 的需求为单位弹性。当商品 X 的价格下降,商品 Y 的价格和消费者收入保持不变时,张三对商品 Y 的需求量不变。

(3)当张三对商品 X 的需求价格弹性 $e_d>1$ 时,表示张三对商品 X 的需求富有弹性。当商品 X 的价格下降,商品 Y 的价格和消费者收入保持不变时,张三会增加对商品 X 的需求量,而减少对商品 Y 的需求量。

15. 答:(1)对部分农产品价格出现周期性波动态势的解释:

新古典经济学认为,影响商品的价格因素有很多,除了最重要的市场供求因素之外,还有收入水平、消费偏好以及通货膨胀预期等。而对于生产周期较长的农产品而言,新古典经济学提供了一个很好的分析价格波动的理论工具——蛛网理论。蛛网模型引进时间变化的因素,通过对属于不同时期的需求量、供给量和价格之间的相互作用的考察,用动态分析的方法论述生产周期较长的商品的产量和价格在偏离均衡状态以后的实际波动过程及其结果。蛛网模型考察的是生产周期较长的商品,而且生产规模一旦确定,中途不能改变,市场价格的变动只能影响下一周期的产量,而本期的产量则取决于前期的价格。因此,蛛网模型的基本假设是商品本期的产量取决于前期的价格。由于决定本期供给量的前期价格与决定本期需求量(销售量)的本期价格有可能不一致,所以会导致产量和价格偏离均衡状态,出现产量和价格的波动。

我国农产品符合蛛网模型考察的商品的必备条件,如生产周期长、生产规模不易改变等。由于农产品的生产周期长,对农产品的本期的生产决策依据往往是农产品前期的市场价格,这就形成农产品价格波动的蛛网模型现象。

在农产品需求相对稳定的情况下,农产品价格出现周期性波动的态势是由农产品供给的变动引起的。由于农产品的需求价格弹性往往小于1,农产品生产周期较长又不易存储,导致农产品价格的不稳定性。下面结合发散型蛛网模型进行分析。

图 3.3 中,假定:在第一期由于某种外在因素的干扰,实际产量由均衡水平 Q_0 增加为 Q_1。根据需求曲线,消费者购买全部的产量 Q_1,愿意支付较低的价格 P_1,于是,实际价格下降为 P_1。根据第一期的较低的价格水平 P_1,按照供给曲线,生产者将第二期的产量下降为 Q_2。在第二期,生产者出售全部的产量 Q_2,接受消费者愿意支付的价格 P_2,于是,实际价格上升为 P_2。根据第二期的较高的价格水平 P_2,生产者将第三期的产量增加为 Q_3。在第三期,消费者购买全部的产量 Q_3,愿意支付的价格为 P_3,于是,实际的价格又下降为 P_3。可以发现,如此循

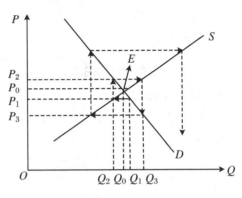

图 3.3 发散型蛛网

环下去,如图 3.3 所示,实际产量和实际价格上下波动的幅度越来越大,偏离均衡点 E 所代表的均衡产量和均衡价格越来越远。由此可见,图中 E 点所代表的均衡状态是不稳定的,被称为不稳定的均衡。

(2) 可以采取的政策:

农产品价格的周期性波动会损害农民的利益,为了保护农民的利益,保护和支持农业的发展,可以采取的政策有:① 农产品的支持价格政策,通过减少农产品的种植面积,来减少农产品的供给,从而将农产品价格维持在一定的水平,保证农民的收入,同时,对种植面积的减少而带来的农产品收获的减少可以适当采取政府补贴政策;② 建立农产品的库存机制,适当根据农产品的需求稳定农产品市场的供给,从而稳定农产品的价格;③ 严厉打击或抑制农产品的投机行为,稳定农产品市场的供给和需求,从而稳定市场价格。

16. 答:如果两种商品必须同时使用才能满足消费者的某一欲望,则称这两种商品为互补品。互补品的需求交叉弹性 $e_{XY} = \dfrac{\Delta Q_X}{\Delta P_Y} \cdot \dfrac{P_Y}{Q_X}$ 为负,即一种商品的价格与该商品的互补品的需求量之间呈反方向变动。汽油和汽车是互补品,因为汽车有了汽油才能满足人们出行的欲望,即它们之间的需求交叉弹性为负,因此当汽油的价格大幅度上升时,互补品汽车的需求量将会下降。

五、计算题

1. 解:由 $P = 100 - \sqrt{Q}$,得 $Q = (100-P)^2$,从而

$$e_d = -\frac{dQ}{dP} \cdot \frac{P}{Q} = -2(P-100) \times \frac{P}{(100-P)^2} = \frac{2P}{100-P}$$

当 $P = 60$ 时,

$$e_d = -\frac{dQ}{dP} \cdot \frac{P}{Q} = \frac{2P}{100-P} = \frac{2 \times 60}{100-60} = 3$$

当 $P = 30$ 时,

$$e_d = -\frac{dQ}{dP} \cdot \frac{P}{Q} = \frac{2P}{100-P} = \frac{2 \times 30}{100-30} = \frac{6}{7}$$

2. 解:(1) 需求函数

$$Q^d = q_A^d + q_B^d = (200 - 2P) + (150 - P) = 350 - 3P$$

供给函数

$$Q^s = q_I^s + q_J^s = (-100 + 2P) + (-150 + 3P)$$
$$= -250 + 5P$$

(2) 根据 $Q^d = Q^s$ 得到均衡价格 $P = 75$,均衡产量 $Q = 125$。

(3) 当市场价格 $P = 50$ 时,$Q^d = 350 - 3P = 200$,此时,需求价格弹性

$$e_d = -\frac{dQ}{dP} \cdot \frac{P}{Q} = -(-3) \cdot \frac{50}{200} = \frac{3}{4}$$

(4) 当市场价格 $P = 100$ 时,$Q^s = -250 + 5P = 250$,此时,需求价格弹性

$$e_s = \frac{dQ}{dP} \cdot \frac{P}{Q} = 5 \cdot \frac{100}{250} = 2$$

3. 解:由题设知,$e_d = 1.2$,$e_m = 3$。

(1) 由于 $e_d = -\frac{\Delta Q/Q}{\Delta P/P}$,所以 $\Delta Q/Q = -1.2 \times 3\% = -3.6\%$,即价格提高 3%,将导致需求减少 3.6%。

(2) 由于 $e_m = \frac{\Delta Q/Q}{\Delta I/I}$,所以 $\Delta Q/Q = 3 \times 2\% = 6\%$。

(3) 由 $\Delta P/P = 10\%$,$\Delta I/I = 12\%$ 以及 $Q^d = 1000$,得

$$Q^{d_1} = (-1.2 \times 10\% + 3 \times 12\% + 1) \times 1000 = 1240 \text{(万辆)}$$

4. 解:由题设知

$$e_d = 2, \quad \Delta Q/Q = -10\%, \quad P = 8000$$

根据点价格弹性公式

$$e_d = -\frac{\Delta Q/Q}{\Delta P/P} = -\frac{-10\%}{\Delta P/8000} = 2$$

得 $\Delta P = 400$ 元,即笔记本电脑价格上涨 400 元,使其销售量减少 10%。

5. 解:(1) 商品 X 的市场需求函数

$$Q^d = 10\,000 \times (12 - 2p) = 120\,000 - 20\,000P$$

商品 X 的市场供给函数

$$Q^s = 1000 \times 20P = 20\,000P$$

(2) 由 $Q^d = Q^s$,$120\,000 - 20\,000P = 20\,000P$,得

$$P = \frac{120\,000}{40\,000} = 3, \quad Q = 20\,000 \times 3 = 60\,000$$

(3) 如果每个消费者收入增加使其个人需求曲线向右移动 2 个单位,此时个人需求曲线变为 $q^{d_1} = q^d + 2 = 14 - 2P$,市场需求函数相应变为

$$Q^{d_1} = 10\,000 \times (14 - 2P) = 140\,000 - 20\,000P$$

由 $Q^{d_1} = Q^s$,$140\,000 - 20\,000P = 20\,000P$,得

$$P = \frac{140\,000}{40\,000} = 3.5, \quad Q = 20\,000 \times 3.5 = 70\,000$$

(4) 如果每个生产者的生产技术水平提高使其个人供给曲线向右移动 40 个单位,此时个人供给曲线变为 $q^{s_1} = q^s + 40 = 20P + 40$,市场供给函数相应变为

$$Q^{s_1} = 1000 \times (20P + 40) = 20\,000P + 40\,000$$

由 $Q^d = Q^{s_1}$,$120\,000 - 20\,000P = 20\,000P + 40\,000$,得

$$P = \frac{80\,000}{40\,000} = 2, \quad Q = 20\,000 \times 2 + 40\,000 = 80\,000$$

(5) 征收销售税使每一销售者供给曲线向上移动,移动的垂直距离等于 2 美元,此时个人供给函数变为 $q^{s_{11}} = 20 \times (P - 2) = 20P - 40$,市场供给函数相应变为

$$Q^{s_{11}} = 1000 \times (20P - 40) = 20\,000P - 40\,000$$

由 $Q^d = Q^{s_{11}}$,得 $P = \frac{160\,000}{40\,000} = 4$,从而

$$Q = 20\,000 \times 4 - 40\,000 = 40\,000$$

政府这一征税措施使均衡价格由 3 元上升为 4 元,均衡销售量由 60 000 单位减少到 40 000 单位。

尽管政府是向销售者征收税款,但税款是由销售者和消费者共同承担的。在实行征税后,消费者每购买 1 单位 X 商品要支付 4 元,而不是征税前的 3 元,同时仅消费 40 000 单位商品 X,而不是 60 000 单位。销售者每销售 1 单位商品的净价格只有 $(4-2=2)$ 2 元,比原来减少了 1 元。在 2 元的税额中,销售者和消费者各承担了 1 元的税款。

6. 解:(1) 当 $P = 4$ 时,$Q = 12$,根据点弹性计算公式,得

$$e_d = -\frac{dQ}{dP} \cdot \frac{P}{Q} = -(-2) \cdot \frac{4}{12} = \frac{2}{3}$$

(2) 当价格 $P=4$ 时,其点弹性小于1,故提高价格可以使总收益增加。

(3) 当 $P=5$ 时,消费者剩余 CS 为

$$CS = \int_5^{10}(20-2P)dP = (20P-P^2)\Big|_5^{10} = 25$$

7. 解:(1) 由题意知,$Q_X = 100, Q_Y = 250$,则

$$P_X = 1000 - 5Q_X = 1000 - 5\times 100 = 500$$
$$P_Y = 1600 - 4Q_Y = 1600 - 4\times 250 = 600$$

于是 X 商品的需求价格弹性

$$e_{dX} = -\frac{\Delta Q_X}{\Delta P_X} \cdot \frac{P_X}{Q_X} = -\frac{-1}{5} \times \frac{500}{100} = 1$$

Y 商品的需求价格弹性

$$e_{dY} = -\frac{\Delta Q_Y}{\Delta P_Y} \cdot \frac{P_Y}{Q_Y} = -\frac{-1}{4} \times \frac{600}{250} = \frac{3}{5}$$

(2) 由题意知,$Q'_Y = 300, Q'_X = 75$,于是有

$$P'_Y = 1600 - 4Q'_Y = 1600 - 4\times 300 = 400$$
$$\Delta Q_X = Q_X - Q'_Y = 75 - 100 = -25$$
$$\Delta P_Y = P_Y - P'_Y = 400 - 600 = -200$$

于是 X 商品对 Y 商品的需求交叉价格弹性为

$$e_{XY} = \frac{\Delta Q_X}{\Delta P_Y} \cdot \frac{(P_Y + P'_Y)/2}{(Q_X + Q'_X)/2} = \frac{-25}{-200} \times \frac{(600+400)}{(100+75)} = \frac{5}{7}$$

即 X 商品对 Y 商品的需求交叉价格弹性为 $\frac{5}{7}$。

(3) 由(1)知,Y 公司生产的 Y 商品在价格 $P=600$ 时的需求价格弹性为3/5,即需求缺乏弹性,根据需求价格弹性与销售收入之间的关系,我们知道在这种情况下降低价格将减少销售收入。因此,若 Y 公司目标是谋求销售收入极大化,它就不应该降价;相反,它应该提高价格。

8. 解:由 $Q = \frac{M}{P^n}$,得需求收入弹性

$$e_m = \frac{dQ}{dM} \cdot \frac{M}{Q} = \frac{1}{P^n} \cdot \frac{M}{\frac{M}{P^n}} = 1$$

需求价格弹性

第三章 弹性理论

$$e_d = -\frac{dQ}{dP} \cdot \frac{P}{Q} = -M \cdot (-n) \cdot \frac{1}{P^{n+1}} \cdot \frac{P}{\frac{M}{P^n}} = n$$

9. 解:(1) 该公司明年钢的需求量

$$Q_1 = Q_0(1 + e_m \times 6\% - e_d \times 8\% - e_{xy} \times 2\%)$$
$$= Q_0(1 + 1.5 \times 6\% - 2.5 \times 8\% - 2 \times 2\%)$$
$$= 2400(1 + 9\% - 20\% - 4\%) = 2040(万吨)$$

可见,在给定以上条件的情况下,该公司明年钢的需求量为 2040 万吨。

(2) 在收入增加 6%,铝的价格下降 2% 的条件下,该公司明年将钢的销售量仍维持在 2400 万吨,必须使收入增加引起的销售量增加量等于铝价格下降与钢价格提高所引起的销售量减少,两两相互抵消,所以必须有

$$e_m \times 6\% - e_d \times P - e_{xy} \times 2\% = 0$$
$$9\% - 4\% - 2.5P = 0,\quad 即\quad P = 2\%$$

所以,该钢铁公司将把钢的价格比上年提高 2%。

10. 解:(1) 根据电子产品 DVD 与居民收入之间的函数 $Q = 400 + 0.4M$,得
当 $M = 6000$ 元时,
$$Q = 400 + 0.4 \times 6000 = 2800$$
当 $M = 8000$ 元时
$$Q = 400 + 0.4 \times 8000 = 3600$$
当 $M = 10000$ 元时
$$Q = 400 + 0.4 \times 10000 = 4400$$

(2) 由(1)知,当 $M = 6000$ 时,$Q = 2800$;当 $M = 8000$ 时,$Q = 3600$,又因为 $\frac{dQ}{dM} = 0.4$,所以,$M = 6000$ 元时的点收入弹性

$$e_m = 0.4 \times \frac{6000}{2800} = \frac{6}{7}$$

$M = 8000$ 元时的点收入弹性

$$e_m = 0.4 \times \frac{8000}{3600} = \frac{8}{9}$$

(3) 由(1)知,收入水平由 6000 元增加至 8000 元时,需求量由 2800 增加至 3600,所以,此范围内的收入弹性为

$$e_m = \frac{Q_2 - Q_1}{P_2 - P_1} \cdot \frac{(P_1 + P_2)/2}{(Q_1 + Q_2)/2} = \frac{3600 - 2800}{8000 - 6000} \cdot \frac{6000 + 8000}{2800 + 3600} = \frac{7}{8}$$

同样,由(1)知,收入水平由 8000 元增加至 10000 元时,需求量由 3600 增加

至 4 400,所以,此范围内的收入弹性为

$$e_m = \frac{Q_2 - Q_1}{P_2 - P_1} \cdot \frac{(P_1 + P_2)/2}{(Q_1 + Q_2)/2} = \frac{4\,400 - 3\,600}{10\,000 - 8\,000} \cdot \frac{8\,000 + 10\,000}{3\,600 + 4\,400} = \frac{9}{10}$$

(4) 对该公司生产不能快于居民收入的增长速度。由收入弹性公式得 $e_m = \frac{dQ}{dM} \cdot \frac{M}{Q} = 0.4 \times \frac{M}{400 + 0.4M} = \frac{1}{\frac{1000}{M} + 1} < 1$,即该公司生产的电子产品 DVD 的收入弹性小于1,这就是说该公司产品需求的增加小于居民收入的增长速度。

11. 解:(1)(i) 需求曲线 D_t 的斜率绝对值为 1/10,供给曲线 S_t 的斜率为 1/5,由于需求曲线 D_t 的斜率绝对值小于供给曲线 S_t 的斜率绝对值,所以该市场动态模型属于收敛型,价格和产量波动越来越小,最终趋向于均衡值。

由 $D_t = S_t$ 可求出均衡价格为3,均衡产量为10。

(ii) 需求曲线 D_t 的斜率绝对值为 1/5,供给曲线 S_t 的斜率为 1/5,由于需求曲线 D_t 的斜率绝对值等于供给曲线 S_t 的斜率绝对值,所以该市场动态模型属于中立型,价格和产量波动既不扩大也不缩小,围绕其均衡值循环往复地上下波动。

(iii) 需求曲线 D_t 的斜率绝对值为 1/4,供给曲线 S_t 的斜率为 1/8,由于需求曲线 D_t 的斜率绝对值大于供给曲线 S_t 的斜率绝对值,所以该市场动态模型属于发散型,价格和产量波动越来越大,离均衡值越来越远。

(2) (i) 由 $S_1 = 5P_0 - 5 = 5 \times 5 - 5 = 20$,得

$$P_1 = \frac{40 - D_1}{10} = \frac{40 - S_1}{10} = \frac{40 - 20}{10} = 2$$

由 $S_2 = 5P_1 - 5 = 5 \times 2 - 5 = 5$,得

$$P_2 = \frac{40 - 5}{10} = 3.5$$

由 $S_3 = 5P_2 - 5 = 5 \times 3.5 - 5 = 12.5$,得

$$P_3 = \frac{40 - 12.5}{10} = 2.75$$

由 $S_4 = 5P_3 - 5 = 5 \times 2.75 - 5 = 8.75$,得

$$P_4 = \frac{40 - 8.75}{10} = 3.125$$

(ii) 由 $S_1 = 5P_0 - 10 = 5 \times 3 - 10 = 5$,得

$$P_1 = \frac{30 - D_1}{5} = \frac{30 - S_1}{5} = \frac{30 - 5}{5} = 5$$

由 $S_2 = 5P_1 - 10 = 5 \times 5 - 5 = 15$,得

$$P_2 = \frac{30-15}{5} = 3$$

由 $S_3 = 5P_2 - 10 = 5 \times 3 - 10 = 5$,得

$$P_3 = \frac{30-5}{5} = 5$$

由 $S_4 = 5P_3 - 10 = 5 \times 5 - 10 = 15$,得

$$P_4 = \frac{30-15}{5} = 3$$

(iii) 由 $S_1 = 8P_0 - 2 = 8 \times 6.5 - 2 = 50$,得

$$P_1 = \frac{70-D_1}{4} = \frac{70-S_1}{4} = \frac{70-50}{4} = 5$$

由 $S_2 = 8P_1 - 2 = 8 \times 5 - 2 = 38$,得

$$P_2 = \frac{70-38}{4} = 8$$

由 $S_3 = 8P_2 - 2 = 8 \times 8 - 2 = 62$,得

$$P_3 = \frac{70-62}{4} = 2$$

由 $S_4 = 8P_3 - 2 = 8 \times 2 - 2 = 14$,得

$$P_4 = \frac{70-14}{4} = 14$$

12. 解:(1) 在没有征税时,均衡产量和均衡价格分别为

$$Q_D = a - bP$$
$$Q_S = c + dP$$

联合解得均衡价格和均衡产量分别为

$$Q_0 = \frac{ad+bc}{b+d}, \quad P_0 = \frac{a-c}{b+d}$$

设对厂商征收从量税,新的均衡价格为 P',则新的供给曲线为

$$Q'_S = c + d(P'-1)$$

又需求曲线仍为

$$Q_D = a - bP$$

联合解得厂商征收从量税后新的均衡价格和均衡产量分别为

$$Q' = \frac{ad+bc-cd}{b+d}, \quad P' = \frac{a-c+d}{b+d}$$

征税以后价格变动量为

$$\Delta P = P' - P_0 = \frac{d}{b+d}$$

产品数量变为

$$\Delta Q = Q' - Q = -\frac{cd}{b+d}$$

(2) 消费者承受的税收负担为

$$T_C = P' - P_0 = \frac{d}{b+d}$$

生产者承受的税收负担为

$$T_P = 1 - T_C = \frac{b}{b+d}$$

税收负担能够被转嫁,是因为供给曲线和需求曲线存在弹性,而不能完全转嫁是因为供给弹性和需求弹性并不是无穷大,即 $b \neq 0, d \neq 0$。当 $b = 0$,即需求价格弹性为无穷大时,$T_P = 0, T_C = 1$,税负全部转嫁给消费者;当 $d = 0$,即供给曲线无穷弹性时,$T_P = 1, T_C = 0$,赋税全部转嫁给生产者。

13. 解:由需求函数可得需求价格点弹性,即

$$e_d = -\frac{dQ}{dP} \cdot \frac{P}{Q} = 2 \times \frac{P}{Q}$$

且

$$\frac{dTR}{dP} = Q + P \cdot \frac{dQ}{dP} = Q\left(1 + \frac{P}{Q} \cdot \frac{dQ}{dP}\right) = Q(1 - e_d)$$

可以看出,当 $1 - e_d = 1 - \frac{2P}{10 - 2P} = 0$ 时,总收益最大,解得 $P = 2.5$。即:为了保证总收益最大化,价格 $P = 2.5$。

14. 解:(1) 由需求函数可得出反需求函数为

$$P = \frac{100 - Q}{2}$$

总收益函数为

$$TR = P \cdot Q = \frac{100 - Q}{2} \cdot Q$$

边际收益为

$$MR = \frac{dTR}{dQ} = 50 - Q$$

(2) $MR = \frac{dTR}{dQ} = P + \frac{dP}{dQ} \cdot Q = P\left(1 + \frac{dP}{dQ} \cdot \frac{Q}{P}\right) = P\left(1 - \frac{1}{e_d}\right)$

当 $e_d = 1$ 时,$MR = 0$。将 $MR = 0$ 代入边际收益函数,可得 $Q = 50$。将 $Q = 50$ 代入反需求函数,可得 $P = 25$。即 $P = 25$ 时,需求价格弹性系数 $e_d = 1$。

15. 解:(1) 由弧弹性的中点公式,解得需求的价格弧弹性为

$$e_d = -\frac{\Delta Q}{\Delta P} \cdot \frac{\frac{P_1 + P_2}{2}}{\frac{Q_1 + Q_2}{2}} = -\frac{200}{2} \times \frac{\frac{2+4}{2}}{\frac{300+100}{2}} = 1.5$$

(2) 由于当 $P = 2$ 时, $Q_d = 500 - 100P = 300$,所以根据点弹性的公式,解得

$$e_d = -\frac{\mathrm{d}Q}{\mathrm{d}P} \cdot \frac{P}{Q} = \frac{2}{3}$$

(3) 根据图 3.4,在 $P = 2$ 时即图 3.4 中 A 点的需求价格弹性为

$$e_d = \frac{CB}{OC} = \frac{200}{300} = \frac{2}{3}$$

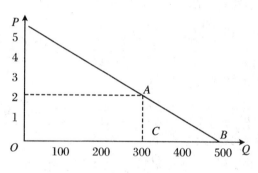

图 3.4 需求价格弹性

显然利用几何方法求出的 $P = 2$ 时的需求价格点弹性与(2)的结果相同。

16. 解:令在该市场上被 100 个消费者购买的商品总量为 Q,相应的市场价格为 P。

根据题意,该市场 50% 的商品被 75 个彼此相同的消费者所购买,且每个消费者的需求价格弹性都是 2,于是,单个消费者 i 的需求价格弹性可以写为

$$e_d^i = \frac{\mathrm{d}Q_i}{\mathrm{d}P} \cdot \frac{P}{Q_i} = 2$$

即

$$\frac{\mathrm{d}Q_i}{\mathrm{d}P} = -2 \cdot \frac{Q_i}{P} \quad (i = 1, 2, \cdots, 75) \tag{3.1}$$

且

$$\sum_{i=1}^{75} Q_i = \frac{Q}{2} \tag{3.2}$$

类似地,再根据题意,该市场 50% 的商品被另外 25 个彼此相同的消费者所

购买,且每个消费者的需求价格弹性都是3,于是,单个消费者 j 的需求价格弹性也可以写为

$$e_d^j = \frac{dQ_j}{dP} \cdot \frac{P}{Q_j} = 3$$

即

$$\frac{dQ_j}{dP} = -3 \cdot \frac{Q_j}{P} \quad (j = 1, 2, \cdots, 25) \tag{3.3}$$

且

$$\sum_{j=1}^{25} Q_j = \frac{Q}{2} \tag{3.4}$$

则该市场上100个消费者合计的需求价格弹性可以写为

$$e_d = -\frac{dQ}{dP} \cdot \frac{P}{Q} = -\frac{d\left(\sum_{i=1}^{75} Q_i + \sum_{j=1}^{25} Q_j\right)}{dP} \cdot \frac{P}{Q} = -\left(\sum_{i=1}^{75} \frac{dQ_i}{dP} + \sum_{j=1}^{25} \frac{dQ_j}{dP}\right) \cdot \frac{P}{Q}$$

将(3.1)式、(3.3)式代入上式,得

$$e_d = -\left[\sum_{i=1}^{75}\left(-2 \cdot \frac{Q_i}{P}\right) + \sum_{j=1}^{25}\left(-3 \cdot \frac{Q_j}{P}\right)\right] \cdot \frac{P}{Q} = -\left[-\frac{2}{P}\sum_{i=1}^{75} Q_i + \frac{-3}{P}\sum_{j=1}^{25} Q_j\right] \cdot \frac{P}{Q}$$

将(3.2)式、(3.4)式代入上式,得

$$e_d = -\left(-\frac{2}{P} \cdot \frac{Q}{2} + \frac{-3}{P} \cdot \frac{Q}{2}\right) \cdot \frac{P}{Q} = -\frac{Q}{P}(-1 - 1.5) \cdot \frac{P}{Q} = 2.5$$

即这100个消费者合起来的需求价格弹性系数是2.5。

17. 解:(1) 假如没有税收和补贴,根据均衡条件 $Q_d = Q_s$,有 $\frac{18-P}{3} = P - 6$,解得

$$P = 9, \quad Q = 3$$

即假设没有税收和补贴,均衡价格为9,均衡量为3。

(2) 假设对香蕉的生产者支付每单位(千克)2元的补贴,则反需求函数不变,反供给函数由原来的 $P_s = 6 + Q_s$ 变为 $P_s = 4 + Q_s$。于是,根据均衡条件有:$\frac{18-P}{3} = P - 4$,解得

$$P = 7.5, \quad Q = 3.5$$

即假设对香蕉的生产者支付每单位(千克)2元的补贴,新的均衡价格为7.5,均衡量为3.5。

(3) 对香蕉提供生产补贴前,消费者剩余 $CS = \int_0^3 (18 - 3Q) dQ - 9 \times 3 = 13.5$,

生产者剩余 $PS = 9 \times 3 - \int_0^3 (6+Q)\mathrm{d}Q = 4.5$。

对香蕉提供生产补贴后，消费者剩余 $CS = \int_0^{3.5}(18-3Q)\mathrm{d}Q - 7.5 \times 3.5 = 18.375$，生产者剩余 $PS = 9 \times 3 - \int_0^{3.5}(4+Q)\mathrm{d}Q = 6.25$。

可见，对香蕉提供生产补贴之后，消费者剩余增加 4.875，生产者剩余增加 1.625。

（4）由于苹果和香蕉之间的需求交叉价格弹性系数为正值，表明苹果和香蕉互为替代品。由于苹果价格保持不变，对香蕉生产者进行补贴，会导致香蕉价格下降，从而使苹果的需求量下降。

18. 解：（1）
$$\begin{cases} P = 11 - 0.15Q & (3.5) \\ P = 1 + 0.05Q & (3.6) \end{cases}$$

联立反需求函数(3.5)和反供给函数(3.6)可得：均衡价格为 $P_e = 3.5$，均衡产量为 $Q_e = 50$。

根据消费者剩余定义，可得消费者剩余
$$CS = \int_0^{50}(11 - 0.15Q)\mathrm{d}Q - P_e \times Q_e = 187.5$$

即市场达到均衡时，消费者剩余是 187.5。

（2）政府对这种商品每单位征收 1 元销售税后，形成新的反供给曲线为 $P = 2 + 0.05Q$。

$$\begin{cases} P = 11 - 0.15Q & (3.7) \\ P = 2 + 0.05Q & (3.8) \end{cases}$$

联立新的反需求函数(3.7)和反供给函数(3.8)可得：均衡价格为 $P_e = 4.25$，均衡产量为 $Q_e = 45$。政府的税收收入为
$$T = tQ = 45$$

即如果政府对这种商品每单位征收 1 元销售税，政府的税收收入是 45。

（3）根据税收前后的均衡价格，在 1 元的税收中，消费者负担 $4.25 - 3.5 = 0.75$，生产者负担 $1 - 0.75 = 0.25$。

19. 解：（1）根据产品市场均衡条件 $Q_d = Q_s$，得
$$60 - 2P = -30 + 3P$$

解得：均衡价格为 $P = 18$，均衡产量为 $Q = 24$，于是在该均衡点的需求价格弹性为
$$e_d = -\frac{\mathrm{d}Q}{\mathrm{d}P} \cdot \frac{P}{Q} = 1.5$$

均衡点的供给弹性为

$$e_s = \frac{dQ}{dP} \cdot \frac{P}{Q} = 2.25$$

（2）如果政府对每一件产品课以 5 元的销售税，那么供给曲线向右上方平移 5 个单位，即在其他条件不变的前提下，市场供给相同数量的产品时售价必须提高 5 元，则新的供给曲线变为

$$Q_s = -30 + 3(P - 5)$$

此时，根据均衡条件有 $60 - 2P = -30 + 3(P - 5)$，解得：均衡价格为 $P = 21$，均衡产量为 $Q = 18$，从而政府税收收入为 $5 \times 18 = 90$，其中，消费者承担 $(21 - 18) \times 18 = 54$，生产者承担 $[5 - (21 - 18)] \times 18 = 36$。

20. 解：根据产品市场均衡条件 $Q_d = Q_s$，得

$$14 - 3P = 2 + 6P$$

解得：均衡价格为 $P = \frac{4}{3}$，于是在该均衡点的需求价格弹性为

$$e_d = -\frac{dQ}{dP} \cdot \frac{P}{Q} = \frac{2}{5}$$

均衡点的供给弹性为

$$e_s = \frac{dQ}{dP} \cdot \frac{P}{Q} = \frac{4}{5}$$

21. 解：（1）将 $P = 10, P_Y = 20, I = 5\,000$ 代入需求函数中，得需求数量为 $Q = 600$，该商品的价格弹性为

$$e_d = -\frac{dQ}{dP} \cdot \frac{P}{Q} = -(-8) \times \frac{10}{600} = \frac{2}{15}$$

（2）商品 X 对 Y 的交叉弹性

$$e_{XY} = \frac{dQ}{dP_Y} \cdot \frac{P_Y}{Q} = 20 \times \frac{20}{600} = \frac{2}{3} > 0$$

即当 Y 商品的价格上升时，X 商品的需求量上升，商品 X 与商品 Y 为替代品。

（3）该商品的收入弹性为

$$e_I = \frac{dI}{dP} \cdot \frac{P}{I} = 0.04 \times \frac{5\,000}{600} = \frac{1}{3} > 0$$

说明对该商品的需求随着收入的增加而增加，是正常品，但因为小于1，所以是必需品。

六、论述题

1. 答：需求价格弹性与销售总收益之间的关系，可以归纳为五种情况：

(1) 当需求富有弹性,即当 $e_d>1$ 时,价格下降,则总收益增加;价格上升,则总收益减少。即商品的价格与商品的销售收益呈反方向变动。这是因为,当 $e_d>1$ 时,需求量变动的百分比大于价格变动的百分比,这意味着,价格下降所引起的销售收益的减少量必定小于需求量增加所引起的销售收益的增加量;价格提高所引起的销售收益的增加量必定小于需求量减少所引起的销售收益的减少量。

(2) 当需求缺乏弹性,即当 $e_d<1$ 时,价格提高,则总收益增加;价格下降,则总收益减少。即商品的价格与商品的销售收益呈同方向变动。这是因为,当 $e_d<1$ 时,需求量变动的百分比小于价格变动的百分比,这意味着,价格下降所引起的销售收益的减少量必定大于需求量增加所引起的销售收益的增加量;价格提高所引起的销售收益的增加量必定大于需求量减少所引起的销售收益的减少量。

(3) 当需求为单位弹性,即当 $e_d=1$ 时,无论价格是提高还是下降,总收益不变。这是因为,当 $e_d=1$ 时,需求量变动的百分比等于价格变动的百分比,这意味着,价格下降所引起的销售收益的减少量必定等于需求量增加所引起的销售收益的增加量;价格提高所引起的销售收益的增加量必定等于需求量减少所引起的销售收益的减少量。

(4) 当需求弹性为无穷大,即当 $e_d=\infty$ 时,既定价格下,收益可以无限增加;而一旦高于既定价格,需求量即为零;如果降低价格,总收益同比例于价格的下降而减少。因此,厂商不会降价。

(5) 当需求完全无弹性,即当 $e_d=0$ 时,它表示无论价格怎样变动,需求量都不会变动,因此,厂商的总收益,同比例于价格的下降而减少、价格的提高而增加。

2. 答:研究商品供给与需求弹性,对于经济决策有着重大意义。

(1) 由于各种商品的不同需求价格弹性会影响销售收入,因而调整商品价格时要考虑弹性。例如,为了提高生产者收入,往往对农产品采取提价办法,而对一些高档消费品采取降价办法。同样,给出口商品定价时,如出口目的主要是增加外汇收入,则要对价格弹性大的商品制定较低的价格,对弹性小的商品制定较高的价格。

(2) 各种商品的收入弹性也是经济决策时要认真考虑的。对于政府来说,在规划各经济部门发展速度时,收入弹性大的行业,由于需求量增长要快于国民收入增长,因此发展速度应快些,而收入弹性小的行业,速度应当慢些。对于企业来说,应开发、生产需求收入弹性大的商品。

(3) 研究产品需求交叉弹性也很有用。企业在制定产品价格时,应考虑到替代品和互补品之间的相互影响,否则变动价格可能会对销路和利润产生不良后果。还有,政府为了增加税收,就必须要考虑被征税产品的需求弹性。只能对那些需求弹性小的产品如烟、酒、化妆品实行高税率,而不能对需求弹性大的商品实行高税率,否则会适得其反。

(4) 研究供给弹性对企业生产决策也相当有用。一方面,由于生产是有周期的,因此,厂商要做好市场调研、预测,提前安排好生产,以满足市场需求的变化;另一方面,在做生产经营决策时,要充分了解竞争对手产能的变化,以便在竞争中立于不败之地。

3. 答:(1) 根据需求价格弹性与销售收益之间的关系,对于需求缺乏弹性即需求价格弹性小于1的产品来说,价格提高销售总收益增加。由于出口企业出口产品的需求价格弹性为0.8,小于1,为了增加出口创汇收益,出口产品价格应该提高。即提高出口产品价格,出口创汇收益增加。

(2) 甲产品对乙产品的需求交叉价格弹性为1.5,说明甲产品需求量对乙产品价格变动比较敏感,乙降价10%,将导致甲产品的销售量下降15%,因此,针对乙产品的降价行为,甲企业应采取跟进策略,否则乙企业利用低价策略抢占市场份额的目的就会变成现实。

(3) 我认为,农业歉收,农民的收入会增加。理由是:农业歉收,即农产品的供给减少,这表现为农产品的供给曲线向左上方移动,在影响需求诸因素不变的条件下,其均衡价格提高,均衡交易量减少,但一般认为农产品的需求是缺乏弹性的,也就是均衡价格提高的比例大于均衡交易量下降的比例,因而其总收入依然是增加的。显然,我们的分析是建立在农产品需求缺乏弹性这个基础上的,如果对农产品的需求是富有弹性的,则农业歉收将导致农民收入减少。

因此,对这个问题的回答主要依赖于对产品需求弹性系数所做的假设。

4. 答:如果考虑到提高生产者的收入,对农产品应采取提价的办法,对摄像机、等离子电视等高档商品应采取降价的办法。

根据需求价格弹性和销售收益之间的关系,对于需求富有弹性的商品来说,其销售总收益与价格呈反方向变动,即它随价格的提高而减少,随价格的降低而增加;而对于消费需求缺乏弹性的商品来说,其销售收益与价格呈同方向变化,即它随价格的提高而增加,随价格的降低而下降。所以,为了提高生产者的收入,对农产品这类需求缺乏弹性的必需品应采取提价的办法,而对摄像机、等离子电视等需求富有弹性的高档商品应采取降价的办法。

5. 答:(1) 需求价格弹性是指一种商品需求量对其价格变动的反应程度。其弹性系数等于需求量变动百分比除以价格变动百分比。即:

$$需求弹性系数 = \frac{需求量变动百分比}{价格变动百分比}$$

(2) 所谓"薄利多销"是指通过降低商品的价格,虽然每单位商品的利润会减少,但通过销售量的扩大,厂商的总利润可以扩大。这一传统经商理念是否成立要看需求价格弹性的大小而进行具体的分析。

(3) 当需求富有弹性,即当 $e_d>1$ 时,价格下降,则总收益增加;价格上升,则总收益减少。即商品的价格与商品的销售收益呈反方向变动。这是因为,当 $e_d>1$ 时,需求量变动的百分比大于价格变动的百分比,这意味着,价格下降所引起的销售收益的减少量必定小于需求量增加所引起的销售收益的增加量;价格提高所引起的销售收益的增加量必定小于需求量减少所引起的销售收益的减少量。

可见,实行"薄利多销"的约束条件为需求富有弹性。

6. 答:(1) 蛛网理论说明了在市场机制自发调节的情况下,农产品市场上必然发生的周期性波动。一般而言,农产品的供给对价格变动的反应大,但需求较为稳定,对价格变动反应小,所以存在最广泛的是发散型蛛网。这就是说,如果农产品的生产由市场机制自发调节,则农产品的供给与价格波动要大于其他产品。这正是各国政府都采取各种政策手段稳定农业的原因。

(2) 市场本身有引起农产品市场不稳定的因素,但同时也自发形成了稳定的机制,这就是期货市场。期货市场是进行标准化期货合约交易的市场。在这个市场上所买卖的期货合约是在未来交货(或通过合约买卖对冲而结束交易)的,或者说买卖的是未来的农产品。这样,就可以在竞争中发现农产品的未来价格。用这种未来价格来指导农业生产就可以避免由价格引起的产量过分波动,并由此减缓或消除农产品市场上的蛛网波动。这正是期货市场最早为农产品交易的原因。

(3) 期货市场的交易是一种市场行为,同样按市场经济规律运行,由市场机制自发调节。参与交易者,无论是投机者也好,套期保值者也好,都是为了获利。正是由于大量的买者和卖者综观多种因素在竞争中确定了未来农产品的价格,所以这种未来价格较为真实地反映了未来供求的变动,相当于对未来作了理性预期,从而就避免了农产品产量与价格像发散型蛛网那样波动。人们把美国农业的稳定归结为两个原因:一是政府对农业的支持与干预;二是美国有发达的农产品期货市场。当然,对于不能进行期货交易的农产品,仅仅依靠生产者个人预期还不足以消除其价格与产量的过分波动。因此,如何在充分发挥市场调节作用的基础上减缓或消除这些农产品价格与产量的过分波动,正是摆在我们广大经济工作者面前的一道现实课题。

7. 答:吃饭是维持基本生存的必需行为。对于大多数家庭而言,在餐馆吃饭是一种比较奢侈的行为,在家吃饭则是必需的行为。这就决定了消费者或家庭对餐馆吃饭的需求是富有弹性的,而对在家吃饭的需求是缺乏弹性的;同时也决定了消费者或家庭对餐馆吃饭的需求是富有收入弹性的,而对在家吃饭的需求是缺乏收入弹性的。所以,当经济发生衰退,人们的实际收入减少时,在餐馆吃饭的支出比在家吃的食物支出减少得多。

8. 答:(1) 技术进步使这两种物品都增加了一倍,它们的供给曲线都会向右下方移动,需求曲线不变,均衡价格下降,均衡数量上升。

(2) 电脑的需求富有弹性,而药物性毒品的需求缺乏弹性。因此,药物性毒品产品的价格变动大。

(3) 电脑的产品数量变动大。

(4) 消费者对药物性毒品的总支出会减少,对电脑的总支出会增加。

9. 答:(1) 如果政府对某种商品的所有生产者给予单位现金补贴,每一生产者的供给曲线将向右下方移动,移动的垂直距离等于单位现金补贴。这种情况与生产成本有所减少或者生产技术得到改善时发生在生产者供给曲线和市场供给曲线时的效应是一样的。

(2) 如果政府对该商品的所有生产者征收单位销售税,产生的结果与上述情况正好相反,即每一生产者的供给曲线将向左上方移动,移动的垂直距离等于单位销售税。

(3) 最低限价和最高限价的实行表明了对市场机制运行的干预,其结果可能使商品的均衡点不能达到。另一方面,当政府对该商品生产者给予单位现金补贴或征收单位销售税时,均衡点虽会改变,但仍然由商品的市场供给曲线和市场需求的交点所决定。这时就说政府在通过市场起作用,而不是干涉市场的运行。为了达到某种目的,政府通过市场机制起作用比直接干涉市场的运行更为有效。在现实世界中,前者有替代后者的趋势。

10. 答:(1) 这两个市场的需求都增加了,需求曲线向右上方移动,供给曲线不变,这两个市场的均衡价格都上升,均衡数量都上升。

(2) 由于海滨疗养胜地供给缺乏弹性,汽车供给富有弹性,需求增加使海滨疗养胜地的价格变动大。

(3) 汽车供给的数量变动大。

(4) 消费者对两种产品的总支出都增加。

11. 答:(1) 收入弹性的决定及其经济意义:

需求收入弹性表示在一定时期内消费者对某种商品的需求量的变动对于消费者收入量变动的反应程度。或者说,表示在一定时期内当消费者的收入变化百分之一时所引起的商品需求量变化的百分比,其弹性系数是需求量变动百分比与收入变动百分比之比。如果用 e_I 表示需求收入弹性系数,用 I 和 ΔI 分别表示

收入和收入的变动量,Q 和 ΔQ 分别表示需求量和需求量的变动量,则商品的需求收入弹性公式为

$$e_I = \frac{\Delta Q}{\Delta I} \cdot \frac{I}{Q}$$

在影响需求的其他因素既定的前提下,可以通过需求收入弹性系数的大小来判断该商品是必需品、奢侈品还是劣等品。其中,需求收入弹性 $e_I > 1$ 的商品为奢侈品,$0 < e_I < 1$ 的商品为必需品,$e_I < 0$ 的商品为劣等品。

(2) 需求交叉弹性的决定及其经济意义:

需求交叉弹性表示在一定时期内一种商品的需求量的变动对于它的相关商品的价格变动的反应程度。或者说,表示在一定时期内当一种商品的价格变化百分之一时所引起的另一种商品的需求量变化的百分比,其弹性系数是一种商品需求量变动的百分比与另一种商品价格变动的百分比之比。如果用 X、Y 表示两种商品,用 e_{XY} 表示 X 商品需求量对 Y 商品价格反应程度,则需求交叉弹性公式为

$$e_{XY} = \frac{\Delta Q_X}{\Delta P_Y} \cdot \frac{P_Y}{Q_X}$$

需求交叉弹性可以是正值,也可以是负值,这主要取决于商品之间的关系。如果需求交叉弹性是正值,即 $e_{XY} > 0$,表示随着 Y 商品的价格提高(降低),X 商品需求量增加(减少),则 X、Y 商品之间存在替代关系,这两种商品为替代品。其弹性系数越大,替代性越强。如果需求交叉弹性是负值,即 $e_{XY} < 0$,表示随着 Y 商品的价格提高(降低),X 商品需求量减少(增加),则 X、Y 商品之间存在互补关系,这两种商品为互补品。其弹性系数越大,互补性越强。如果商品 X、Y 的需求交叉弹性为零,即 $e_{XY} = 0$,则说明 X 与 Y 之间没有相关性,是相互独立的两种商品。

12. 答:(1) 如图 3.5 所示,供给曲线为水平直线,原有均衡点为 E_1 点。当政府对产品的卖方征收销售税时,供给曲线 S_1 向上平移至 S_2,形成新的均衡点 E_2。从而可以得出,税收负担能够完全转嫁给买方。即通过转嫁,买方承担了全部税额。

(2) 如图 3.6 所示,供给曲线向右上方倾斜,原有均衡点为 E_1 点。当政府对产品的卖方征收销售税时,供给曲线 S_1 向左上方平移至 S_2,形成新的均衡点 E_2。从而可以得出,产品价格不是按照全部税额上涨的。即通过转嫁,买方和卖方各承担了一部分税额。

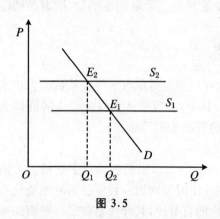

图 3.5

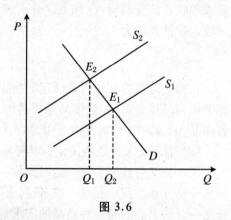

图 3.6

(3) 如图 3.7 所示,供给曲线与横轴垂直,原有均衡点为 E 点。当政府对产品的卖方征收销售税时,供给曲线不会发生变化,所以产品价格保持原来的水平,税收负担无法转嫁。即卖方承担了全部税额。

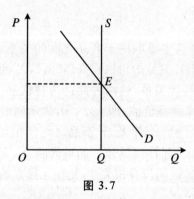

图 3.7

(4) 从上面的分析中可以看出:供给曲线的弹性是影响税收归宿的主要因素之一。在其他条件不变的前提下,供给弹性越大,卖方就越可以通过价格上涨的方式把更多的税收转嫁给买方,税收更多地由买方承担;供给弹性越小,卖方就越难以通过价格上涨的方式把更多的税收转嫁给买方,只能自己来承担大部分的税收。

负担的转嫁程度随着供给曲线斜率的变小而增大,当供给曲线的斜率趋向于无穷大时,卖方承担的税赋最大;当供给曲线的斜率趋向于零时,卖方承担的税赋最小。

13. 答:蛛网理论是西方经济学中动态分析商品价格波动的一个工具,该模型引进时间变化的因素,通过对属于不同时期的需求量、供给量和价格之间的相互作用的考察,用动态分析的方法论述生产周期较长的商品(如农产品)的产量和价格在偏离均衡状态以后的实际波动过程及其结果,因其轨迹在供求曲线的均衡点附近呈现蛛网状而得名。

蛛网理论的基本假设如下:

(1) 从开始生产到生产出产品需要较长一段时间,而且在这段时间内生产规模是不变的。

(2) 本期的产量 Q_t^s 取决于前一期的价格 P_{t-1}，即供给函数为 $Q_t^s = f(P_{t-1})$。

(3) 本期的需求量 Q_t^d 取决于本期的价格 P_t，即需求函数为 $Q_t^d = f(P_t)$。因此，蛛网模型可用以下三个联立方程式来表示：

$$\begin{cases} Q_t^d = \alpha - \beta \cdot P_t \\ Q_t^s = -\delta + \gamma \cdot P_{t-1} \\ Q_t^s = Q_t^d \end{cases}$$

显然，该模型是一个动态模型。

如图 3.8 所示，当需求曲线斜率的绝对值 β 大于供给曲线斜率的绝对值 γ，即需求曲线比供给曲线陡峭时，价格和产量能够自动恢复均衡状态，此时的蛛网被称为"收敛型蛛网"。

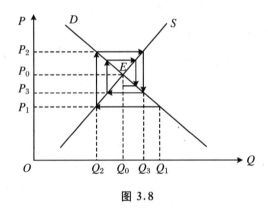

图 3.8

七、案例分析

【案例 1 参考答案】

(1) "分时"功能的电器的确起到提高电价弹性的作用。在实行分时电价以后，人们希望多使用"谷电"，少使用"峰电"。分时电器可以进行这样的调整，在低谷电价时，多使用电，提高了对低谷电价的反映敏感性。

(2) 如果没有这种电器，无法做到在低谷电价时多使用电，因而对低谷电价的反映敏感性不能提高。所以说，有许多间接因素影响需求价格弹性。

【案例 1 参考答案】

(1) 北京市居民生活用水价格提高，与此同时市场上出售可以有效减少用水量的节水型器具。这时居民面临着以下选择：一是继续使用原有耗水器具，多支出水费；二是花一笔钱购买节水器具，少花水费。购买节水器具的新增费用是对高水价的替代。新装修家庭会选择节水型器具。

(2) 水价由每立方米 3.70 元调整为 4.00 元,居民家庭月均用水量 6.6 吨,与水价调整期间相比,降低了 0.5 吨。北京居民用水的需求价格弹性 $e_d = 0.84$。

(3) 这个弹性小于 1,说明水具有必需品的性质。

(4) 某种商品的需求价格弹性与该物品支出占总支出比例有关,比例越高,弹性越大。因为用水支出在高收入者的支出中所占比例较小,故高收入人群对水价调整的反映不明显。另外,一水多用会付出额外的精力,高收入者时间和精力的机会成本较高。一水一用方便快捷,一水多用则需要统筹家务,还要增加储水器具。在水价低时,节水是不值得的,在水价提高后,对于许多家庭来说,为一水多用付出的劳动,相对地变得值得了。

(5) 水的短期需求价格弹性和长期需求价格弹性会有区别。因为短期内用水量的减少受到既定用水器具的影响,节水有限。而长期内,人们可能改用节水型器具,水的需求价格弹性会变大。

第四章 消费者行为理论

第一部分 习 题

一、名词解释
1. 效用 2. 基数效用 3. 序数效用 4. 边际效用 5. 边际效用递减规律 6. 消费者均衡 7. 消费者剩余 8. 无差异曲线 9. 边际替代率 10. 边际替代率递减规律 11. 预算约束线 12. 预算空间 13. 收入消费线 14. 价格消费线 15. 恩格尔曲线 16. 恩格尔系数 17. 替代效应 18. 收入效应 19. 补偿预算线 20. 戈森定律 21. 希克斯替代效应 22. 斯勒茨基替代效应 23. 低档物品 24. 吉芬物品 25. 期望效用

二、单项选择题
1. 某消费者对商品 X 的渴求甚于商品 Y，原因是（　　）。
   A. 商品 X 的价格较低　　　　　　B. 商品 X 较紧缺
   C. 对其而言，商品 X 有更大效用　D. 商品 X 是满足精神需要的
2. 对于一种商品，消费者想要有的数量都已有了，这时（　　）。
   A. 总效用为零　　　　　　　　B. 边际效用小于零
   C. 边际效用最大　　　　　　　D. 总效用最大
3. 无差异曲线的形状取决于（　　）。
   A. 消费者的偏好　　　　　　　B. 消费者的收入
   C. 消费者的收入和价格　　　　D. 以上都包括
4. 预算线的位置和斜率取决于（　　）。
   A. 消费者的收入　　　　　　　B. 消费者的偏好
   C. 消费者的收入和商品的价格　D. 以上都包括
5. 预算线绕着它与横坐标的交点向外移动的原因是（　　）。
   A. 商品 X 的价格下跌了　　　B. 商品 X 的价格上涨了
   C. 商品 Y 的价格下跌了　　　D. 商品 Y 的价格上涨了

6. 消费者的无差异曲线族包括无数条无差异曲线的原因是（　　）。
    A. 消费者的收入是连续变化的　　B. 消费者的欲望是无限的
    C. 消费者的人数是无限的　　　　D. 商品的数量是无限的
7. 无差异曲线为一条斜率不变的直线时，表示这两种商品是（　　）。
    A. 完全替代　　B. 可以替代　　C. 互补的　　D. 互不相关的
8. 如果无差异曲线是水平的，表明消费者对哪种商品的消费已经达到饱和？（　　）
    A. X 商品　　　　　　　　　　B. Y 商品
    C. X 和 Y 商品　　　　　　　D. 以上都不对
9. 无差异曲线任一点上商品 X 和 Y 的边际替代率等于它们的（　　）。
    A. 价格之比　　　　　　　　　　B. 数量之比
    C. 边际效用之比　　　　　　　　D. 边际成本之比
10. 已知消费者的收入是 50 元，商品 X 的价格是 5 元，商品 Y 的价格是 4 元。假定消费者打算购买 6 单位商品 X 和 5 单位商品 Y，商品 X 和商品 Y 的边际效用分别是 60 和 30。如果要得到效用最大化，他应该（　　）。
    A. 增购 X 并减少 Y　　　　　B. 增购 Y 并减少 X
    C. 同时增购 X 和 Y　　　　　D. 同时减购 X 和 Y
11. 商品 X 和 Y 的价格以及消费者的收入都按同一比例增加，则预算线（　　）。
    A. 向左下方平移　　　　　　　　B. 向右下方平移
    C. 不变　　　　　　　　　　　　D. 以上都有可能
12. 随着收入和价格的变化，消费者的均衡也发生变化。假定在新均衡下，各种商品的边际效用均低于原均衡状态的边际效用，这意味着（　　）。
    A. 消费者生活状况得到改善　　　B. 消费者生活状况恶化
    C. 消费者生活状况未变　　　　　D. 以上都有可能
13. 若甲的 MRS_{XY} 小于乙的 MRS_{XY}，对于甲来说，要想有所得，就应该（　　）。
    A. 放弃 X，用以与乙交换 Y　　B. 放弃 Y，从乙处换取 X
    C. 或者放弃 X，或者放弃 Y　　D. 以上都不对
14. MRS_{XY} 递减，MU_X 和 MU_Y 必定（　　）。
    A. 递减　　　　　　　　　　　　B. 递增
    C. 前者递减，后者递增　　　　　D. 前者递增，后者递减
15. 如果无差异曲线上任一点的斜率 $dY/dX = -1/2$，意味着消费者有更多的 X 时，他愿意放弃多少单位的 X 而获得一单位的 Y？（　　）
    A. 2　　　　B. 1.5　　　　C. 1　　　　D. 0.5

16. 消费者剩余是( )。
    A. 消费过剩的商品
    B. 消费者得到的总效用
    C. 支出货币的总效用
    D. 消费者购买商品所得到的总效用减去支出的货币总效用

17. 消费者剩余是消费者的( )。
    A. 实际所得   B. 主观感受
    C. 没有购买的部分   D. 消费剩余部分

18. 某低档商品价格下降,其他条件不变,则( )。
    A. 替代效应和收入效应相互加强导致该商品需求量增加
    B. 替代效应和收入效应相互加强导致该商品需求量减少
    C. 替代效应倾向于增加该商品的需求量,而收入效应倾向于减少该商品的需求量
    D. 替代效应倾向于减少该商品的需求量,而收入效应倾向于增加该商品的需求量

19. 消费者预算线发生平移时,连接消费者均衡点的曲线称为( )。
    A. 需求曲线   B. 价格消费曲线
    C. 收入消费曲线   D. 恩格尔曲线

20. 消费品价格发生变化时,连接消费者诸均衡点的曲线称为( )。
    A. 需求曲线   B. 价格消费曲线
    C. 收入消费曲线   D. 恩格尔曲线

21. 消费者需求曲线上的各点( )。
    A. 表示该消费者的效用最大化点
    B. 不表示该消费者的效用最人化点
    C. 有可能表示该消费者的效用最大化点
    D. 与该消费者效用是否最大化无关

22. 需求曲线斜率为正的充分必要条件是( )。
    A. 低档商品   B. 替代效应超过收入效应
    C. 收入效应超过替代效应   D. 低档商品且收入效应超过替代效应

23. 当总效用增加时,边际效用应该( )。
    A. 为正值,且不断增加   B. 为正值,且不断减少
    C. 为负值,且不断增加   D. 为负值,且不断减少

24. 商品价格变化引起的替代效应,表现为相应的消费者均衡点( )。

A. 沿一条无差异曲线运动　　　B. 沿两条无差异曲线运动
C. 沿不同的无差异曲线运动　　D. 以上都不对

25. 吉芬商品的价格上涨时(　　)。
    A. 替代效应为正值,收入效应为负值,且前者大于后者
    B. 替代效应为正值,收入效应为负值,且前者小于后者
    C. 替代效应为负值,收入效应为正值,且前者大于后者
    D. 替代效应为负值,收入效应为正值,且前者小于后者

26. 人的一生不能没有水,却可以没有钻石,可是一般情况下钻石却远远比水贵,此时(　　)。
    A. 水的边际效用高　　　　B. 钻石的边际效用高
    C. 水的总效用高　　　　　D. 钻石的总效用高

27. 假设小王每月花24元钱用于租VCD或看电影,当VCD的租用价格和电影票的价格都是4元时,他租借3张VCD,购买3张电影票;后来VCD的租用价格下降到2元,而电影票的价格上升到6元,此时小王租借6张VCD,购买2张电影票,那么,价格变化后的效用比价格改变前的效用(　　)。
    A. 增加　　　B. 减少　　　C. 不变　　　D. 无法作出比较

28. 当低档商品价格下降而其他情况不变时,(　　)。
    A. 替代效应和收入效应相互加强导致该产品的需求量增加
    B. 替代效应和收入效应相互消弱导致该产品的需求量减少
    C. 替代效应趋向于增加该商品的需求量,而收入效应趋向于减少其需求量
    D. 替代效应趋向于减少该商品的需求量,而收入效应趋向于增加其需求量

29. 山东荔枝的价格比苹果贵5倍,而在广东荔枝的价格是苹果的0.5倍,那么两地的消费者都达到效用最大化时,(　　)。
    A. 消费者的荔枝对苹果的边际替代相等
    B. 荔枝对苹果的边际替代率,山东消费者大于广东消费者
    C. 苹果对荔枝的边际替代率,山东消费者大于广东消费者
    D. 无法确定

三、判断题

1. 在无差异曲线图上存在无数条无差异曲线是因为消费者的收入有时高有时低。(　　)
2. 总效用决定商品的价格,而边际效用决定了消费的数量。(　　)

3. 如果你有一辆需要四个轮子才能开动的汽车有了三个轮子,那么当你有第四个轮子时,这第四个轮子的边际效用超过了第三个轮子的边际效用。( )

4. 如果货币的边际效用递减,则将高工资收入者的收入转移给低工资者,就可以增加全社会的总效用。( )

5. 同一杯水具有相同的效用。( )

6. 无差异曲线表示不同的消费者消费两种商品的不同数量组合所得到的效用是相同的。( )

7. 如果一种商品满足了一个消费者坏的欲望,说明该商品具有负效用。( )

8. 消费者剩余是消费者的主观感受。( )

9. 如果在新的消费者均衡状态下,各种商品的边际效用低于原均衡状态,则意味着消费者的生活状况恶化了。( )

10. 如果消费者的效用函数为 $U=XY$,那么消费者把他的收入的一半花在 X 上。( )

11. 如果效用函数 $U(X,Y)=5X+6Y$,则无差异曲线的边际替代率是递减的。( )

12. 在均衡点处,消费者所消费的各种商品的边际效用相等。( )

13. 如果边际效用递减,则总效用相应下降。( )

14. 无差异曲线的形状越接近于直线,说明该消费者消费的两种商品之间的替代性就越大。( )

15. 在同一条预算线上,消费者的货币收入是不变的。( )

四、简答题

1. 当消费者的收入或商品的价格发生变化时,无差异曲线本身是否会发生变化?

2. 简述无差异曲线的特征。

3. 解释边际替代率及其递减的原因。

4. 说明在同一条无差异曲线上,为什么有 $\Delta X_1 \cdot MU_1 = \Delta X_2 \cdot MU_2$。

5. 试解释水与金刚石的价值悖论。

6. 假定消费者购买 X 和 Y 两种商品,起初 $\dfrac{MU_X}{MU_Y}=\dfrac{P_X}{P_Y}$,若 P_X 下降,P_Y 保持不变,再假定 X 的需求价格弹性大于1,则 Y 的购买量会不会起变化?

7. 商品价格下降通过哪些途径影响该商品的需求?是增加还是减少?并据此区分正常品、低档品和吉芬商品。

8. 为什么说需求曲线上的每一点消费者都实现了效用最大化?

9. 试作出预算约束线的图形,并说明其含义和公式。

10. 免费发给消费者一定量实物与发给消费者按市场价格计算的这些食物折算的现金,哪种方法给消费者带来更高的效用?

11. 基数效用论是怎样解释需求曲线是向右下方倾斜的?

12. 消费者剩余是如何形成的?(东北师范大学 2007、2008 研)

13. 证明:如果某消费者对商品 X_1、X_2 的效用函数是 $U = U(X_1, X_2) = 10(X_1^2 + 2X_1X_2 + X_2^2) - 50$,则对于该消费者来说,$X_1$、$X_2$ 之间存在完全替代的特性。(中央财经大学 2006 研)

14. 根据消费者行为理论,理性消费者是如何实现消费者均衡的?(南开大学 2005 研;中南财经政法大学 2009 研)

15. 假设消费者两个时期内分别有 I_1 和 I_2 的收入,市场利率为 r(假定储蓄与借款的利率相同),试用替代效用和收入效应解释利率的改变与储蓄的关系。(南开大学 2006 研)

16. 证明:若消费者的全部收入只购买两种商品,那么这两种商品不可能都是劣等品。(南开大学 2003 研;中央财经大学 2007 研;对外经济贸易大学 2010 研)

17. 假设无差异曲线是一条斜率为 $-b$ 的直线,并且给出任意的价格 P_1、P_2 和收入 M,试说明消费者在 $\frac{P_1}{P_2}$ 大于、小于和等于 b 时的最优选择。(辽宁大学 2002 研)

18. 某消费者原来每月煤气开支为 10 元。现在煤气的价格上涨了 100%,其他商品价格不变,政府则给予该消费者 10 元作为价格补贴,画图分析说明该消费者效用上升了还是下降了。(西南财经大学 2005、2007 研)

19. 请选择回答下面的问题:

(1)"一分钱一分货"用经济学的原理怎样解释? 它是不是在任何情况下都成立?

(2)"只有买错的,没有卖错的",微观经济学中的什么原理能够解释它? 它会带来什么结果呢?

(3)西谚说"不要为泼洒了的牛奶哭泣",它反映了什么样的经济学原理?(武汉大学 2008 研)

20. 证明:若效用函数为 $U = X^r Y$,$r > 0$,则收入—消费曲线是一条直线。

五、计算题

1. 已知某消费者每年用于商品 X 和商品 Y 的收入为 900 元,两种商品的价格分别为 20 元和 30 元,该消费者的效用函数为 $U=2XY^2$。

(1) 该消费者每年购买这两种商品的数量各应为多少?

(2) 每年从中获得的总效用是多少?

2. 某消费者在一个月内需消费 100 个单位的商品 X 和 50 个单位的商品 Y,如果 X 的价格从 2 元上升到 3 元,Y 价格不变。为使该消费者维持原来的消费数量,他的收入需要增加多少元?

3. 某消费者的效用函数为 $U=XY^4$,他会在 X 商品和 Y 商品的消费上如何分配收入?

4. 某消费者只消费 X、Y 两种商品,X 对 Y 的边际替代率恒为 $\dfrac{Y}{X}$。如果他的收入为 260 元,X 的单价为 2 元,Y 的单价为 3 元,求其效用最大时对两种商品的消费量。

5. 如果某消费者的收入为 I,消费两种商品时,其无差异曲线的斜率处处是 $\dfrac{X}{Y}$,其中 X 和 Y 为两种商品的消费量。

(1) 推导商品 X 的需求函数,商品 Y 的价格变动对商品 X 的需求函数有影响吗?

(2) 推导商品 X 的需求价格弹性。

(3) 如果商品 X 和 Y 的价格分别为 1 和 3,则消费者均衡时的 MRS_{XY} 是多少?

(4) 对于商品 X 而言,恩格尔曲线的形状如何?X 的需求的收入弹性是多少?

6. 某消费者消费 X、Y 两种消费品的效用函数为 $U=XY$,X、Y 的价格均为 4,消费者的收入为 144。

(1) 求消费者的需求及效用水平。

(2) 若 X 的价格上升为 9,该消费者对两种商品的需求有何变化?

(3) X 价格上升为 9 后,若要维持当初的效用水平,消费者的收入最少应达到多少?

(4) 求 X 价格上升为 9 后,所带来的替代效应和收入效应。

7. 某消费者的效用函数为 $U=XY$,X 和 Y 的价格分别为 1 元和 2 元,$I=40$ 元,若 Y 的价格突然降为 1 元。

(1) 该消费者在替代效应的作用下,使他如何变更 Y 的购买量?Y 的购买量变化了多少?

(2) 收入效应使 Y 的购买量变化了多少?

(3) 替代效应和收入效应对 X 的购买量是否会产生影响？如果会产生影响，那么又是如何影响的？

8. 若需求函数为 $q = a - bP$，其中 $a > 0, b > 0$，求：
   (1) 当价格为 P_1 时的消费者剩余是多少？
   (2) 当价格由 P_1 变为 P_2 时的消费者剩余变化了多少？

9. 设消费者对某产品的反需求函数为 $p = a - bq$，其中 $a > 0, b > 0$，现设政府决定征收税率为 t 的销售税，于是产品价格提高为 $p(1+t)$，证明消费者剩余的损失大于政府征税所得的收益。

10. 某大学生只有 6 天时间应付期末考试。该生要考数学、经济学、英语三门课。他的目标是要得三门课尽可能高的总成绩(或者说三门课尽可能高的平均成绩)。他每门课的成绩依赖于他分配在每门课上的复习时间。根据时间的安排，每门课成绩最佳估计分数如表 4.1 所示。

表 4.1

经济学		英语		数学	
复习时间(天)	成绩	复习时间(天)	成绩	复习时间(天)	成绩
0	20	0	40	0	80
1	45	1	52	1	90
2	65	2	62	2	95
3	75	3	71	3	97
4	83	4	78	4	98
5	90	5	83	5	99
6	92	6	86	6	99

问该生如何分配复习时间才能使总成绩最高？

11. 某人每月用于 X、Y 两种商品的支出为 100 元，其效用函数为 $TU = 5X^{0.4}Y^{0.6}$，$P_X = 1$ 元，$P_Y = 2$ 元，求：
   (1) 均衡消费量。
   (2) 若 X 的价格上升为 2 元，求新的均衡消费量，并用斯勒茨基分析方法求价格变化后的替代效应和收入效应。
   (3) 根据(2)的计算结果判断：对于该消费者而言，X 商品是正常品、一般劣等品还是吉芬品。

12. 某消费者的偏好由以下效用函数描述：$U = \dfrac{(\ln X_1 + 2\ln X_2)}{3}$，其中 $\ln X$ 是 X 的自然对数。商品 X_1 和商品 X_2 的价格分别为 P_1 和 P_2，消费者的收入为 M。

(1) 写出消费者的最大化问题。

(2) 求出需求函数 $X_1(P_1, P_2, M)$ 和 $X_2(P_1, P_2, M)$。

(3) 设价格 $P_1 = P_2 = 1$，画出每种商品与此价格相对应的恩格尔曲线。

(4) 设 $M = 10, P_2 = 5$，画出商品 X_1 的需求曲线。

(5) 判断商品 X_1 和商品 X_2 是正常品还是低档品，是普通品还是吉芬品，是互补品还是替代品。

13. 假设某消费者的效用函数为 $U(x, y) = \ln(x) + y$，约束线 $M = P_x X + P_y Y$，试结合图形简要说明：

(1) 该消费者对 x 和 y 商品的需求函数及其需求曲线。

(2) 这两种商品哪种更符合生活必需品的特征？为什么？（东北财经大学 2009 研）

14. 已知某人的效用函数为 $U = xy$，他打算购买 x 和 y 两种商品，当其每月收入为 120 元，$P_x = 2$ 元，$P_y = 3$ 元时，试问：

(1) 为获得最大效用，他应该如何选择商品 x 和 y 的组合？

(2) 货币的边际效用和总效用各是多少？

(3) 假设商品 x 的价格提高 44%，商品 y 的价格不变，他必须增加多少收入才能保持原有的效用水平？（上海大学 2007 研）

15. 假设消费者的效用函数为 $U = x^4 y^3$，则消费者在 y 商品上的支出占总支出的比例是多少？对商品 y 的需求与商品 x 的价格有什么关系？（北京大学 2007 研）

16. 在某一个夏日晚上，J.P. 以下列效用函数的形式享用雪茄（C）与喝白兰地酒（B）

$$U(C, B) = 20C - C^2 + 18B - 3B^2$$

(1) 问他这晚上要抽多少支雪茄，喝多少瓶白兰地酒才能得到最大效用？（假定他不受预算约束）

(2) 后来，J.P. 的医生告诫他：每天喝的白兰地酒与抽的雪茄加起来不能超过 5 单位，在这一条件下，他会喝多少白兰地酒，抽多少雪茄呢？（北京邮电大学 2008 研）

17. 假定效用函数为 $U = q^{0.5} + 2M$，其中 q 为消费的商品量，M 为收

入。求:

(1) 需求函数;

(2) 反需求函数;

(3) $P = 0.05, q = 25$ 时的消费者剩余。(东华大学 2010 研)

18. 已知效用函数为 $U(x, y) = a\ln x + b\ln y$,收入为 m,x、y 的价格分别为 P_x、P_y,求:

(1) 两种商品的需求函数;

(2) 当 $P_x = 1, P_y = 2, m = 120$ 时,求边际替代率,并求出此时 x、y 的需求价格弹性和收入弹性。

19. 已知某消费者的效用函数 $U(X_1, X_2) = X_1^{\frac{1}{2}} X_2^{\frac{1}{2}}$,请给出均衡条件的需求函数,并证明其收入将均摊于商品 X_1,X_2。(中央财经大学 2009 研)

20. 一个消费者,收入为 120 元,购买两种商品,效用为 $U(X_1, X_2) = X_1^{\frac{1}{2}} X_2^{\frac{1}{2}}$。

(1) 设商品价格分别为 $P_1 = 12, P_2 = 10$,求消费者均衡;

(2) 商品 1 的价格下降为 $P_1 = 10$,求商品 1 的替代效应和收入效应。(华中科技大学 2004 研)

21. 设一个消费者使用两种商品 x、y,效用函数为 $U = 10x^{3/4}y^{1/4}$,商品价格 $P_x = 5$ 元,$P_y = 3$ 元。

(1) 设他的收入为 40 元,求消费者均衡;

(2) 求恩格尔曲线。(华中科技大学 2002 研)

22. 市场上黄瓜价格 $P_x = 3$ 元,西红柿价格 $P_y = 4$ 元,张三的收入为 50 元,其效用函数为 $U(X, Y) = (X^2 + Y^2)$ 的平方根。

(1) 根据上述条件计算张三的最大效用;

(2) 作出张三的无差异曲线和预算线的图,分析张三的最优消费组合,与(1) 对比,说明其有何区别并说明理由。(中国人民大学 2010 研)

六、论述题

1. 由于水资源的缺乏,导致我国相当一部分城市供水紧张,请根据边际效用递减原理设计一套方案以达到节水目的,并回答这套方案:

(1) 对消费者剩余有何影响?

(2) 对生产资源配置会产生什么样的效应?

(3) 对城市居民的收入会产生什么样的影响? 是否有补救措施?

2. 试述基数效用论与序数效用论的区别与联系。

3. 试从价格消费线推导出消费者的需求曲线。

4. 用图形说明正常物品、低档物品和吉芬物品的不同。

5. 为了刺激消费,政府拟在以下两种方案中选择其一:对购买的某种商品每一单位补贴 S(比例补贴);或者给予消费者收入补贴 R(定额补贴)。假定这两种不同补贴的总金额相同,请用图比较这两种不同补贴方案会对消费者的选择和效用产生什么影响,并说明政府采取哪一种方案更能提高消费者的效用水平。

6. 假设技术进步使生产电脑成本减少。

(1) 用供求图说明电脑市场上价格、数量、消费者剩余和生产者剩余会发生什么变动。

(2) 电脑和加法机是替代品。用供求图说明加法机市场上的价格、数量、消费者剩余和生产者剩余会发生什么变动,加法机生产者对电脑技术进步是幸福还是不幸。

(3) 电脑和软件是互补品。用供求图说明软件市场上的价格、数量、消费者剩余和生产者剩余会发生什么变动,软件生产者对电脑技术进步是幸福还是不幸。

(4) 这种分析有助于解释为什么软件生产者比尔·盖茨是世界上最富有的人之一吗?

7. 西方微观经济学的单个消费者的需求曲线向右下方倾斜的形状是根据什么理论得出来的?你如何评价这个理论?(中国人民大学 2001 研)

8. 许多消费者愿意多付钱购买名牌产品,你怎么看待这个问题?

七、案例分析

【案例 1】 鼓励孩子买书的零用钱。

随着孩子年龄长大,家长给自己未成年孩子的零用钱也将增加。增加的方法有两种:第一种方法是不论孩子如何使用,每月增加一定金额;第二种方法是将这笔钱用于补贴孩子购买课外书籍,即只有当孩子购买图书时才能获得一定金额的补贴。显然,这两种方式对鼓励孩子读书和增加学习开支、减少娱乐及零食开支的效果不一样。

讨论题:

1. 请用消费者行为理论的相关知识作图说明家长增加孩子零用钱的两种方法及其效果。

2. 这个例子是否意味着,即使价格体系保持不变,经济政策的制定者仍可以通过其他手段改变预算约束线的斜率,以达到愿意看到的选择结果?(本案例根据 http://www.docin.com/p-516736051.html 相关内容整理而得。)

【案例 2】 公车制度改革的效率。

我国政府长期以来为一定级别的领导干部和部门负责人配备公车。如图4.1所示,假设配备公车的量在 Q_1,相应的支出成本在 AB 线上,使用者得到的满足感则处于 U_1 线上。如果节约使用公车可以增加其他消费,则可以通过减少交通消费,增加其他消费而使效用提高,达到 U_2 的满足水平。由于节约使用配备的公车不能增加其他消费,所以,虽然国家花费的成本较高,但是实际效用却较低。公车改革的方法是:取消公车,对原来享受公车待遇的干部给予定量交通补贴。如果交通补贴的金额相当于 CD 线水平支出,这些干部可以选择 E_1 点所示的消费组合,而使自己的满足感不变。如果交通补贴的金额高于 CD 线,低于 AB 线(图中未标出),则这些干部的满足感比改革前有所提高,而且政府为该项支出的费用比改革前有所降低。这里还没有考虑过去使用司机的开支,如果考虑到节约司机的开支,则这项改革的效果更大。

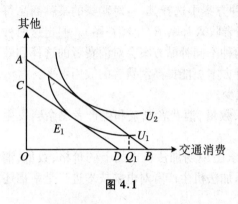

图 4.1

讨论题:

这个例子是否意味着,一般来说,普遍发放实物的实际效用不如发放等量货币的效用? 或者说,与发放货币相比,若要达到同等效用,发放实物的价值量一般要高于货币量? 为什么?

第二部分 参考答案

一、名词解释

1. 效用:就是消费者消费商品或劳务所获得的满足程度。商品或劳务效用的大小,取决于它能够在多大程度上满足消费者的欲望与需要。

2. 基数效用:19世纪和20世纪初,西方经济学家们认为商品的效用可以如同长度、重量等概念一样,以基数来加以度量、比较或加总。这种以数字计量来衡量消费者的满足程度为基数效用。

3. 序数效用:认为效用的大小是无法具体度量的,效用之间只能根据消费者的偏好程度排列顺序或等级,这种以排序的形式来衡量商品的效用就是序数效用。序数效用理论以无差异为工具分析消费者行为。

4. 边际效用:是指消费者在一定时期内,从每增加(或减少)一单位某种商品或劳务的消费中所得到的效用量的增(减)量。

5. 边际效用递减规律:假定消费者对其他商品的消费保持不变,则消费者从连续消费某一特定商品中所得到的满足程度将随着这种商品消费量的增加而递减。

6. 消费者均衡:是指在商品现行价格和消费者收入为既定的条件下,消费者既不想再增加,也不想再减少任何商品购买数量这么一种相对静止的状态。即在一定的约束条件下,消费者获得了最大的消费满足。

7. 消费者剩余:就是某商品价值与其价格之间的差额。或者说,消费者剩余是消费者根据自己对商品效用的评价所愿意支付的价格与实际付出的价格的差额。正因为边际效用是递减的,所以消费者可以获得消费者剩余。

8. 无差异曲线:表示对于消费者来说,能产生同等满足程度的各种(或两组)不同商品组合点的轨迹。无差异曲线也叫效用等高线。

9. 边际替代率:是指在维持效用水平或满足程度不变的前提下,消费者增加一单位某种商品的消费时所需放弃的另一种商品的消费数量。表达式为:$MRS_{12} = -\Delta X_2 \Delta X_1$。

10. 边际替代率递减规律:在维持效用水平不变的前提下,随着一种商品消费数量的连续增加,消费者为得到每一单位的这种商品所需要放弃的另一种商品的消费数量是递减的。造成边际替代率递减的原因则在于商品的边际效用递减。

11. 预算约束线:又称消费可能性线或价格线,表示在消费者收入和商品价格既定的条件下,消费者的全部货币收入所能购买到的最大商品量的集合。

12. 预算空间:是消费者花费其全部收入或部分收入后所能购买的商品量的集合。预算空间表示为:$I \geq P_1 X_1 + P_2 X_2$(其中 $X_1 \geq 0, X_2 \geq 0$)。

13. 收入消费线:是指在消费者偏好和商品价格不变情况下,收入变化所引起的消费者消费均衡点的运动轨迹。

14. 价格消费线:是指在消费者偏好、收入以及其他商品价格不变的条件下,与某一种商品的不同价格水平相联系的消费者效用最大化的均衡点的运动轨迹。

15. 恩格尔曲线:是以19世纪德国著名统计学家恩格尔的名字命名的曲线。凡是反映收入变化与某种商品消费量变化之间关系的曲线都被称为恩格尔曲线。

16. 恩格尔系数:指食物支出金额在生活消费总支出金额中所占的比例。计算公式为:

$$恩格尔系数 = \frac{用于食物支出金额}{生活消费总支出金额} \times 100\%$$

恩格尔系数一般大于0且小于1。

17. 替代效应:是指在其他条件不变情况下,因商品的价格变动引起的商品相对价格变动,使得消费者在保持原有效用水平不变条件下用较便宜的商品代替较昂贵商品而对商品需求量产生的影响。

18. 收入效应:指在收入不变的条件下,由商品价格变动引起实际收入水平变动,进而由实际收入水平变动所引起的商品需求量的变动。

19. 补偿预算线:当商品价格发生变化引起消费者的实际收入水平发生变化时,以假设的货币收入增减来维持消费者实际收入水平不变的一种分析工具。

20. 戈森定律:由戈森第一定律和戈森第二定律组成。戈森第一定律即边际效用递减规律,戈森第二定律是从第一定律推导出来的。这一定律认为,个人收入有限而消费欲望无穷,在市场价格保持不变的情况下,消费者要从商品消费中得到最大满足,就必须将其收入妥善配置,使得用于任何特定商品最后一单位的货币所产生的效用与用于任何别的商品的最后一单位所产生的效用相等。

21. 希克斯替代效应:是指商品相对价格变化后,在保持消费者实际收入不变情况下所引起的商品需求量的变化,这里的实际收入不变是指使消费者在价格变化前后保持同一条无差异曲线上。

22. 斯勒茨基替代效应:是指商品相对价格变化后,在保持消费者实际收入不变情况下所引起的商品需求量的变化,这里的实际收入不变是指使消费者在价格变化后能够购买他想要购买的价格变动以前的商品购买量。

23. 低档物品:是指需求收入弹性为负的商品。因此,低档物品需求量随着收入增加而减少,随着收入减少而增加。与此对应的一个概念是正常物品,即需求收入弹性为正的商品,正常物品需求量随着收入增加而增加,随着收入减少而减少。

24. 吉芬物品:是指随着物品价格上升,需求量反而增加的物品称之为"吉芬物品"。吉芬物品是一种特殊的低档物品。作为低档物品,吉芬物品的替代效应与价格呈反方向变动,收入效应则与价格成同方向变动。吉芬物品的特殊性在于:它的收入效应的作用很大,以至于超过了替代效应的作用,从而使得总效应与价格呈同方向变动。这也就是吉芬物品的需求曲线呈现向右上方倾斜的特殊形状的原因。

25. 期望效用:是指消费者在不确定条件下可能获得的各种结果的效用的加权平均数。如果用 P 和 $1-P$ 表示两种结果 W 和 Q 发生的概率,则期望效用函数可记作:

$$EU = PU(W) + (1-P)U(Q)$$

可以看出,消费者的期望效用函数就是消费者在不确定条件下可能得到的各种结果的效用的加权平均数。由于期望效用函数的建立,于是,对不确定条件下

第四章 消费者行为理论

的消费者面临风险的行为的分析,就成了对消费者追求期望效用最大化的行为的分析。

二、单项选择题

1. C 2. D 3. A 4. C 5. C 6. D 7. A 8. A 9. C 10. A 11. C 12. A 13. A 14. C 15. A 16. D 17. B 18. C 19. C 20. B 21. A 22. D 23. B 24. A 25. D 26. B 27. A 28. C 29. B

三、判断题

1. 错误。【提示】一条无差异曲线代表一个效用水平,不同的无差异曲线代表不同的效用水平。在无差异曲线图上存在无数条无差异曲线是因为消费者对两种可替代商品的需求水平可能是多种多样的。

2. 错误。【提示】效用价值论认为,商品的价格是由边际效用决定的,消费者对某种商品的消费数量是由其总效用决定的。

3. 错误。【提示】边际效用是指物品的消费量每增加(或减少)一个单位所引起的总效用的变化量。这里的"单位"是指一个完整的商品单位,这种完整的商品单位是边际效用递减规律有效性的前提。对于本题,必须有四个轮子的汽车才能成为一个单位。因此,不能说第四个轮子的边际效用超过第三个轮子。

4. 正确。【提示】如果货币的边际效用递减,由于低工资者货币的边际效用大于高工资者货币的边际效用,所以把相同部分的收入从高工资者手里转移到低工资者手里,全社会的总效用是增加的。

5. 错误。【提示】西方经济学家认为,效用是消费者对商品和劳务的主观评价,是一种主观的心理感觉。效用的大小因人而异,因地而异,因时而异。同一杯水对不同的人,其效用不同;同一杯水对同一个人,也会因时间、地点不同而不同。

6. 错误。【提示】无差异曲线表示对于同一消费者来说,能产生同等满足程度的各种(或两组)不同商品组合点的轨迹。不同的消费者由于其偏好不同,消费两种商品的不同数量组合所得到的效用是不同的。

7. 错误。【提示】负效用是指某种东西所具有的,不但不能给人们带来某种欲望的满足,反而给人们带来了不舒适或痛苦的能力。因此,一种商品只要其能够满足消费者的某种欲望,就不能说该商品具有负效用。

8. 正确。【提示】消费者剩余是消费者根据自己对商品效用的评价所愿意支付的价格与实际付出的价格的差额。所以,消费者剩余是消费者的主观感受是正确的。

9. 错误。【提示】如果在新的消费者均衡状态下,各种商品的边际效用低于原均衡状态,则说明消费者对各种商品的消费数量增加了,这意味着消费者的生

· 99 ·

活状况得到了改善。

10. 正确。【提示】设消费者的收入为 I,商品 X 的价格为 P_X,商品 Y 的价格为 P_Y,得到预算约束线方程为:$X \cdot P_X + Y \cdot P_Y = I$;根据 $U = XY$,得到:$MUX = Y, MUY = X$,这样可推导出消费者的均衡条件为:$YP_X = XP_Y$,即 $X \cdot P_X = Y \cdot P_Y$,将其代入预算约束线方程得到:$2X \cdot P_X = I$,这就证明了消费者把他的收入的一半花在 X 上。

11. 错误。【提示】由 $U(X,Y) = 5X + 6Y$ 推导出 $MUX = 5, MUY = 6$,并进一步推导出 $MRSXY = MUXMUY = 56$,所以效用函数 $U(X,Y) = 5X + 6Y$ 的无差异曲线的边际替代率是常量。

12. 错误。【提示】在均衡点处,消费者花在每种商品上的最后一元钱所获得的边际效用都相等,而不是所消费的各种商品的边际效用相等。

13. 错误。【提示】总效用是指消费者在一定时间内从一定数量的商品的消费中所得到的效用的总和。边际效用递减并不等于边际效用为负数,只有当边际效用小于零时,总效用才会相应下降。

14. 正确。【提示】当无差异曲线为直线时,其边际替代率为常数,说明该消费者消费的两种商品可以完全替代。所以,无差异曲线的形状越接近于直线,说明该消费者消费的两种商品之间的替代性就越大。

15. 正确。【提示】预算线表示在消费者收入和商品价格既定的条件下,消费者的全部货币收入所能购买到的最大商品量的集合。

四、简答题

1. 答:无差异曲线是用来表示对于消费者来说,能产生同等满足程度的各种(或两组)不同商品组合点的轨迹。相对应的效用函数通常可以表示为 $U = f(x,y)$,其中 x,y 分别表示所消费两种商品或两组商品的数量。

当消费者的收入或商品的价格发生变化时,无差异曲线本身是不会变化的。因为收入或商品的价格发生变化时,给消费者带来相同效用水平的各种组合未发生变化,也就是说,相同效用水平的各种组合中包含的商品 x 与 y 的数量没有变化,所以无差异曲线不会变化。

2. 答:无差异曲线是用来表示两种商品或两组商品的不同数量组合给消费者带来的效用完全相同的一条曲线。

无差异曲线是一条向右下方倾斜,且凸向原点的曲线。它具有四个重要特征:

(1) 无差异曲线是一条向右下方倾斜的曲线,其斜率为负值。它说明在收入和价格既定的条件下,为了达到同等的满足程度,增加一种商品的一定数量,必须减少另外一种商品的一定数量。两种商品既不能同时增加,也不能同时减少。

(2) 在同一平面图上可以有无数条无差异曲线。同一条无差异曲线代表相同的效用,不同的无差异曲线代表不同的效用。离原点越远的无差异曲线代表的效用水平越高;离原点越近的无差异曲线代表的效用越小。

(3) 同一无差异曲线图上任何两条无差异曲线不可能相交。假设两条无差异曲线相交,那么交点同时在两条无差异曲线上,与第二个特征相矛盾。

(4) 无差异曲线是凸向原点的。无差异曲线的这一特点是由商品的边际替代率递减规律所决定的。

无差异曲线的本质特征是商品的不同组合可以产生相同的效用水平。这表明在维持消费者效用水平不变的条件下,可以用一种商品替代另一种商品。

3. 答:边际替代率是指在维持效用水平或满足程度不变的前提下,消费者增加一单位某种商品消费时需放弃的另一种商品的消费数量。以 MRS 代表商品的边际替代率,则商品 1 对商品 2 的边际替代率公式为 $MRS_{12} = -\dfrac{\Delta X_2}{\Delta X_1}$,其中,$\Delta X_1$ 和 ΔX_2 分别为商品 1 和商品 2 的变化量。由于 ΔX_1 和 ΔX_2 的符号肯定是相反的,为了使商品的边际替代率取正值以便于比较,所以在公式中加了一个负号。

边际替代率递减是指在维持效用水平不变的前提下,随着一种商品消费数量的连续增加,消费者为得到每一单位的这种商品所需要放弃的另一种商品的消费数量是递减的。用公式表示为 $MRS_{12} = \dfrac{\mathrm{d}}{\mathrm{d}X_1}\left(-\dfrac{\mathrm{d}X_2}{\mathrm{d}X_1}\right) = \dfrac{-\mathrm{d}^2 X_2}{\mathrm{d}X_1^2} < 0$。造成边际替代率递减的原因则在于商品的边际效用递减。根据边际效用递减规律,随着商品 1 消费数量的增加,其边际效用越来越小;与此同时,随着商品 2 消费数量的减少,其边际效用则越来越大,从而导致消费者为得到每一单位的这种商品所需要放弃的另一种商品的消费数量是递减的。

4. 答:由于边际替代率是指在维持效用水平或满足程度不变的前提下,消费者增加一单位某种商品的消费时所需放弃的另一种商品的消费数量。即消费者增加一单位某种商品的消费量所带来的效用的增加量和相应减少的另一种商品的消费量所带来的效用的减少量是相等的。所以有 $\Delta X_1 \cdot MU_1 = -\Delta X_2 \cdot MU_2$ 或者 $-\dfrac{\Delta X_2}{\Delta X_1} = \dfrac{MU_1}{MU_2}$。

5. 答:水与金刚石的价值悖论是指水对人们很有用,必不可少,但水却很便宜;金刚石对人们的用途很有限,但却很昂贵。这个价值悖论是亚当·斯密在 200 多年前提出的,直至边际效用理论提出后才给予了一个令人满意的解答。

解释这个问题的关键是区分总效用与边际效用。水给我们带来的总效用是巨大的,没有水,我们无法生存。但我们对某种商品消费越多,其最后一单位的边际效用也就越小。我们用的水是很多的,因此最后一单位水所带来的边际效用就微不足道了。相反,相对于水而言,钻石的总效用并不大,但由于我们买的钻石极少,所以它的边际效用就大了。根据边际效用理论,消费者分配收入的方式是使用于一切商品的每元支出的边际效用相等。人们也是根据这一原则来把收入分配于水与钻石上的:钻石的边际效用高,水的边际效用低,只有用钻石的高价格除以其高边际效用,用水的低价格除以其低边际效用,用于钻石和水的每元支出的边际效用才能相等。所以,钻石价格高,水的价格低是合理的。或者说,人们愿意为边际效用高的钻石支付高价格,为边际效用低的水支付低价格是一种理性行为。"物以稀为贵"的道理正在于"稀"的物品边际效用高。

6. 答:原来消费处于均衡状态,设预算方程为 $P_X X + P_Y Y = I$,现在 X 的价格下降为 P_{X_1},若 X 的需求价格弹性大于 1,则对 X 的需求量增加,消费者用于 X 的支出也随之增加,即 $P_{X_1} X_1 > P_X X$(X_1 为 P_X 下降后 X 的需求量)。由于收入、Y 商品价格不变,所以 Y 的需求量减少。

7. 答:商品价格下降通常由收入效应和替代效应影响该商品的需求,不管商品是正常品,还是低档品、吉芬商品,商品降价后的替代效应表明,只要该商品降价,就会用该商品替代其他商品。其收入效应要视产品性质而定。

对于正常品来说,收入效应和替代效应在同一方向起作用,表明在商品降价后,其替代效应和收入效应都是正值,表示商品降价后总需求量增加。对于低档品来说,其替代效应为正值,收入效应为负值,但由于替代效应大于收入效应,所以商品降价后的总效应仍然大于零,即商品降价后总需求量也是增加的。对于吉芬商品来说,其替代效应为正值,收入效应为负值,但由于替代效应小于收入效应,所以商品降价后的总效应小于零,即商品降价后总需求量是下降的。

8. 答:需求曲线是根据价格消费线推导出来的。价格消费线是指在消费者偏好、收入以及其他商品价格不变的条件下,与某一种商品的不同价格水平相联系的消费者效用最大化的均衡点的运动轨迹。可见,在价格消费线上的每一点,消费者的效用都实现了最大化。

以价格为纵坐标,以对某种商品的需求量为横坐标,将不同价格水平与最佳购买量连接起来,就得到对某商品的需求曲线。可见,需求曲线反映的是消费者获得最大效用时对某种商品的最佳购买量。即需求曲线是消费者在既定收入水平下追求效用最大化的结果。

9. 答:预算约束线又称消费可能性线,表示在消费者收入和商品价格既定的条件下,消费者的全部货币收入所能购买到的商品量的集合。假定消费者将其全部货币收入 I 用于购买两种商品 X_1、X_2,X_1 商品的价格是 P_1,X_2 商品的价格是 P_2,则消费者的预算线方程可表示为 $I = P_1X_1 + P_2X_2$。该式表示,消费者的全部收入 I,等于他购买商品 X_1 的支出与购买商品 X_2 的支出的总和。根据此方程我们可以作出如图 4.2 所示的预算线(AB)。

在图 4.2 中,预算线 AB 把平面坐标划分为三个区域:预算线 AB 以外的区域中的任何一点,如 C 点,是消费者利用全部收入不可能实现的商品购买的组合点;预算线 AB 以内区域中的任何一点,如 D

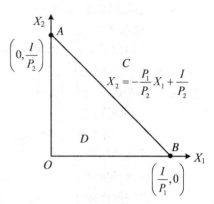

图 4.2 预算线

点,表示消费者的全部收入在购买该点的商品组合以后还有剩余;唯有预算线 AB 上的点,才是消费者的全部收入刚好花完后所能购买到的商品组合点。

10. 答:用发现金的方法会给消费者带来更高的效用,因为发了现金,消费者可根据自己的偏好选择自己所需要的商品,从而实现自己消费的最大满足。而发实物,则可能出现此实物并不是消费者所需要或最需要的,这时消费者就难以获得消费的最大满足。

11. 答:基数效用论是以边际效用递减规律和建立在该规律上的消费者效用最大化的均衡条件为基础推导消费者的需求曲线,同时解释了需求曲线向右下方倾斜的原因。

基数效用论者认为,商品的需求价格取决于商品的边际效用。某一单位的某种商品的边际效用越大,消费者为购买这一单位的该种商品所愿意支付的价格就越高;反之,某一单位的某种商品的边际效用越小,消费者为购买这一单位的该种商品所愿意支付的价格就越低。由于边际效用递减规律的作用,随着消费者对某一种商品消费量的连续增加,该商品的边际效用是递减的,相应地,消费者为购买这种商品所愿意支付的价格及需求价格也是越来越低的。

进一步地,联系消费者效用最大化的均衡条件进行分析,考虑消费者购买一种商品的情况,那么,上述的消费者均衡条件可以写为 $MU_i/P_i = \lambda (i = 1, 2, 3, \cdots)$。它表示消费者对任何一种商品的最优购买量应该是使最后一元钱购买该商品所带来的边际效用和所付出的这一元钱的货币的边际效用相等。该式还意味着:由于对于任何一种商品来说,随着需求量的不断增加,边际效用 MU 是递减的。于是,为了保证均衡条件的实现,在货币的边际效用 λ 不变的前提下,商品的需求价格 P 必然同比例于 MU 的递减而递减。

就这样,基数效用论者在对消费者行为的分析中,运用边际效用递减规律的假定和消费者效用最大化的均衡条件,推导出了消费者的向右下方倾斜的需求曲线,同时,解释了需求曲线向右下方倾斜的原因,而且说明了需求曲线上的每一点都是满足消费者效用最大化均衡条件的商品的价格—需求量组合点。

12. 答:消费者购买商品时,一方面,消费者对每一单位商品所愿意支付的最高价格取决于这一单位商品的边际效用。由于商品的边际效用是递减的,所以,消费者对某种商品所愿意支付的最高价格是逐步下降的。但是,另一方面,消费者是按实际的市场价格支付的。于是,在消费者愿意支付的最高价格和实际支付的市场价格之间就产生了一个差额,这个差额便构成了消费者剩余的基础。

消费者剩余可以用几何图形来表示。简单地说,消费者剩余可以用消费者需求曲线以下、市场价格以上的面积来表示,如图 4.3 的阴影部分面积所示。图 4.3 中,需求曲线以反需求函数的形式 $P^d = f(Q)$ 给出,表示消费者对每一单位商品所愿意支付的最高价格。假定该商品的市场价格为 P_0,消费者的购买量为 Q_0。根据消费者剩余的定义,在产量 0 到 Q_0 区间需求曲线以下的面积表示消费者为购买 Q_0 数量的商品所愿意支付的最高总金额,即相当于图 4.3 中的面积 $OABQ_0$;而实际支付的总金额相当于图 4.3 中的矩形面积 OP_0BQ_0。这两块面积的差额即图 4.3 中的阴影部分面积 P_0AB。就是消费者剩余。

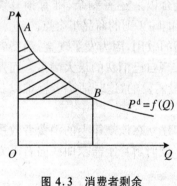

图 4.3 消费者剩余

13. 证明:完全替代品指两种商品之间的替代比例是固定不变的情况。因此,在完全替代的情况下,两商品之间的边际替代率 MRS 是一个常数,对应的无差异曲线是一条斜率不变的直线。

根据已知的效用函数,可得商品 X_1 与商品 X_2 的边际效用分别为

$$MU_1 = \frac{dU}{dX_1} = 20(X_1 + X_2)$$

$$MU_2 = \frac{dU}{dX_2} = 20(X_1 + X_2)$$

根据消费者均衡条件可知

$$MRS_{12} = \frac{MU_1}{MU_2} = \frac{20(X_1 + X_2)}{20(X_1 + X_2)} = 1$$

由于商品 X_1 与商品 X_2 的边际替代率为 1，因此，对于该消费者来说，X_1 与 X_2 之间存在完全替代的特性。

14. 答：消费者均衡是指消费者的效用达到最大并维持不变的一种状态，其研究单个消费者如何把有限的货币收入分配在各种商品的消费中以获得最大的效用。根据消费者行为理论，理性消费者实现消费者均衡可利用图 4.4 来说明。

如图 4.4 所示，U_1、U_2、U_3 为三条无差异曲线，U_3 代表的效用水平最高，U_2 次之，U_1 代表的效用水平最低。AB 线表示消费者的预算线。可以看出，消费者的预算线 AB 和无差异曲线 U_2 的相切点 E 是消费者在给定的预算约束下能够获得最大效用的均衡点。

其原因是，就无差异曲线 U_3 来说，它与既定的预算线 AB 既无交点又无切点，这说明消费者在既定的收入水平下无法实现无差异曲线 U_3 上的任何一点的商品组合的购买。就无差异曲线 U_1 来说，虽然它

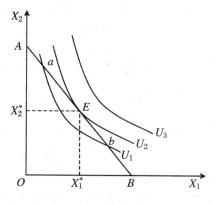

图 4.4 消费者均衡

与既定的预算线 AB 相交，但是，交点所代表的效用水平低于无差异曲线 U_2，理性的消费者通过改变购买组合，就能达到比较点更大的效用水平。显然，只有当既定的预算线 AB 和无差异曲线 U_2 相切于 E 点时，消费者才在既定的预算约束条件下获得最大的满足，故 E 点就是消费者实现效用最大化的均衡点。

可以看出，在切点 E，无差异曲线和预算线两者的斜率是相等的。即在均衡点 E 有：

$$MRS_{12} = \frac{P_1}{P_2}$$

这就是消费者效用最大化的均衡条件。

15. 答：利率变化对储蓄的总效应可以分解为替代效应和收入效应。其中，替代效应指利率提高会导致人们消费的机会成本上升，从而使人们减少当前消费，增加储蓄额以增加未来的消费；收入效应指利率提高会导致人们储蓄收益增加，从而增加人们的总收入，人们有可能减少当前的储蓄，增加消费。

以上分析表明，利率提高时，替代效应总是使储蓄增加，但是收入效应使储蓄减

少。因此,利率提高对储蓄的总效应要视替代效应和收入效应的相对大小而定。

(1) 当市场利率提高时,替代效应的绝对值大于收入效应的绝对值,则人们会减少当前的消费,增加储蓄。

(2) 当市场利率提高时,替代效应的绝对值小于收入效应的绝对值,则人们会增加当前的消费,减少储蓄。

(3) 当市场利率提高时,替代效应的绝对值等于收入效应的绝对值,则人们的当前消费水平和储蓄不变。

因此,从理论上讲,利率变化对储蓄的影响是不确定的,利率提高有可能使储蓄增加,也有可能使储蓄减少。但是,在现实生活中,利率往往与储蓄正相关,利率提高将会引起储蓄的增加。

16. 证明:如图 4.5 所示,AB 是消费者原来的预算线,E 是相应的最优消费决策。现在令消费者的收入增加,预算线向外平移到 CD。如果新的最优消费决策位于 CF(不包括两个端点)上,则商品 X 的需求量有所减少,商品 Y 的需求量有所增加。因此,商品 X 是劣等品,商品 Y 是正常品。如果新的最优消费决策 HD(不包括两个端点)上,情况刚好相反:商品 X 是正常品,商品 Y 是劣等品。如果新的最优消费决策位于 FG(不包括两个端点)上,则两种商品的需求量都有所增加,并且商品 X 的需求增长速度小于收入增长速度,商品 Y 的需求增长速度大于收入增长速度。可见,商品 X 是必需品,商品 Y 是奢侈品;如果新的最优消费决策位于 GH(不包括两个端点)上,则商品 X 是奢侈品,商品 Y 是必需品。

17. 答:如图 4.6 所示,横轴表示商品 X_1 的数量,纵轴表示商品 X_2 的数量,线段 AB 表示无差异曲线,其斜率为 $-b$。

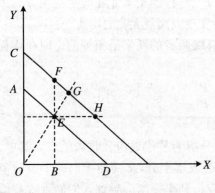

图 4.5 商品分类的相对性

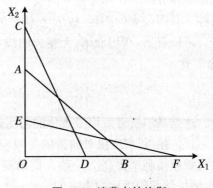

图 4.6 消费者的均衡

(1) 当 $\dfrac{P_1}{P_2} > b$ 时,此时预算线比无差异曲线陡峭,由此作出的预算线为图 4.6 中的线段 CD。可以发现,最优选择点不是预算线和无差异曲线的交点,而是预算线与纵轴的交点,即最优选择为 $\left(0, \dfrac{M}{P_2}\right)$。

(2) 当 $\dfrac{P_1}{P_2} < b$ 时,此时预算线比无差异曲线平缓,由此作出的预算线为图 4.6 中的线段 EF。可以发现,最优选择点不是预算线和无差异曲线的交点,而是预算线与横轴的交点,即最优选择为 $\left(\dfrac{M}{P_1}, 0\right)$。

(3) 当 $\dfrac{P_1}{P_2} = b$ 时,此时预算线与无差异曲线重合,这时无差异曲线上的每一点都是最优选择点。

18. 答:该消费者效用上升了,因为该消费者得到10元补贴后,可以多消费其他商品,如用电来替代多消费煤气,由于其他商品价格不变,该消费者完全可以通过多消费其他商品,如用电来改善自己的处境,分析如图 4.7 所示。

在图 4.7 中,MN 表示原来的预算线,MN' 表示煤气涨价100%但未给予价格补贴的预算线(横截距是 MN 线的一半),AB 表示获得10元补贴后的预算线。原来的预算线 MN 与无差异曲线 U_1 相切于 E_1 点,E_1 点是消费者效用最大化的一个均衡点,对应的对煤气的续期量为 OX_1。由于煤气价格上涨100%,从而该消费者仍要消费 OX_1 的煤气,必须支出20元,而现在给予10元价格补贴,加上原来的煤气开支10元正好是20元,因而仍可以消费 OX_1 的煤气。因而 AB 必和 MN 相交于 E_1 点,即

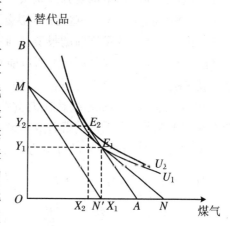

图 4.7 补贴对消费者效用的影响

原有的消费组合能够实现,但显然不是新的效用最大化的均衡点。由于其他商品价格不变,作为理性的消费者,面对煤气价格的上涨,该消费者会增加对其他商品如电的消费,而减少对煤气的消费,反映到图 4.7 中为 AB 必和 MN' 平行,与较高水平的无差异曲线 U_2 形成新的均衡点 E_2,该均衡点对应的效用水平高于原有的效用水平。

19. 答:(1)"一分钱一分货"可以用消费者消费均衡理论来解释。当消费者实现消费均衡时,消费者对任何一种商品的最优购买量应该是使最后一元钱购买该商品所带来的边际效用和所付出的这一元钱的货币的边际效用相等。因此,商品的需求价格取决于商品的边际效用。具体地说,如果某一单位的某种商品的边际效用越大,则消费者为购买这一单位的该商品所愿意支付的最高价格就越高。"一分钱一分货"并不是在任何情况下都成立的,要求消费者具有完全信息,当消费者不具有完全信息时,就可能做出错误的决策。

(2)"只有买错的,没有卖错的"反映了微观经济学中的"赢者的诅咒"现象,即拍卖的夺标者往往并不能实现预期的收益,甚至会遭受损失。拍卖的夺标者往往是以最高的价格获得标的,但是其出价往往会高于标的的真实价值,从而使买者遭受损失,而卖者却获得了最高的收入。

(3)"不要为泼洒了的牛奶哭泣"反映了在决策时不应该考虑沉没成本。沉没成本是指已经使用掉而无法收回的资金,这一成本对经济主体当前的投资决策不产生任何影响。在人们利用机会成本进行企业的经营决策时,要注意,并不是厂商所耗费的所有成本都要列入机会成本之中。只有那些与厂商决策有关的成本才列入机会成本之中,一些与厂商决策无关的成本则不列入。经济主体在进行投资决策时要考虑的是当前的投资是否有利可图,而不是过去已花掉了多少钱。许多已经知道决策失误的项目之所以能够最终建成并一直亏损下去,其中的原因之一就是决策者们总是念念不忘已经撒掉的牛奶。

20. 答:收入—消费曲线是在消费者偏好和商品价格不变的条件下,与消费者不同收入水平相联系的消费者效用最大化的均衡点的轨迹。

设 X 的价格为 P_x,Y 的价格为 P_y。

对于 $U = X^r Y$,有 $\dfrac{\partial U}{\partial X} = rX^{r-1}Y, \dfrac{\partial U}{\partial Y} = X^r$,从而

$$\frac{MU_x}{P_x} = \frac{MU_y}{P_y}, \quad 即 \quad \frac{rX^{r-1}Y}{P_x} = \frac{X^r}{P_y}$$

变形整理得

$$\frac{Y}{X} = \frac{P_x}{rP_y}$$

由于 $P_x、P_y$ 是固定不变的,r 为常数,且 $r>0$,故 $\dfrac{P_x}{rP_y}$ 是一个大于零的常数。

因此,$\dfrac{Y}{X}$ 是大于零的常数。

又因为收入—消费曲线过原点,所以$\frac{Y}{X}$就是曲线的斜率,而$\frac{Y}{X}$是大于零的常数,所以收入—消费曲线是一条过原点的直线。

五、计算题

1. 解:由题意知$P_X=20$,$P_Y=30$,$I=900$,并由$U=2XY^2$推导出
$$MU_X=2Y^2,\quad MU_Y=4XY$$

(1) 根据已知条件列方程如下:
$$\frac{MU_X}{P_X}=\frac{MU_Y}{P_Y},\quad 即\quad \frac{2Y^2}{20}=\frac{4XY}{30} \tag{4.1}$$
$$I=20X+30Y=900 \tag{4.2}$$

解方程(4.1)、(4.2)得
$$X=15,\quad Y=20$$

(2) 将$X=15$,$Y=20$代入$U=2XY^2$,得
$$U=12\,000$$

2. 解:设收入需增加ΔI。
由预算方程得$100\times2+50P_Y=I$ 和 $100\times3+50P_Y=I+\Delta I$,解得
$$\Delta I=100(元)$$

3. 解:假设商品X的价格为P_X,商品Y的价格为P_Y,收入为I。
由$U=XY^4$得$MU_X=Y^4$,$MU_Y=4XY^3$。他对X和Y的最佳购买条件是
$$\frac{MU_X}{P_X}=\frac{MU_Y}{P_Y},\quad 即\quad \frac{Y^4}{P_X}=\frac{4XY^3}{P_Y}$$

变形得
$$P_X\cdot X=\frac{1}{4}P_Y\cdot Y$$

把$P_X\cdot X=\frac{1}{4}P_Y\cdot Y$代入预算方程$P_X\cdot X+P_Y\cdot Y=I$,得
$$\frac{1}{4}P_Y\cdot Y+P_Y\cdot Y=I$$
$$P_Y\cdot Y=\frac{4}{5}I$$

这就是说,他收入中有$\frac{4}{5}$用于购买商品Y,可使他获得最大的消费满足。

4. 解:由题设知$P_X=2$,$P_Y=3$,$I=260$;由$MRS_{XY}=\frac{Y}{X}$得

$$\frac{MU_X}{MU_Y} = \frac{Y}{X}$$

又由 $\frac{MU_X}{P_X} = \frac{MU_Y}{P_Y}$ 得 $\frac{P_X}{P_Y} = \frac{Y}{X} = \frac{2}{3}$,即

$$2X = 3Y \tag{4.3}$$

由 $P_X \cdot X + P_Y \cdot Y = I$,得

$$2X + 3Y = 260 \tag{4.4}$$

解(4.3)式和(4.4)式,得

$$X = 65, \quad Y = \frac{130}{3}$$

所以效用最大时,消费 X 为 65,Y 为 $\frac{130}{3}$。

5. 解:(1) 消费者均衡时,$MRS_{XY} = \frac{Y}{X} = \frac{P_X}{P_Y}$,那么,$P_X \cdot X = P_Y \cdot Y$。令预算方程为 $P_X \cdot X + P_Y \cdot Y = I$,可得

$$P_X \cdot X + P_X \cdot X = I$$

因此

$$X = \frac{I}{2P_X}$$

这就是 X 的需求函数。由此也可见,商品 Y 的价格变动对商品 X 的需求函数没有影响。

(2) 对于需求函数 $X = \frac{I}{2P_X}$,有

$$\frac{dX}{dP_X} = -\frac{I}{2P_X^2}$$

于是

$$e_d = -\frac{dX}{dP_X} \cdot \frac{P_X}{X} = \frac{I}{2P^2} \cdot \frac{P_X}{\frac{I}{2P_X}} = 1$$

所以,X 的需求价格弹性绝对值为 1。

(3) 已知 $P_X = 1$,$P_Y = 3$,消费者均衡时,

$$MRS_{XY} = \frac{P_X}{P_Y} = \frac{1}{3}$$

(4) 因为 $X = \frac{I}{2P_X}$,所以有

$$\frac{dX}{dI} = \frac{1}{2P_X}$$

因此,若以货币收入 I 为纵轴,以商品 X 的消费量为横轴,则表示 X 与 I 之间关系的恩格尔曲线是一条向右上方倾斜的直线,而且是从原点出发的直线,其斜率是

$$\frac{dI}{dX} = 2P_X$$

对 X 的需求收入弹性

$$e_I = \frac{dI}{dX} \cdot \frac{I}{X} = \frac{1}{2P_X} \cdot \frac{I}{\frac{I}{2P_X}} = 1$$

6. 解:(1) 预算约束式为 $4X + 4Y = 144$,将 $Y = 36 - X$ 代入效用函数得

$$U = X(36 - X) = -X^2 + 36X$$

效用极大化的条件为 $\frac{dU}{dX} = -2X + 36 = 0$,故 $X = 18$。代入预算约束式得 $Y = 18$,代入效用函数得 $U = 324$。

(2) X 价格上升为 9 后,预算约束式变为 $9X + 4Y = 144$,简化后得 $Y = 36 - 2.25X$,代入效用函数得

$$U = X(36 - 2.25X) = -2.25X^2 + 36X$$

效用极大化的条件为 $\frac{dU}{dX} = -4.5X + 36 = 0$,故 $X = 8$。代入预算约束式得 $Y = 18$,代入效用函数得 $U = 144$。

(3) 假设 X 价格变化后要维持最初的效用水平 $U = 324$ 所需要的收入为 I,那么其预算约束式变为 $9X + 4Y = I$,所有的已知条件为 $9X + 4Y = I$ 与 $XY = 324$,整理后得

$$I = 9X + \frac{4 \times 324}{X} = 9X + \frac{1296}{X}$$

I 极小化条件为 $\frac{dU}{dX} = 9 - 1296X^{-2} = 0$,所以 $X = 12$。代入效用函数及预算约束式分别得 $Y = 27, I = 216$。

也就是说,价格变化后,若能将收入提高到 216,分别购入 12 单位 X 和 27 单位 Y,可恢复到最初 324 的效用水平。

(4) X 价格上升为 9 后,所带来的总效应为 $8 - 18 = -10$,替代效应为 $12 - 18 = -6$,收入效应为 $-10 - (-6) = -4$。

7. 解:(1) 可以分以下几步来计算:

第一步,求价格没有变化时,消费者所购买的 X 与 Y 的量。

由 $U = XY$,得到

$$MU_X = Y, \quad MU_Y = X$$

又有 $P_X = 1, P_Y = 2, I = 40$,这样可以得到以下均衡条件方程和预算方程:

$$\begin{cases} \dfrac{Y}{1} = \dfrac{X}{2} \\ X + 2Y = 40 \end{cases}$$

解得

$$X = 20, \quad Y = 10$$

第二步,求购买 20 单位 X、10 单位 Y 在新价格下需要的收入:

$$I = P_X \cdot X + P_Y \cdot Y = 1 \times 20 + 1 \times 10 = 30(元)$$

第三步,求在新价格和新收入下消费者购买的 X 与 Y 的量。

根据已知条件,得到新的均衡条件方程为

$$\dfrac{Y}{1} = \dfrac{X}{1}$$

新的预算约束线方程为

$$X + Y = 30$$

这样解得

$$X = 15, \quad Y = 15$$

因此,Y 价格下降使该消费者购买更多的 Y 产品,多购买 $(15-10)=5$ 单位。

(2) Y 价格下降后,全部收入用于消费消费者所购买的 X 和 Y 的量,由于 $P_X = 1, P_Y = 1, I = 40$,这样可以得到以下均衡条件方程和预算方程:

$$\begin{cases} \dfrac{Y}{1} = \dfrac{X}{1} \\ X + Y = 40 \end{cases}$$

解得

$$X = 20, \quad Y = 20$$

Y 价格下降的收入效应使该消费者购买更多的 Y,多购买 $(20-15)=5$ 单位。

(3) Y 价格下降的替代效应使消费者购买更少的 X,少买 $(20-15)=5$ 单位;收入效应使消费者购买更多的 X,多买 $(20-15)=5$ 单位。可见,Y 价格下降对 X 产品需求的总效应为零。

8. 解:(1) 由 $q = a - bP$,得到

$$P = \frac{a-q}{b}$$

设价格为 P_1 时,需求量为 q_1,则

$$q_1 = a - bP_1$$

$$\text{消费者剩余} = \int_0^{q_1} \left(\frac{a-q}{b}\right) dq - P_1 q_1$$

$$= \frac{aq - \frac{1}{2}q^2}{b}\bigg|_0^{q_1} - P_1 q_1$$

$$= \frac{a^2}{2b} - aP_1 + \frac{b}{2}P_1^2$$

(2) 设价格为 P_2 时,需求量为 q_2,则

$$q_2 = a - bP_2$$

$$\text{消费者剩余变化量} = \int_0^{q_2}\left(\frac{a-q}{b}\right)dq - P_2 q_2 - \left[\int_0^{q_1}\left(\frac{a-q}{b}\right)dq - P_1 q_1\right]$$

$$= \frac{aq - \frac{1}{2}q^2}{b}\bigg|_0^{q_2} - P_2 q_2 - \left(\frac{a^2}{2b} - aP_1 + \frac{b}{2}P_1\right)$$

$$= \frac{a^2}{2b} - aP_2 + \frac{b}{2}P_2 - \left(\frac{a^2}{2b} - aP_1 + \frac{b}{2}P_1\right)$$

$$= \frac{b}{2}P_2 - \frac{b}{2}P_1 - aP_2 + aP_1$$

9. 解:设价格为 p 时,消费者的需求量为 q_1,由 $P = a - bq_1$,得

$$q_1 = \frac{a-p}{b}$$

又设价格为 $p(1+t)$ 时,消费者的需求量为 q_2,由 $p(1+t) = a - bq_2$,得

$$q_2 = \frac{a - (1+t)p}{b}$$

$$\text{消费者剩余损失} = \int_0^{q_1}(a-bq)dq - Pq_1 - \left[\int_0^{q_2}(a-bq)dq - p(1+t)\cdot q_2\right]$$

$$= \int_{q_2}^{q_1}(a-bq)dq + p(1+t)\cdot q_2 - Pq_1$$

$$= \left(aq - \frac{b}{2}q^2\right)\bigg|_{q_2}^{q_1} + (1+t)pq_2 - pq_1$$

$$= \left(aq_1 - \frac{b}{2}q_1^2\right) - \left(aq_2 - \frac{b}{2}q_2^2\right) + (1+t)pq_2 - pq_1$$

政府征税而提高的收益 $= (1+t)pq_2 - pq_1$

消费者剩余损失 − 政府征税而提高的收益

$$= \left(aq_1 - \frac{b}{2}q_1^2\right) - \left(aq_2 - \frac{b}{2}q_2^2\right) + (1+t)pq_2 - pq_1 - [(1+t)pq_2 - pq_1]$$

$$= \left(aq_1 - \frac{b}{2}q_1^2\right) - \left(aq_2 - \frac{b}{2}q_2^2\right)$$

$$= \frac{a(a-p)}{b} - \frac{b}{2} \times \left(\frac{a-p}{b}\right)^2 - \frac{a[a-(1+t)p]}{b} + \frac{b}{2} \times \left[\frac{a-(1+t)p}{b}\right]^2$$

$$= \frac{p^2t^2 + 2p^2t}{2b}$$

因为 b、t、$p > 0$,所以

$$\frac{p^2t^2 + 2p^2t}{2b} > 0$$

由此可见,消费者剩余损失总是超过政府征税而提高的收益。

10. 解:先把时间占用为1、2、3、4、5、6天,数学、经济学、英语三门课相应的边际分数分别计算出来如表4.2所示。

根据表4.2,当经济学用3天,英语用2天,数学用1天时,在每门课上所获得的边际分数都相等,而且所用的总时间=3天+2天+1天=6天。由消费者均衡条件知,该大学生把6天时间作以上分配时,总分数最高。

表 4.2

经济学		英语		数学	
复习时间(天)	成绩	复习时间(天)	成绩	复习时间(天)	成绩
1	25	1	12	1	10
2	20	2	10	2	5
3	10	3	9	3	2
4	8	4	7	4	1
5	7	5	5	5	0
6	2	6	3	6	0

11. (1) 由 $TU = 5X^{0.4}Y^{0.6}$ 得到

$$MU_X = 2X^{-0.6}Y^{0.6}, \quad MU_Y = 3X^{0.4}Y^{-0.4}$$

根据消费者效用最大化的均衡条件 $\frac{MU_X}{MU_Y} = \frac{P_X}{P_Y}$,得到

$$\frac{2X^{-0.6}Y^{0.6}}{3X^{0.4}Y^{-0.4}} = \frac{1}{2}, \quad 即 \quad 3X = 4Y$$

根据已知条件预算约束方程为 $X + 2Y = 100$，解得均衡消费量为
$$X = 40, \quad Y = 30$$

(2) 价格变化后，由 $\frac{MU_X}{MU_Y} = \frac{P_X}{P_Y}$，得 $2Y = 3X$，价格变化后的预算约束方程为
$$2X + 2Y = 100$$

解得新的均衡消费量为
$$X = 20, \quad Y = 30$$

现求斯勒茨基替代效应。

为使原来的消费量能消费得起，需要增加的收入为 $\Delta M = X \cdot \Delta P_X = 40 \times 1 = 40$，所以
$$M' = M + \Delta M = 100 + 40 = 140$$

由
$$\begin{cases} 2Y = 3X \\ 2X + 2Y = 140 \end{cases}$$

得
$$X = 28, \quad Y = 42$$

即 X 的替代效应为 $28 - 40 = -12$，收入效应为 $20 - 28 = -8$。Y 的替代效应为 $42 - 30 = 12$，收入效应为 $30 - 42 = -12$。

(3) 由(2)的计算结果可以判断 X 商品是正常商品。因为其替代效应和收入效应的符号均为负。价格上升后，替代效应和收入效应均导致需求量的减少。

12. 解：(1) 消费者的最大化问题即在收入约束下，消费者效用最大化。用数学表达式表示为
$$\max U(x_1, x_2) = \max \frac{(\ln x_1 + 2\ln x_2)}{3}$$
$$\text{s.t.} \quad P_1 x_1 + P_2 x_2 = m$$

(2) 消费者的预算线方程：
$$P_1 x_1 + P_2 x_2 = m$$

由消费者的效用函数，可得出商品 x_1 和 x_2 的边际效用，即
$$MU_1 = \frac{1}{3x_1}, \quad MU_2 = \frac{2}{3x_2}$$

根据消费者效用最大化的一阶条件 $\frac{MU_1}{MU_2} = \frac{P_1}{P_2}$，可得

$$2P_1x_1 = P_2x_2$$

将上式代入预算线方程，可得

$$x_1 = \frac{m}{3P_1}, \quad x_2 = \frac{2m}{3P_2}$$

(3) 当价格 $P_1 = P_2 = 1$ 时，$x_1 = \frac{m}{3}$，$x_2 = \frac{2m}{3}$。与价格相对应的两种商品的恩格尔曲线如图 4.9 所示。

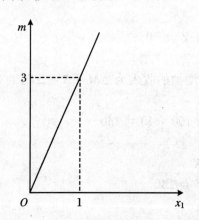
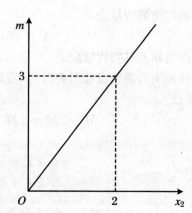

图 4.8 $P_1 = P_2 = 1$ 时两种商品的恩格尔曲线

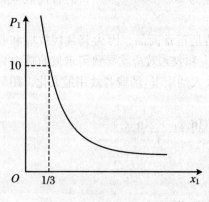

图 4.9 商品 1 的需求曲线

(4) 当 $m = 10, P_2 = 5$，商品 1 的需求函数为 $x_1 = \frac{10}{3P_1}$。商品 1 的需求曲线如图 4.9 所示。

(5) 由商品 1、商品 2 的需求函数以及商品的收入弹性可以看出，商品 1 和商品 2 都是正常品。根据需求交叉弹性可以得出，$e_{x_1x_2} = 0$，因此商品 1 和商品 2 都是无关品，不存在相关关系。

13. 解：(1) 利用拉格朗日函数法来求解

$$L = \ln(x) + y - \lambda(P_x x + P_y y - M)$$

拉格朗日定理认为，最优选择必定满足以下三个一阶条件：

$$\frac{\partial L}{\partial x} = \frac{1}{x} - \lambda P_x = 0 \tag{4.5}$$

$$\frac{\partial L}{\partial y} = 1 - \lambda P_y = 0 \qquad (4.6)$$

$$\frac{\partial L}{\partial \lambda} = P_x x + P_y y - M = 0 \qquad (4.7)$$

由(4.5)、(4.6)、(4.7)式解得

$$x = \frac{P_y}{P_x}, \quad y = \frac{M - P_y}{P_y}$$

商品 x 的需求曲线(假定商品 y 的价格为常数)如图 4.10(a)、(b)所示。

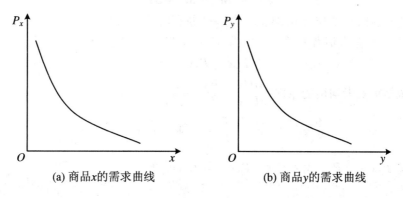

图 4.10　商品 x 的需求曲线和商品 y 的需求曲线

(2) 在 x 和 y 两种商品中，商品 y 更符合生活必需品的特征，因为从这两种商品的需求函数可以看出，商品 y 的需求数量随着收入的增加而增加，而 x 的需求数量与收入没有关系，只与 x 和 y 的价格有关。

14. 解：(1) 由效用函数为 $U = xy$，可得

$$MU_x = Y, \quad MU_y = X$$

由 $\dfrac{MU_X}{MU_Y} = \dfrac{Y}{X} = \dfrac{P_X}{P_Y}$ 和 $P_x x + P_y y = 120$ 有

$$\begin{cases} \dfrac{Y}{X} = \dfrac{2}{3} \\ 2x + 3y = 120 \end{cases}$$

解得

$$x = 30, \quad y = 20$$

(2) 货币的边际效用为

$$MU_m = \frac{MU_x}{P_x} = \frac{y}{P_x} = 10$$

货币的总效用为
$$TU_m = MU_m \times M = 10 \times 120 = 1200$$

(3) 由 $\dfrac{MU_X}{MU_Y} = \dfrac{Y}{X} = \dfrac{P_X}{P_Y}$ 和 $xy = 600$,有
$$x = 25, \quad y = 24$$

所以
$$M' = 2.88x + 3y = 144$$
$$\Delta M = M' - M = 24$$

即该消费者必须增加收入 24 元才能保持原有的效用水平。

15. 解:假设消费者的总支出为 M,总支出的分配应为
$$P_x x + P_y y = M$$

根据消费者均衡的条件:$\dfrac{MU_X}{MU_Y} = \dfrac{P_X}{P_Y}$,可得
$$\dfrac{4x^3 y^3}{3x^4 y^3} = \dfrac{4y}{3x} = \dfrac{P_x}{P_y}, \quad 即 \quad P_x x = \dfrac{4}{3} P_y y$$

将 $P_x x = \dfrac{4}{3} P_y y$ 代入 $P_x x + P_y y = M$ 中,可得
$$P_x x = \dfrac{3}{7} M$$

因此,该消费者在 y 商品上的支出占总支出的比例是 $\dfrac{3}{7}$,并且商品 y 的需求与商品 x 的价格无关。

16. 解:预算方程为 $P_x x + P_y y = M$,其斜率为 $-\dfrac{P_x}{P_y}$。
$$MRS_{xy} = \dfrac{MU_x}{MU_y} = b$$

由于无差异曲线是直线,这是有角解。

当 $b > \dfrac{P_x}{P_y}$ 时,角解是预算线与横轴的交点,如图 4.11(a)所示。

当 $b < \dfrac{P_x}{P_y}$ 时,角解是预算线与纵轴的交点,如图 4.11(b)所示。

17. 解:(1) 由题意可知,他不受预算约束,要使他的效用最大,则需满足
$$U'_C(C,B) = 20 - 2C = 0 \quad 且 \quad U'_B(C,B) = 18 - 6B = 0$$

解得
$$C = 10, \quad B = 3$$

即不受预算约束时,他这晚上要抽 10 支雪茄,喝 3 瓶白兰地酒才能得到最大效用。

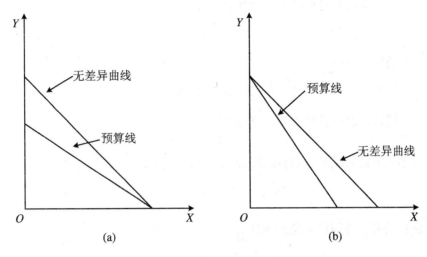

图 4.11

(2) 由题意可知,他的约束条件为 $C+B=5$,在此约束条件下达到最大效用。把 $C+B=5$ 代入效用函数可得

$$U(C,B) = 20C - C^2 + 18B - 3B^2$$
$$= 20(5-B) - (5-B)^2 + 18B - 3B^2$$
$$= 75 + 8B - 4B^2$$

要使效用最大,则效用函数的一阶导数为零,即 $U' = 8 - 8B = 0$,解得 $B=1$。将 $B=1$ 代入约束条件,可得

$$C = 4$$

即如果每天喝的白兰地与抽的雪茄加起来不能超过 5 单位,为了获得最大效用,他会喝 1 瓶白兰地,抽 4 支雪茄。

18. 解:(1) 由效用函数可得 $\dfrac{dU}{dM} = 2$,此即为货币的边际效用 λ。

由效用函数可得 $\dfrac{dU}{dq} = 0.5q^{-0.5}$,此即为该商品给消费者带来的边际效用 MU。

根据消费者效用最大化的均衡条件 $\dfrac{MU}{P} = \lambda$,即有 $\dfrac{0.5q^{-0.5}}{P} = \lambda$。整理可得需求函数为

$$q = \frac{1}{16P^2}$$

(2) 由需求函数可得反需求函数为

$$P = \frac{1}{4}q^{-0.5}$$

(3) 消费者剩余

$$CS = \int_0^{25} \frac{1}{4}q^{-0.5}dq - 0.05 \times 25 = 1.25$$

19. 解:(1)消费者的预算线方程为

$$P_x x + P_y y = m$$

由消费者的效用函数,可得出商品 x 和 y 的边际效用,即

$$MU_x = \frac{a}{x}, \quad MU_y = \frac{b}{y}$$

根据消费者效用最大化的条件 $\frac{MU_x}{MU_y} = \frac{P_x}{P_y}$,可得

$$ayP_y = bxP_x$$

将上式代入预算线方程,可得

$$x = \frac{am}{(a+b)P_x}, \quad y = \frac{bm}{(a+b)P_y}$$

(2) 商品 x 对商品 y 的边际替代率为

$$MRS_{xy} = \frac{d_x}{d_y} = \frac{MU_x}{MU_y} = \frac{P_x}{P_y} = \frac{1}{2}$$

x 的需求价格弹性

$$e_d = -\frac{dQ}{dP} \cdot \frac{P_x}{Q}$$

$$= -\frac{am}{(a+b)} \times (-P_x) \times \frac{P_x}{\frac{am}{(a+b)P_x}} = 1$$

同理可得,y 的需求价格弹性也等于1。

x 的需求收入弹性

$$e_M = \frac{dQ}{dM} \cdot \frac{M}{Q} = \frac{a}{(a+b)P_x} \times \frac{m}{\frac{am}{(a+b)P_x}} = 1$$

同理可得,y 的需求收入弹性也等于1。

20. 解:(1) 由效用函数 $U(X_1, X_2) = X_1^{\frac{1}{2}} X_2^{\frac{1}{2}}$,可得

$$MU_1 = \frac{1}{2}X_1^{-\frac{1}{2}}X_2^{\frac{1}{2}} \qquad (4.8)$$

$$MU_2 = \frac{1}{2}X_1^{\frac{1}{2}}X_2^{-\frac{1}{2}} \qquad (4.9)$$

由消费者效用最大化的均衡条件可得

$$\frac{MU_1}{P_1} = \frac{MU_2}{P_2} \qquad (4.10)$$

联立(4.8)、(4.9)、(4.10)式可得

$$\frac{\frac{1}{2}X_1^{-\frac{1}{2}}X_2^{\frac{1}{2}}}{P_1} = \frac{\frac{1}{2}X_1^{\frac{1}{2}}X_2^{-\frac{1}{2}}}{P_2}, \quad 即 \quad P_1X_1 - P_2X_2 = 0$$

(2) 证明该消费者其收入将均摊于商品 X_1, X_2。

设收入为 I，则有

$$P_1X_1 + P_2X_2 = I$$

根据均衡条件的需求函数 $P_1X_1 - P_2X_2 = 0$，所以

$$P_1X_1 = P_2X_2 = \frac{I}{2}$$

即该消费者其收入将均摊于商品 X_1, X_2。

21. 解：(1) 由效用函数可得出商品 1 和商品 2 的边际效用，即

$$MU_1 = \frac{1}{2}X_1^{-\frac{1}{2}}X_2^{\frac{1}{2}}, \quad MU_2 = \frac{1}{2}X_1^{\frac{1}{2}}X_2^{-\frac{1}{2}}$$

根据消费者效用最大化的条件 $\frac{MU_1}{MU_2} = \frac{P_1}{P_2}$，有

$$\frac{\frac{1}{2}X_1^{-\frac{1}{2}}X_2^{\frac{1}{2}}}{\frac{1}{2}X_1^{\frac{1}{2}}X_2^{-\frac{1}{2}}} = \frac{12}{10}$$

得

$$5X_2 = 6X_1 \qquad (4.11)$$

另可得预算线方程为

$$12X_1 + 10X_2 = 120 \qquad (4.12)$$

联立(4.11)、(4.12)式可得 $X_1 = 5, X_2 = 6$。即消费者均衡时，消费者消费 5 单位商品 1 和 6 单位商品 2。

(2) 当商品 1 价格下降为 10 时，同理可求得消费者均衡时，消费者消费 6 单位商品 1 和 6 单位商品 2。现求价格下降所造成的替代效应，此时

$$X_1^{\frac{1}{2}}X_2^{\frac{1}{2}} = \sqrt{30}$$

$$\frac{MU_1}{MU_2} = \frac{P_1}{P_2} = \frac{10}{10} = \frac{X_1}{X_2}$$

解得 $X_1 = X_2 = \sqrt{30}$。则可得商品 1 的替代效应为 $\sqrt{30} - 5$，收入效应为 $6 - \sqrt{30}$。

22. 解：(1) 当达到消费者均衡时，有

$$\frac{MU_x}{P_x} = \frac{MU_y}{P_y}$$

即

$$\frac{10 \times \frac{3}{4} x^{-\frac{1}{4}} y^{\frac{1}{4}}}{5} = \frac{10 \times \frac{1}{4} x^{\frac{3}{4}} y^{-\frac{3}{4}}}{3}$$

得 $\qquad\qquad\qquad\qquad 5x = 9y \qquad\qquad\qquad\qquad$ (4.13)

另可得预算线方程为 $\qquad 5x + 3y = 40 \qquad\qquad\qquad$ (4.14)

联立(4.13)、(4.14)式可得 $x = 6, y = \frac{10}{3}$。即达到消费者均衡时，消费者消费商品 x 数量为 6 个单位，消费商品 y 数量为 $\frac{10}{3}$ 个单位。

(2) 假设消费者收入为 I，则消费者均衡时，$\frac{MU_x}{P_x} = \frac{MU_y}{P_y}$，即 $5x = 9y$，又根据预算约束线，有 $5x + 3y = I$，联合可得

$$x = \frac{3}{20}I, \quad y = \frac{1}{12}I$$

恩格尔曲线表示消费者在每一收入水平对某商品的需求量，因此，商品 x 的恩格尔函数为 $x = \frac{3}{20}I$，相应的商品 x 的恩格尔曲线为一条向右上方延伸的直线；商品 y 的恩格尔函数为 $y = \frac{1}{12}I$，相应的商品 y 的恩格尔曲线也为一条向右上方延伸的直线。

23. 解：(1) 根据消费者效用最大化的均衡条件，可得

$$\begin{cases} 3X + 4Y = 50 \\ \dfrac{MU_X}{3} = \dfrac{MU_Y}{4} \end{cases}$$

$$TU = \sqrt{X^2 + Y^2}$$

解得 $X = 6, Y = 8$，则 $TU = \sqrt{X^2 + Y^2} = \sqrt{6^2 + 8^2} = 10$。即张三的最大效用为 10。

(2) 张三的无差异曲线和预算线绘制如图 4.12 所示。

通过绘制无差异曲线和预算线，可以得出张三的最有消费组合为(6,8)，即购

买6单位黄瓜,购买8单位西红柿时,张三实现效用最大化。与(1)对比,两者所得出的消费者的均衡条件实质上是相同的,只是各自运用了不同的分析方法。

六、论述题

1. 答:可用提高自来水的使用价格来缓解或消除这个问题。自来水的价格提高,一方面,用户会减少(节约)用水;另一方面,可扩大自来水的生产或供给。这样,自来水供应紧张的局面也许可得到缓解或消除。

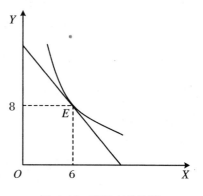

图 4.12 消费者的均衡

(1) 采取这一措施,会使用户消费者剩余减少。

在图 4.13 中,横轴代表自来水的数量,纵轴代表自来水的价格,直线 d 代表自来水的需求曲线。当自来水价格从 OP_1 提高到 OP_2 时,用户对自来水的需求量从 OQ_1 下降到 OQ_2。于是,消费者剩余从 $\triangle P_1AC$ 减少为 $\triangle P_2BC$。

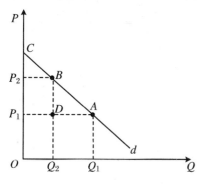

图 4.13 自来水的需求曲线

(2) 对生产资源配置的有利效应是节约了用水,可使之用于人们更需要的途径上,从而使水资源得到更合理有效的使用。但这样做,也许会造成其他资源的浪费。比方说,工厂里本来用水来冷却物体,现在要改用电来冷却,增加了对电和有关装置的需求。如果自来水价格提高过度,必然会带来更多其他资源的消耗,这是不利的一面。

(3) 如果城市居民收入不变,自来水的价格提高无疑是降低了居民的实际收入。对此,可以给居民增加货币工资或予以价格补贴。

2. 答:区别表现在:

(1) 假设不同。基数效用论假设消费者消费商品或劳务所获得的效用是可以度量的,可以用基数表示。每个消费者可以准确地说出自己所获得的效用值,并且边际效用是递减的。序数效用论则认为消费者消费所获得的效用只可以进行排序,只可以用序数来表示,效用大小及特征表现在无差异曲线中。

(2) 使用的分析方法不同。基数效用论以边际效用理论为基础,以在预算约束条件下求效用值的最大化作为工具；而序数效用论以无差异曲线为基础，以使用无差异曲线、预算线作为分析工具。

(3) 均衡条件的表达不同。基数效用论的均衡条件表达式为 $\dfrac{MU_i}{P_i} = \lambda$；序数效用论的均衡条件表达式为 $MRS_{xy} = \dfrac{MU_x}{MU_y} = \dfrac{P_x}{P_y}$。

联系表现在：

(1) 都是从市场需求一方着手，通过推导需求曲线，说明需求曲线上的任一点都表示消费者获得了效用最大化。

(2) 都是一种消费者行为理论，都把消费者行为看做是在既定收入限制条件下追求最大化效用的过程。

(3) 都以边际效用理论为基础，认为商品的价值或价格是由商品带给消费者的边际效用的大小来决定的。

(4) 它们推导的需求曲线具有相同的趋势，都符合需求规律。

3. 答：价格—消费曲线是在消费者的偏好、收入以及其他商品价格不变的条件下，与某一种商品的不同价格水平相联系的消费者效用最大化的均衡点的轨迹，如图 4.14(a)、(b) 所示。商品 x 的需求曲线可以通过价格—消费曲线来推导。

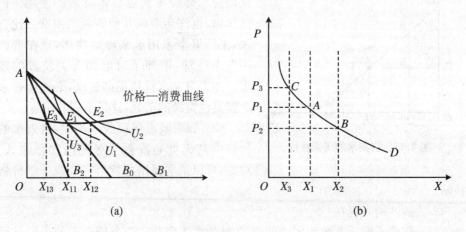

图 4.14

如图 4.14(a) 所示，从价格—消费曲线的推导可以看出，价格—消费曲线上的每一个点都表示商品 x 的价格与商品 x 的需求量之间一一对应的关系。这就是：在均衡点 E_1 处，商品 x 的价格为 P_1，则商品 x 的需求量为 X_1。在均衡点 E_2

处,商品 x 的价格由 P_1 下降为 P_2,则商品 x 的需求量由 X_1 增加为 X_2。在均衡点 E_3 处,商品 x 的价格由 P_1 上升为 P_3,则商品 x 的需求量由 X_1 减少为 X_3。根据商品 x 的价格和需求量之间的这种对应关系,把每一个 P_1 数值和相应的均衡点上的 X 数值绘制在商品的价格—数量坐标图上,便可以得到图 4.14(b)中的单个消费者的需求曲线。

4. 答:低档物品是指需求量与消费者的收入反方向变化的物品。而吉芬物品是一类特殊的低档商品,指物品的价格上升需求量反而增加、价格下降需求量反而减少的商品。正常物品的替代效应和收入效应都为正值,所以正常物品的需求量与价格反方向变化,如图 4.15(a)所示。低档物品的替代效应为正,但收入效应为负,两者在相反的方向起作用,收入效应使得替代效应减弱。在绝对值上替代效应大于收入效应,所以低档商品的价格下降总的结果是该物品的需求量增加,如图 4.15(b)所示。吉芬物品的替代效应为正,收入效应为负。吉芬物品与一般低档品的不同之处在于吉芬物品收入效应的绝对值大于替代效应,所以当价

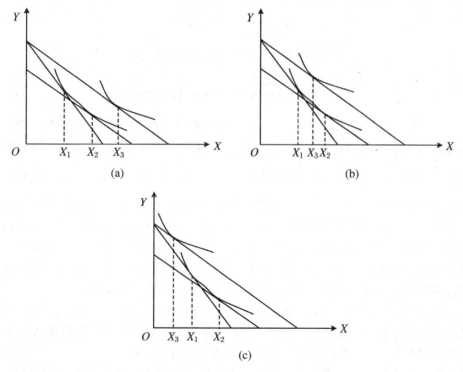

图 4.15

格下降时需求量反而减少,如图 4.15(c)所示。图中 X_1X_2 为替代效应,X_2X_3 为收入效应,X_1X_3 为总效应。

5. 答:假设消费者的初始预算约束线方程为 $P_1X_1+P_2X_2=I$,与此相对应的预算约束线为 I_1;如果政府对商品 X_1 进行比例补贴,相当于预算约束线方程为 $(P_1-S)X_1+P_2X_2=I$,与此相对应的预算约束线为 I_2。设 (X'_1, X'_2) 是政府补贴后的最优消费组合,则补贴额为 SX'_1,见图 4.16。

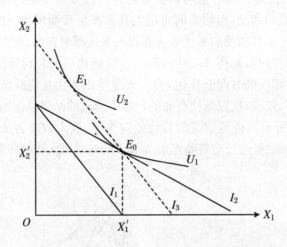

图 4.16 不同补贴方案对消费者选择和效用的影响

现在假定政府将这笔补贴额 SX'_1 作为收入补贴发给消费者,这时消费者的预算约束线方程为 $P_1X_1+P_2X_2=I+SX'_1$,得到新的预算约束线为 I_3。容易验证,这一具有 $\dfrac{P_1}{P_2}$ 斜率的预算线通过点 (X'_1, X'_2) 的无差异曲线 U_1,面临新预算线 I_3,消费者的最优选择为 E_1 点。显然,消费者在 E_1 点所获得的效用高于点 (X'_1, X'_2) 的效用。因此可以得到结论:① 补贴总是鼓励多消费有关商品,但比例补贴使受补贴商品消费量增加更多;② 补贴能够提高消费者效用水平,如果政府对消费者补贴金额相同,那么收入补贴的效率高于比例补贴(价格补贴)。因为比例补贴造成相对价格扭曲,使消费者接受扭曲价格的引导,带来低效率。

6. 答:(1) 见图 4.17(a),成本下降使供给曲线从 S_1 向右下方移动到 S_2,电脑市场价格从 P_1 下降到 P_2,销售量从 Q_1 上升到 Q_2,消费者剩余从面积 AP_1E_1 增加到 AP_2E_2,生产者剩余从面积 $P_1E_1B_1$ 增加到 $P_2E_2B_2$。

(2) 见图 4.17(b),由于电脑和加法机是替代品,电脑销售量的增加引起加法机的需求减少,需求曲线从 D_1 向左下方移动到 D_2,价格从 P_1 下降到 P_2,销售量

从 Q_1 下降到 Q_2,消费者剩余从面积 $A_1P_1E_1$ 减少到 $A_2P_2E_2$,生产者剩余从面积 BP_1E_1 减少到 BP_2E_2。加法机生产者对电脑技术进步感到不幸。

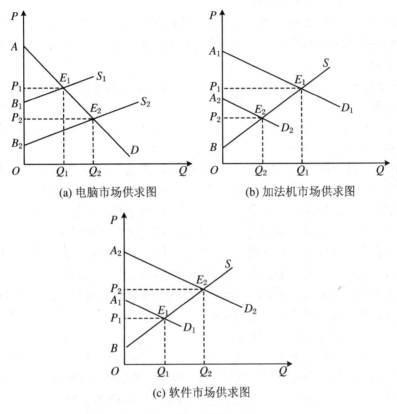

图 4.17　市场供求图

(3) 见图 4.17(c),由于电脑和软件是互补品,电脑的销售量增加引起软件的需求量增加,需求曲线从 D_1 向右上方移动到 D_2,价格从 P_1 上升到 P_2,销售量从 Q_1 上升到 Q_2,消费者剩余从面积 $A_1P_1E_1$ 增加到 $A_2P_2E_2$,生产者剩余从面积 BP_1E_1 增加到 BP_2E_2。软件生产者对电脑技术进步感到幸福。

(4) 这种分析有助于解释软件生产者比尔·盖茨是世界上最富的人之一。电脑制造成本下降使电脑价格下降,人们对电脑的购买量不断上升,没有软件,电脑只是一架空壳。电脑销售量的快速增长必然带来软件业的繁荣,软件生产商的生产者剩余不断增加,比尔·盖茨的个人财富也会随之增加。

7. 答:基数效用论和序数效用论各自从对单个消费者行为的分析中,推导出了单个消费者的需求曲线向右下方倾斜。对基数效用论和序数效用论的评价如下：

(1) 对基数效用轮的简要评价：

基数效用论大致流行于第二次世界大战以前,英国牛津大学的埃奇沃思和剑桥大学的马歇尔都是其代表性人物。从专业技术角度看,基数效用论被认为具有以下三大缺点：

(i) 效用是一个主观的心理概念,从而它的大小是否能加以衡量构成一个难以解决的问题。

(ii) 效用既然是一个主观的心理概念,那么,不同人的效用之间的可比性构成一个更难以解决的问题。

(iii) 基数效用论的成立依赖于边际效用递减,而边际效用递减又被认为是一种"先验的"规律,即不能加以证明而仅凭大家的经验和内省而认同的规律。这种脆弱的理论基础被认为是有损于基数效用论的科学性。不仅如此,边际效用递减还在意识形态上使资产阶级,特别是很富有的阶层处于不利的地位。因为,正如马歇尔指出的那样,货币(金钱)也必须服从边际效用递减的规律,既然如此,由于富人持有的货币量远大于穷人,所以前者的边际效用小于后者。如果把一元钱从富人手里转移到穷人手中,整个社会的效用(福利)便会增加。这样,边际效用的递减可以成为收入平均化的理论依据。

(2) 对序数效用论的简要评价：

鉴于基数效用论的上述三大缺点,在第二次世界大战以后,在希克斯的《价值与资本》的推动之下,序数效用论取代了基数效用论的地位,其理由是因为序数效用论能够不依赖于效用的可衡量性和边际效用的递减而推导出向右下方倾斜的需求曲线。实际上,序数效用论的这种优点仅仅是形式上的,它本身也存在着自己的缺点：

(i) 无差异曲线表示可以给消费者带来相同满足程度的两种商品的各种组合。建立无差异曲线要有一个前提,消费者总是可以通过两种商品之间的替代率来维持一定的满足程度。但事实上,人们的欲望具有不同的类别。不同类别的欲望要从不同类别的商品的消费中才能得到满足,而不同类别的商品是不能相互替代的。

(ii) 在对序数效用论的论述中,常用两种商品的组合来说明消费者的偏好和无差异曲线。然而,在现实的生活中,这种组合当然不限于两种商品,而应把社会上全部种类的商品包括在内。

(iii) 根据商品的边际替代率递减规律的假定,无差异曲线应该是凸向原点的,但现实并不能对这一假定做出保证。

(iv)在序数效用论中,价格不进入效用函数,这显然违反事实。在一般的情况下,很少有消费者能撇开价格因素,而单独考虑商品效用的大小。只有不懂世故的幼童,根本不知道价格是怎么一回事,才会脱离价格而判别他对商品的喜爱程度。

总之,虽然序数效用论在形式上弥补了基数效用论的缺点,但是,它实际上仍然是一个比较牵强的说法。

8. 答:(1)消费者愿意多付钱购买名牌产品,实际上反映的是名牌产品给消费者带来的效用问题。

(2)效用是指商品满足人的欲望的能力,或者说,效用是指消费者在消费商品时所感受到的满足程度。一种商品对消费者是否具有效用,取决于消费者是否有消费这种商品的欲望,以及这种商品是否具有满足消费者欲望的能力。效用这一概念与人的欲望是联系在一起的,它是消费者对商品满足自己欲望能力的一种主观心理评价。

(3)正因为效用是消费者对商品满足自己欲望能力的一种主观心理评价,因此决定效用大小的不是产品的实用程度,而是产品的稀缺性和对消费者主观的满足程度。消费者愿意付钱购买名牌产品,正是因为名牌产品的稀缺性和名牌产品能够比普通产品给消费者带来更大的满足,导致名牌产品具有更多的效用,从而也导致了名牌产品更高的价格。

从稀缺性方面看,在同种产品类型中,名牌产品一般就只有几种,产品的稀缺性决定了消费者拥有名牌产品的有限性,继而决定了消费者对名牌产品的效用总是维持在一个较高的水平。

从带来的心理满足程度看,名牌产品属于一种炫耀产品,他不仅穿着舒服,更重要的是它能显示拥有者的身份和社会地位。因此,对名牌产品的追逐主要是满足心理的愉悦感和满足感,而不是产品的实用程度,也就是名牌产品心理满足程度远远大于非名牌产品。

(4)从经济学角度说,由于效用的主观决定性,消费者行为是理性的,所以消费者愿意多付钱购买名牌产品只是反映了消费者自己的选择,本身不存在价值判断问题。但在实际生活中,消费者行为并不是理性的,名牌产品给消费者的实际效用往往低于消费者的期望效用,从而导致名牌产品的价格高于其应该的价格水平。

七、案例分析

【案例1参考答案】

1. 如图4.18所示为"增加零用钱不同方式及其效果"。假设,图中纵轴表示其他物品的数量,横轴表示购买书籍的数量。AB线是原先的零用钱水平。第一种增加零用钱的方式是每月无条件付给一定金额的方式;第二种增加零用钱的支付方式是仅对购买书籍的支出给予补贴。这两种方式对孩子使用零用钱的方式有重要影响。孩子在第二种方式下,购买的书籍大大增加,而其他支出与初始状态基本相同。

孩子原来的消费状况由 E_1 点表示,每月无条件付给一定金额的方式,等于给孩子增加收入。孩子会按照自己偏好的方式分配这些新增的收入。孩子的偏好由无差异曲线图表示,家长按照这种方式给付一定金额后,相

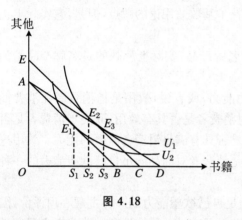

图 4.18

当于将原来的预算线平行向上移动,移至 EC 线,孩子的消费均衡点向右上方移至 E_2 点,对阅读书籍的购买有少量增加。若按照第二种方式,按照孩子买书支出比例给予补贴,则相当于对书籍降价,改变预算约束线的斜率,孩子的消费均衡点将会是 E_3 点。这时,阅读方面的支出明显增加,而娱乐和零食的支出只有少量增加。

2. 本例中,在书籍和其他物品价格不变的情况下,父母可以通过增加孩子购书支出补贴增加零花钱,达到鼓励和引导孩子开卷有益目的。由这个例子可以看出,即使价格体系保持不变,经济政策的制定者仍可以通过其他手段改变预算约束线的斜率,以达到理想的选择结果。

【案例2参考答案】

我国政府长期以来为一定级别的领导干部和部门负责人配备公车。如图 4.19 所示,假设配备公车的量在 Q_1,相应的支出成本在 AB 线上,使用者得到的满足感则处于 U_1 线上。如果节约使用公车可以增加其他消费,则可以通过减少交通消费、增加其他消费而使效用提高,达到 U_2 的满足水平,但是实际效用却较低。公车改革的方法是,取消公车,对原来享受公车待遇的干部给予定量交通补贴。如果交通补贴的金额相当于 CD 线水平支出,这些干部可以选择 E_1 点所示的消费组合,而使自己满足感(效用)不变。如果交通补贴的金额高于 CD 线,低

于 AB 线(图中未标出),则这些干部的满足感比改革前有所提高(因为补贴支出提高相当于提高了享受公车补贴者收入,使得支出线向外平移,补贴者可以选择高于 U_1 低于 U_2 的消费组合),而且政府为该项支出的费用比改革前有所降低。这里还没有考虑过去使用司机的开支,如果考虑到节约司机的开支,则这项改革的效果更大。

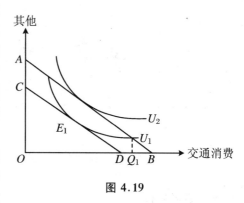

图 4.19

由此可见,本例中配备公车的实际支出(AB 线水平支出)大于发放等量交通补贴的金额支出(CD 线水平支出),而享受公车者在改革前后达到的满足程度是一样的,本例中都是无差异曲线 U_1 代表的水平。发放交通补贴用等量油贴等实物形式与发放等量金额的货币形式相比,前者会使得补贴者的效用不变或稍有提高,后者会使得补贴者的满足感明显提高(相当于提高补贴者收入水平),可见,发放实物的实际效用不如发放等量货币的效用,或者说,与发放货币相比,若要达到同等效用(本例中的 U_1),发放实物的价值量一般要高于货币量。

第五章 生产理论

第一部分 习题

一、名词解释

1. 厂商 2. 生产 3. 生产函数 4. 柯布—道格拉斯生产函数 5. 技术系数 6. 短期 7. 长期 8. 一种变动要素投入的生产函数 9. 总产量 10. 平均产量 11. 边际产量 12. 边际报酬递减规律 13. 等产量曲线 14. 边际技术替代率 15. 边际技术替代率递减规律 16. 等成本曲线 17. "脊"线 18. 生产的经济区域 19. 最优投入组合 20. 等斜线 21. 扩展线 22. 规模报酬

二、单项选择题

1. 生产函数表示( )。
    A. 一定数量的投入,至少能生产多少产品
    B. 生产一定数量的产品,最多要投入多少生产要素
    C. 投入与产出之间的关系
    D. 以上都对

2. 生产函数 $Q=f(L,K_0)$ 的 TP_L 为正且递减时,MP_L 可以( )。
    A. 递减且为正   B. 递减且为负
    C. 为零   D. 以上都可能

3. 生产函数 $Q=f(L,K_0)$ 反映生产的第二阶段应该( )。
    A. 开始于 AP_L 曲线的最高点,终止于 MP_L 为零处
    B. 开始于 MP_L 曲线的最高点,终止于 AP_L 曲线的最高点
    C. 开始于 AP_L 曲线和 MP_L 曲线的相交处,终止于 MP_L 曲线和水平轴的相交处
    D. 以上都对

4. 凡是齐次生产函数,都可能分辨其规模收益类型。这句话( )。
    A. 正确   B. 不正确

C. 可能正确　　　　　　　　D. 不一定正确

5. 假定生产函数 $Q=f(L,K)=L^2K^2$，则生产函数所表示的规模报酬（　　）。

　　A. 递增　　　B. 不变　　　C. 递减　　　D. 不一定

6. 在总产量、平均产量和边际产量的变化过程中，（　　）。

　　A. 总产量首先开始下降　　　B. 平均产量首先开始下降

　　C. 边际产量首先开始下降　　　D. 平均产量下降速度最快

7. 边际收益递减规律发生作用的前提条件是（　　）。

　　A. 连续增加某种生产要素的投入而保持其他要素不变

　　B. 按比例增加各种生产要素

　　C. 不一定按比例增加各种生产要素

　　D. 以上都对

8. 如果某厂商增加1单位劳动使用量能减少3单位资本，而仍能生产同样的产量，则 $MRTS_{LK}$ 为（　　）。

　　A. 1/3　　　B. 3　　　C. 1　　　D. 6

9. 在维持产量不变的前提下，如果企业增加2个单位的劳动投入量就可以减少4个单位的资本投入量，则有（　　）。

　　A. $MRTS_{LK}=2$，且 $MP_L/MP_K=2$

　　B. $MRTS_{LK}=1/2$，且 $MP_K/MP_L=2$

　　C. $MRTS_{LK}=1/2$，且 $MP_K/MP_L=1/2$

　　D. $MRTS_{LK}=2$，且 $MP_K/MP_L=2$

10. 在以横轴表示劳动和纵轴表示资本的坐标系下，绘出的等成本曲线的斜率为（　　）。

　　A. w/r　　　B. $-w/r$　　　C. r/w　　　D. $-r/w$

11. 等成本曲线向外平行移动表明（　　）。

　　A. 成本增加了　　　B. 生产要素的价格上升了

　　C. 产量提高了　　　D. 以上都不对

12. 在两生产要素 X、Y 的坐标轴中，等成本曲线绕着它与纵轴的交点逆时针转动，意味着（　　）。

　　A. 生产要素 X 的价格下跌了　　　B. 生产要素 Y 的价格下跌了

　　C. 生产要素 X 的价格上涨了　　　D. 生产要素 Y 的价格上涨了

13. 等产量曲线是指这条曲线上的各点代表（　　）。
    A. 为生产同等产量投入要素的各种组合的比例是不能变化的
    B. 为生产同等产量投入要素的价格是不变的
    C. 不管投入各种要素量如何，产量总是相等的
    D. 投入要素的各种组合所能生产的产量都是相等的

14. 要素 L 和 K 之间的技术替代率为 -4。如果你希望生产的产品的数量保持不变，但 L 的使用量又要减少 3 个单位，请问你需要增加多少单位的要素 K？（　　）
    A. 0.75　　　　B. 12　　　　C. 16　　　　D. 7

15. 对于生产函数 $Q = f(L, K)$ 和成本方程 $C = wL + rK$ 来说，在最优的生产要素组合点有（　　）。
    A. $MRTS_{LK} = w/r$
    B. $MP_K/r = MP_L/w$
    C. 等产量曲线与等成本曲线相切
    D. 以上都对

16. 如果等成本曲线在坐标平面上与等产量曲线相交，那么要生产等产量曲线表示的产量水平（　　）。
    A. 应增加成本支出　　　　B. 不能增加成本支出
    C. 应减少成本支出　　　　D. 不能减少成本支出

17. 下列哪种说法是正确的？（　　）
    A. 生产要素的边际技术替代率递减是由规模报酬递减决定的
    B. 生产要素的边际技术替代率递减规律是由边际收益递减规律决定的
    C. 边际收益递减是由规模报酬递减决定的
    D. 规模报酬递减是由边际收益递减决定的

18. 如果规模报酬不变，在一定时间内增加了 10% 的劳动力使用，但保持资本量不变，则产出将（　　）。
    A. 增加 10%　　　　B. 减少 10%
    C. 增加大于 10%　　　　D. 增加小于 10%

19. 当某厂商以最小成本产出既定产量时，那他（　　）。
    A. 总收益为零　　　　B. 一定获得最大利润
    C. 一定未获得最大利润　　　　D. 无法确定是否获得最大利润

20. 生产理论中的扩展线类似于消费者行为理论中的（　　）。
    A. 收入—消费曲线　　　　B. 价格—消费曲线

C. 预算约束线　　　　　　　D. 恩格尔曲线

21. 已知某企业的生产函数 $Q = 10\sqrt{LK}$（Q 为产量，L、K 分别为劳动和资本），则(　　)。
    A. 生产函数是规模报酬递增　　B. 生产函数是规模报酬不变
    C. 生产函数是规模报酬递减　　D. 企业处于外部经济阶段

22. 下列说法中错误的一种说法是(　　)。
    A. 只要总产量减少，边际产量一定是负数
    B. 只要边际产量减少，总产量一定也减少
    C. 随着生产要素投入量的增加，边际产量和平均产量增加到一定程度将趋于下降，其中边际产量的下降一定先于平均产量
    D. 边际产量曲线一定在平均产量曲线的最高点与之相交

23. 在生产的有效区域内，等产量曲线(　　)。
    A. 凸向原点　　B. 斜率为负的　　C. 不能相交　　D. 上述说法都对

24. 在边际产量发生递减时，如果要增加同样数量的产品，应该(　　)。
    A. 增加变动的生产要素的投入量　　B. 减少变动的生产要素的投入量
    C. 停止增加变动的生产要素　　D. 同比例增加各种生产要素

25. 规模报酬递减是在(　　)的情况下发生的。
    A. 连续投入某种生产要素而其余生产要素保持不变
    B. 不投入某种生产要素而增加其余生产要素的投入
    C. 按比例投入生产要素
    D. 不按比例投入生产要素

26. 生产要素(投入)和产出水平的关系称为(　　)。
    A. 生产可能性曲线　　　　　B. 生产函数
    C. 成本曲线　　　　　　　　D. 成本函数

27. 如果等成本曲线与等产量曲线没有交点，要生产等产量曲线所表示的产量应该(　　)。
    A. 增加投入　　　　　　　　B. 保持原有投入不变
    C. 减少投入　　　　　　　　D. 以上说法都不对

28. 如果是连续地增加某种生产要素，在总产量达到最大时，边际产量曲线(　　)。
    A. 经过原点　　　　　　　　B. 与平均产量曲线相交
    C. 与纵轴相交　　　　　　　D. 与横轴相交

29. 对于直角形等产量曲线,下列说法中正确的是（　　）。
　　A. 规模报酬不变　　　　　　B. 固定比例生产函数
　　C. 可变比例生产函数　　　　D. 劳动与资本完全替代
30. 如果确定了最优的生产要素组合,（　　）。
　　A. 在生产函数已知时,可确定一条总成本曲线
　　B. 在生产要素价格已知时可以确定一条总成本曲线
　　C. 在生产函数和生产要素价格已知时可以确定总成本曲线上的一个点
　　D. 以上说法都对

三、判断题

1. 一年以内的时间是短期,一年以上的时间可看作长期。（　　）
2. 生产要素的边际技术替代率递减是规模报酬递减造成的。（　　）
3. 在任何一种产品的短期生产中,随着一种可变要素投入量的增加,边际产量最终必然会呈现递减的特征。（　　）
4. 假定生产某种产品要用两种要素,如果这两种要素价格相等,则该生产者最好就是要用同等数量的这两种要素投入。（　　）
5. 只要边际产量减少,总产量一定也减少。（　　）
6. 等产量曲线是凹向原点的。（　　）
7. $\dfrac{MP_L}{MP_K} > \dfrac{P_L}{P_K}$ 表明,由于使用的资本数量过少,劳动数量过多。（　　）
8. 不论在什么条件下,边际技术替代率总是递减的。（　　）
9. 规模报酬递增的厂商不可能也会面临报酬递减的现象。（　　）
10. 如果生产函数具有规模报酬不变特征,那么要素在生产上的边际替代率是不变的。（　　）
11. 生产要素的价格一旦确定,等成本线的斜率随之确定。（　　）
12. 厂商在既定产量下实现最小成本的两要素最优组合原则,与在既定成本下实现产量最大化的两要素最优组合原则,是不相同的。（　　）

四、简答题

1. 简述柯布—道格拉斯生产函数的含义及其特点。
2. 请画图说明短期生产的三个阶段与短期生产的决策区间。
3. 什么是边际收益递减规律？如何理解？
4. 简述平均产量和平均可变成本之间的关系。
5. 一个企业主在考虑再雇佣一名工人时,在劳动的平均产量和边际产量中他更关心哪一个？为什么？

6. 假定甲、乙两国各有一钢铁企业,甲国的钢铁企业生产 1 吨钢需 10 人,而乙国只需 3 人。我们能否认为乙国的钢铁企业比甲国的钢铁企业的效率高?为什么?

7. 等产量曲线具有哪些特点?这些特点的经济含义是什么?

8. 简述生产的经济区域。

9. 为什么说生产扩张线上任何一点都是生产者均衡点?

10. 当一个企业规模扩大时,其产出会发生什么样的变化?为什么会有这样的变化?

11. 下列生产函数中,哪些属于规模报酬递增、不变或递减?

(1) $F(K, L) = K^2 L$

(2) $F(K, L) = K + 2L$

(3) $F(bK, bL) = \sqrt{b} F(K, L)$

12. 简要说明规模报酬的含义及原因。

13. 简述规模报酬与规模经济的区别。

14. 分析判断"如果生产函数具有规模不变的特征,那么生产要素在生产上的边际替代率不变"。

15. 单一生产要素和多种生产要素的合理投入区是如何确定的?其间平均产量和边际产量各有什么特点?

五、计算题

1. 已知生产函数为 $Q = f(K, L) = KL - 0.5L^2 - 0.32K^2$,$Q$ 表示产量,K 表示资本,L 表示劳动。令上式的 $K = 10$。

(1) 写出劳动的平均产量函数和边际产量函数。

(2) 分别计算当总产量、平均产量和边际产量达到最大值时厂商雇佣的劳动数量。

2. 设某厂商品总产量函数为 $TP = 72L + 15L^2 - L^3$。求:

(1) 当 $L = 7$ 时,边际产量 MP 是多少?

(2) L 的投入量为多大时,边际产量 MP 将开始递减?

3. 已知某厂商的生产函数为 $Q = L^{3/8} K^{5/8}$,又设 $P_L = 3$ 元,$P_K = 5$ 元。

(1) 求产量 $Q = 10$ 时的最低成本支出和使用的 L 和 K 的数量。

(2) 求产量 $Q = 25$ 时的最低成本支出和使用的 L 和 K 的数量。

(3) 求总成本为 160 元使厂商均衡的 Q、L 和 K 的数量。

4. 已知生产函数为 $Q = \min(L, 2K)$。

(1) 如果产量 $Q=20$ 单位,则 L 和 K 分别为多少?

(2) 如果 L 和 K 的价格为 $(1,1)$,则生产 10 个单位产量的最小成本是多少?

5. 已知厂商的生产函数为:(i) $Q=K^{0.5}L^{0.5}$;(ii) $Q=K^2L$;(iii) $Q=\min(3K,4L)$。请分别求:

(1) 厂商的长期生产扩展线函数;

(2) 当 $\omega=1, \gamma=4, Q=10$ 时使成本最小的投入组合。

6. 已知生产函数 $Q=2K^{0.2}L^{0.6}$,请问:

(1) 该生产函数是否为齐次函数?次数为几次?

(2) 该生产函数的规模报酬情况如何?

(3) 假如 L 与 K 均按其边际产量取得报酬,当 L 与 K 取得报酬后,还有多少剩余产值?

六、论述题

1. 用图说明短期生产函数 $Q=f(L,K_0)$ 的总产量曲线、平均产量曲线和边际产量曲线的特征及其相互关系。

2. 运用等产量曲线和等成本曲线作图论证厂商在既定成本条件下实现产量最大化的最优生产要素组合原则。

3. 试说明生产函数的边际报酬递减与边际技术替代率递增之间的关系。

4. 应用最恰当的微观经济学原理论述国有企业减员增效的意义。

七、案例分析

【案例1】 民航的固定要素。

对于每一个航班来说,固定成本,例如航油、起降、租赁和销售、管理费用所占比例很大,变动成本仅占很小部分,不足 10%。增加乘客的边际成本极低,多卖一张机票就少一份亏损,多一份盈利。2000 年,中国民航国内航班的平均客座率比上年增加了 2.7 个百分点,但仍然只有 60.3%。世界公认的、处在"盈亏平衡点"的客座率应当在 68% 左右。而我国,因为航油、管理成本等固定成本大大高于国际水平,"盈亏平衡点"的客座率就更高。只有提高客座率,才能实现盈亏平衡或盈利。

另外,近年来民航机票涨幅过大(现在的票价水平大约是 10 年前的 3.3 倍),乘客降价要求强烈。现在民航的旅客中,自费旅客比例已经接近 40%。他们对机票价格变化的敏感度(也就是需求价格弹性)正在增加。打折对提高客座率效果明显。因此,近几年来,各个航空公司为了生存和发展,不顾禁止打折的规定(2003 年后同意在一定范围内实行价格浮动)竞相打折。

民航基础建设费用(不是旅客缴纳的机场建设费,而是航空公司缴纳的利用

第五章 生产理论

机场的费用等)在航空公司的固定成本中也占有重要比例。由于整个民航业的规模小,机场等设施的费用分摊到每一个航班或航空公司的比例也就较大。我国一个省面积相当于许多欧洲的一个国家,小型飞机的支线航空可以和公路运输竞争,也可以和大的航空公司联盟,把客源输送到附近大的枢纽站,这是国外的普遍做法。美国经营支线航运的航空公司就有 200 多家,但我国航线的密度和发达国家相比要小得多,这也进一步增加了固定成本的比例。如果能够通过拍卖航线权,发展我国的支线航空,提高机场利用率,扩大整个民航业的规模,单位航班的基础建设费用可以降低。目前,我国民航与公路、铁路发展比例严重失衡,运送旅客人数仅占整个交通运输业的 0.4%(美国民航占 18%)。经济界人士普遍认为:中国的航空市场潜力非常大,民航的规模效益远未发挥出来。

(摘编自 2002 年 2 月 5 日《中国经济时报》、2002 年 1 月 15 日航运商务网报道整理)

讨论题:

1. 航油、租赁的机场和销售等方面的支出是可变要素还是固定要素? 它们是针对什么而言的固定要素? 是一个航班还是航空公司? 如果飞机可以租赁,它对于航空公司是可变要素还是固定要素?

2. 请用经济学语言说明发展我国支线航空和扩大整个民航业规模的直接经济意义。

【案例 2】 小鸡生产的等产量曲线。

在美国,每年生产的用于烤焙的小鸡的价值超过 80 亿美元。这种小鸡的主要饲料是玉米和大豆油渣粉。根据经济合作与发展组织提供的数据,如果在某一时期喂养小鸡的饲料玉米和大豆油渣粉是表 5.1 中的几种组合,小鸡的重量都会增加 1 kg。

表 5.1

玉米的数量(kg)	1.0	1.1	1.2	1.3	1.4
大豆油渣粉的数量(kg)	0.95	0.76	0.60	0.50	0.42

依据表 5.1 中的数据,可以绘制出一条等产量曲线,如图 5.1 所示。

讨论题:

1. 请计算这条等产量曲线上相应组合点 $A(0.42,1.4)$、$B(0.50,1.3)$、$C(0.60,1.2)$、$D(0.76,1.1)$ 的边际技术替代率。

2. 如果 1 kg 玉米的价格等于一磅大豆油渣粉,那么一只小鸡的饲料数量组合是 1.1 kg 的玉米和 0.76 kg 的大豆油渣粉,这样合算吗?

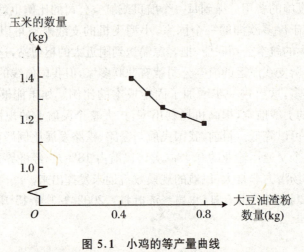

图 5.1 小鸡的等产量曲线

第二部分 参考答案

一、名词解释

1. 厂商:是指运用生产要素,生产产品与劳务的经济单位,厂商可以是生产产品的企业,也可以是提供服务的企业。作为一种经济决策单位,除了消费者与政府以外,其余的经济组织都是厂商。

2. 生产:简单地说,就是投入与产出过程,即投入一定生产要素而得到一定量的产品或劳务。从经济学的角度看,它是指一切能够创造和增加效用的人类活动。

3. 生产函数:描述在一定时期内,在生产技术水平不变的条件下,生产要素的投入量与产品的最大产量之间的物质量关系的函数式。一般记为 $Q = f(X_1, \cdots, X_n)$,其中 $X_1, \cdots, X_n$ 代表各种要素的投入品,Q 代表一定数量的投入组合在一定技术条件下所能生产出来的产品的最大产量。

4. 柯布—道格拉斯生产函数:20 世纪 30 年代初,美国经济学家柯布(Chales W. Cobb)和道格拉斯(Paul H. Douglas)根据 1899~1922 年美国的资本和劳动这两种生产要素的投入和产出的关系,得出这一期间的美国制造业的生产函数,以后扩大应用于整个经济或任何一个生产领域。该生产函数的一般形式为 $Q = AL^\alpha K^\beta$。

5. 技术系数:为生产一定数量的某种产品所需要的各种生产要素的配合比例称为技术系数,如果生产某种产品所需要的各种生产要素的配合比例是不能改变的,这种技术系数称为固定技术系数;如果生产某种产品所需要的各种生产要素的配合比例是可以改变的,这种技术系数称为可变技术系数。

6. 短期:生产者来不及调整全部要素的数量,至少一种生产要素的数量是固定不变的时间周期。

7. 长期:生产者可以调整全部生产要素的数量的时间周期。

8. 一种变动要素投入的生产函数:假设只有一种要素的投入是变动的,其余要素的投入都是固定不变的。这就是通常采用的一种可变生产要素投入的生产函数的形式,它也被称为短期生产函数。

9. 总产量(TP):与一定的可变要素劳动的投入量相对应的最大产量。

10. 平均总量(AP):总产量与所使用的可变要素劳动的投入量之比。

11. 边际产量(MP):增加一单位可变要素的投入量所增加的产量。

12. 边际报酬递减规律:是指在其他投入不变的情况下,当变动投入量增加到一定数量后,继续增加变动要素的投入会引起该要素边际报酬递减。这一规律发生作用的前提是技术水平不变。

13. 等产量曲线:在技术水平不变的条件下,生产同一产量的两种生产要素投入量的所有不同组合的轨迹。

14. 边际技术替代率:在维持产量水平不变的条件下,增加一单位某种生产要素投入量时所减少的另一种生产要素的投入数量。

15. 边际技术替代率递减规律:在两种生产要素相互替代的过程中,普遍地存在这种现象,即在维持产量不变的前提下,当一种生产要素的投入量不断增加时,每一单位的这种生产要素所能替代的另一种生产要素的数量是递减的。这一现象被称之为边际技术替代率递减规律。

16. 等成本曲线:在既定的成本约束下,在资本和劳动价格也既定的条件下,所能购买到的两种要素的各种不同数量组合。

17. "脊"线:是指连接等产量曲线上边际技术替代率为零与连接等产量曲线上边际技术替代率为无穷大的线。

18. 生产的经济区域:"脊"线以内区域为生产的经济区域。"脊"线以外的区域为生产的非经济区域。理性的生产者应将生产选择在生产的经济区域,这样做不至于造成资源的浪费。

19. 最优投入组合:也称最优资源组合。任何一个理性的生产者都会选择最优的生产要素组合进行生产。即在既定的成本下使产出最大,或者是在既定的产出下使成本最小。

20. 等斜线:是一组等产量曲线中两要素的边际技术替代率为常数的点的轨迹。

21. 扩展线:在生产要素的价格、生产技术和其他条件不变时,如果厂商改变成本,等成本线就会发生平移;如果厂商改变产量,等产量曲线也会发生平移。这些不同的等产量曲线将与不同的等成本线相切,形成一系列不同的生产均衡点,这些生产均衡点的轨迹就是扩展线。

22. 规模报酬:是指在其他条件不变时,企业内部各生产要素按相同比例变化时所带来的产量变化。

二、单项选择题

1. C 2. B 3. D 4. A 5. A 6. C 7. A 8. B 9. A 10. B 11. A 12. A 13. D 14. B 15. D 16. C 17. B 18. D 19. D 20. A 21. B 22. B 23. D 24. A 25. C 26. B 27. A 28. D 29. B 30. C

三、判断题

1. 错误。【提示】考查经济学中长期与短期的区别。应正确理解微观经济学中长期与短期的含义。

2. 错误。【提示】考查造成边际技术替代率递减的原因。应掌握边际收益递减规律和规模报酬递减的区别。

3. 正确。【提示】考查边际产量递减规律的含义。应正确理解边际产量递减规律出现的原因。

4. 错误。【提示】考查厂商生产一定产量使总成本为最小的条件。

5. 错误。【提示】考查边际产量与总产量的关系。应正确区分边际产量的变化对总产量的影响。

6. 错误。【提示】考查等产量曲线的性质。应正确掌握等产量曲线的含义及其性质。

7. 错误。【提示】考查若实现最优投入量组合的条件不足,则厂商可以通过调整投入量组合来满足这一条件。应掌握边际产量递减规律以及调整要素投入量实现最优投入量的条件。

8. 错误。【提示】考查边际技术替代率递减的前提条件。应理解边际技术替代率递减规律的前提条件。

9. 错误。【提示】规模报酬和可变要素报酬是两个不同的概念。规模报酬讨论的是厂商规模发生变化时产量的变化,而可变要素报酬论及的问题是厂房规模已经固定下来,增加可变要素时相应的产量的变化。

10. 正确。【提示】由于生产函数为齐次生产函数,故其边际替代率是不变的。

11. 正确。【提示】因为等成本线的斜率是 $\frac{P_L}{P_K} = \frac{\omega}{\gamma}$。

12. 错误。【提示】厂商在既定产量下实现最小成本的两要素最优组合原则,与在既定成本下实现产量最大的两要素最优组合原则,是相同的。

四、简答题

1. 答:20 世纪 30 年代初,美国经济学家柯布(Chales W. Cobb)和道格拉斯(Paul H. Douglas)根据 1899~1922 年美国的资本和劳动这两种生产要素的投入和产出的关系,得出这一期间的美国制造业的生产函数,以后扩大应用于整个经济或任何一个生产领域。该生产函数的一般形式为

$$Q = AL^{\alpha}K^{\beta}$$

式中,Q 为产量;L 和 K 分别为劳动和资本投入量;A、α、β 为三个参数。其中,$A>0$;$0<\alpha$;$\beta<1$。柯布—道格拉斯生产函数中的参数 α 和 β 的经济含义是:当 $\alpha+\beta=1$ 时,α 和 β 分别表示劳动和资本在生产过程中的相对重要性,α 为劳动所得在总产量中所占的份额,β 为资本所得在总产量中所占的份额。根据柯布和道格拉斯两人对美国 1899~1922 年期间有关经济资料的分析和估算,α 值约为 0.75,β 值约为 0.25。它说明,在这一期间的总产量中,劳动所得的相对份额为 75%,资本所得的相对份额为 25%。这一结论与当时美国工人收入与资本收益之比(3∶1)大体相符。

在这一生产函数中,当劳动投入量与资本投入量增加 λ 倍时,公式变为

$$A \cdot (\lambda L)^{\alpha} \cdot (\lambda K)^{\beta} = \lambda AL^{\alpha}K^{\beta} = \lambda Q$$

它表明产量的增加倍数等于资本和劳动投入量增加的倍数,这一特征说明,柯布—道格拉斯生产函数是一个线性齐次生产函数。

2. 答:(1) 生产三阶段是在假设生产技术水平和其他要素投入量不变,只有劳动投入可变的条件下,以劳动投入多少来划分的生产相互的生产不同阶段。生产的三个阶段是根据总产量曲线、平均产量曲线和边际产量曲线的形状及其相互之间的关系来划分的。第一阶段,平均产量递增阶段,即平均产量从 0 增加到平均产量最高的阶段,这一阶段从原点到 AP、MP 曲线的交点,即劳动投入量由 0 到 L_3 区间。第二阶段,平均产量的递减阶段,边际产量仍然大于 0,所以总的产量仍然是递增的,直到总的产量达到最高点。这一阶段是从 AP、MP 两曲线的交点到 MP 曲线与横轴的交点,即劳动投入量由 L_3 到 L_4 的区间。第三阶段,边际产量为负,总的产量也是递减的,这一阶段是 MP 曲线和横轴的交点以后的阶段,即

劳动投入量 L_4 以后的区间。如图 5.2 所示。

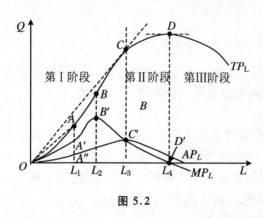

图 5.2

首先,厂商肯定不会在第三阶段进行生产,因为这个阶段边际产量为负值,生产不会带来任何的好处。其次,厂商也不会在第一阶段进行生产,因为平均产量在增加,投入的这种生产要素还没有发挥最大的作用,厂商没有获得预期的好处,继续扩大可变投入的使用量从而使产量扩大是有利可图的,至少使平均产量达到最高点时为止。因此厂商可以在第二阶段进行生产,因为平均产量和边际产量都下降,但是总产量还在不断增加,收入也增加,只是增加的速度逐渐减慢,直到停止增加为止。

3. 答:(1) 边际收益递减规律又称边际产量递减规律,是指在技术水平不变的条件下,当把一种可变的生产要素同其他一种或几种不变的生产要素投入到生产过程中,随着这种可变的生产要素投入量的增加,最初每增加一单位生产要素所带来的产量增加量是递增的,但当这种可变的生产要素投入量增加到一定程度之后,增加一单位生产要素所带来的产量增加量是递减的。技术水平和其他生产要素投入量保持不变是边际收益递减规律成立的前提条件。

(2) 这一规律发生作用应具备以下条件:短期生产函数;技术水平既定;技术系数可变;先后投入的生产要素在质量上完全相同。

4. 答:(1) 平均产量是指每单位的可变投入要素量所获得的产量,等于总产量与可变要素投入量的比值。其变化特征是:平均产量起初增加,达到一定值后,转而减少。平均产量曲线是一条倒 U 形的曲线。

(2) 平均可变成本是平均每单位产品所消耗的可变成本。它的变化具体分三个阶段:递减阶段、不变阶段和递增阶段。可变成本曲线通常为 U 字形。

(3) 平均产量与平均可变成本之间的关系:平均可变成本与平均产量两者的变动方向是相反的,前者递增时,后者呈递减,边际成本曲线和平均可变成本曲线的交点与边际产量曲线和平均产量曲线的交点是对应的。

5. 答:一个企业主在考虑再雇佣一名工人时,在劳动的平均产量和边际产量中他更关心的是边际产量。我们知道,厂商的理性决策在劳动的第二阶段,在这个区域中,劳动的平均产量和边际产量都是递减的,但其中却可能存在使利润最大化的点,劳动第二阶段的右界点是使劳动的边际产量为零的点。因此,只要增雇的这名工人的边际产量大于零,即能够带来总产量的增加,企业主就可能雇佣他。

6. 答:不能拒此认为乙国的钢铁厂的效率比甲国高,在使用的资本数量及劳动与资本价格不明确的情况下,我们无法判断哪个钢铁厂在经济上效率更高(即所费成本更小)。如果劳动的价格为10,资本的价格为12,甲国使用10单位劳动及1单位资本生产1吨钢,其总价格为112;乙国使用1单位劳动和10单位资本生产1吨钢,其总成本为130,由此,甲国钢铁厂的效率反而比乙国高(即所费成本更小)。

7. 答:(1) 等产量曲线是指在技术水平不变的条件下生产同一产量的两种生产要素投量的各种不同的轨迹。以 Q 表示既定的产量水平,则与等产量的两种相对应的生产函数为

$$Q = f(L, K)$$

(2) 等产量曲线具有以下重要特点:① 等产量曲线是一条从左上方向右下方倾斜的曲线,具有负斜率。它表示增加一种生产要素的投入量,可以减少另一种生产要素的投入量。只有具有负斜率的等产量曲线,才表示劳动和资本互相替代是有效率的。② 坐标图上可以有无数条等产量曲线,而其中每一条代表一个相同的产量值,离原点越远的等产量曲线所代表的产量值越大。这个特征表明,在投入组合可以任意改变的情况下,可以画出无数条等产量曲线,在这些等产量曲线中,离原点越远意味着投入的劳动和资本的数量越多,产量自然就越大。③ 任何两条等产量曲线不能相交。这个特征表明,在生产技术水平既定的条件下,一个特定的生产要素的组合点所能生产的最大产量只能是一个数值,因而过这一点的等产量曲线只能是一条。④ 等产量曲线是凸向原点的。它表示随着一种生产要素每增加一个单位,可以替代的另一种生产要素的数量将逐次减少。这表明存在边际技术替代率递减规律。

8. 答:在所投入的资本与劳动两种可变要素投入都可以变动的情况下,不存在像只有一种可变要素投入情况下的那种生产三个阶段的划分,但是存在着生产的经济区域与非经济区域的划分。

在图5.3中,我们象征地作了四条等产量曲线,即 Q_1, Q_2, Q_3 和 Q_4。这四条等产量曲线都很特别。就其中任一条等产量曲线而言,并非曲线上每一点的斜率都是负值,也就是说并非曲线上每一点边际技术替代成本都是正值。

我们用"脊"线将等产量曲线斜率为正值的区域与斜率为负值的区域分开。所谓"脊"线,是指连接等产量曲线上边际技术替代率为零与连接等产量曲线上边

际技术替代率为无穷大的线。图 5.3 中,等产量曲线上 C、D、E、F 点的边际技术替代率为零;C'、D'、E'、F' 点的边际技术替代率为无穷大。因此,连接 C、D、E、F 点的曲线 OB 与 C'、D'、E'、F' 点的曲线 OA 线为"脊"线。

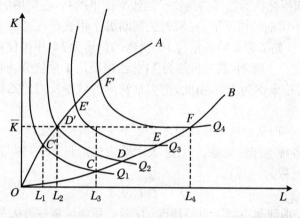

图 5.3

"脊"线以内的区域为生产的经济区域。"脊"线以外的区域为生产的非经济区域。理性的生产者应将生产选择在生产的经济区域,这样做不至于造成资源的浪费。由图 5.3 可以看出,在"脊"线以外的区域,等产量曲线的斜率是正值。这表明,在"脊"线以外的区域,为了维持既定的产量水平,在增加一种要素的同时必须增加另一种要素,要素之间并不存在替代的关系。若将生产从"脊"线以外的区域移到"脊"线以内的区域,既维持了既定的产量水平,又节约了资本与劳动两种要素的投入量。在此区域内,劳动与资本两种要素量存在着相互替代的关系,因此,"脊"线以内的区域是生产的经济区域。它也是理性的生产者在两种可变要素投入的条件下,应选择的合理区域。

9. 答:在生产要素的价格、生产函数和其他条件不变时,如果企业改变成本,等成本线发生平行移动;如果企业改变产量,等产量线也会发生平移。这些不同的等产量曲线与不同的等成本线相切所形成的切点即为生产者的均衡点,因此,扩展线上的任何一点都是生产者均衡点。它表示在生产要素价格、生产技术和其他条件不变的情况下,当生产的成本或产量发生变化时,厂商必然会沿着扩展线来选择最优的生产要素组合,从而实现既定成本下的最大产量,或实现既定产量下的最小成本。

10. 答:在长期生产过程中,企业的规模报酬的变化呈现出以下的规律:当企业从最初很小的生产规模开始逐步扩大时,企业面临的是规模报酬递增阶段。当企业得到了由生产规模扩大所带来的产量递增的全部好处后,一般会继续扩大生产规模,将生产保持在规模报酬不变的阶段。在这以后,企业若继续扩大生产规模,将会进入规模报酬递减阶段。

在企业生产的开始阶段,生产规模报酬递增的主要原因是由于企业生产规模扩大所带来的生产效率的提高。当生产扩张到一定规模后,企业的生产资源得到充分利用,生产分工和生产经营管理达到最优状态,此时生产的规模报酬不变。在经过一段时间的规模报酬不变以后,由于企业的生产规模过大,使得生产的各个方面难以得到协调,降低了生产效率,从而出现规模报酬递减。

11. 答:如果生产函数 $Q=f(L,K)$ 满足 $f(\lambda L,\lambda K)=\lambda^n f(L,K)$,则当 $n>1$ 时,$Q=f(L,K)$ 具有规模报酬递增的性质;当 $n=1$ 时,$Q=f(L,K)$ 具有规模报酬不变的性质;当 $n<1$ 时,$Q=f(L,K)$ 具有规模报酬递减的性质。

(1) $Ff(\lambda K,\lambda L)=(\lambda K)^2 \lambda L=\lambda^3 K^2 L=\lambda^3 F(K,L)$

$n=3>1$,所以 $F(K,L)=K^2 L$ 呈规模报酬递增。

(2) $Ff(\lambda K,\lambda L)=\lambda K+2\lambda L=\lambda(K+2L)=\lambda F(K,L)$

$n=1$,所以 $F(K,L)=K+2L$ 呈规模报酬不变。

(3) $F(\lambda bK,\lambda bL)=\sqrt{\lambda b}F(K,L)=\lambda^{1/2}F(bK,bL)$

$n=\frac{1}{2}<1$,所以 $f(K,L)$ 呈规模报酬递减。

12. 答:(1)规模报酬指企业的生产规模变化与所引起的产量变化之间的关系。企业只有在长期内才能变动全部生产要素,进而变动生产规模,因此,企业的规模报酬分析属于长期生产理论问题。在生产理论中,通常是以全部的生产要素都以相同的比例发生变化来定义企业规模的变化。相应地,规模报酬变化是指在其他条件不变的情况下,企业内部各种生产要素按相同比例变化时所带来的产量的变化。企业的规模报酬变化可以分为规模报酬递增、规模报酬不变和规模报酬递减三种情况:规模报酬递增是指产量增加的比例大于各种生产要素增加的比例;规模报酬不变是指产量增加的比例等于各种生产要素增加的比例;规模报酬递减是指产量增加的比例小于各种生产要素增加的比例。

(2)规模报酬变动的主要原因是内在经济和内在不经济、外在经济和外在不经济。

13. 答:规模经济(economies of scale)是指由于生产规模扩大而导致长期平均成本下降的情况。规模经济与规模报酬不是同一概念。规模报酬是所有要素投入都扩大相同的倍数所引起的产出的变化情况,所涉及的是投入与产出的关系。规模经济涉及规模大小与成本关系。不过规模报酬递增是产生规模经济的原因之一。

14. 答:规模报酬与边际替代率是两个不同的概念。规模报酬是指企业本身的规模发生变化时所带来产量的变化情况,而要素的边际替代率研究的则是企业的规模一定时,所投入的要素之间的相互替代关系。当生产函数具有规模不变的特征时,要素的边际替代率可能不变,如 $Q=f(L,K)=aK+bL$;也可以是递减的,如 $Q=f(L,K)=AK^{0.5}L^{0.5}$。所以,规模报酬不变与边际替代率之间没有直接的因果关系。

15. 答:生产要素的合理投入区是指追求利润最大化的厂商所选择的生产要素投入数量的范围。在短期内,如果只有一种生产要素的投入数量可以改变,则该生产要素的合理投入区位于平均产量最大值点和边际产量等于 0 的点之间,即生产的第Ⅱ阶段。在长期内,所有要素的投入量都是可以变动的。假定有两种投入要素 K 和 L 都是可变的,那么,两种可变要素投入的合理区域是等产量曲线斜率为负的区域,即生产的经济区域。

五、计算题

1. 解:对于生产函数 $Q=f(K,L)=KL-0.5L^2-0.32K^2$,令 $K=10$,则
$$Q=10L-0.5L^2-0.32\times10^2=-32+10L-0.5L^2$$

(1) 劳动的平均产量函数为
$$AP_L=Q/L=(-32+10L-0.5L^2)/L$$
劳动的边际产量函数为
$$MP_L=dQ/dL=10-L$$

(2) ① 对于总产量函数
$$Q=-32+10L-0.5L^2$$
若求总产量最大值,只要令其边际产量为零,即 $10-L=0$,求得 $L=10$。又由于 $\dfrac{d}{dL}\left(\dfrac{dQ}{dL}\right)=-1<0$,所以,$L=10$ 为极大值点,即当产量达到极大值时厂商雇佣的劳动为 10。

② 同样对于平均产量函数 $AP_L=Q/L=(-32+10L-0.5L^2)/L$。令 $\dfrac{dAP_L}{dL}=0$,即 $-0.5+32/L^2=0$,可得 $L=8$。

或令 $AP_L=MP_L$ 时,有 AP_L 达到极大值。即 $(-32+10L-0.5L^2)/L=10-L$ 时,求得 $L=8$。因此,当平均产量为最大值时厂商雇佣的劳动为 8。

③ 对于劳动的边际产量 $MPP_L=10-L$,由于 MPP_L 为负向倾斜的直线,而且劳动 L 不可能小于零,故当 $L=0$ 时,MP_L 有极大值 10,也就是说,当边际产量

达到极大值时厂商雇佣的劳动为 0。

2. 解:(1) 因为 $TP = 72L + 15L^2 - L^3$,对 TP 求导便可得 $MP = 72 + 30L - 3L^2$ 所以,当 $L = 7$ 时,有
$$MP = 72 + 30 \times 7 - 3 \times 7^2 = 135$$

(2) 对于边际产量函数
$$MP = 72 + 30L - 3L^2$$

令 $\dfrac{\mathrm{d}MP}{\mathrm{d}L} = 0$,则 $30 - 6L = 0$,可得 $L = 5$。

由此可知,当 L 的投入量为 5 时,边际产量将开始递减。

3. 解:根据厂商均衡条件 $\dfrac{MP_L}{MP_K} = \dfrac{P_L}{P_K}$ 可求解得:

(1) 由已知,成本方程为
$$TC = 3L + 5K$$
则
$$\min TC = 3L + 5K$$
$$\text{S. t.} \ 10 = L^{3/8} K^{5/8}$$

设拉格朗日函数为
$$X = 3L + 5K + \lambda(10 - L^{3/8} K^{5/8}) \tag{5.1}$$

对(5.1)式分别求 L、K 及 λ 的偏导数并令其为零,则得

$$\frac{\partial X}{\partial L} = 3 - \frac{3}{8}\lambda K^{5/8} L^{-5/8} = 0 \Rightarrow \lambda = 8 K^{-5/8} L^{5/8} \tag{5.2}$$

$$\frac{\partial X}{\partial K} = 5 - \frac{5}{8}\lambda L^{3/8} K^{-3/8} = 0 \Rightarrow \lambda = 8 K^{3/8} L^{-3/8} \tag{5.3}$$

$$\frac{\partial X}{\partial \lambda} = 10 - L^{3/8} K^{5/8} = 0 \Rightarrow \lambda = L^{3/8} K^{5/8} = 10 \tag{5.4}$$

由(5.2)÷(5.3),得
$$\frac{8 K^{-5/8} L^{5/8}}{8 K^{3/8} L^{-3/8}} = 1 \Rightarrow K^{-1} L \Rightarrow K = L \tag{5.5}$$

将(5.5)式代入(5.4)式求得
$$K = L = 10$$
$$\min TC = 3K + 5L = 30 + 50 = 80$$

所以,当产量 $Q = 10$ 时的最低成本支出为 80 元,使用的 L 与 K 的数量均为 10。

(2) 求既定产量下的最低成本支出和投入生产要素组合除了用(1)题所示的方法求解外,还可以根据 $MPP_L/MPP_K = P_L/P_K$ 的厂商均衡条件来求解。

对于生产函数 $Q = L^{3/8} K^{5/8}$,则
$$MPP_L = 3/8\, L^{-5/8} K^{5/8}$$
$$MPP_K = 5/8\, L^{3/8} K^{-3/8}$$
由厂商的均衡条件 $MPP_L/MPP_K = P_L/P_K$,得
$$\frac{3/8 K^{5/8} L^{-5/8}}{5/8 L^{3/8} K^{-3/8}} = \frac{3}{5} \Rightarrow K = L$$
代入当产量 $Q = 25$ 的生产函数 $= L^{3/8} K^{5/8} = 25$,求得 $K = L = 25$,由于
$$\min TC = 3L = 5K = 75 + 125 = 200$$
所以,当产量 $Q = 25$ 时的最低成本支出为 200 元,使用的 L 与 K 的数量均为 25。

(3) 花费给定成本使产量最大化的厂商均衡条件为
$$MPP_L/MPP_K = P_L/P_K$$
对于生产函数 $Q = L^{3/8} K^{5/8}$,有
$$MPP_L = 3/8 K^{5/8} L^{-5/8}$$
$$MPP_K = 5/8 L^{3/8} K^{-3/8}$$
则
$$\frac{3/8 K^{5/8} L^{-5/8}}{5/8 L^{3/8} K^{-3/8}} = \frac{3}{5} \Rightarrow K = L$$
代入总成本为 160 元的成本函数 $3L + 5K = 160$,求得 $K = L = 20$,则
$$Q = L^{3/8} K^{5/8} = 20^{3/8} 20^{5/8} = 20$$
所以,当成本为 160 元时厂商的均衡产量为 20,使用的 L 与 K 的数量均为 20。

4. 解:(1) 对于定比函数 $Q = \min(L, K)$,有如下关系式:
$$Q = L = 2K$$
因为 $Q = 20$,所以 $L = 20, K = 10$。

(2) 由 $Q = L = 2K, Q = 10$ 得
$$L = 10, \quad K = 5$$
又因为 $P_L = P_K = 1$,所以
$$TC = 15$$

5. 解:(1) 对于生产函数 $Q = K^{0.5} L^{0.5}$,可求出
$$MP_L = \frac{1}{2} K^{0.5} L^{-0.5}, \quad MP_K = \frac{1}{2} K^{-0.5} L^{0.5}$$
根据厂商均衡条件 $\frac{MP_L}{MP_K} = \frac{\omega}{\gamma}$,可求得 $\frac{0.5 L^{-0.5} K^{0.5}}{0.5 L^{0.5} K^{-0.5}} = \frac{\omega}{\gamma}$,整理后可得

(a) 厂商的长期扩展线函数为

$$K = \frac{\omega}{\gamma}L$$

(b) 当 $\omega=1, \gamma=4, Q=10$ 时,$K = \frac{\omega}{\gamma}L = \frac{1}{4}L$,代入生产函数 $Q = K^{0.5}L^{0.5}$ 中,有

$$Q = \frac{1}{2}L = 10, \quad L = 20, \quad K = 5$$

(2) 对于生产函数 $Q = K^2 L$,可求出

$$MP_L = 2KL, \quad MP_K = K^2$$

根据厂商均衡条件 $\frac{MP_L}{MP_K} = \frac{\omega}{\gamma}$,可求得 $\frac{K^2}{2LK} = \frac{\omega}{\gamma}$,整理后可得

(a) 厂商的长期扩展线函数为

$$K = 2\frac{\omega}{\gamma}L$$

(b) 当 $\omega=1, \gamma=4, Q=10$ 时,$K = 2\frac{\omega}{\gamma}L = \frac{1}{2}L$,代入生产函数 $Q = K^2 L$ 中,有

$$Q = K^2 L = \frac{1}{4}L^3 = 10, \quad L = 40^{\frac{1}{3}}, \quad K = 5^{\frac{1}{3}}$$

(3) 生产函数 $Q = \min(3K, 4L)$ 是固定比例生产函数,厂商按照 $\frac{K}{L} = \frac{4}{3}$ 的固定比例投入进行生产,且厂商的生产均衡点在直线 $K = \frac{4}{3}L$ 上,即

(a) 厂商的长期扩展线函数为

$$K = \frac{4}{3}L$$

(b) 由 $Q = 3K = 4L = 10$,可得

$$L = \frac{5}{2}, \quad K = \frac{10}{3}$$

6. 解:(1) 因为 $Q = f(K,L) = 2K^{0.2}L^{0.6}$,所以 $f(\lambda K, \lambda L) = 2(\lambda K)^{0.2}(\lambda L)^{0.6} = 2\lambda^{0.8}K^{0.2}L^{0.6} = \lambda^{0.8}Q$。故该生产函数为齐次函数,次数为 0.8。

(2) 根据(1)中的 $f(\lambda K, \lambda L) = \lambda^{0.8}Q$,可知该生产函数为规模报酬递减的生产函数。

(3) 对于生产函数 $Q = 2K^{0.2}L^{0.6}$,可求得

$$MP_L = 1.2K^{0.2}L^{-0.4}, \quad MP_K = 0.4L^{0.6}K^{-0.8}$$

这里的剩余产值是指总产量减去劳动和资本分别按边际产量取得报酬以后的余额,故

$$\begin{aligned}剩余产值 &= Q - MP_L \cdot L - MP_K \cdot K \\ &= 2K^{0.2}L^{0.6} - 1.2K^{0.2}L^{-0.4} \cdot L - 0.4K^{-0.8}L^{0.6} \cdot K \\ &= 0.4K^{0.2}L^{0.6} = 0.2Q\end{aligned}$$

六、分析题

1. 答:通常将总产量曲线、平均产量曲线和边际产量曲线置于同一张坐标图中来分析总产量、平均产量和边际产量相互之间的关系。

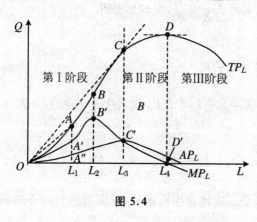

图 5.4

图 5.4 就是这样一张标准的一种可变生产要素投入的生产要素的生产函数的产量曲线图,它反映了短期生产过程中的有关产量相互之间的关系。

在图 5.4 中,我们可以清楚地看到,由边际报酬递减规律决定的劳动的边际产量 MP_L 曲线先是上升的,并在 B 点时达到最高点,然后再下降。由短期生产的这一基本特征出发,我们利用图 5.4,从以下三个方面分析总产量、平均产量和边际产量相互之间的关系。

第一,关于边际产量和总产量之间的关系。根据边际产量的定义公式:$MP_L = \dfrac{\Delta TP_L(L,K)}{\Delta L}$ 可以推知,边际产量是总产量的一阶导数值。TP_L 线上任何一点的切线的斜率就是相应的 MP_L 值。例如,在图 5.4 中当劳动投入量为 L_1 时,过 TP_L 曲线上 A 点的切线斜率,就是相应的 MP_L 的值,它等于 L_1 的高度。

正是由于每一个劳动投入量上的边际产量 MP_L 值就是相应的总产量 TP_L 曲线的斜率,所以在图 5.4 中 MP_L 曲线和 TP_L 曲线之间存在这样的对应关系:在劳动者投入量小于 L_4 的区域,MP_L 均为正值,则相应的 TP_L 曲线的斜率为正,即 TP_L 曲线是上升的;在劳动投入量大于 L_4 的区域,MP_L 均为负值,则相应的 TP_L 曲线的斜率为负,即 TP_L 曲线是下降的;当劳动投入量恰好为 L_4 时,MP_L 为零值,则相应的 TP_L 曲线的斜率为零,即 TP_L 曲线达到极大值点。也就

第五章 生产理论

是说，MP_L 曲线的零值点 D 和 TP_L 曲线的最大值点 D，是相互对应的。以上这种关系可以简单表述为：只要边际产量是正值，总产量总是增加的。如果边际产量是负值，那么总产量总是减少的。当边际产量为零时，总产量达最大值点。

进一步地，由于在边际报酬递增减规律作用下的边际产量 MP_L 曲线先上升，在 B' 点达到最大值，然后再下降。所以，相应的总产量 TP_L 曲线的斜率先是递增的，在 B 点达到拐点，然后是递减的。也就是说，MP_L 曲线的最大值点 B' 和 TP_L 曲线的拐点 B 是相互对应的。

第二，关于平均产量和总产量之间的关系。根据平均产量的定义公式 $AP_L = \dfrac{TP_L(L,K)}{L}$ 可以推知，连结 TP_L 曲线上任何一点和坐标原点的线段斜率就是相应的 AP_L 值。例如，在图 5.4 中，当劳动投入量为 L_1 时，连结 TP_L 曲线上 A 点和坐标原点的线段 OA 的斜率，即 $\dfrac{AL_1}{OL_1}$，它就是相应的 AP_L 值，且等于 $A''L_1$ 的高度。

正是由于这种关系，所以在图 5.4 中当 AP_L 曲线在 C' 点达最大值时，TP_L 曲线必然有一条从原点出发的最陡的切线，其切点为 C 点。

第三，关于边际产量和平均产量之间的关系。在图 5.4 中，我们可以看到 MP_L 曲线和 AP_L 曲线之间存在着这样的关系：两条曲线相交于 AP_L 曲线的最高点 C'。在 C' 点之前，MP_L 曲线高于 AP_L 曲线，MP_L 曲线将 AP_L 曲线拉上。在 C' 点以后，MP_L 曲线低于 AP_L 曲线，MP_L 曲线将 AP_L 曲线拉下。不管是上升还是下降，MP_L 曲线的变动都快于 AP_L 曲线的变动。

当 $MP_L > AP_L$ 时，AP_L 曲线是上升的。当 $MP_L < AP_L$ 时，AP_2 曲线是下降的。由于边际报酬递减规律作用下的 MP_L 曲线是先升后降的，所以当 MP_L 曲线和 AP_L 曲线相交时，AP_L 曲线必达最大值。

此外，由于在可变以要素劳动者投入量的变化过程中，边际产量的变动相对于平均产量的变动而言要更敏感一些。所以，不管是增加还是减少，边际产量的变动都快于平均产量的变动。

2. 答：要素的最佳组合是指以最小的成本生产最大产量的要素组合。在现实的生产经营决策中，要素的最优组合又具体表现为这样两种情况：一是在成本既定条件下，产量最大的要素组合；二是在产量既定条件下，成本最低的要素组合。

为实现生产要素的最优组合，应同时考虑等成本线和等产量线。如图 5.5 所示，有一条等成本线 AB 和三条等成本产量曲线 Q_1、Q_2、Q_3。其中等成本线 AB

与其中一条等产量曲线 Q_2 相切于 E 点,该点就是生产的均衡点。它表示:在既定的条件下,厂商应该按照 E 点的生产要素组合进行生产,即劳动投入量和资本投入量分别为 OL_1 和 OK_1,这样厂商会获得最大的产量。Q_3 所代表的产量是企业在既定成本下无法实现的产量,因为厂商利用既定成本只能购买位于等成本线 AB 上或等成本线 AB 以内区域的要素组合。等产量曲线 Q_1 虽然与唯一的等成本线 AB 相交于 a、b 两点,但等产量曲线 Q_1 所代表的产量是比较低的。因为,此时厂商在不增加成本的情况下,只需由 a 点出发向右或由 b 点出发向左沿着既定的等成本线 AB 改变要素组合,就可以增加产量。所以,只有在唯一的等成本线 AB 和等产量曲线 Q_2 的相切点 E,才是实现既定成本条件下的最大产量的要素组合。任何更高的产量在既定成本条件下都是无法实现的,任何更低的产量都是低效率的。

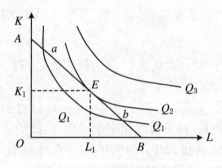

图 5.5 既定成本条件下产量最大的要素组合

3. 答:(1)边际报酬递减规律是指在技术水平不变的条件下,在连续等量地把一种可变生产要素增加到一种或几种数量不变的生产要素上去的过程中,当这种可变生产要素的投入量小于某一特定值时,增加该要素投入所带来的边际产量是递增的;当这种可变要素的投入量连续增加并超过这个特定值时,增加该要素投入所带来的边际产量是递减的。

边际报酬递减规律是短期生产的一条基本规律。从理论上讲,边际报酬递减规律成立的原因在于:对于任何产品的短期生产来说,可变要素投入和固定要素投入之间存在着一个最佳的数量组合比例。随着可变要素投入量的逐渐增加,生产要素的投入量逐步接近最佳的组合比例,相应的可变要素的边际产量呈现出递增的趋势。一旦生产要素的投入量达到最佳的组合比例时,可变要素的边际产量达到最大值。在这一点之后,随着可变要素投入量的继续增加,生产要素的投入量越来越偏离最佳的组合比例,相应的可变要素的边际产量便呈现出递减的趋势。

(2)边际技术替代率递减规律是指在维持产量不变的前提下,当一种生产要素的投入量不断增加时,每一单位的这种生产要素所能替代的另一种生产要素的数量是递减的。

边际技术替代率递减的主要原因在于:任何一种产品的生产技术都要求各要

素投入之间有适当的比例,这意味着要素之间的替代是有限的。简单地说,以劳动和资本两种要素投入为例,在劳动投入量很少和资本投入量很多的情况下,减少一些资本投入量可以很容易地通过增加劳动投入量来弥补,以维持原有的产量水平,即劳动的资本的替代是很容易的。但是,在劳动投入量增加相当多的数量和资本投入量减少相当少的数量的情况下,再用劳动去替代资本就将是困难的。

通过上述论述,可以看出生产函数的边际报酬递减和边际技术替代率递减的共同原因是两种生产要素之间存在着一个最佳的数量组合比例,且以生产技术不变为假设前提。其区别表现为:边际报酬递减是短期生产函数或者说一种可变生产要素的生产函数的性质。一种可变生产要素的生产函数表示在技术水平和其他投入不变的条件下,一种可变生产要素的投入量与其所生产的最大产量之间的关系;而边际技术替代率递减反映了两种可变生产要素的生产函数的性质。长期内,生产者可以调整全部生产要素的数量。边际技术替代率表示在保持产量水平不变的条件下,增加一个单位的某种要素的投入量可以替代的另一种生产要素的投入量。

4. 答:(1) 在生产中普遍存在一种现象:当连续、等量地把某一种可变生产要素增加到其他一种或几种数量不变的生产要素中去时,当可变要素的投入量达到某一特定值之前,增加一单位该要素的投入量所带来的产量的增加量是递增的;当可变要素的投入量增加到某一特定值以后,所增加的一单位该要素的投入量所带来的边际产量是递减的,这一现象被称为边际报酬递减规律。如果再继续增加可变要素的投入直到边际产量为负,则生产效率进一步降低,总产量开始递减。从以上分析我们得知,理智的生产者会选择边际产量递减但为正,并且平均产量递减的生产阶段进行生产(即生产的第Ⅱ阶段),也就是说,在生产规模不变的条件下,可变要素的投入是有限度的,过多投入将带来生产的非效率。

(2) 国有企业过多的员工使得企业的生产脱离了生产的合理区域(即脱离了生产的第Ⅱ阶段而位于生产的第Ⅲ阶段),造成了企业生产效率的低下,通过减员,减少过多的可变要素投入,使得要素的边际产量增加,要素组合更加合理,从而带来企业生产效率的提高,对于搞活国有企业意义重大。

七、案例分析

【案例1要点】

1. 对于航班来说,航油、飞机、机组人员和租赁的机场等都是固定要素;对于航空公司来说,航油、租赁的机场和销售等方面的支出则是可变要素。如果飞机可以租赁,它对于航空公司也是可变要素。

2. 发展我国支线航空和扩大整个民航业运输量,可以提高机场利用率,降低单位航班的基础建设费用,实现规模经济。

【案例 2 要点】

1. 产量曲线上的 A、B、C、D 四点的边际技术替代率分别是 1.25,1.00,0.62,0.52。

2. 不合算。因为其他的玉米和大豆油渣粉的数量组合成本更便宜。如果 P 为 1 kg 玉米或 1 kg 大豆油渣粉的价格,那么,1.1 kg 玉米与 0.76 kg 大豆油渣粉的成本是 1.86 P。相反,1.2 kg 玉米和 0.60 kg 大豆油渣粉的成本却是 1.80 P,这样的组合更便宜一些。

第六章 成本理论

第一部分 习 题

一、名词解释

1. 显成本 2. 隐成本 3. 沉没成本 4. 机会成本 5. 私人成本 6. 社会成本 7. 固定成本 8. 变动成本 9. 短期总成本 10. 短期平均成本 11. 短期边际成本 12. 长期总成本 13. 经济利润 14. 正常利润 15. 规模经济 16. 学习效应 17. 范围经济 18. 交易成本

二、单项选择题

1. 经济学中短期与长期的划分取决于（　　）。
   A. 时间长短　　　　　　　　B. 可否调整产量
   C. 可否调整产品价格　　　　D. 可否调整生产规模

2. 某厂商每年从企业的总收入中取出一部分作为自己所提供的生产要素的报酬,这部分资金被视为（　　）。
   A. 显成本　　B. 隐成本　　C. 会计成本　　D. 经济利润

3. 对应于边际报酬的递增阶段,STC 曲线（　　）。
   A. 以递增的速率上升　　　　B. 以递增的速率下降
   C. 以递减的速率上升　　　　D. 以递减的速率下降

4. 短期内在每一产量上的 MC 值应该（　　）。
   A. 是该产量上的 TVC 曲线的斜率,但不是该产量上的 TC 曲线的斜率
   B. 是该产量上的 TC 曲线的斜率,但不是该产量上的 TVC 曲线的斜率
   C. 既是该产量上的 TVC 曲线的斜率,又是该产量上的 TC 曲线的斜率
   D. 以上都不对

5. 在短期内,随着产量的增加, AFC 会越变越小,于是, AC 曲线和 AVC 曲线之间的垂直距离会越来越小（　　）。
   A. 直至两曲线相交　　　　B. 但决不相交

C. 有可能会相交 D. 以上都不对

6. 在从原点出发的射线与 TC 曲线的相切点的产量上，必有（　　）。
   A. AC 值最小 B. $AC = MC$
   C. MC 曲线处于上升段 D. 上述各点都对

7. 在任何产量上的 LTC 决不会大于该产量上由最优生产规模所决定的 STC。这句话（　　）。
   A. 总是对的 B. 肯定是错的
   C. 有可能对 D. 视规模经济的具体情况而定

8. 不随产量变动而变动的成本称为（　　）。
   A. 平均成本 B. 固定成本
   C. 长期成本 D. 总成本

9. 在长期中，下列成本中哪一项是不存在的？（　　）
   A. 固定成本 B. 平均成本
   C. 机会成本 D. 隐成本

10. 使用自有资金也应计算利息收入，这种利息从成本角度看是（　　）。
    A. 固定成本 B. 隐成本
    C. 会计成本 D. 生产成本

11. 由企业购买和使用任何生产要素所发生的成本是指（　　）。
    A. 显成本 B. 隐成本
    C. 变动成本 D. 固定成本

12. 边际成本低于平均成本时，（　　）。
    A. 平均成本上升 B. 平均可变成本可能上升也可能下降
    C. 总成本下降 D. 平均可变成本上升

13. 短期平均成本曲线成为 U 形的原因与（　　）。
    A. 规模报酬有关 B. 外部经济与不经济有关
    C. 要素的边际生产率有关 D. 固定成本与可变成本占比重有关

14. 长期平均成本曲线成为 U 形的原因和（　　）。
    A. 规模报酬有关 B. 外部经济与不经济有关
    C. 要素的边际生产率有关 D. 固定成本与可变成本占比重有关

15. 长期总成本曲线是各种产量的（　　）。
    A. 最低成本点的轨迹 B. 最低平均成本点的轨迹
    C. 最低边际成本点的轨迹 D. 平均成本变动的轨迹

16. 当产出增加时 LAC 曲线下降，这是由于（　　）。

A. 规模的不经济性 B. 规模的经济性
C. 收益递减律的作用 D. 上述都正确

17. 当收益递减律发生作用时,TVC 曲线(　　)。
    A. 以递减的速率上升 B. 以递增的速率下降
    C. 以递减的速率下降 D. 以递增的速率上升

18. 在从原点出发的直线(射线)与 TC 曲线的切点上,AC(　　)。
    A. 是最小的 B. 等于 MC
    C. 等于 AVC + AFC D. 上述都正确

19. 长期成本曲线上的每一点都与短期成本曲线上的某一点相对应,但短期成本曲线上并非每一点都与长期成本曲线上的某一点相对应。这句话(　　)。
    A. 总是对的 B. 有时对
    C. 总是错的 D. 无法判断

20. 假如增加 1 单位产量所带来的边际成本大于产量增加前的平均可变成本,那么在产量增加后平均可变成本(　　)。
    A. 减少　　B. 增加　　C. 不变　　D. 都有可能

21. 已知产量为 99 单位时,总成本等于 995 元,产量增加到 100 单位时,平均成本等于 10 元,由此可知边际成本为(　　)。
    A. 10 元　　B. 5 元　　C. 15 元　　D. 7.5 元

22. 随着产量的增加,平均固定成本(　　)。
    A. 在开始时下降,然后趋于上升 B. 在开始时上升,然后趋于下降
    C. 一直趋于上升 D. 一直趋于下降

23. 随着产量的增加,短期固定成本(　　)。
    A. 增加 B. 减少
    C. 不变 D. 先增后减

24. 短期平均成本曲线呈 U 形,是因为(　　)。
    A. 外部经济问题 B. 内部经济问题
    C. 规模收益问题 D. 边际收益(报酬)问题

25. 生产者为了生产一定数量的产品所放弃的使用相同的生产要素在其他生产用途中所得到的最高收入,这一成本定义是指(　　)。
    A. 会计成本　　B. 隐成本　　C. 机会成本　　D. 边际成本

26. 某厂商生产 5 件衣服的总成本为 2 000 元,其中厂房和机器折旧为 500 元,工人工资及原材料费用为 1500 元,那么平均可变成本为(　　)。
    A. 300 元　　B. 100 元　　C. 200 元　　D. 400 元

27. 用自有厂房也应计算租金收入,这种租金收入从成本角度看是( )。
   A. 机会成本　　　　　　　　B. 隐性成本
   C. 会计成本　　　　　　　　D. A 和 B

28. 如果一个企业经历规模报酬不变阶段,则 LAC 曲线是( )。
   A. 上升的　　B. 下降的　　C. 垂直的　　D. 水平的

29. 收益等于( )。
   A. 成本加利润　　　　　　　B. 成本
   C. 利润　　　　　　　　　　D. 利润减成本

30. 边际成本曲线与平均成本曲线的相交点是( )。
   A. 边际成本曲线的最低点
   B. 平均成本曲线的最低点
   C. 平均成本曲线下降阶段的任何一点
   D. 边际成本曲线的最高点

31. 边际成本与平均成本的关系是( )。
   A. 边际成本大于平均成本,边际成本下降
   B. 边际成本小于平均成本,边际成本下降
   C. 边际成本大于平均成本,平均成本上升
   D. 边际成本小于平均成本,平均成本上升

32. 在长期平均成本曲线的递增阶段,长期平均成本曲线相切于短期平均成本曲线的( )。
   A. 最低点的右端　　　　　　B. 最低点的左端
   C. 最低点　　　　　　　　　D. 无法确定

33. 只有在长期平均成本曲线的最低点,长期平均成本曲线相切于某一条短期平均成本曲线的( )。
   A. 最低点　　　　　　　　　B. 最低点的左端
   C. 最低点的右端　　　　　　D. 无法确定

34. 一般来说,长期平均成本曲线是( )。
   A. 先下降后上升　　　　　　B. 先上升后下降
   C. 按一固定比率上升　　　　D. 按一固定比率下降

35. 假定某企业全部成本函数为 $TC = 30\,000 + 5Q - Q^2$,Q 为产出数量,那么 AFC 为( )。
   A. $30\,000$　　B. $5Q - Q^2$　　C. $5 - Q$　　D. $30\,000/Q$

三、判断题

1. 企业打算投资扩大生产,其可供选择的筹资方法有两种:一是利用利率为10%的贷款;二是利用企业利润。该企业的经理认为应该选择后者,不用付利息因而比较便宜。(　　)

2. 厂商如果现在的产量水平处于这个产量水平的平均成本的最低点上,而这时长期平均成本处于上升阶段,于是可得出结论:这时短期边际成本大于短期平均成本。(　　)

3. 边际成本曲线在达到一定产量水平后趋于上升,是由边际收益递减规律所造成的。(　　)

4. 长期成本曲线上每一点都与短期成本曲线上的某一点相对应,但短期成本曲线上并非每一点都与长期成本曲线上的某一点相对应。(　　)

5. 当 LAC 曲线下降时,LAC 曲线相切于 SAC 曲线的最低点。(　　)

6. 平均不变成本(即固定成本)决不随产量的增加而提高。(　　)

7. 短期平均成本大于长期平均成本。(　　)

8. 边际成本先于平均成本而上升。(　　)

9. 如果规模报酬不变,长期平均成本等于边际成本且不变。(　　)

10. 因为厂房的折旧是按月提取的,不生产就不打入成本,所以,折旧是可变成本。(　　)

11. 长期平均成本曲线在达到一定的产量水平以后趋于上升,是由边际收益递减规律所造成的。(　　)

12. 对于一个既定的产量,长期平均成本等于短期平均成本,长期平均成本比长期边际成本大,长期平均成本在上升。(　　)

13. 边际实物产量递减的假定隐含着长期平均成本曲线一定向上倾斜的情况。(　　)

四、简答题

1. 简述 TC 曲线上过原点的直线切点的意义。
2. 已知生产函数如何求出相应的成本函数。
3. 说出两个关于机会成本的例子。
4. 在同一个坐标系里画出短期边际成本、短期平均成本和短期平均可变成本曲线。
5. 什么是平均成本?什么是边际成本?为什么当二者相等时,平均成本达到最小值?
6. 规模报酬递增的工厂会不会面临要素报酬递减的情况?

7. 试述机会成本在厂商投资决策中的作用及把握。

8. 为什么会产生规模经济？导致规模不经济的主要原因是什么？

9. 企业可用两个车间生产同一产品 Y 在第一车间生产 Y_1（产量）的平均成本为 Y_1'，在第二车间生产 Y_2 的平均成本为 $2Y_2'$，总经理认为第二车间的平均成本高于第一车间的平均成本，他决定关掉第二车间，只用第一车间进行生产，你觉得对吗？为什么？

10. 在经济学中厂商成本都包括哪些？

11. 请分析为什么平均成本的最低点一定在平均可变成本的最低点的右边。

12. 如果某厂商雇佣目前正处于失业的工人，试问在使用中劳动的机会成本是否为零？

五、计算题

1. 假定某厂商只有一种可变要素劳动 L，产出一种产品 Q，固定成本为既定，短期生产函数 $Q = -0.1L^3 + 6L^2 + 12L$，求解：

  （1）劳动的平均产量 APP_L 为极大时雇佣的劳动人数；

  （2）劳动的边际产量 MPP_L 为极大时雇佣的劳动人数；

  （3）平均可变成本极小（APP_L 极大）时的产量。

2. 已知某厂商的长期生产函数为 $Q = L^{0.5}K^{0.25}$，又设 $P_L = 2, P_K = 1$，求出该厂商长期的总成本函数、边际成本函数和平均成本函数。

3. 已知某企业的短期总成本函数是 $STC(Q) = 0.04Q^3 - 0.8Q^2 + 10Q + 5$。求最小的平均可变成本值。

4. 某企业以劳动 L 和资本 K 的投入来生产产品 Q，生产函数为

$$Q = 10L^{1/4}(K-25)^{1/4} \quad (K \geqslant 25)$$

企业劳动投入量短期及长期均可变动，而资本设备只能在长期条件下变动，其中，$w = 100, r = 400$。求：

  （1）企业短期及长期总成本函数；

  （2）$Q = 20$ 时的最佳资本规模。

5. 设某厂商的短期边际成本函数 $MC = 3Q^2 - 10Q + 6$，当 $Q = 5$ 时，总成本 $TC = 60$，求解：

  （1）TC, TVC, AC, AVC 之值；

  （2）当企业的边际产量最大时，企业的平均成本为多少？

6. 企业的短期成本函数为 $STC = (2Q-K)^3 + K^3$，其中，Q 为产量，K 为资本规模。求该企业的长期成本函数。

7. 假设某产品生产的边际成本函数是 $MC = 3Q^2 - 8Q + 100$，若生产 5 单位

产品时总成本是575,求总成本函数、平均成本函数、可变成本函数及平均可变成本函数。

8. 已知某厂商的长期生产函数为 $Q = L^{\frac{1}{2}}K^{\frac{1}{2}}$,$P_L = 4$,$P_K = 9$,试求该厂商的长期成本函数、平均成本函数和边际成本函数。

9. 已知某厂商的长期生产函数为 $Q = L^2 K$,又设 $P_L = 2$,$P_K = 1$,求出该厂商长期的总成本函数、边际成本函数和平均成本函数。

六、论述题

1. 什么是规模经济？并以汽车工业为例,结合我国的情况来说明规模经济的重要性。

2. 假定某企业的短期成本曲线如图6.1所示,试问：

（1）这一成本曲线的假定前提是什么？

（2）短期边际成本函数是什么？它说明什么？

（3）假定该产业中所有企业的成本函数都是 $C = Q + 100$,而且产品的市场需求量为1000,这时在一个占有40%市场的企业与一个占有20%市场的企业之间,哪一个企业在成本上占有优势？其优势量为多少？

（4）从长期角度看,该企业规模为规模经济还是规模不经济？为什么？

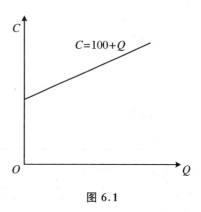

图 6.1

（5）有人认为该企业产量水平越高企业的利润也越高,这种想法正确吗？

3. 为什么短期成本曲线和长期成本曲线都呈U形曲线？为什么由无数短期平均成本曲线推导出来的长期成本曲线必有一点,也只有一点和最低短期平均成本相等？

4. 请分析说明影响长期平均成本变化的主要原因。

5. 厂商的短期成本函数是如何得到的？其中平均成本和边际成本与变动要素的平均产量和边际产量有何关系？

七、案例分析

【案例】 会计利润与经济利润。

某机关干部小张与夫人停薪留职用自己的储蓄40万元资金办了一个服装厂。一年结束时,会计拿来了收支报表。小张正在看报表时,他的一个经济学者朋友小李来了。小李看完报表后说，我的算法和你的会计不同。小李也列出一份收支报表，这两份报表示于表6.1中。

表6.1　　　　　　　　　　　　　　　　　　单位：万元

会计的报表（会计成本）		经济学家的报表（经济成本）	
销售收益	110	销售收益	110
设备折旧	3	设备折旧	5
厂房租金	5	厂房租金	5
原材料	60	原材料	60
电力	5	电力	5
工资	12	工资	12
贷款利息	15	贷款利息	15
		小王和夫人应得的工资	6
		自有资金利息	4
总成本	100	总成本	112
利润	10	利润	-2

阅读以上材料，联系实际情况，运用所学理论回答：为什么会计的报表中的利润和经济学者的报表中的利润数值不同？并进行简要评析。

第二部分　参考答案

一、名词解释

1. 显成本：是指厂商在生产要素市场上购买或租用所需要的生产要素的实际支出，即企业支付给企业以外的经济资源所有者的货币额，是企业支付给作为非企业所有者，同时又是企业的生产要素供给者的货币报酬。

2. 隐成本：是指厂商自身所拥有的且被用于该企业生产过程的那些生产要素的总价格。

3. 沉没成本：是指由于过去的决策已经发生了的，而不能由现在或将来的任何决策改变的成本。

4. 机会成本：是指把该资源投入某一特定用途后所放弃的在其他用途中所能够获得的最大利益。

第六章 成本理论

5. 私人成本:是个人活动由他本人承担的成本。私人经济活动往往对社会造成影响,从而产生社会成本。

6. 社会成本:是从社会整体来看待的成本,社会成本也是一种机会成本,即把社会的资源用于某一种用途就放弃了该资源最有利可图的其他机会。

7. 固定成本:是指厂商在短期内为生产一定数量的产品对不变生产要素所支付的总成本,这种成本不随产量的变动而变动,它是固定不变的。其中包括厂房、机器设备的折旧费以及管理人员的工资等。

8. 可变成本:是指厂商在短期内生产一定量的产品对可变生产要素所支付的总成本。这种成本是可变的,随产量的变动而变动。其中主要包括原材料、燃料的支付以及生产工人的工资等。

9. 短期总成本:简称STC,是指厂商在短期内为生产一定数量的产品所耗费的全部成本,其中包括固定成本和变动成本两部分。

10. 短期平均成本:是指厂商在短期内平均每生产1单位产品所需要支付的成本。短期平均成本分为短期平均固定成本和短期平均可变成本。

11. 短期边际成本:是指厂商在短期内增加一单位产品所增加的总成本。

12. 长期总成本:是指厂商在长期中在某一产量水平上通过改变生产规模所能达到的最低总成本。

13. 经济利润:是指厂商的总收益和总成本之间的差额。厂商所追求的最大利润,指的就是最大的经济利润。经济利润也被称为超额利润。

14. 正常利润:是指厂商对自己所提供的企业家才能的报酬的支付。正常利润是隐成本的一种组成部分。

15. 规模经济:是指由于生产规模扩大而导致长期平均成本下降的情况。

16. 学习效应:是指在长期的生产过程中,企业的工人、技术人员、经理人员等可以积累起产品的生产、产品的技术设计以及管理方面的经验,从而导致长期平均成本的下降。

17. 范围经济:是引起企业长期平均成本下降的一个重要因素。它产生于多种产品生产而不是单一产品生产的情况。

18. 交易成本:指市场主体由于寻找交易对象和达到交易所需要的成本。

二、单项选择题

1. D 2. B 3. C 4. C 5. B 6. D 7. A 8. B 9. A 10. B 11. B
12. B 13. C 14. A 15. A 16. B 17. D 18. D 19. A 20. B 21. B
22. D 23. C 24. D 25. C 26. A 27. D 28. D 29. A 30. B 31. C
32. A 33. A 34. A 35. D

三、判断题

1. 错误。【提示】考查隐成本和显成本之间的区别。
2. 正确。【提示】考查短期平均成本曲线与长期平均成本曲线之间的位置关系。
3. 正确。【提示】考查边际成本曲线变化的原因。
4. 正确。【提示】考查长期成本曲线和短期成本曲线之间的关系。
5. 错误。【提示】考查长期平均成本曲线与短期平均成本曲线的位置关系。
6. 正确。【提示】考查短期固定成本的特点。固定成本不随产量的变动而变动,因此,平均固定成本会随产量的增加而降低。
7. 错误。【提示】长期平均成本曲线与无数条短期成本曲线相切,但并非全是由所有各条短期平均成本之最低点构成。
8. 错误。【提示】边际成本先于平均成本而上升。
9. 正确。【提示】规模报酬不变是指随着产量的增加,长期平均成本保持不变。所以,长期平均成本等于边际成本而且不变。
10. 错误。【提示】需要从机会成本角度思考,并考查显成本和隐成本、固定成本和可变成本的区别。
11. 错误。【提示】长期平均成本曲线在达到一定的产量水平以后趋于上升,是由规模报酬递减规律所造成的。
12. 错误。【提示】本题考查长期平均成本曲线与短期平均成本曲线之间的关系。对于一个既定的产量,长期平均成本等于短期平均成本,长期平均成本比长期边际成本大,长期平均成本在下降。
13. 错误。【提示】本题考查短期平均成本曲线。边际实物产量递减的假定隐含着短期平均成本曲线一定向上倾斜的情况。

四、简答题

1. 答:TC 曲线指总成本曲线,它表示每一单位生产要素的投入带来的产量与所需要花费的总成本的关系。该曲线上任意点与原点的连线的斜率值,就表示在该点上的产量所对应的平均成本,即 AC。TC 曲线上与过原点直线切点表示 AC 的最小值,这点的意义在于,随着产量的不断增加,切点之前的 AC 是递减的,切点之后的 AC 是递增的,在切点处的平均成本 AC 是最小值。

2. 答:生产函数反映的是一定时期内各种生产要素投入量与产出量之间的物质技术关系,$Q = F(L, K)$ 联立求得的相应的成本函数。实际上,在短期中,每一种生产规模都是最低成本的规模,由此,我们可以将成本函数的确定,转化为在给定产量下确定最小成本的问题,那么通过构造拉格朗日函数,便可以确定各生产要素之间的关系,从而代入生产函数求出成本函数。例如:设生产函数为 $Q =$

$F(L,K)$,$TC = wL + rK$,构造拉格朗日函数 $Z = (L,K,\lambda) = wL + rK + \lambda[Q - F(L,K)]$,对 L,K,λ 分别求偏导,得出 L 与 K 关系,然后代入生产函数求出 P 与 TC 的关系,即为成本函数。

3. 答:机会成本是指将一定的资源用于某项特定用途时,所放弃的该项资源用于其他用途时所能获得的最大收益。机会成本的存在需要三个前提条件:第一,资源是稀缺的;第二,资源具有多种生产用途;第三,资源的投向不受限制。从机会成本的角度来考察生产过程时,厂商需要将生产要素投向收益最大的项目,而避免带来生产的浪费,达到资源配置的最优。

例1:当一个厂商决定生产一辆汽车时,这就意味着该厂商不可能再用生产汽车的经济资源来生产 200 辆自行车。于是,可以说,生产一辆汽车的机会成本是 200 辆自行车。如果用货币数量来替代对实物商品数量的表述,且假定 200 辆自行车的价值为 10 万元,则可以说,一辆汽车的机会成本是价值为 10 万元的其他商品。

例2:某人决定开设一家小型杂货店,开店需要投资购买商品和经营设施,需要花费时间和精力进行经营,对于他来说,开店的机会成本是他开店所需投资用于储蓄可得到的利息(或把所需投资用于其他用途可得到的收益),加上他不开店而从事其他工作可得到的工资。生产(经营)能力已经充分利用或接近充分利用时,或者当人力、物力、财力资源供应不足的时候,机会成本对正确决策有一定的意义。

4. 答:(1) 短期边际成本(SMC)指短期内增加 1 单位产量所增加的成本量。即

$$SMC = \frac{\Delta TC}{\Delta Q} = \frac{\Delta VC}{\Delta Q}$$

图 6.2 所示为短期边际成本曲线。

(2) 短期平均成本(SAC)指短期内每单位产量所花费的成本。即

$$SAC = \frac{TC}{Q}$$

(3) 短期平均可变成本(SAVC)指短期内每单位产量所花费的可变成本。即

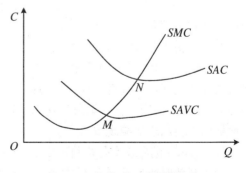

图 6.2 短期边际成本曲线图

$$SAVC = \frac{VC}{Q}$$

5. 答:(1) 平均成本 SAC 是厂商在短期内平均每生产 1 单位产品所消耗的全部成本。它等于平均不变成本和平均可变成本之和。

(2) 边际成本 SMC 是厂商在短期内增加 1 单位产量时所增加的总成本。

(3) SAC 曲线和 SMC 曲线之间的关系是:U 形的 SAC 曲线与 U 形的 MC 曲线相交于 SAC 曲线的最低点 D,如图 6.3 所示。在 SAC 曲线的下降阶段,即在 D 点之前,SMC 曲线在 SAC 曲线的下方;在 SAC 曲线的上升阶段,即在 D 点以后,SMC 曲线在 SAC 曲线的上方。之所以有这个特征的原因在于:对于任何两个相应的边际量和平均量而言,只要边际量小于平均量,边际量就把平均量拉下,只要边际量大于平均量,边际量就把平均量拉上,所以当边际量等于平均量时,平均量必然达到本身的极值点。还有一个重要的特点就是不管下降还是上升,SMC 曲线的变动都快于 SAC 曲线的变动。这是因为对于产量变化的反映来说,边际成本 SMC 要比平均成本 SAC 敏感得多,因此,不管是增加还是减少,MC 曲线的变动都快于 SAC 曲线的变动。

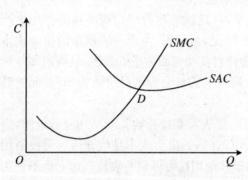

图 6.3 短期边际成本与平均成本曲线图

6. 答:(1) 规模报酬递增是指当产量增加的比例大于生产要素增加的比例时,如增加 1 倍生产要素投入导致产量的增加多于 1 倍,这种情形即称为规模报酬递增。表明此时厂商每单位要素投入的报酬(产量)逐渐增加。

(2) 要素报酬递减是指在一定技术水平条件下,若其他生产要素不变,连续地增加某种生产要素的投入量,在达到某一点后,总产量的增加会递减。而规模报酬递减是指当各种要素同时增加一定比率时,产出量增加出现递减的现象。

(3) 规模报酬递增的工厂也会面临要素报酬递减的情况。事实上,要素报酬递减的规律是任何厂商都要面临的规律。在规模报酬递增时,随着可变要素的增加,固定要素的使用效益逐渐最大化。当达到极值时,继续增加可变要素,总产量的增加同样会出现递减现象。

7. 答:(1) 机会成本是指将一定的资源用于某项特定用途时,所放弃的该项资源用于其他时所能获得的最大收益。机会成本的存在需要三个前提条件:第一,资源是稀缺的;第二,资源具有多种生产用途;第三,资源的投向不受限制。

(2) 对处于投资决策中的厂商来说,了解机会成本是很重要的。机会成本指当一种资源有多种用途时,该厂商必须做出一种选择,放弃其他用途所能带来的最大收益,即该选择的机会成本。即厂商在投资决策过程中,可以将生产要素投向收益最大的项目,从而避免带来生产的浪费,达到资源配置的最佳状态,因此,在考虑机会成本使厂商在进行投资决策时应该更加谨慎,冷静地分析得失,从而作出最佳的选择。古人说:"有一得必有一失",实质就包含了机会成本的概念。

(3) 从机会成本的角度来考察生产过程时,厂商需要将生产要素投向收益最大的项目,而避免带来生产的浪费,以达到资源配置的最优。

8. 答:规模经济是指在技术水平不变的情况下,N 倍的投入产生了大于 N 倍的产品。在特定的限度内,企业规模扩大后,产量的增加幅度会大于生产规模扩大的幅度。随着产出的增加,单位产品的成本会逐步降低。而产生规模经济的原因主要有以下几点:

(1) 随着生产规模的扩大,厂商可以使用更加先进的生产技术。

(2) 生产规模的扩大有利于专业分工的细化。

(3) 随着规模的扩大,厂商可以更加充分地开发和利用副产品。

(4) 随着规模的扩大,厂商在生产要素的购买和产品的销售方面就拥有更多的优势。

导致规模不经济的原因是管理的低效率。由于厂商规模过大,信息传递费用的增加,信息失真。同时规模过大也会滋生内部官僚主义,从而使规模扩大所带来的成本增加,出现规模不经济。

9. 答:他的决策不合理,原因如下:

(1) 要比较市场价格与 $Y_1', 2Y_2'$ 之间的大小,如果车间的平均成本小于市场价格,则该车间不该被关闭。

(2) 不能以平均成本大小来决定是否关闭车间,而应以边际成本的大小来进行决策。初期投资较大但可使批量生产成为可能,因此市场潜力很大,如果第一车间使用的是旧技术,不能大规模生产以适应市场需要,增产之后会极大地增加生产成本,则真正该关闭的反而是第一车间。

10. 答:经济学分析中,厂商成本包括直接成本和隐含成本两部分,所谓直接成本是指厂商为购买各种生产要素或投入而支付的货币;所谓隐含成本是指与厂商所使用的自有资源(包括企业家劳务、自己所拥有的资本等)相联系的成本。它反映的是这些资源相应的可以用在别处的这一事实,应包含在厂商的总成本之中。在计算厂商总成本时,如果忽略了厂商的隐含成本将会使决策严重失误。

一定资源或者投入用于某种特征生产时的成本,就是这些资源可能生产其他产品的价值,用这种方式定义的成本就是所谓的机会成本。机会成本的概念强调的是:一种资源可以生产许多东西,在竞争市场上,厂商的成本即直接成本和隐含成本之和,将趋近于和他所使用的资源的机会成本相等。除此之外,成本中还应该包含另外的一部分,即所谓的正常利润,这是在支付了其他所有生产要素的机会成本以后,把一个企业家留在一个特定行业中的最起码的报酬。正常利润之所以也构成成本的一部分,是因为如果这部分得不到补偿,对于一个特定行业来说企业家的供给将会枯竭。

以上所说的成本(包括直接成本、隐含成本和正常利润)仅指私人成本。

11. 答:平均成本是平均固定成本和平均可变成本之和。当平均可变成本达到最低点开始上升的时候,平均固定成本仍在下降;只有当平均固定成本下降的幅度大于平均可变成本上升的幅度,平均成本就会继续下降;只有当平均可变成本上升的幅度和平均固定成本下降的幅度相等时,平均成本才达到最低点。因此,平均总成本总是比平均可变成本晚达到最低点。也就是说,平均总成本的最低点一定在平均可变成本最低点的右边。

12. 答:机会成本不一定为零。机会成本是资源用于某用途时所放弃的其他用途可能得到的最大收入。根据这一定义,如果某资源原来是闲置的,现在用来生产某产品的机会成本就是零。因此,如果该失业工人原来属于非自愿失业,或者他愿意在任何工资率下工作,则正在使用中劳动的机会成本为零;如果该失业工人有非劳动收入因而在工资 W_1 下处于自愿失业状态,而在工资 W_2 下受雇,则正在使用中劳动的机会成本为 W_2。

五、计算题

1. 解:(1) 对于生产函数 $Q = -0.1L^3 + 6L^2 + 12L$,劳动的平均产量函数

$$APP_L = \frac{Q}{L} = \frac{-0.1L^3 + 6L^2 + 12L}{L}$$

$$= -0.1L^2 + 6L + 12$$

令

$$\frac{dAPP_L}{dL} = -0.2L + 6 = 0$$

可求得 $L = 30$,即劳动的平均产量函数 APP_L 为极大值时雇佣的工人人数为30。

(2) 对于生产函数 $Q = -0.1L^3 + 6L^2 + 12L$,劳动的边际函数

$$MPP_L = \frac{dQ}{dL} = \frac{d(-0.1L^3 + 6L^2 + 12)}{dL}$$

令

$$\frac{\mathrm{d}MPP_L}{\mathrm{d}L} = -0.6L + 12 = 0$$

求得 $L = 20$,即劳动的边际产量 MPP_L 为极大时雇佣的劳动人数 $L = 20$。

(3) 由(1)题结论,知当平均可变成本极小(APP_L 极大)时,$L = 30$,代入生产函数

$$Q = -0.1L^3 + 6L^2 + 12L$$

经计算可得 $Q = 3\,060$,所以,平均可变成本极小(APP_L 极大)时的产量 $Q = 3\,060$。

2. 解:因为 $Q = L^{0.5}K^{0.25}$,所以

$$MP_L = 0.5L^{-0.5}K^{0.25}, \quad MP_K = 0.25L^{0.5}K^{-0.75}$$

根据最优要素投入组合的均衡条件:

$$\frac{MP_L}{P_L} = \frac{MP_K}{P_K}$$

结合已知条件 $P_L = 2, P_K = 1$,可以解得

$$L = K$$

把 $L = K$ 代入长期生产函数,解得 $L = K = Q^{\frac{4}{3}}$,所以长期总成本函数

$$LTC(Q) = 2L + 1K = 3Q^{\frac{4}{3}}$$

进而可以求出边际成本函数为

$$MC(Q) = \frac{\mathrm{d}(3Q^{\frac{4}{3}})}{\mathrm{d}Q} = 4Q^{\frac{1}{3}}$$

平均成本函数为

$$LAC(Q) = 3Q^{\frac{1}{3}}$$

3. 解:由于短期总成本函数是 $STC(Q) = 0.04Q^3 - 0.8Q^2 + 10Q + 5$ 时,可求得

$$SAVC = 0.04Q^2 - 0.8Q + 10$$

令

$$\frac{\mathrm{d}(SAVC)}{\mathrm{d}Q} = 0$$

则

$$0.08Q - 0.8 = 0$$

得 $Q = 10$,所以,当产量 $Q = 10$ 时,最小的平均可变成本值($SAVC$)等于 6。

4. 解:(1)对生产函数整理后得

$$L = \frac{1}{10^4}[Q^4(K - 25)^{-1}]$$

企业总成本即为

$$TC = wL + rK = \frac{1}{100}[Q^4(K-25)^{-1}] + 400K$$

此即为短期成本函数。

长期情形下，K 可变动，成本极小化的条件为

$$\frac{dTC}{dK} = -\frac{1}{100}[Q^4(K-25)^{-2}] + 400 + 400 = 0$$

可解得

$$K = \frac{1}{200Q^2} + 25$$

代入成本函数得 $TC = 4Q^2 + 10\,000$，此即为长期成本函数。

(2) $Q = 20$ 时，代入最佳资本规模 $K = \frac{1}{200Q^2} + 25$，得

$$K = 27$$

代入短期成本函数得

$$TC = \frac{1}{200Q^4} + 10\,800$$

此时短期边际成本和平均成本函数分别为

$$SMC = \frac{1}{50Q^3}$$

$$SAC = \frac{1}{200Q^3} + 10\,800Q^{-1}$$

5. 解：(1) 由 $MC = 3Q^2 - 10Q + 6$，积分得

$$TC = Q^3 - 5Q^2 + 6Q + K \quad (K \text{ 为常数})$$

当 $Q = 5$ 时，$TC = 60$，即

$$55 = 125 - 125 + 6 \times 5 + K$$

所以 $K = 30$。因此

$$TC = Q^3 - 5Q^2 + 6Q + 30$$

$$TVC = Q^3 - 5Q^2 + 6Q$$

$$AC = \frac{TC}{Q} = Q^2 - 5Q + 6 + \frac{30}{Q}$$

$$AVC = \frac{TVC}{Q} = Q^2 - 5Q + 6$$

(2) 当企业的边际产量最大时，企业的边际成本最小。

对 $MC = 3Q^2 - 10Q + 6$，求导得

$$MC' = 6Q - 10 = 0 \quad 即 \quad Q = \frac{5}{3}$$

当 $Q = \frac{5}{3}$ 时，MC 取得最小值，所以

$$AC = Q^2 - 5Q + 6 + \frac{30}{Q} = \frac{166}{9}$$

6. 解：企业的短期成本函数为 $STC = (2Q - K)^3 + K^3$，在长期情形下，资本规模 K 可变动，成本极小化的条件为

$$\frac{dSTC}{dK} = -3(2Q - K)^2 + 3K^2 = 0$$

由此解得

$$K = Q$$

代入短期成本函数，即得长期成本函数

$$LTC = 2Q^3$$

7. 解：由边际成本函数 $MC = 3Q^2 - 8Q + 100$，积分得成本函数

$$TC = Q^3 - 4Q^2 + 100Q + a \quad (a\text{ 为常数})$$

又因为生产 5 单位产品时总成本是 575，即

$$575 = 125 - 4 \times 25 + 500 + a$$

亦即 $a = 50$，故所求：

总成本函数为

$$TC = Q^3 - 4Q^2 + 100Q + 50$$

平均成本函数为

$$AC = \frac{TC}{Q} = Q^2 - 4Q + 100 + \frac{50}{Q}$$

可变成本函数为

$$VC = Q^3 - 4Q^2 + 100Q$$

平均可变成本函数

$$AVC = \frac{VC}{Q} = Q^2 - 4Q + 100$$

8. 解法 1：成本方程为

$$TC = P_L \cdot L + P_K \cdot K = 4L + 9K$$

在既定产量下使成本最小，则构造拉格朗日函数

$$Z(L, K, \lambda) = 4L + 9K + \lambda(Q - L^{\frac{1}{2}}K^{\frac{1}{2}})$$

对 L、K、λ 分别求偏导得

$$\frac{\partial Z}{\partial L} = 4 - \frac{1}{2}\lambda L^{-\frac{1}{2}}K^{\frac{1}{2}} = 0$$

$$\frac{\partial Z}{\partial K} = 9 - \frac{1}{2}\lambda L^{\frac{1}{2}}K^{-\frac{1}{2}} = 0$$

$$\frac{\partial Z}{\partial \lambda} = Q - L^{\frac{1}{2}}K^{\frac{1}{2}} = 0$$

解得

$$K = \frac{4}{9}L$$

将 $K = \frac{4}{9}L$ 代入 $Q = L^{\frac{1}{2}}K^{\frac{1}{2}}$,得

$$Q = \frac{2}{3}L$$

再将 $L = \frac{3}{2}Q$ 代入成本方程,得

$$TC(Q) = 8L = 8 \cdot \frac{3}{2}Q = 12Q$$

$$AC(Q) = \frac{TC(Q)}{Q} = \frac{12Q}{Q} = 12$$

$$MC(Q) = \frac{\mathrm{d}TC(Q)}{\mathrm{d}Q} = 12$$

解法 2:因为 $Q = L^{0.5}K^{0.5}$,所以

$$MP_L = 0.5L^{-0.5}K^{0.5}, \quad MP_K = 0.5L^{0.5}K^{-0.5}$$

根据最优要素投入组合的均衡条件: $\frac{MP_L}{P_L} = \frac{MP_K}{P_K}$,结合已知条件 $P_L = 4$, $P_K = 9$,可以解得

$$K = \frac{4}{9}L$$

把 $K = \frac{4}{9}L$ 代入 $Q = L^{\frac{1}{2}}K^{\frac{1}{2}}$,得 $Q = \frac{2}{3}L$,进一步解得 $L = \frac{3}{2}Q$,所以总成本函数为

$$TC(Q) = 4L + 9K = 8L = 12Q$$

进而可以求出边际成本函数为

$$MC(Q) = 12$$

平均成本函数为

$$AC(Q) = 12$$

第六章 成本理论

9. 解:因为 $Q = L^2 K$,所以
$$MP_L = 2LK, \quad MP_K = L^2$$
根据最优要素投入组合的均衡条件:$\frac{MP_L}{P_L} = \frac{MP_K}{P_K}$,结合已知条件 $P_L = 2$,$P_K = 1$。可以解得
$$L = K$$
把 $L = K$ 代入长期生产函数,解得 $L = K = Q^{\frac{1}{3}}$,所以长期总成本函数
$$LTC(Q) = 2L + 1K = 3Q^{\frac{1}{3}}$$
进而可以求出边际成本函数为
$$MC(Q) = \frac{\mathrm{d}(3Q^{\frac{1}{3}})}{\mathrm{d}Q} = Q^{-\frac{2}{3}}$$
平均成本函数为
$$LAC(Q) = 3Q^{-\frac{2}{3}}$$

六、论述题

1. 答:(1) 规模经济是指由于生产规模扩大而导致长期平均成本下降的情况。规模经济分为内在经济和外在经济。

内在经济是厂商在生产规模扩大时从自身内部所引起的收益增加。例如,当厂商生产规模扩大时,可以实现有利于技术提高的精密分工,以更有利的价格、渠道等采购原材料和推销产品,等等。

外在经济是整个行业规模和产量扩大使得个别厂商平均成本下降或收益增加。根据形成外在经济的原因,可分为技术性外在经济和金融性外在经济。技术性外在经济是指由于行业的发展,个别厂商可得到修理、服务、运输、人才供给、科技情报等方面的非货币因素的便利条件而引起的外在经济。金融性外在经济是指随着行业的发展,使个别厂商在融资等货币方面受到影响而发生的外在经济。

外在经济和内在经济一样,都会改变厂商的成本,但是他们的前提条件、影响方式又是完全不同的。外在经济的前提条件是行业规模的扩大,而内在经济的前提条件是厂商本身规模的扩大;外在经济是行业中其他方面便利因素为个别厂商提供了效益,内在经济则是厂商经营个别企业内部因素的变化所致;因此,外在经济在成本上的体现是厂商整个平均成本曲线向下移,而内在经济在成本上的体现是市场上平均成本曲线随厂商规模扩大而向下倾斜。

(2) 规模经济被称为汽车工业的灵魂,不赞成此观点的至少有两个结要解:其一是认为某两个汽车项目效益最好时,都在形成规模经济之前。要注意,这时

的高额利润是由高关税下的短缺市场造成的,与规模无关。其二是说达到15万辆"规模经济"之日,就是效益下滑之时。答案很简单,所谓规模经济,包括整车、零部件、销售、产品开发等在内,整车能力达到后,零部件由于厂点分散、投资不足、技术未达标等原因,远远达不到自身的最低规模经济要求,因此成本降下不来,这还没包括产品开发等其他规模经济因素。

汽车工业实行规模经济是一套严谨的工程理论,核心是固定资产的不可分割性。中国汽车工业近十年的发展表明,规模经济基本上都是成功的,没有规模经济的几乎没有一家是成功的。无论是上海大众、一汽大众、神龙富康和天津夏利还是悦达、奇瑞、吉利等,它们的发展和壮大,都是与利用规模经济密不可分。

现在对于中国汽车工业来说,已经到了一个非常重要的关头,因此更要重提规模经济的必要性,同时大声疾呼为汽车工业发展创造宽松的环境,让规模经济的优势真正发挥出来。否则只有两种后果:一是优胜劣不汰,汽车厂越来越多,既然汽车不神秘,谁都可以干,那为什么我不干一把呢?二是中国加入WTO后会出现越来越多的用国外汽车零部件组装的整车厂,中国也就有可能成为某些媒体倡导的世界汽车工业制造中心。如果真的那样,中国汽车工业到时候可能连说话的机会都没有,实实在在地变成跨国汽车公司的"附庸",付出了开放市场的代价,结果最后什么都没换回来。

2.答:(1) 各生产要素具有恒定边际产量,这时,生产函数为一直线。例如,当生产函数为 $Q = 100L$ 时,则 $MP_L = \dfrac{\mathrm{d}Q}{\mathrm{d}L} = 100$,若 $P_L = 100$,且有固定成本100,则

$$C = 100 + LP_L = 100 + Q$$

(2) 由成本函数 $C = 100 + Q$,边际成本 $MC = \dfrac{\mathrm{d}C}{\mathrm{d}Q} = 1$,它表明增加产量所需要的追加总成本恒为1。

(3) 占有40%市场的企业在成本上占有优势。因为占有40%市场的企业的生产量为400,总成本为500元,平均成本为1.25元;而占有20%市场的企业的生产量为200,总成本为300元,平均成本为1.50元。由此可见,占有40%市场的企业的单位成本比占有20%市场的企业的单位成本低0.25元。

(4) 由成本函数 $C = 100 + Q$ 可知,平均成本 $AC = \dfrac{100}{Q} + 1$,随着产量的增加平均成本将会越来越低,所以该企业规模为规模经济。

(5) 这种想法是错误的,因为企业利润为总收益和总成本的差额,在市场需

求(进而总收益)不明确的情况下无法确定利润的高低。

3. 答:短期平均成本(SAC)曲线之所以一般呈 U 形,即最初递减然后转入递增,是因为产量达到一定数量前每增加 1 个单位的可变要素所增加的产量超过先前每单位可变要素之平均产量,这表现为平均可变成本随产量的增加而递减;而当产量达到一定数量后,随着投入的可变要素的增多,每增加 1 单位可变要素所增加的产量小于先前的可变要素之平均产量,即 AVC 曲线自此开始转入递增。

长期平均成本(LAC)曲线之所以一般呈 U 形,是因为随着产量的扩大,使用的厂房设备的规模增大,因而产品的生产首先经历规模报酬递增的阶段,这表现为产品的单位成本随产量的增加而递减;长期平均成本经历一段递减阶段后,最好的资本设备和专业化的利益已全被利用,这时可能进入报酬不变阶段,即平均成本固定不变的阶段。再增加产量,长期平均成本将最终转向递增。如图 6.4 所示。

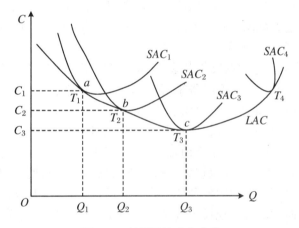

图 6.4 长期平均成本曲线

作为包络线的 LAC 曲线上的每一点总是与某一特定的 SAC 曲线相切,但 LAC 并非全是由所有各条 SAC 曲线的最低点构成的。事实上,在整个 LAC 曲线上,只有一点才刻画某一特定的 SAC 的最低点。具体到图 6.4:① 只有 LAC 曲线本身的最低点(即 LAC 从递减转入递增的转折点)T_3 与相应的 SAC_3 相切点才是 SAC_3 的最低点,因 T_3 点是呈 U 形的 LAC 曲线的最低点,故过 T_3 点作 LAC 曲线的切线的斜率也为零,故 T_3 也是呈 U 形的 SCA_3 的最低点。② 当 LAC 处于递减阶段时,即 T_3 左边的部分,LAC 曲线各点与各 SAC 曲线相切点必然位于各 SAC 曲线最低点的左边和上面,或者说,有关 SAC 曲线的最低点必然位于切点右边和下面。LAC 与 SAC_2 相切于 T_2，因 T_2 点位于 SAC_2 的最低点 B 的左边，即该产品的生产处于规模报酬递增（平均成本递减）阶段，因而 LAC 曲线在 T_2 点的切线的斜率是负数，SAC_2 曲线在 T_2 点的斜率也是负数，故位于 T_3 点（LAC 的最低点）左边的 LAC 上的各个点都不是有关 SAC 曲线的最低点。③ 当 LAC 处于递增阶段时，即 T_3 的右边部分，LAC 的曲线各点与各 SAC 曲线相切点必然位于 SAC 曲线最低点的右边和上面，或者说，有关 SAC 曲线的最低点必然位于切点的左边和下面。位于 T_3 右边的 LAC 曲线与 SAC_4 相切于点 T_4，因处于规模报酬递减（平均成本递增）阶段，故 LAC 曲线在 T_4 点的切线的斜率为正，故曲线 SAC_4 在点 T_4 的切线的斜率也是正数，由此可知，T_4 点不是 SAC_4 的最低点。

综上所述，由无数短期平均成本曲线推导出来的长期平均成本曲线必有一点也只有一点，使长期平均成本和最低短期平均成本相等。

4. 答：长期平均成本等于总成本除以产出水平。通过长期成本除以产出水平或者作短期成本的包络线，可以得到长期平均成本曲线。长期平均成本曲线的形状是先下降，达到最低点后再上升，呈 U 形。影响长期平均成本变化的因素很多，其中主要有规模经济、范围经济、学习效应等。

（1）规模经济问题。在长期中，厂商面临着生产的规模经济和规模不经济的问题。具体而言，就是以规模经济来解释长期平均成本曲线下降的部分，而用规模不经济来解释长期平均成本曲线上升的部分。

当企业规模不断扩大时，长期平均成本曲线将会达到最低点，在这一点规模的经济因素与非经济因素将会抵消，过了这一点生产将会进入规模不经济区域。规模不经济是指企业由于规模扩大使得管理无效而导致长期平均成本增加的情况。如上例，如果厂商在增加各种要素投入之后，产量却没有按比例增加 1 倍或是 1 倍以上，这时就出现了规模不经济。规模不经济出现的主要原因就是：由于规模的扩大，造成管理人员信息沟通缓慢、内部官僚主义、决策失误等现象的发生，所有这些均会造成长期平均成本的上升。

（2）"学习效应"。所谓学习效应，是指在长期的生产过程中，企业的工人、技术人员和管理人员可以积累有关商品的生产、技术设计和管理等方面的经验，从而导致长期平均成本的下降。这种效应表现为每单位产品的劳动投入量所带来的产出的逐渐增长。这种效率的提高来自技巧和技术的成熟，即实践经验所产生的结果。

（3）范围经济是引起企业长期平均成本下降的又一重要因素。范围经济产生于多种产品生产，而不是单一产品生产的情况。

许多企业同时生产多种产品而不是一种产品。例如，机动车辆生产厂既生产卡车也生产客车,炼油厂生产出汽油、柴油等各种燃油。企业同时进行多产品的生产称为联合生产。企业采取联合生产的方式可以通过使多种产品共同分享生产设备或其他投入物而获得产出或成本方面的好处,也可以通过统一的营销计划或统一的经营管理获得成本方面的好处。

范围经济是指在相同的投入下,由一个单一的企业生产联产品比多个不同的企业分别生产这些联产品中每一个单一产品的产出水平要高。

范围经济与递增规模报酬是两个不同的概念,二者间并无直接的关系。一个生产多产品的企业其生产过程可能不存在生产规模报酬,但是却可获得范围经济。以笛子的生产为例,只有使用高技艺的工人在较小规模的工厂生产笛子才是有效的,利用较大一点的规模进行生产便会出现递增规模报酬。但是在一个小的工厂里同时生产长笛与短笛两种笛子却可以产生范围经济。同样,一个工厂用较大的规模只生产某一种产品可能会产生递增规模报酬,但是同时生产两种以上的产品却不会产生范围经济。

5. 答:(1) 厂商的短期成本函数可以由成本、产量以及要素投入量之间的关系得出,因为一定的要素投入量生产的一定产量的产品,同时也必然花费一定的成本。成本与产量之间的对应关系即为成本函数。即若给定生产函数为

$$Q = f(L, K)$$

以及成本方程为

$$C = L \cdot P_L + K \cdot P_K + C_0$$

根据最优要素投入量的选择原则 $MP_L/P_L = MP_K/P_K$,就可以获得短期成本函数

$$C = C(Q)$$

(2) 平均可变成本 AVC 与给定要素价格下的可变要素数量及产量相关,因而也就与其平均产量相关;边际成本 MC 与给定要素价格下的边际产量相关。即

$$AVC = \frac{TVC}{Q} = \frac{L \cdot P_L}{Q} = \frac{P_L}{Q/L} = \frac{P_L}{AP_L}$$

$$MC = \frac{\mathrm{d}TVC}{\mathrm{d}Q} = \frac{\mathrm{d}(L \cdot P_L)}{\mathrm{d}Q} = \frac{P_L \cdot \mathrm{d}L}{\mathrm{d}Q} = \frac{P_L}{\mathrm{d}Q/\mathrm{d}L} = \frac{P_L}{MP_L}$$

所以,APL 与 AVC 的变化趋势相反,AP_L 曲线呈 L 形,AVC 曲线呈 Y 形;MP_L 与 MC 的变化趋势也相反,MP_L 曲线呈 I 形,MC 曲线则呈 Y 形。

七、案例分析

【案例参考答案】

会计报表中的总成本是实际支出的会计成本,经济学者报表中的总成本是经

济成本。会计所算出的利润是会计利润,经济学者所算出的利润是经济利润。在企业作出决策时,了解会计成本与经济成本之间的差别是十分重要的。

所谓会计成本指的是厂商在生产中按市场价格直接支付的一切费用。这些费用一般要反映到厂商的会计账目上去,是企业已支出的货币的记录,因此也叫做历史成本。在会计报表中,用于设备折旧、厂房租金、原材料、电力、工人工资和利息的支出等(100万元)是会计成本。销售成本(110万元)减去会计成本(100万元),就是会计利润(10万元)。注意会计成本不能准确反映厂商生产的实际代价。

经济成本是在会计成本上加了机会成本,即经济成本等于会计成本与机会成本之和。因此,了解这两种成本差别的关键是机会成本。首先,机会成本包括小张与夫人自己办厂,不用向自己支付的工资。会计成本中没有这一项。但从机会成本的角度来看,他们如果不自己办厂,则可以去上班,赚到工资。所以,他们不上班而放弃的工资收入(6万元)就是把自己的时间与精力用于办厂的机会成本。其次,机会成本包括小张办厂自有资金所放弃的利息(4万元)。会计成本中也没有这一项。最后,会计报表与经济学者报表中都有设备折旧一项,但会计成本与机会成本的计算方法不同,因此数值可能不同。会计是按线性折旧计算的,即全部设备为15万元,设备使用期限为5年,平均每年折旧3万元,所以,设备折旧为3万元。经济学家是按设备资产的现值来计算折旧的。小张去年买的设备,现在如果拿出去卖只值10万元,所以折旧,即设备资产价值的减少为5万元。这三项机会成本加在一起共为12万元。所以,经济成本为112万元,减去销售收益110万元,实际上还亏了2万元,即经济利润为-2万元。

小张的例子告诉我们,当做一个决策时,不仅要考虑得到什么,还要考虑为此而放弃了什么,只有考虑到机会成本的经济利润最大化才是真正的最大化。

第七章 市场理论一：完全竞争市场

第一部分 习 题

一、名词解释

1. 市场和行业 2. 完全竞争市场 3. 总收益 4. 边际收益 5. 停止营业点 6. 收支相抵点 7. 利润最大化均衡条件 8. 生产者剩余 8. 消费者统治 10. 成本不变行业 11. 成本递增行业 12. 成本递减行业

二、单项选择题

1. 下列哪一个行业最接近完全竞争行业？（ ）
   A. 飞机行业　　B. 服装行业　　C. 香烟行业　　D. 玉米行业
2. 一般地，若厂商的价格低于（ ）时它将停止营业。
   A. 平均成本　　B. 平均可变成本　C. 平均固定成本　D. 边际成本
3. 在 $MR = MC$ 的均衡产量上，企业（ ）。
   A. 必然得到最大利润
   B. 必然得到最小的亏损
   C. 只得到正常利润
   D. 若获利润，则利润最大；若亏损，则亏损最小
4. 完全竞争厂商的短期供给曲线是指（ ）。
   A. $AVC > MC$ 中的那部分 AVC 曲线
   B. $AC > MC$ 中的那部分 AC 曲线
   C. $MC \geq AVC$ 中的那部分 MC 曲线
   D. $MC \geq AC$ 中的那部分 MC 曲线
5. 在厂商的停止营业点处，有（ ）。
   A. $P = AVC$ 　　　　　　　　B. $TR = TVC$
   C. 总亏损等于 TVC 　　　　　D. 以上都对
6. 完全竞争厂商处于长期均衡的条件是（ ）。

A. $P = MR = AR = LMC = SMC = SAX = LAC$

B. $P = MR$

C. $P = MR = SAC$

D. 以上都对

7. 完全竞争行业处于长期均衡时,每个企业( )。

　　A. 利润都为零　　　　　　　　B. 只得到正常利润

　　C. 无厂商再进出行业;　　　　D. 以上都对

8. 完全竞争厂商处于 $MC = AC = AR$ 时,则它( )。

　　A. 必然得到最大利润　　　　　B. 是否得到最大利润尚不能确定

　　C. 只得到正常利润　　　　　　D. 肯定得到最小利润

9. 若某完全竞争行业的价格和供给量在长期内呈同方向变动,则该行业是( )。

　　A. 成本递增的行业　　　　　　B. 成本递减的行业

　　C. 成本不变的行业　　　　　　D. 以上的任一种情形都有可能

10. 假定某厂商的平均收益曲线从水平线变为向右下方倾斜的曲线,这说明( )。

　　A. 既有厂商进入也有厂商退出该行业

　　B. 完全竞争被不完全竞争所取代

　　C. 新的厂商进入了该行业

　　D. 原有厂商退出了该行业

11. 在完全竞争市场上,厂商短期均衡的条件是( )。

　　A. $P = MR$　　　B. $P = AR$　　　C. $P = MC$　　　D. $P = AC$

12. 在完全竞争市场上,行业的长期供给曲线取决于( )。

　　A. SAC 曲线最低点的轨迹　　　B. SMC 曲线最低点的轨迹

　　C. LAC 曲线最低点的轨迹　　　D. LMC 曲线最低点的轨迹

13. 完全竞争市场厂商的总收益曲线的斜率为( )。

　　A. 固定不变　　B. 经常变动　　C. 1　　　　　D. 0

14. 在完全竞争的情况下,需求曲线与平均成本曲线相切是( )。

　　A. 厂商在短期内要得到最大利润的充要条件

　　B. 某行业的厂商数目不再变化的条件

　　C. 厂商在长期内要得到最大利润的条件

　　D. 厂商在长期内亏损最小的条件

15. 完全竞争厂商获得非正常利润的手段是( )。

A. 制定一个高于其竞争对手的价格
B. 制定一个低于其竞争对手的价格
C. 使其产品区别于其他厂商的产品
D. 进行技术创新

16. 在任何市场中,厂商的平均收益曲线可以由(　　)表示。
    A. 他的产品的供给曲线　　　　B. 他的产品的需求曲线
    C. 行业的产品供给曲线　　　　D. 行业的产品供给曲线

17. 为使收益最大化,完全竞争厂商按照(　　)来销售其产品。
    A. 低于市场的价格
    B. 高于市场的价格
    C. 市场价格
    D. 略低于距它最近的竞争对手的价格

18. 在完全竞争市场中,企业的主要竞争策略是(　　)。
    A. 广告促销　　　　　　　　B. 降价促销
    C. 涨价盈利　　　　　　　　D. 降低成本

19. 在某一产量水平上,厂商的平均成本达到了最小值,则(　　)。
    A. 厂商的经济利润为零　　　B. 厂商获得了最小利润
    C. 厂商获得了最大利润　　　D. 边际成本等于平均成本

20. 某完全竞争厂商所面临的产品的市场价格为每件10元,该厂商的平均成本为每件14元,其中平均固定成本为3元,平均可变成本中有每件过去以5元购进而市价已下降40%的原材料,问该厂商当前的正确决策是(　　)。
    A. 按14元价格出售　　　　　B. 按11元价格出售
    C. 短期内继续生产　　　　　D. 立即停产

21. 如果在厂商的短期均衡产量上,AR小于VAC,但大于SVC,则厂商(　　)。
    A. 亏损且立即停止生产　　　B. 亏损但继续生产
    C. 亏损,生产或不生产都可以　D. 获得正常利润,继续生产

22. 厂商获得最大利润的条件是(　　)。
    A. 边际收益大于边际成本的差额达到最大值
    B. 边际收益等于边际成本
    C. 价格高于平均成本的差额达到最大值
    D. 价格高于平均可变成本的差额达到最大值

23. 在完全竞争厂商的长期均衡产量上必然有(　　)。

A. $MR = LMC \neq SMC$，其中 $MR = AR = P$

B. $MR = LMC = SMC \neq LAC$，其中 $MR = AR = P$

C. $MR = LMC = SMC = LAC \neq SAC$，其中 $MR = AR = P$

D. $MR = LMC = SMC = LAC = SAC$，其中 $MR = AR = P$

24. 完全竞争的市场是指（   ）。

    A. 市场参与者的购销量只占整个市场交易量的极小一部分

    B. 市场参与者只能接受价格而不能影响价格

    C. 交易的商品是同质的

    D. 以上都对

25. 在完全竞争的条件下，如果某行业厂商的商品价格等于平均成本，那么（   ）。

    A. 新的厂商要进入这个行业

    B. 原有厂商要退出这个行业

    C. 既没有厂商进入也没有厂商退出这个行业

    D. 既有厂商进入也有厂商退出这个行业

26. 边际成本曲线在平均可变成本以上的部分表明（   ）。

    A. 完全竞争性厂商的需求曲线

    B. 完全竞争性厂商的供给曲线

    C. 竞争性厂商在不同价格水平下将提供的产品数量

    D. B 和 C 都对

三、判断题

1. 完全竞争行业是竞争最激烈的行业。（   ）
2. 在完全竞争市场中，各厂商的商标或品牌都不存在差别。（   ）
3. 完全竞争市场的参与者只能接受价格，而不能影响价格。（   ）
4. 完全竞争厂商面对的需求曲线由市场价格所决定，故其完全缺乏弹性。（   ）
5. 对于一个完全竞争厂商来说，其边际收益与市场价格是相同的。（   ）
6. 对于一个完全竞争市场来说，市场的边际收益与市场价格是相同的。（   ）
7. 完全竞争市场的行业需求曲线是由单个厂商的需求曲线加总而成的。（   ）
8. 完全竞争市场的长期均衡是零利润均衡，厂商得不到任何利润。（   ）
9. 长期中，完全竞争市场的价格等于最低长期平均成本。（   ）
10. 由于完全竞争厂商的需求曲线是平行的，所以其边际成本曲线也必然是

平行的。（　　）

11. 在完全竞争市场,厂商短期均衡意味着不存在经济利润。（　　）

12. 如果市场价格低于厂商的平均成本,厂商应该停止营业。（　　）

13. 当行业处于长期均衡状态时,该行业的所有厂商必须具有相同的成本曲线,且各厂商只能获得正常利润。（　　）

14. 完全竞争市场条件下,如果对商品的生产增加税收,则税收的负担主要落在生产者头上,如果对商品的销售增加税收,则税收的负担主要落在消费者头上。（　　）

15. 如果对于某一既定的产量,一个生产者使成本最小化,则他通过生产该产量实现了利润最大化。（　　）

16. 政府对污染征税并不会减少污染量。因为企业将会把所有的税收负担转嫁给消费者。（　　）

17. 如果一个厂商是追求利润最大化的,那么它就不应该在亏损的状态下继续经营。（　　）

18. 当边际成本与边际收益相等时,利润总是达到最大或亏损最小。（　　）

19. 在竞争型市场中,一个厂商的生产技术具有规模报酬不变的特性,那么如果最大利润存在,它一定为零。（　　）

四、简答题

1. 简述完全竞争厂商的短期均衡和条件。
2. 试述完全竞争市场类型同时具备的条件。
3. 为什么完全竞争厂商不愿为产品做广告而花费任何金钱?
4. 试述完全竞争行业的长期供给曲线的类型。
5. 既然在完全竞争市场条件下,厂商是市场价格的接受者,那么是否可以认为市场价格不会改变呢?
6. 简述完全竞争厂商的长期均衡的条件。
7. 一般而言,市场供给曲线是在短期中更富有弹性,还是在长期中更富有弹性?为什么?
8. 企业的价格是在短期中、长期中、还是在两个时期中都等于边际成本?说明理由。
9. 企业的价格是在短期中、长期中、还是在两个时期中都等于最低平均总成本?说明理由。
10. 完全竞争厂商的需求曲线为什么是水平的?
11. 既然厂商知道在长期内他们的经济利润都将为零,他们为什么还要进入一个行业?

12. 完全竞争厂商短期均衡时的盈利情况有哪些可能性?

五、计算题

1. 假设某完全竞争市场的需求函数和供给函数分别为 $Q^D = 5000 - 200P$ 和 $Q^S = 4000 + 300P$。求:

(1) 市场的均衡价格和均衡产量。

(2) 厂商的需求函数。

2. 已知某完全竞争行业的单个厂商的短期成本函数为 $STC = 0.1Q^3 - 2Q^2 + 15Q + 10$。试求:

(1) 当市场上产品的价格为 $P = 55$ 时,厂商的短期均衡产量和利润。

(2) 当市场价格下降为多少时,厂商必须停产。

(3) 厂商的短期供给函数。

3. 假设在完全竞争行业中有许多相同的厂商,代表性厂商的 LAC 曲线的最低点的值为 6 元,产量为 500 单位;当工厂产量为 550 单位时,各厂商的 SAC 为 7 元;另外,市场的需求函数和供给函数分别为 $Q^D = 80000 - 5000P$ 和 $Q^S = 35000 + 2500P$。

(1) 求市场均衡价格,并判断该行业是处于长期均衡还是短期均衡。为什么?

(2) 求在长期均衡时,该行业的厂商数目。

(3) 如果市场需求函数发生变动,变为 $Q' = 95000 - 5000P$,试求行业和厂商新的短期均衡价格和产量。厂商在新的均衡点上,盈亏状况如何?

4. 已知某完全竞争的成本不变行业的单个厂商的长期总成本函数为 $LTC = Q^3 - 12Q^2 + 40Q$。试求:

(1) 当市场商品价格为 $P = 100$ 时,厂商实现 $MR = LMC$ 时的产量、平均成本和利润。

(2) 该行业长期均衡时的价格和单个厂商的产量。

(3) 当市场的需求函数为 $Q = 660 - 15P$ 时,行业长期均衡时的厂商数量。

5. 完全竞争行业的单个厂商的长期总成本函数为 $LTC = Q^3 - 60Q^2 + 1500Q$。

(1) 求出长期平均成本函数和长期边际成本函数。

(2) 假设产品价格为 $P = 975$,求利润最大时的产量。

(3) 求上述利润为最大时的长期平均成本、最大利润。这是否与行业的长期均衡矛盾?为什么?

(4) 假设该行业为成本不变行业,推导出行业的长期供给方程。(求出 $LAC = LMC$ 时的 LAC 值)

(5) 假设市场需求曲线是 $P_h = 9\,600 - 2Q_h$,长期均衡中留存该行业的厂商数目为多少?

6. 某完全竞争行业中一小企业的产品单价为 640 元,其成本函数为 $TC = Q^3 - 20Q^2 + 240Q$。

(1) 求利润最大化时的产量与最大利润。

(2) 假设这个企业在该行业中是有代表性的,试问该行业是否处于长期均衡状态? 为什么?

(3) 该行业处于长期均衡时,企业的产量、单位成本和价格各是多少?

7. 完全竞争行业中某厂商的成本函数为 $STC = Q^3 - 6Q^2 + 30Q + 40$,成本由美元计算,假设产品价格为 66 美元。

(1) 求利润最大时的产量与最大利润。

(2) 假设产品价格降为 30 美元,问此时厂商是否发生亏损? 如果会,最小亏损额是多少?

(3) 该厂商在什么情况下才会停止生产?

8. 设某完全竞争行业有 100 个相同的厂商,每个厂商的成本函数为 $STC = 0.1Q^2 + Q + 10$。

(1) 求市场供给函数。

(2) 假设市场需求函数为 $Q_d = 4\,000 - 400P$,求市场的均衡价格和产量。

9. 完全竞争企业的长期成本函数为 $LTC = Q^3 - 4Q^2 + 8Q$,市场需求函数为 $Q_d = 2\,000 - 100P$。试求:

(1) 长期均衡的市场价格和数量。

(2) 这个行业长期均衡时的企业数量。

10. 完全竞争市场中,企业的长期成本函数为 $LTC = 0.05Q^3 - Q^2 + 10Q$,当市场价格 $P = 30$ 时,该厂商的利润最大化的产量以及净利润是多少? 这个产出点是均衡的吗?

11. 考虑一个有几家厂商的完全竞争的产业,所有厂商有相同的成本函数 $c(q) = q^2 + 4$,这里 $q > 0, c(0) = 0$。这个产业的需求曲线是 $D(P) = 50 - P$,P 是价格。试求:

(1) 每家厂商的长期供给函数。

(2) 这个产业的长期供给函数。

(3) 长期均衡的价格和这个产业的总产出。

(4) 长期存在于这个产业的均衡的厂商数。

12. 考虑表 7.1 中给出的总成本和总收益：

表 7.1

产量	0	1	2	3	4	5	6	7
总成本	8	9	10	11	13	19	27	37
总收益	0	8	16	24	32	40	48	56

(1) 计算每种产量时的利润。企业为了利润最大化应该生产多少？

(2) 这个企业是否在完全竞争市场上？如果是的话，这个行业是否处于长期均衡？为什么？

六、论述题

1. 如果在短期,一完全竞争厂商发现无论他选择何种产出水平（产出大于0）都会遭受亏损,那么这个厂商还会继续经营吗？

2. 在完全竞争市场上,厂商的需求曲线是一条水平线,而行业的需求曲线为什么是一条向右下方倾斜的曲线？为什么厂商和行业的短期供给曲线都是一条向右上方倾斜的曲线？行业的长期供给曲线是否也一定是向右上方倾斜的？

3. 论述完全竞争厂商短期均衡的形成和条件。

4. 论述完全竞争市场长期均衡的实现过程和特点。

5. 完全竞争行业的短期供给曲线是由单个厂商的短期供给曲线水平加总而成的。试分析长期供给曲线是否也是由厂商的供给曲线水平加总而成的？

6. 如果完全竞争行业中的每个企业都处于长期均衡状态,整个行业是否必定处于长期均衡状态,反之也然否？如果企业和行业都处于长期均衡状态,它们是否必然处于短期均衡状态？反之也然否？

7. 甘草行业是完全竞争的。每个企业每年生产 200 万根甘草。每根甘草的平均总成本为 0.2 美元,并按 0.3 美元出售。

(1) 一根甘草的边际成本是多少？

(2) 这个行业处于长期均衡吗？为什么？

8. 你到镇上最好的餐馆,点了一桌 100 元的菜。吃了一半,你就感到饱了。你的女友想劝你吃完,因为你无法把它带回家,而且也因为你已经为此花了钱。你应该吃完吗？为什么？

9. 成本递减的完全竞争行业原先处于长期均衡状态,现在如果市场需求曲线向右上方移动,那么在极短期、短期和长期内,是调整产量还是调整价格？

10. 张先生的剪草中心是利润最大化的竞争性企业。假设每剪一块草坪的价格为270元人民币。他每天的总成本是2800元人民币,其中,300元人民币是固定成本。他一天剪10块草坪。你对张先生的短期停止营业决策和长期退出决策有何建议?

七、案例分析

【案例1】 市场结构与竞争。

交通部上海航标厂是交通部直属的一级企业,在计划经济年代,它是全国唯一一家生产我国沿海航标设备的专业厂商,其产品由国家控制,销售由国家统包。改革开放以后,众多的小厂看到航标产品的丰厚利润,争相上马生产这类产品,尽管这类小厂并不完全具备生产的条件,但是它们一般都具有规模小、管理费用低的特点,加上较之上海航标厂优良得多的服务和灵活的销售方式,使得众多小厂生产的航标产品参与到市场竞争中来。这些小厂的产品与上海航标厂的产品差别不大,但价格较低,竞争的结果使得上海航标厂在3年多的时间里从盈利企业变成近乎亏损的企业。1995年后,该厂在分析市场需求的基础上,利用国有企业的技术、设备和人力资源的优势,开发出一系列用户急需的产品,同时采取了改变管理、提高质量、加强售后服务、降低生产成本等措施,这样做的结果是企业的市场份额从年前的最低点恢复到60%以上,尽管比计划经济的100%份额要低,但企业却正常发展,走上良性循环的道路。根据上述材料回答:

(1)上海航标厂面临的市场结构经历哪些变化?说明理由。

(2)说明竞争对企业经营的影响。

【案例2】 固定成本与生意清淡的餐馆。

你是否曾经走进一家餐馆吃午饭,发现里面几乎没有什么顾客?显然来自几个顾客的收入不可能弥补餐馆的经营成本。夏季度假区小型高尔夫球场的生意清淡,收入显然也不足以弥补高尔夫球场的经营成本,但高尔夫球场依然开门营业。运用经济学原理说明:为什么这种餐馆还要开门呢?为什么高尔夫球场依然开门营业呢?

第二部分 参考答案

一、名词解释

1. **市场和行业**:市场是指从事某一种商品买卖的交易场所或接洽点。行业是指为同一个商品市场生产和提供产品的所有厂商的总体。

2. **完全竞争市场**:同时具备以下四个条件的市场就是完全竞争市场:第一,

市场上有无数的买者和卖者,每一个消费者或每一个厂商对市场价格没有控制力量,他们都是市场价格的接受者;第二,市场上每一个厂商提供的产品都是同质的;第三,所有的资源具有完全的流动性,厂商进入或退出一个行业是完全自由;第四,经济运行主体具有完全的信息。

3. 总收益:总收益(Total Revenue,简称 TR)是指厂商出售产品后所得到的销售收入,即出售产品的总卖价。P 表示既定的市场价格,Q 表示销售总量,总收益的公式为

$$TR(Q) = P \times Q$$

4. 边际收益:指厂商的一单位产品销售量的变化所引起的总收益的变化。边际收入的定义公式为

$$MR(Q) = \frac{\Delta TR(Q)}{\Delta Q}$$

5. 停止营业点:在完全竞争条件下,该点是平均可变成本(AVC)曲线的最低点和边际成本(SMC)曲线的交点。此时,$MR = SMC = AVC$,厂商处于关闭企业的临界点。

6. 收支相抵点:SAC 曲线和 SMC 曲线的交点,也即平均成本曲线的最低点,又称为厂商的收支相抵点。此时,$MR = SMC = SAC$,厂商既无经济利润,也无亏损。

7. 利润最大化均衡条件:边际收益 MR 等于边际成本 MC 是厂商实现利润最大化的均衡条件。

8. 生产者剩余:厂商的生产者剩余是所有生产单位的边际成本与产品的市场价格之间差额的总和,或者是指厂商在提供一定数量的某种产品时实际接受的总支付和愿意接受的最小总支付之间的差额。

9. 消费者统治:指在一个经济社会中消费者在商品生产这一最基本的经济问题上所起的决定性的作用。这种作用表现为:消费者用货币购买商品是向商品投"货币选票"。"货币选票"的投向和数量,取决于消费者对不同商品的偏好程度,体现了消费者的经济利益和意愿。而生产者为了获得最大利润,必须依据"货币选票"的情况来安排生产。即生产者是根据消费者的意志来组织生产、提供产品的。

10. 成本不变行业:是这样一种行业,它的产量变化所引起的生产要素需求的变化,不对生产要素的价格产生影响,从而该行业产量的变化不会引起单位产品成本的变化。

11. 成本递增行业:是这样一种行业,它的产量的增加所引起的生产要素的

增加,会导致生产要素价格的上升和单位产品成本的增加。

12. 成本递减行业:是这样一种行业,它的产量的增加所引起的生产要素需求的增加,反而使生产要素的价格下降,进而使得单位产品成本也随之下降。

二、单项选择题

1. D 2. B 3. D 4. C 5. D 6. A 7. D 8. C 9. A 10. B 11. C 12. C 13. A 14. B 15. D 16. B 17. C 18. D 19. D 20. C 21. B 22. B 23. D 24. D 25. D 26. D

三、判断题

1. 错误。【提示】完全竞争行业通常并不是竞争最激烈的行业,有时寡头垄断企业之间的竞争更激烈。

2. 正确。【提示】在完全竞争市场中,每一个厂商提供的产品都是完全同质的,包括各厂商的商标或品牌都不存在任何差别。

3. 正确。【提示】市场上有无数的需求者和供给者,其中,每一个成员的购买份额或销售份额相对于整个市场规模来说非常微小,是微不足道的,以致谁也不能影响商品的价格。

4. 错误。【提示】完全竞争厂商面对的需求曲线由市场价格所决定,是一条水平直线,故其具有完全弹性。

5. 正确。【提示】在完全竞争市场上,由于厂商是既定市场价格的接受者,所以,完全竞争厂商所面临的需求曲线是一条由既定市场价格水平出发的水平线。因此,其边际收益与市场价格是相同的。

6. 错误。【提示】对于一个完全竞争市场来说,单个厂商的行为不会影响现行的市场价格。但是行业的所有(或大多数)厂商同时增加(或减少)其产量,市场价格就会发生变动。

7. 错误。【提示】完全竞争市场的行业需求曲线是向右下方倾斜的,而单个厂商的需求曲线是水平的。

8. 错误。【提示】完全竞争市场的长期均衡是零利润均衡,厂商得不到正的经济利润,但可以得到正常利润。

9. 正确。【提示】长期均衡条件是

$$MR = LMC = SMC = LAC = SAC$$

式中,$MR = AR = P$。完全竞争市场的价格等于最低长期平均成本。

10. 错误。【提示】完全竞争厂商的需求曲线是平行的,并不能推断其边际成本曲线必然是平行的。

11. 错误。【提示】在完全竞争市场短期均衡时,价格可能高于平均成本,此时厂商获得经济利润。

12. 错误。【提示】在短期中,厂商是否应该停止营业,要看市场价格是否低于厂商的平均可变成本,而不是厂商的平均成本。

13. 正确。【提示】行业长期均衡是经过长期竞争形成的。当行业处于长期均衡状态时,留存下来的厂商都具有相同的最好的经济效率,且各厂商只能获得正常利润。

14. 错误。【提示】在完全竞争市场条件下,市场价格是常数,因此无论怎样,税收的负担均落在生产者头上。

15. 错误。【提示】利润不仅取决于成本还取决于收益。

16. 错误。【提示】企业将能否把税收负担转嫁给消费者,完全依赖于市场的需求弹性。对于弹性无穷大的完全竞争市场,企业将全部承担其污染引起的税收负担。

17. 错误。【提示】在短期中,当市场价格位于最低平均成本与最低平均可变成本之间时,虽然生产仍亏损,但由于还可以弥补一部分固定成本,故应该继续经营。

18. 正确。【提示】当边际成本小于边际收益时,厂商可以通过增加产量来提高利润或减少亏损;当边际成本大于边际收益时,厂商可以通过减少产量来提高利润或减少亏损。

19. 正确。【提示】如果最大利润不为零,由于生产技术具有规模不变的特性,则厂商总可以通过复制其生产而增加利润,故最大利润不存在,这与假设矛盾。

四、简答题

1. 答:厂商的短期均衡是要解决厂商在短期内如何选择最佳产量以实现利润最大化问题的。厂商的短期均衡一般指厂商在短期内实现了利润最大化或亏损最小化时的均衡状态,由均衡的产量、价格和利润等来表示。一般来说,边际收益等于边际成本是厂商实现利润最大化的均衡条件,通常写为 $MR = MC$。

2. 答:完全竞争市场同时具备以下四个条件:第一,市场上有无数的买者和卖者,每一个消费者或每一个厂商对市场价格没有控制力量,他们都是市场价格的接受者;第二,市场上每一个厂商提供的产品都是同质的;第三,所有的资源具有完全的流动性,厂商进入或退出一个行业是完全自由的;第四,经济运行主体具有完全的信息。

3. 答:因为理论上假定完全竞争厂商的产品是同质的,而且经济运行主体具有完全的信息,无需做广告。完全竞争厂商只是市场既定价格的接受者,它只能按照市场价格出售任何数量的商品。做广告只会增加成本,无助于收益的增加。所以,他们不会愿意花钱做广告。

4. 答:完全竞争行业的长期供给曲线区分为三种类型:① 成本不变行业的长期供给曲线,它是一条水平线;② 成本递增行业的长期供给曲线,它是向右上方倾斜的;③ 成本递减行业的长期供给曲线,它是向右下方倾斜的。

5. 答:在完全竞争市场条件下,市场价格也是会改变的。因为市场价格是由市场上的供求双方力量决定的,即由供给量与需求量相等决定的价格,市场均衡出现在供给曲线与需求曲线的交点。因此,若供给或需求发生变化,表现为供给曲线或需求曲线发生移动,都可能造成市场价格发生改变。

6. 答:完全竞争厂商的长期均衡条件为

$$MR = LMC = SMC = LAC = SAC$$

式中,$MR = AR = P$,此时,单个厂商的利润为零。

因为在长期生产中,所有的生产要素投入量都是可变的,完全竞争厂商在长期中,可以做出两类选择。其一,厂商可以调整生产要素的使用量,进而选择最优的生产规模以实现利润最大化;其二,厂商可以决定继续停留于该产业或退出而进入其他产业。正是由于这两类选择活动使完全竞争厂商实现了长期均衡并且只能获取零经济利润。

7. 答:一般而言,市场供给曲线在长期中更富有弹性。因为企业在长期中比在短期中更容易进入或退出一个市场。

8. 答:企业的价格在两个时期中都等于边际成本。因为在完全竞争市场上 $P = MR = AR$,无论在短期还是在长期中,只有当 $MR = MC$ 时,企业才可能达到利润最大化。当价格也就是边际收益高于边际成本时,企业可以增加产量来提高利润;当价格也就是边际收益低于边际成本时,企业可以减少产量来提高利润。

9. 答:在短期中,企业的价格只要不低于最低平均可变成本,企业就选择继续经营。原因主要有:① 在短期中,行业中的企业数量可看作是固定的;② 短期内,固定成本是沉没成本,可以不加考虑。因此,短期内,只要企业的收益可以弥补生产带来的可变成本,企业就应该继续经营。

在长期中,企业价格等于最低平均总成本。原因主要有:① 长期中如果该行业有利润,就会有新企业的进入,使供给量增加,价格下降,利润减少;如果该行业亏损,就会有老企业退出市场,使供给量减少,价格上升,利润增加。所以长期均衡时,行业中的企业都获得零利润;② 在长期中,企业的所有成本都是可变的。所以,价格既要等于边际成本又要等于平均总成本,只有平均总成本曲线的最低点的对应价格才能满足要求。

10. 答:完全竞争市场假定完全竞争厂商的产品是完全同质的,厂商的经济行为不能影响价格,完全竞争厂商只是市场既定价格的接受者,它能且只能按照市场价格出售任何数量的商品。也就是说,厂商产品的需求价格弹性无穷大,只要价格高于市场均衡价格,产品就一个都卖不出去,而在既定的市场价格上,厂商可以卖掉他所有的产品。因此,厂商所面临的需求曲线是几乎与横轴平行的一条水平线。

11. 答:虽然厂商知道在长期内他们的经济利润都将为零,但是实现长期均衡需要很长的时间,而在短期内可能有相当的利润(也可能有亏损)。先进入某一有利行业的厂商比后进入者可能在市场上处于更有利地位,为投资者赚取更多的利润;同样,先退出某一无利可图市场的厂商可为投资者节省很多的资金,避免更大损失。因此,虽然在长期内他们的经济利润都将为零,他们仍将进入一个行业。

12. 答:完全竞争厂商在短期均衡时有以下四种可能性。① 厂商的平均成本曲线的最低点位于需求曲线以下,也就是 $P>AC$,厂商可以获得正的经济利润。② 如果完全竞争厂商所面对的需求曲线与平均成本曲线的最低点相切,也就是 $P=AC$,那么,该厂商只能赚取正常利润,经济利润为零。③ 如果厂商所面对的需求曲线低于平均成本曲线的最低点,且高于平均可变成本曲线的最低点,也就是 $AC>P>AVC$,厂商虽然遭受亏损,但仍应继续生产。④ 如果 AVC 曲线的最低点高出厂商的需求曲线或与之相切,也就是 $P \leqslant AVC$,不考虑其他因素,厂商选择停产。

五、计算题

1. 解:(1) 市场均衡时,$Q^D=Q^S$,即 $5\,000-200P=4\,000+300P$,均衡价格 $P=2$,市场的均衡产量为 $Q=Q^D=Q^S=4\,600$。

(2) 完全竞争市场中,厂商的需求曲线是由市场的均衡价格决定的,是一条从市场的均衡价格出发的水平线,故厂商的需求函数为 $P=2$。

2. 解:(1) 因为 $STC=0.1Q^3-2Q^2+15Q+10$,所以,该厂商的边际成本函数为

$$MC=(STC)'=(0.1Q^3-2Q^2+15Q+10)'=0.3Q^2-4Q+15$$

又因为 $P=55$,由 $P=MC \Rightarrow 55=0.3Q^2-4Q+15$,得 $Q_1=20,Q_2=-\dfrac{20}{3}$(舍去)。利润最大化的二阶条件即利润函数的二阶导数为负的验证,这里省略(读者可自己验证)。$Q_1=20$ 是利润最大的均衡产量,此时利润为

$$\pi=TR-TC=20\times55-(0.1\times20^3-2\times20^2+15\times20+10)=790$$

(2) 由 $STC=0.1Q^3-2Q^2+15Q+10$,得 $VC=0.1Q^3-2Q^2+15Q$,知

第七章 市场理论一:完全竞争市场

$AVC = 0.1Q^2 - 2Q + 15$,求得平均可变成本的最小值为 5。因此,市场价格下降为 $P=5$ 时,厂商必须停产。

(3) 厂商的短期供给函数为 $P = 0.3Q^2 - 4Q + 15 (Q \geqslant 10)$。

3. 解:(1) 因为市场的需求函数和供给函数分别为 $Q^D = 80\,000 - 5\,000P$ 和 $Q^S = 35\,000 + 2\,500P$,市场均衡时 $Q^D = Q^S$,所以市场均衡价格 $P=6$ 元,这与代表性厂商的 LAC 曲线的最低点的值相等,故该行业处于长期均衡状态。

(2) 长期均衡价格 $P=6$ 元,长期均衡产量 $Q = Q^D = Q^S = 80\,000 - 5\,000 \times 6 = 50\,000$ 单位,而长期均衡时每家厂商的产量为 500 单位,故该行业厂商数目为 $n = 50\,000 \div 500 = 100$,即该行业有 100 家厂商。

(3) 新的需求函数为 $Q' = 95\,000 - 5\,000P$,但供给函数仍为 $Q^S = 35\,000 + 2\,500P$。新的市场均衡时,$Q' = Q^S$,因此新的市场均衡价格为 $P=8$ 元,均衡产量为 $Q = Q' = Q^S = 55\,000$。短期内,行业内厂商数不会变化,即仍然为 100 家。在新的市场均衡时,单个厂商的产量为 $Q \div 100 = 550$。从题中假设知,当工厂产量为 550 单位时,各厂商的 SAC 为 7 元。可见,在短期均衡中价格大于平均成本,厂商有盈利,利润为

$$\pi = TR - TC = (P - SAC)Q = (8-7) \times 550 = 550$$

4. 解:(1) 由 $LTC = Q^3 - 12Q^2 + 40Q \Rightarrow LMC = 3Q^2 - 24Q + 40$,又 $P = MR = LMC$,即 $3Q^2 - 24Q + 40 = 100$,解得 $Q_1 = 10, Q_2 = -2$(舍去),即产量为 10 单位。平均成本为 $AC = Q^2 - 12Q + 40 = 100 - 120 + 40 = 20$,利润为 $(100 - 20) \times 10 = 800$。

(2) 由 $LTC = Q^3 - 12Q^2 + 40Q \Rightarrow LAC = Q^2 - 12Q + 40$,求出 LAC 的最小值为 4,此时产量为 6,它们就是该行业长期均衡时的价格和单个厂商的产量。

(3) 当市场的需求函数为 $Q = 660 - 15P$ 时,由 $P = 4$,得 $Q = 660 - 15P = 600$,行业长期均衡时的厂商数量 $n = 600 \div 6 = 100$。

5. 解:(1) 由 $LTC = Q^3 - 60Q^2 + 1500Q$,求出

$$LAC = Q^2 - 60Q + 1500$$
$$LMC = (Q^3 - 60Q^2 + 1500Q)' = 3Q^2 - 120Q + 1500$$

(2) 由完全竞争厂商利润最大化条件 $P = MC$,即

$$975 = P = LMC = 3Q^2 - 120Q + 1500$$

解得 $Q_1 = 35, Q_2 = 5$。经验证利润最大化的二阶条件知,$Q_1 = 35$ 是利润最大的产量。

(3) 利润最大时的长期平均成本

$$LAC = Q^2 - 60Q + 1500 = 35^2 - 60 \times 35 + 1500 = 625$$

195

最大利润为
$$\pi = TR - TC = (P - LAC)Q = (975 - 625) \times 35 = 12\,250$$

上面计算的结果与行业的长期均衡是矛盾的。因为行业长期均衡要求留存于行业中的厂商只能获得正常利润,经济利润为零,而现在获得了利润 12 250。矛盾的原因是,行业长期均衡时,价格应当是最小平均成本。由 $LAC = Q^2 - 60Q + 1500$,求得最小平均成本为 $LAC = 600$,对应的产量为 $Q = 30$,行业长期均衡时价格应为 600,而现在却为 975。

(4) 因为成本不变行业的长期供给曲线是一条与长期平均成本曲线最低点相切的水平线,我们知道,行业长期均衡时,均衡点为长期平均成本曲线最低点,所以行业的长期供给方程为 $P = LAC = 600$。

(5) 已知市场需求曲线是 $P_h = 9\,600 - 2Q_h$,又已知长期均衡时价格为 600,因此该行业均衡产量为 $Q_h = (9\,600 - 600) \div 2 = 4\,500$。由于代表性厂商长期均衡时的产量为 $Q = 30$,因此,留存该行业的厂商数目为 $n = 4\,500 \div 30 = 150$(家)。

6. 解:(1) 因为 $TC = Q^3 - 20Q^2 + 240Q$,所以
$$MC = \frac{dTC}{dQ} = 3Q^2 - 40Q + 240$$
由完全竞争厂商利润最大化条件 $P = MC$,即
$$640 = P = MC = 3Q^2 - 40Q + 240$$
解得
$$Q_1 = -\frac{20}{3}(\text{无经济意义,舍去}), \quad Q_2 = 20$$
最大利润为
$$\pi = TR - TC = 640 \times 20 - 20^3 + 20 \times 20^2 - 240 \times 20 = 8\,000$$
即利润最大化时的产量与最大利润分别是 20 和 8 000。

(2) 判断行业是否处于长期均衡,只需看产品单价 P 是否等于平均成本的最小值。$TC = Q^3 - 20Q^2 + 240Q$,所以,$AC = \frac{TC}{Q} = Q^2 - 20Q + 240$,求得 $Q = 10$ 时,平均成本取最小值为 140,因为 $P = 640 > 140$,所以,该行业并没有处于长期均衡状态。

(3) 当该行业处于长期均衡状态时,企业的产量为 $Q = 10$,单位成本 $AC = 140$,因为此时 $P = AC$,所以价格也是 140。

7. 解:(1) 厂商的成本函数为 $STC = Q^3 - 6Q^2 + 30Q + 40$,则边际成本函数为 $SMC = \frac{dSTC}{dQ} = 3Q^2 - 12Q + 30$,又 $P = 66$,根据利润最大化条件 $P = MC$,即

$$66 = 3Q^2 - 12Q + 30$$

解得

$$Q_1 = -2(无经济意义,舍去), \quad Q_2 = 6$$

最大利润为

$$\pi = TR - TC = 66 \times 6 - (6^3 - 6 \times 6^2 + 30 \times 6 + 40) = 176$$

即利润最大化时的产量与最大利润分别是 6 单位和 176 美元。

(2) 产品价格降为 30 美元时,根据利润最大化条件 $P = MC$,即

$$30 = 3Q^2 - 12Q + 30$$

解得

$$Q_1 = 0(无经济意义,舍去), \quad Q_2 = 4$$

利润为

$$\pi = TR - TC = PQ - TC = 30 \times 4 - (4^3 - 6 \times 4^2 + 30 \times 4 + 40) = -8$$

可见,当产品价格降为 30 美元时,厂商会发生亏损,最小亏损额为 8 美元。

(3) 完全竞争厂商停止生产的条件是价格小于平均可变成本的最小值。

因为

$$STC = Q^3 - 6Q^2 + 30Q + 40$$

所以

$$VC = Q^3 - 6Q^2 + 30Q \Rightarrow AVC = \frac{VC}{Q} = Q^2 - 6Q + 30$$

令 $\dfrac{dAVC}{dQ} = 0$,即 $2Q - 6 = 0$,解得 $Q = 3$,此时平均可变成本取最小值

$$AVC = Q^2 - 6Q + 30 = 3^2 - 6 \times 3 + 30 = 21$$

可见,只要价格小于 21,厂商就会停止生产。

8. 解:(1) 厂商的成本函数为 $STC = 0.1Q^2 + Q + 10$,则 $TVC = 0.1Q^2 + Q$,所以

$$AVC = 0.1Q + 1, \quad MC = 0.2Q + 1$$

显然,当产量 $Q \geqslant 0$ 时,$MC > AVC$,故厂商的短期供给函数为 $P = MC$。

即厂商的短期供给函数为 $P = 0.2Q + 1$,或者 $Q = 5P - 5(P \geqslant 1)$。

因为该行业有 100 个相同的厂商,行业的供给曲线是各个厂商的供给曲线水平方向加总而成的,故行业的供给函数为

$$Q_S = (5P - 5) \times 100 = 500P - 500 \quad (P \geqslant 1)$$

(2) 已知市场需求函数为 $Q_d = 4000 - 400P$,行业的供给函数为

$$Q_S = (5P - 5) \times 100 = 500P - 500 \quad (P \geqslant 1)$$

市场均衡时

$$Q_d = Q_s \Rightarrow 4\,000 - 400P = 500P - 500$$

解得 $P = 5$,均衡产量为

$$Q_d = Q_s = 4\,000 - 400 \times 5 = 2\,000$$

9. 解:(1) 由 $LTC = Q^3 - 4Q^2 + 8Q$,得

$$LMC = 3Q^2 - 8Q + 8, \quad LAC = Q^2 - 4Q + 8$$

长期均衡时,每个企业都在平均成本曲线的最低点进行生产,此时边际成本等于平均成本。由 $LMC = LAC \Rightarrow 3Q^2 - 8Q + 8 = Q^2 - 4Q + 8$,解得

$$Q = 2, \quad P = LAC_{\min} = 4$$

(2) 因为 $Q_d = 2\,000 - 100P$,把 $P = 4$ 代入,解得 $Q_d = 2\,000 - 100P = 1\,600$,即市场的总需求量为 1 600,因为每个企业的产量为 2,从而该行业长期均衡时的企业数量为

$$N = 1\,600 \div 2 = 800$$

10. 解:厂商的长期利润最大化的产量由 $LMC = MR$ 来决定,由

$$0.15Q^2 - 2Q + 10 = 30 \Rightarrow Q = 20, \quad \pi = TR - TC = 400$$

即产量为 20 单位时,最大利润为 400。

在完全竞争市场,这种产出点是不稳定的,因为长期净利润的存在会吸引新的厂商进入,使行业的供给增加,在需求不变的情况下,价格会下降,直到厂商的净利润降为零。

11. 解:(1) 由 $c(q) = q^2 + 4$,得

$$MC = 2q, \quad AC = q + \frac{4}{q} \geqslant 4$$

当 AC 取最小值 4 时,$q = 2$。因此,每家厂商的长期供给函数为 $P = 2q$ ($q \geqslant 2$),也即

$$q = 0.5P \quad (P > 4)$$

(2) 长期均衡时,有 $P = LMC = LAC$,$LMC = 2q$,$LAC = q + \frac{4}{q}$,联合解得 $q = 2$,所以,$P = LAC = 4$,又市场的需求曲线是 $D(P) = 50 - P$,得市场需求量也即供给量为 $D(P) = 50 - P = 46$。所以,市场上厂商个数为 $n = \dfrac{D}{q} = 46 \div 2 = 23$。

因此,这个产业的长期供给函数为

$$S = nq = 23 \times 0.5P = 11.5P \quad (P > 4)$$

(3) 由(2)可知,长期均衡时,价格为 $P = LAC = 4$,总产出为

$$D(P) = 50 - P = 46$$

(4) 由(2)可知,长期存在于这个产业的均衡厂商数为23。

12. 解:(1) 每种产量的利润计算结果如表7.2所示。

表 7.2

产量	0	1	2	3	4	5	6	7
总成本	8	9	10	11	13	19	27	37
总收益	0	8	16	24	32	40	48	56
利润	-8	-1	6	13	19	21	21	19
边际收益	—	8	8	8	8	8	8	8
边际成本	—	1	1	1	2	6	8	10

企业为了利润最大化,按照边际收益等于边际成本的原则决定产量,根据表中的计算结果知道,企业应该生产6单位产品,此时最大利润为21。

(2) 这个企业是在完全竞争市场上,因为企业的边际收益不变,为常数8。这个行业没有处于长期均衡,因为企业的边际成本曲线和边际收益曲线的交点不是平均总成本线的最低点。平均总成本的最小值为 $13 \div 4 = 3.25$。

六、论述题

1. 答:视具体情况具体分析。在完全竞争厂商的短期生产中,市场价格是给定的,而且,生产中的不变要素的投入量是无法变动的,固定成本属于沉没成本,无须考虑。在短期内,厂商在既定的生产规模下,通过对产量的调整来实现 $MR = SMC$ 的利润最大化的均衡条件。

完全竞争厂商在短期内依据 $MR = SMC$ 的原则决定产量水平,并非一定盈利,有的厂商能获得超额利润,有的只能获取正常利润,有的甚至处于亏损状态。

某完全竞争厂商发现无论他选择何种产出水平(产出大于0)都会遭受亏损,实际情况可能有两种,如图7.1所示。

(1) 市场价格高于平均可变成本但低于平均总成本。

此时,厂商虽然遭受亏损,但仍应继续生产,如图7.1(a)所示。

在图7.1(a)中,由均衡点 E 和均衡产量 Q_e 可知,厂商的平均收益小于平均总成本,厂商出现亏损,其亏损量相当于图7.1(a)中阴影部分的面积。但由于在 Q_e 的产量上,厂商的平均收益大于平均可变成本 AVC,所以,厂商虽然亏损,但仍应该继续生产。这是因为,厂商在用全部收益弥补全部可变成本以后还有剩余,以弥补在短期内总是存在的固定成本的一部分,从而使亏损最小化。

(2) 市场价格等于或低于平均可变成本。

如果市场价格等于平均可变成本,此时,厂商所面对的需求曲线与平均可变成本的最低点恰好相切,厂商亏损,处于生产与不生产的临界点,如图 7.1(b)所示。因此,AVC 曲线和 SMC 曲线的交点,即 AVC 曲线的最低点,又被称为停止营业点或关闭点。

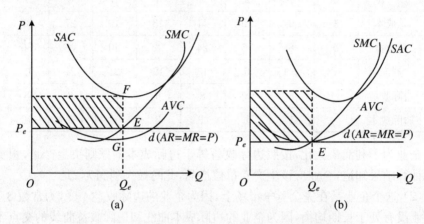

图 7.1 完全竞争厂商在短期内遭受亏损的各种情况

如果市场价格低于平均可变成本,即 AVC 曲线的最低点高出厂商的需求曲线,生产的全部收益都不足以弥补可变成本,不考虑其他因素,厂商的最佳选择是立即停产。

2. 答:在完全竞争市场上,厂商按照既定的市场价格,可以卖掉他所有的产品,因此,厂商所面临的需求曲线是几乎与横轴平行的一条水平线,它与横轴之间的距离等于商品的售价。而行业的需求是由所有消费该商品的个人需求加总而成的,当商品的价格上升时,需求量会减少;当商品的价格下降时,需求量会增加,故行业需求曲线是一条向右下方倾斜的曲线。

厂商的短期供给曲线是由位于平均可变成本(AVC)曲线以上的那部分边际成本曲线(MC)表示的。厂商的短期供给曲线表达的是,在不同的价格水平上厂商愿意且能够生产和销售的产量。根据 $P = MR = SMC$ 的原则,供给曲线在此表达的就是在不同的边际成本水平上厂商愿意且能够生产和销售的商品量。由于平均可变成本(AVC)曲线以上的那部分边际成本曲线(MC)是向右上方倾斜的,因此,厂商的短期供给曲线是一条向右上方倾斜的曲线。短期内,行业的供给曲线是由行业内各个厂商的短期供给曲线水平加总而成的,因此,它也是一条向右上方倾斜的曲线。

行业的长期供给曲线不一定是向右上方倾斜的曲线,根据成本不变、递增、递减的不同,长期供给曲线可以为水平、向右上方倾斜和向右下方倾斜的三种不同的形状。

3. 答:市场的短期均衡是解决价格和产量决定的问题,而厂商的短期均衡则是要解决厂商在短期内如何选择最佳产量以实现利润最大化。下面利用图 7.2 来说明厂商短期均衡的形成与均衡条件。

图 7.2 中,有某完全竞争厂商的一条短期生产的边际成本 SMC 曲线及一条从既定价格水平 P_e 出发的需求曲线 d,这两条线相交于 E 点。E 点就是厂商实现利润最大化的生产均衡点,相应的产量 Q_e 就是厂商实现最大化利润时的均衡产量。

这是因为,当产量小于 Q_e 时,例如为 Q_1 时,厂商的边际收益大于边际成本,即有 $MR > SMC$。这表明厂商增加 1 单位产量所带

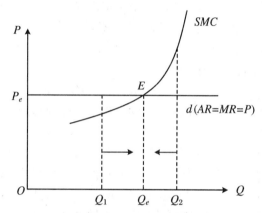

图 7.2 短期利润最大化的条件:$MR = SMC$

来的总收益的增加量大于所付的总成本的增加量,也就是说,厂商增加产量是有利可图的,可以使利润得到增加。所以,如图 7.2 中指向右方的箭头所示,只要 $MR > SMC$,厂商就会增加产量,直到 $MR = SMC$ 时,厂商获得了他所能得到的最大利润(或最小亏损)。相反,当产量大于均衡产量 Q_e 时,例如为 Q_2 时,厂商的边际收益小于边际成本,即有 $MR < SMC$。这表明厂商每增加 1 单位产量所带来的总收益的增加量小于总成本的增加量,也就是说,增加产量是不利的,它会使利润减少。所以,如图 7.2 中指向左方的箭头所示,只要 $MR < SMC$,厂商就会减少产量,直到 $MR = SMC$ 为止。这样,厂商的利润逐步达到最高的水平。

由此可见,厂商只有将产量调整到使得 $MR = SMC$ 的产量时,才能获得利润最大化。所以说,边际收益 MR 等于边际成本 MC 是厂商实现利润最大化的均衡条件。

4. 答:完全竞争市场长期均衡的实现过程如下:

市场的供给与需求决定市场的均衡价格和均衡产量。在长期生产中,所有的生产要素投入量都是可变的。根据市场的均衡价格,一方面现有厂商可以调整生产要素的使用量,进而选择最优的生产规模以实现利润最大化;另一方面,不断有

新的厂商进入和亏损厂商退出该行业。如果有经济利润,新的厂商就会被吸引进入该产业,从而导致该产品市场的供给有较大幅度的增加。如果市场需求不变,势必导致市场均衡价格下降直到厂商的经济利润降为零为止。如果出现亏损,就会使得该行业中的一些厂商退出该行业,从而使得该行业产品供给减少,在需求不变的情况下,市场均衡价格必然上升,厂商的亏损也会减少,从长期趋势看,价格一定会上升到与长期平均成本曲线相切。通过调整,使成本、价格发生变化,从长期趋势看,当市场均衡价格调整到等于该市场的所有相同的厂商的最低长期平均成本时,则该产品的产量、价格和留存下来的厂商数将不再发生变化,也即该行业处于长期均衡状态。因为每个厂商既没有经济利润也没有亏损。完全竞争厂商的长期均衡条件为

$$MR = LMC = SMC = LAC = SAC$$

式中,$MR = AR = P$,此时,单个厂商的利润为零。

完全竞争市场长期均衡状态的特点是:第一,在行业达到长期均衡时,生存下来的厂商或企业都具有最高的经济效率、最低的成本。第二,在行业达到长期均衡时,生存下来的厂商只能获得正常利润,即每个厂商没有经济利润也没有亏损。第三,在行业达到长期均衡时,每个厂商提供的产量,不仅必然是其短期平均成本曲线的最低点的产量,而且必然是其长期平均成本曲线的最低点的产量。

5. 答:完全竞争行业的短期供给曲线是该行业中所有厂商的位于平均可变成本曲线以上的边际成本曲线的总和,即短期供给曲线水平加总而成。但不能说长期供给曲线是由厂商的供给曲线水平相加而成的。因为在长期中,厂商数目是可以变动的,原有厂商的生产规模可能发生变化。完全竞争行业达到长期均衡状态时,与厂商均衡供给量(从而行业供给量)相对应的成本不是边际成本,而是厂商的长期平均成本曲线的最低点对应的最小长期平均总成本,因而行业长期供给曲线是市场需求扩大或缩小所引起的行业供求平衡时各厂商 LAC 曲线的最低点的轨迹。根据行业需求和生产变动时产品成本变动的不同情况,完全竞争行业的长期供给曲线区分为三种类型:① 成本不变行业的长期供给曲线,它是一条水平线;② 成本递增行业的长期供给曲线,它是向右上方倾斜的;③ 成本递减行业的长期供给曲线,它是向右下方倾斜的。

6. 答:(1) 如果完全竞争行业中的每个企业都处于长期均衡状态,则 $P = SMC = LMC$。但整个行业处于长期均衡状态的条件是 $P = SMC = LMC = SAC = LAC$。条件 $P = SMC = LMC$ 满足,不一定有 $P = SMC = LMC = SAC = LAC$ 成立。可见即使每个企业都处于长期均衡状态,整个行业还不一定处于长期均衡状态。反之,条件 $P = SMC = LMC = SAC = LAC$ 满足,条件 $P = SMC =$

LMC 一定成立,即如果整个行业处于长期均衡状态,则行业中的每个企业必定处于长期均衡状态。

（2）如果企业和行业都处于长期均衡状态,即 $P = SMC = LMC = SAC = LAC$ 满足,则企业必然处于短期均衡状态,因为企业短期均衡条件是 $P = SMC$。如果所有企业都处于长期均衡状态,产品的价格和产量不再发生变动,那么该行业也就处于短期均衡。反之,企业和行业都处于短期均衡状态,不一定处于长期均衡状态。因为 $P = SMC$ 满足,不一定有 $P = SMC = LMC = SAC = LAC$。

7. 答:(1)一根甘草的边际成本是 0.3 美元。在完全竞争市场上,厂商利润最大化的条件是价格等于边际成本。每个企业每年生产固定数量的甘草,说明供给曲线是一条直线,也说明每一根甘草的边际成本都是不变的 0.3 美元。

（2）这个行业没有处于长期均衡,因为甘草的价格 0.3 美元高于它的平均总成本 0.2 美元。甘草行业是完全竞争的,达到长期均衡时,应该价格等于它的最低平均总成本,行业中的企业获得零利润。

8. 答:不应该吃完。因为菜已经买下了,为一桌菜所支付的 100 元已经成为沉没成本。短期均衡中,沉没成本不予考虑。此时,只衡量吃菜的边际成本与边际收益就可以了。感到饱了,说明收益(或效用)已经最大化。如果再吃,就会产生不适感,边际收益(或效用)会为负,也即边际成本大于边际收益,总效用会下降。这就像竞争厂商短期均衡一样,只要边际成本等于边际收益,厂商就不再增加产量,因为已经达到利润最大化,这里是效用已经达到最大化。

9. 答:成本递减的完全竞争行业是这样一个行业,其产量的增加所引起的生产要素的增加,反而使生产要素的价格下降。

成本递减的完全竞争行业的长期供给曲线是向右下方倾斜的,原因在于成本递减的完全竞争行业的长期平均成本是递减的。向右下方倾斜的长期供给曲线表示:成本递减的完全竞争行业的长期供给价格随着行业长期供给量的增加而减少,市场需求的变化会引起行业长期均衡产量的同向变化与均衡价格的反向变化。

如图 7.3 所示, D_0 是原市场需求曲线,现在 D_0 向右上方移动到 D_1。那么在极短期(厂商来不及调整产量)每个厂商的供给量不变,则市场供给量也不变,从而使市场供给曲线是如图 7.3 上的 S_0 所示的一条垂直于横轴的直线,此时,厂商只能调整价格,产量无法调整,仍然是 Q_1。

在短期,厂商可以通过增加可变生产要素的投入量来增加产量,另外,同时调整产品的价格,每个厂商都这样做时,市场供给曲线向右上方倾斜,新的均衡点为 C,均衡价格为 P_2,均衡产量为 Q_2。

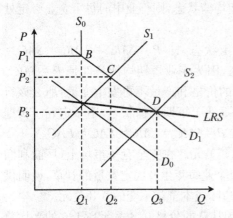

图7.3 成本递减的完全竞争行业的长期供给曲线

在长期,新的均衡点为 D,均衡价格为 P_3,均衡产量为 Q_3。因为在长期,厂商可以调整厂房设备,甚至退出行业,新的厂商也可以进入。假定规模经济带来的好处,厂商的生产成本曲线下降,厂商在扩大产量的同时,价格(P_3)反而低于原先的均衡价格(P_2)。

10. 答:对于张先生的剪草中心来说,$P=270$元,$ATC=2\,800\div10=280$元,$AVC=(2\,800-300)\div10=250$元。

当价格小于平均可变成本,即 $P<AVC=250$元时,在短期内企业(剪草中心)也应该停止营业。因为此时价格没有弥补平均可变成本,企业停止生产比继续经营状况要更好。

当价格小于平均总成本但是大于平均可变成本,即 $AVC<P<ATC$ 时,在短期内企业(剪草中心)应该继续经营。因为此时价格除了弥补平均可变成本外,还有剩余可以弥补固定成本。如果状况无法改善,从长期来看,企业(剪草中心)应该长期退出剪草坪市场。

就现在的情况即 $AVC<P<ATC$ 来看,张先生的剪草中心在短期内应该继续经营。如果状况无法改善,企业(剪草中心)应该长期退出剪草坪市场。因为价格已经低于平均总成本。

七、案例分析

【案例1参考答案】

(1)面临的市场结构由最初的完全垄断到了改革开放后的完全竞争市场。在计划经济时期,整个行业只有上海航标厂一个厂商,自己定价,产品由国家统包统销,典型的行政垄断。改革开放后,大量厂商流入这个行业,厂商众多,产品可视为同质的,市场没有进入壁垒,竞争形成价格,所以上海航标厂面临的市场结构变化成为一个完全竞争的市场。

(2)竞争促进企业提高技术,竞争促进企业改善经营管理,竞争促进企业按照市场规律办事,积极应对竞争,参与竞争,降低成本,提高市场竞争力以获取更多的市场份额。(以上几点可以自由发挥)

【案例2参考答案】

(1)在做出是否在午餐时营业的决策时,餐馆老板必须记住固定成本与可变成本的区别。餐馆的许多成本——租金、厨房设备、桌子、盘子、银器等——都是固定的。停止营业并不能减少这些成本。也即在短期中,这些都是沉没成本。当老板决定是否提供午餐时,只有可变成本——增加的食物价格和增加的店员工资——是与决策相关的。只有在午餐时,从顾客那里得到的收入少到不足以弥补餐馆的可变成本时,老板才应该在午餐时间关门。从顾客那里得到的收入即使不足以弥补所有的经营成本,但只要能够弥补餐馆的可变成本,餐馆就应该继续营业。

(2) 高尔夫球场的经营者面临着与餐馆老板类似的决策。由于不同的季节收入变动很大,企业必须决定什么时候开门,什么时候关门。我们知道高尔夫球场的高固定成本是与决策无关的。只有在一年中收入大于可变成本的时间里,企业才应继续生产经营。即使在淡季,小型高尔夫球场的收入也可能足以弥补可变成本,因此,球场当然应该开业经营。

第八章 市场理论二:不完全竞争市场

第一部分 习 题

一、名词解释

1. 完全垄断市场 2. 自然垄断 3. 自然禀赋 4. 价格歧视 5. 垄断利润 6. 垄断厂商的需求曲线 7. 垄断竞争 8. 产品差别 9. 主观需求曲线 10. 客观需求曲线 11. 生产集团 12. 寡头市场 13. 纯粹寡头 14. 差别寡头 15. 拐折的需求曲线 16. 串谋 17. 卡特尔 18. 价格领导

二、单项选择题

1. 对于完全垄断厂商来说,(   )。
    A. 提高价格一定能够增加收益
    B. 降低价格一定会减少收益
    C. 提高价格未必能增加收益,降低价格未必会减少收益
    D. 以上都不对

2. 在垄断厂商的短期均衡时,垄断厂商会(   )
    A. 利润为零   B. 获得利润
    C. 亏损   D. 上述情况都可能存在

3. 一个垄断厂商要取得最大利润,(   )。
    A. 可以自由定价
    B. 可以在缺乏弹性的部分自由定价
    C. 可以在富有弹性的部分自由定价
    D. 必须使 $MR = MC$

4. 垄断比竞争更可取的可能理由是(   )。
    A. 垄断厂商有定价的自由权
    B. 垄断厂商更有降低成本的自觉性
    C. 因专利而取得的垄断地位有利于保护发明者的权益

D. 垄断厂商一般有较长的寿命
5. 垄断会降低经济效率,这是因为当利润最大化时,( )。
　　A. 总收益超过总成本　　　　　　B. 价格超过边际成本
　　C. 边际收益等于边际成本　　　　D. 边际收益大于边际成本
6. 一个实行价格歧视的垄断厂商,将在需求( )的市场索取最高的价格。
　　A. 价格弹性最大　　　　　　　　B. 价格弹性最小
　　C. 缺乏价格弹性　　　　　　　　D. 单位价格弹性
7. 垄断厂商利润最大时,( )。
　　A. $P = MR = MC$　　　　　　　　B. $P > MR = MC$
　　C. $P > MR = AC$　　　　　　　　D. $P > MC = AC$
8. 当垄断市场的需求富有弹性时,那么( )。
　　A. 边际收益与边际成本之间的差额较大
　　B. 边际收益与价格之间的差额较大
　　C. 边际收益与价格之间的差额较小
　　D. 边际收益与价格之间的差额为零
9. 如果完全垄断厂商在两个分割的市场中具有相同的需求曲线,那么垄断厂商( )。
　　A. 可以实行价格歧视　　　　　　B. 不能实行价格歧视
　　C. 可以实行一级价格歧视　　　　D. 上述都不对
10. 如果在需求曲线某一点上的需求价格弹性 $e_d = 6$,商品的价格 $P = 6$,则相应的边际收益 MR 为( )。
　　A. 7　　　　B. 5　　　　C. 1　　　　D. 30
11. 完全垄断厂商的总收益与价格同时下降的前提条件是( )。
　　A. $E_d > 1$　　B. $E_d < 1$　　C. $E_d = 1$　　D. $E_d = 0$
12. 如果某垄断者有一线性需求函数,总收益增加时,( )。
　　A. 边际收益为正值且递增　　　　B. 边际收益为正值且递减
　　C. 边际收益为负值　　　　　　　D. 边际收益为零
13. 完全垄断厂商的产品需求弹性 $E_d = 1$ 时,( )。
　　A. 总收益最小　　　　　　　　　B. 总收益最大
　　C. 总收益递增　　　　　　　　　D. 总收益递减
14. 如果在需求曲线上有一点,$E_d = 2, P = 20$ 元,则 MR 为( )。
　　A. 30 元　　B. -10 元　　C. 60 元　　D. 10 元
15. 当垄断市场的需求富于弹性时,MR 为( )。

A. 正　　　　　B. 负　　　　　C. 0　　　　　D. 1

16. 如果市场价格超过平均成本,边际收益大于边际成本,垄断厂商多卖1单位时,(　　)。

    A. 对总利润没有影响,但会缩小边际收益和边际成本之间的差额

    B. 总利润会减少

    C. 厂商总收益会减少,其数额等于 $P-AC$

    D. 总利润增加,其数额为 $MR-MC$,并缩小边际收益和边际成本之间的差额

17. 完全垄断厂商的平均收益曲线为直线时,边际收益曲线也是直线。边际收益曲线的斜率为平均收益曲线斜率的(　　)。

    A. 2倍　　　　B. 1/2　　　　C. 1倍　　　　D. 4倍

18. 市场需求增加时,垄断厂商会(　　)。

    A. 提高价格以增加边际收益　　　B. 增加产量以提高价格

    C. 降低产量以增加边际成本　　　D. 减少产量以降低价格

19. 若一个管理机构对一个垄断厂商的限价正好使经济利润消失,则价格要等于(　　)。

    A. 边际收益　　　　　　　　　　B. 边际成本

    C. 平均成本　　　　　　　　　　D. 平均可变成本

20. 完全垄断厂商达于长期均衡的条件是(　　)。

    A. $MR=MC$　　　　　　　　　　B. $MR=SMC=LMC$

    C. $MR=SMC=LMC=SAC$　　　　D. $MR=SMC=LMC=SAC=LAC$

21. 完全垄断厂商如果处于(　　)。

    A. 长期均衡时,一定处于短期均衡

    B. 长期均衡时,不一定处于短期均衡

    C. 短期均衡时,一定处于长期均衡

    D. 以上都不是

22. 在完全垄断厂商的最好或最优产量处,(　　)。

    A. $P=MC$　　　　　　　　　　B. $P=SAC$ 的最低点的值

    C. P 最高　　　　　　　　　　D. $MR=MC$

23. 如果垄断者的长期平均成本超过市场价格,则厂商将(　　)。

    A. 停留在这一营业水平上,因为它使资本得到了一个正常报酬

    B. 停留在这一营业水平上,尽管其固定成本没有得到补偿

    C. 歇业并清理资产

D. 暂时停业

24. 要能有效地实行差别定价,除下列哪一条外都是必须具备的条件?(　　)
   A. 厂商具有市场势力
   B. 一个巨大的无弹性的总需求
   C. 每个分市场上需求价格弹性是不同的
   D. 保持市场分隔以防止商品被顾客再售卖

25. 完全垄断市场中如果 X 市场的价格高于 Y 市场的价格,则(　　)。
   A. X 市场的需求弹性大于 Y 市场的需求弹性
   B. X 市场的需求弹性小于 Y 市场的需求弹性
   C. 两个市场的需求弹性相等
   D. 以上都正确

26. 垄断竞争市场上厂商的短期均衡发生于(　　)。
   A. 边际成本等于实际需求曲线产生的边际收益时
   B. 平均成本下降时
   C. 主观需求曲线与实际需求曲线相交,并且边际成本等于主观需求曲线中产生的边际收益时
   D. 主观需求曲线与平均成本曲线相切时

27. 垄断竞争厂商短期均衡时,(　　)。
   A. 厂商可能获得超额利润　　　　B. 厂商可能遭受亏损
   C. 可能得到正常利润　　　　　　D. 三种情况都可能发生

28. 垄断竞争厂商长期均衡时,必然有(　　)。
   A. 价格大于长期平均成本
   B. 在均衡点上,垄断竞争厂商的利润为零
   C. 资源在广告中浪费
   D. 边际成本等于实际需求曲线中产生的边际收益

29. 垄断竞争厂商长期均衡点上,长期平均成本曲线处于(　　)。
   A. 上升阶段　　　　　　　　　　B. 下降阶段
   C. 水平阶段　　　　　　　　　　D. 以上三种情况都可能

30. 垄断竞争厂商的长期均衡与短期均衡的唯一区别是长期均衡多了如下哪个条件?(　　)
   A. $AR = AC$　　　　　　　　　B. d 曲线和 D 曲线相交
   C. $P = AR$　　　　　　　　　　D. d 曲线必须与 LAC 曲线相切

31. 在垄断竞争中,利润会趋于零,这是由于(　　)。

A. 进入该行业容易 B. 产品差别
C. 成本最小化 D. 收益最大化

32. 在垄断竞争中,(   )。
   A. 只有为数很少几个厂商生产有差异的产品
   B. 有许多厂商生产同质产品
   C. 只有为数很少几个厂商生产同质产品
   D. 有许多厂商生产有差别的产品

33. 垄断竞争行业将不断有新厂商进入或退出,直到需求曲线刚好接触到(   )。
   A. 边际成本曲线 B. 边际收益曲线
   C. 平均成本曲线 D. 平均不变成本曲线

34. 垄断竞争厂商实现最大利润的途径有(   )。
   A. 调整价格从而确定相应产量 B. 品质竞争
   C. 广告竞争 D. 以上途径都可能用

35. 垄断竞争区别于寡头在于(   )。
   A. 在垄断竞争中,厂商不需要考虑其竞争对手的反应
   B. 在寡头中,不存在竞争
   C. 寡头是不完全竞争的一种形式
   D. 在垄断竞争中,厂商面对的需求曲线是向右下方倾斜的

36. 寡头垄断厂商的产品是(   )。
   A. 同质的
   B. 有差异的
   C. 既可以是同质的,也可以是有差异的
   D. 以上都不对

37. 要得到古诺模型中的均衡,必须假定(   )。
   A. 该行业中只有两个厂商 B. 边际成本为零
   C. 两厂商有相同的反应函数 D. 以上都不对

38. 假定有 4 个寡头厂商,生产中没有可变成本,面对的市场需求曲线是 $P=120-Q$,如果每个厂商按照古诺模型求得利润极大,则(   )。
   A. 每个厂商生产单位产品 B. 市场价格 $P=24$
   C. 行业供给量是 90 单位产品 D. 不存在稳定均衡

39. 卡特尔制定统一价格的原则是(   )。
   A. 使整个卡特尔的产量最大

B. 使整个卡特尔的利润最大
C. 使整个卡特尔的成本最小
D. 使整个卡特尔中各厂商的利润最大

40. 一个卡特尔要使利润极大,必须(   )。
    A. 使每个厂商的边际成本等于行业的边际收益
    B. 给每个厂商分配一产量定额
    C. 厂商间有某种分配利润的制度
    D. 以上都对

41. 卡特尔的基本目标是(   )。
    A. 集体增加产量,降低价格
    B. 使总收益最大化
    C. 对同一种产品向不同的消费者索取不同的价格
    D. 最大化总产量

42. 在拐折的需求曲线模型中,拐点左右两边的需求弹性是(   )。
    A. 左边弹性大,右边弹性小   B. 左边弹性小,右边弹性大
    C. 左右两边弹性一样大   D. 以上都不对

三、判断题

1. 只要市场价格高于边际成本,垄断企业必定扩大产量。(   )
2. 如果一个行业属于自然垄断行业,那么就应该由政府经营。(   )
3. 垄断厂商总能获得经济利润。(   )
4. 自然垄断意味着规模经济在一个产量充分大的范围内仍旧存在。(   )
5. 垄断厂商拥有控制市场的权力,这意味着对于他的产品,他可以任意制定一个价格。(   )
6. 完全垄断企业在价格歧视中,将在需求价格弹性较大的市场上,以较低的价格销售较大的产量。(   )
7. 垄断厂商不会在需求曲线弹性小于1的地方生产。(   )
8. 垄断厂商的平均收益曲线与边际收益曲线是同一条曲线。(   )
9. 实现三级价格歧视的两个市场中的需求价格弹性一定不一样。(   )
10. 第三级差别定价情况下,垄断厂商利润最大化的条件是总的边际收益等于各个市场的边际收益之和。(   )
11. 垄断厂商没有竞争对手,因此垄断厂商不必像垄断竞争厂商那样采用广告策略。(   )
12. 产品差别必须是功能、外观、质量等方面实实在在存在的差别。(   )

13. 垄断竞争企业短期内不一定存在利润,长期中一定不存在利润。(   )

14. 垄断竞争长期均衡与完全竞争的一样,都是零利润均衡,因此垄断竞争市场的价格也是最低的。(   )

15. 产品的差别越大,价格差别可能也越大。(   )

16. 长期中,由于新企业的进入,使得垄断竞争市场的价格等于厂商的最小长期平均成本。(   )

17. 实施产品差别化策略,有利于摆脱价格战。(   )

18. 寡头垄断厂商都面对一条拐折的需求曲线。(   )

19. 拐折的需求曲线模型意味着在寡头行业中不存在一个占支配地位的大厂商。(   )

20. 寡头市场上企业的数量越多,产量和价格就越接近于竞争下存在的水平。(   )

21. 寡头企业之间利己的行为必然导致相反的结果。(   )

22. 古诺独立行动模型双头垄断的均衡产量,低于双头互相勾结时的均衡产量。(   )

四、简答题

1. 比较完全竞争厂商的长期均衡与完全垄断厂商的长期均衡。
2. 垄断市场形成的原因有哪些?
3. 为什么说垄断市场相比于完全竞争市场缺乏效率?
4. 简述产品差别对垄断竞争市场形成的意义。
5. 简述不完全竞争市场的三种类型。
6. 垄断厂商的收益与需求价格弹性有什么关系?
7. 什么是垄断竞争市场?该市场的条件有哪些?
8. 请解释卡特尔组织不稳定的原因。
9. 对比其他市场结构,说明不能建立一般的寡头模型的原因。
10. 完全垄断与寡头垄断的区别。
11. 定义价格歧视,简述实行价格歧视所需的条件及价格歧视的种类。
12. 垄断厂商一定能获得超额利润吗?如果在最优产量处亏损,它在短期内会继续生产吗?在长期内又会怎样?

五、计算题

1. 某垄断厂商的短期总成本函数为 $STC = 0.1Q^3 - 6Q^2 + 140Q + 3\,000$,反需求函数为 $P = 150 - 3.25Q$。求该厂商的短期均衡产量和均衡价格。

2. 假设一个垄断厂商面临的需求曲线为 $P = 10 - 3Q$,成本函数为 $TC = Q^2$

$+2Q$。

(1) 求利润最大时的产量、价格和利润。

(2) 如果政府企图对该垄断厂商采取限价措施,迫使其达到完全竞争行业所能达到的产量水平,则限价应为多少?

(3) 如果政府企图对该垄断厂商生产的每单位产品征收 1 单位产品税,新的均衡点如何?

3. 某垄断厂商的产品在两个分割的市场出售,产品的成本函数和两个市场的需求函数分别为 $TC = Q^2 + 10Q, Q_1 = 32 - 0.4P_1, Q_2 = 18 - 0.1P_2$。

(1) 假设可以实行价格歧视(差别价格),求解厂商利润最大时的两个市场的售价、销售量和利润。

(2) 假如只能索取相同的价格,求解厂商利润最大时的售价、销售量和利润。

4. 设垄断者面临的需求函数和成本函数分别为 $P = 100 - 3Q + 4\sqrt{A}$ 和 $TC = 4Q^2 + 10Q + A$,其中,A 是厂商的广告支出费用,试求利润最大时 A、Q 和 P 的值。

5. 垄断厂商的总收益函数为 $TR = 100Q - Q^2$,总成本函数为 $TC = 10 + 6Q$。试求:

(1) 厂商利润最大化的产量和价格。

(2) 如果政府征收 10% 的从价销售税,那么厂商的均衡产量和市场价格为多少?

6. 一个垄断厂商面临的需求价格弹性为 3,垄断价格为 15,求厂商此时的边际成本是多少?

7. 垄断厂商面临的需求 $Q = 100 - 5P$,其生产的边际成本恒为 10 元。在征收每单位 2 元的消费税后,求:

(1) 垄断厂商的均衡价格上升了多少?

(2) 垄断厂商的利润有什么变化?福利的净损失是多少?

8. 某垄断厂商面临的需求为 $Q = 200 - 4P$,问:

(1) 一般情况下垄断者出售 120 单位产品的总收益为多少?

(2) 如果垄断者实行一级价格歧视,则垄断者的收益为多少?它依靠此项政策攫取的消费者剩余是多少?

(3) 如果垄断者实行二级价格歧视,对前 80 个单位的商品定价为 30 元,超过 40 个单位定价为 20 元,那么垄断者依靠此项政策攫取的消费者剩余是多少?

9. 已知某垄断厂商生产一种同质产品,在能实行差别价格的两个市场上出售,其总成本函数为 $TC = \frac{1}{3}Q^3 - 40Q^2 + 1800Q + 5000$。这里总成本以美元计,产量以吨计,两个市场的需求函数为 $q_1 = 320 - 0.4P_1$ 和 $P_2 = A - Bq_2$,该垄断厂商利润极大时的均衡年总产量为 60 吨,年纯利润为 5000 美元,试求 A 和 B 的数值。

10. 已知某垄断厂商的总成本函数为 $TC = 6Q + 0.05Q^2$,产品的需求函数为 $Q = 360 - 20P$。

(1) 求利润极大时的产品价格、产量和利润。

(2) 若政府限定一最高售价以诱使该厂商在这一价格下提供的产量为最大,求这一最高限价以及厂商提供的产量和利润。

11. 洗衣市场的日需求曲线为 $Q = 72 - 2P$,某一家洗衣店的成本函数为 $C = 0.1Q^2 + 40$。请回答如下问题:

(1) 上述问题更有可能反映了短期生产还是长期生产?

(2) 如果只有一家洗衣店在市场上经营,均衡价格和洗衣数量是多少? 利润是多少?

(3) 如果洗衣市场是完全竞争的,能否根据已知数据计算出均衡的市场价格与某家洗衣店的洗衣数量? 若能,是多少? 若不能,为什么?

(4) 假设市场是完全竞争的,市场价格为 10 元,问这一家洗衣店的洗衣数量是多少? 利润是多少? 并据此推测市场的长期趋势。

12. 已知一个垄断竞争厂商的反需求函数为 $P = 11100 - 30Q$,其总成本函数为 $TC = Q^3 - 30Q^2 + 300Q + 400000$,试确定该厂商利润最大化的价格和产出。

13. 某垄断竞争市场中一厂商的长期总成本函数为 $LTC = 0.001Q^3 - 0.425Q^2 + 85Q$。假设该市场不存在进入障碍,产量由该市场的整个生产集团调整。如果生产集团中所有厂商按同样比例调整他们的价格,出售产品的实际需求曲线为 $Q = 300 - 2.5P$。

(1) 计算厂商长期均衡产量和价格。

(2) 计算厂商主观需求曲线上长期均衡点的弹性。

(3) 若厂商主观需求曲线是线性的,导出厂商长期均衡时的主观需求曲线。

14. 假设只有 A、B 两个寡头出售同质性且生产成本为零的产品,该产品的市场需求函数为 $Q_d = 240 - 10P$,厂商 A 先进入市场,随后 B 进入,各厂商确定产量时认为另一个厂商会保持产量不变。试问:

(1) 均衡时各厂商的产量和价格为多少?

(2) 与完全竞争和完全垄断相比,该产量和价格如何?

(3) 各厂商的利润为多少? 该利润与完全竞争和完全垄断相比情况如何?

(4) 如果再有一厂商进入该行业,则行业均衡产量和价格会发生什么变化? 如果有更多厂商进入,情况又会怎么样?

15. 在某垄断竞争市场中,长期均衡时的均衡点是代表性厂商的需求曲线与其长期平均成本曲线相切之点。已知代表性厂商的长期成本函数和需求函数分别为

$$LTC = 0.0025Q^3 - 0.5Q^2 + 384Q, \quad P = A - 0.1Q$$

上式中的 A 是集团内厂商人数的函数。在长期均衡条件下,求代表性厂商的均衡价格和产量以及 A 的数值。

16. A 和 B 是两个向小镇提供矿泉水服务的厂商,边际成本相同,都为常数 c,市场需求曲线是 $P = a - Q$。

(1) 如果两个厂商在古诺双头垄断的环境中展开竞争,同时选择产量,求两个厂商的均衡产量和价格。

(2) 如果两个厂商相互勾结,其产量和价格又是什么?

(3) 上述两种产量哪一种更有利? 一般而言,两个厂商会选择哪一个产量? 为什么?

(4) 上述两种产量中哪一种是纳什均衡?

17. 寡头市场上有一种决策方式是准竞争(quasi-competitive),其含义是市场上所有的寡头垄断厂商都模仿完全竞争厂商的行为模式,使生产的边际成本等于市场价格。假定某市场上有 n 个相同的卖方垄断生产厂商,他们所面对的反需求函数为 $P = a - b(q_1 + \cdots + q_n)$,其成本函数为 $TC_i = cq_i$。求解:

(1) 古诺均衡解。

(2) 确定准竞争解。

(3) 当 $n \to \infty$,古诺解是否收敛于准竞争解?

18. 假设某一寡头垄断厂商现在以 8 美元的价格出售商品,若价格上升,它面临的需求曲线为 $Q_d = 360 - 40P$,若价格下降,它面临的需求曲线为 $Q_d = 120 - 10P$。

(1) 如果该垄断厂商的成本表已知为表 8.1 中的 SMC 和 SAC,找出该厂商最好的产出水平及这一产出水平下的售价和利润。

(2) 如果该垄断厂商的成本表改为 SMC' 和 SAC'(如表 8.1 所示),则新的最优产出水平及该产量下的售价和利润各为多少?

表 8.1

Q	SMC	SAC	SMC'	SAC'
20	3	4.50	4	5.50
30	4	4.00	5	5.00
40	5	4.50	6	5.55

19. 两个寡头垄断厂商生产的边际成本都固定为 5 单位，即 $MC = 5$。厂商面临的需求函数为 $Q(P) = 53 - P$，假设两个厂商进行古诺竞争。

(1) 求出古诺均衡的产量。

(2) 计算市场均衡价格与每个厂商的利润。

(3) 如果两个厂商进行伯川德(Bertrand)竞争，那么市场均衡价格为多少？

20. 某快餐连锁店米当劳在一个小岛上开了一家分店，成为这个小岛上唯一提供豆沙包的餐馆，假定它生产豆沙包的总成本是 $TC = 0.5Q + 15$。该餐馆对豆沙包进行差别定价，价格分别是 P_H 和 P_L。每位顾客都可以 P_H 价格购买豆沙包，但是只有持有本地报纸提供的米当劳优惠券的人才能以 P_L 的价格购买豆沙包。假定小岛上豆沙包的需求曲线是 $P = 20 - 0.5Q$，而且只有那些在价格 P_H 时不愿意购买的人才愿意手持优惠券以 P_L 的价格购买豆沙包。

(1) 求出米当劳德的供给函数和边际收益函数。

(2) 如果米当劳不能实行差别定价，它的利润是多少？

(3) 能够差别定价时，如何定价 P_H 和 P_L，才能达到利润最大化？

六、论述题

1. 为什么需求的价格弹性较高，导致垄断竞争厂商进行非价格竞争？
2. 说明完全垄断厂商的短期均衡条件以及三种均衡状态。
3. 为什么垄断者的边际收益小于其产品价格？边际收益能成为负的吗？
4. 一个小镇有许多相互竞争的超市，它们有不变的边际成本。

(1) 用图形说明消费者剩余、生产者剩余和总剩余。

(2) 如果独立的超市联合为一个连锁店，用新图形说明新消费者剩余、生产者剩余和总剩余。

相对于竞争市场而言，从消费者转移给生产者的是什么？什么是无谓损失？

5. 为什么垄断厂商实行二级价格歧视比实行一级价格歧视要容易？
6. 解释为什么垄断者的产量总是在需求曲线富有弹性的范围内。
7. 弯折的需求曲线模型是如何解释寡头市场的价格刚性现象的？

8. 垄断厂商实行三级价格歧视时的价格和产量是如何确定的?

9. 参加卡特尔的各厂商会按相同的价格出售产品,但不会要求生产相等的产量,为什么?

10. 武汉黄鹤楼的入场券采取差别价格政策,国内游客的入场票价为 2 元,外国人的入场券为 5 元,试用基加利论分析:

(1) 为什么采用差别价格?

(2) 在怎样的条件下,施行这种政策才能有效?

11. 试说明分时段的航空客票价格是一种价格歧视。

七、案例分析

【案例】 黄山门票价格。

黄山,位于安徽省黄山市,地跨市内歙县、休宁、黟县和黄山区、徽州区,面积 1200 平方千米。黄山风景区自然景观秀丽,奇松、怪石、云海、温泉素称黄山"四绝",令海内外游人叹为观止。每年 12 月 1 日至次年 2 月 28 日为旅游淡季,黄山门票价为 150 元/人。每年 3 月 1 日至 11 月 30 日为旅游旺季,黄山门票价为 230 元/人。对特殊群体的优惠:① 学生(全日制本科及以下学校)、现役军人、军队退离休干部、未成年人、全国道德模范、英雄模范和省部级以上劳动模范来黄山旅游,凭相关证件门票按旺季价格享受半价优惠,即 115 元/张。② 60 岁以上的老年人凭本人有效居民身份证件,门票按旺季价格享受半价优惠,即 115 元/张。③ 残疾人凭《中华人民共和国残疾人证》门票按旺季价格享受半价优惠,即 115 元/张,持有国家残联颁发的 1~4 等残疾证的残疾人士可享受免票待遇。另外,黄山每年会举行一系列特殊优惠活动,如 2010 年 2 月 24~28 日期间举办"面朝黄山 春暖花开——百辆大巴畅游黄山活动"。活动期间,来自上海、江苏、浙江、安徽、湖北、山东、河南、江西等八省市籍的游客,凭本人有效居民身份证(或暂住证、居住证)可享受黄山风景区淡季门票价格的六折优惠(每张 90 元,已享受黄山门票相关优惠奖励政策的游客不重复优惠)。根据上述材料回答:

(1) 黄山门票定价采用的是统一定价还是差别定价?为什么采用这种定价政策?

(2) 有效实施这种定价政策的条件是什么?

第二部分 参考答案

一、名词解释

1. **完全垄断市场**:是指整个行业中只有唯一的一个厂商的市场组织。作为完全垄断市场必须具备以下三个条件:第一,市场上只有唯一的一个厂商生产和销售商品;第二,该厂商生产和销售的商品没有任何相近的替代品;第三,其他厂商不能进入该行业或进入该行业极其困难。在这样的市场中,排除了任何的竞争因素,独家垄断厂商控制了整个行业的生产和销售,所以垄断厂商可以控制和操纵市场价格。

2. 自然垄断:是指由于一个企业能够以低于两个或更多企业的成本向整个市场供给一种物品或劳务而产生的垄断。某些行业在相关产量范围存在规模报酬递增的特征,并且市场规模正好处于这一范围。此时,在这些行业中只需要一家厂商生产经营就可以满足整个市场的需求,获取规模经济的好处,自然垄断就产生了。

3. 自然禀赋:指由自然资源和先天优势等决定因素构成的条件。各国自然禀赋的差异是国际分工与国际贸易发展的一个重要影响因素。

4. 价格歧视:是指一家厂商出售完全相同的商品时,不按同一价格销售的行为,或者对实际成本不同的产品按同一价格销售的行为。从严格的经济学意义上说,并非所有的价格差异都被视为价格歧视,如果价格差异反映了产品质量或生产经营成本的差异,就不应该属于价格歧视。同样,对商品收取同一价格也并不必然不是价格歧视。

5. 垄断利润:指垄断企业凭借对生产要素、技术专利、品牌等的排他性占有和市场势力所获得的高额利润。垄断利润的获取一般是通过垄断价格实现的。

6. 垄断厂商的需求曲线:完全垄断市场中只有一个厂商,因此,市场的需求曲线就是垄断厂商面临的需求曲线,它是一条向右下方倾斜的曲线。它表示垄断厂商可以用减少销售量的办法来提高市场价格,也可以用增加销售量的办法来压低市场价格。

7. 垄断竞争:指由许多厂商生产和销售有差别的同类产品的这样一种市场组织。它是介于完全竞争与完全垄断之间,并更接近于完全竞争市场的一种较为现实的市场结构。它既包含竞争因素又包含一定的垄断成分。

8. 产品差别:就是同类产品由买方偏好而形成的具有不完全替代关系的状态。产品差别可能来自产品实质上的不同,如质量、性能、设计、颜色、款式和包装等,也可能来自购买者主观感觉上的差别。另外,销售条件、专利、商标、厂商名称及信誉等也会造成产品差别。

9. 主观需求曲线:表示当某个厂商改变自己产品的价格,而该行业中与之竞争的其他厂商保持产品价格不变时,该厂商的产品价格与销售量之间的关系。记为 d 需求曲线,也称为预期需求曲线。

10. 客观需求曲线:表示当一个厂商改变自己产品的价格,该行业中其他与之竞争的厂商也随之改变价格时,该厂商的产品价格与销售量之间的关系。记为 D 需求曲线,又称为比例需求曲线或客观需求曲线。

11. 生产集团:在垄断竞争理论中,把市场上大量的生产非常接近的同类产品的厂商的全体称为生产集团。

12. 寡头市场:又称寡占市场,是指少数几家厂商控制着整个市场的产品生产和销售的这样一种市场结构。寡头市场既包含垄断因素又包含竞争因素,但更接近于完全垄断市场。寡头市场的特征是市场中只有很少几家厂商,这些厂商之间存在高度的相互依存关系,一家厂商产量或价格的任何变化都将影响市场价格,从而影响竞争对手的利润。

13. 纯粹寡头:如果寡头产业每个寡头所生产的产品是同质的,例如从事钢铁、水泥、铜等产品生产的寡头,则称为纯粹寡头(pure oligopoly)。

14. 差别寡头:如果寡头所生产的产品是有差别的,例如从事汽车、电脑产品生产的寡头,则称为差别寡头(differentiation oligopoly)。

15. 拐折的需求曲线:是用来解释寡头市场的价格刚性现象的。基本假设条件是:如果一个寡头厂商提高价格,行业中的其他寡头厂商都不会跟着改变自己的价格,因而提价的寡头厂商的销售量的减少是很多的;如果一个寡头厂商降低价格,行业中的其他寡头厂商会将价格下降到相同的水平,以避免销售份额的减少,因而该寡头厂商的销售量的增加是很有限的。在以上的假设条件下可推导出寡头厂商的需求曲线是不连续的,是拐折的。拐点以下部分比较陡峭,拐点以上部分比较平坦,这条需求曲线就被称为拐折的需求曲线。

16. 串谋:寡头厂商以某种方式勾结在一起,使其共同利润最大化。为了实现共同利润最大化的目标,串谋者通常就价格、产量和市场等事项达成协议,以便协调行动,共同对付消费者。串谋的形式可能是公开的,如卡特尔;也可能是非公开的,如价格领导。串谋一般不具有稳定性。

17. 卡特尔:是一个行业的各个独立的厂商就价格、产量和销售地区等事项达成的必须严格遵守的、明确的协议,通常是正式的协议。其最终目的是通过厂商间的协调行动来获取尽可能多的利润。

18. 价格领导:是指一个行业的产品价格,通常由某一厂商率先制定,其余厂商追随其后确定相应各自的价格。如果产品是同质的,那么价格通常是划一的;如果产品是有差别的,价格可能是划一的,也可能按照一定差别定价。

二、单项选择题

1. C   2. D   3. D   4. C   5. B   6. B   7. B   8. C   9. B   10. B   11. B

12. B 13. B 14. D 15. A 16. D 17. A 18. A 19. C 20. B 21. A
22. D 23. C 24. B 25. B 26. C 27. D 28. B 29. B 30. D 31. A
32. D 33. C 34. D 35. A 36. C 37. D 38. B 39. B 40. D
41. B 42. A

三、判断题

1. 错误。【提示】垄断企业按照边际收益等于边际成本原则来决定最优产量,垄断市场价格一般高于边际收益,因此,市场价格高于边际成本,并不意味着边际收益高于边际成本。

2. 错误。【提示】一个行业属于自然垄断行业,只表明该行业应该由一家厂商生产经营,并不说明该由政府经营。

3. 错误。【提示】垄断厂商在短期内既可能获得经济利润,也可能遭受亏损,或经济利润为零。

4. 正确。【提示】这是自然垄断的一个特征。

5. 错误。【提示】垄断厂商虽拥有控制市场的权力,但并不意味着对于他的产品,他可以任意制定一个价格,还要看该商品的需求价格弹性等因素。

6. 正确。【提示】完全垄断企业所能够要求的价格,一般与需求价格弹性有关。需求价格弹性越大,一般所能够要求的价格越低。

7. 错误。【提示】$MR = P\left(1 - \dfrac{1}{e_d}\right)$,需求曲线弹性小于1时,$MR < 0$。

8. 错误。【提示】垄断厂商面临的是一条向右下方倾斜的需求曲线,平均收益曲线与需求曲线重叠,边际收益曲线位于平均收益曲线下方,因为只要平均量下降,边际量就总是小于平均量。

9. 正确。【提示】如果两个市场中的需求价格弹性一样,则根据利润最大化条件:$MR_1 = MR_2 = MR$,与公式 $MR = P\left(1 - \dfrac{1}{e_d}\right)$,两个市场的价格必然相同。

10. 错误。【提示】第三级差别定价情况下,垄断厂商利润最大化的条件是总的边际收益等于各个市场的边际收益之和。

11. 错误。【提示】垄断厂商虽然没有竞争对手,但是垄断厂商也需要做广告,因为广告具有传递信息的作用。

12. 错误。【提示】产品差别既可能是功能、外观、质量等方面实实在在存在的差别,也可能来自购买者主观感觉上的差别。

13. 正确。【提示】垄断竞争企业短期内可能有经济利润,也可能遭受亏损,由于进入或退出非常容易,长期中经济利润一定为零。

第八章 市场理论二:不完全竞争市场

14. 错误。【提示】虽然垄断竞争长期均衡与完全竞争的一样,都是零利润均衡,但是垄断竞争市场的价格并不是最低的。d 需求曲线与 LAC 曲线相切于其最低点的左边。

15. 正确。【提示】产品的差别程度越大,表明产品之间的替代性越弱,厂商对价格的影响力越大。

16. 错误。【提示】长期中,垄断竞争市场的价格并不等于厂商的最小长期平均成本。参见判断题 14。

17. 正确。【提示】参见判断题 14。

18. 错误。【提示】寡头垄断厂商间若存在勾结等情况,则面对的将不是一条拐折的需求曲线。

19. 正确。【提示】如果在寡头行业中存在一个占支配地位的大厂商,则面对的需求曲线将不是一条拐折的。

20. 正确。【提示】寡头市场上企业的数量越多,市场越接近竞争性市场,其产量和价格也越接近于竞争下存在的水平。

21. 错误。【提示】寡头企业之间利己的行为不一定导致相反的结果。

22. 错误。【提示】古诺独立行动模型双头垄断的均衡产量,高于双头互相勾结时的均衡产量。

四、简答题

1. 答:第一,长期均衡的条件不同。完全竞争厂商的长期均衡的条件是 $P = MR = SMC = LMC = SAC = LAC$。垄断厂商的长期均衡条件是 $MR = SMC = LMC$。

第二,获得利润不同。完全竞争厂商在长期均衡时只能获得正常利润,经济利润为零。而由于其他厂商无法进入垄断行业,垄断厂商在长期均衡时也可以获得超额垄断利润。

2. 答:形成完全垄断市场的原因主要有以下几个:第一,独家厂商控制了生产某种产品所必需的原料的全部供给。这种对生产资源的独占,排除了其他厂商生产同种产品的可能性。第二,独家厂商拥有某种产品生产的专利权。各国政府和国际组织为鼓励发明创造,保护发明者的利益,都设立许多有关专利权的法律。这样,拥有了专利权就可以形成垄断。第三,政府的特许。政府往往通过授予某个厂商经营某种产品的特许权,垄断某行业的生产,从而实现特定的社会目标。第四,自然垄断,指由于规模经济需要而形成的垄断。

3. 答:完全竞争的市场是经济效率最高的市场,因为当完全竞争厂商达到长期均衡时,水平的需求曲线相切于长期平均成本曲线的最低点。该厂商不仅在长期平均成本最低点生产,而且也是在短期平均成本最低点生产,此时,产品的均衡价格最低且等于最低的生产的平均成本,产品的均衡产量最高。而垄断厂商确定的价格一般高于平均成本,并且产量低于平均成本最低点的产量,这意味着厂商增加产量会降低平均成本。首先,垄断厂商没有利用最低成本的生产技术;其次,垄断厂商由于高价格而获取超额利润,也不利于公平分配;其三,垄断厂商的边际成本小于市场价格,意味着增加产量会增加社会福利。因此,垄断市场相比于完全竞争市场缺乏效率。

4. 答:垄断竞争市场与完全竞争市场的主要区别在于:垄断竞争厂商所生产的产品是有差别的同类产品,且这些产品彼此之间都是非常接近的替代品,完全竞争厂商生产的产品都是同质的或标准的。即垄断竞争厂商所生产的产品存在产品差别(product differentiation)。所谓产品差别就是同类产品由买方偏好而形成的具有不完全替代关系的状态。产品差别可能来自产品实质上的不同,如质量、性能、设计、颜色、款式和包装等,也可能来自购买者主观感觉上的差别。另外,销售条件、专利、商标、厂商名称及信誉等也会造成产品差别。正是因为这些差异性,使得每个厂商都具备程度不同的垄断势力(market power),其大小取决于产品差别的程度。产品的差别越大,垄断势力越强。反之,垄断势力则越弱。另外,垄断竞争的产品首先是同类产品,其次才是差别性,产品彼此之间又存在很高的替代性。所以,每个厂商既是垄断者又是竞争者,故称为垄断竞争。产品差别是垄断竞争市场形成的必要条件。

5. 答:不完全竞争市场分为三个类型,它们是完全垄断市场、寡头市场和垄断竞争市场。完全垄断市场是指整个行业中只有唯一的一个厂商的市场组织。作为完全垄断市场必须具备以下三个条件:第一,市场上只有唯一的一个厂商生产和销售商品;第二,该厂商生产和销售的商品没有任何相近的替代品;第三,新厂商不能进入该市场。垄断竞争市场主要具备以下三个条件:第一,市场中存在大量厂商;第二,垄断竞争厂商所生产的产品是有差别的同类产品,且这些产品彼此之间都是非常接近的替代品;第三,厂商进入与退出市场比较容易。寡头(oligopoly)市场,是指少数几家厂商控制着整个市场的产品生产和销售的这样一种市场结构。寡头市场既包含垄断因素又包含竞争因素,但更接近于完全垄断市场。

6. 答:垄断厂商的收益与需求价格弹性的关系如下:$MR = P\left(1 - \dfrac{1}{e_d}\right)$,其中,$e_d$是需求的价格性。所以存在如下三种情况:

(1) 当$e_d > 1$时,有$MR > 0$,表示厂商总收益随销售量的增加而增加。

(2) 当 $e_d<1$ 时,有 $MR<0$,表示厂商总收益随销售量的增加而减少。

(3) 当 $e_d=1$ 时,有 $MR=0$,表示厂商总收益达到最大值。

7. 答:垄断竞争市场是指那种许多厂商生产和销售有差别的同类产品,且这些产品彼此之间都是非常接近的替代品的市场组织。垄断竞争是介于完全竞争与完全垄断之间,并更接近于完全竞争市场的一种较为现实的市场结构。它既包含竞争因素又包含一定的垄断成分。

垄断竞争市场的条件主要有:① 市场中存在大量厂商。每个厂商都认为自己的行为影响很小,不会引起竞争对手的注意和反应,因而自己也不会受到竞争对手的任何报复措施的影响。② 垄断竞争厂商所生产的产品是有差别的同类产品,且这些产品彼此之间都是非常接近的替代品。③ 厂商的生产规模都比较小,厂商进入与退出市场比较容易。

8. 答:卡特尔是一个行业的各个独立的厂商就价格、产量和销售地区等事项达成的必须严格遵守的明确的协议,通常是正式的协议。其最终目的是通过厂商间的协调行动来获取尽可能多的利润。一个卡特尔组织就像一个垄断厂商一样,只要市场需求相当缺乏弹性,它可以将价格提高到大大高于竞争的水平。

一般卡特尔成功的条件主要有两个:首先,一个稳定的卡特尔组织必须要在其成员对价格、产量和利润等达成协议并严格遵守该协议的基础上形成;其次,垄断势力的潜在可能。下面根据这两个条件来分析卡特尔组织不稳定的原因。

首先,从卡特尔成功的第一个条件看,由于不同的成员有不同的成本,不同的市场需求,甚至有不同的目标,因而可能很难就价格、产量和利润等达成协议。即使达成协议也很难保证成员严格遵守协议,一方面是监督的困难,另一方面,由于卡特尔制定的价格都高于竞争价格,各成员可能受到通过略微降价来夺取比分配给它的更大的市场份额来欺骗其他厂商的诱惑,从而造成卡特尔的解体。

其次,从卡特尔成功的第二个条件看,即使一个卡特尔能够解决组织上的问题,但如果它面临的是一条具有高度弹性的需求曲线,它就只有很小的提价的空间,因而组成卡特尔的潜在利益就很小。

在现实中,由于上述原因,卡特尔组织具有不稳定性,卡特尔组织只能在一种短期利益下结合形成,当这种共同利益不存在时,卡特尔组织就会解体。

9. 答:寡头市场,是指少数几家厂商控制着整个市场的产品生产和销售的这样一种市场组织。在完全竞争市场条件下,任何一个厂商的决策都不会对其他厂商或整个市场造成影响;在垄断竞争市场条件下,厂商的数目也很多,以至于每个厂商都认为自己的行为影响很小,不会引起竞争对手的注意和反应;而对于垄断市场来说,更不存在竞争对手的问题。寡头市场上每个厂商的产量和价格的变化都会对其他竞争对手乃至整个行业的产量和价格产生举足轻重的影响。这与其他市场组织情况不同,因此,寡头市场上每个厂商在作出产量和价格变动决策前,首先得弄清楚自己的行为对其他厂商的影响以及竞争对手可能作出的反应。一般来说,不知道竞争对手的反应方式,就无法建立寡头厂商的模型,而对手的反应是多种多样的,不同的反应方式的假设将带来不同的模型。因此在寡头市场上,难以建立一般的寡头模型。

10. 答:① 完全垄断市场是指整个行业中只有唯一的一个厂商的市场组织。对于垄断者所出售的产品,市场上不存在相近的替代品。寡头垄断是指那种在某一产业只存在少数几家厂商的市场组织形式。② 在完全垄断市场只有一个厂商生产某种产品。而在寡头垄断市场,则是由少数几家厂商生产一个产业的全部或绝大部分产量,因此每一个厂商的行为都会对该市场产生举足轻重的影响。③ 完全垄断市场上只有一个厂商,而寡头垄断市场则存在很少的几家但不是唯一的厂商;垄断者所出售的产品,市场上不存在相近的替代品。而寡头的产品可以是同质的也可以是有差别的;对价格的控制能力,垄断厂商要强于寡头厂商;进入一个垄断行业比进入一个寡头行业要困难;实际上垄断市场和寡头市场是很相似的,只是在程度上有所差别而已。

11. 答:价格歧视是指一家厂商出售完全相同的商品时,不按同一价格销售的行为,或者即使商品并不完全相同,但是很相似的产品以与边际成本的比率不同的价格销售的行为。

厂商要成功地实行价格歧视并获得期望的效果,须具备以下条件:厂商具有垄断势力,有权改变价格;市场的消费者具有不同的偏好和需求弹性;厂商必须能够把这些具有不同偏好和需求弹性的消费者(群体)有效地区分开来;厂商要有能力阻止或限制顾客之间的转卖套利行为。

价格歧视有以下三种:① 一级价格歧视,是指垄断厂商在销售产品时,将每单位产品以不同的价格出售以获得最大可能的利润。② 二级价格歧视,是指垄断厂商对一定数量的同种产品收取一种价格,对于另外一定数量的该产品收取另一种价格,二级价格歧视也被称为成批定价。③ 三级价格歧视是指垄断厂商将顾客分为两个或两个以上的群体(或市场),针对不同群体(或市场)的同一产品的销售价格却不同。实行三级价格歧视需要具备两个重要的条件:第一,存在可以分隔的市场。若市场不分隔,市场上套利行为将使得价格歧视消失;第二,被分隔的各个市场需求价格弹性不同。如果被分隔的各个市场价格需求弹性相同,则最佳策略是对同一产品收取相同的价格。

12. 答:垄断厂商并不保证一定能获得超额利润,能否获得超额利润主要取决于社会需求。如果该产品的需求者能够接受垄断厂商制定的大于平均成本的价格,那么该厂商就能获得超额利润。如果该产品的需求者只能接受小于平均成本的价格,那么该厂商就会遭受亏损。

出现亏损后在短期内厂商既可能继续生产,也可能停止生产。若 $AR > AVC$,垄断厂商就继续生产;若 $AR = AVC$,对于垄断厂商来说生产不生产都是一样;若 $AR < AVC$,垄断厂商就停止生产,如不停止生产,损失会更大,不仅损失全部固定成本,而且可变成本的一部分也无法弥补。

在长期内,厂商可以通过选择最优的生产规模来生产最好的长期产量,也可以通过做广告、提高服务质量等,使需求曲线向右上移动。如果垄断厂商经过各方面的努力,仍然摆脱不了亏损的状况,那么垄断厂商就将停止生产并退出该行业。

五、计算题

1. 解:因 $STC = 0.1Q^3 - 6Q^2 + 140Q + 3000$,所以
$$SMC = 0.3Q^2 - 12Q + 140$$
反需求函数为 $P = 150 - 3.25Q$,得
$$TR = PQ = 150Q - 3.25Q^2 \Rightarrow MR = 150 - 6.5Q$$
根据均衡条件 $MR = SMC \Rightarrow 150 - 6.5Q = 0.3Q^2 - 12Q + 140$,解得
$$Q_1 = 20, \quad Q_2 = -\frac{5}{3}$$
经检验:$Q_1 = 20$ 是该厂商的利润最大化的产量,也是短期均衡产量。均衡价格为
$$P = 150 - 3.25Q = 150 - 3.25 \times 20 = 85$$

2. 解:(1) 由 $TC = Q^2 + 2Q \Rightarrow MC = 2Q + 2$,由 $P = 10 - 3Q \Rightarrow MR = 10 - 6Q$。
根据均衡条件 $MR = MC \Rightarrow 10 - 6Q = 2Q + 2$,解得 $Q = 1$,从而
$$P = 10 - 3Q = 10 - 3 = 7$$
利润为
$$\pi = TR - TC = 7 \times 1 - 3 = 4$$
(2) 政府采取限价措施,迫使垄断者达到完全竞争行业所能达到的产量水平。完全竞争条件下利润最大化的条件是 $P = MC$,解 $10 - 3Q = 2Q + 2$,得 $Q = 1.6$,此时
$$P = 10 - 3Q = 10 - 3 \times 1.6 = 5.2$$
这就是政府应采取的限价。

(3) 如果政府对该垄断厂商生产的每单位产品征收 1 单位产品税,它会导致

垄断厂商的 AC 曲线和 MC 曲线向上移动,使原有的均衡位置发生变化。由 $MC+1=MR$,即

$$2Q+2+1=10-6Q$$

得

$$Q=\frac{7}{8} \Rightarrow P=10-3Q=10-3\times\frac{7}{8}=\frac{59}{8}=7.375$$

利润为

$$\pi=TR-TC=PQ-(Q^2+2Q)=3.9375$$

征税之前,垄断厂商的均衡产量为 1,均衡价格为 7,利润为 4。征税之后,垄断厂商的均衡产量为 7/8,均衡价格为 7.375,利润为 3.9375。

3. 解:(1) 在两个市场上实行差别价格的厂商实现利润最大化的条件是

$$MR_1=MR_2=MR=MC$$
$$Q_1=32-0.4P_1 \Rightarrow P_1=80-2.5Q_1 \Rightarrow MR_1=80-5Q_1$$

又

$$Q_2=18-0.1P_2 \Rightarrow P_2=180-10Q_2 \Rightarrow MR_2=180-20Q_2$$

因为 $TC=Q^2+10Q$,所以

$$MC=2Q+10$$

根据 $MR_1=MR_2=MR=MC$,求得 $P_1=60,Q_1=8;P_2=110,Q_2=7,Q=15$,利润为

$$\pi=TR_1+TR_2-TC=P_1Q_1+P_2Q_2-Q^2-10Q=875$$

(2) 若两个市场的价格相同,即 $P_1=P_2=P$,又 $Q_1=32-0.4P_1,Q_2=18-0.1P_2$,所以

$$Q=Q_1+Q_2=50-0.5P$$

也即 $P=100-2Q$,则 $MR=100-4Q$。由 $MR=MC \Rightarrow 100-4Q=2Q+10$,得 $Q=15$。

把 $Q=15$ 代入 $P=100-2Q$ 中,得 $P=70$,所以

$$\pi=TR-TC=PQ-(Q^2+10Q)=675$$

4. 解:已知垄断者面临的需求函数为 $P=100-3Q+4\sqrt{A}$,则边际收益 $MR=100-6Q+4\sqrt{A}$,又知 $TC=4Q^2+10Q+A$,所以

$$MC=(TC)'=(4Q^2+10Q+A)'=8Q+10$$

根据利润最大化条件 $MR=MC$,得

$$100-6Q+4\sqrt{A}=8Q+10, \quad 即 \quad 90-14Q+4\sqrt{A}=0 \quad (8.1)$$

第八章 市场理论二:不完全竞争市场

由利润 $\pi = TR - TC = PQ - (4Q^2 + 10Q + A)$,得
$$\pi = 90Q - 7Q^2 + 4\sqrt{A}Q - A$$

令 π 对 A 的偏导数为零,即 $\frac{\partial \pi}{\partial A} = \frac{2Q}{\sqrt{A}} - 1 = 0$,得

$$2Q = \sqrt{A} \tag{8.2}$$

解(8.1)与(8.2)联立的方程组得 $Q = 15, A = 900$。把 $Q = 15, A = 900$ 代入 $P = 100 - 3Q + 4\sqrt{A}$,得

$$P = 175$$

5. 解:(1) 因为 $TR = 100Q - Q^2$,所以 $MR = 100 - 2Q$,又知 $TC = 10 + 6Q$,所以 $MC = 6$。再根据利润最大化条件 $MR = MC$,得 $100 - 2Q = 6$,解得 $Q = 47$。根据垄断厂商的定价原则 $P = AR$,有
$$P = 100 - Q \Rightarrow P = 53$$

(2) 征收 10% 的从价销售税,如果此时厂商的价格为 P,那么市场价格为 $1.1P$,这时厂商的边际收益由 $MR = 100 - 2Q$ 变为 $1.1MR = 100 - 2Q$,即 $MR = (1\,000 - 20Q) \div 11$。再根据利润最大化条件 $MR = MC$,得 $1\,000 - 20Q = 66$,解得 $Q = 46.7$,于是,市场价格为 $P = AR$,有
$$P = 100 - Q \Rightarrow P = 53.3$$

6. 解:边际收益、价格与需求价格弹性之间的关系如下:$MR = P\left(1 - \frac{1}{E}\right)$,这里 E 为需求价格弹性,所以 $E = 3$,又 $P = 15$,故
$$MR = P\left(1 - \frac{1}{E}\right) = 15 \times \left(1 - \frac{1}{3}\right) = 10$$

而根据厂商利润最大化的条件,厂商此时的边际成本等于边际收益为 10 元。

7. 解:(1) 未征收消费税时,垄断厂商的 $MC = 10$,由 $Q = 100 - 5P$,得 $MR = 20 - 0.4Q$,根据均衡条件 $MC = MR \Rightarrow 10 = 20 - 0.4Q \Rightarrow Q = 25$,结合 $Q = 100 - 5P$,解得 $P = 15$。

征收消费税后,厂商的 $MC = 10 + 2 = 12$,根据均衡条件 $MC = MR \Rightarrow 12 = 20 - 0.4Q \Rightarrow Q = 20$,结合 $Q = 100 - 5P$,解得 $P = 16$。即征收消费税使得商品价格上升了 1 元。

(2) 未征收消费税时,垄断厂商的利润为 $25 \times (15 - 10) = 125$;征收消费税后,厂商的利润为 $20 \times (16 - 12) = 80$,即征税使得利润减少了 45。

商品价格上升,消费者剩余减少了 $(25 + 20) \div 2 \times 1 = 22.5$。政府的税收为 $2 \times 20 = 40$,福利净损失为

$$45 + 22.5 - 40 = 27.5$$

8. 解:(1)一般情况下垄断厂商按统一价格销售,他的收益为 $TR = PQ$,因为 $Q = 200 - 4P$,当垄断者出售 120 单位产品时,产品单价 20,所以 $TR = PQ = 20 \times 120 = 2400$。垄断者出售 120 单位产品的总收益为 2400。此时消费者获得的剩余为

$$120 \times (50 - 20) \div 2 = 1800$$

(2)当厂商实行一级价格歧视时,厂商向消费者索取的价格是消费者愿意支付的最高价格,此时厂商的总收益等于商品对消费者的总效用。根据需求曲线,可知在 $Q = 120$ 时,商品对消费者的总效用为

$$TU = \frac{(20 + 50)}{2} \times 120 = 4200$$

则垄断者的收益为 4200,他依靠此项政策攫取了全部的消费者剩余 1800。

(3)当垄断者实行二级价格歧视,对前 80 个单位的商品定价为 30 元,超过的 40 个单位定价为 20 元时,$TR = 30 \times 80 + 20 \times 40 = 3200$,垄断者依靠此项政策攫取的消费者剩余是 $3200 - 2400 = 800$,此时消费者获得的剩余为 1000。

9. 解:因为 $TC = \frac{1}{3}Q^3 - 40Q^2 + 1800Q + 5000$,所以 $MC = Q^2 - 80Q + 1800$,均衡的产量为 60,所以 $MC = Q^2 - 80Q + 1800 = 600$,实行差别价格时,$MR_1 = MR_2 = MC$。

在市场 I 上,$q_1 = 320 - 0.4P_1 \Rightarrow MR_1 = 800 - 5q_1$,再根据 $MR_1 = MC = 600$,得 $q_1 = 40$,代入 $q_1 = 320 - 0.4P_1$,得 $P_1 = 700$。

又已知利润为 5000,当 $Q = 60$,得 $TC = 41000 \Rightarrow TR = 46000$,因 $TR_1 = P_1 q_1 = 28000 \Rightarrow TR_2 = 18000$。

在市场 II 上,由 $P_2 = A - Bq_2 \Rightarrow MR_2 = A - 2Bq_2$,再根据

$$MR_2 = MC = 600 \Rightarrow A - 2Bq_2 = 600$$

因为 $q_1 = 40 \Rightarrow q_2 = 60 - 40 = 20$,又 $TR_2 = 18000$,所以 $P_2 = 900$。

将 $P_2 = 900, q_2 = 60 - 40 = 20$ 代入需求函数 $P_2 = A - Bq_2$,得

$$900 = A - 20B \tag{8.3}$$

将 $P_2 = 900, q_2 = 60 - 40 = 20$ 代入 $A - 2Bq_2 = 600$,得

$$A - 40B = 600 \tag{8.4}$$

解(8.3)与(8.4)联立的方程组,得

$$A = 1200, \quad B = 15$$

10. 解:(1) 由 $Q = 360 - 20P \Rightarrow P = 18 - 0.05Q \Rightarrow MR = 18 - 0.1Q$。

第八章 市场理论二：不完全竞争市场

由 $TC = 6Q + 0.05Q^2 \Rightarrow MC = 6 + 0.1Q, AC = 6 + 0.05Q$。根据利润极大化条件

$$MR = MC \Rightarrow 18 - 0.1Q = 6 + 0.1Q \Rightarrow Q = 60$$

价格 $P = 18 - 0.05Q = 15$，故利润

$$\pi = PQ - TC = 360$$

（2）要使厂商提供的产量最大，应该满足 $P = AC$，得 $18 - 0.05Q = 6 + 0.05Q \Rightarrow Q = 120$，价格 $P = 18 - 0.05Q = 12$，利 $\pi = 0$。

11. 解：（1）因为成本函数中有常数项，说明有不可变的固定成本，所以是短期生产。

（2）因为 $Q = 72 - 2P \Rightarrow P = 36 - 0.5Q \Rightarrow MR = 36 - Q$，又 $C = 0.1Q^2 + 40$，得 $MC = 0.2Q$。根据利润极大化条件：$MR = MC \Rightarrow 36 - Q = 0.2Q \Rightarrow Q = 30$，代入求解得 $P = 21$。利润为

$$30 \times 21 - (0.1 \times 900 + 40) = 500$$

（3）不能。$Q = 72 - 2P$ 中的 Q 是全部市场上的总需求量，而 $C = 0.1Q^2 + 40$ 中的 Q 是一家厂商的供给量，两者在完全竞争条件下不相等，含义不同。

（4）$P = MC = 0.2Q \Rightarrow 0.2Q = 10 \Rightarrow Q = 50$。利润为 $50 \times 10 - 0.1 \times 2500 - 40 = 210 > 0$。由于存在超额利润，市场会有新的竞争者加入，市场价格会降低。

12. 解：（1）由 $P = 11\,100 - 30Q$，得 $MR = 11\,100 - 60Q$。因为 $TC = Q^3 - 30Q^2 + 300Q + 400\,000$，则 $MC = 3Q^2 - 60Q + 300$。根据均衡条件

$$MR = MC \Rightarrow 11\,100 - 60Q = 3Q^2 - 60Q + 300$$

解得 $Q_1 = 60, Q_2 = -60$（舍去）。把 $Q = 60$ 代入 $P = 11\,100 - 30Q$，得

$$P = 11\,100 - 30 \times 60 = 9\,300$$

13. 解：（1）由 $LTC = 0.001Q^3 - 0.425Q^2 + 85Q$，得

$$LAC = 0.001Q^2 - 0.425Q + 85$$

同时，由 $Q = 300 - 2.5P$，得

$$P = 120 - 0.4Q$$

长期均衡时，实际需求曲线必然和 LAC 曲线在均衡点上相交。令 $LAC = P$，则有

$LAC = 0.001Q^2 - 0.425Q + 85 = 120 - 0.4Q = P \Rightarrow Q^2 - 25Q - 35\,000 = 0$

解得 $Q = 200$，所以

$$P = 120 - 0.4 \times 200 = 40$$

即长期均衡产量为 200，均衡价格为 40。

（2）长期均衡时，主观需求曲线必然和 LAC 曲线相切，且 $MR = MC$。

由 $LTC = 0.001Q^3 - 0.425Q^2 + 85Q$，得
$$LMC = 0.003Q^2 - 0.85Q + 85$$
当 $Q = 200$ 时，$LMC = 35$。因此，达到长期均衡时，
$$MR = LMC = 35$$
运用公式 $MR = P\left(1 - \dfrac{1}{E_d}\right)$，即 $35 = 40\left(1 - \dfrac{1}{E_d}\right)$，解之得
$$E_d = 8$$
即厂商主观需求曲线上长期均衡点的弹性为 8。

(3) 由于主观需求曲线被假定为直线，设其方程为 $P = a - bQ$，这里 a, b 为常数。长期均衡点处有
$$P = 40, \quad Q = 200, \quad E_d = -\dfrac{dQ}{dP} \cdot \dfrac{P}{Q} = \dfrac{P}{bQ} = \dfrac{40}{200b} = 8 \Rightarrow b = 0.025$$
进一步结合 $P = a - bQ \Rightarrow 40 = a - 0.025 \times 200$，解得 $a = 45$。因此所求的主观需求曲线为
$$P = 45 - 0.025Q$$

14. 解：(1) 根据假设条件，这两个厂商的行为符合古诺模型，由产品需求函数 $Q_d = 240 - 10P$ 知，当 $P = 0$ 时，$Q_d = 240$，根据古诺模型，这两个厂商利润最大时的产量为 $Q_A = Q_B = 240 \div 3 = 80$，整个市场产量为 $Q = Q_A + Q_B = 160$，将 $Q = Q_A + Q_B = 160$ 代入产品需求函数，得 $P = 8$。

(2) 在完全竞争市场，厂商个数趋于无穷大，各厂商均衡产量的总和趋近于 240，价格则趋近于零；在完全垄断条件下，该厂商均衡产量为 $Q = \dfrac{1}{1+1} \times 240 = 120$，价格为 $P = 12$。

(3) 厂商 A 的利润为 $\pi_A = TR_A - TC_A = P_A Q_A = 8 \times 80 = 640$，同理求得 $\pi_B = 640$。完全竞争时利润为零，完全垄断时，垄断者的利润为 $12 \times 120 = 1440$。

(4) 再有一厂商进入时，$Q_A = Q_B = Q_C = 240 \div 4 = 60$，总产量为 $Q = Q_A + Q_B + Q_C = 180$，将 $Q = 180$ 代入需求函数，得 $P = (240 - 180) \div 10 = 6$。如有更多厂商进入，则各厂商的均衡产量将越小，但总产量越接近于 240，价格则越低。

15. 解：由 $LTC = 0.0025Q^3 - 0.5Q^2 + 384Q$，$P = A - 0.1Q$，得
　　$LMC = 0.0075Q^2 - Q^2 + 384$，　$LAC = 0.0025Q^2 - 0.5Q + 384$
　　由 $P = A - 0.1Q$，得 $MR = A - 0.2Q$。
　　长期均衡时，一方面有 $LMC = MR$，另一方面有 $LAC = P$，于是有
$$\begin{cases} 0.0075Q^2 - Q + 384 = A - 0.2Q \\ 0.0025Q^2 - 0.5Q + 384 = A - 0.1Q \end{cases}$$

解此方程组得

$$\begin{cases} Q = 80 \\ A = 368 \end{cases}$$

把它们代入 $P = A - 0.1Q$,可得

$$P = A - 0.1Q = 360$$

16. 解:(1) 由 $P = a - Q$,得

$$TR_1 = PQ_1 = (a - Q_1 - Q_2)Q_1 \Rightarrow MR_1 = a - 2Q_1 - Q_2$$

$$TR_2 = PQ_2 = (a - Q_1 - Q_2)Q_2 \Rightarrow MR_2 = a - Q_1 - 2Q_2$$

再由 $\begin{cases} MR_1 = MC_1 = c \\ MR_2 = MC_2 = c \end{cases}$,得 $Q_1 = Q_2 = \dfrac{a-c}{3}$,所以

$$P = a - Q = \dfrac{a + 2c}{3}$$

(2) 两个厂商相互勾结时,它们像一个垄断厂商行事,则由 $P = a - Q$,得 $MR = a - 2Q$,根据 $MR = a - 2Q = MC = c$,得

$$Q = \dfrac{a-c}{2}, \quad P = a - Q = \dfrac{a+c}{2}$$

(3) 第一种产量更有利,因为为社会提供的产量较多,更接近于完全竞争产量,使社会福利更大。一般而言,两个厂商都会选择第一种产量。因为在第二种情况下,每个厂商扩大产量都能够提高利润,所以第二种产量不是一种均衡状态,每个厂商在利润驱动下都会将产量提高到第一种产量水平。

(4) 第一种产量下的古诺均衡是纳什均衡。纳什均衡是指任何一个参与者都不会改变自己的策略,如果其他参与者不改变策略。在古诺模型中,每个厂商都是消极地以自己的产量去适应对方已经确定的产量。故该模型的解是一种纳什均衡。

17. 解:(1) 第 i 个厂商的总收益为

$$TR_i = pq_i = [a - b(q_1 + \cdots + q_i + \cdots + q_n)]q_i$$

第 i 个厂商的成本函数为 $TC_i = cq_i$,所以第 i 个厂商的利润函数为 $\pi = TR_i - TC_i$。当第 i 个厂商获得最大利润时,有

$$\dfrac{\partial \pi}{\partial q_i} = a - b\sum_{j \neq i}^{n} q_j - 2bq_i - c = 0$$

因为每个厂商的产量相等,因此,每个厂商的产量都为

$$q_i = \dfrac{a-c}{b(n+1)} \quad (i = 1, 2, \cdots, n)$$

产品价格为
$$P = a - b(q_1 + \cdots + q_n) = a - \frac{n(a-c)}{n+1} = \frac{a+nc}{n+1}$$

所以古诺模型的均衡解为
$$q_i = \frac{a-c}{b(n+1)} \quad (i=1,2,\cdots,n), \quad P = \frac{a+nc}{n+1}, \quad Q = \frac{n(a-c)}{b(n+1)}$$

(2) 第 i 个厂商的边际成本为 $MC_i = c$,根据准竞争规则,有
$$P = a - b(q_1 + \cdots + q_n) = c$$

所以总产量为
$$Q = \frac{a-c}{b}$$

准竞争解为
$$Q = \frac{a-c}{b}, \quad P = c, \quad q_i = \frac{a-c}{nb}$$

(3) 当 $n \to \infty$ 时,古诺均衡解的产量有
$$\lim_{n \to \infty} Q = \lim_{n \to \infty} \frac{n(a-c)}{b(n+1)} = \frac{a-c}{b}$$

古诺均衡解的价格有
$$\lim_{n \to \infty} P = \lim_{n \to \infty} \frac{a+nc}{n+1} = c$$

可见,当 $n \to \infty$ 时,古诺解收敛于准竞争解。

18. 解:(1) 从已知条件可知该寡头垄断厂商面临一条折弯的需求曲线。

当价格 $P \geq 8$ 时,厂商面临的需求曲线 D_1 为 $Q_d = 360 - 40P$,所以与其相对应的边际收益曲线为 $MR_1 = 9 - \frac{Q}{20}$。当 $P = 8$ 时,$Q = 40$。当 $Q = 40$ 时,$MR_1 = 7$。

当价格 $P < 8$ 时,厂商面临的需求曲线 D_2 为 $Q_d = 120 - 10P$,即 $P = 12 - \frac{Q}{10}$,所以与其相对应的边际收益曲线为 $MR_2 = 12 - \frac{Q}{5}$。当 $P = 8$ 时,$Q = 40$。当 $Q = 40$ 时,$MR_1 = 4$。因此,该寡头垄断厂商面临的需求曲线在 $Q = 40$ 处间断,其间断区间为 $[4,7]$。

根据利润最大化原则:$MR = MC$,当 $SMC = MR = 4$ 时,最优的产出水平按理是 30(从题设的表 8.1 中看出),但由于 $MR = 4$ 时,产量为 40,而 $Q = 40$ 时,$SMC = 5$。由于该寡头垄断厂商的边际成本曲线在 MR 曲线断续区域(从 $MR = 4$ 到 $MR = 7$)的任何地方的升降都不会导致寡头改变产出水平和现行

价格,当产量为 40 时,价格为 8 美元,利润为 $8\times 40-4.5\times 40=140$ 美元。如果产量为 30,则利润只有 $8\times 30-4\times 30=120$ 美元。因此,最优的产出水平应当是 40 而不是 30。

(2) 当 SMC 变为 SMC' 时,SMC' 曲线仍然与 MR 曲线的间断区域(从 4 到 7)相交,故厂商的最优产出水平仍应当是 40,价格仍然为 8 美元。这时利润 $\pi=8\times 40-5.5\times 40=100$ 美元。如果产量为 30,则利润只有 $8\times 30-5\times 30=90$ 美元。如果产量为 30,则利润为 $8\times 30-4\times 30=120$ 美元。

19. 解:(1) 两个寡头垄断厂商的利润函数分别为
$$\pi_1=(53-q_1-q_2)q_1-5q_1, \quad \pi_2=(53-q_1-q_2)q_2-5q_2$$
由利润最大化的一阶条件得 $\dfrac{\partial \pi_1}{\partial q_1}=48-2q_1-q_2=0$,故厂商 1 的反应函数为
$$q_1=\dfrac{48-q_2}{2}$$
由 $\dfrac{\partial \pi_2}{\partial q_2}=48-2q_2-q_1=0$,得厂商 2 的反应函数为
$$q_2=\dfrac{48-q_1}{2}$$
把厂商 1 与厂商 2 的反应函数联立求解得 $q_1=q_2=16$,即为均衡产量。

(2) 此时市场总需求为 $Q=32$,由 $Q(P)=53-P \Rightarrow P=21$。两个厂商的利润为
$$\pi_1=\pi_2=16q_1=16q_2=256$$

(3) 如果两个厂商按照伯川德(Bertrand)竞争,那么均衡价格将在边际成本处得到,故市场均衡价格为 5。

20. 解:(1) 米当劳总成本是 $TC=0.5Q+15$,所以边际成本为 $MC=0.5$,供给曲线为 $P=MC=0.5$,意味着供给曲线是从价格 0.5 出发的水平线。豆沙包的需求曲线是 $P=20-0.5Q$,所以米当劳的边际收益曲线 $MR=\dfrac{\mathrm{d}(PQ)}{\mathrm{d}Q}=20-Q$。

(2) 如果米当劳不能实行差别定价,遵循利润最大化原则,$MR=MC$,$MR=20-Q$;$MC=0.5$ 可得 $Q=19.5$,$P=20-0.5Q=10.25$。可求得米当劳的利润为
$$\pi=PQ-TC=10.25\times 19.5-0.5\times 19.5-15=175.125$$

(3) 能够差别定价时,假定米当劳制定的价格分别为 P_H 和 P_L,且 $P_H>P_L$,则当价格为 P_H 时,市场需求函数为 $Q_H=40-2P_H$;当市场价格为 P_L 时,市场需求为 $Q_L=[40-(40-2P_H)]-2P_L=2(P_H-P_L)$。因此,在差别定价下,米

当劳的利润函数为

$$\pi = P_H(40 - 2P_H) + 2(P_H - P_L)P_L - TC$$
$$= P_H(40 - 2P_H) + 2(P_H - P_L)P_L - 0.5(40 - 2P_L) - 15$$

利润最大化的一阶条件为

$$\frac{\partial \pi}{\partial P_H} = 40 - 4P_H + 2P_L = 0, \quad \frac{\partial \pi}{\partial P_L} = 2P_H - 4P_L + 1 = 0$$

联立求解得

$$P_H^* = 13.5, \quad P_L^* = 7$$

六、论述题

1. 答：垄断竞争厂商的产品之间有较大的替代性，因而其需求的价格弹性较高，需求曲线接近于水平线。当垄断竞争厂商提高价格时，如其他厂商不跟随提价，他的销售市场会大幅度缩小，使利润反而减少；反之，当垄断竞争厂商降低价格时，其他厂商也跟随降价，他的销售量只会少量增加，因此垄断竞争厂商之间一般不愿意进行价格竞争，而宁愿进行非价格竞争，如改进品质、包装、商标、做广告等。

2. 答：垄断厂商短期均衡条件为 $MR = SMC$。垄断厂商在短期内均衡点上可以获得最大利润，可以利润为零，也可以蒙受最小亏损。

(1) 在短期内，垄断厂商无法改变不变生产要素的投入量，只能在既定的生产规模下通过对产量和价格的调整，来实现利润最大化。下面通过图 8.1 来说明。

图 8.1 中，SMC 曲线和 SAC 曲线代表垄断厂商在短期内既定的生产规模，D 曲线和 MR 曲线代表厂商的需求和平均收益状况。垄断厂商根据 $MR = MC$ 的利润最大化的均衡条件，将产量和价格调整为 Q_1 和 P_1 的水平，在短期均衡点 E 上，垄断厂商的平均收益为 FQ_1，平均成本为 GQ_1，平均收益大于平均成本，垄断厂商获得利润。单位利润为 FG，总利润量相当于图 8.1 中矩形 $FGHP_1$ 的面积。

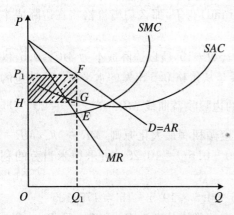

图 8.1 垄断厂商获得经济利润的短期均衡

(2) 若在均衡的产出水平，产品价格低于平均成本，则垄断厂商就会出现亏损。图 8.2 所示的就是垄断厂商短期内

第八章 市场理论二:不完全竞争市场

亏损的情况。在短期均衡点 E 上,垄断厂商是亏损的,单位产品的平均亏损额为 FG,总亏损额相当于矩形 HP_1FG 的面积。

(3) 若在均衡的产出水平,产品价格等于平均成本,则垄断厂商的利润为零。图 8.3 所示的就是垄断厂商短期内利润为零的情况。

3. 答:垄断者是市场上唯一的生产者,它面临着产品向右下方倾斜的需求曲线。当垄断者增加 1 单位产量时,会引起它的产品价格下降,这就减少了前面所生产的所有产量赚到的收益量。因此,增加 1 单位产量带来的边际收益必然小于该产品的价格。

边际收益可以为负。当垄断者增加产品销售的数量时,这时总收益 PQ 有两种效应:① 产量效应。销售的产量越多即 Q 越大,在价格不变的情况下,总收益会增大。② 价格效应。价格下降,即 P 降低,在销售量不变的情况下,总收益会减少。可见,当价格下降与产量增加同时发生时,总收益是增加还是减少,也就是边际收益是正还是负,取决于价格下降对总收益下降的影响程度与销售量增加对总收益增加的影响程度的比较,如果价格下降引起的总收益下降的幅度大于销售量增加引起的总收益增加的幅度,则边际收益为负。

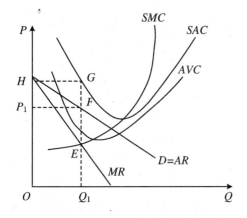

图 8.2 垄断厂商亏损状态下的短期均衡   图 8.3 垄断厂商利润为零的短期均衡

4. 答:(1) 在该市场上,由于边际成本不变,所以只有消费者剩余,而生产者剩余为零,总剩余等于消费者剩余。图 8.4 中三角形 P_eAE 的面积就是消费者剩余。市场上的价格由需求曲线与边际成本曲线的交点决定。

(2) 独立的超市联合成一个连锁店,在市场上形成垄断,垄断者的价格是由他的边际收益和边际成本曲线的交点决定的。价格高于完全竞争市场的价格,产量低于完全竞争市场的产量,社会总剩余减少,因为产生了无谓损失。新消费者剩余、生产者剩余和总剩余如图8.5所示。

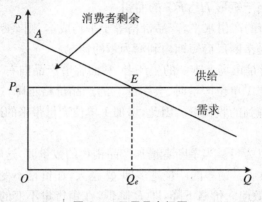

图 8.4 日用品市场图

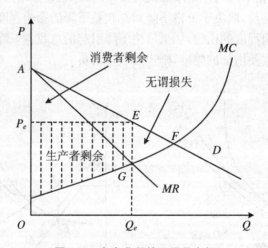

图 8.5 存在垄断的日用品市场

相对于竞争市场而言，消费者转移给生产者的是利润。因为垄断价格高于垄断者的边际成本，产生了社会净损失，也就是无谓损失。无谓损失是因为部分消费者对该物品的评价虽然高于其边际成本，却低于垄断价格，这部分消费者最终不会购买该物品。垄断定价使一些对双方有益的交易无法进行，产生无谓损失。

5. 答：一级价格歧视是指垄断者确切知道消费者购买商品愿意支付的最高价格，对每个单位商品索取的价格都不一样，最低的价格取决于成本。在一级价格歧视情况下，每一单位商品都卖给对其评价最高，并愿意按最高价格支付的个人，因此，在这样的市场上就不会产生消费者剩余。

二级价格歧视是指垄断厂商对一定数量的同种产品收取一种价格，对于另外一定数量的该产品收取另一种价格，二级价格歧视也被称为成批定价。也就是把产量分成几批，按批制订差别价格。此时，消费者购买某商品的支出不随购买数量的增加而线性地成比例增加。

一级价格歧视只有在垄断者面临少数消费者以及垄断者机灵到足以发现消费者愿意支付的最高价格时，才可能实行。而二级价格歧视面临的是很多消费者，也不需要垄断者准确了解消费者愿意支付的最高价格，只需要对需求情况与支付意愿有大致的了解就可以实行，此时消费者有选择的自由，故实行二级价格歧视比实行一级价格歧视要容易。

6. 答：如果需求缺乏弹性，企业提高价格，价格上涨的幅度会大于需求量下降的幅度，企业总收益增加。企业的平均成本曲线一般呈U型，越向右，平均成本会越高。一般来说，在需求曲线缺乏弹性的范围内，平均总成本正好处在U型曲线的上升段。因此，在这种情况下，价格上升，产量下降，会使企业的总成本下降。为了增加利润，企业应该减少产量，提高价格，直至需求曲线富有弹性的范围内。

7. 答：斯威齐模型也被称为弯折的需求曲线模型。该模型由美国经济学家斯威齐于1939年提出。这一模型用来解释一些寡头市场的价格刚性现象。

该模型的基本假设条件是：如果一个寡头厂商提高价格，行业中的其他寡头厂商都不会跟着改变自己的价格而是增加销售量，因而提价的寡头厂商的销售量的减少是很多的；如果一个寡头厂商降低价格，行业中的其他寡头厂商会将价格下降到相同的水平，以避免销售份额的减少，因而该寡头厂商的销售量的增加是很有限的。在以上的假设条件下可推导出寡头厂商的弯折的需求曲线。

现用图8.6加以说明。图8.6中有某寡头厂商的一条dd'需求曲线和一条DD'需求曲线，它们与上一节分析的垄断厂商所面临的两条需求曲线的含义是相同的。dd'需求曲线表示该寡头厂商变动价格而其他寡头厂商保持价格不变时的该寡头厂商的需求状况，DD'需求曲线表示行业内所有寡头厂商都以相同方式改变价格时的该厂商的需求状况。假定开始时的市场价格为dd'需求曲线和

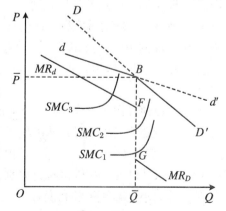

图8.6 弯折的需求曲线模型

DD' 曲线的交点 B 所决定的 $\bar{P}$，那么，根据该模型的基本假设条件，该垄断厂商由 B 点出发，提价所面临的需求曲线是 dd' 需求曲线上的 dB 段，降价所面临的需求曲线是 DD' 需求曲线上的 BD' 段，于是，这两段共同构成的该寡头厂商的需求曲线为 dBD'。显然，这是一条弯折的需求曲线，折点是 B 点。这条弯折的需求曲线表示该寡头厂商从 B 点出发，在各个价格水平所面临的市场需求量。

由弯折的需求曲线可得到间断的边际收益曲线。图 8.6 中与需求曲线 dB 段所对应的边际收益曲线为 MR_d，与需求曲线 BD' 段所对应断的边际收益曲线为 MR_D，两者结合在一起，便构成了寡头厂商的间断的边际收益曲线，其间断部分为垂直虚线 FG。

利用间断的边际收益曲线，便可以解释寡头市场上的价格刚性现象。只要边际成本 SMC 曲线的位置变动不超出边际收益曲线的垂直间断范围，寡头厂商的均衡价格和均衡数量都不会发生变化。譬如，在图 8.6 中边际收益曲线的间断部分 FG，SMC_1 曲线上升为 SMC_2 曲线的位置，寡头厂商仍将均衡价格和均衡产量保持在 $\bar{P}$ 和 $\bar{Q}$ 的水平。除非成本发生很大变化，如成本上升使得边际成本曲线上升为 SMC_3 曲线的位置，才会影响均衡价格和均衡产量水平。

一般地，人们认为弯折的需求曲线是存在于寡头厂商决策者心目中的主观需求曲线，它为寡头厂商维持刚性价格提供了一种解释。

8. 答：(1) 三级价格歧视是指垄断厂商将顾客分为两个或两个以上的群体(或市场)，针对不同群体(或市场)的同一产品的销售价格不同，但每一市场上出售产品的边际收益相等。此时，不同群体购买同一产品的价格不同，同一群体的不同顾客购买同一产品的价格相同。

(2) 垄断者若想通过实行三级价格歧视获得利润最大化，必须使在各个市场上所出售产品的边际收益相等。假设有两个独立的子市场 A 和 B，MR_1、MR_2 分别为子市场 A 和 B 的边际收益，厂商的边际成本为 MC，则均衡的条件是 $MC = MR_1 = MR_2$。

我们可以通过构造成本函数与收益函数导出该均衡条件。假定垄断者从市场 A 获得的总收益为 $TR_1(Q_1)$，从市场 B 获得的总收益为 $TR_2(Q_2)$，垄断者花费的总成本为 $C(Q_1+Q_2)$ 或者 $C(Q_t)$。由此得到垄断者的利润函数 $\pi = TR_1(Q_1) + TR_2(Q_2) - C(Q_t)$。就利润函数分别对 Q_1、Q_2 求一阶偏导数，并且令一阶偏导数值为零，便得到垄断者利润最大化的必要条件，即 $MR_1(Q_1) = MC(Q_t)$，$MR_2(Q_2) = MC(Q_t)$，或 $MC = MR_1 = MR_2$。垄断者按照这一条件确定各个市场的销售数量和收取的价格。

不同的市场上垄断者收取的价格是不同的。每个市场收取价格的高低依赖于该市场需求的价格弹性。实行三级价格歧视要求在需求价格弹性小的市场收取的价格高,在需求价格弹性大的市场收取的价格低。利用边际收益与需求价格弹性间的关系式 $MR = P\left(1 - \dfrac{1}{e_d}\right)$ 可以证明这一点。实际上,对价格变化反应不敏感的消费者制定较高的价格,对价格变化反应敏感的消费者制定较低的价格。这样有利于垄断厂商获取更大的利润。

9. 答:参加卡特尔的各厂商之所以会结成一个卡特尔,就是因为它们愿意根据整个行业产品的需求状况和各厂商的成本状况,按利润最大化原则确定产品价格和全行业的产销量。在这样的情况下,价格和产量的决定就与独占行业(完全垄断)一样。为使行业利润最大,各厂商协商一致决定,根据全行业产品需求曲线所对应的边际收益曲线和全行业的边际成本曲线(由各厂商的边际成本曲线在水平方向加总而成)相交来决定全行业的产量与价格,然后再由行业边际收益与各厂商的边际成本相等来瓜分产量,出售产品。由于通常各厂商的成本情况不同,因此各厂商的产量通常不相等。由于是按照卡特尔统一规定的价格出售产品的,因此,有些厂商会盈利多些,有些厂商会盈利少些,甚至发生亏损。为了防止供过于求的情况发生时各厂商削价竞争带来的损失,盈利多的厂商会根据协议让出一部分利润给盈利少或亏损的企业。

10. 答:(1)采用差别价格的原因:① 差别价格亦称价格歧视,是指垄断者为了榨取更多的消费者剩余,而就同一成本的产品对不同的消费者收取不同的价格,或者就不同成本的产品对消费者索取同一价格以获取更大的利润。实行差别价格的厂商必须具有市场势力,且整个市场可以分割为许多互相独立的需求弹性不同的分市场。实行差别价格主要依据的是消费者和产品的不同特点。② 因为外国人的收入比中国人的收入要高,采用差别价格政策能够使公园获得更多的利润。

(2)要使得施行这种政策有效必须具备以下条件:① 必须是完全垄断的市场。黄鹤楼公园全国仅此一家,没有第二个与它竞争,即使收取高一点的价格,外国人也不会放弃到此一游。② 必须能够把不同市场或市场的各个部分有效地分割开来。公园可以根据国籍、肤色、语言等区分中国人和外国人,对他们实行差别价格。③ 各个市场必须有不同的需求弹性,这里中国人和外国人的需求弹性不同。对于旅游,外国人的需求弹性比中国人小得多,因而入场价格定高一点并不会影响他们游览黄鹤楼。

11. 答:(1)价格歧视是指具有垄断力量的厂商对同一成本的产品向不同的购买者收取不同价格。时间差价是厂商经常使用的价格歧视策略,指厂商对消费者在不同时间段购买同一种产品收取不同的价格。时间差价的一种典型形式为高峰负荷价。某些产品或服务需求分为高峰期与非高峰期。高峰期需求大,需求曲线价格弹性较小;非高峰期需求小,需求曲线价格弹性较大。在高峰期与非高峰期收取不同的价格对厂商是有利的,同时也可以改进整个社会资源配置的效率。

(2) 分时段的航空客票价格就是高峰负荷价的一个例子。图8.7中的 D_1 表示航运非高峰期的需求曲线,MR_1 表示航运非高峰期的边际收益曲线,D_2 表示航运高峰期的需求曲线,MR_2 表示航运高峰期的边际收益曲线,MC 表示厂商的边际成本曲线。显然,厂商在高峰期收取 P_2 的价格,出售 Q_2 的数量,在非高峰期收取 P_1 的价格,出售 Q_1 的数量能够使厂商获得最大化利润。

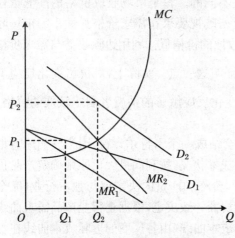

图8.7 航空客票价格决定图示

七、案例分析

【案例参考答案】

(1) 黄山门票定价采用的是价格歧视(差别定价),而且主要采用的是三级价格歧视,如特殊群体享受门票旺季价格的半价优惠甚至免费,而普通游客需要支付全部门票价格。采用差别价格的原因:差别价格亦称价格歧视,是指垄断者为了榨取更多的消费者剩余,而就同一成本的产品对不同的消费者收取不同的价格,或者就不同成本的产品对消费者索取同一价格以获取更大的利润。"价格歧视"的目的是增加交易,这对生产者和消费者双方通常都是有利的。实行差别价格厂商必须具有市场势力,且整个市场可以分割为许多互相独立的需求弹性不同的分市场。厂商对不同需求弹性的消费者收取不同的价格。另外,还采用了分时定价中的峰值定价。峰值定价也被称为高峰负荷价,是分时定价中的一种重要的形式,即把同一种产品或劳务分为高峰期与非高峰期(或淡季与旺季),实行不同的价格。它主要被用于那些在不同的时间有不同客流量的诸多行业,如民航、铁路等部门在高峰期与非高峰期采用不同价格;旅馆酒店、旅游景点在旺季与淡季采取不同价格等。原因:峰值定价不仅可以增加利润,也可以改善资源配置。在高峰期减少购买或使用,减轻了高峰期能力过度利用及所引起的边际成本剧增,即使边际成本剧增也可通过高价格获得补偿。在非高峰期则增加购买或使用,减少了能力过剩所引起的资源浪费。峰值定价一般也属于价格歧视。

(2) 要使得施行这种政策有效必须具备以下条件:① 必须是完全垄断的市场。黄山全国甚至全世界仅此一家,没有第二个与它竞争,即使收取高一点的价格,游客也不会放弃到此一游。② 必须能够把不同市场或市场的各个部分有效地分割开来。黄山门票管理者可以通过检查学生证、军官证、干部证、居民身份证等相关证件区分需求价格弹性不同的消费者,对他们实行差别价格。峰值定价就更加容易实施了,只要明确什么时间段属于淡季,什么时间段属于平旺季即可。③ 各个市场必须有不同的需求弹性,这里成年人和未成年人的需求弹性不同,老年人、残疾人、学生、军人等的需求富有弹性,而普通游客的需求弹性要小得多,因而普通游客的门票价格定高一点并不会影响他们游览黄山。另外,旺季来旅游的游客通常其需求弹性比淡季来旅游的游客的需求弹性也低得多,因此,旺季的门票价格也应该比淡季的门票价格更高。

第九章 博弈论

第一部分 习题

一、名词解释

1. 博弈论 2. 参与人 3. 行为 4. 策略 5. 信息 6. 收益 7. 结果 8. 均衡 9. 动态博弈与静态博弈 10. 完全博弈与不完全博弈 11. 合作博弈与非合作博弈 12. 纳什均衡 13. 冷酷策略 14. 先行优势 15. 确信威胁 16. 占优策略均衡 17. 混合策略

二、判断题

1. 占优策略均衡一定是纳什均衡。（   ）

2. 纳什均衡一定是占优策略均衡。（   ）

3. "囚徒困境"告诉我们,由于两个罪犯只打算合伙犯罪一次,因此被捕后才出现了不合作的态度。如果他们打算重复合作多次,如 20 次,那么博弈论预测他们将彼此采取合作态度,即被捕后谁都不招供。（   ）

4. 博弈方的策略空间必须是数量空间,博弈的结果必须是数量或能够折算成数量。（   ）

5. 凡是博弈方的行为、选择有先后次序的一定是动态博弈。（   ）

6. 合作博弈就是博弈方采取相互合作态度的博弈。（   ）

7. 在动态博弈中,因为后行为的博弈方可以先观察对方行为后再选择,因此总是有利的。（   ）

三、简答题

1. 某市场存在两家企业,每家企业生产相同的产品,产品产量有三种选择,分别为 80、100、150,相应的利润组合如下所示:

		厂商 2		
		80	100	150
	80	(12,12)	(9,15)	(6,12)
厂商 1	100	(15,9)	(10,10)	(5,7.5)
	150	(12,6)	(7.5,5)	(0,0)

试问：

(1) 如果两厂商同时行动，该博弈的均衡解是什么？两厂商各自的收益是多少？

(2) 如果厂商 1 先行动，均衡解是什么？此时，厂商 1 比厂商 2 多赚多少？

2. 什么叫逆向归纳求解方法？应用逆向归纳求解方法的关键是什么？

3. 简要回答博弈的几种类型。

4. 影响重复博弈均衡的主要因素有哪些？

5. 有 A、B 两个厂商，当 A、B 都选择策略 1 时收益分别为 7、3；都选择策略 2 时收益分别为 2、2；A 选择策略 1 而 B 选择策略 2 时收益分别为 6、6；A 选择策略 2 而 B 选择策略 1 时收益分别为 11、1。问最终 A、B 的选择。

6. 分别用策略式和扩展式描述"囚徒困境"博弈。

7. 什么是逆向选择与道德风险？试举例说明。

8. 什么是委托—代理问题？如何解决委托—代理问题？

四、计算题

1. A、B 两厂商利用广告进行竞争。若 A、B 两厂商都做广告，在未来销售中，A 厂商可以获得利润 20 万元，B 厂商可以获得利润 8 万元；若 A 做广告，B 不做广告，则 A 可以获得利润 25 万元，B 只能获得利润 2 万元；若 A 不做广告，B 做广告，则 A 可以获得利润 10 万元，B 可以获得利润 12 万元；若 A、B 都不做广告，A 可以获得利润 30 万元，B 可以获得利润 6 万元。

(1) 画出 A、B 两厂商的支付矩阵。

(2) 求纳什均衡。

2. 博弈的报酬矩阵如下所示：

	乙	
	左	右
甲 上	(a, b)	(c, d)
甲 下	(e, f)	(g, h)

试问：

(1) 如果(上,左)是占优策略均衡,那么 a、b、c、d、e、f、g、h 之间必须满足哪些条件?

(2) 如果(上,左)是纳什均衡,那么 a、b、c、d、e、f、g、h 之间必须满足哪些条件?

(3) 如果(上,左)是占优策略均衡,那么它是否一定是纳什均衡? 为什么?

(4) 在什么情况下,纯纳什均衡不存在?

3. 设某一市场需求函数为 $p = 100 - 0.5(q_1 + q_2)$,在该市场只有两家厂商,他们各自的成本函数分别为 $c_1 = 5q_1, c_2 = 0.5q_2^2$。试问:

(1) 在斯塔格博格(Stackelberg)模型中,谁会成为领导者? 谁会成为追随者?

(2) 该市场最后的结局是什么? 为什么?

4. 有两个猎人在公共猎场以捕获兔子为生。猎场总共有 1 000 只兔子,每个猎人面临的选择取决于捕获兔子时奔跑的速率 $r_i (i = 1, 2)$。假定猎人 i 的净效用 u_i 取决于捕获量 q_i 和捕获时速率 r_i,即

$$u_i = 4q_i + 50r_i - r_i^2$$

其中, $q_i = 1000 r_i/(r_1 + r_2)$。试问:

(1) 如果两位猎人能够达到最优的捕获率,这个最优捕获率是多少?

(2) 如果两位猎人各自决策,那么他们选择的捕获率将是多少? 请简要解释为什么两人各自决策的结果不同于(1)中的结果。

(3) 上述问题在经济学上被称为"公地悲剧"(The Tragedy of Commons)。请用文字简要说明什么是公地悲剧。另举一种解决该问题的办法,并说明你的办法发挥作用的条件和理由。

5. 假定一个博弈模型,有两个参与者:一个是政府,一个是私人部门。私人部门选择的是预期通货膨胀率,政府选择的是给定预期通货膨胀的情况下,所采取的实际通货膨胀率,并且政府不仅关心通货膨胀问题,还关心失业问题。政府

的效用函数为
$$U = -c\pi^2 - (y - ky^*)^2$$
其中，π 是通货膨胀率，y^* 是自然失业率下的均衡产出水平，y 是实际产出水平，$c>0, k>1$。

同时，假定产出与通货膨胀之间的关系是由含有通货膨胀预期的菲利普斯曲线决定的，即
$$y = y^* + \beta(\pi - \pi^e)$$
其中，π^e 是预期的通货膨胀，β 是大于 0 的常数。

如果私人都有理性预期，那么运用博弈论证明在短期内政府所采取的通货膨胀政策不能增加产出水平。

6. 假定市场反需求函数是 $p = 150 - 0.5(Q_A + Q_B)$，Q_A、Q_B 分别为寡头企业 A、B 的产量，并且假定它们的生产成本都为零。试求寡头企业 A、B 的古诺均衡产量和市场均衡价格。

7. 假定有 n 个古诺寡头，每个厂商有相同的不变单位生产成本 c，市场反需求函数是 $p = a - Q$，其中，p 是市场价格，$Q = \sum Q_i$ 是总供给量，a 是大于零的常数。每个厂商 i 的战略是选择产量 Q_i，最大化利润 $\pi_i = Q_i(a - Q - c)$，给定其他企业的产量。求古诺均衡产量和价格如何随 n 的变化而变化？为什么？

8. 设在古诺型（即产量竞争）寡头市场上，有 n 个以固定成本 c 生产同质产品的相同厂商，市场需求函数是 $P = a - Q$，其中 P 是市场价格，Q 是行业总产量。求：

(1) 行业内所有厂商都独立经营时的均衡产量和利润。

(2) 如果其中 $m+1$ 个厂家合并，合并后的每个独立厂商的均衡产量和利润。

(3) 证明外部厂商即没有参与合并的厂商在这次合并中受益。

9. 假设市场的需求函数为 $P = 70 - Q$，其中，P 为产品的市场价格，$Q = q_1 + q_2$，q_1 和 q_2 分别是市场上企业 1 和企业 2 的产量。假设两家企业生产的边际成本都为 10，都无固定成本。求解：

(1) 古诺均衡的产量与两家企业各自的利润。

(2) 企业 1 先选择产量时两家企业的最优产量决策。

10. 两个寡头所面临的需求曲线为 $P = a - bQ$，其中，$Q = Q_1 + Q_2$，Q_1 和 Q_2 分别为寡头企业 1 和寡头企业 2 的成本函数 $C_i = a_i + b_i (i=1,2)$，a、b、a_i、b_i 为常数。

(1) 两个寡头联合时的最大产量是多少？为了联合，每个寡头分别应该生产多少产量。

(2) 如果两个寡头采取合作策略，寡头1处于领导地位，求出各自的均衡产量、利润、市场价格。

(3) 寡头1愿意出多高的价格兼并另外一个寡头？

五、案例分析

【案例】 应试教育困境。

近二十年来，我国基础教育的主要问题是如何摆脱应试教育的困境。应试教育把应试作为唯一或主要的教育目标，是一种十分狭隘的教育模式，这种狭隘的教育模式正在把我国基础教育引进死胡同。其消极因素主要表现在以下几方面：

(1) 智育目标狭隘化。应试教育模式虽然把智育放在首要位置，但智育的目标却是片面的、狭隘的。智育是传授知识、发展智力的教育，其中发展智力是智育最重要的目标，但是，应试教育从应试这一角度出发，过分强调传授知识和技能，强调知识的熟练程度，大多采取过度学习、强化训练的手段，把学习仅仅局限在考试和课本范围内，从而出现知识面狭窄、高分低能的局面。

(2) 阻碍教学方法的改革，影响教育素质的提高。在应试教育模式中，学校整个工作围绕着高考和各级统考、会考指挥棒转，管理目标普遍地带有急功近利的倾向。评价教师教学质量的唯一标准是分数、升学率，全部教育就是为了考分，教育的科学性、艺术性不再有其真正的内涵。教育研究变成了应考研究，教师忙于知识灌输和强化技能训练，而真正有价值的研究和探索却无法开展，严重束缚教师知识结构的扩展和各种素质的提高。

(3) 阻碍个性发展，扼杀创造力。在应试教育模式中，教育目标狭隘，教育手段单一。学校成为按一个模子改造人的"教育机器"。人的个性发展未能受到应有的重视，对培养和丰富学生的个性十分不利。

(4) 负担过重，严重影响青少年身心发展。目前，由于升学率、平均分两根指挥棒自上而下被层层强化，教学中广泛采用过度学习、强化训练的做法，造成学生作业量过大，中小学生必不可缺的游戏时间和体育锻炼时间没有保障，连正常的星期日和假期也被挤占，严重影响青少年学生身体的健康发育。同时，也造成许多心理疾病，如恐学病、逃学病，精神抑郁、孤僻等。

(5) 加重教师负担，加剧教师队伍的不合理竞争。传统的应试教育倾向于强化训练、题海战术。这必然导致教师工作负担的加重，加之学校管理中急功近利的倾向，有许多学校甚至把学生考分和升学率同教师工资、奖金挂钩，导致教师队伍中竞争加剧，加重教师的心理压力。

(6) 扭曲了考试的功能和作用。应试教育模式扭曲了考试的功能,考试不是为了检测和反馈,服务于教学。相反,考试成了教学的目的,教学只是为了考试,为了评分排序等,考试的功能和作用被严重局限了,这种本末倒置的状况,促使作弊风泛滥。不仅中学存在,高考考场上存在,小学也存在。个别教师为了获取本班考试成绩虚假的高分率,甚至暗示做弊方法,污染了学风,十分不利于学生身心健康发展。

综合以上诸多应试教育的弊端与不合理之处,可见"应试教育"向"素质教育"的转轨势在必行。如目前给中小学生"减负"不仅是学生家长、教育专家和教育管理部门的呼声,也可以说是全社会的呼声。教育管理部门这几年做了一系列的工作,但收效甚微,并没有从根本上解决问题。学校(包括家庭)不断给学生增加负担是目前教育的实际状况。

根据上述材料,回答以下问题:
(1) 应试教育的困境的含义是什么?
(2) 用博弈理论分析应试教育困境产生的原因。

第二部分 参考答案

一、名词解释

1. 博弈论:博弈论(game theory),又译为对策论,就是研究决策主体的行为发生直接相互作用时的决策以及这种决策的均衡问题。一般而言,博弈表现为两个或两个以上具有利害冲突的参与人或当事人处于一种互不相容的状态中,一方的行动取决于对方的行动,每个参与人的收益都取决于所有参与人的行动。当所有参与人都选择了自己的决策时,博弈的结果就暂时确定下来。在经济学中,博弈论是研究当某一经济主体的决策受到其他经济主体决策的影响,同时,该经济主体的相应决策又反过来影响其他经济主体选择时的决策问题和均衡问题。博弈论的基本概念包括参与人、行为、信息、策略、收益、结果、均衡。

2. 参与人(player):又称局中人,是指博弈中选择行动以自身利益最大化的决策主体(可以是个人,也可以是团体,如厂商、政府、国家)。

3. 行为(action):是指参与人的决策变量,如消费者效用最大化决策中的各种商品的购买量;厂商利润最大化决策中的产量、价格等。

4. 策略(strategies):又称战略,是指参与人选择其行为的规制,也就是指参与人应该在什么条件下选择什么样的行动,以保证自身利益最大化。

5. 信息(information):是指参与人在博弈过程中的知识,特别是有关其他参与人(对手)的特征和行动的知识。即该参与人所掌握的其他参与人的、对其决策有影响的所有知识。

6. 收益(payoff)：又称支付，是指参与人从博弈中获得的利益水平，它是所有参与人策略或行为的函数，是每个参与人真正关心的东西，如消费者最终所获得的效用、厂商最终所获得的利润。

7. 结果(outcome)：是指博弈分析者感兴趣的要素集合。

8. 均衡(equilibrium)：是指所有参与人的最优策略或行动的组合。这里的"均衡"是特指博弈中的均衡，一般称之为"纳什均衡"(Nash equilibrium)。

9. 动态博弈与静态博弈：按照参与人的先后顺序进行分类，博弈可以划分为静态博弈(static game)和动态博弈(dynamic game)。静态博弈是指在博弈中，参与人同时选择或虽非同时选择但后行动者并不知道先行动者采取了什么具体行动。动态博弈是指在博弈中，参与人的行动有先后顺序，而且后行动者能够观察到先行动者所选择的行动。

10. 完全博弈与不完全博弈：按照参与人对其他参与人的了解程度进行分类，博弈可以划分为完全信息博弈和不完全信息博弈。完全信息博弈是指在博弈过程中，每一位参与人对其他参与人的特征、策略空间及收益函数有准确的信息。如果参与人对其他参与人的特征、策略空间及收益函数信息了解得不够准确，或者不是对所有参与人的特征、策略空间及收益函数都有准确的了解，在这种情况下进行的博弈就是不完全信息博弈。

11. 合作博弈与非合作博弈：按照参与人之间是否合作进行分类，博弈可以划分为合作博弈和非合作博弈。合作博弈是指参与人之间有着一个对各方具有约束力的协议，参与人在协议范围内进行的博弈。反之，就是非合作博弈。典型的合作博弈是寡头企业之间的串谋(collusion)。

12. 纳什均衡：纳什均衡是指在均衡中，每个博弈参与人都确信，在给定其他参与人选择的策略的情况下，该参与人选择了最优策略以回应对手的策略。纳什均衡是完全信息静态博弈解的一般概念，构成纳什均衡的策略一定是重复剔除严格劣策略过程中不能被剔除的策略。也就是说，没有一种策略严格优于纳什均衡策略(注意：其逆定理不一定成立)，更为重要的是，许多不存在占优策略均衡或重复剔除的占优策略均衡的博弈，却存在纳什均衡。

13. 冷酷策略：是指重复博弈中的任何参与人的一次性不合作将引起其他参与人的永远不合作，从而导致所有参与人的收益减少。因此，所有参与人具有维持合作的积极性。

14. 先行优势：是指在博弈中首先作出策略选择并采取相应行动的参与人可

以获得更多的利益。

15. 确信威胁：是指博弈的某一参与人通过承诺某种行动改变自己的收益函数，使得其他参与人认为自己的威胁确实可信，从而迫使其他参与人在充分考虑自己的承诺的情况下作出相应的选择。

16. 占优策略均衡：占优策略（dominant strategies）是指这样一种特殊的博弈：某一参与人的策略可能并不依赖于其他参与人的策略选择。换句话说，无论其他参与人如何选择自己的策略，该参与人的最优策略选择是唯一的。

17. 混合策略：是指在博弈中，博弈方在决策内容不确定情况下的策略，即以一定概率分布来选择某些策略。混合策略有两个决策原则：一是参与人互相不让对方知道或猜到自己的选择，因此必须在决策时利用随机性来选择策略，避免任何有规律性的选择；二是参与人选择每种策略的概率必须要恰好使对方无机可乘，即让对方无法有针对性地选择某一策略而在博弈中占上风。

二、判断题

1. 正确。【分析】主要考查考生对于占优策略均衡和纳什均衡的理解。占优策略均衡是纳什均衡的一种特殊情形。纳什均衡是指在均衡中，每个博弈参与人都确信，在给定其他参与人选择的策略的情况下，该参与人选择了最优策略以回应对手的策略。占优策略（dominant strategies）是指这样一种特殊的博弈：某一参与人的策略可能并不依赖于其他参与人的策略选择。换句话说，无论其他参与人如何选择自己的策略，该参与人的最优策略选择是唯一的。

2. 错误。【分析】主要考查考生对于占优策略均衡和纳什均衡的理解。占优策略均衡是纳什均衡的一种特殊情形，因此，纳什均衡未必是占优策略均衡。

3. 错误。【分析】主要考查考生对于有限次重复博弈和无限次重复博弈的区别。在阶段性博弈存在唯一的纳什均衡时，阶段博弈的纳什均衡解就是重复次数有限博弈的唯一子博弈精炼纳什均衡解，即重复次数有限博弈的每个阶段的均衡解都是一次性博弈的纳什均衡解。在该例子中，两罪犯在第20次（最后一次）都会选择不合作，因为将来没有合作机会了，最优策略为招供。既然两罪犯都知道对方在最后一次会采取不合作态度，那么在倒数第二次他知道最后一次是不合作，那么倒数第二次两罪犯一定也是选择不合作……依次类推，对于有限次的任何一次，两罪犯都不可能采取合作。

4. 错误。【分析】博弈方的策略空间未必一定是数量空间，博弈的结果可以是均衡策略以及参与人的得益等，有的并不需要必须是数量或能够折算成数量。参见囚徒困境。

5. 错误。【分析】凡是博弈方的行为、选择有先后次序未必一定是动态博弈,只有当后行为方能够观察到先行动方的选择时才是动态博弈。

6. 错误。【分析】合作博弈与非合作博弈的划分是依据参与人之间是否能够达成有约束力的协议,能够达成就是合作博弈,否则就是非合作博弈。

7. 错误。【分析】在动态博弈中,虽然后行为方可以观察对方行为后再选择,但未必总是有利的。参见讨价还价模型。

三、简答题

1. 答:(1) 如果两家厂商同时行动,均衡解为(10,10),即两家厂商都选择产量100,利润都是10。

(2) 如果厂商1先行,他将选择产量150,他获得的利润为12,在厂商1先行情况下,厂商2最佳选择是产量80,利润为6,即均衡解为(12,6)。

2. 答:逆向求解归纳法是求解动态博弈的基本方法。它是从最后行动的参与人的选择入手,考察其最优的选择;然后,比最后行动先行一步的参与人根据这一给定选择,作出自己的最优选择;如此类推,直到第一个行动的参与人作出选择。

应用逆向求解法的关键是假设参与人都是理性的,即每个参与人都会选择使自己效用最大化的策略。这里还要考察承诺的可置信性,当参与人作出与自己最大化效用不符合的承诺时,可认为这一承诺不具有置信性。

3. 答:一般来说博弈有三种分类:

(1) 按照参与人的先后顺序进行分类,博弈可以划分为静态博弈(static game)和动态博弈(dynamic game)。静态博弈是指在博弈中,参与人同时选择或虽非同时选择但后行动者并不知道先行动者采取了什么具体行动。动态博弈是指在博弈中,参与人的行动有先后顺序,而且后行动者能够观察到先行动者所选择的行动。

(2) 按照参与人对其他参与人的了解程度进行分类,博弈可以划分为完全信息博弈和不完全信息博弈。完全信息博弈是指在博弈过程中,每一位参与人对其他参与人的特征、策略空间及收益函数有准确的信息。如果参与人对其他参与人的特征、策略空间及收益函数信息了解得不够准确,或者不是对所有参与人的特征、策略空间及收益函数都有准确的了解,在这种情况下进行的博弈就是不完全信息博弈。

(3) 按照参与人之间是否合作进行分类,博弈可以划分为合作博弈和非合作博弈。合作博弈是指参与人之间有着一个对各方具有约束力的协议,参与人在协议范围内进行的博弈。反之,就是非合作博弈。典型的合作博弈是寡头企业之间的串谋(collusion)。

根据上述分类,非合作博弈可以得到四种不同的类型:完全信息静态博弈、完全信息动态博弈、不完全信息静态博弈、不完全信息动态博弈。与上述四种博弈相对应,有四种均衡概念,即:纳什均衡(Nash equilibrium)、子博弈精炼纳什均衡(subgame perfect Nash equilibrium)、贝叶斯纳什均衡(Bayesian Nash equilibrium)、精炼贝叶斯纳什均衡(perfect Bayesian Nash equilibrium)。非合作博弈及对应的均衡概念见表9.1。

表9.1 博弈的分类及对应的均衡概念

信息＼行动顺序	静 态	动 态
完全信息	完全信息静态博弈 纳什均衡	完全信息动态博弈 子博弈精炼纳什均衡
不完全信息	不完全信息静态博弈 贝叶斯纳什均衡	不完全信息动态博弈 精炼贝叶斯纳什均衡

4. 答:影响重复博弈均衡的主要因素有两个:博弈重复的次数和信息的完备性。

重复次数的重要性来自于参与人在短期利益和长期利益之间的权衡。当博弈只进行一次时,每个参与人只顾关心自己的一次性收益。当博弈重复多次时,参与人就必须考虑他多次博弈中的总收益,参与人完全可能为了长远利益而牺牲眼前利益,从而选择与一次博弈不同的均衡策略。这是重复博弈分析得出的一个十分重要的结论,它为现实生活中可以观测到的许多合作行为和社会规范提供了理论解释。

信息完备性的重要性在于:当一个参与人的特征(收益函数)不为其他参与人所知时,该参与人可能积极地建立一个"好"声誉以换取长远利益。因为参与人的历史行动是可以观察到的。正如棋手下棋一样,如果两个棋手连续比赛,棋手会从对手以前的着法中吸取教训,从而修正自己的着法。正所谓"吃一堑,长一智"。因此,重复博弈的结果绝对不是一次性博弈的简单重复。

5. 答:根据已知条件,可以用如下的得益矩阵表示博弈(见表9.2):

表9.2

		厂商 B	
		策略1	策略2
厂商 A	策略1	(7,3)	(6,6)
	策略2	(11,1)	(2,2)

通过分析知道,厂商 B 的两个策略中有一个是占优策略,即策略2,因此,理性的厂商 B 一定会选择策略2。因此,厂商 A 会选择策略1,因为6>2。

6. 答:策略式囚徒困境博弈如下(见表9.3):

表9.3

		囚徒2	
		坦白	抵赖
囚徒1	坦白	(-8,-8)	(0,-10)
	抵赖	(-10,0)	(-1,-1)

扩展式囚徒困境博弈如下(见图9.1):

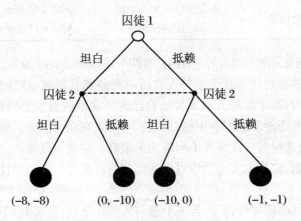

图9.1 扩展式囚徒困境博弈

7. 答:"逆向选择"被定义为信息不对称所造成市场资源配置扭曲的现象。譬如,二手车市场。因为买方对二手车质量信息的不完全了解,所以买方只愿意按二手车的平均质量出价,高质量的旧车就退出这个市场。这样,二手车的平均质量进一步下降,买方愿意出的价格进一步下降,次高质量的旧车也退出市场,结果是市场上成了破烂车的展览馆。在该市场销售的都是低于平均质量的旧车。人身保险也是如此,保险公司若按照客户的平均健康水平来确定保险费率,那么在确定保险费率下,健康水平低的客户有投保的积极性,于是保险公司往往拥有的客户的健康水平低于社会的平均水平。健康水平高的客户没有投保的积极性,愿意投保的都是健康水平低的客户的反常现象就是"逆向选择"。

"道德风险"指的是"从事经济活动的人在最大限度地增进自身效用时做出不

第九章 博弈论

利于他人的行动"。如购买了车辆事故完全保险的司机,开车时可能不再像以前一样小心谨慎了,结果是自身效用增加,而保险公司利益受损。

8. 答:所谓委托—代理问题,是指由于存在不确定性和信息不对称,当代理人目标函数与委托人目标函数不一致时,代理人有可能偏离委托人的目标函数而委托人又难以观察与监督之,造成代理人损害委托人利益的现实。

解决委托—代理问题的一个方法是采用"木马计":委托人把自己的利益"植入"到代理人的利益之中,或者"搭载"到代理人的利益之上,这样,当代理人为自己的利益而采取行动时,他同时也就是在为委托人的利益服务了。其实就是建立一套行之有效的激励约束机制,如应用于股东与经理之间的股票期权计划,用于雇主与雇员之间的工资报酬计划等。

四、计算题

1. 解:(1) 两厂商的支付矩阵为:

		厂商 B	
		做广告	不做广告
厂商 A	做广告	(20,8)	(25,2)
	不做广告	(10,12)	(30,6)

(2) 这是一个简单的完全信息静态博弈,显然,两家厂商均选择做广告是他们的最优选择,纳什均衡为(做广告,做广告),此时两个厂商的获益分别为20(万元)和8(万元)。

2. 解:(1) 可分为三种情况:第一,对甲占优均衡,必须 $a>e$, $f>h$, $b>d$;第二,对乙占优均衡,必须 $b>d$, $f>h$, $a>e$;第三,对甲、乙都占优均衡,必须 $a>e$, $c>g$, $b>d$, $f>h$。

(2) 纳什均衡只需要满足 $b>d$, $a>e$。

(3) 占优均衡一定是纳什均衡,因为占优均衡的条件包含了纳什均衡的条件,纳什均衡是占优均衡的一种特例。但纳什均衡未必是占优均衡。

3. 解:(1) 先求古诺均衡:

$$\max_{q_1} \pi_1(q_1, q_2) = (100 - 0.5q_1 - 0.5q_2)q_1 - 5q_1$$

$$\max_{q_2} \pi_2(q_1, q_2) = (100 - 0.5q_1 - 0.5q_2)q_2 - 0.5q_2^2$$

解得

$$q_1 = 95 - 0.5q_2$$

$$q_2 = 50 - 0.25q_1$$

由此可得

$$q_1 = 80 \quad 和 \quad q_2 = 30$$

对于任何先行动者来说,必须满足 $q_1 \geqslant 80$ 和 $q_2 \geqslant 30$。

要使厂商 1 成为领导者,条件是对任何厂商 2 的先行产量决策,厂商 1 均采取策略使对方利润为负。即:

$$\begin{cases} \pi_1(q_1,q_2) = (100 - 0.5q_1 + 0.5q_2)q_1 - 5q_1 > 0 \\ \pi_2(q_1,q_2) = (100 - 0.5q_1 + 0.5q_2)q_2 - 0.5q_2^2 < 0 \end{cases}$$

解得

$$200 - 2q_2 < q_1 < 190 - q_2^2$$

对于厂商 2 的任何产量先行决策 $q_2 \geqslant 10$,只要厂商 1 威胁其产量 q_1 满足上式,则厂商 2 不敢先行动,而 $q_2 < 10$,与先行者的 $q_2 \geqslant 30$ 矛盾。当厂商 1 先行动时,厂商 2 决策:

$$\max_{q_2} \pi_2(q_1,q_2) = (100 - 0.5q_1 - 0.5q_2)q_2 - 0.5q_2^2$$

$$\Rightarrow q_2 = 50 - 0.25q_1$$

厂商 1 决策:

$$\max_{q_1} \pi_1(q_1,q_2) = (100 - 0.5q_1 - 0.5q_2)q_1 - 5q_1$$

$$\Rightarrow \max_{q_1} (70 - 0.375q_1)q_1$$

$$\Rightarrow q_1 = 380/3 = 93.33$$

厂商 1 的产量决策范围为 $80 \leqslant q_1 \leqslant 93.33$。

而厂商 2 要惩罚厂商 1 为领导者必须满足:

$$\begin{cases} \pi_1(q_1,q_2) = (100 - 0.5q_1 + 0.5q_2)q_1 - 5q_1 < 0 \\ \pi_2(q_1,q_2) = (100 - 0.5q_1 + 0.5q_2)q_2 - 0.5q_2^2 > 0 \end{cases}$$

$$\Rightarrow q_1 > 180$$

与 $80 \leqslant q_1 \leqslant 93.33$ 矛盾。

故在这个斯塔格博格模型中,只可能厂商 1 成为领导者,厂商 2 成为被领导者。

(2) 厂商 1 先行时,

$$q_1 = 280/3, \quad q_2 = 80/3, \quad \pi_1 = 3266.67, \quad \pi_2 = 711.11$$

厂商 2 先行时,

$$q_1 = 80, \quad q_2 = 35, \quad \pi_1 = 2953.125, \quad \pi_2 = 1093.75$$

第九章 博弈论

两厂商同时行动时，

$$q_1 = 80, \quad q_2 = 35, \quad \pi_1 = 3200, \quad \pi_2 = 900$$

博弈的支付矩阵如下：

		厂商 2	
		领导者	追随者
厂商 1	领导者	(5200,900)	(3266.67,711.11)
	追随者	(2953.125,1093.75)	(3200,900)

可见对任何厂商，先行者为占优策略，故市场的最后结局为古诺均衡。厂商 1 生产 80，厂商 2 生产 30。

4. 解：(1) 由于在公共猎场，两位猎人的效用函数相同，如果两人能够达成一个最优的捕获率，那么必然两者的总效用最大，然后平分。即

$$\max(u_1 + u_2) = 4(q_1 + q_2) + 50(r_1 + r_2) - r_1^2 - r_2^2$$
$$q_1 = 1000r_1/(r_1 + r_2)$$
$$q_2 = 1000r_2/(r_1 + r_2)$$
$$r_1 = r_2 = r$$

解得

$$r = r_1 = r_2 = 25$$

(2) 各自决策时，每位猎人追求自身效用最大化。即

$$\begin{cases} \max_{r_1} u_1 = 4000r_1/(r_1 + r_2) + 50r_1 - r_1^2 \\ \max_{r_2} u_2 = 4000r_2/(r_1 + r_2) + 50r_2 - r_2^2 \end{cases}$$

解得

$$r_1 = r_2 = \frac{25 + \sqrt{2625}}{2}$$

显然各自决策的捕获率要大于(1)中的最优捕获率。原因是产权不明晰导致自由进入，个人利益最大化选择行为背离了社会福利最大化。

(3) 公地悲剧是指公共产品的非排他性使得资源配置的低效率。

解决方法：公共产品由私人供给，私人通过收费来限制进入。

还可以通过公共产品的提供者与公共产品的需求者签定合约来解决公地悲剧问题。在合约中有一些限制性条款、违约乘法条款、监督条款和第三方保障等措施，以保证公共产品不会被过度使用而遭损坏，从而达到资源的优化配置。

5. 解：因为政府是在给定私人部门通货膨胀的情况下制定货币政策，也就是实际通货膨胀率，因此政府面临的最大化问题就是：

$$\begin{cases} \max_{\pi} U = -c\pi^2 - (y - ky^*)^2 \\ y = y^* + \beta(\pi - \pi^e) \end{cases}$$

运用拉格朗日函数求解，得

$$\pi^* = \frac{\beta[\beta\pi^e + (k-1)y^*]}{c + \beta^2}$$

上式就是政府的反应函数。

由于私人部门具有理性预期，也就是说预期的通货膨胀率等于 π^*，将 $\pi^e = \pi^*$ 代入上式，得到

$$\pi^e = \pi^* = \frac{\beta(k-1)y^*}{c}$$

这样一来，由于私人部门具有理性预期，使得实际产出水平与通货膨胀无关而等于自然失业率下的产出水平；另一方面，却要忍受通货膨胀的痛苦。

6. 解：因为市场的需求函数为 $P = 150 - 0.5(Q_A + Q_B)$，且两家企业的生产成本都为零，所以企业 A 和 B 的利润函数分别为

$$\pi_1 = [150 - 0.5(Q_A + Q_B)]Q_A = 150Q_A - 0.5Q_AQ_B - 0.5Q_A^2$$

和

$$\pi_2 = [150 - 0.5(Q_A + Q_B)]Q_B = 150Q_B - 0.5Q_AQ_B - 0.5Q_B^2$$

$$\left.\begin{aligned} \frac{\partial \pi_1}{\partial Q_A} = 150 - 0.5Q_B - Q_A = 0 \\ \frac{\partial \pi_2}{\partial Q_B} = 150 - 0.5Q_A - Q_B = 0 \end{aligned}\right\} \Rightarrow Q_A^* = Q_B^* = 100$$

进一步求解得到市场均衡价格

$$p^* = 150 - 0.5(100 + 100) = 50$$

7. 解：因为市场反需求函数是 $p = a - Q$，每个厂商有相同的不变单位生产成本 c，则第 i 个厂商的利润函数 $\pi_i = Q_i(a - Q - c) = Q_i(a - \sum Q_i - c)$。当第 i 个厂商获得最大利润时，有

$$\frac{\partial \pi_i}{\partial Q_i} = a - \sum_{j \neq i}^{n} Q_j - 2Q_i - c = 0 \quad (i = 1, 2, \cdots, n)$$

考虑到每个厂商的地位是对称的，均衡产量必相等，因此，每个厂商的古诺均衡产量为

$$Q_i = \frac{a-c}{n+1} \quad (i = 1, 2, \cdots, n)$$

进一步求解得到均衡价格

$$p^* = a - Q = a - \frac{n(a-c)}{n+1} = \frac{a+nc}{n+1}$$

显然,每个厂商的古诺均衡产量随 n 的增大而变小,但 $n \to \infty$ 时,厂商的总产量趋于 $a-c$。同样,市场均衡价格也随 n 的增大而变小,$n \to \infty$ 时,有

$$\lim_{n\to\infty} p^* = \lim_{n\to\infty} \frac{a+nc}{n+1} = c$$

即价格收敛于边际成本 c。因为,随着厂商数量趋于无穷大,古诺寡头市场演化为完全竞争市场。

8. 解:(1) 因为市场反需求函数是 $P = a - Q$,每个厂商有相同的不变单位生产成本 c,则第 i 个厂商的利润函数 $\pi_i = Q_i(a - Q - c) = Q_i(a - \sum Q_i - c)$。当第 i 个厂商获得最大利润时,有

$$\frac{\partial \pi_i}{\partial Q_i} = a - \sum_{j\neq i}^{n} Q_j - 2Q_i - c = 0 \quad (i = 1, 2, \cdots, n)$$

考虑到每个厂商的地位是对称的,均衡产量必相等,因此,每个厂商的古诺均衡产量为

$$Q_i = \frac{a-c}{n+1} \quad (i = 1, 2, \cdots, n)$$

进一步求解得到利润

$$\pi_i^* = (a - Q - c)Q_i = \left(\frac{a-c}{n+1}\right)^2$$

(2) 如果其中 $m+1$ 个厂家合并,合并后的独立厂商的数量为 $n-m$,此时他们之间同样是古诺竞争,类似于(1),可求出每个独立厂商的均衡产量和利润分别是

$$Q_i = \frac{a-c}{n-m+1}$$

$$\pi_i^* = (a - Q - c)Q_i = \left(\frac{a-c}{n-m+1}\right)^2 \quad (i = 1, 2, \cdots, n-m)$$

(3) 证明:没有参与合并的厂商合并前的利润为 $\pi_i^* = \left(\frac{a-c}{n+1}\right)^2$,合并后的利润为 $\left(\frac{a-c}{n-m+1}\right)^2$,因为 $n > n-m$,所以 $\pi_i^* = \left(\frac{a-c}{n+1}\right)^2 \ll \left(\frac{a-c}{n-m+1}\right)^2$,即外部厂商在这次合并中受益。

9. 解:(1) 因为市场的需求函数为 $P = 70 - Q$,且两家企业生产的边际成本都为10,都无固定成本。所以企业1和2的利润函数分别为

$$\pi_1 = (70 - q_1 - q_2)q_1 - 10q_1 = 60q_1 - q_1q_2 - q_1^2$$

和
$$\pi_2 = (70 - q_1 - q_2)q_2 - 10q_2 = 60q_2 - q_1q_2 - q_2^2$$

$$\left.\begin{array}{l}\dfrac{\partial \pi_1}{\partial q_1} = 60 - q_2 - 2q_1 = 0 \\ \dfrac{\partial \pi_2}{\partial q_2} = 60 - q_1 - 2q_2 = 0\end{array}\right\} \Rightarrow q_1 = q_2 = 20$$

进一步解得两个企业的利润为

$$\pi_1 = \pi_2 = 400$$

(2) 企业1先选择产量,意味着企业2决策时必须将企业1的产量看作给定,以此确定自己的反应函数。企业1在选择时就可预见到企业2的反应函数,并把它纳入决策过程中。因此,由 $\dfrac{\partial \pi_2}{\partial q_2} = 60 - q_1 - 2q_2 = 0 \Rightarrow q_2 = 30 - \dfrac{1}{2}q_1$,这就是企业2的反应函数。

企业1的利润函数 $\pi_1 = (70 - q_1 - q_2)q_1 - 10q_1 = 60q_1 - q_1q_2 - q_1^2$,可以改写为

$$\pi_1 = 60q_1 - q_1q_2 - q_1^2 = 60q_1 - q_1\left(30 - \dfrac{1}{2}q_1\right) - q_1^2 = 30q_1 - \dfrac{1}{2}q_1^2$$

由 $\dfrac{\partial \pi_1}{\partial q_1} = 30 - q_1 = 0$,解得 $q_1^s = 30, \pi_1^s = 450$。利用企业2的反应函数

$$q_2 = 30 - \dfrac{1}{2}q_1 \Rightarrow q_2^s = 15, \quad \pi_2^s = 225$$

10. 解:(1) 当两个寡头联合,使利润最大化时,应满足行业的边际收益等于行业的边际成本,并且各厂商的边际成本等于行业边际成本来分配产量。由已知条件可得 $MC_1 = MC_2 = 0$,故 $MC = 0$,行业总收益 $TR = aQ - bQ^2$,行业的边际收益 $MR = a - 2bQ$。

令 $MR = MC = 0$,可解得 $Q = \dfrac{a}{2b}$,市场价格为 $P = a - bQ = \dfrac{a}{2}$。

由于 $MC_1 = MC_2 = MC = 0$ 无法确定两厂商的具体产量,只要满足 $Q_1 + Q_2 = \dfrac{a}{2b}$,行业利润即为最大。

(2) 由于寡头1处于领导地位,为先行动者,假设其产量为 Q_1,则寡头2所面临的问题是在给定寡头1产量的情况下使自身利润最大化,即求解如下问题:

$$\max \pi_2 = [a - b(Q_1 + Q_2)]Q_2 - (a_2 + b_2)$$

令 $\dfrac{d\pi_2}{dQ_2} = 0$,可得寡头2的反应函数 $Q_2 = \dfrac{a - bQ_1}{2b}$。

在给定寡头 2 的反应函数下,寡头 1 所面临的问题是

$$\max \pi_1 = \left[a - b\left(Q_1 + \frac{a - bQ_1}{2b}\right)\right]Q_1 - (a_1 + b_1)$$

令 $\dfrac{\mathrm{d}\pi_1}{\mathrm{d}Q_1} = 0$,可得 $Q_1 = \dfrac{a}{2b}, Q_2 = \dfrac{a}{4b}$。求得

$$P = a - bQ = a - \frac{3a}{4} = \frac{a}{4}$$

进一步求得

$$\pi_1 = PQ_1 - C_1 = \frac{a^2}{8b} - (a_1 + b_1), \quad \pi_2 = \frac{a^2}{16b} - (a_2 + b_2)$$

(3) 如果寡头 1 兼并寡头 2,其愿意出价格应不超过兼并后所增加的利润,兼并的总利润可以由(1)的结论直接求得

$$\pi = TR - C_1 - C_2 = \frac{a^2}{4b} - (a_1 + b_1) - (a_2 + b_2)$$

兼并前如果寡头 1 处于领导地位,可以由(2)的结论知

$$\pi_1 = PQ_1 - C_1 = \frac{a^2}{8b} - (a_1 + b_1)$$

兼并前如果寡头 1 与寡头 2 处于平等地位,实际上是联立求解如下两个最优化问题:

$$\max \pi_1 = [a - b(Q_1 + Q_2)]Q_1 - (a_1 + b_1)$$
$$\max \pi_2 = [a - b(Q_1 + Q_2)]Q_2 - (a_2 + b_2)$$

解得

$$Q_1 = \frac{a}{3b}, \quad Q_2 = \frac{a}{3b}, \quad \pi_1 = \frac{a^2}{9b} - a_1 - b_1$$

因为寡头 1 愿意出价格为 $\pi - \pi_1$,所以,当寡头 1 处于领导地位时,有

$$\pi - \pi_1 = \frac{a^2}{8b} - a_2 - b_2$$

当寡头 1 与寡头 2 处于平等地位时,有

$$\pi - \pi_1 = \frac{5a^2}{36b} - a_2 - b_2$$

五、案例分析

【案例参考答案】

(1) 应试教育的困境是指,全社会虽然都认识到应试教育的弊端和危害,但在现有的制度环境下,每个个体(学生或学生家长、教师等)从自身利益最大化出发选择,必然选择符合应试教育要求的策略,结果整个社会陷入应试教育的泥潭

不能自拔。若社会上每个个体都放弃应试教育的做法而转向素质教育,每个个体的状况都会得到改善。应试教育的困境类似于囚徒困境。之所以无法实现从应试教育向素质教育的转变,是因为在现有制度环境下,大家都选择应试教育的做法构成纳什均衡,而大家都选择素质教育的做法不是纳什均衡。

(2) 我们以给学生"减负"来说明应试教育困境产生的原因。在现有的教育体制下,学生(或学生家长)有两个可选择的策略:"减负"和"增负"。学生的精力是有限的,如果选择"减负"策略,意味着学生有更多的时间学习课本以外的东西,这样学生的素质得到提高,因此,"减负"策略往往与素质教育联系在一起;而如果选择"增负"策略,则意味着学生花大量的时间做大量的习题,以"学透"、"学精"课本规定的东西,此时,学生没有时间学习课本以外的没有规定的内容。"减负"的结果是学生的全面发展,而"增负"的结果是学生获得高的分数。

在这样的博弈结构下,学生(或学生家长)该如何选择呢?每个学生可能都会这样想:其他人采取的是"增负"教育策略的话,如果我采取"减负"教育策略,我的考试分数不如他人,在求学方面我会落后,接受不了好的教育,在未来求职时我也赶不上他人。因此,在他人采取"增负"的策略下,我也应当采取"增负"策略。如果其他人采取的是"减负"策略,我应当采取什么策略呢?还是应当采取"增负"策略!因为其他人采取的是"减负"策略,如果我采取的是"增负"策略,我的考试分数会比其他人高,我会上好的学校,在未来的职业竞争中我会处于优势。因此,无论其他人采取的是什么策略,我采取"增负"策略都是最好的。当每个学生都这样想时,全社会便进入了应试教育这样一个囚徒困境之中。

如果我国现有的考试制度没有改变,现在假设所有的学生都选择"减负"策略,即除了做少量的巩固性作业外,不补课,不做其他的练习题,情况会变成什么样子呢?假设这种状态会出现,我们说,这种状态会很快消失,而立即会出现所有学生都进入"增负"的这样一个状态。可以说,都选择"减负"策略的状态是不稳定的,而"增负"的状态是稳定的均衡。原因就是,目前教育的博弈结构规定了各种行动或行为的收益或好处:获得高分的会进入好的初中、高中,进入好的初中、高中的学生可以考高分进入好的大学。在这个博弈中,对于教师来说,学生的升学率高意味着其业绩好、奖金高,对自己的学生采取"增负"策略,对于自己而言是占优策略。

我国基础教育的博弈与囚徒困境有共同的结构,大家均选择"增负"策略构成基础教育博弈的纳什均衡。纳什均衡是一个稳定的博弈结果,这也是为什么我国目前的应试教育难以改变的原因。

第十章 要素价格与收入分配

第一部分 习 题

一、名词解释

1. 引致需求 2. 边际产品价值 3. 边际要素成本 4. 边际物质产品 5. 边际收益产品 6. 劳动的供给曲线 7. 均衡工资率 8. 工资率变动的替代效应 9. 工资率变动的收入效应 10. 利息率 11. 均衡利息率 12. 地租率 13. 租金 14. 经济租 15. 准租金 16. 基尼系数 17. 欧拉定理 18. 洛伦兹曲线

二、单项选择题

1. 厂商的要素需求曲线向右下方倾斜的原因在于（　　）。
   A. 边际成本递减　　　　　　B. 边际产量递减
   C. 边际效用递减　　　　　　D. 规模报酬递减

2. 在下列各项中，不属于生产要素的是（　　）。
   A. 农民拥有的土地
   B. 企业家的才能
   C. 在柜台上销售的产品——服装
   D. 煤矿工人采煤时所付出的低廉的劳动

3. 劳动者供给劳动的一般原则是使闲暇对收入的边际替代率等于（　　）。
   A. 劳动率　　B. 利息率　　C. 地租率　　D. 工资率

4. 就单个劳动者而言，一般情况下，在工资率较低的阶段，劳动供给量随工资率的上升而（　　）。
   A. 上升　　　B. 下降　　　C. 不变　　　D. 不能确定

5. 生产要素的价格，是（　　）。
   A. 指支付一个生产要素在某段时间内所提供的服务的代价
   B. 购买生产要素本身所需要支付的代价

C. 固定不变的

D. 取决于厂商的看法

6. 为了得到某厂商多个可变要素中一个要素的需求曲线,我们必须考虑( )。

　　A. 要素价格变化的内部效应　　B. 要素价格变化的外部效应

　　C. 垄断剥削　　　　　　　　　D. 垄断购买剥削

7. 拥有 VMP 曲线的厂商是( )。

　　A. 完全竞争要素市场中的厂商　　B. 完全竞争产品市场中的厂商

　　C. 非完全竞争要素市场中的厂商　D. 非完全竞争产品市场中的厂商

8. 生产要素的需求是一种( )。

　　A. 派生的需求　　　　　　　　B. 联合的需求

　　C. 最终产品的需求　　　　　　D. A、B 两者

9. 由各个个别厂商要素需求曲线横向加总得到的市场需求曲线,在它的下部应该往里偏转,即应该作顺时针偏转,这是因为( )。

　　A. 每个厂商要素使用量都增加时,产量增加,因而产品价格会下降

　　B. 每个厂商要素使用量都增加时,要素价格上升了

　　C. 既有要素价格上涨也有产品价格下降

　　D. 以上都不对

10. 就单个劳动者而言,一般情况下,在工资率较低的阶段,劳动供给量随工资率的上升而( )。

　　A. 上升　　　B. 下降　　　C. 不变　　　D. 不能确定

11. MRP 曲线向右下方倾斜是因为( )。

　　A. *MR* 是随产量增加而递减的　　B. *MP* 是随要素增加而递减的

　　C. *MR* 和 *MP* 都是递减的　　　　D. 以上都不是

12. 随着单个劳动者的劳动供给曲线向后弯曲变化,市场的劳动供给曲线将会( )。

　　A. 向前弯曲　　　　　　　　　B. 向后弯曲

　　C. 仍保持向右上方倾斜　　　　D. 以上均不是

13. 有关工资率变动的收入效应描述不正确的一项是( )。

　　A. 它是指工资率对于劳动者的收入,从而对劳动时间产生的影响

　　B. 若劳动时间不变,工资率的提高使得劳动者的收入提高

　　C. 若劳动时间不变,工资率的提高使得劳动者有能力消费更多的闲暇

　　D. 工资率提高的收入效应使得劳动供给量增加

14. 在要素市场上,当某要素 *M* 的供给曲线斜率为正时,( )。

A. 均衡价格 P_M 决定于要素 M 的供给曲线与需求曲线的交点

B. 均衡产量 Q_M 不是由要素 M 的供给曲线与需求曲线的交点决定的

C. 要素 M 的需求决定均衡价格

D. 要素 M 的需求与 M 的价格无关

15. 下列有关市场均衡工资率的决定,描述正确的一项是( )。

A. 市场均衡工资率是劳动的市场需求与劳动的市场供给相互作用的结果

B. 市场工资率高于均衡工资率时,市场上的劳动供给量小于劳动需求量

C. 当市场工资率低于均衡工资率时,市场上的劳动供给量大于劳动需求量

D. 以上均不是

16. 如果政府大力提倡用先进的机器来替代劳动,这将导致( )。

A. 劳动的供给曲线向右移动　　B. 劳动的需求曲线向右移动

C. 劳动的供给曲线向左移动　　D. 劳动的需求曲线向左移动

17. 工资率的上升所导致的替代效应是指( )。

A. 工作同样长的时间可以得到更多的收入

B. 工作较短的时间也可以得到同样的收入

C. 工人宁愿工作更长的时间,用收入带来的享受替代闲暇带来的享受

D. 以上均对

18. 已知生产要素 A、B 的价格分别为 8 元、10 元,产品的边际收益为 2 元,则在 A、B 的边际产量为( )时,该生产厂商才能获得最大利润。

A. 8,10　　　B. 16,20　　　C. 4,5　　　D. 2,2.5

19. 有 O、P、Q 三种生产要素,其投入量的组合为(5,8,10),产量为 30。若现在改变其投入量,使其变成(6,8,10),这时产量将达到 32,则( )。

A. 要素 O 的边际产品价值等于 2　　B. 要素 P 的边际产品价值等于 2

C. 要素 Q 的边际产品价值等于 2　　D. 以上均不对

20. 如果生产某种产品需要 M、N 两种生产要素,则当 M 的投入量达到一定数量后,继续增加投入时,它的边际物质产品将( )。

A. 在技术不变但是 N 的数量比例增加时下降

B. 在 N 的数量以及技术不变时下降

C. 在任何条件下均下降

D. 无法确定

21. 市场中单个厂商对某种要素的需求曲线同全体厂商对该种要素需求曲线之间的关系表现为（　　）。
    A. 二者是重合在一起的   B. 前者较后者平坦
    C. 前者较后者陡峭   D. 无法确定

22. 市场需求曲线是由各个单独厂商需求曲线横向加总而得到的，当每个厂商要素使用量都增加时，这时市场需求曲线将会（　　）。
    A. 其下部向里偏转，即作顺时针转动
    B. 其下部向外偏转，即作逆时针转动
    C. 不转动
    D. 无法确定

23. 随着我国卫生医疗条件的改善，越来越多的青少年成长为劳动力，这促进劳动的供给曲线（　　）。
    A. 向左移动   B. 向右移动
    C. 不移动   D. 以上均不是

24. 在完全竞争市场条件下，其厂商生产一种产品的要素投入价格为20元，它的边际产量为5，则根据利润最大化原则，出售该产品的边际收益应为（　　）。
    A. 20元   B. 10元   C. 5元   D. 4元

25. 在完全竞争市场上，土地的需求曲线与供给曲线分别是（　　）状。
    A. 水平，垂直   B. 向左下方倾斜，向右下方倾斜
    C. 向右下方倾斜，向左下方倾斜   D. 向右下方倾斜，垂直于数量轴

26. 对于一个垄断企业，投入品 M 的价格为20元，边际产量为5，产品价格是4元，则这个企业的产量（　　）。
    A. 未达到利润最大化，应减少产量
    B. 未达到利润最大化，应扩大产量
    C. 生产出利润最大化，但是成本未达到最小化
    D. 在成本最小条件下实现利润最大化产量

27. 下列（　　）可以实现既提高工资又避免失业的目的。
    A. 劳动的供给曲线富有弹性   B. 劳动的需求曲线富有弹性
    C. 劳动产品的需求富有弹性   D. 劳动产品的需求缺乏弹性

28. 如果在某一时期科技发展迅速，人们越来越倾向于采用资本密集型生产方式，则将会导致（　　）。
    A. 劳动的供给曲线向左移动   B. 劳动的供给曲线向右移动
    C. 劳动的需求曲线向左移动   D. 劳动的需求曲线向右移动

29. 现有甲、乙两类工人,甲类工人要求的月工资为 350 元,乙类工人则要求月工资为 400 元。工厂为了实现其最大利润,必须要雇佣甲、乙两类工人,并按照 500 元的工资标准支付给每一个工人。由此可知,甲、乙两类工人得到的月经济租金为(　　)。

　　A. 350 元,400 元　　　　　　　　B. 150 元,100 元
　　C. 均为 500 元　　　　　　　　　D. 均为 400 元

30. 洛伦兹曲线代表(　　)。

　　A. 税收体制的效率　　　　　　　B. 税收体制的透明度
　　C. 贫困程度　　　　　　　　　　D. 收入不平均的程度

31. 如果收入是平均分配的,则洛伦兹曲线将会(　　)。

　　A. 与纵轴重合　　　　　　　　　B. 与横轴重合
　　C. 与 45°线重合　　　　　　　　D. 无法判断其位置

32. 如果收入是完全平均分配的,则基尼系数将等于(　　)。

　　A. 0　　　　B. 0.75　　　　C. 0.5　　　　D. 1.0

33. 在一个完全竞争市场中,追求利润最大化的厂商的产品价格上升时,将引起劳动的边际产品价值的(　　),从而导致劳动的需求(　　)。

　　A. 降低,右移　　　　　　　　　B. 增加,左移
　　C. 增加,右移　　　　　　　　　D. 降低,左移

34. 基尼系数的增大将表明(　　)。

　　A. 收入不平均程度的增加　　　　B. 收入不平均程度的减少
　　C. 洛伦兹曲线与横轴重合　　　　D. 洛伦兹曲线与纵轴重合

三、判断题

1. 在一个竞争性的劳动市场上,如果最低工资高于均衡工资,必然引起失业。(　　)

2. 如果一个垄断厂商在完全竞争的劳动市场上同时雇佣了熟练劳动力和非熟练劳动力,那么,厂商支付给他们的工资将与他们的边际生产力成比例。(　　)

3. 一个竞争性的厂商,在其最后雇佣的那个工人所创造的产值大于其雇佣的全部工人的平均产值时,他必定没有实现最大的利润。(　　)

4. 即使劳动的边际物质产品保持不变,一个垄断厂商对劳动的需求曲线仍然是向下倾斜的。(　　)

5. 假定一个厂商同时在产品市场和劳动市场上都具有垄断力量,那么,他所支付的工资率只有在等于劳动的边际收益产品时,才能获得最大利润。(　　)

6. 如果劳动市场是完全竞争的,同时男、女工具有相同的生产力,那么在完

全竞争产品市场上销售其所产产品的厂商决不会因对男、女工支付差别工资而获利,但是在垄断产品市场上销售其所产产品的厂商会发现实行差别工资是有利可图的。(　)

7. 假设一个厂商使用一可变要素(劳动)和一固定要素,且可变要素市场是完全竞争的。如果可变要素的边际物质产品等于其平均物质产品,那么该厂商在产品市场完全竞争的情况下销售产品必定遭受净亏损,在产品市场为其完全垄断的情况下销售产品则可能获得净利润。(　)

8. 在长期均衡和完全竞争劳动市场条件下,一个竞争性厂商雇佣的工人的工资将等于他对企业增加的产出的价值。由于垄断厂商雇佣的工人获得与他们相同的工资率,因此他们获得的工资也与他们对产出的贡献的价值相等。(　)

9. 如果男女工具有相同的生产力,那么不会有厂商以不同的工资率雇佣他们,因为以低工资工人取代高工资工人总是有利可图的。(　)

四、简答题

1. 不完全竞争市场与完全竞争市场上,厂商对生产要素的需求有什么不同?
2. 生产要素为垄断的条件下,生产要素供给曲线和生产要素投入边际成本之间有什么关系?
3. 生产要素的市场需求曲线是怎样形成的?
4. 请解释资本的需求曲线。
5. 简述均衡地租率的形成。
6. 何谓劳动的供给曲线? 为什么单个劳动者的劳动供给曲线是向后弯曲的?
7. 简要回答劳动的市场需求曲线及其形状。
8. 简述均衡利息率的形成过程。
9. 试简述要素价格与收入分配之间的关系。
10. 请解释垂直的土地供给曲线的经济学含义。
11. 为什么厂商利润极大化的条件 $MC = MR$ 可以重新表达为 $MFC = MRP$? 假如产品市场是完全竞争,那么,利润极大化的条件 $MC = MR = P$ 就可以表达为 $MFC = VMP$,为什么?
12. 假设原来是完全竞争的许多厂商合并为一个纯粹垄断者。又假设垄断者使用原有各厂商的厂房设备和生产技术,并且市场对该行业产品的需求状况没有发生变化。垄断者使用的可变生产要素的数量,为什么不是原有各厂商使用的要素相加之和?
13. "劣等地上永远不会有级差地租"这句话对吗?

第十章 要素价格与收入分配

14. 假定1万元资金在1年经营中得到600元利润,试问利润率是多少?再设想有一房产开发商用自有资金5 000万元,向银行以年利率5%的成本贷款2亿元,经过两年开发经营,扣除种种不包括资金成本的费用,获利6 000万元,试问该开发商的净利润率(对于5 000千万元而言)是多少?

15. 在产品市场不完全竞争,但生产要素市场完全竞争的条件下,生产要素的价格是怎样决定的?

五、计算题

1. 已知劳动是唯一的可变要素,生产函数为 $Q = A + aL - bL^2$,产品市场是完全竞争市场,劳动的价格为 W,试推导证明:

(1) 厂商对劳动的需求函数为 $L = \dfrac{a}{2b} - \dfrac{W}{2bP}$。

(2) 厂商对劳动的需求量与工资反方向变化。

(3) 厂商对劳动的需求量与产品价格同方向变化。

2. 设要素市场是完全竞争的,某生产要素的市场供给函数 $L_S = 50P_L - 400$。若厂商对该种要素的需求函数为 $L_d = 1200 - 30P_L$,试求:

(1) 厂商的要素供给函数。

(2) 厂商的边际要素成本函数。

3. 假设某一厂商只使用可变要素劳动进行生产,其生产函数为 $Q = 36L + L^2 - 0.01L^3$,Q 为厂商每天产量,L 为工人的日劳动小时数,所有市场均为完全竞争的,单位产品价格为 0.10 元,小时工资率为 4.8 元。求厂商利润最大时:

(1) 厂商每天将投入多少劳动小时?

(2) 如果厂商每天支付的固定成本为 50 元,厂商每天生产的纯利润为多少?

4. 假设一垄断者只使用一种可变的投入要素 L 生产单一产品,该可变要素的价格为 $P_L = 5$,产品需求函数和生产函数分别为 $P = 85 - 3q$,$q = 2\sqrt{L}$,求该垄断者利润最大化时使用的劳动、产品数量和产品价格。

5. 假设一厂商生产产品 A,其单价为 16 元,月产量为 200 单位,每单位产品的平均可变成本为 8 元,平均不变成本为 5 元。求该厂商的准租金和经济利润。

6. 某厂商的生产函数是 $Q = 10L^{1/2}$,要素市场是完全竞争的,$P_L = 2$。

(1) 当产品市场是完全竞争时,产品价格为 $P = 5$,求厂商对要素的投入量;

(2) 当产品市场为非完全竞争市场时,产品市场需求为 $P = 20 - 0.2Q$,求此时厂商对要素的投入量(结果保留两位小数)。

7. 某生产厂商使用单一的可变要素,其投入产出关系为 $Q = 4L^{1/2}$,Q 为厂商每月的产量,L 为每月要素的投入量。要素市场是完全竞争的。

(1) 若产品市场是完全竞争的,产品价格为 $P=5$,求厂商每月对要素的需求函数。

(2) 若产品市场是非完全竞争的,市场上每月对产品的需求为 $Q=200-10P$,求厂商每月对要素的需求函数。

8. 一个垄断厂商只用劳动 Z 来生产商品 Y,它在一个竞争的市场中出售商品,价格固定为1元。生产函数和劳动供给函数分别为
$$Y = 12Z - 6Z^2 + 0.2Z^3$$
$$W = 6 + 2Z$$
其中成本函数为 $C = 12Z + 6Z^2$。请计算厂商利润最大时的 Z 和 W 值。

9. 假定某劳动市场的供求曲线分别为 $S_L = 100W$,$D_L = 60\,000 - 100W$。求:

(1) 均衡工资为多少?

(2) 假如政府对工人提供的每单位劳动课以10美元的税,则新的均衡工资为多少?

(3) 实际上对单位劳动征收的10美元由谁支付?

(4) 政府征收到的总税收额为多少?

10. 假定一垄断厂商仅使用劳动 L 去生产其产品,产品按竞争市场中固定价格2出售,生产函数为 $q = 6L + 3L^2 - 0.02L^3$,劳动供给函数为 $W = 60 + 3L$,求利润极大时的 L、q 和 W 值。

11. 假设陶瓷生产者为其产品和要素市场上的完全垄断者,陶瓷的生产函数为 $Q=2L$,其中 L 为生产陶瓷所使用的劳动力的数量。如果陶瓷的需求函数为 $Q = 110 - P$,陶瓷工人的供给函数为 $L = \frac{1}{2}W - 20$,试问:为了谋求最大利润,陶瓷生产者应该生产多少?在此产量下,L、W 和 P 各等于多少?

12. 某消费者将固定的时间分配于劳动和闲暇。他从留作闲暇的时间 L 和收入 Y(他以固定的工资率出售其劳动所获得的收入)得到满足。他的效用函数是 $U = LY + \alpha L$,α 是正的参数。求消费者对劳动的供给函数。他的劳动供给曲线是不是向上倾斜的?

13. 设某企业只有一种可变投入要素(劳力)的生产函数为 $Q(L) = 10L + 5L^2 - L^3$,每增加一个单位投入时,需增加成本为20元,若产品售价为10元(相对稳定),如果你是企业决策者,怎样才能求出你认为是最优的投入量 L^*(列出求解的式子)?

六、论述题

1. 请运用工资率变动的收入效应和替代效应来说明其对劳动供给曲线形状的影响。
2. 试用劳动的市场需求曲线和市场供给曲线说明市场均衡工资率的决定。
3. 简述资本的供给曲线。
4. 简述要素价格与收入分配的关系。

七、案例分析

【案例1】 小王大学毕业后通过继续接受培训来增加人力资本,这将使他以后每年增加1 000元收入,而他接受培训的费用为12 000元,年利率为10%,如果从经济收益看,他参加培训值得吗？为什么？

【案例2】 在西方国家,企业大多有工会组织,工会有很强的号召力,当工会感觉物价水平上涨或同行工资水平增加时,工会会要求企业给工人增加工资,若企业不答应,工会则会组织工人罢工,直至达成协议为止。试分析工会对工资水平的影响。

第二部分 参考答案

一、名词解释

1. 引致需求:是指用消费者对产品的需求而引发的厂商对生产要素的需求。
2. 边际产品价值(VMP):是指增加一单位生产要素使用量所增加产量的价值。它等于该要素的边际产量(MPP)乘以产品的价格 P,即 $VMP = P \cdot MPP$。
3. 边际要素成本:它表示增加一个单位的要素所增加的成本(MFC)。
4. 边际物质产品:表示在其他条件不变的前提下,增加一个单位的要素投入新增加的产量(MPP)。
5. 边际收益产品:在卖方垄断条件下,厂商使用要素的边际收益等于产品的边际收益和要素的边际产品的乘积($MR \times MPP$)。这个乘积被称为要素的边际收益产品(MRP)。
6. 劳动的供给曲线:是指在其他条件不变的条件下,某一特定时期内劳动者在各种可能的工资率下愿意而且能够提供的劳动时间。
7. 均衡工资率:是指使劳动市场上劳动供给量等于劳动需求量的工资率。
8. 工资率变动的替代效应:是指工资率变动对于劳动者消费闲暇与其他商品之间的替代关系所产生的影响。较高的工资率意味着闲暇变得相对昂贵,所以工资率提高的替代效应使得劳动供给量增加,工资率降低的替代效应使得劳动供给量减少。

9. 工资率变动的收入效应：是指工资率对于劳动者的收入从而对劳动时间产生的影响。如果劳动时间不变，工资率的提高使得劳动者的收入提高，收入提高使得劳动者有能力消费更多的闲暇，所以工资率提高的收入效应使得劳动供给量减少，工资率降低的收入效应使得劳动供给量增加。

10. 利息率：是厂商使用资本的价格，即每单位资本品在单位时间内获得的利息。

11. 均衡利息率：是指使资本市场上资本供给量等于资本需求量的利率。

12. 地租率：是指厂商租用土地的价格，即每单位土地需要支付给地主的报酬。

13. 租金：泛指具有固定供给的一般资源的价格。

14. 经济租：是指由于需求的增长，能使生产要素供给者取得超过保留该要素被供给而至少支付费用的余额。

15. 准租金：是指短期内固定不变的资源或生产要素所获得的收益。

16. 基尼系数：是根据洛伦兹曲线得出的反映收入分配平等程度的指标。若以 A 表示实际的洛伦兹曲线与收入绝对平均线之间的面积，以 B 表示实际的洛伦兹曲线与收入绝对不平均之间的面积，则基尼系统 $C = \dfrac{A}{(A+B)}$。

17. 欧拉定理：又称为产量分配净尽定理，指在完全竞争的条件下，假设长期中规模收益不变，则全部产品正好足够分配给各个要素。

18. 洛伦兹曲线：它是用以描述社会收入分配平均程度的曲线。将一国总人口按收入由低到高进行排队，考虑收入最低的任意百分比人口所得到的收入百分比，将人口累计百分比和收入累计百分比的对应关系描绘在图形上，就是洛伦兹曲线。

二、单项选择题

1. B 2. C 3. D 4. A 5. A 6. A 7. B 8. D 9. A 10. A 11. C
12. C 13. D 14. A 15. A 16. D 17. C 18. C 19. A 20. B 21. B
22. A 23. B 24. D 25. D 26. A 27. D 28. C 29. B 30. D 31. C
32. A 33. C 34. A

三、判断题

1. 正确。【提示】如果最低工资高于均衡工资，则劳动的供给量会大于均衡的劳动供给量，而劳动的需求量会小于均衡的需求量，所以必然会引起失业。

2. 正确。【提示】熟练劳动力和非熟练劳动力的边际收益产品 MRP 是不同的。若垄断厂商同时雇佣了熟练劳动力和非熟练劳动力,则基于利润极大化的目标他对这两种劳动力的雇佣量必定分别为他们各自的边际收益产品等于其市场均衡工资率的这种雇佣量。而劳动的边际收益产品即代表了劳动的边际生产力,同时劳动供求平衡时与劳动的边际收益产品等值的工资率等于劳动的边际生产力,因此,若垄断厂商在完全竞争的劳动市场上同时雇佣了熟练劳动力和非熟练劳动力,则达到利润极大化时厂商支付给他们的工资必定分别等于其边际生产力。熟练劳动力和非熟练劳动力的工资也就与他们的边际生产力成比例。

3. 正确。【提示】对于竞争性厂商来说,若其最后雇佣的那个工人所创造的产值大于其雇佣的全部工人的平均产值,则他必定可通过增雇工人使其总利润增加。

4. 正确。【提示】因为一个垄断厂商在完全竞争的劳动市场下对劳动的需求曲线即为被雇佣劳动的边际收益产品 MRP 曲线,而边际收益产品等于边际物质产品与边际收益之乘积,即 $MRP = MPP \times MR$,因此 MRP 受 MPP 与 MR 两个因素的影响。由于垄断厂商的 MR 曲线向下倾斜,他对劳动的需求曲线即劳动的边际收益产品曲线也仍然向下倾斜,只是其斜率(此时与 MR 曲线之斜率等值)比边际物质产品递减时小了些罢了。

5. 错误。【提示】若一个厂商同时在产品市场和劳动市场上具有垄断力量,那么他支付的工资率只有在等于由 MFC_L 与 MRP_L 交点决定的雇佣量在 SI 曲线上相应的工资率时,他才能获取最大利润。

6. 错误。【提示】在完全竞争劳动市场条件下,厂商面临的劳动供给曲线的弹性是无穷大的,无论是产品市场上的竞争性销售者还是垄断销售者都不需支付比市场工资高的工资,他们也都不会雇更少量的劳动。再则,此时如果男、女工的工资率不相同,由于他们具有相同的生产力,那么只有廉价的那种劳动才会被雇佣。也就是说,在劳动市场完全竞争的条件下,无论是厂商为产品市场上的竞争者还是垄断者,他都不可能因对男女工实行差别工资而获利。

7. 正确。【提示】若 $MPP = APP$,则对于竞争性厂商来说,$VMP = P \times MPP = VAP = P \times APP$,又均衡时 $VMP = W$,故 $VAP = VMP = W$,其总收益 $TR = P \times Q = \dfrac{P \cdot Q}{L} \times L = VAP \times L = WL$。由于厂商只有一可变要素,则总收益等于总可变成本(劳动成本 WL)。总固定成本得不到补偿,厂商净亏损即为总固定成本。而对于垄断厂商来说,均衡时有 $W = MRP = MPP \times MR$,$P > MR$,故 $W = MRP = MR \times MPP < VAP = P \times APP$,其总收益 $TR = VAP \times L > MRP \times L = W \cdot L$,即垄断厂商的总收益超过总可变成本,并有可能进一步超过总固定成本,从

而有净利润产生。

8. 错误。【提示】在完全竞争条件下,有 $W = VMP$,故前一句话是正确的,竞争厂商雇佣工人的工资等于其边际产品价值。但在垄断条件下,$W = MRP < VMP$,工人们可能具有相同的生产力,但他们获得的工资只相当于他们对厂商收益的增加额。而在垄断时,由于 $MR < P$,故 $MRP = MPP \times MR < MPP \times P = VMP$,即附加的收益小于附加产出的价值。垄断厂商雇佣的工人的工资不可能与他们对产出的贡献的价值(即 VMP)相等。

9. 错误。【提示】如果厂商在男工和女工劳动市场上都具有垄断力,且男、女工的生产力不相同,利润极大化要求两种类型劳动的边际要素成本相等,因而如果男、女工的供给弹性有差别,则他们的工资率也有差别。换句话说,厂商在劳动市场上存在垄断力的情况下,他对具有同等生产力的男工和女工支付不同的工资会获得额外利益,反过来说就是厂商会以不同的工资率雇佣男工和女工。

四、简答题

1. 答:在生产要素的完全竞争市场上,厂商的要素需求曲线和边际收益产量曲线重合,而边际收益产量曲线 MRP 取决于 MPP 和 P。所以厂商对生产要素的需求量取决于产品市场的价格和要素的边际产品。在卖方垄断条件下,厂商的要素需求曲线与边际收益产量曲线重合,在买方垄断条件下,厂商的要素需求曲线不存在。

2. 答:在生产要素市场为垄断的情况下,生产要素的购买者面临的要素供给曲线是向右上方倾斜的,表示垄断买者只要提高价格,就可以得到较多的生产要素的供给,W 和供给量之间的关系可以表示为 $W = S(L)$。由于要素价格随要素供给量的变化而变化,所以要素投入的边际成本 MFC 将是一个变量,由厂商的成本函数 $C = W \times L = F$ 可以导出投入的边际成本 $MFC = \dfrac{dC}{dL} = \dfrac{dW}{dL} + W$;由于 $\dfrac{dW}{dL} > 0$,所以 $MFC > W$,要素投入的边际成本曲线 MFC 在要素供给曲线 W 的上端。

3. 答:生产要素的市场需求曲线是将所有厂商的要素需求曲线横向相加而得到的,由于单个厂商的要素需求曲线的形状是向右下方倾斜的,所以市场需求曲线也是向右下方倾斜的。

4. 答:单个厂商的资本需求曲线就是资本的边际收益产品曲线的一部分,完全竞争厂商的资本需求曲线就是资本的边际产品价值曲线的一部分。单个厂商的资本需求曲线是向右下方倾斜的,即随着利息率的降低,厂商对资本的需求增

第十章 要素价格与收入分配

加。将所有厂商的资本需求曲线横向相加即可得市场的资本需求曲线。由于厂商的资本需求曲线的形状是向右下方倾斜的,因此市场的资本需求曲线也向右下方倾斜。

5. 答:土地的需求和供给之间的相互作用决定了均衡地租率。在完全竞争市场上,均衡地租率即土地供给曲线与土地需求曲线交点对应的利息率。在土地供给不变的条件下,地租率完全由厂商对土地的需求决定,而土地的需求取决于土地的边际产量与土地上生产的产品价格。因此,地租率取决于土地的边际产量和产品的价格。例如,肥沃土地的边际产量高,其地租率就高;产品价格越高,地租率越高。

6. 答:所谓劳动的供给曲线是指在其他条件不变的情况下,某一特定时期内劳动者在各种可能的工资率下愿意而且能够提供的劳动时间。就单个劳动者而言,一般情况下,在工资率较低的阶段,劳动供给随工资率的上升而上升,即劳动的供给曲线向右上方倾斜。但是,当工资率上升到一定阶段以后,工作较少的时间就可以维持较好的生活水平,劳动供给量随工资率的上升而下降,即劳动的供给曲线开始向左上方倾斜。所以,随着工资率的提高,单个劳动者的劳动供给曲线将呈现向后弯曲的形状。

7. 答:在完全竞争条件下,厂商的劳动需求曲线就是劳动的边际产品价值曲线的一部分。单个厂商的劳动需求曲线是向右下方倾斜的,即随着工资率的降低,厂商对劳动的需求量增加。将所有厂商的劳动需求曲线横向相加即可得市场的劳动需求曲线。由于厂商的劳动需求曲线的形状是向右下方倾斜的,因此市场的劳动需求曲线也向右下方倾斜。

8. 答:资本的市场需求与市场供给之间的相互作用决定了市场均衡利息率。在完全竞争的资本市场上,均衡利息率即资本的市场需求曲线和资本的市场供给曲线的交点对应的利息率。当市场利息率高于均衡利息率时,市场上的资本供给量大于需求量,市场利息率将下降;当市场利息率低于均衡利息率时,市场上的资本供给量小于需求量,市场利息率将上升。

9. 答:每一种资源与要素——劳动、资本和土地,都有各自不同的市场。这些市场的状况与厂商的目标和产品市场相结合,影响着每一种生产要素的价格。一种生产要素的价格与它被使用的数量影响着它的总收入。影响资源市场的任何变化也影响着一种要素的收入,从而影响到收入在不同要素之间的分配。事实上,西方经济学对资源市场上要素价格的分析实际上是一种功能收入分配理论。这种理论认为,如果资源市场是竞争性的且运行良好的话,那么每一种生产要素的收入就来自其对生产的贡献,且等于它的边际产品。就是说,劳动的工资率就是被雇佣的最后一名工人对生产总价值的贡献额。同样,资本的利息率、土地的地租就是代表这些要素在边际上对生产总价值的贡献额。按照这种理论,以某种生产要素的单位价格乘以一定效率条件下(即成本最小化)所使用的该种要素的数量,便可得到该种生产要素的收入份额。例如,假定对劳动的供求决定了劳动的市场工资,将此乘以就业者总人数,便可知工资支付量,有时也称总货币工资。

10. 答:垂直的土地供给曲线表示就整个经济体系而言,除特殊情况(如围海造田等)外,一般来说,土地的数量不变动,因而土地的供给是完全缺乏弹性的,表现为垂直的供给曲线。但是从个别行业或产品生产部门来说,土地的供给仍然具有一定弹性,表现为供给曲线向右上方倾斜。例如,某生产部门由于其产品的需求上涨,收益增加,对土地愿意以更高的价格获得使用权。那么,该部门就会吸引更多的土地供给,土地的供给曲线表现为向右上方倾斜。

11. 答:从不同的考察角度出发,厂商利润极大化的条件既可以表述为 $MC = MR$,也可以表述为 $MFC = MRP$,这两者都可以保证厂商利润极大化目标的实现。我们知道,为了实现最大限度的利润,厂商需要对投入要素量、产出量作出某种抉择。如果厂商把产量作为选择变量,将总收益、总成本进而总利润视为产量的函数,那么实现最大利润的条件是,厂商把产出量调整到一定数量,使得这一产出量下的最后一个单位的产品所提供的总收益的增加量(边际收益 MR),恰好等于增加这最后一个单位的产品引起的总成本的增加量(边际成本 MC),即使得这一产出量下的 $MC = MR$。

如果厂商把投入的生产要素(如劳动)作为选择变量,将总收益、总成本进而总利润视为投入要素的函数,那么实现最大限度利润和条件就可以表述为 $MFC = MRP$,也就是厂商把雇佣的劳动投入量调整到一定数量,使得这一雇佣劳动总量下的最后一个单位劳动带来的总收益的增加量(边际收益产品 MRP),恰好等于增加这最后一个单位劳动雇佣量引起的总成本的增加量(边际要素成本 MFC)。理由是:假如 $MRP > MFC$,这表示每增加一个单位的劳动投入带来的总收益的增加量超过雇佣这个单位劳动引起的总成本的增加量,也就意味着继续增加劳动投入量,增加的每单位劳动投入量都可获得些许利润,从而增加劳动投入量,增加的每单位劳动投入量都可获得一些利润,从而增加劳动投入可使总利润有所增加;反之,假如 $MRP < MFC$,这意味着最后增加雇佣的那个单位劳动反而造成损失,从而导致总利润较前减少。所以如果厂商把投入要素,如雇佣的劳动量作为选择变量,实现利润极大化的条件便是他雇佣劳动量的 $MRP = MFC$。

事实上,$MC = MR$ 和 $MRP = MFC$ 这两个式子可以相互转换。由于 $MRP = MPP \cdot MR$,因此,$MRP/MPP = MR$,同样,$MFC/MPP = MC$。这是因为,MFC

第十章 要素价格与收入分配

表示多使用1单位要素所多支出的成本，MPP 表示多使用1单位要素所多生产的产量，因而 MFC/MPP 就表示多生产1单位产品所多使用的成本，即 MC，于是从 $MRP/MPP = MFC/MPP$ 就得到 $MR = MC$。

假如产品市场是完全竞争，那么利润极大化的条件 $MC = MR = P$ 就可以表达为 $MFC = VMP$，因为在完全竞争的产品市场上，$P = MR$。这样，表示增加单位要素投入带来的总收益增加量的 $MRP(= MR \times MPP)$ 就可以表示为（等同于）$VMP(= P \times MPP)$，相应地，利润极大化的条件就可以表达为 $MFC = VMP$。

12. 答：在产品市场完全竞争的条件下，该行业各个厂商对可变生产要素的需求曲线由要素边际产品价值 VMP 曲线来表示，该行业对可变生产要素的需求曲线则由考虑了外部效应的各厂商的需求曲线在水平方向（数量轴）加总而成。这里的外部效应指的是：当行业内所有厂商针对要素价格的下跌（上涨）同时增加（减少）对该要素的需求量，以便通过增加（减少）产销量来增加利润时，所有厂商产量的增加（减少）会引起产品销售价格下降（上升）进而导致各厂商的 VMP 曲线左移（右移）及对可变要素的相应需求量的变化。

假设该行业所有完全竞争的厂商合并为一个纯粹垄断者，此时该垄断者即该行业（该纯粹垄断者即代表该行业）对可变生产要素的需求曲线将不再是原有各完全竞争厂商考虑了外部效应的需求曲线相加之和。而是由可变生产要素的边际收益产品曲线来表示。因为在产品市场纯粹垄断的条件下，产品的销售价格不再固定不变，而是随销售量的增加而下降，因而边际收益不等于产品价格且总是小于产品价格，$MRP(= MPP \times MR)$ 就不等于 $VMP(= MPP \times P)$。为了实现利润最大化，该垄断者必须使用满足 $MRP = MFC = W$ 的可变要素投入量。它对可变投入要素的需求曲线便只能由要素的 MRP 曲线来表示，而不能简单地将原有各完全竞争厂商对要素的需求曲线（即 VMP 曲线）相加而成。换句话说，该垄断者使用的可变生产要素的数量，将不再是原有各厂商使用的要素相加之和。

13. 答：不对。某一块地现在是劣等地，没有级差地租，但随着经济发展，人口增加，可能更劣等地会被开发利用，这时本来的劣等地就会产生级差地租。

14. 答：1万元资金在1年经营中得到600元利润，从会计利润角度看，利润率是6%，但从经济利润率看可能就没有那样高，如果当时年利率是5%，则经济利润率就只有1%。因为1万元使用一年的机会成本也要500元。再看这位房产开发商，两年经营获利6 000万元，其净利润率从经济利润角度看，应当从6 000万元中扣除2.5亿元（其中5 000万元是自有资金）两年的机会成本0.25亿元（2.5亿万元在两年中的利息是2.5亿元×0.05×2 = 0.25亿元），而该开发商自有资金是5千万元，因此，这5千万元每年的净利润是35%。

15. 答:(1) 某厂商的产品市场是垄断的,而要素市场是完全竞争的。在此情况下,厂商的要素供给曲线是水平线,要素需求曲线则由 MRP 曲线表示。该厂商的产品需求曲线是市场对该产品的需求曲线,市场的要素需求曲线是使用该要素的产品市场垄断厂商的要素需求曲线的总和。要素市场价格由市场的供求曲线决定,厂商对要素的购买量则决定于市场价格和垄断厂商的要素需求曲线。

(2) 某厂商的产品市场是完全竞争的,但要素市场是买方垄断。在这种情况下,厂商使用生产要素的边际收益是 VMP,边际成本是 MFC,要素的供给曲线 $W(L)$ 是向右上方倾斜的市场供给曲线。要素价格由要素供给曲线 $W(L)$ 决定,厂商对要素的购买量决定于 VMP 曲线和 MFC 曲线的均衡点。在此种情况下,厂商使用生产要素的原则是 $VMP = MFC$。

(3) 产品市场的卖方垄断和要素市场的买方垄断共存条件下要素价格的决定。此时,厂商使用生产要素的边际收益是 MRP,边际成本是 MFC,厂商对要素的购买量决定于 MRP 曲线和 MFC 曲线的均衡点,并与 MFC 曲线一起决定均衡价格。即厂商使用生产要素的原则是 $VMP = MFC$。

五、计算题

1. 解:(1) 因产品市场为完全竞争市场,根据

$$W = VMP_L = P \cdot MPP_L = P \cdot \frac{dQ}{dL}$$

即

$$W = P \cdot (a - 2bL) = aP - 2bPL$$

得厂商对劳动的需求函数为

$$L = \frac{a}{2b} - \frac{W}{2bP}$$

(2) 由于

$$\frac{\partial L}{\partial W} = -\frac{1}{2bP} < 0$$

所以,厂商对劳动的需求量与工资反方向变化。

(3) 由于

$$\frac{\partial L}{\partial P} = -\frac{W}{2bP^2} > 0$$

所以,厂商对劳动的需求量与产品价格同方向变化。

2. 解:因为该要素市场是完全竞争的,所以要素的价格应由供求双方的均衡来决定。即 $L_S = L_d$,即

$$50P_L - 400 = 1200 - 30P_L$$

得
$$P_L = 20$$

在完全竞争市场上,厂商是要素价格的接受者,其面临的要素供给曲线是一条平行于 Q 轴的直线,所以:

(1) 厂商的要素供给函数为 $P_L = 20$。

(2) 厂商的边际要素成本函数为 $MFC = 20$。

3. (1) 当厂商利润最大时,有
$$W = VMP_L = P \cdot MP_L = P \cdot \frac{dQ}{dL}$$

即
$$4.80 = 0.10 \times (36 + 2L - 0.03L^2)$$
$$(0.1L - 6)(0.3L - 2) = 0$$

解得
$$L = 60 \quad \text{和} \quad L = \frac{20}{3}(舍去)$$

可见,当厂商实现利润最大化时,应每天投入 60 劳动小时。

(2) 利润为
$$\pi = TR - TC = P \cdot Q - (FC + VC)$$
$$= P \cdot Q - (FC + W \cdot L)$$

把已知变量代入上式中,有
$$\pi = 0.1 \times (36 \times 60 + 60^2 - 0.01 \times 60^3) - (50 + 4.8 \times 60) = 22(元)$$

可见,厂商每天获得的纯利润为 22 元。

4. 由 $MRP_L = MFC_L$ 条件,可求得最大化利润时的要素数量 L、产品数量 Q 和产品价格 P。由 $P = 85 - 3Q$ 得总收益函数为 $TR = PQ = 85Q - 3Q^2$。

将 $Q = 2L^{1/2}$ 代入上式,得
$$TR = 170L^{1/2} - 12L$$
$$MRP_L = \frac{dTR}{dL} = \frac{85}{L^{1/2}} - 12$$

由于要素市场完全竞争,故 $MFC_L = P_L = 5$,所以
$$MRP_L = MFC_L = 5$$

解得
$$L = 25$$
$$Q = 2L^{1/2} = 2 \times 5 = 10$$

$$P = 85 - 3 \times 10 = 55$$

5. 已知 $P = 16, Q = 200, AVC = 8, AFC = 5$，得准租金为

$$R_q = TR - TVC = PQ - AVC \cdot Q$$
$$= (P - AVC) \cdot Q = (16 - 8) \times 200 = 1600$$

经济利润 $= TR - TC = TR - (TVC + TFC)$
$$= PQ - (AVC - AFC)Q = (P - AVC - AFC)Q$$
$$= (16 - 8 - 5) \times 200 = 600(元)$$

6. 解：(1) 产品市场是完全竞争的，厂商的边际产品价值

$$VMP = MPP \cdot P = 5L^{-1/2} \times 5$$

厂商根据 $VMP = MFC$ 来确定要素投入量，因为此时厂商收益最大或亏损最小：

$$VMP = P_L$$
$$25L^{-1/2} = 2$$
$$L = 156.25$$

(2) 产品市场是非完全竞争时，厂商的边际收益产品

$$MRP = MPP \cdot MR = 5L^{-1/2} \times (20 - 0.4Q)$$

厂商根据 $MRP = MFC$ 来确定要素投入量，因为此时厂商收益最大或亏损最小：

$$MRP = P_L$$
$$100L^{-1/2} - 20 = 2$$
$$L = 20.66$$

7. 解：要素的边际产出 $MPP = \dfrac{dQ}{dL} = 2L^{-1/2}$，代表每单位要素带来产出的增量。

(1) 产品市场是完全竞争的，厂商可按既定的价格卖掉产品，所以
投入要素带来收益的增量是

$$VMP = MPP \cdot P = 10L^{-1/2}$$

投入要素带来成本的增量是

$$MFC = \dfrac{dTC}{dL} = P_L$$

厂商根据 $VMP = MFC$ 来确定要素投入量，因为此时厂商收益最大或亏损最小，所以在厂商的要素投入均衡点上，$VMP = P_L$。

VMP 曲线代表了厂商对要素的需求曲线 $P_L = 10L^{-1/2}$。

第十章　要素价格与收入分配

(2) 产品市场是非完全竞争的,投入要素带来收益的增量是

$$MRP = MPP \cdot MR$$

$$MR = \frac{d(P \cdot Q)}{dQ} = 20 - 0.2Q = 20 - 0.8L^{-1/2}$$

$$MRP = 40L^{-1/2} - 1.6$$

厂商根据 $MRP = MFC$ 来确定要素投入量,因为此时厂商收益最大或亏损最小,所以,在厂商的要素投入均衡点上, $MRP = P_L$。

厂商的要素需求曲线为

$$P_L = 40L^{-1/2} - 1.6$$

8. 解:由生产函数可知:

厂商的边际收益函数为

$$MRP = 12 - 12Z + 0.6Z^2$$

厂商的边际成本函数为

$$MFC = 12 + 12Z$$

令 $MRP = MFC$,得

$$Z = 40$$

把 $Z = 40$ 代入 $W = 6 + 2Z$,得

$$W = 86$$

9. 解:(1) 令 $S_L = D_L$,即 $100W = 60\,000 - 100W$,得

$$W = 300(美元)$$

(2) 每单位劳动征收 10 美元的税,劳动供给曲线变为

$$S_{L_1} = 100(W - 10) = 100W - 1\,000$$

令 $S_{L_1} = D_L$,即 $100W - 1\,000 = 60\,000 - 100W$,得

$$W = 305(美元)$$

(3) 由上可知,新的均衡工资为 305 美元,因此,10 美元的征税,实际上是厂商和工人各支付 5 美元。

(4) 在新的工资水平上,就业量是

$$D_L = 60\,000 - 100 \times 305 = 29\,500$$

因此,政府收的税收总额为

$$10 \times 29\,500 = 295\,000(美元)$$

10. 解:根据 $VMP_L = MFC_L$ 便可求得利润极大时的 L、q 和 W。

由 $q = 6L + 3L^2 - 0.02L^3$,得

$$MPP_L = \frac{dq}{dL} = 6 + 6L - 0.06L^2$$

$$VMP_L = P \cdot MPP_L = 2 \times (6 + 6L - 0.06L^2)$$
$$= 12 + 12L - 0.12L^2$$

由 $C_L = W \cdot L = 60L + 3L^2$,得

$$MFC_L = 60 + 6L$$

根据 $VMP_L = MFC_L$,有

$$12 + 12L - 0.12L^2 = 60 + 6L$$

即

$$0.12L^2 - 6L + 48 = 0$$

解得:$L_1 = 10$(舍去),$L_2 = 40$,所以,利润极大时 $L = 40$,有

$$q = 6 \times 40 + 3 \times 40^2 - 0.02 \times 40^3 = 3\,760$$
$$W = 60 + 3 \times 40 = 180$$

11. 解:由 $Q = 110 - P$,即 $P = 110 - Q$,得

$$TR = P \cdot Q = 110Q - Q^2$$
$$MR = \frac{dTR}{dQ} = 110 - 2Q$$

由 $L = \frac{1}{2}W - 20$,即 $W = 2(L + 20)$,及 $Q = 2L$,即 $L = \frac{Q}{2}$,得

$$TC = W \cdot L = 2(L + 20) \cdot L = 2L^2 + 20L$$
$$= 2 \times \left(\frac{Q}{2}\right)^2 + 40 \times \frac{Q}{2} = \frac{Q^2}{2} + 20Q$$

$$MC = \frac{dTC}{dQ} = Q + 20$$

为了谋求最大利润,需 $MR = MC$,即 $110 - 2Q = Q + 20$,于是

$$Q = 30, \quad L = \frac{Q}{2} = 15$$
$$W = 2(L + 20) = 2 \times (15 + 20) = 70$$
$$P = 110 - Q = 110 - 30 = 80$$

12. 解:由题意可知,$U = LY + \alpha L$。设该消费者拥有的固定时间为 T,一部分留作自用即闲暇为 L,其余部分为工作时间,用 W 表示,则有

$$W = T - L \quad 或 \quad L = T - W$$

工资率(劳动单位价格)用 r 表示,则收入为

$$Y = Wr$$

因而有
$$U = LY + \alpha L = (T - W) \cdot Wr + \alpha(T - W)$$
$$= TWr - W^2 r + \alpha T - \alpha W$$

令 $\dfrac{dU}{dW} = Tr - 2Wr - \alpha = 0$,得

$$2Wr = Tr - \alpha$$

因此,$W = \dfrac{T}{2} - \dfrac{\alpha}{2r}$ 即劳动供给曲线。

在上述供给曲线中,T,α 都是正的定值,因而当工资率 r 上升时,工作时间 W 会增加,即劳动供给曲线是向上倾斜的。

13. 解:根据生产函数 $Q(L) = 10L + 5L^2 - L^3$ 得劳动的边际产品函数
$$MP_L = 10 + 10L - 3L^2$$
劳动的边际产品价值为
$$VMP = MP_L \cdot P = 30MP_L$$
根据厂商使用要素的原则 $VMP = MFC$,即有 $10 \times (10 + 10L - 3L^2) = 20$,进一步解得
$$L^* = 4$$

六、论述题

1. 答:劳动者的劳动供给量取决于工资率的高低,而劳动供给曲线的形状则取决于工资率变动的收入效应和替代效应的大小。

工资率变动的收入效应是指工资率变动对劳动者的收入,从而对劳动时间所产生的影响。工资率提高的收入效应使得劳动者倾向于购买更多的闲暇时间,从而使得劳动时间减少。

工资率变动的替代效应是指工资率变动对劳动者消费闲暇与其他商品之间的替代关系所产生的影响。工资率提高的替代效应使得劳动供给量增加,即若工资率提高,则劳动者倾向于用消费其他商品来代替闲暇。

由此可以得出这样的结论:工资率提高的替代效应和收入效应方向相反。所以,工资率提高对劳动供给量的影响取决于收入效应与替代的效应的对比。一般情况下,在工资率较低的阶段,工资率提高对劳动者的收入影响不大,工资率提高的收入效应小于替代效应,劳动供给量随工资率的上升而上升,即劳动的供给曲线向右上方倾斜。但当工资率上升到一定程度以后,工作较少的时间就可以维持较好的生活水平,工资率提高的收入效应大于替代效应,劳动供给量随工资率的上升而下降,即劳动的供给曲线开始向左上方倾斜。因此,随工资率的提高,单个

劳动者的劳动者供给曲线呈现向后弯曲的形状。

2. 答：劳动市场的均衡工资率是劳动的市场需求与市场供给相互利用的结果。在完全竞争的劳动市场上，均衡工资率即是劳动的市场需求曲线和劳动的市场供给曲线的交点对应的工资率。当市场工资率高于均衡工资率时，市场上的劳动供给量大于劳动需求量，市场工资率下降；当市场工资率低于均衡工资率时，市场上的劳动供给量小于劳动需求量，市场工资率将上升。

当产品市场上产品价格提高，或者生产过程中劳动的边际产品增加时，劳动的需求曲线将向右移动，市场均衡工资率将提高；相反，当产品价格降低，劳动的边际产量减少，劳动的需求曲线将向左移，市场均衡工资率将下降。

当外来移民增加或越来越多的青少年成长为劳动力，劳动的供给曲线将向右移，市场均衡工资率将下降；反之，当劳动力的供给量越来越少，劳动的供给曲线将向左移，市场均衡工资率将上升。

3. 答：资本是在经济生活中，厂商为从事生产而投入的除土地和劳动之外的厂房、机器、工具等要素。资本所有者拥有多少资本的问题可以归结为如何将既定收入在消费和储蓄两方面进行分配的问题，也可以进一步看成是消费者在现在消费和未来消费之间进行选择的结果。这就是消费者的跨时期消费决策，以使自己的总体效用最大化。在确定消费者愿意在资本市场上提供多少资本数量之前，要首先确定消费者所愿意拥有的最优资本数量及其变动情况。我们可以由消费者的跨时期消费决策推导出其最优的资本拥有曲线。消费者的最优资本拥有曲线就是指市场利率与消费者的最优资本拥有量之间的关系。消费者通过跨时期消费决策选择了自己的最优资本拥有量，而为了使这些资本能够获得等于实际利率的报酬，他们就会将这些资本在资本市场上全部借贷出去。因此，消费者的资本拥有曲线也就是其资本供给曲线。在现实经济生活中，资本市场的利率都是比较低的，一般不会大到足以使得资本拥有曲线向后弯曲。所以，可以推出消费者的资本供给曲线一般是一条向右上方倾斜的曲线。这表明消费者的资本供给与市场利率是同方向变动的。如果我们将市场中所有消费者的资本供给曲线简单地水平相加，便可以得到市场的资本供给曲线。市场的资本供给曲线与消费者的资本供给曲线一样，都是向右上方倾斜的。

4. 答：(1) 收入分配是解决为谁生产的问题，经济学家认为，劳动、资本、土地和企业家才能这四种生产要素共同创造了社会财富，分配就是把社会财富分给这四种生产要素的所有者。分配理论就是要研究各种要素所得到的收入是如何决定的。生产要素价格的决定在西方经济学的传统上是分配论的一个重要部分，社会收入分配与生产要素价格有关，居民拥有生产要素，并提供生产要素，这是他们收入的来源。

(2) 生产要素价格决定的主要理论基础是所谓的边际生产率分配论。该理论最先由美国经济学家克拉克提出。他认为,在其他条件不变和边际生产力递减的前提下,一种生产要素的价格取决于其边际生产力。后来的西方经济学家对克拉克的理论作了改进。他们认为,生产要素的价格不仅取决于其边际生产力,也取决于其他一些因素。边际生产力只是决定要素需求的一个方面。除此之外,厂商在决定要素需求时还要考虑要素的边际成本。只有当使用要素的边际成本和边际收益(边际生产力)相等时,厂商才在要素使用上达到利润最大化;此外,要素的供给也是决定其价格的一个重要方面。总之,要素的市场价格与其他商品一样,也由其需求和供给两个方面共同决定。因此,分配理论是价格决定理论在收入分配问题中的运用。

(3) 可见,一方面生产者根据要素价格与边际报酬相等的原则来进行生产以获得最大利润,因此要素价格的偏离就是对利润的重新分配。另一方面,收入分配关系的确定,也可能给要素提供者提供要素进行指导,继而影响要素的价格。在不同的市场条件下,生产要素的价格也是不同的。生产要素价格的决定,其实也是生产关系在生产要素市场的一种体现,其最终取决于生产资料的所有制形式,这是最重要的。

生产要素价格决定是分配论的一个主要部分,但并不构成分配论的全部内容。除了生产要素的价格决定之外,分配论还包括收入分配的不平等程度以及收入之间差异的原因等等。

七、案例分析

【案例1参考答案】 不值得。因为12 000元的费用每年的利息收入是1 200元,而培训后收益只有1 000元,收益低于成本。

【案例2参考答案】 (1) 限制劳动的供给。工会通过支持移民限制、缩短工时、延长休假期、限制雇佣童工和女工、高额的入会费、拒绝接受新会员、降低劳动强度等办法可以限制劳动供给量,使劳动供给曲线沿劳动需求曲线上升,以提高工资水平。

(2) 向上移动劳动需求曲线。工会可以通过提高劳动生产率和帮助厂商改善管理来降低商品的价格,要求政府提高进口税限制进口,扩大出口等办法,使劳动曲线上升,提高工资水平。

(3) 消除"买方垄断剥削"。当劳动市场存在买方垄断时,垄断者会将工资压低到低于竞争性的工资率。这种情况就是买方垄断的剥削。通过工会的力量,可迫使买方把工资提高,使 MRP 等于工资,消除"买方垄断剥削"。

(4) 要求政府规定最低工资标准,也可以使工资维持在一定的水平上。

第十一章 市场失灵与政府规制

第一部分 习 题

一、名词解释

1. 公共物品（青岛大学 2001 研；武汉大学 2002 研；中国政法大学 2003 研；浙江工商大学 2004 研；江西财经大学 2004、2005 研；南开大学 2005 研；北京化工大学 2006 研；东北财经大学 2006 研；北京师范大学 2007 研；财政部财政科学研究所 2007 研；中国传媒大学 2008 研；南京财经大学 2008 研；北京邮电大学 2010 研） 2. 市场失灵（北京师范大学 2001 研；北京工业大学 2005 研；中国青年政治学院 2008 研；南京财经大学 2010 研） 3. 公共管制 4. 外部影响（武汉大学 2002 研；北京师范大学 2004 研；辽宁大学 2005 研；南开大学 2005 研；对外经济贸易大学 2007 研；中央财经大学 2009 研） 5. 逆向选择问题（中央财经大学 2007 研） 6. 政府失灵 7. 不完全信息和不对称信息 8. 科斯定理（中国海洋大学 2000 研；复旦大学 2001、2002 研；东北大学 2003 研；辽宁大学 2003 研；武汉大学 2004 研；中国人民大学 2006 研；北京师范大学 2006 研；北京理工大学 2006 研；南开大学 2006 研；湖南大学 2007 研；中央财经大学 2007、2008 研；财政部财政科学研究所 2010 研） 9. 公共选择理论 10. 庇古税（北京师范大学 2001 研；武汉大学 2004 研） 11. 公地的悲剧（武汉大学 2004 研）

二、单项选择题

1. 垄断会造成低效率的资源配置是因为产品价格（　　）边际成本。
   A. 大于 B. 小于
   C. 等于 D. 上述情况都存在

2. 为了提高资源配置效率，政府对竞争性行业厂商的垄断行为是（　　）。
   A. 限制的 B. 支持的
   C. 有条件加以限制的 D. 放任不管的

3. 为了提高资源配置效率，政府自然垄断部门的垄断行为是（　　）。

A. 不加管制的 B. 加以管制的
C. 尽可能支持的 D. 坚决反对的

4. 市场失灵是指( )。
   A. 市场机制没能使社会资源的分配达到最有效率的状态
   B. 价格机制不能起到有效配置资源的作用
   C. 根据价格所作的决策使资源配置发生扭曲
   D. 以上都是

5. 可用( )来描述一个养蜂主与邻近的经营果园的农场主之间的影响。
   A. 外部不经济 B. 外部经济
   C. 外部损害 D. 以上都不是

6. 解决外部不经济可采取( )的方法。
   A. 征税 B. 产权界定
   C. 将外部性内在化 D. 以上各项都可行

7. 某一经济活动存在外部不经济是指该活动的( )。
   A. 私人成本大于社会成本 B. 私人成本小于社会成本
   C. 私人利益大于社会利益 D. 私人利益小于社会利益

8. 某人的吸烟行为属于( )。
   A. 生产的外部经济 B. 消费的外部不经济
   C. 生产的外部不经济 D. 消费的外部经济

9. 某项生产活动存在外部不经济时,其产量( )帕累托最优产量。
   A. 大于 B. 等于
   C. 小于 D. 以上三种情况都有可能

10. 被称作外部经济效果的市场失灵发生在( )。
    A. 当市场价格不能反映一项交易的所有成本和收益时
    B. 当竞争建立在自身利益最大化的前提上时
    C. 当厂商追求利润最大化目标时
    D. 当市场不能完全出清时

11. 当人们无偿地享有了额外收益时,称作( )。
    A. 公共产品 B. 负外部经济效果
    C. 交易成本 D. 正外部经济效果

12. 如果一个市场上,一种商品相对于社会最优产量来说,处于供给不足状态,这说明存在( )。
    A. 正外部经济效果 B. 信息不完全

C. 负外部经济效果 　　　　　　D. 逆向选择
13. 当正外部经济效果发生在一种产品的生产中时,( )。
   A. 太多的资源被分配给该产品的生产
   B. 社会边际收益大于私人边际收益
   C. 社会边际收益小于私人边际收益
   D. 社会边际收益等于私人边际收益
14. 从社会角度来看,效率要求( )之间相等。
   A. 社会边际收益和社会边际成本
   B. 社会边际收益和私人边际收益
   C. 社会边际成本和私人边际收益
   D. 社会边际成本和私人边际成本
15. 以下( )不是公共产品的特征。
   A. 非排他性　　　　　　　　B. 竞争性
   C. 外部性　　　　　　　　　D. 由政府提供
16. 公共产品的定价( )。
   A. 由市场供求决定　　　　　B. 由垄断组织通过竞争决定
   C. 用成本—效益分析法进行评估　　D. 由购买者决定
17. 关于科斯定理,正确的论述是( )。
   A. 科斯定理阐述的是产权和外部性的关系
   B. 科斯定理假设没有政府的干预
   C. 科斯定理一般在涉及的交易主体数目较少时才较为有效
   D. 以上各项都正确
18. 政府提供的物品( )公共物品。
   A. 一定是　　　　　　　　　B. 少部分是
   C. 大部分是　　　　　　　　D. 不都是
19. 公共产品的生产可通过特定的社会体制决定,称为公共选择理论,下面属公共选择理论的内容为( )。
   A. 集权决策　　　　　　　　B. 投票决策
   C. 阿罗不可能定理　　　　　D. 以上各项都是
20. 如果上游工厂污染了下游居民的饮水,按科斯定理( )问题即可妥善解决。
   A. 不管产权是否明确,只要交易成本为零
   B. 只要财产权明确,且交易成本为零

C. 只要财产权明确,不管交易成本有多大

D. 不论财产权是否明确,交易成本是否为零

21. 按照科斯定理,分配私人产权(　　)。

　　A. 意味着产权不能交易

　　B. 赋予的是责任而不是权利

　　C. 确保决策者考虑社会收益和成本

　　D. 确保获得利润

22. 如果一种产品的社会边际收益大于私人边际收益,(　　)。

　　A. 价格低于有效率的价格

　　B. 社会应减少产品的生产

　　C. 私人有效率的结果也是社会有效率的

　　D. 社会应增加产品的生产

23. 市场不能提供纯粹的公共物品,是因为(　　)。

　　A. 公共物品不具有排他性

　　B. 公共物品不具有竞争性

　　C. 消费者都想"免费搭车"

　　D. 以上三种情况都是

24. 一旦产权被分配后,市场将产生一个有社会效率的结果,这种观点称为(　　)。

　　A. 有效市场理论　　　　　　B. 看不见的手

　　C. 科斯定理　　　　　　　　D. 逆向选择

25. 科斯定理的一个局限性是(　　)。

　　A. 当存在大量厂商时最有效

　　B. 假设存在很大的交易成本

　　C. 只有当普遍拥有产权时才成立

　　D. 当交易成本很高时不成立

26. 如果某种产品的生产正在造成污染,因而社会边际成本大于私人边际成本,适当的税收政策是征税,征税额等于(　　)。

　　A. 治理污染设备的成本

　　B. 私人边际成本

　　C. 社会边际成本和私人边际成本之差

　　D. 社会边际成本

27. 通过税收或补贴来使外部性内在化,是指(　　)。

A. 通过税收使原有外部不经济的产品增加供给

B. 通过税收使原有外部不经济的产品减少需求

C. 通过补贴使原有外部经济的产品增加供给

D. 通过补贴使原有外部经济的产品减少需求

28. "搭便车"现象是对（　　）的一种形象的比喻。

A. 社会福利问题　　　　　　　B. 公共选择问题

C. 公共产品问题　　　　　　　D. 市场失灵问题

29. 以下现象属于市场失灵的是（　　）。

A. 收入不平等　　　　　　　　B. 自然垄断

C. 市场控制　　　　　　　　　D. 以上全是

30. 对垄断厂商实行价格管制的困难主要在于（　　）。

A. 垄断厂商具有关于成本的信息，而政府部门没有

B. 垄断厂商可能采取对策性行为

C. 政府部门人力有限而企业数量多

D. 以上都是

31. 交易双方信息不对称，比方说买方不清楚卖方一些情况，是由于（　　）。

A. 卖方故意要隐瞒自己一些情况　　B. 买方认识能力有限

C. 完全掌握情况所费成本太高　　　D. 以上三种情况都有可能

32. 被称做外部经济效果的市场失灵发生在（　　）。

A. 当市场不能完全出清时

B. 当竞争建立在自身利益最大化的前提上时

C. 当厂商追求利润最大化目标时

D. 当市场价格不能反映一项交易的所有成本和收益时

33. 导致市场失灵的因素是（　　）。

A. 反垄断立法　　　　　　　　B. 公共部门生产

C. 自然垄断　　　　　　　　　D. 以上全是

34. 一个寻租行为发生的例子是（　　）。

A. 一家公司设法增加在自己所有的财产上收取租金

B. 政府设法剥夺一家公司的垄断租金

C. 政府设法找出一家公司垄断租金的大小

D. 公司投入资源去劝说政府阻止新公司进入它的行业

35. 投票悖论提出（　　）。

A. 中间投票人将决定结果

B. 投票总是产生一个决定性结果

C. 政府的行为不总是一致的

D. 多数投票原则不总是能够做出正确的决定

36. 面对不对称信息,下列哪一项不能为消费者提供质量保证?（　　）

　　A. 品牌　　　　　　　　　B. 低价格

　　C. 长期质量保证书　　　　D. 气派的商品零售处

37. 其他条件相同,最愿意购买保险的人是那些最可能需要它的人,这是什么样的一个例子?（　　）

　　A. 逆向选择　　B. 搭便车问题　　C. 自然选择　　D. 道德陷阱

38. 经济管制侧重于（　　）。

　　A. 价格　　　　　　　　　B. 产出水平

　　C. 厂商进入或退出某行业的条件　D. 以上都是

三、判断题

1. 某个人(生产者或消费者)的一项经济活动会给社会上其他成员带来好处,但他自己却不能由此而得到补偿。则这个人从其活动中得到的私人利益就大于该活动所带来的社会利益。（　　）

2. 一个企业可能因为排放脏水而污染了河流,或者因为排放烟尘而污染了空气。这种行为使附近的人们和整个社会都遭到了损失,产生了生产的外部不经济。（　　）

3. 吸烟者的行为危害了被动吸烟者的身体健康,但并未为此而支付任何东西。吸烟者的行为产生了生产的外部不经济。（　　）

4. 对造成外部不经济的企业,其私人成本大于社会成本。（　　）

5. 对造成外部不经济的企业,国家应该征税,其数额应该等于该企业给社会其他成员造成的损失。（　　）

6. 私人物品在消费或使用上具有两个特点:第一是竞争性;第二是非排他性。（　　）

7. 政府提供的物品都是纯公共物品。（　　）

8. 市场失灵指的是市场没有达到可能达到的最佳结果。（　　）

9. 公共产品的一个显著特点是排他性。（　　）

10. 纠正由于外部影响所造成的资源配置不当的方法只能是使用税收。（　　）

四、简答题

1. 为什么说垄断也有可能促进经济效率?

2. 什么叫市场失灵?哪些情况会导致市场失灵?

3. 垄断或不完全竞争为什么可能会降低效率?
4. 什么是成本—收益分析?
5. 什么是不完全信息和不对称信息?
6. 政府应当在什么样情况下实行反垄断政策?
7. 什么叫外部影响?
8. 什么是行政性垄断?行政垄断怎样损害经济效率?
9. 简述政府失灵的含义与要点。
10. 分析说明为什么公共物品只能由政府来提供。(西南财经大学 2006 研)

五、计算题

1. 一个养蜂人住在一个苹果园旁边。果园主人由于蜜蜂而受益,因为每箱蜜蜂大约能为 1 英亩树授粉。然而果园主人并不为这一服务支付任何费用,因为蜜蜂并不需要他做任何事就会到果园来。蜜蜂不足以使全部果园都授到粉,因此果园主人必须以每英亩树 10 美元的成本,用人工来完成授粉。养蜂的边际成本为 $MC = 10 + 2Q$,式中,Q 是蜂箱数目,每箱产生价值 20 美元的蜂蜜。

(1) 养蜂人将会持有多少箱蜜蜂?
(2) 这是不是经济上有效率的蜂箱数目?
(3) 什么样的变动可以导致更有效率的运作?

2. 假定某垄断厂商生产的产品的需求函数为 $P = 600 - 2Q$,成本函数为 $C_P = 3Q^2 - 400Q + 40000$(产量以吨计,价格以元计)。

(1) 试求利润最大时的产量、价格和利润。
(2) 若每增加 1 单位产量,由于外部不经济(环境污染)会使社会受到损失从而使社会成本函数成为 $C_S = 4.25Q^2 - 400Q + 40000$,试求帕累托最优的产量和价格。
(3) 若政府决定对每单元产品征收污染税,税率应是多少才能使企业产量与社会的最优产量相一致?

3. 设一个公共牧场的成本是 $C = 5x^2 + 2000$,x 是牧场上养牛的头数;每头牛的价格 $P = 800$ 元。

(1) 求牧场净收益最大时的养牛数。
(2) 若该牧场有 5 户牧民,牧场成本由他们平均分摊,这时牧场上将会有多少养牛数?从中会引起什么问题?

4. 假定有一企业,从私人角度看,每多生产 1 单位产品可多得 12 元,从社会角度看,每多生产 1 单位产品还可再多得 4 元,产品成本函数为 $C = Q^2 - 40Q$,试问:为达到帕累托最优,若用政府补贴办法,可使产量增加多少?

5. 有一位农场主的作物因缺水而快要枯萎了,他必须决定是否进行灌溉。如果他进行灌溉,或者天下雨的话,作物带来的利润是1000元,但若是缺水,利润只有500元。进行灌溉的成本是100元,该农场主的目标是预期利润最大化。

(1) 如果农场主相信下雨的概率是50%,他会灌溉吗?

(2) 假如天气预报的概率(准确率)是100%,农场主愿意为获得这种准确的天气信息支付多少费用?

(3) 如果天气预报的准确率为75%,农场主愿意为获得这种天气信息支付多少费用?

6. 一种产品有两类生产者在生产。优质产品生产者生产的每件产品值14美元,劣质产品生产者生产的每件产品值8美元。顾客在购买时不能分辨优质产品和劣质产品,只有在购买后才能分辨。如果消费者买到优质产品的概率是 P,则买到劣质产品的概率为 $1-P$。这样,产品对于消费者的价值就是 $14P+8(1-P)$。两类生产者的单位产品生产成本都稳定在11.50美元,所有生产者都是竞争性的。

(1) 假定市场中只有优质产品生产者,均衡价格应是多少?

(2) 假定市场中只有劣质产品生产者,均衡价格将是多少?

(3) 假定市场中存在同样多的两类生产者,均衡价格将是多少?

(4) 如果每个生产者能自主选择生产优质产品或劣质产品,前者单位成本为11.50美元,后者单位成本为11美元,则市场价格应是多少?

六、论述题

1. 公共物品与私人物品相比有什么特点?这种特点怎样说明在公共物品生产上市场是失灵的?

2. 试述公共选择理论的内容。

3. 试述市场失灵的原因及其相关对策。

4. 试从微观角度论述市场机制的效率、局限性及调节政策。

七、案例分析

【案例】 环境问题已成为制约中国经济可持续发展的重大问题,在一次环境研讨会上,一位与会专家说:"治理环境污染不能依靠市场,需要政府加以管理。"试利用相关经济学原理分析:

(1) 为什么环境污染不能依靠市场,通常需要政府加以管理?

(2) 试分析和比较下列解决环境污染的方法:

A. 关闭造成污染的工厂;

B. 制定排污标准并对超标企业实施惩罚;

C. 按照污染物排放量收费。

第二部分 参考答案

一、名词解释

1. 公共物品:是指那些不具备消费或使用的竞争性的商品,有时指供整个社会共同享用的物品。它有两个显著特征:消费或使用上的非竞争性和非排他性。这些性质决定了公共物品和私人物品在最优产出水平决定上大不相同,私人物品的市场需求曲线由各个消费者的个人需求曲线水平相加而得。而且即使这样得来的市场需求曲线也是不真实的,单个消费者在享用公共物品时都想当"免费乘车者"。因此,公共物品一般不能由市场上的个人来提供,而只能由政府来提供,政府在作出提供公共物品决策时,通常使用成本—收益方法。

2. 市场失灵:是指市场机制在不少场合下会导致资源不适当配置,即导致无效率的一种状况。换言之,市场失灵是自由的市场均衡背离帕累托最优的一种情况。西方经济学认为,在一系列理想化的假定条件下,自由竞争的市场经济可导致资源配置达到帕累托最优状态。但理想化的假定条件并不符合现实情况,在下列情形中,如不完全竞争、公共物品、外部影响和信息不对称等,市场将会失灵。

3. 公共管制:政府对垄断进行干预包括对垄断价格或垄断产量的管制,是西方政府对公用事业的价格和产量的管制。

4. 外部影响:也称外部性或外差因素,是指生产者或消费者在自己的活动中产生的一种有利影响或不利影响,这些有利影响带来的利益或有害影响带来的损失不是由生产者或消费者本身所获得或所承担的。或是一个人或一群人的行动或决策对另外一个人或一群人加强了成本或赋予利益的情况。有利的外部影响也称为"外部经济"或积极的外差因素,不利的外部影响也称为"外部不经济"或消极的外差因素。

5. 逆向选择问题:是指在签订交易合约之前,进行交易的一方拥有另一方所不知道的信息,并且该信息有可能影响到另一方的利益,这样拥有信息的一方就可以利用这种信息优势来作出对自己有利而对对方不利的选择。逆向选择问题的存在或者说在买卖双方信息不对称的情况下,差的商品必将把好的商品驱逐出市场。

6. 政府失灵:是指政府调节市场经济活动的能力不足,也即在市场失灵、需要政府调控以达到资源最优配置的领域里,也存在着政府失灵。现实中的政府并非全能全知的政府,也不是一个超越利益之上的政府,政府在这些领域内活动也

第十一章 市场失灵与政府规制

可能失灵或者效率非常低下。同时,政府官僚制度及投票制度也不能解决公共物品及经济外在性问题。而且政府中的政治力量是各种安全不同力量的混合物,并且处在不断变动中,这种不稳定的力量不利于经济的长期稳定和增长。由于政府失灵的存在,现代西方经济学中存在着一股放松管制、回到古典经济学的理论思潮。

7. **不完全信息和不对称信息**:新古典微观经济学关于竞争市场模型的一个基本假定是信息是完全的,即所有人都知道其他人的经济特征及各种有关生产的清楚的信息。显然,这个假定不符合现实。现实生活中的市场都是信息不完全的市场,例如,消费者并不完全清楚要购买的商品的质量,生产者也并不完全清楚市场上究竟需要多少本企业产品,也不完全知道可供给他作出最有利选择的所有生产技术和所能使用的最合算的全部生产要素。信息不对称可看做是信息不完全中的一种情况,即一些人比另外一些人具有更多的有关经济信息,例如,工人比雇主更清楚自己的生产能力和工作努力程度,厂商比消费者更了解自己产品的质量。需要说明的是,信息不对称不仅是指人们常常限于认识能力,不可能知道在任何时候、任何地方发生的或将要发生的任何情况,而且更重要的是指行为主体为充分了解信息所花费的成本实在太大,不允许他们去掌握完全的信息。

8. **科斯定理**:西方学者有多种说法,一般认为该定理可表述为:只要交易成本为零,产权分配不影响经济运行的效率。或表述为:只要财产权是明确的,并且其交易成本为零或者很小,则无论在开始时将财产权赋予谁,市场均衡的最终结果都是有效率的。

9. **公共选择理论**:由美国经济学家布坎南创立,它将经济学应用到政府行为分析,说明政府的选择与决策,包括四个方面:① 只有通过非市场的集体行为来决定公共物品的供给;② 采用投票规则实现对公共物品的集体决策;③ 在决定公共物品生产时,民主无效率;④ 政府官员制度相对低效。该理论研究发现,当代西方经济社会暴露出来的很多问题,不仅反映了市场经济的矛盾交织,而且反映了政治结构弊端丛生。

10. **庇古税**:在解决因外部性引起的市场失灵时,政府可以采取税收的方式向产生消极外部影响的厂商征收税金,使它向政府支付由于污染等导致的社会成本增加的部分,把厂商造成的外在成本内部化,促使它们消除或减少消极的外部影响;对产生积极外部影响的机构,政府应进行补贴。这就是庇古税。

11. **公地的悲剧**:公共资源在消费上没有排他性,但具有竞争性。不具有排他性说明某人对公共资源的消费不能阻止别人对该资源的消费;具有竞争性说明任何人对资源的使用会减少他人消费的数量。公共资源的非排他性和竞争性会使得资源被过度消耗、破坏,这就是公地的悲剧。

二、单项选择题

1. A 2. A 3. B 4. D 5. B 6. D 7. B 8. B 9. C 10. A 11. D
12. A 13. B 14. A 15. B 16. C 17. D 18. D 19. D 20. B 21. C
22. D 23. C 24. C 25. D 26. C 27. D 28. C 29. D 30. D 31. D
32. D 33. C 34. D 35. D 36. B 37. A 38. D

三、判断题

1. 错误。【提示】这个人从其活动中得到的私人利益应该小于该活动所带来的社会利益。

2. 正确。【提示】当一个生产者采取的行动使他人付出了代价而又未给他人以补偿时,便产生了生产的外部不经济。

3. 错误。【提示】当一个消费者采取的行动使他人付出了代价而又未给他人以补偿时,便产生了消费的外部不经济。所以吸烟者的行为产生了消费的外部不经济,而不是生产的外部不经济。

4. 错误。【提示】对造成外部不经济的企业,由于其生产对别人造成了损失而又未对别人补偿,所以其私人成本小于社会成本。

5. 正确。【提示】对造成外部不经济的企业,国家应该征税,从而使该企业的私人成本恰好等于社会成本。例如,在生产污染情况下,政府向污染者收税,其税额等于治理污染所需要的费用。反之,对造成外部经济的企业,国家则可以采取补贴的办法,使得企业的私人利益与社会利益相等。无论是何种情况,只要政府采取措施使得私人成本和私人利益与相应的社会成本和社会利益相等,则资源配置便可达到帕累托最优状态。

6. 错误。【提示】私人物品在消费或使用上具有两个特点。第一是竞争性,即如果某人已消费了某种商品,则其他人就不能再消费这种商品了。第二是排它性,即对商品支付价格的人才能消费商品,其他人则不能如此做。题中的第二个特点错了。

7. 错误。【提示】政府确实一般提供国防、法制、航空控制、环境保护和警察等等不具有消费竞争性的物品。这些物品中有些甚至还不具备排他性特点,即是纯公共物品。但是,政府也提供其他物品或服务,如养老金、失业补助、邮政服务以及某些与私人企业所生产的完全相同的东西等等。这些物品或服务显然在消费上是竞争的。

8. 正确。【提示】市场失灵是指市场机制在不少场合下会导致资源不适当配置,即导致无效率的一种状况。换言之,市场失灵是自由的市场均衡背离帕累

第十一章 市场失灵与政府规制

托最优的一种情况。

9. 错误。【提示】公共产品的一个显著特点应该是非排他性。

10. 错误。【提示】因为除了使用税收方法以外,还可以使用企业合并的方法及使用规定财产权的方法等。

四、简答题

1. 答:许多经济学家认为,垄断会带来福利纯损失,降低经济效率,因此,主张反垄断。但也有不少经济学家认为,垄断有可能促进经济效率提高,这是因为:① 垄断会带来规模经济,降低成本,节省费用支出,一些自然垄断行业更需要垄断;② 范围经济,即垄断企业有条件进行多样化产品组合,把在生产技术上相互关联的产品放在一个企业内生产经营,使投入的生产要素(尤其原材料)多次使用以生产不同产品,并共同享用商标、包装和营销渠道等,从而降低成本;③ 技术创新,即大企业有力量投入大量研究开发经费,如美国最大的100家垄断企业的研发费用达到了全国研发总费用的82%。美国经济学家熊彼特就是从技术创新角度为垄断企业进行辩护的。正因为垄断也有可能促进经济效率,因此不适当的反垄断也可能损害经济效率。

2. 答:市场失灵指市场机制在不少场合下会导致资源不适当配置,即导致无效率的一种状况。换句话说,市场失灵是自由的市场均衡背离帕累托最优的一种情况。微观经济学说明,在一系列理想化的假定条件下,自由竞争的市场经济可导致资源配置达到帕累托最优状态。但理想化的假定条件并不符合现实情况。在以下这些情况下市场会失灵:不完全竞争,公共物品,外部影响,信息不完全等。

3. 答:一些垄断尽管可能会带来规模经济,降低产品成本,促进科学研究和采用新技术,从而有助于生产力发展,但许多垄断往往又具有经济上的不合理性,生产效率不能最大限度发挥,资源不能得到充分利用,社会福利要受损失。这可用图11.1说明。在图11.1中,横轴表示厂商产量,纵轴表示价格,曲线 D 和 MR 分别表示厂商需求曲线和边际收益曲线,再假定平均成本和边际成本相等且固定不变,由直线 $AC = MC$ 表示。为了使利润极大,厂商产量定在 Q_2,价格为 P_2,它高于边际成本,说明没有达到帕累托最优,因为这时消费者愿意为增加额外1单位所支付的数量(价格)超过生产该单位产量所引起的成本(边际成本)。显然,要达到帕累托最优,产量应增加到 Q_1,价格应降到 P_2,这时 $P = MC$。然而,垄断决定的产量和价格只能是 Q_2 和 P_2。如果产量和价格是完全竞争条件下的产量 Q_1 和价格 P_1,消费者剩余是△FP_1H 的面积,而当垄断者把价格提高到 P_2 时,消费者剩余只有△FP_2G 的面积,所减少的消费者剩余的一部分(图上 P_1P_2GI 所代表的面积)转化为垄断者的利润,另一部分(△GIH 所代表的面积)就是由垄断所引起的社会福利的纯损失,它代表由于垄断造成的低效率带来的损失。

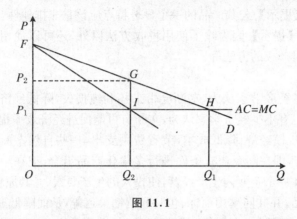

图 11.1

4. 答:所谓成本—收益分析,简单地说就是将一项公共建设项目预期所能产生的收益的现值加以估计,将它与预期所需支出的成本相比较,求出该项目计划可能产生的全部收益与成本的比率即效率,然后再将各个项目的效率加以比较,决定取舍,作出抉择。要注意的是,政府与私人对于成本与收益的估计有所不同。私人考虑的是私人成本与私人收益,即直接用于生产的资本、劳动等经济资源的耗费和利用这些经济资源从事生产所得的收入。政府考虑的是社会成本和社会收益,社会成本中不仅包括直接消耗的经济资源,还包括公众所受到的环境污染、不安定的社会秩序等各种利益的损失,收益中不仅包括经济上的直接收益,还包括整个经济发展、公众文化水准与健康水平的提高、社会秩序的安定、思想认识的进步等各种因素间接能带来的收益。

5. 答:新古典微观经济学关于竞争市场模型的一个基本假定是信息是完全的,所有人都知道其他人的经济特征及各种有关生产的清楚的信息。显然,这个假定不符合现实。现实生活中的市场都是信息不完全的市场,例如,消费者并不完全清楚要购买的商品的质量,生产者也并不完全清楚市场上究竟需要多少本企业产品,也不完全知道可供给他作出最有利选择的所有生产技术和所能使用的最合算的全部生产要素。一句话,信息不完全是指有关市场主体获取的或掌握的信息不足以使市场主体作出理性判断或决策。而信息不对称可看作是信息不完全中的一种情况,即一些人比另外一些人具有更多的有关经济信息,例如,工人比雇主更清楚自己的生产能力和工作努力程度,厂商比消费者更了解自己产品的质量。需要说明的是,信息不对称不仅是指人们常常限于认识能力,不可能知道在任何时候、任何地方发生的或将要发生的任何情况,而且更重要的是指行为主体

第十一章 市场失灵与政府规制

为充分了解信息所花费的成本实在太大,不允许他们去掌握完全的信息。例如,保险公司就难以充分了解参加保险的自行车主是否会谨慎小心地保管自己的车子,除非公司要派专人天天跟在每辆投保的自行车后面监视。如果真这样做,代价实在太大了。这样,自行车主的行为对于保险公司来说就必然是一种不完全的或者说不对称的信息。

6. 答:一些经济学家(尤其是主张自由竞争的经济学家)认为,若由于种种原因造成的垄断,确实损害了经济效率,如抬高了价格,降低了产量,降低了消费者福利。那么,只有在市场自身无法修复这一缺陷情况下才需要政府出场实行反垄断政策。这是因为,如果垄断企业凭借其对市场的控制将产品定得过高(高于竞争水平),那么,高利润率自然会吸引潜在竞争者进入市场,从而就有可能把价格拉低,就是说,这种市场进入障碍一般可通过市场力量本身加以克服。只有在靠市场力量无法克服这种障碍时才需要政府出场实行反垄断或对垄断加以管理。

7. 答:外部影响又可称为外在性、外差效应、溢出效应或邻近效应,指的是一个人或一群人的行动或决策对另外一个人或一群人强加了成本或赋予利益的情况。如果某人的一项经济活动给其他社会成员带来了危害,但他自己不要承担这种危害的成本,就称存在消极的外部影响或外部不经济,如一个工厂污染了周围居民的空气或水质;相反,如果某人的一项经济活动给其他社会成员带来了好处,而自己却未得到补偿,就称存在积极的外部影响或外部经济,如一个人养了一群蜜蜂,使周围果园获得了丰收,增加了产量。

8. 答:由政府权力介入而造成的垄断称为行政垄断,其特点是政府权力介入所形成的市场壁垒是难以为市场力量所克服的。例如,如果政府规定一些企业可以在多方面受到优惠,另一些企业则在产供销或信贷上受到限制,这些行政权力造成的垄断就会导致社会资源向无效率的受保护企业转移,而有效率的企业被排挤出市场,从而降低经济效率。由于这种垄断是政府权力介入而形成的,因此靠市场力量难以解决,需要靠改革逐步加以解决。

9. 答:政府失灵包括:① 政府干预经济活动没能达到预期目标;② 政府干预虽然达到预期目标,但效率低下,干预成本过高;③ 政府干预有效率,也到达预期目标,但从长期看带来不利的副作用。

早期政府干预理论暗含着三个假定:第一,政府是公共利益的忠实代表者,实现公众利益最大化是政府的目标函数;第二,政府具有决策所需的充分信息、完备知识;第三,政府干预无代价,即成本为零。

然而,在实际经济生活中,这三个假设都是不存在的。首先,政府官员也是经济人,他们也有不同于公共利益的私人利益,在可能的情况下,他们多要谋求自身利益的最大化。其次,政府要实施对经济活动的正确干预,一个必须具备的前提条件是能够获取和掌握有关经济运行和市场交易情况的全面、准确和完全的信息知识。然而,由于政府机构的低效率和缺乏相应的激励机制,特别是政府官员中广泛的私人利益的存在,政府要得到充分有效的信息是很难的。其三,政府干预是有成本的,而且在许多情况下,政府干预的成本是昂贵的。政府干预在本质上也是一种经济行为,只有当其收益高于成本才是合理的。

10. 答:公共物品是指既不具有排他性也不具有竞争性的物品。公共物品只能由政府来提供,一个重要的原因在于市场本身提供的公共物品通常将低于最优数量,即市场机制分配给公共物品生产的资源常常会不足。由于公共物品不具备消费的竞争性,消费者们支付的数量将不足以弥补公共物品的生产成本。结果便是生产者提供低于最优数量的产出,甚至是零产出。

从社会整体角度而言,公共物品由私人来提供,会造成社会整体帕累托低效率,不利于整个社会资源的配置。因此,必须由政府来承担其提供公共物品的任务。

五、计算题

1. 解:(1) 养蜂人根据 $MR = MC$ 原则决定生产 $10 + 2Q = 20$,即
$$Q = 5(箱)$$

(2) 这不是有效率的蜂箱数目,因为这点蜜蜂不足以使全部果园都授到粉,原因是蜜蜂免费授粉,使养蜂活动具有正的外在性,养蜂的私人收益小于社会收益。如果苹果园主人把人工授粉的 10 美元给养蜂人的话,那么养蜂产量可达到
$$(20 + 10) = 10 + 2Q$$
$$Q = 10(箱)$$

(3) 由此可想到,若能让果园和养蜂合并,就可将蜜蜂授粉的外在正效应内部化,则会导致更有效运作。或者让果园主和养蜂人订一份合同,使养蜂人得到适当授花粉服务的利益。

2. 解:(1) 从厂商需求函数求得边际收益函数为
$$MR = 600 - 4Q$$
从成本函数求得边际成本函数为
$$MC_P = 6Q - 400$$
令 $MC_P = MR$,即 $6Q - 400 = 600 - 4Q$,得
$$Q = 100, \quad P = 400$$
$$\pi = 400 \times 100 - (3 \times 100^2 - 400 \times 100 + 40\,000) = 10\,000$$

(2) 从该产品的社会成本函数中可知社会边际成本函数为

第十一章 市场失灵与政府规制

$$MC_S = 8.5Q - 400$$

令 $MC_S = MR$，即 $8.5Q - 400 = 600 - 4Q$，得

$$Q = 80, \quad P = 440$$

可见，若考虑外部不经济，从帕累托最优的资源配置角度看，该工厂的产量应当减少，价格应当上升。

(3) 要使企业产量与社会最优产量相一致，必须使企业的边际成本从 400 提高到 440，因此税率应当是 10%。

3．解：(1) 牧场净收益最大的养牛数将由 $P = MC$ 给出，即

$$800 = 10x \quad 得 \quad x = 80$$

(2) 每户牧民分摊的成本是 $(5x^2 + 2\,000) \div 5 = x^2 + 400$。于是养牛数将是 $800 = 2x$，得

$$x = 400$$

从中引起的问题是牧场因放牧过度，数年后一片荒芜，这就是所谓公地的悲剧。

4．解：在政府没有补贴时，厂商能生产的产量为私人企业利润极大的产量。令 $MC = MR$，即 $12 = 2Q - 40$，得

$$Q = 26$$

政府补贴后，厂商的边际收益增加到 16 元。令 $MR = MC$，即

$$2Q - 40 = 16 \quad 得 \quad Q = 28$$

可见，政府补贴后可增产 2 单位。

5．解：(1) 如果农场主相信下雨的概率是 50%，不进行灌溉的话，他的预期利润将是

$$E_\pi = 0.5 \times 1\,000 + 0.5 \times 500 = 750(元)$$

如果进行灌溉，他肯定会得到利润 900（即 $1\,000 - 100 = 900$）元，因此，他会进行灌溉。

(2) 他不买天气预报信息时，如上所述，他会进行灌溉，得到利润是 900 元。如果买预报信息并假定支付 X 元费用，他若确知天下雨，就不灌溉，于是可获利润 $\pi_1 = 1\,000 - X$；若确知天不下雨，就灌溉，于是可获利润 $\pi_2 = 900 - X$。由于他得到的信息无非是下雨和不下雨，因此，在购买信息情况下的预期利润是

$$E_\pi = 0.5(\pi_1 + \pi_2) = 950 - X$$

令 $E_\pi = 950 - X = 900$（不买预报信息时的利润），解出

$$X = 50(元)$$

(3) 如果天气预报准确率是 100%，农场主愿支付的信息费用是 50 元，如果

天气预报准确率是0,农场主绝不肯为获得这种预报信息支付分文,那么,如果预报准确率为75%,农场主肯支付多少信息费用,读者一定可想而知了。

6. 解：(1) 若市场中只有优质产品生产者,生产者之间的竞争会使价格降到生产成本,即11.50美元,消费者可获得消费者剩余为 14 - 11.50 = 2.50(美元)。

(2) 若市场中只有劣质产品生产者,消费者只愿为每件产品支付8美元,而每件成本为11.50美元,因此,一件也卖不出去,不存在均衡价格。

(3) 在这种情况下,竞争会把价格定在11.50美元,而对于消费者来说,可获得的平均质量的产品至少要值11.50美元,即必须满足

$$14P + 8(1 - P) \geqslant 11.50$$

满足此不等式的 $P \geqslant 7/12$,而市场中存在同样多优劣产品时的 $P = 0.5$,于是有

$$14 \times 0.5 + 8 \times (1 - 0.5) = 7 + 4 = 11$$

由于 $11 \leqslant 11.50$,因此,消费者不会购买产品,不存在均衡价格。

(4) 由于市场是完全竞争的,每个生产者都会认为自己不会左右市场价格,都只会按统一的市场价格出售产品,因此,为了增加盈利,都只想选择成本为11美元的劣质产品生产。市场上只有劣质品,而消费者对劣质品只愿支付8美元,因而不可能有任何成交量。优质品和劣质品的生产都等于零,信息不对称破坏了市场效率。

六、论述题

1. 答：公共物品是指供整个社会即全体社会成员共同享用的物品,如国防、警务之类。这些公共物品只能由政府以某种形式来提供,这是由其消费的非排他性和非竞争性决定的。非排他性指一产品为某人消费的同时,无法阻止别人也来消费这一物品。这和一件衣服、一千克面包之类私人物品不同。对于私人物品来说,购买者支付了价格就取得了该物品的所有权,就可轻易阻止别人来消费这一物品,而像国防之类的公共物品则不同,该国每一居民不管是否纳税,都享受到了国防保护。非竞争性指公共物品可以同时为许多人所消费,增加一名消费者的消费的边际成本为零,即一个人对这种物品的消费不会减少可供别人消费的量。例如,多一位消费者打开电视机不会给电视台带来任何增加的成本。这也和私人物品不同。一件衣服具有给你穿了就不能同时给他人穿的特性。公共物品使用之所以具有非排他性和非竞争性,是因为公共物品生产上具有不可分性,如国防、警务等提供的服务,不可能像面包、衣服那样可分割为许多细小单位,而只能作为一个整体供全社会成员使用。当物品可像私人物品那样细分时,消费者就可按一定价格购买自己所需要的一定数量独自享用,排斥他人分享。在这种情况下,消费

者对物品的偏好程度可通过愿意支付的价格来表现,使自己的消费达到最大满足,从而市场价格可对资源配置起支配作用。公共物品由于不能细分,因而人们对公共物品的消费不能由市场价格来决定,价格机制无法将社会对公共物品的供需情况如实反映出来。这样,公共物品就只能由政府根据社会成员的共同需要来提供。如果要人们根据用价格所表现的偏好来生产这些物品,则谁都不愿表露自己的偏好,只希望别人来生产这些物品,自己则坐享其成,这样,公共物品就无法生产出来了,因此,在公共物品生产上,市场是失灵了。

2. 答:公共选择理论是现代西方经济学的一个分支,它将经济学应用到政府行为分析,说明政府的选择与决策。主要内容:

(1) 非市场集体决策。公共选择理论是政府经济学,研究非市场的集体决策。这种决策有两个特点:一是非市场的,二是集体的。公共物品生产的资源配置问题,不可能通过市场靠看不见的手来解决,而要通过政治市场来解决。政治市场由供给和需求两方面构成,作为需求方面的消费者是选民、纳税人,作为供给方面的生产者是政治家、官员。双方在政治市场上通过交换相互联系发生作用。

(2) 集体决策规则。公共选择理论认为,在公共物品方面,关于生产什么、生产多少等问题,选民们的观点各异,意见分歧,只能通过政治过程进行商议,得到协调,投票就是一种协调形式。公共选择理论认为可以表现集体决策规则特点的有两种投票规则:第一种是一致同意规则,是指候选人或方案要经过全体投票人赞成才能当选或通过的规则。第二种是多数规则,是指候选人或方案只需经过半数以上投票人赞成就能当选或通过的规则。

(3) 民主无效率。在民主制度下,投票集团的偏好对公共物品的生产会起决定作用,这样,民主制度就会使一部分人遭受损失。另一缺陷是不能按成本—收益分析结果选择最佳方案,因为是按多数赞成票决定的。民主制度下,公民对政治问题和候选人情况并不了解,因为对公共问题的了解并不增加个人福利。民主制度是议员们被特殊利益集团所利用,为其服务尽力,而不管全民福利。民主秩序中还存在投票矛盾,难以形成一致决策。

(4) 官员制度和效率。官员制度是指选举所产生的政府官员和被任命的官员以及经考试录用的官员管理政治事务的制度。公共选择理论认为,同大公司的官员制度相比,政府官员制度带来的是低效率。原因是:第一,垄断劳务供给,缺乏竞争。第二,追求规模最大化。规模大可以增强在机关预算中的讨价还价能力。第三,消费最大化。官员们会努力增加自己的薪金,改善工作条件,减轻工作负担,尽量少提供劳务,这样就提高了他们的劳务成本。为解决政府官员制度低效率的问题,应该引入竞争机制:一是使公共部门的权力分散化,减少垄断,增加竞争因素,提高效率;二是由私人生产者承包公共劳务,实行公共劳务生产私人化;三是公共部门与私人生产者开展竞争。公共选择理论广泛地研究了西方经济社会的问题——官僚主义、赤字财政、通货膨胀。得出的结论是:当代西方经济社会暴露出来的很多问题,不仅反映了市场经济的矛盾交织,而且反映了政治结构弊端丛生。为此,正确的对策是进行政治制度和法规的改革,目标是遏制日趋膨胀的政府势力。

3. 答:当市场价格不能真正反映商品的社会边际估价和社会边际成本时,市场机制转移资源的能力不足,从而出现市场失灵。当消费者支付的价格高于或低于生产商品的社会成本时,消费者的估价与社会估价出现偏差,社会资源并不会按社会估价的高低流动,而是按照市场价格流动,这时市场失灵。造成这种偏差的主要原因包括不完全竞争的市场结构、公共物品的存在以及外部经济效果三个方面。

(1) 在现实经济中,由于物质技术条件、人为的和法律的因素以及地理位置、稀缺资源等自然因素的存在,所以垄断普遍存在。在垄断市场上,由于企业的边际收益与平均收益分离,所以价格高于边际成本。社会给予商品的边际评价是消费者支付给商品的价格,而社会生产该商品支付的边际成本为企业的边际成本。这时,尽管消费者之间仍可以实现有效率的交换,但社会并不能用最低的成本向消费者提供最需要的商品组合。不完全竞争的市场不仅不能使用最低成本的生产方式,而且增加生产还会进一步提高社会的福利水平,从而生产没有达到最优。此外,垄断还可能造成其他的社会成本。例如,完全垄断厂商缺乏降低成本和进行技术革新的动力,从而社会生产既定的产量花费较多的成本,垄断厂商为了获得超额利润而采取寻租行为等。

(2) 市场失灵的第二个原因是经济社会需要一类被称之为公共物品的商品。公共物品具有非排他性和(或)非竞争性。公共物品的非排他性使得通过市场交换获得公共物品的消费权力的机制失灵。对于追求最大利润的私人企业而言,生产者必须能把那些不付钱的人排斥在消费商品之外,否则,他就很难弥补生产成本。由于非排他性,公共物品一旦被生产出来,每一个消费者可以不支付就获得消费的权力。这就是说,在消费公共物品时,每一个消费者都可以做一个免费乘车者,造成公共物品市场供给不足。公共物品的非竞争性使得私人供给的社会成本增加,而社会利益得不到发挥。

(3) 外部经济效果或外在性是造成社会估价与社会成本出现差异的另一个重要原因。外在性是指交易双方的经济行为未经交换而强加于其他方的经济影响。例如,大气污染、噪音以及私人绿化等。从社会的角度来看,施加外部影响的经济当事人的成本不仅包括生产成本,而且包括强加于他人的成本;同样,它的收益不仅包括它收取的出卖产品所获得的收入,而且包括给他人带来的但又无法收取报酬的好处。但是,按照市场的原则,施加外部影响的经济当事人只会考虑它看到的收益和成本。结果,外部经济效果使得社会估价不等于社会成本,并且完全竞争的市场体系也没有提供一种机制,让交易双方考虑对其他人所施加的经济效果。

除了上述三个制约市场机制发挥作用,导致市场失灵的原因以外,市场结构不合理、信息不完全等其他因素也可能引起市场失灵。

针对市场失灵的原因,可以采取不同的矫正措施。为了消除垄断的影响,政府可以采取反垄断政策。针对不同形式的垄断,政府可以分别或同时采取行业的重新组合和处罚等手段,而这些手段往往是依据反垄断法来执行的。

行业的管制主要是对那些不适合于过度竞争的垄断行业,如航空航天、供水等行业所采取的补救措施。在这些行业中,要么是高成本的技术,要么是平均成本呈下降趋势,因而大规模的经济是必需的。这时,政府往往在保留垄断的条件下,对于垄断行业施行价格控制,或者价格和产量的双重控制、税收或补贴以及国家直接经营等管制措施。如果在政府管制以后,企业仍可以获得超额利润,那么政府就应征收一定的特殊税收,以利于收入的公平分配。当然,对于这类垄断行业,政府也可以采取直接经营的方式来解决由于垄断所造成的市场失灵。由于政府经营的目的不在于最大利润,所以可以按照边际成本或者平均成本决定价格,以便部分地解决由于垄断所产生的产量低和价格高的低效率问题。

解决公共物品的供给是消除公共物品所造成的市场失灵的关键。做到这一点,可以依靠市场和非市场的集体决策两种方式。

针对市场决定公共物品供给量的困难,可供选择的对策是利用具有集体性、非市场性和规则性特点的公共选择。公共选择是由政府代表集体作出的决策,政府的选择最终取决于政治市场的均衡。构成政治市场的需求者是公众、选民或者纳税人,而供给者是由政治家或者官员所组成的政府。与市场运行一样,公共选择也有一定的规则,以协调人们的行动,反映人们的偏好。在现实经济中,公共选择的规则多采用一致同意和多数票规则。就公共物品的供给而言,集体决策即是投票表决,如果一项决策获得一致通过,那么意味着所有的投票人会因此得到好处,从而增进福利。如果一项方案只得到多数票赞成,那么这项方案不是帕累托最优的,但可能是潜在最优的。

外部经济效果是造成市场失灵的重要原因,解决这一问题的政策主要包括:税收和补贴、政府直接调节以及明确产权和谈判三种手段。税收和补贴政策是向施加负的外部经济效果的厂商征收恰好等于边际外部成本的税收,而给予产生正的外部经济效果的厂商等于边际外部利益的补贴的一种手段,目的是使得厂商按照社会收益和社会成本进行决策。直接调节是政府通过行政或法律的手段强行控制外部经济影响,也可以将施加和接受外部成本或利益的经济单位合并。

以上解决外部影响的方案的关键是外部成本或利益内部化。此外,科斯定理的结论也被用来解决外部影响问题。传统的方案并没有消除外部影响,所以科斯定理建议,政府无须对外部经济影响性进行直接的调节,只要明确施加和接受外部成本或利益的当事人双方的产权,通过市场谈判就可以解决外部影响。

消除市场失灵的政策是根据不同的原因而设计的,它们在一定的条件下起作用。

4. 答:从对竞争性市场机制的分析中,西方学者得出了市场经济富有效率的结论。① 处于利己动机的消费者,支付商品的价格,他们从消费的商品中获得最大的满足。这些价格通过市场供求均衡转化为厂商的收益。② 处于利己动机的厂商,为了获得最大利润,必然使得产量达到价格等于边际成本等于平均成本之点。这时,厂商以最低的成本向社会提供最优的数量。③ 平均成本是厂商支付给生产要素的报酬,以便补偿生产要素的边际贡献。它恰好等于所有生产要素的单位收入之和。④ 通过市场价格的自发波动,经济系统能以最低的成本进行生产,来使消费者得到最大效用、厂商获得最大利润、社会达到理想状态。

以上描述的市场机制使得最终产品在消费者之间的交换符合帕累托最优,提供这些最终产品的厂商在使用资源方面符合生产的帕累托最优,并且经济体系生产的产品组合也达到最优,从而断定竞争性市场机制实现了最有效率的资源配置。第一,从消费者消费最终产品来看。对于任意消费者而言,在既定的商品价格条件下,消费者得到最大效用时必然使得商品的边际替代率等于商品的价格之比,因而在交换上符合帕累托最优条件。第二,从企业使用生产要素生产最终产品来看。获得最大利润的厂商必然使得生产要素的边际技术替代率等于要素的价格之比。这就保证了生产符合帕累托最优。第三,从生产和消费两个方面来看。产品的转换率等于产品的边际成本之比,而当厂商处于均衡时,产品的边际成本等于相应产品的价格,所以既定资源生产的产品的边际转换率等于产品的价格比,从而等于消费这两种商品的边际替代率。这表明,在市场机制的作用下,经济系统内的各种资源均得到了最优的利用,社会实现了最大的福利水平。

以上分析表明完全竞争的市场机制是有效率的,但是,完全竞争条件一旦遭到破坏,就会出现市场失灵。针对市场失灵的原因,可以采取相应的微观经济政策。

此外,市场机制运行的结果也未必尽如人意。例如,收入分配不公、经济波动等,都成为市场机制的局限。收入政策以及宏观经济政策在某种程度上可以起到提高市场机制效率的作用。

七、案例分析

【案例参考答案】 (1)环境污染问题不能单纯依靠市场来解决,原因是环境污染是外部性问题。外部性使得私人成本和社会成本之间,或私人收益和社会收益之间不一致,因此造成市场失灵,从而市场对资源的配置缺乏效率。

环境污染中存在着外部性影响,潜在的帕累托改进机会依靠市场并不能得到实现,原因主要有:① 存在巨大的交易费用。② 势力的不对称性。在这种情况下,由外部影响产生的垄断行为也会破坏资源的最优配置。

(2)分析和比较解决环境污染的方法:

A. 关闭造成污染的工厂这种做法造成的社会产量的损失可能远大于污染的成本,因此它实际上是一种不可取的做法。彻底关闭污染工厂反而有可能造成失业、社会产品供给的减少,从而降低整个经济的福利水平。

B. 制定排污标准并对超标企业实施惩罚,这种做法称为"限量法"。限量法是有关当局根据其评估,选择某一污染的程度为指标,限定厂商的污染程度不得高于此限量,否则给予重罚。限量法也存在着一定的操作难度:信息是非对称的,企业或许完全掌握其排污的成本等信息,而政府却未必掌握这些信息。因此,政府很难准确地根据企业的污染成本等制定合理的排污标准,从而难以实现社会福利的最大化。

C. 按照污染物排放量收费。有关当局为了控制环境污染,往往对制造环境污染的厂商收取费用,以减少这些厂商滥造污染的现象。这种做法也存在着一定的操作难度:信息是非对称的,政府很难确切地了解企业的相关信息,从而难以制定合理排污费用,使得既能实现最优排污量,同时又不会使企业大量减产。

第十二章 一般均衡与福利经济理论

第一部分 习 题

一、名词解释
1. 局部均衡 2. 一般均衡 3. 投入—产出分析 4. 实证分析 5. 规范分析 6. 福利经济学 7. 经济福利 8. 契约曲线 9. 效用可能性曲线 10. 帕累托最优状态 11. 帕累托改进 12. 社会福利函数 13. 生产可能性曲线 14. 社会无差异曲线 15. 公平与效率

二、单项选择题
1. 在一个完全竞争的经济中,使用既定的 L 和 K 生产的产品 X 和 Y 的均衡价格分别为 2 元和 4 元,那么(　　)。
   A. 生产 Y 所使用的 L 的边际产量是生产 X 所使用的 K 的边际产量的 2 倍
   B. L 和 K 生产 X 和 Y 时的边际技术替代率都等于 1/2
   C. X 的边际成本是 Y 的边际成本的 2 倍
   D. X 的产量是 Y 的产量的 2 倍
   E. L 的价格是 K 的 2 倍

2. 在两个人(甲和乙)、两种商品(X 和 Y)的经济中,达到交换的全面均衡的条件为(　　)。
   A. 对甲和乙,$MRT_{xy} = MRS_{xy}$ 　　B. 对甲和乙,$MRS_{xy} = P_x/P_y$
   C. $(MRS_{xy})_甲 = (MRS_{xy})_乙$ 　　D. 上述所有条件

3. 在两种商品(X 和 Y)、两种生产要素(L 和 K)的经济中,达到生产的全面均衡的条件为(　　)。
   A. $MRTS_{LK} = P_L/P_K$ 　　B. $MRTS_{LK} = MRS_{xy}$
   C. $MRT_{xy} = MRS_{xy}$ 　　D. $MRTS_{LK}^x = MRTS_{LK}^y$

4. 在两个人(A 和 B)、两种商品(X 和 Y)的经济中,生产和交换全面均衡发生在(　　)。

第十二章 一般均衡与福利经济理论

    A. $MRT_{xy} = P_x/P_y$ B. A 和 B 的 $MRS_{xy} = P_x/P_y$

    C. $MRS_{xy}^A = MRS_{xy}^B$ D. $MRT_{xy} = MRS_{xy}^A = MRS_{xy}^B$

5. 一个社会要达到最高的经济效率,得到最大的经济福利,进入帕累托最优状态,必须(　　)。

    A. 满足交换的边际条件:$MRS_{xy}^A = MRS_{xy}^B$

    B. 满足生产的边际条件:$MRTS_{LK}^x = MRTS_{LK}^y$

    C. 满足替代的边际条件:$MRS_{xy} = MRT_{xy}$

    D. 同时满足上述三条件

6. 如果对于消费者甲来说,以商品 X 替代商品 Y 的边际替代率等于3;对于消费者乙来说,以商品 X 替代商品 Y 的边际替代率等于2,那么有可能发生下述的情况:(　　)。

    A. 乙用 X 向甲交换 Y B. 乙用 Y 向甲交换 X

    C. 甲和乙不会交换商品   D. 以上均不正确

7. 由上题已知条件,在甲和乙成交时,商品的交换比例可能是(　　)。

    A. 1 单位 X 和 3 单位 Y 相交换

    B. 1 单位 X 和 2 单位 Y 相交换

    C. X 与 Y 之交换比例大于 1/3,小于 1/2

    D. 上述均不正确

8. 生产契约曲线上的点表示生产者(　　)。

    A. 获得了最大利润   B. 支出了最小成本

    C. 通过要素的重新配置提高了总产量 D. 以上均正确

9. 边际转换率是下列(　　)的斜率。

    A. 需求曲线   B. 边际产品曲线

    C. 生产函数   D. 生产可能性曲线

10. 转换曲线是从下列(　　)导出的。

    A. 消费契约曲线   B. 效用可能性曲线

    C. 生产可能性曲线   D. 生产契约曲线

11. 如果达到社会生产可能性边界时,$(MRS_{xy})_A = (MRS_{xy})_B > MRT_{xy}$,那么应该(　　)。

    A. 增加 X B. 减少 Y

    C. 增加 X,减少 Y D. 增加 Y,减少 X

12. 如果达到社会生产可能性边界时,$(MRS_{xy})_A = (MRS_{xy})_B < MRT_{xy}$,那

么应该( )。

  A. 增加 X B. 减少 Y

  C. 增加 X,减少 Y D. 增加 Y,减少 X

13. 如果尚未达到社会生产可能性边界时,$(MRS_{xy})_A = (MRS_{xy})_B >$ MRT_{xy},那么应该( )。

  A. 增加 X B. 减少 Y

  C. 增加 X,减少 Y D. 增加 Y,减少 X

14. 如果尚未达到社会生产可能性边界时,$(MRS_{xy})_A = (MRS_{xy})_B <$ MRT_{xy},那么应该( )。

  A. 增加 X B. 增加 Y C. 增加 X,减少 Y D. 增加 Y,减少 X

15. 边际替代率和边际转换率之间的关系是有关( )的问题。

  A. 社会福利   B. 配置效率

  C. 生产效率   D. A 和 B 都对

16. 两种商品在两个人之间的分配,能被称为帕累托最优的条件为( )。

  A. 不使其他个人受损失就不能使另一个人受益

  B. 每个人都处在其消费契约曲线上

  C. 个个都处在他们的效用可能性曲线上

  D. 包括以上所有条件

17. 在导出效用可能性曲线过程中,我们( )作人际效用比较。

  A. 总是   B. 不   C. 有时   D. 经常

18. 导出下列哪一条曲线必须作出道德的或价值的判断?( )

  A. 转换曲线   B. 消费契约曲线

  C. 社会福利曲线   D. 效用可能性曲线

19. 下列( )符合帕累托改进准则。

  A. 通过增发货币增加部分人员工资

  B. 在增加国民收入的基础上增加部分人员工资

  C. 用增加税收增加部分人员的工资

  D. A 和 B

20. 在以下各条中,除了( )之外,都是实现完全竞争均衡状态条件。

  A. 价格等于平均成本

  B. 对于每一个消费者和他消费的每一种商品而言,边际效用与价格的比率对所有商品都相等

  C. 价格等于边际成本

D. 在个人之间的收入分配没有显著的不平等

三、判断题

1. 瓦尔拉斯定律要求超额需求函数本身为零。（　　）
2. 根据瓦尔拉斯定理,在一个只有两种商品的经济中,如果一个商品市场供需相等了,另外一个市场一定也达到了均衡。（　　）
3. 从艾奇沃斯盒形图中某一禀赋开始,若通过讨价还价达到自由交换契约是符合帕累托最优状态的要求,那么该交换契约可位于契约的任何地方。（　　）
4. 契约曲线是所有可能的契约之轨迹。（　　）
5. 契约曲线显示了所有可以进行贸易的点。（　　）
6. 经济体系一般均衡的关键是消费者对两种产品的边际替代率等于边际转换率,与生产效率关系不大。（　　）
7. 帕累托最优的理论基础是基数效用理论,但是对于序数效用理论也同样成立。（　　）
8. 如果 A 点不是帕累托最优（即不在合同曲线上）,B 点是帕累托最优,那么,从 A 点和 B 点的一定移动是帕累托改进。（　　）
9. 为了达到帕累托最优状态,必须使任何使用两种投入要素的两企业的该两要素间的边际技术替代率相等,即使这两个企业的产品很不相同。（　　）
10. 如果两种商品之间的边际转换率不是对于所有消费这两种商品的消费者来说都等于消费者在它们之间的边际替代率,那么两种商品中至少有一种商品不是有效生产出来的。（　　）
11. 当存在外部效应时,福利经济学第一定理不一定成立。（　　）
12. 当存在公共产品时,即使整个经济是都完全竞争的也不能达到帕累托最适度状态。（　　）
13. 对于福利极大化,完全竞争长期一般均衡既是必要的,又是充分的。（　　）
14. 如果福利经济学第一定理的所有假设都满足,那么政府就没有干预经济的必要。（　　）
15. 一个有效运行的经济可能并不令人满意,因为存在不公平。（　　）

四、简答题

1. 简述瓦尔拉斯定律。
2. 什么是庇古的福利命题？它包括哪些内容？
3. 为什么说福利经济学属于规范经济学范畴？
4. 试用社会的和私人的利益及成本的概念来表达帕累托最优条件,并解释为什么在存在生产或消费的外部经济或外部不经济的情况下,经济无法达到帕累托最优状态。

5. 解释为什么在规模报酬不变和没有外溢效应以及公共产品的条件下,如果某些产品或要素市场存在不完全竞争,则不能达到帕累托最优状态。

6. 如何理解经济效率与帕累托最优状态的关系?

7. 简述社会福利函数的基本内容。

8. 简述阿罗不可能性定理的基本内容。

9. 试从边际效用角度分析收入再分配的福利含义。

10. 什么是公平和效率?如何处理好两者关系?

五、计算题

1. 已知 X 商品的生产函数为 $X = 5L^{0.4}K^{0.6}$,而 Y 商品的生产函数为 $Y = 4L^{0.5}K^{0.5}$,如果社会上有 $L^* = 100, K^* = 200$,并且仅生产 X 和 Y 商品。试问:社会的生产契约曲线是什么?

2. 产品 X 和 Y 是替代品,假设两者短期供给是固定的,即 $Q_X = 500, Q_Y = 200$。而需求受到两种商品价格的共同影响,即 $Q_X = 850 - 5P_X + 2P_Y, Q_Y = 540 - 2P_Y + P_X$。求:

(1) 两种商品的均衡价格为多少?

(2) 假如 X 产品的供给增加了 150,将对两种商品产生什么影响?

3. 一封闭经济用两种生产要素土地和劳动生产两种产品 X 和 Y。所有土地都是同质的,劳动也一样。两种要素的供给曲线完全无弹性。所有要素为私有,市场完全竞争,并处于长期均衡中。生产函数为

$$X = 48^{0.25}K_x^{0.75}L_x^{0.25}, \quad Y = 3^{0.25}K_y^{0.25}L_y^{0.75}$$

其中,X 和 Y 分别为两种产品的年产出单位数,K_x 和 K_y 分别为产品 X 和 Y 生产过程中使用的土地平方千米数,L_x 和 L_y 分别为两种产品生产中雇佣的劳动人数。所有人都具有相同的效用函数,并由下式给出:

$$U = X^{0.5}Y^{0.5}$$

假定现有 324 平方千米的土地,2 500 名工人,产品 X 的价格为 100。试计算:

(1) 产品 Y 的价格;

(2) 每平方千米土地的年租金 R;

(3) 每个工人的年工资 W。

4. 假设一经济社会由谷物、钢铁、运输三个产业组成,每一产业都使用别的产业的产品作为投入要素,其技术系数(又称生产系数,表示生产每一种产品的 1 个单位所需要各种投入要素的数量)由表 12.1 给出(以元表示)。

第十二章 一般均衡与福利经济理论

表 12.1

生产要素的类型	产品的类型		
	谷物	钢铁	运输
谷 物	0.2	0.2	0.1
钢 铁	0.3	0.2	0.2
运 输	0.1	0.1	0.1
劳动力	0.4	0.5	0.6
总 计	1.0	1.0	1.0

(1) 假设消费者的消费目标为 40 万元的谷物、60 万元的钢铁、50 万元的运输,那么各行业应该生产多少才能既保证各行业生产过程的需求,又满足消费者的最终消费需求呢?

(2) 如果该经济社会里有 145 万小时(每小时价值 1 元)的劳动供给量,那么是否能保证消费者最终消费目标的实现?

5. 假设在一个两人、两种商品纯粹交换的竞争经济中消费者的效用函数是 $U_1 = q_{11}q_{12} + 12q_{11} + 3q_{12}$ 和 $U_2 = q_{21}q_{22} + 8q_{21} + 9q_{22}$,消费者 I 的初始赋有量是 8 个单位 q_1 和 30 个单位 q_2,消费者 II 的初始赋有量是两种商品各 10 个单位。求这两个消费者的超额需求函数以及这两种经济的均衡价格比率。

6. 假设在一个岛屿上居住着两个部落:东方人部落和西方人部落。他们分别住在该岛的一端,每年只在年市上见面。两部落与外界都没有任何联系。他们靠种植甘薯、捕捉野猪为生,甘薯和野猪都被储存起来以供整年消费。在年市上甘薯和野猪都在完全竞争下进行物物交易。

该岛共有 1 000 户西方人家庭和 2 000 户东方人家庭,每户西方人家庭生产 30 头野猪、200 袋甘薯,每户东方人家庭生产 25 头野猪、300 袋甘薯。每户西方人家庭和东方人家庭的效用函数分别为 $u_w = X_w^{0.5}Y_w^{0.5}$,$u_e = X_e^{0.75}Y_e^{0.25}$,其中 X_w 和 X_e 分别为每户西方人家庭和东方人家庭野猪的年消费只数,Y_w 和 Y_e 分别为其甘薯的年消费袋数。在年市上达到了完全均衡状态。试问均衡时:

(1) 一头野猪与多少袋甘薯相交换?
(2) 每户西方人家庭野猪和甘薯的年消费量各为多少?
(3) 每户东方人家庭野猪和甘薯的年消费量各为多少?

7. 假定一个社会中有两个消费者 A、B,资源约束决定两个人的效用可能性曲线为 $U_A + 4U_B = 200$。求在以下的福利函数条件 $W(U_A, U_B)$ 下,如果要使社

(2) Y 商品市场将发生什么变化?
(3) 在劳动和资本市场上将发生什么变化?
(4) 在劳动和资本市场上发生的变化是如何转而影响整个经济的?

6. 评价帕累托最优状态。
7. 为什么说完全竞争的市场机制可以实现帕累托最优状态?
8. 试分析资源配置无效率与资源运用无效率的区别。
9. 有哪些原因导致了市场在实现帕累托最优上的缺陷?
10. 评价兰格模式。

七、案例分析

【案例】 农产品价格支持政策。

从实践看,无论是发达国家,还是发展中国家,尽管形式不同,但都把价格支持作为稳定国内农业生产的一个核心政策。如美国长期以来对农产品实施了价格支持政策。美国现行农产品支持政策的主要手段是数量管理与财政补贴相结合。政府对主要农产品如小麦、玉米、棉花等都确定了目标价格,如果当年生产的农产品市场价格低于目标价格,政府则向农民补贴二者的差额。但政府的补贴是有条件的,凡是享受直接补贴的农民必须参加政府的减耕计划和水土保持计划:要有 7.5% 的耕地休耕;另有 15% 的耕地不予补贴。我国于 2004 年出台粮食最低收购价政策,当市场粮价低于国家公布的最低收购价时,由国家委托企业直接收购,以稳定市场,增加农民收入。随后,我国又实行减免农业税、良种补贴和粮食直补等农产品支持政策。

运用经济学原理回答如下问题:
(1) 为什么众多国家实行农产品支持政策?
(2) 农产品支持政策的社会福利效果如何?

第二部分 参考答案

一、名词解释

1. 局部均衡:是指不考虑所分析的商品市场或经济体系内某一局部以外因素的影响时,这一局部所达到的状态。局部均衡分析是以"其他情况不变"为基础的,它只考虑这个局部本身所包含的各因素的相互作用、相互影响,最终是如何达到均衡状态。所以具有一定的局限性,但这并不影响它对很多问题研究的有效性。

2. 一般均衡:是指在一个经济体系中,所有市场供给和需求同时达到均衡的状态。根据一般均衡分析,某种商品的价格不仅取决于它本身的供求状况,而且还受到其他商品的价格和供求的影响。所以某种商品的价格和供求均衡,只有在所有商品的价格和供求都同时达到均衡时,才能实现。

3. 投入—产出分析:投入—产出分析的特点就在于强调经济领域的相互依存关系,每一个行业使用其他行业的产出作为自己的投入,而自己的产出又成为其他行业的投入。

4. 实证分析:是指在做出与经济行为有关的假定前提下,分析和预测人们经济行为的后果。它要说明的基本问题是"是什么",它所研究的问题具有客观性。西方经济学中主要采取这种分析方法。

5. 规范分析:是西方经济学分析经济问题的一种方法,它以一定的价值判断作为出发点,提出行为标准,探讨符合这些标准的理论和政策,要回答的基本问题是"应该是什么"。规范分析的内容一般被认为无法用事实来验证,所以西方经济学中使用规范分析方法不多。

6. 福利经济学:是在一定的社会价值判断标准条件下,研究整个经济的资源配置与个人福利的关系,特别是市场经济体制的资源配置与福利的关系,以及与此有关的各种政策问题。

7. 经济福利:是和社会福利相对应的概念,也称为"狭义的福利",是指社会福利中可以直接或间接用货币衡量的部分,即经济福利。庇古认为,经济福利意味着国民收入的增大、均等、安定等含义。经济福利对整个社会福利有决定性的影响。

8. 契约曲线:可分为交换契约曲线和生产契约曲线。艾奇沃斯盒状图中消费者 A 的无差异曲线与消费者 B 的无差异曲线的切点代表帕累托最优状态,所有这些无差异曲线的切点的轨迹所构成的曲线就叫做交换的契约曲线,它表示两种产品在两个消费者之间的所有最优分配的集合。艾奇沃斯盒状图中生产者 C 的等产量线与生产者 D 的等产量线的切点代表帕累托最优状态,所有等产量线切点的轨迹构成的曲线就是生产的契约曲线,它表示两种要素在两个生产者之间的最优分配状态。

9. 效用可能性曲线:是指在生产可能性曲线上的一点所构建的艾奇沃斯盒的契约曲线上存在着一点同时满足交换和生产的帕累托最优的条件;而这一点同时也是两条无差异曲线的切点,因此其代表着两个消费者的最优效用水平。因此,生产可能性曲线的任何一点都对应着一对最优效用水平。这样,在生产可能性曲线和最优效用水平组合之间建立了一种对应关系,从而建立起效用可能性边界线。

10. 帕累托最优状态:是用于判断市场机制运行效率的一般标准。一个帕累托最优状态或市场机制有效率的运行结果是指这样一种状态,不可能存在资源的再配置使得在经济社会中其他成员的境况不变或变坏的条件下改善某些人的境况。

11. 帕累托改进:是指如果一个社会处在这么一种状态中,用某种方式改变这一状态可以使一些人的境况变好,而其他人的境况至少不会变坏,那么这种状态就不符合帕累托最优,对它所作出的改进就叫做帕累托改进。

12. 社会福利函数:是社会中所有个人的效用水平的函数。社会福利函数把社会福利看成是个人福利的综合,以效用水平表示单个人的福利水平,那么社会福利函数可以表示为 $W = W(U_A, U_B, \cdots, U_i)$,其中 U_i 表示第 i 个人的效用水平。

13. 生产可能性曲线:集合生产契约曲线上的每一点可得到相应的所有最优产出量,将生产契约曲线转换到以商品为坐标量的平面直角图上便可以得到生产可能性曲线,生产可能性曲线就是最优产出量集合的几何图形表示。

14. 社会无差异曲线:在该曲线上,不同的点代表不同的效用组合,但所表示的社会福利却是一样的。所以从社会角度来看,这些点均是"无差异的"。

15. 公平与效率:效率指的是资源的有效配置;公平,一是指社会成员的收入均等,二是指社会成员的机会均等。

二、单项选择题

1. B 2. C 3. D 4. D 5. D 6. A 7. C 8. C 9. D 10. D
11. C 12. D 13. A 14. B 15. D 16. D 17. B 18. C 19. D 20. D

三、判断题

1. 错误。【提示】瓦尔拉斯定律并不等于瓦尔拉斯均衡。瓦尔拉斯定律要求较宽泛,只要效用函数满足一定假定条件则必有全社会超额需求的价值之和为零,而瓦尔拉斯均衡要求较严格,它是指超额需求本身为零。

2. 正确。【提示】根据瓦尔拉斯定理,在市场中,如果 $n-1$ 个商品供求达到均衡,剩下的一个商品的供求一定也达到供求均衡。对两个商品市场当然也是成立的。

3. 错误。【提示】通过初始禀赋,交换双方必定有各自的无差异曲线,任何一方都不可能同意进行结果是使自己位于比初始禀赋所在无差异曲线更低的曲线上的那种交易。因此,对于交换双方来说,只有那段位于或高于原先所在无差异曲线的契约曲线才是通过自由交换可能达到的交换契约所在。

4. 错误。【提示】契约曲线是无差异曲线之间切点的轨迹,其上任一点都是

第十二章 一般均衡与福利经济理论

交换的均衡点,它表示的是帕累托最适度契约。在契约曲线上任一点不可能再发生自愿交换行为。但是如果交换过程不是完全竞争的,那么很可能交换契约并不在契约曲线上达到,因此,契约曲线上的点并不代表所有可能出现的交换契约。

5. 错误。【提示】契约曲线是无差异曲线之间切点的轨迹,其上任何一点都是交换的均衡点,是帕累托最适度契约。因此,契约曲线显示了所有不可能进行互利贸易的配置点。

6. 错误。【提示】边际转换率是生产可能性曲线上某点切线的斜率,处在生产可能性曲线上就意味着生产过程达到最有效率的状态。

7. 错误。【提示】帕累托最优的理论基础是序数效用理论,但是对于基数效用理论也同样成立。

8. 错误。【提示】根据艾奇沃斯盒形图,A 点一定是两个消费者的两条无差异曲线的交点,B 点只有在两条无差异曲线与交换契约线两个交点之间的契约线上,从 A 点移动到 B 点才是帕累托改进。

9. 正确。【提示】如果两个厂商在两种要素之间具有不同的边际技术替代率,那么他们之间通过要素交换,可以使每个厂商生产出更多的产品,而无需改变要素投入总量,而两种产品产量的增加将导致帕累托改进,因此,最初两个厂商在两要素间有不同的边际技术替代率不可能已是实现了帕累托最适度状态,而两厂商生产不同的产品与此是没有关系的。

10. 错误。【提示】该经济完全可能位于其转换曲线或生产可能性曲线上,因而所有的生产有效性条件都满足了。如果边际转换率不等于边际替代率,那么通过产品产量的不同组合,将会有一个帕累托改进。不过,虽然这些生产出来的产品的产量以帕累托最适度状态来衡量是"错误"的(即不符合帕累托最适度条件要求),但是它们仍然是有效地生产出来的。

11. 正确。【提示】外部效应的存在阻碍了个体提供社会最优的产出。

12. 正确。【提示】存在公共商品时,也不能达到帕累托最适度状态。理由是:若 X 是具有两种商品、两个人的简单经济中的一个公共商品,则当 $MRT_{XY} = MRS_{XY}^A = MRS_{XY}^B$ 时,该经济处于均衡状态。然而,由于个人 A 和 B 能同时享受每一个单位的公共商品 X,帕累托最适度要求 $MRT_{XY} = MRS_{XY}^A + MRS_{XY}^B$。因此,完全竞争导致公共商品的生产不足和消费不足,并不导致帕累托最适度状态。

13. 错误。【提示】在长期均衡中完全竞争的确达到了帕累托最适度状态,因为完全竞争的市场结构在长期性能满足帕累托最适度的三个条件。但是完全竞争的长期均衡对于帕累托最适度来说并非是必要的,因为在计划经济中,满足所有帕累托最适度条件是可能的;再则,虽然完全竞争对于帕累托最适度是充分的,但是它对福利极大化并不充分,因为均衡状态在收入分配方面可能是很不公平的,而福利极大化必须兼顾生产效率和收入分配两个方面。

14. 错误。【提示】在福利经济学第一定理的所有假设都满足的情况下,福利经济学第一定理成立,即任何竞争性均衡都是帕累托有效的。但福利经济学第一定理只是涉及效率问题,没有涉及分配问题。事实上,为了在保证效率的基础上解决分配问题,政府一般都可以对禀赋征税,按禀赋征税会普遍改变人们的行为,但根据福利经济学第一定理,始于任何初始禀赋的交易会导致一种帕累托有效分配。为此,不管一个人如何重新分配赋有量,由市场决定的均衡依然是帕累托有效分配。所以,即使福利经济学第一定律成立,也只解决了效率问题,而根据福利经济学第二定理,政府对资源禀赋的分配依然是有效分配。所以,政府存在干预经济的必要性。

15. 错误。【提示】有效经济运行仅仅解决了效率问题,并没有解决收入分配问题。

四、简答题

1. 答:法国经济学家瓦尔拉斯提出了一般均衡理论,他认为:要使整个经济体系处于一般均衡状态,就必须使所有的 n 个商品市场都同时达到均衡,即

$$Q_1^d(P_1,\cdots,P_n) = Q_1^s(P_1,\cdots,P_n)\cdots Q_n^d(P_1,\cdots,P_n) = Q_n^s(P_1,\cdots,P_n)$$

一共有 n 个方程,同时也有 n 个变量,即 n 个价格需要决定。瓦尔拉斯通过在 n 个价格中选择一个"一般等价物"来衡量其他商品的价格,并进行化简,可得一个恒等式:

$$\sum P_i Q_i^d = \sum P_i Q_i^s$$

这个恒等式被称为瓦尔拉斯定律。由瓦尔拉斯定律可知,n 个联立方程并非都是相互独立的,其中有一个可以从其余 $n-1$ 个中推出,而且需要决定的未知数是 $n-1$ 个,独立方程的数目也是 $n-1$ 个。从而得到结论:存在一组价格,使得所有市场的供给和需求都恰好相等,即存在着整个经济体系的一般均衡。

2. 答:庇古把国民收入作为衡量社会经济福利的尺度,具体来说,包括两个基本命题:第一是国民收入总量,总量越大,则表示福利越大;第二是国民收入分配,分配越平等,则福利也越大。

他从这样两个基本命题出发,进一步提出了以下的理论主张:

第一,资源的最优配置。要使国民收入总量增大,必须将一个社会的既定生产资源合理地和最适当地配置于各个部门。

第十二章 一般均衡与福利经济理论

第二,收入的最优分配。如果将富人的部分收入转移给穷人,就会增加社会福利总量。

庞古的福利经济理论是建立在基数效用理论基础上的,而一些经济学家认为不同商品和服务的效用不可能用基数衡量,因此,庞古的福利经济学受到批评。

3. 答:福利经济学是关于怎样有效地利用和合理分配资源,以使整个社会的福利最大化这样一些问题的研究。福利经济学是从福利的角度对经济体系的运行予以社会评价,讨论经济体制的运行、经济政策,以及经济活动结果是好还是坏,评价的标准要看上述活动对社会福利的影响。由于这涉及主观价值判断问题,因此,属于西方经济理论中的规范经济学。

4. 答:用社会的和私人的利益与成本概念来表述帕累托最优条件就是:边际社会利益(MSB)必须等于边际社会成本(MSC);边际社会利益必须等于边际私人利益(MPB);边际社会成本必须等于边际私人成本(MPC)。

当仅存在生产的外部经济时,$MSC<MPC=P=MPB=MSB$,这个经济生产的商品量太少,以致不能达到帕累托最优状态。当仅存在消费的外部经济时,$MSB>MPB=MPC=MSC$,这时,消费的商品量太少,以致不能达到帕累托最优状态。在仅存在生产的外部不经济时,$MSC>MPC=P=MPB=MSB$,这个经济生产的商品量太多,不能达到帕累托最优状态。在仅存在消费的外部不经济时,$MSB<MPB=MPC=MSB$,这时,消费的商品量过大,也不能达到帕累托最优状态。

5. 答:如果 X 行业是非完全竞争的,则它将在 $MC_x=MR_x<P_x$ 处生产,这样与 X 行业处于完全竞争的情况相比较,P_x 较高,Q_x 较低,所用的资源较少。如果有另一个行业,例如 Y 行业是完全竞争行业,则它将在 $MC_y=MR_y=P_y$ 处生产。这样,$MRT_{xy}=MC_x/MC_y<P_x/P_y$。因此,这个经济并未达到帕累托最优状态。

同样,如果劳动市场为完全竞争而资本市场为非完全竞争,则生产中的最低成本要素组合由下式给出:

$MP_L/MFC_L=MP_K/P_K$ 或 $MP_L/MP_K=MFC_L/P_K>P_L/P_K$,这样,$MRTS_{LK}=MP_L/MP_K>P_L/P_K$。因此,这个经济并未达到帕累托最优。

6. 答:经济效率即经济资源的合理配置和有效利用,是研究帕累托最优问题的核心问题。只要生产要素的配置所生产出的不同产品能给消费者带来一定程度的满足,就表明社会已经具有了经济效率。如果生产要素配置后所生产出的不同产品的产量,能使消费者得到更大程度的满足,那么与过去状态相比,这种生产要素的配置所达到的各种产量能使消费者得到最大满足,而任何生产要素的更新组合都只能使消费者的满足程度减少,那就表明社会已经处于最有经济效率的状态,即达到了帕累托最优状态。

7. 答:一般来说,"帕累托最优状态"不是只有一个,而是有很多个,那些边际条件并不能决定在哪一点社会福利最大。为此,伯格森、萨缪尔森等经济学家提出了社会福利函数的概念,将之引入福利经济学,以期解决帕累托未能解决的唯一最优条件。社会福利函数包括了所有的影响社会福利的因素,实际上它是社会上所有个人的效用水平的函数,我们可以根据社会福利函数所描绘出来的社会福利函数曲线以及效用可能性曲线来推导出效用可能性边界,从而得到了同时考虑国民收入数量和国民收入分配状况的社会福利的最大值。

8. 答:在非独裁情况下,不可能存在适合于所有个人偏好类型的社会福利函数。具体地说,阿罗认为任何一个合理的社会福利函数起码应该满足如下要求:

(1) 其定义不受限制,即适用于所有可能的个人偏好类型;

(2) 非独裁,即社会偏好不以一个人或者少数人的偏好所决定;

(3) 帕累托原则,即如果所有个人都偏好 A 甚于 B,则社会偏好 A 甚于 B;

(4) 无关变化的独立性,这一要求可简单理解为:只要所有个人对 A 与 B 的偏好不变,则社会对 A 与 B 的偏好不变。

阿罗证明了满足上述四个条件且具有传递性偏好次序的社会福利函数不存在。

9. 答:西方经济理论认为,福利是由效用构成的,效用意味着满足,人们追求的是最大限度的满足,也就是最大限度的效用。效用可以用货币来计量,所以对于个人福利,可以通过单位商品价格及其变动来计算效用的大小和增减,并用效用的大小和增减来表示福利的多少和福利的增减。

一国的经济福利是国民中每个人的福利的总和,而每个人的经济福利又由他所得到的物品的效用构成,因此根据西方微观经济学中的边际效用递减规律,可以得出:货币对于不同收入的人有不同的效用。货币收入越多则货币的边际效用越小,同一数额的货币在富人手中的效用较小,在穷人手中的效用较大。因此,如果把富人的一部分货币收入转移给穷人,将会增加效用的总和,从而增加一国的经济福利总量。如果向富人征收累进所得税,并通过社会福利津贴等措施把这些收入再分配给穷人,那么社会的福利总和就会增加。

10. 答:公平与效率的概念参见名词解释。在资源配置与收入分配问题上,公平与效率是一个两难的选择。如果只强调公平而忽视效率,就会因产生平均主义而阻碍经济增长导致普遍贫穷;如果只强调效率而忽视公平,就会因分配不公而影响社会安定。从发展经济和社会稳定角度看,最好能够选择一种兼顾公平与

第十二章 一般均衡与福利经济理论

效率的分配方法。

五、计算题

1. 解：由 $X = 5L^{0.4}K^{0.6}$，可得

$$\frac{dX}{dL} = 2L^{-0.6}K^{0.6}, \quad \frac{dX}{dK} = 3L^{0.4}K^{-0.4}$$

由 $Y = 4L^{0.5}K^{0.5}$ 可得

$$\frac{dY}{dL} = 2L^{-0.5}K^{0.5}, \quad \frac{dY}{dK} = 3L^{0.5}K^{-0.5}$$

因为生产契约线上的点必须满足

$$MRTS_{LK}^x = MRTS_{LK}^y$$

$$MRTS_{LK}^x = -\left(\frac{dK}{dL}\right)_x = -\frac{2}{3}\left(\frac{K}{L}\right)_x = -\frac{2}{3} \cdot \frac{K_x}{L_x}$$

$$MRTS_{LK}^y = -\left(\frac{dK}{dL}\right)_y = -\left(\frac{K}{L}\right)_y = -\frac{K_y}{L_y}$$

所以有

$$\frac{2}{3} \cdot \frac{K_x}{L_x} = \frac{K_y}{L_y}$$

在资源充分利用的情况下有

$$\begin{cases} L_x + L_y = 100 \\ K_x + K_y = 200 \end{cases}$$

代入上式得

$$\frac{2(200 - K_y)}{3(100 - L_y)} = \frac{K_y}{L_y}$$

以上即是生产契约线，由此可知，当 $K_y = 100, L_y = 50$ 时并不满足上式，即要素分配的公平之点不在契约线上，故此契约线必在艾奇沃斯盒状图的对角线的同侧，因为 X 和 Y 两商品的生产都是规模报酬不变。

2. 解：(1) 市场均衡条件为

$$Q_x = 850 - 5P_x + 2P_y = 500, \quad Q_y = 540 - 2P_y + P_x = 200$$

方程联立求解得

$$P_x = 172.5, \quad P_y = 256.25$$

(2) 假如 X 产品供给增加 150，新的均衡为

$$Q_x = 850 - 5P_x + 2P_y = 650, \quad Q_y = 540 - 2P_y + P_x = 200$$

方程联立求解

$$P_x = 135, \quad P_y = 237.5$$

由此可见，X 产品供给的变化引起两种产品价格均下降了。

3. 解：要素市场均衡要求 $W = VMP_L = P \times MPP_L$，故有

$$P_X \cdot MPP_{LX} = 0.25 P_X \cdot 48^{0.25} K_X^{0.75} L_X^{-0.75}$$

$$= 0.25 P_X \left(\frac{48^{0.25} K_X^{0.75} L_X^{0.25}}{L_X} \right) = W$$

故

$$0.25 \cdot \frac{P_X X}{L_X} = W$$

$$P_Y \cdot MPP_{LY} = 0.75 P_X \cdot 3^{0.25} K_Y^{0.25} L_Y^{-0.25}$$

$$= 0.75 P_Y \left(\frac{3^{0.25} K_Y^{0.25} L_Y^{0.75}}{L_Y} \right) = W$$

故

$$0.75 \cdot \frac{P_X X}{L_Y} = W$$

于是

$$0.25 \frac{P_X X}{L_X} = 0.75 \frac{P_Y Y}{L_Y}$$

$$L_Y P_X X = 3 L_X P_Y Y \tag{12.1}$$

同样地，由 $VMP_K = P \times MPP_K = R$，有

$$P_X \cdot MPP_{KX} = 0.75 P_X \left(\frac{48^{0.25} K_X^{0.75} L_X^{0.25}}{K_X} \right) = R$$

故

$$0.75 \frac{P_X X}{K_X} = R$$

$$P_Y \cdot MPP_{KY} = 0.25 P_Y \left(\frac{3^{0.25} K_Y^{0.25} L_Y^{0.75}}{K_Y} \right) = R$$

故

$$0.25 \frac{P_Y Y}{K_Y} = R$$

于是

$$0.75 \frac{P_X X}{K_X} = 0.25 \frac{P_Y Y}{K_Y}$$

$$3 K_Y P_X X = K_X P_Y Y \tag{12.2}$$

由效用函数及 $MRS_{XY} = \dfrac{P_X}{P_Y}$，有

$$\frac{0.5X^{-0.5}Y^{0.5}}{0.5X^{0.5}Y^{-0.5}} = \frac{Y}{X} = \frac{P_X}{P_Y}$$

故

$$P_X X = P_Y Y \tag{12.3}$$

将(12.3)式代入(12.1)式、(12.2)式,得

$$L_Y = 3L_X, \quad K_X = 3K_Y$$

由题设,$L_X + L_Y = 2500$,故

$$L_X = \frac{2500}{4} = 625, \quad L_Y = 1875$$

同样,由 $K_X + K_Y = 324$,知

$$K_X = \frac{3}{4} \times 324 = 243, \quad K_Y = 81$$

将这些值代入生产函数,得

$$X = 48^{0.25} \times 243^{0.75} \times 625^{0.25} = (2^4 \times 3)^{\frac{1}{4}} \times (3^5)^{\frac{3}{4}} \times (5^4)^{\frac{1}{4}}$$
$$= 2 \times 3^4 \times 5 = 810$$
$$Y = 3^{0.25} \times 81^{0.25} \times 1875^{0.75} = 3^{\frac{1}{4}} \times (3^4)^{\frac{1}{4}} \times (5^4 \times 3)^{\frac{3}{4}}$$
$$= 3 \times 3 \times 5^3 = 1125$$

(1) 由式(12.3)及给定 $P_X = 100$,得

$$P_Y = \frac{P_X X}{Y} = \frac{100 \times 810}{1125} = 72$$

(2) $R = 0.75 \times \dfrac{P_X X}{K_X} = 0.75 \times \dfrac{100 \times 810}{243} = 250$

(3) $W = 0.25 \times \dfrac{P_X X}{L_X} = 0.25 \times \dfrac{100 \times 810}{625} = 32.4$

4. 解:(1) 假设 C、T、S 分别表示谷物部门、钢铁部门和运输部门所必须生产的价值量。为了保证谷物部门的产品既能满足各部门生产过程的需要,又能满足消费者的消费需求,须有下列等式成立:

$$C = 0.2C + 0.2S + 0.1T + 40 \tag{12.4}$$

为了保证钢铁部门的产品既能满足生产过程的需要,又能满足消费者的消费需求,须有下列等式成立:

$$S = 0.3C + 0.2S + 0.2T + 60 \tag{12.5}$$

为了保证运输部门的产品既能满足生产过程的需要,又能满足消费者的消费需求,须有下列等式成立:

$$T = 0.1C + 0.1S + 0.1T + 50 \tag{12.6}$$

联立(12.4)式、(12.5)式、(12.6)式求 C、T、S：

由(12.4)式,得
$$0.8C - 0.2S - 0.1T = 40 \tag{12.7}$$

由(12.5)式,得
$$-0.3C + 0.8S - 0.2T = 60 \tag{12.8}$$

由(12.6)式,得
$$-0.1C - 0.1S + 0.9T = 50 \tag{12.9}$$

以克莱姆法则(Cramer's Rule)求解由(12.7)、(12.8)、(12.9)式组成的方程组：

$$D = \begin{vmatrix} 0.8 & -0.2 & -0.1 \\ -0.3 & 0.8 & -0.2 \\ -0.1 & -0.1 & 0.9 \end{vmatrix}$$
$$= 0.576 - 0.004 - 0.003 - 0.008 - 0.054 - 0.016$$
$$= 0.491$$

$$D_C = \begin{vmatrix} 40 & -0.2 & -0.1 \\ 60 & 0.8 & -0.2 \\ 50 & -0.1 & 0.9 \end{vmatrix}$$
$$= 28.8 + 2 + 0.6 + 4 + 10.8 - 0.8$$
$$= 45.4$$

$$D_S = \begin{vmatrix} 0.8 & 40 & -0.1 \\ -0.3 & 60 & -0.2 \\ -0.1 & 50 & 0.9 \end{vmatrix}$$
$$= 43.2 + 0.8 + 1.5 - 0.6 + 10.8 + 8$$
$$= 63.7$$

$$D_T = \begin{vmatrix} 0.8 & -0.2 & 40 \\ -0.3 & 0.8 & 60 \\ -0.1 & -0.1 & 50 \end{vmatrix}$$
$$= 32 + 1.2 + 1.2 + 3.2 - 3 + 4.8$$
$$= 39.4$$

于是
$$C = \frac{D_C}{D} = \frac{45.4}{0.491} \approx 92.3(万元)$$

$$S = \frac{D_S}{D} = \frac{63.7}{0.491} \approx 129.7(万元)$$

第十二章 一般均衡与福利经济理论

$$T = \frac{D_T}{D} = \frac{39.4}{0.491} \approx 80.2(万元)$$

所以,要想既能满足谷物、钢铁和运输部门的生产过程的需要,又能达到消费者对 40 万元的谷物,60 万元的钢铁和 50 万元运输的消费目标,那么谷物部门必须生产 92.3 万元的谷物,钢铁部门必须提供 129.7 万元的钢铁,运输部门必须实现 80.2 万元的运输。

(2) 由表 12.1 所设及(1)的结果,为实现这些产值目标必须投入的劳动力为

$$L = 0.4C + 0.5S + 0.6T$$
$$= 0.4 \times 92.3 + 0.5 \times 129.7 + 0.6 \times 80.2$$
$$= 36.92 + 64.85 + 48.12 = 149.89(万元或万小时)$$

而该经济社会只能提供 145 万小时劳动力,不能满足上述数量要求,因此,现有劳动力不能保证消费者消费目标的实现。

5. 解:在题中,q_{11} 和 q_{12} 分别表示消费者 I 对商品 1 和商品 2 的消费需求量,q_{21} 和 q_{22} 分别表示消费者 II 对商品 1 和商品 2 的消费需求量。再用 E_{11},E_{12},E_{21},E_{22} 分别表示消费者 I 和 II 对商品 1 和商品 2 的超额需求量,那么,当消费者 I 有 8 个单位商品 1 时,他对商品 1 的总需求量 q_{11} 将是 $q_{11} = E_{11} + 8$。因为所谓超额需求就是他的消费超过他初始赋有的量。例如,假定消费者 I 对商品 1 的消费需求量是 10,则该消费者的超额需求量就是 2($E_{11} = q_{11} - 8 = 10 - 8 = 2$),因而 $q_{11} = E_{11} + 8 = 10$。同样可知,$q_{12} = E_{12} + 30$,$q_{21} = E_{21} + 10$,$q_{22} = E_{22} + 10$。

将 $q_{11} = E_{11} + 8$ 和 $q_{12} = E_{12} + 30$ 代入其效用函数,形成如下函数:

$$V_1 = (E_{11} + 8)(E_{12} + 30) + 12(E_{11} + 8) + 3(E_{12} + 30) - \lambda(P_1 E_{11} + P_2 E_{12})$$

在这一函数中,$P_1 E_{11}$ 加上 $P_2 E_{22}$ 等于零,这是因为,在这里 E_{11} 和 E_{12} 分别表示消费者 I 对商品 1 和商品 2 的超额需求量。由于他只消费和交易这两种商品,因此,如果 E_{11} 是正值,表示他要消费的量超过他的初始赋有量,即要购进商品 1 的数量。E_{11} 则表示他要买进 q_1 时需要花费的钱(金额),这金额只能来自他出售 q_2 的收入,因而 $P_1 E_{11}$ 一定等于 $P_2 E_{12}$。从而 $P_1 E_{11} + P_2 E_{12} = 0$,即消费者超额需求的净值必须等于零。这种形式的预算约束表明,他购买商品的价值必须等于他出售商品的价值。

为求消费者 I 通过交易达到效用极大,可令 V_1 的一阶偏导数等于零,即

$$\frac{\partial V_1}{\partial E_{11}} = E_{12} + 30 + 12 - \lambda P_1 = E_{12} + 42 - \lambda P_1 = 0$$

$$\frac{\partial V_1}{\partial E_{12}} = E_{11} + 8 + 3 - \lambda P_2 = E_{11} + 11 - \lambda P_2 = 0$$

325

$$\frac{\partial V_1}{\partial \lambda} = -(P_1 E_{11} + P_2 E_{12}) = 0$$

消去 λ，解出 E_{11} 和 E_{12} 的一阶条件，则消费者 I 的超额需求函数为

$$E_{11} = 21\frac{P_2}{P_1} - 5.5, \quad E_{12} = 5.5\frac{P_1}{P_2} - 21$$

上述超额需求函数具有通常的那些性质，即 P_1 相对 P_2 的某种提高，会使 E_{11} 减少，E_{12} 增加。反之，P_2 相对 P_{12} 的某种提高，会使 E_{11} 增加，E_{12} 减少。

同样，我们将 $q_{21} = E_{21} + 10$ 和 $q_{22} = E_{22} + 10$ 代入消费者 II 的效用函数，形成如下函数：

$$V_2 = (E_{21} + 10)(E_{22} + 10) + 8(E_{21} + 10) + 9(E_{22} + 10) - \lambda(P_1 E_{21} + P_2 E_{22})$$

令 V_2 的一阶偏导数等于零，有

$$\frac{\partial V_2}{\partial E_{21}} = E_{22} + 10 + 8 - \lambda P_1 = 0$$

$$\frac{\partial V_2}{\partial E_{22}} = E_{21} + 10 + 9 - \lambda P_2 = 0$$

$$\frac{\partial V_2}{\partial \lambda} = -(P_1 E_{21} + P_2 E_{22}) = 0$$

消去 λ，解出 E_{21} 和 E_{22} 的一阶条件，则消费者 II 的超额需求函数为

$$E_{21} = 9\frac{P_2}{P_1} - 9.5, \quad E_{22} = 9.5\frac{P_2}{P_1} - 9$$

我们再用 E_1 和 E_2 分别表示商品 1 和商品 2 的总额需求（在这里两个消费者的超额需求量加总就是市场总额需求）。根据多市场一般均衡时每个市场都必须出清这一条件，有

$$E_1 = E_{11} + E_{21} = 21\frac{P_2}{P_1} - 5.5 + 9\frac{P_2}{P_1} - 9.5 = 0$$

$$E_2 = E_{12} + E_{22} = 5.5\frac{P_1}{P_2} - 21 + 9.5\frac{P_1}{P_2} - 9 = 0$$

这两个方程中任何一个都足以决定均衡的交换比率。解第一个方程，$\frac{P_2}{P_1} = \frac{1}{2}$，解第二个方程，$\frac{P_1}{P_2} = 2$。这表明，在均衡时，1 单位商品 1 可交换 $\frac{1}{2}$ 单位商品 2。

将均衡价格比率代入个别超额需求函数，得

$$E_{11} = 21 \times 1/2 - 5.5 = 5, \quad E_{21} = 9 \times 1/2 - 9.5 = -5$$

$$E_{12} = 5.5 \times 2 - 21 = -10, \quad E_{22} = 9.5 \times 2 - 9 = 10$$

这就是说，为达到均衡，消费者 I 给消费者 II 10 个单位商品 2 以交换 5 个单

位商品1,这样,两个消费者都可实现效用极大化。

6. 解:令每袋甘薯的价格为1,每头野猪的价格为 P。于是,每户西方人家庭的收入约束为

$$PX_w + Y_w = 30P + 200 \tag{12.10}$$

每户东方人家庭的收入约束为

$$PX_e + Y_e = 25P + 300 \tag{12.11}$$

野猪、甘薯的总量约束分别为

$$1\,000 X_w + 2\,000 X_e = 1\,000 \times 30 + 2\,000 \times 25 = 80\,000 \tag{12.12}$$

$$1\,000 Y_w + 2\,000 Y_e = 1\,000 \times 200 + 2\,000 \times 300 = 800\,000 \tag{12.13}$$

由效用函数及 $MRS_{xy} = P$,有

$$\frac{0.5 X_w^{-0.5} Y_w^{0.5}}{0.5 X_w^{0.5} Y_w^{-0.5}} = \frac{Y_w}{X_w} = P$$

$$Y_w = PX_w \tag{12.14}$$

$$\frac{0.75 X_e^{-0.25} Y_e^{0.25}}{0.25 X_e^{0.75} Y_e^{-0.75}} = \frac{3 Y_e}{X_e} = P$$

$$Y_e = \frac{PX_e}{3} \tag{12.15}$$

根据瓦尔拉定理,前四式((12.10)式~(12.13))式中只有三式是相互独立的,即它们中任何一式可由其他三式推得。

将(12.14)式代入(12.10)式,得

$$2PX_w = 30P + 200$$

故

$$P(2X_w - 30) = 200 \tag{12.16}$$

将(12.15)式代入(12.11)式,得

$$\frac{4}{3}PX_e = 25P + 300$$

故

$$P(4X_e - 75) = 900 \tag{12.17}$$

由(12.12)式,得

$$X_w = 80 - 2X_e \tag{12.18}$$

将(12.18)式代入(12.6)式,得

$$P(130 - 4X_e) = 200$$

$$P(585 - 18X_e) = 900 \tag{12.19}$$

由(12.17)式和(12.19)式,得
$$4X_e - 75 = 585 - 18X_e$$
故
$$X_e = \frac{660}{22} = 30$$
将 $X_e = 30$ 代入(12.17)式,得
$$P = \frac{900}{45} = 20$$
将 $P = 20$ 代入(12.16)式,得
$$X_w = \frac{10 + 30}{2} = 20$$
将 $P = 20, X_w = 20$ 代入(12.14)式,得
$$Y_w = 20 \times 20 = 400$$
将 $P = 20, X_e = 30$ 代入(12.15)式,得
$$Y_e = \frac{20 \times 30}{3} = 200$$

于是,有

(1) $P = 20$,即均衡时 1 头野猪与 20 袋甘薯相交换。

(2) $X_w = 20, Y_w = 400$,即每户西方人家庭每年消费野猪 20 头,甘薯 400 袋。

(3) $X_e = 30, Y_e = 200$,即每户东方人家庭每年消费野猪 30 头,甘薯 200 袋。

7. 解:(1) $W(U_A, U_B) = \min(U_A, U_B)$
$$0 \leqslant U_A \leqslant 200, \quad 0 \leqslant U_B \leqslant 50$$
当 $U_A = U_B = 40$ 时,$W(U_A, U_B)$ 达到最大。

(2) $W(U_A, U_B) = \max(U_A, U_B)$
$$0 \leqslant U_A \leqslant 200, \quad 0 \leqslant U_B \leqslant 50$$
当 $U_B = 200, U_A = 0$ 时,$W(U_A, U_B)$ 达到最大。

(3) $W(U_A, U_B) = (U_A, U_B)^{\frac{1}{2}} = \frac{1}{2}(U_A \cdot 4U_B)^{\frac{1}{2}} \leqslant \frac{1}{4}(U_A + 4U_B) = 50$

当 $U_A = 4U_B$ 时,$W(U_A, U_B)$ 达到最大,此时 $U_B = 25, U_A = 100$。

8. 解:(1) 由题设,该生产者的利润函数为
$$\pi = TR - TC = Pq - rx = (100 - 4q)q - (2 + 2x)x$$
$$= (100 - 4q)q - (2 + 2q) \cdot 2q = 96q - 12q^2$$
为使其利润极大化,取利润函数的一阶导数为零,即

$$\frac{d\pi}{dq} = 96 - 24q = 0$$

于是

$$q = \frac{96}{24} = 4, \quad x = 2q = 2 \times 4 = 8$$

$$p = 100 - 4q = 100 - 4 \times 4 = 84$$

$$r = 2 + 2x = 2 + 2 \times 8 = 18$$

(2) 如果该垄断生产者满足帕累托最适度条件,则意味着 $MPP = \frac{r}{P}$,即

$$p = \frac{r}{MPP} = MC$$

而

$$TC = rx = r \cdot 2q = 2rq$$

则

$$MC = \frac{dTC}{dq} = 2r = 2(2 + 2x) = 2(2 + 2 \cdot 2q) = 4 + 8q$$

而

$$MC = P = 4 + 8q = 100 - 4q$$

于是

$$q = \frac{96}{12} = 8, \quad x = 2q = 2 \times 8 = 16$$

$$p = 100 - 4q = 100 - 4 \times 8 = 68$$

$$r = 2 + 2x = 2 + 2 \times 16 = 34$$

9. 解:(1) 由每一个工厂的生产函数,可推得该行业的生产函数为

$$Q^* = 50Q = 50(2.2L - 0.025L^2)$$
$$= 50[2.2 \times 0.02L^* - 0.025 \times (0.02L^*)^2]$$
$$Q^* = 2.2L^* - 0.0005L^{*2} \tag{12.20}$$

由(12.20)式,可推得行业 MPP 为

$$MPP = 2.2 - 0.001L^*$$

由 $VMP = P \times MPP$ 及给定 $P = 7.50$,得

$$VMP = 7.50 \times (2.2 - 0.001L^*)$$
$$VMP = 16.5 - 0.0075L^* \tag{12.21}$$

令 $VMP = W$,得行业劳动需求曲线

$$W = 16.5 - 0.0075L^*$$

又已知行业劳动供给曲线为
$$W = 4 + 0.005L^*$$
令劳动供给＝劳动需求,有 $16.5 - 0.0075L^* = 4 + 0.005L^*$,得
$$L^* = \frac{12.5}{0.0125} = 1000$$

(a) 将 $L^* = 1000$ 代入劳动供给曲线,得
$$W = 4 + 0.005 \times 1000 = 9(元)$$

(b) $L^* = 1000$ 人。

(2) 当 $W = 10.50 = VMP = 16.5 - 0.0075L^*$ 时, $L^* = \frac{6}{0.0075} = 800$,因此雇主将乐意雇佣 800 名工人。又当 $W = 10.50$ 时,由 $10.5 = 4 + 0.005L_S^*$,得 $L_S^* = \frac{6.5}{0.005} = 1300$,即愿意提供劳动的工人有 1300 名。$L_S^* > L^*$, $L_S^* - L^* = 500$,因此只有 800 名工人被雇佣,另外 500 名愿意在此工资率水平下提供劳动的工人没能被雇佣。

(3) 扣除固定成本前的公司利润为 $\pi = PQ^* - WL^*$,将 $P = 7.50$ 及(12.20)式代入,得
$$\pi = 7.50 \times (2.2L^* - 0.0005L^{*2}) - WL^*$$
$$\pi = (16.5 - W)L^* - 0.00375L^{*2} \qquad (12.22)$$
将(2)中的 $W = 10.50, L^* = 800$ 代入(12.22)式,得
$$\pi = (16.5 - 10.5) \times 800 - 0.00375 \times 800^2 = 2400$$
将 $\pi = 2400$ 代入(12.22)式,得
$$2400 = (16.5 - W)L^* - 0.00375L^{*2}$$
$$W = 16.5 - 0.00375L^* - 2400L^{*-1} \qquad (12.23)$$
(12.23)式即为公司利润保持不变($\pi = 2400$)时工会面临的约束条件。

(a) 由于工会不能争取到多于给定工资水平下愿意工作的工人量的就业量,故劳动雇佣量仍然受到供给曲线的约束。令(12.23)式等于劳动供给曲线,有
$$16.5 - 0.00375L^* - 2400L^{*-1} = 4 + 0.005L^*$$
由此解得较大的解
$$L^* = 1200$$
将 $L^* = 1200$ 代入劳动供给曲线,得
$$W = 4 + 0.005 \times 1200 = 10$$
因此,此时工会将寻求的工资率为 10 元,保证就业量为 1200 名工人。

(b) 由于劳动供给曲线表示对于某一雇佣量工人愿意工作所要求的最低限度工资,故它是劳动的边际成本曲线 MFC。由它可得到劳动的平均机会成本曲线 AFC

$$MFC = W = 4 + 0.005L_S^*$$

$$TFC = \int (4 + 0.005L_S^*) dL_S^* = 4L_S^* + 0.0025L_S^{*2}$$

$$AFC = \frac{TFC}{L_S^*} = 4 + 0.0025L_S^*$$

租金为超过劳动机会成本的那部分工资量,因此

$$R = (W - AFC)L^* = (W - 4 - 0.0025L^*)L^*$$
$$= WL^* - 4L^* - 0.025L^{*2} \qquad (12.24)$$

将约束条件(12.23)式代入(12.24)式,得

$$R = (16.5 - 0.00375L^* - 2400L^{*-1})L^* - 4L^* - 0.0025L^{*2}$$

$$R = 12.5L^* - 0.00625L^{*2} - 2400$$

为使租金 R 极大化,须 $\dfrac{dR}{dL^*} = 0$,即

$$\frac{dR}{dL^*} = 12.5 - 0.0125 = 0$$

故

$$L^* = \frac{12.5}{0.0125} = 1000$$

将 $L^* = 1000$ 代入(12.23)式,得

$$W = 16.5 - 0.00375 \times 1000 - 2400 \times 1000^{-1} = 10.35$$

因此,此时工会将寻求的工资率为 10.35 元,保证就业量为 1000 名工人。

(4) 将(2)中的 $W = 10.50, L^* = 800$ 代入(12.24)式,得

$$R = 10.50 \times 800 - 4 \times 800 - 0.0025 \times 800^2 = 3600$$

将 $R = 3600$ 代入(12.24)式,得

$$3600 = WL^* - 4L^* - 0.0025L^{*2}$$

$$W = 0.0025L^* + 4 + 3600L^{*-1} \qquad (12.25)$$

(12.25)式即为工人要素租金保持不变($R = 3600$)时雇主面临的约束条件。

将(12.25)式代入(12.22)式,得

$$\pi = (16.5 - 0.0025L^* - 4 - 3600L^{*-1})L^* - 0.00375L^{*2}$$

$$\pi = 12.5L^* - 0.00625L^{*2} - 3600$$

为使利润 π 极大化,须 $\dfrac{\mathrm{d}\pi}{\mathrm{d}L^*}=0$,即

$$\frac{\mathrm{d}\pi}{\mathrm{d}L^*} = 12.5 - 0.0125L^* = 0$$

故
$$L^* = 1000$$

将 $L^* = 1000$ 代入(12.25)式,得
$$W = 0.0025 \times 1000 + 4 + 3600 \times 1000^{-1} = 10.10$$

因此,此时雇主将寻求的工资率为10.10元,保证雇佣量为1000名工人。

(5) 将(12.22)式与(12.24)式相加,即
$$\pi = (16.5 - W)L^* - 0.00375L^{*2}$$
$$R = WL^* - 4L^* - 0.0025L^{*2}$$
$$\pi + R = 12.5L^* - 0.00625L^{*2}$$

为使 $(\pi + R)$ 极大化,须 $\dfrac{\mathrm{d}(\pi + R)}{\mathrm{d}L^*} = 0$,即

$$\frac{\mathrm{d}(\pi + R)}{\mathrm{d}L^*} = 12.5 - 0.0125L^* = 0$$

故
$$L^* = 1000$$

由(3)(b)和(4),我们得知开始谈判时尽管工会和雇主寻求的工资率分别为10.35元和10.10元,但双方寻求的 $L^* = 1000$。由题设他们在 $W = 10.25$ 元取得妥协,由上述计算知 $L^* = 1000$ 仍使他们的共同利益得以达到极大。没有其他的 L^* 值能比 $L^* = 1000$ 在不论工资率为多少的情况下使双方同时更好一些。因此,如果双方都是理性的话,那么他们将在雇佣量为1000名工人上达到一致。

(6) (a)前述(1)中竞争均衡是一个帕累托最优。这里每个工人得到 $W = VMP$,这意味着所有那些而且只有那些付出的努力与由此所增产出的价值相符的工人才会被雇佣。正如(e)部分所示,在竞争性雇佣量下,利润与要素租金之和为最大。没有其他安排可能使双方获得更好的结果。

前述(2)中的结果不是一个帕累托最优。就业量限制在800人,还有工人愿意在工资率高于8元(由供给曲线)时工作,而 VMP 为10.5元(由(12.21)式),因此,尚有余地进一步雇佣工人而使双方均受益。

前述(5)中的契约是一个帕累托最优。因为它达到了最优雇佣水平。虽然其租金高于而利润低于(1)中相应的水平,但两者总和在这两种情形下都是最大的。因此没有其他新的安排能使双方境况都得以比(5)更好。(在(1)中,$\pi = 3750$,$R = 2500$;在(5)中,$\pi = 2500$,$R = 3750$;在(1)和(5)中,$\pi + R$ 都等于6250。)

(b) 由于(1)本身为一个帕累托最优,故对(1)不可能再有帕累托改进;(5)不是对(1)的一个帕累托改进,是因为与(1)相比,(5)的利润更低,雇主的境况变糟。(5)中的契约的确使得利润和劳动租金都比(2)提高了,因而仅就雇主和工会而言,看起来似乎是对(2)的一个帕累托改进。然而,实际上它不是一个帕累托改进,因为(2)中工资率为10.50元的那800名工人在(5)中只拿到10.25元的小时工资。显然,与(2)相比他们的境况在(5)中变坏了。[在(2)中,$\pi = 2400, R = 3600, L^* = 800, W = 10.50$;在(5)中,$\pi = 2500, R = 3750, L^* = 1000, W = 10.25$。]

(c) (5)中的契约本身为一个帕累托最优,而对于一个帕累托最优契约不能再有帕累托改进,故不可能再对(5)进行改良得到一个对(5)的帕累托改进。

(d) 不能对(1)再有帕累托改进,因为(1)本身已是一个帕累托最优,因而不可能对(5)进行修改以使之成为一个对(1)的帕累托改进。

改进(5)以使之成为对(2)的一个帕累托改进是可能的。此时,(2)中以10.50元的工资率被雇佣的工人的状况不能变差,而另外必须有人其状况变得好一些。为实现这一点,可采取如下措施:订立条款使得原有800名工人的工资率为10.50元,新工人的工资率为9.25元,保证雇佣量仍为1000名工人。这样利润将与(5)中的相同,而比(2)中的要高,增加的200名工人将比(2)情形下过得好,而原有的800名工人将维持原状。

这个解答不是唯一的,对(5)的任何重新安排,只要使得(2)中原有工人、新增工人以及雇主至少和(2)中过得一样好,而某些人又过得更好一些,都是对(2)的一个帕累托改进。

10. 解:(1) 设配置给消费者 A 的产品为 (x,y),消费者 B 的产品为 $(120-x,120-y)$,此时两者的效用分别为

$$U_A = xy, \quad U_B = 40(240 - x - y)$$

将上面两式消去 y,得

$$40 U_A = x(9600 - 40x - U_B)$$

帕累托最优状态是一方效用水平一定的条件下,另一方达到效用极大化的状态,U_B 一定情况下,U_A 最大的条件是 $\dfrac{\mathrm{d} U_A}{\mathrm{d} x} = 0$,得

$$9600 - U_B - 80x = 0$$

将上式代入 U_A 得

$$U_B = 9600 - 80 U_A^{\frac{1}{2}}$$

以上是经济系统的效用边界。

(2) 社会福利函数为

$$W(U_A, U_B) = U_A \cdot U_B = U_A(9600 - 80U_A^{\frac{1}{2}})$$

社会福利最大化的条件为

$$\frac{dW}{dx} = 9600 - 120U_A^{\frac{1}{2}} = 0$$

当 $U_A = 6400$ 时，$W(U_A, U_B)$ 达到最大。此时

$$U_B = 3200, \quad x = 80, \quad y = 80$$

配置给消费者 A 的产品为 $(80,80)$，消费者 B 的产品为 $(40,40)$。

六、论述题

1. 答：局部均衡分析是指假定其他商品市场都处于均衡状态的条件下，着重考察某一单个商品市场上价格和产量如何确定。一般均衡是指这样一种状态，即无数决策者所做出的无数最优化决策是可以和谐并存的，所有的商品市场与要素市场都同时处于均衡状态。一般均衡分析经济体系如何调节以实现所有市场的需求与供给在同一时间内达到相等，着重考察所有物品供求同时均衡的一组相对价格的决定。一般均衡分析与局部均衡分析都是建立在边际效用论和供求论基础之上的，都存在均衡的存在性问题，二者作为不同的经济分析方法，又存在区别。一般均衡分析与局部均衡分析的区别主要有：

(1) 假定条件的不同。最主要的区别在于假定条件的不同，这导致二者不同的分析路径与结果。局部均衡分析假定其他商品市场都处于均衡状态。

(2) 研究对象不同。局部均衡研究的是单个商品或要素市场，一般均衡分析的是所有的商品市场与要素市场，将相互联系的各个市场看作一个整体加以研究。

(3) 研究方法不同。局部均衡分析将所要考察的某个市场从相互联系的市场体系中单独取出来加以研究，在研究中，该市场商品的供给与需求仅仅被看作是其自身价格的函数，其他市场商品的价格则假定为不变，主要目的在于特定单一市场价格的决定与比较静态分析。一般均衡分析则认为每种商品的需求与供给不仅取决于其自身的价格，而且也取决于所有其他商品的价格，是价格体系的函数，每种商品的价格都不能单独决定，必须与其他商品联合决定，一般均衡更强调各个市场之间的相互联系。

(4) 结论不同。局部均衡得到的结论是，该市场的需求与供给曲线共同决定了该市场的均衡价格与均衡数量，或者说，在该商品市场上，存在一个均衡价格，在该价格上，该商品的供给与需求恰好相等。一般均衡理论则致力于证明供求相等的均衡可以同时存在于所有市场。

一般均衡分析与局部均衡分析的区别可以举例说明。假设一国政府为了保护本国电视机市场而提高了进口电视机的关税。根据局部均衡分析可以知道，外

国电视机的供给曲线将向左上方移动。外国电视机的均衡价格将上升,均衡销售量将减少。到此为止,全部分析结束。

如果使用一般均衡分析,则问题还远未结束。对国外电视机需求量的减少将导致对作为其替代物的国内电视机需求的增加以及国产电视机价格的上升。然而,国产电视机价格的上升又将导致对进口电视机需求的增加,同时导致国外电视机的价格将进一步上升。两个市场的相互影响不是一次性的,直至两个市场便同时实现了新的均衡。

2. 答:设 $X_1, X_2, \cdots, X_5$ 为 5 种商品的数量,$P_1, P_2, \cdots, P_5$ 为这 5 种商品的价格;$Q_1, \cdots, Q_4$ 为 4 种生产要素的数量,$W_1, \cdots, W_4$ 为这 4 种要素的价格。a_{ij}($i=1,\cdots,4, j=1,\cdots,5$)为生产一个单位的商品 j 所需耗用的要素 i 的数量。则由这 5 种商品 4 种生产要素组成的一般均衡方程组如下:

(1) 对商品的需求方程为

$$X_1 = f_1(P_1, P_2, \cdots, P_5; W_1, W_2, \cdots, W_4)$$
$$X_2 = f_2(P_1, P_2, \cdots, P_5; W_1, W_2, \cdots, W_4)$$
$$\cdots$$
$$X_5 = f_5(P_1, P_2, \cdots, P_5; W_1, W_2, \cdots, W_4)$$

(2) 对生产要素的需求方程为

$$Q_1 = a_{11}X_1 + a_{12}X_2 + \cdots + a_{15}X_5$$
$$Q_2 = a_{21}X_1 + a_{22}X_2 + \cdots + a_{25}X_5$$
$$\cdots$$
$$Q_4 = a_{41}X_1 + a_{42}X_2 + \cdots + a_{45}X_5$$

(3) 商品的供给方程为

$$P_1 = a_{11}W_1 + a_{21}W_2 + \cdots + a_{41}W_4$$
$$P_2 = a_{12}W_1 + a_{22}W_2 + \cdots + a_{42}W_4$$
$$\cdots$$
$$P_4 = a_{14}W_1 + a_{24}W_2 + \cdots + a_{44}W_4$$

(4) 生产要素的供给方程为

$$Q_1 = g_1(P_1, P_2, \cdots, P_5; W_1, W_2, \cdots, W_4)$$
$$Q_2 = g_2(P_1, P_2, \cdots, P_5; W_1, W_2, \cdots, W_4)$$
$$\cdots$$
$$Q_4 = g_4(P_1, P_2, \cdots, P_5; W_1, W_2, \cdots, W_4)$$

以上 4 组方程共计有 18 个($=2\times 4 + 2\times 5$)方程,方程的未知数为 18 个

($=2\times4+2\times5$),这 18 个方程中只有 17 个是相互独立的,即其中必有一个方程可以从其余方程中推导出来。这是因为我们假定生产要素所有者的收入全部用来购买商品,因此,要素收入 = 产品销售价值。而第(1)组方程的商品 $X_1, X_2, \cdots, X_5$ 分别乘以它们各自的价格 $P_1, P_2, \cdots, P_5$,再加总求和:$X_1P_1 + X_2P_2 + \cdots + X_5P_5$,即为全部产品的销售价值。第(3)组方程的要素 $Q_1, Q_2, \cdots, Q_4$ 分别乘以它们各自的价格 $W_1, W_2, \cdots, W_4$,再加总求和:$Q_1W_1 + Q_2W_2 + \cdots + Q_4W_4$,即为所有要素的收入。故 $X_1P_1 + X_2P_2 + \cdots + X_5P_5 = Q_1W_1 + Q_2W_2 + \cdots + Q_4W_4$。

这个等式意味着当它的左边的 5 个方程之和(即所有产品的销售价值之和)为已知时,上式右边的 4 个方程之和(即要素的收入之和)也为已知,因此,其中必然有一个方程可以从其余的 3 个方程中得出来。同样地,如果等式右边的 4 个方程之和为已知,上式左边的 5 个方程之和也为已知,因此其中必然有一个方程可以从其余的 4 个方程中得出来。总之,由于假定生产要素所有者的收入 = 产品的销售价值,因此由上述 18 个方程组成的 4 组方程中必然有一个方程可以从其余 17 个方程中推导出来。

不难看到,如果任选一个价格变量作为参照标准,即令其为 1,则一般均衡模型中的变量数便可减少到 17 个。瓦尔拉斯认为,当一个联立方程组所含的(独立的)方程个数等于未知数个数时,该方程组有唯一的一组解,即可以找到一组价格(商品价格和要素价格)使方程组成立,因此一般均衡状态是存在的。

但是,数学知识告诉我们,变量个数与方程个数相等并不一定总能保证联立方程组解的存在,并不是一组方程有解的必要条件与充分条件。进一步的思考还使我们看到,即便找到满足方程组的一组价格(商品价格和要素价格),仍不能证明一般均衡状态是存在的。因为在我们所找到的这一组价格中有些价格可能是负数,而负价格在经济中是没有意义的。

尽管瓦尔拉斯的一般均衡理论具有巨大的历史意义,但他用计算方程组数目和未知数数目的方法证明一般均衡状态的存在性的方法在数学上是不能成立的。一般均衡存在性的严格证明是由法国经济学家德布鲁和美国经济学家阿罗给出的。他们利用集合论、拓扑学等数学方法证明,在极为严格的一系列假定条件下,一般均衡解是存在的。

3. 答:整个经济是一个整体,各个部分之间总是相互联系在一起的,任何局部的变化总会波及其他方面。其中任何一个市场上的需求或供给发生变动,不仅影响它们各自市场上的价格,而且还影响其他市场的供给,从而使得许多市场价格发生变动。一般均衡分析就是讨论当影响某一个市场上的供给或需求的因素发生变动后能否存在一系列价格使得所有的市场同时处于均衡的问题。

第十二章　一般均衡与福利经济理论

所谓一般均衡是指所有的市场同时处于均衡的一种状态,它是相对于局部均衡而言的。具体地讲,就单个消费者来讲,他面对既定的市场价格,使用现有的资源,通过购买和出卖,来实现自身的效用最大化。此时,消费者处于均衡,从而形成对产品(组合)的需求,所有消费者需求的总和构成了商品的市场需求。

单个生产者在既定的价格下购买生产要素,利用成本最低的生产技术生产各种产品的组合,并以既定的市场价格出售。当厂商获得最大利润时,厂商处于均衡,从而形成对产品的供给,所有厂商供给总和构成了产品的供给。如果所有厂商的成本函数相同,那么在厂商处于均衡时,厂商的超额利润为零。

对于所有的商品而言,当消费者的超额需求(消费者的需求量减去最初拥有量)恰好等于厂商的市场供给时,市场处于一般均衡状态。可以证明,如果所有经济当事人的需求和供给函数都是连续的,并且消费者的效用最大化行为满足预算约束,那么对于任意价格,瓦尔拉斯定价成立,并且存在一系列价格,这使得所有的市场同时处于均衡。

在一般均衡的实现过程中,除了经济当事人需要满足的条件以外,最终均衡的实现还要借助于市场机制的自发调节。在完全竞争的条件下,价格就是反映市场供给变动的晴雨表。如果某一行业的利润较高,其他行业中的资源就会转移到该行业中来。市场机制根据市场的供求变动调整资源的配置:如果在某一个价格水平下需求量高于供给量,那么厂商就提高价格;反之,他就降低价格,直到所有的市场上的供给等于需求为止。如同单个商品的价格决定一样,市场机制的自发作用决定一系列的市场均衡价格,这使得市场处于一般均衡状态。

一般均衡模型除了论证看不见的手的目的以外,其分析也是建立在严格的基础之上的,所以需要特别注意其实现的条件:① 一般均衡的实现需要完全竞争的条件,所以有关完全竞争市场的假定条件对一般均衡的实现起到重要的作用,从而使得一般均衡分析至多具有理论意义。② 有关经济当事人行为的连续性等假设过于严格,有关拍卖者的假设也需要经济当事人超常的信息处理能力。③ 关于一般均衡存在性的证明也只是为一个数字问题提供了一个数学解。

4. 答:(1) 如果商品 X 的市场供给(S_x)增加,按局部均衡分析,则其价格 P_x 供给下降,供给量 Q_x 增加。由于实际生活中,各个部门、各个市场是相互依存、相互制约的,X 商品市场的变化会对经济的其余部分产生影响,这种影响越大,就越不适用局部均衡分析。因此,需用一般均衡分析来考察 X 商品市场的变化与其他经济部门的相互影响。由于商品 X 的价格 P_x 下降,人们会提高对其互补品的需求,降低对其替代品的需求。这样,互补品的价格和数量将上升,而替代品的价格和数量将下降(如果供给曲线呈正向倾斜)。

(2) 在商品市场中的上述变化也会影响到生产要素市场,因为它导致了生产 X 商品和其互补品的生产要素的需求增加,因此又引起了生产商品 X 和其互补品的要素价格和数量的上升。它同时又导致商品 X 的替代品的需求下降,因此,又引起生产商品 X 的替代品的生产要素的价格和数量的下降。这些变化被替代生产要素价格的相对变化所削弱。

(3) 由于(2)中所述的变化,不同生产要素的收入及收入的分配也发生变化。商品 X 及其互补品的投入要素的所有者因对其要素需求的增加,其收入便随要素价格的上升而获增加。商品 X 的替代品的投入要素的所有者因对其要素需求的减少,其收入便随要素价格的下降而减少。这些变化转而又或多或少地影响包括商品 X 在内的所有最终商品的需求,这样,所有生产要素的派生需求都受影响。这一过程一直持续到所有的商品市场和生产要素市场又同时重新稳定,整个经济又一次进入全面均衡状态。

5. 答:(1) 当 D_x 增加时,P_x 上升。生产商品 X 的厂商现在变得有利可图,于是他们在现有的生产规模下,通过增加可变要素投入量来扩大商品 X 的产量。从长期来看,他们将扩大生产规模,而新的厂商也会不断进入这个行业,直到该行业无利(超额利润)可图为止。因为 X 行业是一个成本递增的行业,因此,新的长期均衡价格和数量高于初始的均衡值。在作局部均衡分析时,我们假设其他情况不变,因此,这种分析也就到此为止。

(2) 但是,显然"其他情况"不会不变,因为 X 和 Y 互为替代品,D_x 和 P_x 的上升使 D_y 下降,这样,P_y 也下降。生产商品 Y 的厂商现在遭受短期亏损,因此,他们将减少产量。从长期来看,一些厂商不断离开这个行业,直到所有留下的厂商无盈亏为止。因为 Y 行业也是一个成本递增的行业,因此,它的新的长期均衡价格和产量低于初始的均衡值。

(3) 为了多生产 X,少生产 Y,一些用于生产 Y 的 L 和 K 必须转移到 X 的生产。然而由于 X 生产中的劳动密集程度 L/K 高于 Y 生产中的劳动密集程度,为了在短期内能充分利用所有可用的 L 和 K,P_L 相对于 P_K 来说,必须上升。在既有 X 又有 Y 的生产中由价格引起的 K 对 L 的替代缓和了 P_L 相对 P_K 的上升。

(4) 人们劳动的收入相对于他们拥有的资本所有权所带来的收入的上升,使人们的收入和收入的分配发生变化。这样就引起诱导收入在 D_x 和 D_y 上发生移动,而且导致 P_x 和 P_y 的变化。P_x 的变化导致 D_y 的进一步移动,P_y 的变化导致 D_x 的进一步移动;D_x 和 D_y 的这些移动导致 D_L、D_K、P_L、P_K 的变化。这种变化过程将一直持续到这个经济再次处于全面均衡。

6. 答:帕累托最优状态是用于判断市场机制运行效率的一般标准。一个帕累托最优状态或市场机制有效率的运行结果是指这样一种状态,不可能存在资源的再配置使得在经济社会中其他成员的境况不变的条件下改善某些人的境况。理解境况变好对于应用帕累托标准判断经济运行的效率是重要的。一般来说,一个人的行为,特别是交换行为可以显示出变好还是变坏。

实现帕累托最优状态需要满足一系列重要的必要条件。① 任意两个消费者对任意两种商品进行交换的边际替代率都相同。② 任何两个厂商用一种生产要素生产同种产品的边际产量都相等;两种生产要素生产同两种商品的边际技术替代率都相等。③ 消费者对任意两种产品的边际替代率都等于生产者对这两种产品的转换率。

在完全竞争的市场结构条件下,如果经济当事人的行为满足连续性的假设,那么当经济系统处于一般均衡状态时,帕累托最优状态的必要条件都通过一般均衡的价格比表示出来,从而使得这些条件得到满足。可见,完全竞争的市场结构可以实现帕累托最优状态。

帕累托最优状态分析是西方经济学论证"看不见的手"的原理的一个重要组成部分,它用帕累托标准验证了完全竞争市场的效率。然而,这种分析具有较强的意识形态的用意,掩盖了经济中的生产关系。① 帕累托最优状态可在其中一个经济当事人没有任何消费量的条件下实现。这和社会的一般准则是不相一致的。② 完全竞争符合帕累托最优标准表明的含义仍然受到严格的完全竞争市场的假设条件的限制。现实经济中,任何一个条件遭到破坏都将引起帕累托效率的损失。③ 有关完全竞争市场实现帕累托最优状态的证明同样只具有数学的意义。

7. 答:在完全竞争的市场结构条件下,如果经济当事人的行为满足连续性的假设,那么当经济系统处于一般均衡状态时,帕累托最优状态的必要条件都通过一般均衡的价格比表示出来,从而使得这些条件得到满足。可见,完全竞争的市场结构可以达到帕累托最优状态。一般来说,消费者总是追求效用最大化,生产者总是追求利润最大化,这样市场的完全竞争结构必然能够实现帕累托最适度状态所需具备的三个条件。

第一,交换的帕累托最优的实现。在完全竞争的市场经济中,任何一个消费者为了实现效用最大化,对他可能消费的两种物品 X 和 Y 的选择组合,必然满足 $MRS_{xy} = \dfrac{dy}{dx} = \dfrac{MU_x}{MU_y} = \dfrac{P_x}{P_y}$。由于在完全竞争市场中,每个消费者都是市场价格的接受者,所有消费者享受相同价格,没有价格歧视。因此,对于任何两个消费者 A 和 B,在实现效用最大化时必然 $MRS_{xy}^A = \left(\dfrac{MU_x}{MU_y}\right)_A = \dfrac{P_x}{P_y} = \left(\dfrac{MU_x}{MU_y}\right)_B = MRS_{xy}^B$,故完全竞争市场均衡满足帕累托最优交换条件。

第二,生产的帕累托最优的实现。在完全竞争的市场经济中,任何一个生产者为了实现利润最大化,他可能投入的任何两种生产要素 L 和 K 的选择组合,都必然满足 $MRTS_{LK} = \dfrac{dK}{dL} = \dfrac{MP_L}{MP_K} = \dfrac{P_L}{P_K}$,即两种要素的边际技术替代率等于其价格之比。由于在完全竞争市场中,每个生产者都是市场价格的接受者。因此,对于任何一个生产者,在实现其利润最大化时必然有 $MRTS_{LK}^x = \left(\dfrac{MP_L}{MP_K}\right)_x = \dfrac{P_L}{P_K} = \left(\dfrac{MP_L}{MP_K}\right)_y = MRTS_{LK}^y$,故完全竞争市场均衡满足帕累托最优生产条件。

第三,生产和交换的帕累托最优的实现。在完全竞争的市场经济中,任何一个生产者为了实现利润最大化,都必须使产品的边际成本等于边际收益,而且任何厂商的产品边际收益都等于产品的价格,即 $MC = MR = P$,因此对于任何两种产品 X 和 Y 的生产,在生产者实现利润最大化时必然 $MRPT_{xy} = \dfrac{MC_x}{MC_y} = \dfrac{P_x}{P_y}$;同时对于任何一个消费者,在实现效用最大化时也必然有 $MRS_{xy} = \dfrac{MU_x}{MU_y} = \dfrac{P_x}{P_y}$,故完全竞争均衡时 $MRPT_{xy} = \dfrac{MC_x}{MC_y} = \dfrac{P_x}{P_y} = \dfrac{MU_x}{MU_y} = MRS_{xy}$。故完全竞争的市场均衡可以满足帕累托最优的生产与交换条件。

因此,完全竞争的市场经济实现一般均衡时满足帕累托最优条件。也就是说,在完全竞争的市场机制作用下,整个经济可以全面达到帕累托的最优状态,这样的经济一定是最有效率的经济。

8. 答:经济资源就是生产要素,经济资源的稀缺性是一条普遍法则,因此,在资源—生产要素的稀缺性面前,人类就面临抉择问题,所谓抉择问题实质上就是效率问题。经济效率是人们在配置与使用资源上的效率。经济上的无效率可以分为两个层次。

第一个层次是狭义上的无效率概念,即"资源运用无效率",也有的学者称之为"生产无效率",是指一个生产单位、一个区域或一个部门如何组织并运用自己可支配的稀缺资源,使之没有发挥出最大作用,造成浪费现象,用既定的生产要素没有产出最大量的产品。生产无效率又分为生产的技术无效率与生产的经济无效率。前者是一个纯粹的物质技术性的概念,仅说明生产过程中所需要的生产要素的投入量与产出量的关系,如果所投入的生产要素中出现浪费,那就是技术无效率;后者是指在生产过程中没有尽可能地少投入多产出,即没有选择一种能使

第十二章 一般均衡与福利经济理论

生产成本最低、产出最大或质量最好的"经济效率"。在没有外部压力(如市场竞争压力)或内在激励的情况下,成本极小化"将是例外而不是通则"。由于不存在"外部压力",管理者和工人故意不去实现最大利润,使实际产出小于潜在产出,在资源运用上导致无效率。X—无效率就是对资源运用无效率的概括,是莱本斯坦1966年首次提出的。X—无效率的后果是:由于没有外部竞争压力,就没有追求成本极小化的动力,因此企业中的浪费现象就与日俱增,最后致使企业负担过重。在这种情况下就很可能使生产的平均成本高于"最低的可能成本"。

第二个层次是"资源配置无效率",有人称之为"经济制度的无效率",是指通过在不同生产单位、不同区域或不同行业之间分配有限的经济资源而没有充分将每一种资源都有效地配置于最适宜的使用方面和方向上。这种无效率概念的深层含义可以引申为,如果一个经济不能合理地运用和分配资源,达不到若不使某人的状况差一些就不能让另一个人变得更好一些的程度,那么这个经济就没有效率,是帕累托无效率。

上述两个层次的经济无效率是有区别的:第一个区别是他们的实现途径不同。前一种效率实现的途径是通过改善内部管理方法和提高生产技术来实现的。而后一种效率则是通过外部的生产要素流动,即通过制度安排(如经济计划或市场机制)的运行获得的。这两个层次的经济无效率也有一定的联系。第一个联系表现在后一种效率的高低在一定程度上要影响到前一种效率的状态,即总体上的资源配置不当会使微观上一些生产单位或行业的资源利用效率降低。第二种联系则表现在前一种效率对后一种效率的影响上,即如果微观上效率较低就会减少社会经济资源总量。

9. 答:完全竞争市场的一般均衡得到资源的帕累托有效率配置和净社会福利最大化。传统微观经济学认为政府只是充当守夜人的角色,在市场机制这只"看不见的手"引导下,经济人的自利行为可以有效增进社会利益。但是在许多情况下,某些原因使市场均衡的结果不能导致资源的配置达到帕累托最优,这就是市场失灵。

大致有六个方面的原因导致了资源的配置不能使整个社会的福利达到最大,其中前四个原因导致了"市场失灵"。

(1)不完全竞争的市场。帕累托最优的一个强假定前提是完全竞争市场的存在,这是满足帕累托最优的三个必要条件的前提所在。但其实与现实不符,因为很难找到完全符合完全竞争假设的市场。如果厂商或生产要素供给者具有一定的市场垄断能力,就会产生帕累托无效率。具有垄断势力的厂商会在边际成本低于价格但等于边际收益的产量水平上生产,这意味着以较高的价格出售较少的产出。最终会使产品之间的边际转换率和消费者对这两种商品的边际替代率不相等,一种产品生产太多,另一种产品生产太少,导致资源非有效配置。同样的情况也适用于要素供给者。垄断还造成社会福利净损失。

(2) 外部性。价格体系有效运作的原因是市场价格能准确传递生产者和消费者的信息,当具有外部性时,市场价格就不能准确地反映消费者和生产者活动的后果。外部性指不通过价格机制或不通过供求关系而直接影响他人的经济环境或经济利益,对他人有影响,而又没有承担这种影响的责任。私人边际成本与社会边际成本不同,经济人的自利行为的理性选择是依据私人边际成本,所以,会产生消极的外部性。外部性的存在会导致资源配置的无效率。

(3) 公共物品。以国防、路灯等为代表的公共物品的消费具有非竞争性和非排他性的特点,因而在消费上会产生"搭便车"现象:自己不负担公共物品的生产成本,由别人生产出来,自己免费享受。市场不会有效率地提供公共物品,资源配置无效率。

(4) 不完全信息。不完全信息指买卖双方掌握的关于商品价格和质量的信息是不完全的。有时信息还是不对称的,一方掌握信息,另一方不掌握。不完全信息也会使资源配置发生扭曲。

(5) 帕累托最优的实现没有考虑存在一个政府,只考虑存在许多的生产者与消费者。但实现世界中的经济活动从未把政府完全排除在外。

(6) 帕累托最优回避了收入分配问题。帕氏最优的理论核心是:如果资源配置的任何改变已经不能在无损于任何一个人的福利的情况下增加另一个人的福利,那么原来的资源配置状态就是最佳的。这实际上意味着,每一种初始状态的收入分配都有一个不同的相应的帕氏最优,或意味着如果富人更富而穷人没有更穷就是帕累托的福利改进。从这个角度讲,它只注重效率,不注重公平。

市场失灵需要政府介入。当然,市场失灵只是政府干预的充分条件,在市场能够做得到、做得好的场合,应该尽量发挥市场机制的作用。政府永远是第二替代,如果政府干预的成本大于市场方式的成本,就应该选择市场,政府干预的效果与市场方式相同,也应该选择市场。

10. 在兰格模式中,实现资源最优配置需要知道的条件有三个:一是社会对每种商品的需求量;二是现有经济资源的数量;三是作为各种生产要素费用指数的广义价格。同市场竞争一样,前两项条件在社会主义经济中也是已知的,区别仅在于市场经济是通过市场而社会主义经济是通过计算获取的。关键在于第三个条件,即在社会主义条件下如何能够像市场那样找到一组物价参数来满足客观均衡条件,使各种商品达到供求相等。对此,兰格模式是运用模拟市场运行的"试

第十二章 一般均衡与福利经济理论

错法"来完成其理论演绎的。经济学家威尔斯认为这个办法是解决"完全集中调节"(即兰格模式)走向帕累托最优的一个理论"突破"。

假定中央计划部门随意选出一组物价作为给定的参数并据此进行生产,如果产出水平与市场需求相吻合,就证明价格是正确的;如果出现供过于求或供不应求,中央计划部门就需要再根据每一产品过剩与不足的程度对价格参数进行重新调整,再次重复前一过程,如此循环往复,错了再试,直到选出一组使供求完全相等的均衡价格为止。在兰格看来,"完全集中调节"的社会主义经济不仅能够实现资源的合理配置,而且更优于私有制经济,这是因为:(1)错误试验程序与市场机制的结合实际就是求解一个联立方程体系,它完全可以由一台大型电子计算机来进行,以此来模拟市场机制的运行,这样就可以轻而易举地解决解联立方程式的困难;虽然计算机容量有限,不能完全替代市场,但可以避免市场运行的繁琐与动作迟缓的缺陷。(2)中央计划部门实际上并不需要求解上百万个方程,因为这些方程是由消费者的购买与生产者的决策"分散解出"的。

中央计划部门只要把注意力放在资源的供给与需求的数量上就可最终找到一组使供求平衡的均衡价格。因此,在集中调节的经济中,中央政府能够总揽全局,能够获取比私人厂商更全面更可靠的信息,比竞争市场能更为有效地达到均衡价格,从而使资源配置达到最优。

兰格模式首开计划和市场结合研究的先例,是把市场机制导入计划经济的尝试,是传统模式下计划和市场结合的一种卓越的思路。它的优点包括更注重公平,国家控制力较强,可以更好地应付一些消极的环境影响及波动冲击。有些地方直到今天,仍有合理因素,对于建设有中国特色的社会主义市场经济有积极的借鉴作用。

兰格模式的问题在于:对试错法的代价,社会的承受能力有多大?只有消费品市场和劳动力市场,而没有生产资料市场,能否客观地确定生产要素价格?模拟的市场是否必然受供求关系的影响?是否会导致经济波动?能否最终高效率配置资源?如何防止体系内垄断行为的出现?如何避免行政人员的寻租行为?如何有效激励与约束市场主体和中央政府?这里有些问题也是我们今天所要解决的。

七、案例分析

【案例参考答案】

(1)由于农产品的需求价格弹性往往是缺乏弹性的,即当农产品的价格发生变化时,农产品的需求往往是缺乏弹性的,所以当农产品丰收的年份,供给曲线向右移动,在缺乏需求弹性的作用下,农产品的均衡价格下降的幅度大于均衡产量增加的幅度,最后会使农民的收入减少,这叫"谷伤残农"。所以为了保护和支持农产品的发展,执行支持价格政策,为了减少其负面效应,政府通过鼓励减少农产品的种植面积,来减少农产品的供给,从而将农产品的价格维持在一定的水平,保证农民的收入。

(2) 运用供求模型,分析在没有价格支持和有价格支持政策的情况下,消费者剩余和生产者剩余即总剩余的不同。在价格支持的情况下,消费者剩余仅等于需求曲线以下和支持价格 P_1 以上(即 P_1K 以上)部分的面积(见图12.1),相对于无价格支持的情况,消费者剩余减少了 A 和 B 的面积。而价格支持造成的生产者剩余又增加了 A、B 和 C 三块面积之和,由此看来,似乎生产者剩余的增加大于消费者剩余的减少。但是,还有一部分支出没有计算在内,在支持价格下,市场对农产品的需求减少到 Q_2,农民对农产品的供应量则达到 Q_1,为了支持价格,政府必须购买 Q_2Q_1 数量的农产品,这是一笔不小的支出。这样看,总剩余是否下降就取决于生产者剩余增加的部分 C 与政府购买 Q_2Q_1 数量的农产品导致的社会福利损失的大小,如果前者大于后者,那么总剩余增加,否则,总剩余是下降的。

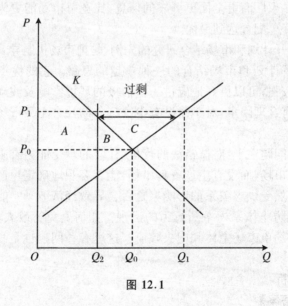

图 12.1

下 篇

现代宏观经济学习题解析

第一章 国内生产总值及其核算

第一部分 习 题

一、名词解释

1. 国内生产总值(GDP) 2. 国民生产总值(GNP) 3. 国民生产净值(NNP) 4. 国内生产净值(NDP) 5. 国民收入(NI) 6. 个人收入(PI) 7. 个人支配收入(DPI) 8. 中间产品 9. 最终产品 10. 生产法 11. 支出法 12. 收入法 13. 总投资 14. 净投资 15. 政府购买支出 16. 名义国内生产总值 17. 实际国内生产总值 18. GDP 的价格矫正指数 19. 潜在的国民生产总值 20. 奥肯定律 21. 流量与存量 22. 重置投资 23. 自发投资 24. 引致投资 25. 转移支付 26. 自发消费和引致消费 27. GNP 缺口 28. 绿色 GDP

二、单项选择题

1. GDP 核算中的劳务包括(   )。
   A. 工人劳动   B. 农民劳动
   C. 工程师劳动   D. 保险业服务
2. 从总支出核算 GDP 包括(   )。
   A. 工资支出   B. 缴纳税金   C. 消费   D. 储蓄
3. 从总收入 GDP 包括(   )。
   A. 卖旧房所得   B. 卖粮食所得
   C. 卖土地所得   D. 储蓄
4. 最终产品包括(   )。
   A. 钢筋   B. 水泥   C. 钳子   D. 稻谷
5. 正确的统计恒等式为(   )。
   A. 投资＝储蓄   B. 投资＝消费
   C. 储蓄＝消费   D. 总支出－投资＝总收入－储蓄
6. 从国民生产净值减下列项目成为国民收入(   )。

A. 折旧 B. 原材料支出
C. 直接税 D. 间接税

7. 从国民生产总值减下列项目成为国民生产净值（　　）。
A. 折旧 B. 原材料支出
C. 直接税 D. 间接税

8. 石油的生产不能按下述（　　）方式计入GDP。
A. 石化企业购买石油支出 B. 石化企业存货增加
C. 石油企业存货增加 D. 出口

9. 当年计入GDP的消费支出大于当年生产的消费品，表明（　　）。
A. 购买了旧货 B. 购买了库存产品
C. 当年产品出口增加 D. 统计错误

10. 假设当年生产消费品的产销率小于1，未销售的消费品按下述口径计入GDP（　　）。
A. 消费 B. 投资 C. 政府购买 D. 净出口

11. 下列说法错误的是（　　）。
A. GDP和GNP都是流量概念
B. GDP是地域概念，GNP是国民概念
C. GDP和GNP都是以市场交换为基础的
D. GDP和GNP是同一概念，没有区别

12. 净出口是指（　　）。
A. 进口减出口 B. 出口加进口
C. 出口加政府转移支付 D. 出口减进口

13. 某地区年人均GDP大于人均GNP，这表明该地区公民从外国取得的收入（　　）外国公民从该地区取得的收入。
A. 大于 B. 小于
C. 等于 D. 可能大于可能小于

14. 下列哪一项不列入国内生产总值的核算？（　　）
A. 出口到国外的一批家电
B. 经纪人为一套二手房买卖收取的一笔佣金
C. 政府给贫困家庭发放的一笔救济金
D. 保险公司收到一笔家庭财产保险

15. 在短期内，居民以下哪一部分的数额会大于可支配收入？（　　）
A. 储蓄 B. 消费 C. 所得税 D. 转移支付

16. 经济学上的投资是指（　　）。
    A. 企业增加一笔存货　　　　B. 建造一座住宅
    C. 企业购买一台计算机　　　D. 以上都是
17. 在国民收入支出法核算中，住房是属于（　　）。
    A. 家庭消费支出　　　　　　B. 企业投资支出
    C. 政府购买支出　　　　　　D. 以上都不是
18. 在通过国民生产净值计算个人可支配收入时，下列说法错误的是（　　）。
    A. 应该扣除折旧　　　　　　B. 应该加上政府转移支付
    C. 应该扣除企业的间接税　　D. 扣除公司的未分配利润
19. 下列不属于总需求的是（　　）。
    A. 投资支出　　　　　　　　B. 进出口
    C. 政府税收　　　　　　　　D. 政府购买支出
20. GDP 的最大构成部分是（　　）。
    A. 消费支出　　　　　　　　B. 投资支出
    C. 政府支出　　　　　　　　D. 净出口
21. 今年的名义国内生产总值大于去年的名义国内生产总值，说明（　　）。
    A. 今年物价水平一定比去年高了
    B. 今年生产的物品和劳务的总量一定比去年增加了
    C. 今年的物价水平和实物产量水平一定都比去年提高了
    D. 以上三种说法都不一定正确
22. 下列关于国民生产总值说法正确的有（　　）。
    A. 一年内一个经济中的所有交易的市场价值
    B. 一年内一个经济中交换的所有商品和劳务的市场价值
    C. 一年内一个经济交换的所有最终商品和劳务的市场价值
    D. 一年内一个经济中生产的所有最终商品和劳务的市场价值
23. 在国民收入核算体系中，计入 GNP 的政府支出是指（　　）。
    A. 政府购买物品的支出
    B. 政府购买物品和劳务的支出
    C. 政府购买物品和劳务的支出加上政府的转移支付之和
    D. 政府工作人员的薪金和政府转移支付
24. 从最终使用者的角度看，将最终产品和劳务的市场价值加总起来计算 GDP 的方法是（　　）。
    A. 支出法　　　　　　　　　B. 收入法

C. 生产法　　　　　　　　D. 增加值法

25. 用收入法计算的GDP应等于（　　）。
   A. 消费+投资+政府支出+净出口
   B. 工资+利息+地租+利润+间接税
   C. 工资+利息+中间产品成本+利润+间接税
   D. 生产企业收入-中间产品成本

26. 下列计入国内生产总值的有（　　）。
   A. 为别人提供服务所得到的收入
   B. 出售股票的收入
   C. 家庭成员进行家务劳动折算成的货币收入
   D. 拍卖名画的收入

27. 国民生产总值和国民生产净值的差别是（　　）。
   A. 直接税　　　　　　　　B. 间接税
   C. 折旧　　　　　　　　　D. 转移支付

28. 下列哪一项不属于转移支付？（　　）
   A. 退伍军人的津贴　　　　B. 失业救济金
   C. 出售政府债券的收入　　D. 贫困家庭的补贴

29. 下列不属于政府购买支出的是（　　）。
   A. 政府为低收入者提供的最低生活保障
   B. 政府为政府公务员增加工资
   C. 政府向国外购买一批先进武器
   D. 政府在农村新建三所小学

30. 在国民收入核算中，下列哪一项不属于要素收入但被计入个人可支配收入中？（　　）
   A. 租金　　　　　　　　　B. 养老金
   C. 银行存款利息　　　　　D. 拥有股票所获得的红利

31. 下列各项中，应计入GDP的是（　　）。
   A. 购买一辆用过的旧自行车
   B. 购买普通股票
   C. 汽车制造厂买进10吨钢板
   D. 银行向某企业收取一笔贷款利息

32. 假设一个地区的实际国民生产总值为17 500亿元，国民生产总值的价格矫正指数为1.6，则该地区的名义国民生产总值为（　　）。

第一章 国内生产总值及其核算

A. 11 000 亿元 B. 15 700 亿元
C. 17 500 亿元 D. 28 000 亿元

33. 假设一个地区的实际 GDP 为 500 亿美元,如果第 5 年 GDP 的价格指数翻了一倍,并且实际产出增加了 50%,则第 5 年名义 GDP 为(　　)。

A. 750 亿美元 B. 1 000 亿美元
C. 1 500 亿美元 D. 2 000 亿美元

34. 假设总供给为 540 亿元,消费为 460 亿元,投资是 70 亿元,则在该经济体系中(　　)。

A. 计划投资等于计划储蓄
B. 存货中含有非计划投资
C. 存在非计划储蓄
D. 非计划储蓄等于计划投资及非计划投资

35. 下列恒等式正确的是(　　)。

A. $S+G+M=I+T+X$ B. $S+G+X=I+T+M$
C. $S+I+X=G+T+M$ D. $S+T+M=I+G+X$

三、判断题

1. 国内生产总值等于各种最终产品和中间产品的价值总和。
2. 在国内生产总值的计算中,只计算有形的物质产品的价值。
3. 如果两个国家的国内生产总值相同,那么,他们的生活水平也就相同。
4. 总投资增加时,资本存量就增加。
5. 总投资是不可能为负数的。
6. 净投资是不可能是负数的。
7. 政府的转移支付是国内生产总值构成中的一部分。
8. 无论是从政府公债得到的利息还是从公司债券得到的利息都应该计入国内生产总值。
9. 国民收入核算中使用的生产法是通过加总产品和劳务的市场价值来计算国内生产总值的。
10. 国民收入核算中使用的收入法是通过加总生产者的收入、利润来计算国内生产总值的。
11. 间接税不应计入国内生产总值的统计中。
12. 无论是商品数量还是商品价格的变化都会引起名义国内生产总值的变化。
13. 计入 GNP 的只能是净出口而不是出口。

14. 潜在国内生产总值实际上就是实际国内生产总值。

15. 总投资等于净投资加上资本的折旧。

16. 面粉一定是最终产品。

17. 奥肯定理是表明失业率和 GDP 之间关系的经验规律。

四、简答题

1. 国内生产总值的统计口径中是否进行了中间产品的核算？

2. 中间产品和最终新产品能否根据产品的属性进行区分？

3. 为什么世界上原来用 GNP 作为衡量总产出的主要指标，而目前较多的使用 GDP 作为衡量总产出的指标呢？

4. 为什么政府转移支付不计入 GDP？

5. 在国民收入核算体系中，储蓄和投资具有什么样的联系？

6. 试比较国内生产总值统计的三种方法。

7. 试述国民生产总值(GNP)、国内生产总值(GDP)、国民生产净值(NNP)、国民收入(NI)、个人收入(PI)和个人可支配收入(DPI)之间的关系。

8. 为什么要计算实际 GDP？名义 GDP 和实际 GDP 有什么联系和区别？

9. 为什么是净出口而不是出口计入国内生产总值？

10. 怎样理解国民收入核算中的净存货？

11. 阐述国内生产总值的含义。

12. 我们为什么要核算国民收入？

13. 阐述国民收入核算中统计国内生产总值的支出法。

14. 在国民收入核算中，是否将居民获得的所有利息收入都计入国内生产总值中？

15. 请阐述奥肯定律。

16. 试比较实际国内生产总值与潜在国内生产总值的异同。

五、计算题

1. 假如某国企业在本国的收入为 200 亿元，在国外的收入为 50 亿元；该国国民在本国的劳动收入为 120 亿元，在国外的劳动收入为 10 亿元；外国企业在该国的收入为 80 亿元，外国人在该国的劳动收入为 12 亿元，试求：该国的 GDP 和 GNP。

2. 设某国某年有下列国民收入统计资料(见表 1.1)：

第一章　国内生产总值及其核算

表 1.1	单位:10 亿美元
资本消耗补偿	356.4
雇员酬金	1863.3
企业支付的利息	264.9
间接税	266.3
个人租金收入	34.1
公司利润	164.8
非公司企业主收入	120.3
红利	66.4
社会保险税	253.0
个人所得税	402.1
消费者支付的利息	64.4
政府支付的利息	105.1
政府转移支付	347.5
个人消费支出	1991.9

请计算:(1) 国民收入。

(2) 国内生产净值。

(3) 国内生产总值。

(4) 个人收入。

(5) 个人可支配收入。

(6) 个人储蓄。

3. 某地区居民总是把相当于 GDP 的 60% 部分存起来,并且不用缴税也不购买外地商品。今年该地区将总值 2 000 万元的汽车销往邻省,这对该地区的 GDP 产生影响,请回答:

(1) 该地区的 GDP 增加了多少?

(2) 假如当地政府增加同样 2 000 万元购买本地汽车,是否会产生与(1)相同的结果? 为什么?

(3) 假如政府将 2 000 万元以补贴形式发给居民,该地 GDP 是否会增加? 与(1)相比如何? 为什么?

4. 设某国的国民经济数据如表 1.2 所示(单位:亿美元),请分别用支出法和收入法计算 GNP。

表 1.2 单位:亿美元

个人租金收入	318	折旧	2 873	政府对企业的补贴	46
个人消费支出	16 728	间接税	2 123	政府购买	5 347
统计误差	-6	总投资	3 953	出口	3 398
雇员报酬	15 963	公司利润	1 827	进口	3 165
企业转移支付	105	利息	1 798	财产所有者收入	1 306

5. 下面是关于 GNP、GDP 和 NDP 的讨论。

(1) 在 1991 年,美国的 GDP 是 56 775 亿美元;GNP 是 56 949 亿美元。为什么两者之间存在着一个差额?

(2) 在 1991 年,美国的 GDP 是 56 775 亿美元;NDP 是 50 514 亿美元。解释这个差额。作为 GDP 的一部分的 1991 年的差额具有什么特征?

6. 假定一国有下列国民收入统计资料(见表 1.3):

表 1.3 单位:亿美元

国内生产总值	4 800
总投资	800
净投资	300
消费	3 000
政府购买	960
政府预算盈余	30

试计算:(1)国内生产净值。

(2) 净出口。

(3) 政府税收减去政府转移支付后的收入。

(4) 个人可支配收入。

(5) 个人储蓄。

7. 设某国某年国民收入经济数据如表 1.4 所示。

第一章 国内生产总值及其核算

表 1.4	单位:10亿美元
个人租金收入	31.8
折旧	287.3
雇员的报酬	1 596.3
个人消费支出	1 672.8
营业税和国内货物税	212.3
企业转移支付	10.5
统计误差	−0.7
国内私人总投资	395.3
产品和劳务出口	339.8
政府对企业的净补贴	4.6
政府对产品和劳务的购买	534.7
产品和劳务的进口	316.5
净利息	179.8
财产所有的收入	130.6
公司利润	182.7

要求:

(1) 用支出法计算 GDP。

(2) 计算国内生产净值。

(3) 用两种方法计算国民收入。

8. 假定国内生产总值是 5 000,个人可支配收入是 4 100,政府预算赤字是 200,消费是 3 800,贸易赤字是 100(单位:亿美元)。试计算:

(1) 储蓄。

(2) 投资。

(3) 政府支出。

9. 根据下列统计资料(见表 1.5)计算国内生产总值(GDP)、国内生产净值(NDP)、国民收入(NI)、个人收入(PI)及个人可支配收入(DPI)。

下篇 现代宏观经济学习题解析

表 1.5　　　　　　　　　　　　　单位：亿美元

项目	金额
净投资	125
净出口	15
储蓄	25
资本折旧	50
政府转移支付	120
企业间接税	75
政府购买	200
社会保险金	130
个人消费支出	500
公司未分配利润	100
公司所得税	50
个人所得税	80

10. 一经济社会生产五种产品，它们在 1998 年和 2000 年的产量和价格分别如表 1.6 所示，试计算：

(1) 1998 年和 2000 年的名义国内生产总值。

(2) 如果以 1998 年作为基年，则 2000 年的实际国内生产总值为多少？

(3) 计算 1998～2000 年的国内生产总值价格指数，2000 年价格比 1998 年价格上升了多少？

表 1.6

产品	1998 年产量	1998 年价格(美元)	2000 年产量	2000 年价格(美元)
A	25	1.50	30	1.60
B	50	7.50	60	8.00
C	40	6.00	50	7.00
D	30	5.00	35	5.50
E	60	2.00	70	2.50

11. 已知某一经济社会有下列数据：工资 100 亿元，利息 10 亿元，租金 30 亿元，消费支出 90 亿元，利润 30 亿元，投资支出 60 亿元，出口额 60 亿元，进口额 70

亿元,所得税 30 亿元,政府转移支付 5 亿元,政府用于商品的支出 30 亿元。
要求:

(1) 按收入法计算 GDP。
(2) 按支出法计算 GDP。
(3) 计算政府预算赤字。
(4) 计算储蓄额。
(5) 计算净出口。

12. 假设一个国家有以下国民经济统计资料:净投资 130 亿美元,净出口 20 亿美元,折旧 60 亿美元,政府转移支付 100 亿美元,企业间接税 80 亿美元,政府购买 220 亿美元,公司所得税 65 亿美元,个人所得税 85 亿美元。试计算:

(1) 国民生产总值 GNP。
(2) 国民生产净值 NNP。
(3) 国民收入(NI)。
(4) 个人收入(PI)。
(5) 个人可支配收入(PDI)。

13. 假设有 A、B、C 三厂商,A 厂商年产 5 000 美元,卖给 B、C 消费者,其中 B 买 200 万美元,C 买 2 000 万美元,其余 2 800 万美元卖给消费者。B 年产 500 万美元,直接卖给消费者。C 年产 6 000 万美元,其中 3 000 万美元由 A 购买,其余由消费者购买。假定投放生产上的都用光,计算价值增加。

(1) 计算 GDP 为多少。
(2) 如果只有 C 有 500 万美元折旧,计算国民收入。
(3) 如果 A 厂商有 1 000 万美元的进口值,C 厂商有 1 500 万美元的出口值,其他条件不变,GDP 是多少? 贸易差额是多少?

14. 假定 GDP 是 6 000 美元,个人可支配收入是 5 100 美元,政府的预算赤字是 200 美元,消费是 3 800 美元,对外贸易赤字是 100 美元。

(1) 储蓄(S)有多大?
(2) 投资(I)的规模是多少?
(3) 政府支出(G)有多大?

15. 说明一个支出大于其收入的国家必然会有对外收支赤字。

六、论述题

1. 为什么说 GDP 不是反映一个国家福利水平的理想指标?
2. 试述国内生产总值(GDP)与国民生产总值(GNP)的区别。
3. 说明证券市场购买债券和股票不能看作是经济学意义上的投资活动。

4. 为什么从公司债券得到的利息应计入 GDP,而人们从政府得到的公债利息不计入 GDP?

5. 下列各项是否计入 GDP(国内生产总值)? 为什么?

(1) 转移支付。

(2) 购买一辆旧车。

(3) 购买普通股票。

6. "$GDP = C + I + G + (X - M)$"的内涵。

7. 简要评述国民收入核算中的缺陷及纠正。

8. 试述国民收入核算的主要方法。

9. 储蓄投资恒等式为什么并不意味着计划储蓄总等于计划投资?

10. 试述 GDP、GNP、NDP、NNP、NI、DI 和 NT 几者之间的关系。

11. 储蓄—投资等式中的储蓄的投资与宏观经济均衡的储蓄和投资的区别。

12. 如何用支出法计算四部门经济的 GDP?

七、案例分析

【案例1】 GDP 不是万能的,但没有 GDP 是万万不能的。

美国著名的经济学家保罗·萨缪尔森说:"GDP 是 20 世纪最伟大的发现之一。"没有 GDP 这个发现,我们就无法进行国与国之间经济实力的比较。没有 GDP 我们也无法知道我国人均 GDP 在 2003 年已超过 1000 美元。没有 GDP 这个总量指标我们无法了解我国的经济增长速度是快还是慢,是需要刺激还是需要控制。因此,GDP 就像一把尺子、一面镜子,是衡量一国经济发展和生活富裕程度的重要指标。

从 GDP 的含义到它的计算方法不难看出,GDP 是并且只是用来衡量那些易于度量的经济活动的营业额,不能全面反映经济增长的质量。美国罗伯特·肯尼迪(美国总统约翰·肯尼迪之弟)曾经说过"GDP 衡量一切,但并不包括使我们的生活有意义的东西"。这句话就是他在竞选总统的演说中对 GDP 这个经济指标的批评。他不是经济学家,但他的这段话颇受经济学家的重视。也许他的话是说得极端了一点,GDP 毕竟是我们幸福的基础,但他的话中有真理,因为 GDP 决不是幸福的唯一来源,GDP 并不等于经济福利。

越来越多的人,包括非常著名的学者,对 GDP 衡量经济增长的重要性发生了怀疑。斯蒂格利茨曾经指出,如果一对夫妇留在家中打扫卫生和做饭,这将不会被列入 GDP 的统计之内,假如这对夫妇外出工作,另外雇人做清洁和烹调工作,那么这对夫妇和佣人的经济活动都会被计入 GDP。说得更明白一些,如果一名男士雇佣一名保姆,保姆的工资也将计入 GDP。如果这位男士与保姆结婚,不给

第一章 国内生产总值及其核算

保姆发工资了,GDP就会减少。

　　GDP在统计时是根据生产出来的最终产品,但并不是这些产品都与我们的幸福相关。例如,军火生产是GDP中重要的一部分,但许多军火产品与我们的幸福无关。相反,多生产了军火,使用了本来能生产消费品的资源,还会减少我们的幸福。两个GDP相同的国家,一个实行国民经济军事化,另一个奉行和平中立。前一个国家的GDP中军火占了相当大的比例,后一个国家军火生产很少。这两个国家人民幸福的程度肯定不同。20世纪三四十年代,法西斯德国和日本的GDP也曾经相当高,但那时候它们的人民有幸福可言吗?GDP按市场价格计算,但市场价格与产品质量和数量并没有直接关系。人们的幸福程度与产品的质量和数量相关,而与价格关系不大。例如,电脑质量在提高,数量在增加,但价格急剧下降。按价格计算也许电脑的产值没有增加多少,但质量与数量的提高给人们带来的幸福是巨大的。现代社会中,许多产品的趋势是质量提高的同时价格下降。仅仅按价格计算无法反映这种趋势。

　　环境和闲暇是影响人们经济福利和幸福程度的两大因素,但GDP统计中无法正确反映这些因素。经济活动会带来环境污染,如果以环境污染为代价发展生产,GDP无疑增加了。但人们呼吸污浊的空气,喝受污染的水,生活在嘈杂的环境中,这能有幸福吗?经济活动带来污染,治理污染又增加了GDP。但在这种情况下,人们的福利又增加了多少呢?闲暇是人幸福的来源,减少闲暇会增加GDP,但人们没有或减少了闲暇,经济福利虽然会减少,我们用闲暇去从事各种精神或没有产值的活动,例如听音乐、运动、与朋友聊天,都不会引起GDP增加,反而要减少GDP。但这种GDP的减少却是幸福的重要来源。人们的幸福程度、经济福利的大小还取决于一个社会的收入分配状况。无论是GDP也好,人均GDP也好,反映不出收入分配的状况。我们考察一个社会的幸福状况,不是看一部分人甚至少数人是否幸福,而是看所有的人是否幸福。衡量经济福利也不是少数人的经济福利,而是整个社会的经济福利。一个社会如果收入悬殊过大,少数人花天酒地,多数人难以为生,即使这个社会GDP高,人均GDP高,也不能说是一个幸福的社会。美国经济学家克普格曼认为,社会经济福利取决于生产率、失业率与收入分配平等程度。GDP可以反映出生产率与失业率,但完全反映不出收入分配状况。其实收入分配差别太大、社会不安定,即使高收入的少数人也谈不上"幸福"二字。

　　正因为GDP不能反映出社会经济福利,美国经济学家托宾和诺德蒙斯提出了经济福利衡量指标,萨缪尔森提出了纯经济福利的概念,企图对GDP进行校正。他们的基本观点是,经济活动的最终目的是幸福或经济福利,福利更多地取决于消费而不是生产。GDP是生产的衡量,而经济福利衡量指标和纯经济福利是要衡量对福利做出贡献的消费。因此,这两个指标要在 GDP 之上减去某些不能对福利做出贡献的项目,加上某些对福利作出了贡献而没有计入 GDP 的项目。具体来说,减去 GDP 中没有对福利做出贡献的项目(如超过国防需要的军备生产),减去对福利有负作用的项目(如污染、都市化的影响),加上不通过市场的经济活动的价值(如家务劳动、自给性产品),加上闲暇的价值(用所放弃的生产活动的价值作为机会成本来计算)。这种思路无疑是正确的,但并没有完全解决如何进行计算的问题。

尽管 GDP 存在着种种缺陷,但这个世界上本来就不存在一种包罗万象、反映一切的经济指标,在我们现在使用的所有描述和衡量一国经济发展状况的指标体系中,GDP 无疑是最重要的一个指标。正因为有这些作用,所以我说,GDP 不是万能的,但没有 GDP 是万万不能的。

讨论题:

1. GDP 有哪些局限性?
2. 为什么说 GDP 不是万能的,但没有 GDP 是万万不能的?
3. 怎样克服 GDP 的局限性?

【案例2】 从 GDP 看我国的差距。

国际货币基金组织按汇率法计算了179个国家和地区2005年国内生产总值和人均 GDP 的统计数据。数据显示,2005年 GDP 位居前十位的国家分别是美国、日本、德国、中国、英国、法国、意大利、西班牙、加拿大和巴西。数据同时显示,2005年世界179个国家排名,中国人均 GDP 为1 352美元,位居世界第112位,仍属中下收入国家行列。尽管与世界发达国家相比,这一数字还相当小,但中国人均 GDP 突破一千美元,表明中国跨过一个"门槛"。2005年人均 GDP 位居世界前十位的国家分别是卢森堡、挪威、瑞士、爱尔兰、丹麦、冰岛、美国、瑞典、英国和日本。中国香港居世界第23位;中国台湾居世界第36位。从上述数字看出,在2005年我国的 GDP 总量已超过了10万亿元,我国的年经济增长速度是9.2%,这是非常了不起的成绩,尤其是在各国经济衰退的宏观形势下,但是我们和发达国家比差距还是很大的,从 GDP 的总量来看,如果我们把这10多万亿元人民币比做一个蛋糕,那么美国就是6个蛋糕,从人均 GDP 看,差距就更大了,美国6个蛋糕除以3亿人,我们一个蛋糕除以13亿人,美国的人均 GDP 高出我们35倍之多。中外很多经济学家估计照这样的速度增长我国 GDP 总量有望在2015年赶上美国,但人均量赶上美国还任重道远。

世界银行研究表明:一般说来,越是人均国民总收入低的国家,第一产业占

第一章 国内生产总值及其核算

GDP 的比重越大;而越是人均国民总收入高的国家,第三产业占 GDP 的比重越大。2008 年美国第三产业占 GDP 的比重是 80% 左右,我国内地 GDP 的比重是 20% 左右,日本占 GDP 的比重是 70% 左右,德国占 GDP 的比重是 73% 左右,英国占 GDP 的比重是 75% 左右,法国占 GDP 的比重是 77% 左右。

讨论题:

1. 我国与发达国家在 GDP 上的差距说明了什么?
2. 怎样才能增加我国的 GDP 总量和人均 GDP 量?

【案例 3】 如何看待中国 GDP 跃升世界第二?

2010 年,中国 GDP 毫无悬念地超过日本,跃居世界第二。50 年前中国提出"超英赶美"的目标时,曾被国际上认为是"天方夜谭"。值得关注的是,从政府到民间,面对这样的成绩却似乎"无动于衷",世界第二的位置,不仅不值得炫耀、自夸,甚至被普遍认为"意义不大"。尽管中国 GDP 超过日本成为"世界第二",但与全球第一的美国仍相差甚远。据统计,中国和日本 GDP 总量相加,远低于美国的 2010 年 14.66 万亿美元。世界银行 2009 年的数据显示,全球 213 个国家和地区,中国的人均 GDP 排名在 124 位。此前,国家统计局局长马建堂表示,按人均计算,中国仍然是世界上较贫穷的国家之一。商务部新闻发言人姚坚表示,中国的人均 GDP 为 3 800 美元,"在全球排在 105 位左右"。事实上,除了人均指标在世界排名靠后,中国在医疗、教育以及环境等较多领域仍比较落后。以医疗为例,根据世界卫生组织对成员国卫生筹资与分配公平等综合性评估排名,中国位居第 188 位,在 191 个成员国中倒排第 4 位。日本经济财政相与谢野馨就"2010 年日本名义 GDP 被中国赶超"回应称:"日本将不会与中国竞争 GDP 排名,我们搞经济不是为了争排名,而是为了使日本国民过上幸福的生活。"

1840 年,中国 GDP 占世界的三分之一,等于欧洲加美国的总和的许多倍,可是中国却惨遭欧洲列强的践踏和瓜分? 中国为什么不去瓜分欧洲呢? 1894 年甲午战争的时候,中国的 GDP 是日本的 9 倍,中国怎么不打败日本,把琉球割回来,而是把台湾割给小日本了呢?

为什么 GDP 不能作为大国的标志? 为什么历史上中国 GDP 那么高反而割地、赔款给侵略者呢? 这是因为我们 GDP 的构成出了问题。1840 年欧洲和美国 GDP 的构成是什么? 是铁甲舰,是机器,是大炮。而中国当时的满清政府呢? 是瓷器,是茶叶,是丝绸。这个情况到甲午战争时也没有改变,所以清朝的 GDP 和日本的 GDP 一碰撞,稀里哗啦被打碎了。堂堂的大清帝国赔给小日本的白银相当于日本当年 GDP 的 7 倍,中国民众的血汗一下子给日本夺完了。这就是 GDP 的真相!

361

现在我国的 GDP 占世界第二,但这个第二是什么构成的?日本、美国它们的 GDP 是由机械、电子、造船、航天、汽车制造等传统产业和现代产业构成的,而我们是房地产、玩具和烟酒,8 亿条裤子换一架飞机。GDP 这个东西一百多年前就已经被证明是不行了。当时的 GDP 没有用,现在的 GDP 就有用吗?为什么我们现在的学者和官员仍然对这个不看构成的 GDP 这么痴迷?这个东西只能骗自己和自己的人民,骗不了别人。肥大不等于强大,重量不等于力量。印度和巴西,他们的改革都是摸着石头过河,因为它们都是第一次。我们不是,我们有历史的教训,我们的改革发展应该是顺着脚印走路。我们要汲取历史的教训,要学习别的成功国家的经验,不要做那种闷头说梦话的事。

讨论题:
(1) 为什么要理性看待我国 GDP 跃升世界第二,不必看重经济总量排名?
(2) 如何提高 GDP 质量?

第二部分 参考答案

一、名词解释

1. 国内生产总值(GDP):是指一个国家在一定时期内所生产的最终产品和劳务的市场价格总额。

2. 国民生产总值(GNP):是指一个国家的国民在一定时期内所生产的最终产品和劳务的市场价格总额。

3. 国民生产净值(NNP):是指国民生产总值扣除折旧后的余额,即国民生产净值=国民生产总值-折旧。

4. 国内生产净值(NDP):是指国内生产总值扣除折旧后的余额,即国内生产净值=国内生产总值-折旧。

5. 国民收入(NI):广义的国民收入是指用来衡量一个国家在一定时期经济活动业绩的数量指标,是在一个经济社会中用货币衡量的每年生产的产品和劳务的总量,狭义的国民收入是指一国生产要素所有者在一定时期内从生产中所获得的全部收入,数量上等于国民生产净值减去间接税,即狭义的国民收入=国民生产净值-间接税。

6. 个人收入(PI):是指经过收入再分配以后的国民收入,数量上等于国民收入减去转移支出(如公司未分配利润、公司所得税、社会保险税等)再加上转移收入(如政府的养老金、失业救济金、退伍军人津贴等),即个人收入=国民收入-转移支出+转移收入。

第一章 国内生产总值及其核算

7. 个人支配收入(DPI):是指个人收入扣除个人所得税后的余额,即个人可支配收入 = 个人收入 - 个人所得税。

8. 中间产品:是指用于再出售而供生产其他产品用的产品。

9. 最终产品:是指用于一定时期内生产的并由最后使用者购买的产品和劳务。

10. 生产法:是从生产的角度出发,把所有企业单位投入的生产要素新创造出来的产品和劳务,在市场上的销售价值再按产业部门分类汇总而成核算 GNP 的方法。

11. 支出法:是把一个国家一定期限内投入的生产要素生产出来的物品和劳务按购买者(需求者)支出的金额分类汇总而进行核算 GDP 的方法,有恒等式:国内(民)生产总值 = 家庭消费支出 + 企业投资支出 + 政府购买支出 + 净出口。

12. 收入法:是从居民向企业出售生产要素获得收入的角度来核算一个国家一定期限内投入的生产要素所生产的产品和劳务的价值总和,有恒等式:国内(民)生产总值 = 家庭消费支出 + 企业投资支出 + 政府购买支出 + 净出口。

13. 总投资:是指企业为补偿固定资产损耗和进行扩大再生产而进行的投资支出总和,即总投资 = 折旧 + 净投资。

14. 净投资:是指企业为扩大再生产而进行的投资支出。

15. 政府购买支出:是指政府购买物品和劳务的支出,包括对政府雇员的薪金支出和通过市场购买最终产品和劳务的支出。

16. 名义国内生产总值:是指按产品和劳务当年销售价格计算的全部最终产品的市场价值。

17. 实际国内生产总值:是指用一组固定的或不变的价格计算出来的全部最终产品的市场价值。

18. GDP 的价格矫正指数:是指名义国民生产总值与实际国民生产总值之比,即

$$\text{GDP 价格矫正指数} = \frac{\text{名义 GDP}}{\text{实际 GDP}}$$

19. 潜在的国内生产总值:是指一个国家或地区一定时期可供利用的生产资源在正常情况下可以产出的最大产值。

20. 奥肯定律:是表示国内生产总值增长率与失业率的关系的经验规律,即失业率不高于自然失业率 1%,实际 GNP 的增长率低于 GNP 的增长率 3%,或实际 GNP 的增长率超过潜在 GNP 的增长率 3%,可以使失业率降低 1%。

21. 流量与存量:流量是一定时期内发生的变量,是指在一定时期内(如一季

度、一年)测算出来的数值;而存量是一定时点上存在的变量,是指在一定时点上存在变量的数值。国内生产总值是一个流量,而国民财富则是一个存量。

22. 重置投资:指用于补偿在生产过程中损耗掉的资本设备的投资,亦即折旧。重置投资是保证再生产所必需的条件。因此,必须按其价值转移和损失程度,以货币形态逐渐积累起来,以备固定资本的更新。重置投资决定于资本设备的数量、构成和使用年限等。

23. 自发投资:与"引致投资"相对而言。它又称"自主投资",指不受国民收入水平或消费水平等经济情况影响和限制的投资。新产品和新生产技术的发明是促进自发投资的主要力量。社会方面的、心理方面的和政治方面的因素引起的投资也称为自发性投资。在现实经济生活中自发投资的例子有政府投资以及对技术发明做出直接反应的投资等。在西方宏观经济收入—支出模型中,自发投资被作为既定的外生变量考虑。

24. 引致投资:与"自发投资"相对而言。由经济中的内生变量引起的投资,即为适应某些现有产品或整个经济开支的实际增加或预期增加而发生的投资。引致投资产生的主要原因有收入的增长和人口的增加。因为这两者造成对商品和服务的更大需求。引致投资是通过增加更多的制备来提供更多的商品和服务以满足社会的需要。引致投资在收入支出模型中指收入变动引起的投资,在IS-LM模型中指利率变动引起的投资。反映引致投资与引起这种投资的内生变量之间关系的函数便是投资函数。

25. 转移支付:指政府或企业的一种并非购买本年的商品和劳务而作的支付。它包括对非营利组织的慈善捐款、消费者呆账、农产品价格补贴、公债利息等政府与企业支出的一笔款项。

26. 自发消费和引致消费:二者是相对的。自发消费指由外生变量决定的那部分消费支出,在收入—支出模型中指与收入水平无关的那部分消费。自发性消费与自发性投资等共同构成自发性支出。自发性消费由消费者偏好、价格水平、社会习俗等因素决定。在消费函数理论中,自发消费一般被设定为一个固定不变的外生变量。引致消费指由内生变量而引起的消费,在收入—支出模型中指由国民收入变动决定的消费。消费水平由多种因素决定,既有社会文化、民族传统的因素,也有经济发展水平、市场价格等因素。其中由收入水平的变动所引起的那一部分消费就是引致消费。西方经济学中的消费函数理论就可以用来说明国民收入变动和引致消费之间的关系。

27. GNP缺口:又叫生产缺口,是指潜在的GNP和现实的GNP之间的差距。GNP缺口所表示的是一个国家由于没有充分利用其生产资源而损失掉的物

第一章 国内生产总值及其核算

品和劳务的价值。

28. 绿色GDP:指用以衡量各国扣除自然资产损失后新创造的真实国民财富的总量核算指标。简单地讲,就是从现行统计的GDP中,扣除由于环境污染、自然资源退化、教育低下、人口数量失控、管理不善等因素引起的经济损失成本,从而得出真实的国民财富总量。

二、单项选择题

1. D 2. C 3. B 4. A 5. A 6. D 7. A 8. A 9. B 10. B
11. D 12. D 13. B 14. C 15. C 16. B 17. B 18. A 19. C 20. A
21. D 22. D 23. B 24. A 25. B 26. A 27. C 28. C 29. A 30. B
31. D 32. D 33. C 34. B 35. D

三、判断题

1. 错误。【提示】国内生产总值是一个国家或地区在一定时期内所生产的最终产品和劳务的市场价格总额。

2. 错误。【提示】在国内生产总值的计算中,不只计算有形的物质产品的价值,还计算无形的劳务价值等。

3. 错误。【提示】生活水平应主要取决于人均国内生产总值。两个国家的国内生产总值相同,人均国内生产总值不一定相同。

4. 错误。【提示】总投资等于重置投资加净投资。总投资增加时净投资不一定增加,而只有净投资增加时,资本存量才能增加。例如,某年某国总投资增加1 000亿美元,重置投资也是1 000亿美元,则净投资为零,资本存量并未增加。

5. 正确。【提示】总投资是企业为补偿固定资产损耗和进行扩大再生产而进行的投资支出总和,即使本年度没有生产任何资本品,总投资也只是零而不可能为负。

6. 错误。【提示】如果本年度生产的资本品价值不足弥补资本消耗折旧时,净投资就为负数。例如本年度生产了1000台机器,但报废了1200台机器,则净投资就是负数。

7. 错误。【提示】政府转移支付只是简单地通过收入再分配把收入从一个人或一个组织转移到另一个人或组织手中,并没有产生相应的产品或劳务。而GDP核算的是当年生产的最终产品和劳务的市场价值。

8. 错误。【提示】购买公司债券实际上是借钱给公司用,公司从人们手中借到了钱作生产用,比方说购买机器设备,就是提供了生产性服务,可被认为创造了价值,因而公司债券的利息可看作是资本这一要素提供生产性服务的报酬或收入,当然要计入GDP。可是政府的公债利息被看作是转移支付,因为政府借的债

下篇 现代宏观经济学习题解析

不一定投入生产活动,而往往是用于弥补财政赤字。政府公债利息常常被看作是从纳税人身上取得的收入加以支付的,因而习惯上被看作是转移支付。

9. 错误。【提示】生产法是通过加总各生产部门的增加值来计算国内生产总值的。

10. 错误。【提示】收入法,又称为要素支付法,是从收入的角度出发,将生产要素提供者所得到的收入加总来计算国内生产总值,一般表示为:国内生产总值=工资+利息+租金+利润+企业税+资本折旧,也可表示为国内生产总值=消费支出+储蓄+政府税收。

11. 错误。【提示】间接税虽由出售产品的厂商缴纳,但它是加到产品价格上作为产品价格的构成部分由购买者负担的。间接税虽然不形成要素所有者收入,而是政府的收入,但毕竟是购买东西的家庭或厂商的支出,因此,为了使支出法计得的 GDP 和收入法计得的 GDP 相一致,必须把间接税加到收入方面计入 GDP。举例说,某人购买一件上衣支出 100 元,这 100 元以支出形式计入 GDP。实际上,若这件上衣价格中含有 5 元的销售税和 3 元的折旧,则作为要素收入的只有 92 元。因而,从收入法计算 GDP 时,应把这 5 元的销售税和 3 元的折旧一起加到 92 元中去作为收入计入 GDP。

12. 正确。【提示】名义国内生产总值是按产品和劳务当年销售价格计算的全部最终产品的市场价值,因此大小将与商品数量和商品价格直接相关。

13. 正确。【提示】出口是本国生产的一部分,因而也是本国 GNP 的一部分,而从外国进口的货物并不是本国生产的一部分,只是外国生产的一部分,但却被计入本国的消费支出、投资支出和政府购买的一部分。例如,进口 1 台价值 10 万美元的机器,被计入本国投资,进口价值 5 万美元的香水被计入本国消费,进口价值 15 万美元的军火被计入政府购买。如果我们计算投资、消费和政府购买不把这 30 万美元的进口减去,就会误把外国生产的 GNP 计作本国的 GNP。因此,计算 GNP 时,必须从出口中扣除进口即仅计算净出口,否则,就会犯多计算 GNP 的错误。

14. 错误。【提示】潜在的国内生产总值是指一个国家或地区一定时期可供利用的生产资源在正常情况下可以产出的最大产值。而实际国内生产总值则是指用一组固定的或不变的价格计算出来的全部最终产品的市场价值。

15. 正确。【提示】总投资是企业为补偿固定资产损耗和进行扩大再生产而进行的投资支出总和,即总投资=折旧+净投资。

16. 不正确。【提示】主要看面粉的用途。如果直接作为消费者使用,这是最终产品;如果作为食品生产者(企业)使用,就是中间产品。

366

第一章 国内生产总值及其核算

17. 正确。【提示】美国著名的经济学家阿瑟·奥肯发现了周期波动中经济增长率和失业率之间的经验关系。奥肯所提出经济增长与失业率之间的具体数量关系只是对美国经济所做的描述,而且是特定一段历史时期的描述,其他国家未必与之相同。

四、简答题

1. 答:国内生产总值的核算包括了对中间产品的核算。虽然国内生产总值的统计口径是针对最终产品的产值,而没有直接统计中间产品的产值,其目的是为了避免重复计算。实际上,在最终新产品的产值中已经包含了所有中间产品生产中新创造的价值。因此,在这个意义上,中间产品的生产实际也全部计入了国内生产总值核算中。

2. 答:中间产品和最终产品不能根据产品的属性进行区分。在国民收入核算中,区分某一产品是属于中间产品还是最终产品,只能根据产品是否进入最终使用者手中。如果一件产品没有进入消费者手中进行消费,而是用于再出售而供生产其他产品,则属于中间产品范畴,只有最后被使用者购买并消费的产品和劳务才能说是最终产品。

3. 答:国民生产总值(GNP),是指一个国家的国民在一定时期内所生产的最终产品和劳务的市场价格总额,是一个国民概念,采用国民生产总值进行核算,从收入角度看,不仅包括本国在国内所获得的收入,还包括本国居民从国外获得的收入,但同时要扣除外国居民在本国所获得的收入;而国内生产总值(GDP),是指一个国家在一定时期内所生产的最终产品和劳务的市场价格总额,是一个地域概念,它不考虑从国外获得的收入和支付给国外的报酬。国民生产总值与国内生产总值的关系是:GNP = GDP + (本国居民在国外的资本和劳务收入 - 外国居民在本国的资本和劳务收入) = GDP + 本国国外净要素收入(NFP)。由于来自国外的要素收入和数据难以准确获得,而 GDP 的数据则较容易获得;并且相对于GNP,GDP 能够较好地说明国内的一些经济情况,如就业潜力、经济发展等问题,所以目前世界上大多数国家采用 GDP 来衡量总产出。

4. 答:因为政府转移支付只是简单地通过收入再分配把收入从一个人或一个组织转移到另一个人或组织手中,并没有产生相应的产品或劳务。而 GDP 核算的是当年生产的最终产品和劳务的市场价值。判断一个项目是否计入 GDP 主要是看是否对应于当年生产的最终产品和劳务,如果当年最终产品和劳务相对应的项目支出则应该计入 GDP,否则就不计入。政府转移支付不能构成对当前最终产品和劳务的购买,因此政府转移支付就不计入 GDP。

5. 答:在国民收入核算中,储蓄等于国民收入减去消费支出后的余额,投资

下篇　现代宏观经济学习题解析

是指一个国家的资本财货今年比去年的增加量,即当年新创造出来的国民产品中没有被人们消费掉的那部分产品,因而有恒等式:消费品+资本财货≡个人消费+投资≡个人消费+储蓄。

6. 答:国内生产总值的统计有三种方法:生产法、支出法和收入法。生产法,又称为部门法,是通过加总各生产部门的增加值来计算国内生产总值。支出法,又称为最终产品法,是从产品的最终使用者出发,将一定时期内购买各项最终产品的支出加总来计算国内生产总值,一般表示为:国内生产总值=消费支出+投资支出+政府购买支出+净出口。收入法,又称为要素支付法,是从收入的角度出发,将生产要素提供者所得到的收入加总来计算国民生产总值,一般表示为:国内生产总值=工资+利息+租金+利润+企业税+资本折旧,也可表示为国内生产总值=消费支出+储蓄+政府税收。

7. 答:国民生产总值(GNP),是指一个国家的国民在一定时期内所生产最终产品和劳务的市场价格总额,是一个国民概念。国内生产总值(GDP),是指一个国家在一定时期内所生产的最终产品和劳务的市场价格总额,是一个地域概念。国民生产总值与国内生产的最终产品和劳务的市场价格总额,是一个地域概念。国民生产总值与国内生产总值的关系是:GNP=GDP+(本国居民在国外的资本和劳务收入−外国居民在本国的资本和劳务收入)=GDP+本国国外净要素收入(NFP)。国民生产净值(NNP),是指国民生产总值扣除折旧后的余额,即国民生产净值=国民生产总值−折旧。国民收入(NI),是指一国生产要素所有者在一定时期内从生产中所获得的全部收入,数量上等于国民生产净值减去间接税,即狭义的国民收入=国民生产净值−间接税。个人收入(PI),是指经过收入再分配以后的国民收入,数量上等于国民收入减去转移支出(如公司未分配利润、公司所得税、社会保险税等)再加上转移收入(如政府的养老金、失业救济金、退伍军人津贴等),即个人收入=国民收入−转移支出+转移收入。个人可支配收入(DPI),是指个人收入扣除个人所得税后的余额,即个人可支配收入=个人收入−个人所得税。

8. 答:名义GDP是指按产品和劳务的当年销售价格计算的全部最终产品的市场价值。实际GDP是指按产品和劳务某一基年的价格计算的全部最终产品的市场价值。产品的价格变化是经常发生的,在这样的情况下,直接用名义GDP指标比较各年的总产出水平,势必引起虚假的信息,因为总产品的变化可能是由价格变化的因素引起的,因此为了准确地比较各年的总产出水平,就必须剔除GDP统计中价格因素的影响,一般我们用GDP价格矫正指数,即名义国内生产总值的换算,GDP价格矫正指数衡量了和某一基年相比,报告期各产品的价格平均变化

第一章 国内生产总值及其核算

的幅度。

9. 答:国内生产总值是指一个国家在一定时期内所生产的最终产品和劳务的市场价格总额。对于出口,它是本国生产的一部分,因而也是本国国内生产总值的一部分;而对于进口来说,它不是本国生产的一部分,只是外国生产的一部分,但已经被计入本国的消费支出、投资支出和政府购买支出的一部分。如果在计算本国消费支出、投资支出和政府购买支出时不将这些进口的商品和劳务减去,这就会将其误认为是本国生产的国内生产总值。因此,在进行国民收入核算时,就必须从出口中扣除进口,而仅计算净出口部分。

10. 答:投资中的净存货项目在国民收入核算中具有非常重要的意义。所谓净存货又称为净库存,是指年末存货减去年初存货的差。净存货大于零表明当年存货总量维持在前一年的水平,净存货小于零表明当年存货在前一年的基础上有所下降,净存货所具有的明显的特征是其不涉及买卖双方的市场交易行为,将其列入投资的核算中,完全是一种人为的设定。

11. 答:国内生产总值是指一个国家在一定时期内所生产的全部最终产品和劳务的市场价值总和。对于国内生产总值这一概念的理解,我们应注意:第一,国内生产总值是一个流量指标;第二,国内生产总值是最终产品和劳务的统计,而不再考虑中间产品的价值,这样就避免了重复计算;第三,国内生产总值的产品和劳务经过市场交易的才能计入国内生产总值,如果没有进行交易的产品和劳务(如家务劳动)则不计入国内生产总值。

13. 答:用支出法核算国民收入是指一个国家在一定时期内将所有经济主体单位用于最终产品和劳务的支出加总起来从而计算国内生产总值。在四部门经济中,根据经济主体划分支出主要有四种类型:家庭消费支出、企业投资支出、政府购买支出和净出口。家庭消费支出是指家庭购买产品和劳务的支出以及其他支出,具体可以分非耐用品支出(如食品、衣服等)、耐用品支出(如汽车、洗衣机、电冰箱等)以及劳务支出(医疗、教育支出等)。企业投资支出是指企业用于机器设备、厂房和存货方面的支出,具体包括对投资品(如机器设备、运输工具等)的购买支出、对建筑(包括住房和厂房等)的投资支出、净存货(即年末存货减去年初存货的差)。其中居民购买新建住房的支出也被列入投资项目。政府购买支出是指各级政府购买最终产品和劳务的支出,具体包括各级政府对政府雇员的薪金支出以及通过市场购买最终产品和劳务的支出,但政府的转移(如失业救济金、退伍军人津贴、养老金等)不计入国民收入核算中。净出口是指出口额的差额。因为核算应不仅统计国内购买最终产品和劳务的支出,还应该统计国外购买最终产品和劳务的支出;但在国内家庭消费支出、投资支出和政府购买支出中既包括本国最终产品和劳务,又包括国外生产的产品的进口,因而只有从国内消费支出、投资支出和政府购买支出中剔除对进口品的支出,才能准确地衡量一个国家的国民收入。因此,根据上面的分析,通过支出法核算国民收入具有这样的恒等式:国内生产总值=家庭消费支出+企业投资支出+政府购买支出+净出口,即 $GDP = C + I + G(X - M)$。

14. 答:在三部门经济中,资本的利息和支出一般包括三种情况:第一,是居民部门内部消费者个人之间的借贷关系所产生的利息收入和支出;第二,是政府支付给居民部门的公债利息;第三,是企业部门借入的资本支付给要素所有者的利息。由于居民部门内部所产生的利息收入和支出是在居民部门内部,他们的利息收入和支出是相应的,因而在同一部门他们利息的收入与支出相互抵消,所以在国民收入核算中不包括消费者之间的利息收入和支出;政府部门发行公债所借入的资本,主要目的不是用于生产,因而我们也不将其所产生的利息支出包括在国民收入之内;企业通过借债主要是用于生产的目的,这代表资本财货这种生产要素创造一定的国民产品,所以企业部门借入的资本支付给要素所有者的利息,应该被计入国民收入中。因此,并不是将所有的利息收入计入国内生产总值中,计入国内生产总值的只有企业所支付的利息。

15. 答:要维持充分就业水平,实际的国民生产总值增长必须快于潜在的国民生产总值增长。美国经济学家阿瑟·奥肯根据美国的统计资料,测算出实际国民生产总值增长率与失业率关系的定律,我们称之为奥肯定律。因此,奥肯定律是表示国民生产总值增长率关系的经验规律。即失业率不高于自然失业率1%,实际 GNP 的增长率便低于潜在 GNP 的增长率3%,或实际 GNP 的增长率超过潜在 GNP 的增长率3%,可以使失业率降低1%。

16. 答:实际国内生产总值,是相对而言于名义国内生产总值的一个概念。名义国内生产总值是指按产品和劳务的当年销售价格计算的全部最终产品的市场价值,它更能真实地反映总产出水平的增长。潜在的国内生产总值,是指一个国家一定时期可供利用的生产资源在正常情况下可以产出的最大产值,而不是实际产出量。因此潜在的国内生产总值与实际国内生产总值是可以不一致的:如果在有效需求不足的年份或经济萧条期间,潜在的国内生产总值大于实际国内生产总值;如果有更多的成年人参加劳动或增加劳动时数(即大于正常的数值)时,则潜在的国内生产总值小于实际国内生产总值。我们可以将一个国家潜在的国内生产总值看成是该国充分利用其生产可能性所能有的国内生产总值,所以一个国家潜在的国内生产总值也可看成是充分就业时会有的国内生产总值,在劳动生产率不断提高的条件下,潜在的国内生产总值是不断增加的。如果一个国家的实际国内生产总值的增长率超过其潜在的国内生产总值增长率3%时,就可以使失业率降低1%,这即为我们所熟悉的奥肯定律。

五、计算题

1. 解:该国的GDP＝本国企业在国内的收入＋外国企业在国内的收入＋本国国民在国内的收入＋外国国民在国内的收入＝200＋80＋120＋12＝412(亿元)。

该国的GNP＝本国企业在国内的收入＋本国企业在国外的收入＋本国国民在国内的收入＋本国国民在国外的收入＝200＋50＋120＋10＝380(亿元)。

2. 解:(1) 国民收入＝雇员酬金＋企业支付的利息＋个人租金收入
   　　　　　＋公司利润＋非公司企业主收入
   　　　　＝1866.3＋264.9＋34.1＋1364.8＋120.3
   　　　　＝2450.4(亿美元)

(2) 国内生产净值＝国民收入＋间接税
   　　　　　　＝2450.4＋266.3
   　　　　　　＝2716.7(亿美元)

(3) 国内生产总值＝国内生产净值＋资本消耗补偿
   　　　　　　＝2716.7＋356.4＝3073.1(亿美元)

(4) 个人收入＝国民收入－(公司利润＋社会保险税)＋政府支付的利息
   　　　　　＋政府的转移支付＋红利
   　　　　＝2450.4－(164.8＋253.0)＋347.5＋105.1＋66.4
   　　　　＝2511.7(亿美元)

(5) 个人可支配收入＝个人收入－个人所得税
   　　　　　　　＝2551.7－402.1＝2149.6(亿美元)

(6) 个人储蓄＝个人可支配收入－消费者支付的利息－个人消费支出
   　　　　＝2149.6－64.4－1991.9＝93.3(亿美元)

3. 解:第一种解法:考虑了乘数效应

(1) 将总值2 000万元的汽车销往邻省,首先导致国民收入的第一轮增加2 000万元,在边际消费倾向为1－60％＝40％的前提下,该地区将把其中的800万元用于消费,导致国民收入的第二轮增加,这样一直继续下去,便导致国民收入数倍的增加。

$$y = 2000 \times 1 + 2000 \times 40\% + 2000 \times (40\%)^2 + 2000 \times (40\%)^3 + \cdots$$

$$= \frac{2000}{(1-40\%)} = \frac{2000}{60\%} = 3333.3(万元)$$

(2) 会产生相同的效果,因为政府支出中对商品和劳务的支出是国民收入中的一部分,具体如下,当政府向厂商购买商品和劳务的时候,在私人消费支出和投资支出中并没有包括对这些劳务的支出,因而应该加上政府的这部分支出,当政府向居民购买生产要素的服务而生产出物品和劳务的时候,它们也构成社会产品的一部分,因而应该加上政府的这部分支出,因此在国民收入每一轮中增加2000万元,由于边际消费倾向为40%,受此影响,每二轮增加为2000×40%,这样一直继续下去,和(1)的效果是一样的。

(3) 该地GDP会增加,与(1)相比GDP增加的要少,每一轮的增加为2000×40%,第二轮的增加为2000×(40%)²,于是增加的国民收入为:

$$y = 2000 \times 40\% + 2000 \times (40\%)^2 + 2000 \times (40\%)^3 + \cdots$$

$$= \frac{800}{1-40\%} = 1333.3 \text{(万元)}$$

因为政府以补贴的形式发给居民,实际上是一种没有换取生产要素服务的单方面的转移支付,社会产品没有相应增加,因而在计算国民收入不应该算上这部分的政府支出。

第二种解法:没有考虑乘数效应

(1) 支出法:GDP = 消费 + 投资 + 政府购买 + 净出口

显然该地区的净出口增加了2000万元,而其他项没有变化,所以该地区的GDP增加了2000万元。

(2) 产生同样的结果,因为此做法相当于增加了2000万元的政府购买,而其他项没有变,所以最终该地区的GDP仍然增加了2000万元。

(3) 增加,但增加的幅度会比较小,因为这2000万元是以补贴形式出现的,并不能计入GDP,而当居民拿到这2000万元,会将其中的60%存起来,其余的40%用于投资或消费,因为居民只会将其中的40%用于消费或投资,即只能使GDP增加800万。相对(1)来说,显然这种做法对GDP的贡献比较小。

注意:本题没有说明是否考虑乘数效应,但第一种解法比第二种解法全面,建议在答题时采用第一种解法更好。

4. 解:(1) 支出法

GDP = 个人消费支出 + 总投资支出 + 政府对产品的劳务的购买 + 净出口

$= C + I + G + (X - M) = 16728 + 3953 + 5347 + (3398 - 3165)$

$= 26261$(亿美元)

(2) 收入法

GNP = 国民生产净值 + 折旧 = (国民收入 + 企业间接税) + 折旧

= [个人租金收入 + 雇员报酬 + 利息收入 + 财产所有者收入

+公司利润+企业转移支付-政府对企业的补贴+统计误差)
+企业间接税]+折旧
= [(318+15 963+1 798+1 306+1 827+105-46-6)+2 123]+2 873
= 26 261（亿美元）

5. 解：(1) GNP＝本国要素在国内收入+外国要素在国内收入

GDP＝本国要素在国内收入+外国要素在国内收入

GDP 和 GNP 之间的差额就是外国人所获得的净收入。

GDP 小于 GNP 说明美国(1991年)的居民在国外所获得的收入多于外国人在美国所获得的收入。

(2) 当资本被用来生产时，会发生消耗即折旧，因此 GDP 和 NDP 之间会存在一个差额。NDP 衡量一定时期内经济中所生产的产量的净值，它是产量的总价值减去资本在生产总产量中所消耗掉的价值差。

6. 解：(1) 国内生产净值＝国内生产总值-资本消耗补偿，而资本消耗补偿即折旧等于总投资减净投资后的余额，即 500＝800-300（亿美元），因此国内生产总值＝4 800-500＝4 300（亿美元）

(2) 从 $GNP = C + I + G + NX$ 中可知，$NX = GNP - C - I - G$，因此，净出口 $NX = 4 800 - 3 000 - 800 - 960 = 40$（亿美元）

(3) 用 BS 代表政府预算盈余，T 代表净税收即政府税收减去政府转移支付后的收入，则有 $BS = T - G$，从而有 $T = BS + G = 30 + 960 = 990$（亿美元）

(4) 个人可支配收入本来是个人收入减去个人所得税后的余额，本题条件中没有说明间接税、公司利润、社会保险税等因素，因此，可从国民生产净值中直接得到个人可支配收入，即 $Y_d = NNP - T = 4 300 - 990 = 3 310$（亿美元）

(5) 个人储蓄 $S = Y_d - C = 3 310 - 3 000 = 310$（亿美元）

7. 解：(1) 用支出法计算

$$GDP = C + I + G + (X - M)$$
$$= 1 672.8 + 395.3 + 534.7 + (339.8 - 316.5)$$
$$= 2 626.1（亿美元）$$

(2) 国内生产净值＝国内生产总值-折旧
$$= 2 626.1 - 287.3$$
$$= 2 338.8（亿美元）$$

(3) 用支出法计算得到的国民收入为：

国民收入＝国内生产净值-间接税
$$= 2 338.8 - 212.3 = 2 126.5（亿美元）$$

用收入法计算得到的国民收入为:

国民收入 = 个人租金收入 + 雇员报酬 + 净利息 + 财产所得者的收入
　　　　 + 公司利润 + 企业转移支付 - 政府对企业的净补贴 + 统计误差
　　　　 = 31.8 + 1 596.3 + 179.8 + 130.6 + 182.7 + 10.5 - 4.6 - 0.7
　　　　 = 2 126.4（亿美元）

8. 解:(1) 由个人可支配收入 = 个人消费支出 + 储蓄,可知:

储蓄 S = 个人可支配收入 - 个人消费支出 = 4 100 - 3 800 = 300（亿美元）

(2) 从国民收入核算的宏观经济恒等式可知:投资 = 储蓄。并且从广义上说,储蓄是包含私人部门、政府部门和国外部门的储蓄。私人部门的储蓄即为个人可支配收入扣除个人消费支出后的余额;政府部门的储蓄表现为政府财政的盈余(或财政赤字);国外部门的储蓄表现为贸易顺差(或贸易赤字即逆差)。因此:

投资 I = 私人部门的储蓄 + 政府部门的储蓄 + 国外部门的储蓄
　　　　= 300 + (-200) + 100 = 200（亿美元）

(3) 由国民生产总值 $GNP = C + I + G + (X - M)$ 可知:

政府支出 $G = GNP - [C + I + (X - M)]$
　　　　　 = 5 000 - (3 800 + 200 - 100) = 1 100（亿美元）

9. 解:(1) 国内生产总值(GDP) = 消费支出 + 总投资 + 政府购买支出 + 净出口 = 500 + (125 + 50) + 200 + 15 = 890（亿美元）

(2) 国内生产净值(NDP) = 国内生产 GDP - 资本折旧 = 890 - 50 = 840（亿美元）

(3) 国民收入(NI) = 国内生产净值 NDP - 企业间接税 = 840 - 75 = 765（亿美元）

(4) 个人收入(PI) = 国民收入 NI - 公司未分配利润 - 公司所得税 - 社会保险金 + 政府转移支付 = 765 - 100 - 50 - 130 + 120 = 605（亿美元）

(5) 个人可支配收入(DPI) = 个人收入 PI - 个人所得税 = 605 - 80 = 525（亿美元）

10. 解:(1) 1998 年名义国内生产总值 = 1.5 × 25 + 7.5 × 50 + 6 × 40 + 5 × 30 + 2 × 60 = 922.5（亿美元）

2000 年名义国内生产总值 = 1.6 × 30 + 8 × 60 + 7 × 50 + 5.5 × 35 + 2.5 × 70 = 1 245.5（亿美元）

(2) 2000 年的实际国内生产总值 = 1.5 × 30 + 7.5 × 60 + 6 × 50 + 5 × 35 + 2 × 70 = 1 110（亿美元）

(3) 1998～2000 年的国内生产总值价格指数为 1 245.5/1 110 = 112.2%

可见2000年价格比1998年价格上升了12.2%。

11. 解：(1) 按收入法计算GDP：

GDP = 工资 + 利息 + 租金 + 利润 + 间接税减津贴
= 100 + 10 + 30 + 20 + 10 = 170（亿美元）

(2) 按支出法计算GDP：

GDP = 消费 + 投资 + 政府支出 + (出口 − 进口)
= 90 + 60 + 30 + (60 − 70) = 170（亿美元）

(3) 政府预算赤字 = 政府支出税收

其中，税收 = 所得税 + (间接税 − 津贴) − 转移支付
= 30 + 10 − 5 = 35（亿美元）

所以，政府支出 − 税收 = 30 − 35 = − 5（亿美元）

(4) 家庭将收入分配为消费、储蓄或税收，例如：

收入 = 消费 + 储蓄 + 税收

储蓄 = 收入 − 消费 − 税收 = 170 − 90 − 35 = 45（亿美元）

因为(投资 − 储蓄) + (政府支出 − 税收) + (出口 − 进口) = 0

所以储蓄 = (政府支出 − 税收) = (出口 − 进口) + 投资
= 5 + (60 − 70) + 60 = 45（亿美元）

(5) 计算进出口盈亏

进出口盈亏 = 出口 − 进口 = 60 − 70 = − 10（亿美元）

12. 解：(1) 国民生产总值 GNP = $C + I + G + (X − M)$ = 700 + (130 + 60) + 220 + 20 = 1 130（亿美元）

(2) 国民生产净值 NNP = 国民生产总值 GNP − 折旧 = 1 130 − 60 = 1 070（亿美元）

(3) 国民收入 NI = 国民生产净值 NNP − 间接税 = 1 070 − 80 = 990（亿美元）

(4) 个人收入 PI = 国民收入 NI + 转移收入 − 转移支出 = NI + 政府转移支付 − 公司未分配利润 − 公司所得税 − 社会保险金 + 100 − 90 − 65 − 120 = 815（亿美元）

(5) 个人可支配收入 DPI = 个人收入 PI − 个人所得税 = 815 − 85 = 730（亿美元）

13. 解：(1) A 的价值增加为：5 000 − 3 000 = 2 000（万美元）

B 的价值增加为：500 − 200 = 300（万美元）

C 的价值增加为：6 000 − 2 000 = 4 000（万美元）

合计价值增加为：2 000 + 300 + 4 000 = 6 300（万美元）

(2) 最终产品价值为：2 800 + 500 + 3 000 = 6 300（万美元）

式中的 2 800、500、3 000 分别为 A、B、C 卖给消费者的最终产品。

(3) 国民收入为：6 300 - 500 = 5 800（万美元）

原来 GDP 为 6 300，现在加上进出口因素，GDP 变为：6 300 + (1 500 - 1 000) = 6 800（万美元），其中贸易顺差额，即净出口额为：1 500 - 1 000 = 500（万美元）。

14. 解：(1) 由 $Y_d = C + S$ 可知

$$S = Y_d - C = 5\,100 - 3\,800 = 1\,300（美元）$$

(2) 由 $S - I = (G + TR - TA) + NX$ 可知

$$1\,300 - I = 200 + (-100)$$
$$I = 1\,200（美元）$$

(3) 由 $Y_d = Y + TR - TA$

$$TR - TA = 5\,100 - 6\,000 = -900（美元）$$

由 $G + TR - TA = 200$ 得

$$G = 1\,100（美元）$$

15. 解： 由恒等式　　　$S - I = (G + TR - TA) + NX$　　　(1.1)

一国总收入　　$AS = C + S + TA - TR$

一国总支出　　$AE = C + I + G$

$$AE - AS = I - S + G + TR - TA > 0 \quad\quad (1.2)$$

由恒等式(1.1)可知 $I - S + G + TR - TA = -NX$

代入(1.2)得：$NX < 0$

即若一国支出大于收入，必然存在贸易赤字。

六、论述题

1. 答：(1) 福利水平是人们效用的满足程度，而人们效用是由消费活动和闲暇来决定的，所以一种指标是否能很好地反映福利水平，是以能否准确地衡量消费和闲暇来决定。

(2) GDP 不是反映一国福利水平的理想指标，有以下原因：

(i) 它包括了资本消耗的补偿，而这部分与消费和闲暇数量水平无关。

(ii) GDP 包括净投资，而净投资的增加只会增加生产能力，从而增加未来的消费，这不仅会增加本期消费，反而会减少本期的消费。

(iii) GDP 中的政府支出与本期消费没有明确的关系，如果政府支出的增加用于社会治安，这是社会治安恶化的反映，从而很难认为政府支出的增加提高了人们的福利水平。

(iv) 计算 GDP 时是加上出口，减去进口，而出口与国内消费无关，而进口与国内消费有关。

第一章 国内生产总值及其核算

(v) GDP 没有反映人们闲暇的数量。

GDP 没有考虑地下经济,地下经济与福利水平有着直接关系。

综上所述,GDP 不能很好地反映一国的福利水平。

2. 答:(1) 国内生产总值(GDP)指的是一国范围内生产的最终产品,是一个地域概念;而国民生产总值(GNP)指一国或地区国民所拥有的全部生产要素所生产的最终产品的市场价值,是一个国民概念。例如,一个在美国工作的日本人,他获得的收入,就应该计入日本的 GNP 和美国的 GDP。

(2) 目前大部分国家都采用 GDP 为国民收入的核算基础。在 1991 年 11 月之前,美国均是用 GNP 作为国民经济总产出的基本测量指标。后来改用 GDP,原因是大多数国家都用 GDP。同时,由于国外净收入数据不足,GDP 则较易衡量,再加上 GDP 相对于 GNP 来说是国内就业潜力的更好衡量指标(本国使用外资时解决的是本国就业问题)。当然,对美国来说,GDP 和 GNP 的差异较小,二者使用差别并不大。

(3) 两国之间的关系可以表示如下:GNP = GDP + (本国居民从外国获得的收入 - 外国居民从本国获得的收入)。

3. 答:(1) 虽然购买债券和股票对购买者而言可以称为一种"投资",但经济学上规定的投资与我们通常意义上的投资不一样,经济学上的投资是指增加或更换资本资产(包括厂房、住宅、机械设备及存货)的支出。经济学上的投资是指固定资产投资和存货投资。固定资产投资包括新厂房、新设备、新商业用房和新住宅的增加;存货投资是指价值的增加(也存在减少的可能性)。投资是一定时期内增加到资本中的资本流量。GDP 计算时,采用的是总投资而不是净投资。

人们购买债券和股票只是一种证券交易活动,并不是实际的生产经营活动,人们买了债券或股票,是一种产权转移活动,因而不属经济学意义的投资活动,也不能计入 GNP。当公司从人们手里取得了出售债券或股票的货币资金再去购买厂房或机器设备时,才是投资活动。

(2) 国民收入核算中,核算部分是运用生产要素所生产的全部最终产品的市场价值。购买股票和债券的资金,在购买时还没有用于生产,不能产生最终产品,更谈不上价值。但是如果购买股票和债券时支付了一定的佣金和未来可能产生的股息和利息,则应该归入国民收入的核算。因为前者为经纪人的劳务,而后者则是资金利用后的增值。

4. 答:从公司债券得到的利息应计入 GDP,而从政府得到的公债利息不计入 GDP,这是因为:

(1) 购买公司债券实际上是借钱给公司用,公司从人们手中借到了钱作生产

377

用,比如购买机器设备,就是提供了生产性服务,可以被认为创造了价值,因而公司债券的利息可看作是资本这一要素提供生产性服务的报酬或收入,当然要计入 GDP。

(2) 政府的公债利息被看作是转移支付,因为政府借的债不一定投入生产活动,而往往是用于弥补财政赤字。政府公债利息常常被看作是从纳税人身上取得的收入加以支付的,因而习惯上被看作是转移支付。

5. 答:(1) 政府转移支付不计入 GDP,政府转移支付只是简单地通过税收(包括社会保险)把收入从一个人(或组织)转移到另一个组织中,并没有相应的货物或劳务的交换发生。

(2) 购买一辆旧车也不计入 GDP,因为旧车在第一次销售时,已被记入GDP,旧车销售只不过是最终经济产品从一个消费者手中转移到另一个消费者手中而已。

(3) 购买普通股股票也不计入 GDP,因为购买股票不是增加或替换资本资产的行为,而只一种证券交易活动,并没有实际的生产经营活动发生,它不属于投资。

6. 答: $GDP = C + I + G + (X - M)$ 是用支出法核算四部门经济国内生产总值的计算公式。它表示四部门经济的国内生产总值等于经济社会(一个国家或一个地区)在一定时期内消费、投资、政府购买以及净出口等几方面支出的总和。

(1) 国内生产总值(GNP)指经济社会(即一国或一个地区)在一定时期内运用生产要素所生产的全部最终产品(物品和劳务)的市场价值。这项综合经济指标未扣除生产过程资本损耗的折旧费用,所以称为"总值"。国内生产总值包含的只是最终产品和劳务,不计算生产中耗费掉的中间产品的价值。

(2) 消费 C 包括耐用消费品(如家电、家具等)、非耐用消费品(如食物、衣服等)和劳务(如理发、旅游等),但不包括个人建筑住宅的支付。

(3) 投资 I 是指增加或更换资本资产(厂房、设备、住宅和存货)的支出。资本产品和中间产品虽然都用于生产别的产品,但不一样的是前者在生产别的物品的过程中是部分被消耗,而后者则是完全转化。在资本产品的损耗中,一方面包括实际的物质损耗,另一方面还包括精神损耗(指由于技术进步或者出现了更高效的新设备而导致设备贬值)。存货投资指存货价值的增加(或减少),可为正值也可为负值。即期末存货可能小于期初存货。公式中的 I 为总投资,而净投资 = I - 重置投资指的是当年以前资本产品的折旧消耗。

(4) 政府购买 G 为各级政府购买物品和劳务的支出,如政府花钱设立法院,提供国防,建筑道路,开办学校等方面支出。政府购买只是政策支出的一部分,政

第一章 国内生产总值及其核算

府支出的另一些部分,如转移支付、公债利息等都不计入 GDP。

(5) 净出口($X-M$)指进出口的差额。用 X 表示出口,用 M 表示进口,进口应从本国总购买中减去,因为进口表示收入流到国外,同时,也不是用于购买本国产品的支出;出口应加进本国总购买量之中,因为出口表示收入从外国流入,是用于购买本国产品的支出,因此,净出口应计入总支出,它可能是正值,也可能是负值。

7. 答:(1) 西方国民收入核算通常通过 GDP 来衡量国民经济总产出水平,衡量发展的程度,衡量生活水平,是存在缺陷的。

统计中不包括非市场交易活动,即一部分产品和劳务给漏掉了。例如,家务劳动、自给自足的生产以及个人私自交易等。

国民收入指标不能说明社会为此付出的代价和成本。例如,它无法反映人们的闲暇,无法反映污染程度等。

西方国民收入核算把所有的市场交易活动都包括进来,并不能反映社会经济发展水平,也无法反映人们从产品和劳务消费中获得的福利状况。例如,赌博盛行,也许 GDP 很高(如拉斯维加斯),但并不说明该地区的人民过得幸福。

由于不同国家产品结构和市场价格的差异,两国国民收入指标难以进行精确比较,例如,由于 GDP 中包含的劳务,两个国家虽然可以拥有相同的 GDP,但是一个生产粮食,一个生产歌曲,显然,两国的物质生活水平不一样。

(2) 鉴于以上的综述,西方经济学家从不同的角度加以修正,提出经济净福利、物质生活质量指数等计算方法和指标。近年来,经济学家试图采用"扩充国民收入账户"来修正国民收入衡量的缺陷。其中一项加项为地下经济,但不是所有的地下经济都是加项,例如,医生、保姆、农民的地下活动应计入加项,而赌博、贩毒等地下经济则不计入。另一个减项为环境的破坏。

8. 答:(1) 国民收入是进行宏观分析的关键,因为宏观经济学研究的是整个社会的经济活动,以社会总体的经济行为及其后果为研究对象。

(2) 对国民收入(以 GDP 为例)的核算可用生产法、支出法和收入法,常用的为后两者。其核算的理论基础是总产出等于总收入,总产出等于总支出。

(i) 支出法指经济社会(指一个国家或一个地区)在一定时期内消费、投资、政府购买以及出口方面支出的总和。公式如下:

$$GDP = C + I + G + (X - M)$$

其中,消费 C 包括耐用消费品(如家电、家具等)、非耐用消费品(如食物、衣服等)和劳务(如理发、旅游等),但不包括个人建筑住宅的支付。

经济学中的投资 I 是指增加或更换资本资产(厂房、设备、住宅和存货)的支出。资本产品和中间产品虽然都用于生产别的产品,但不一样的是前者在生产别的物品的过程中是部分被消耗(指的是由于技术进步或者是出现了更高效的设备而导致原设备贬值)。存货投资指存货价值的增加(或减少),可为正值也可为负值,即期末存货可能小于期初存货。公式中的 I 为总投资,而净投资 = I - 重置投资。重置投资指的是当年以前资本产品的折旧消耗。

G 为政府购买插口和劳务的支出,转移支付(救济金等)不计入。

$X - M$ 为净出口,可正可负。

(ii) 收入法即用要素收入亦即企业生产成本核算国内生产总值。严格说来,最终产品市场价值除了生产要素收入构成的成本,还有间接税、折旧、公司未分配利润等内容。公式如下:

GDP = 工资 + 利息 + 租金 + 利润 + 间接税和企业转移支付 + 折旧

其中,工资、利息、租金是最典型的要素收入。工资中还需要包括所得税、社会保险税;利息是指提供资金给企业使用而产生的利息,所以需要剔除政府公债利息和消费信贷利息;租金除了租赁收入外,专利和版权的收入也应归入其中。

利润指税前利润,包括公司所得税、红利、未分配利润等。

企业转移支付包括对非营利组织的慈善捐款和消费者呆财;间接税包括货物税、销售税、周转税等。

以上用支付法和收入法对 GDP 的核算,同样适用于 GNP。

(3) 理论上讲,支出法和收入法的值应该是相等的,但在实际核算中,常有误差,所以需要加上一个统计误差。

9. 答:(1) 在国民收入核算体系中,存在的储蓄投资恒等式完全是根据储蓄和投资的定义得出的。根据定义,国内生产总值等于消费加投资,国民总收入则等于消费加储蓄,国内生产总值又总等于国民收入,这样才有了储蓄恒等于投资的关系。这种恒等关系就是两部门经济的总供给($C + S$)和总需求($C + I$)的恒等关系。只要遵循储蓄和投资的这些定义,储蓄和投资一定相等,而不管经济是否充分就业或通货膨胀,即是否均衡。

(2) 但这一恒等式并不意味着人们意愿的或者说事前计划的储蓄总会等于企业想要有的投资。在实际经济生活中,储蓄和投资主体及动机都不一样,这就会引起计划投资和计划储蓄的不一致,形成总需求和总供给不平衡,引起经济扩张和收缩。分析宏观经济均衡时所讲的投资等于储蓄,是指只有计划投资等于计划储蓄时,才能形成经济的均衡状态。这和国民收入核算中的实际发生的投资总等于实际发生的储蓄这种恒等关系并不是一回事。

10. 答:(1) GDP,即国内生产总值的简称,是指一国范围内一年中所生产的最终产品和服务的市场总价值。

(2) GNP,即国内生产总值的简称,是指一国一定时期内所生产的最终产品(包括产品与劳务)的市场价值总和。GNP 是按照国民原则来计算的,而 GDP 是按国土原则来计算的。两者的关系是:GDP = GNP - 来自国外的净要素收益。

(3) NDP,即国内生产净值的简称,是指 GDP 扣除折旧的部分,即 NDP = GDP - 折旧。

(4) NNP,即国内生产净值的简称,在实物形态上,国民生产净值是社会总产品扣除已消耗掉的生产资料后的全部消费资料和用于扩大再生产及增加后备的那部分生产资料。在价值形态上,国民生产净值等于国民生产总值(GNP)与资本折旧之差。

(5) NI,即国民收入的简称,是指一个国家一年内用于生产的各种生产要素所得到的全部收入,即工资、利润、利息和地租的货币值之和,它与 GDP 的关系为:GDP - 折旧 - 间接税 = NI。

(6) NI 概括了一个社会所有人的总收入,但总收入并不等于可支配收入。某人一个月的总收入中要扣除住房公积金、医疗保险金和个人所得税;此外,他也会有一些额外的收入,比如国家发给的住房和国家的特殊津贴等,进行了这些加减之后的钱才是这个人可以自由支配的收入。我们计算全社会可支配收入 DI 就是 NI 中扣除相应的项目,即 DI = NI - 社会保险费 - 经营利润 - 企业留利 - 个人所得税 + 国家转移支付 + 企业的转移支付 + 其他。

(7) NT,即净税收的简称,是指政府的总税收减去转移支付的部分。它与 GDP 的关系为:$DI = GDP - NT$。

11. 答:储蓄—投资等式中的储蓄和投资是根据定义得出的。根据定义,以两部门经济为例,国内生产总值等于消费加投资,国民总收入等于消费加储蓄。国内生产总值等于国民总收入。这样,只要遵循定义,储蓄恒等于投资,而不管经济是否处于充分就业或者是处于均衡。而在实际生活中,储蓄主要由居民进行,而投资主要由企业进行,个人的储蓄动机和企业的投资动机不一样,这才会导致计划储蓄和计划投资的不一致而引起经济的扩张或收缩。在分析宏观经济均衡时,要求的投资等于储蓄,是指计划投资等于计划储蓄,或事前储蓄等于事前投资。在国民经济核算中储蓄等于投资是指从国民收入的会计角度出发,事后的储蓄等于事后的投资。

12. 答:(1) 计算 GDP 的支出法是将一国在一定时期内所有的相对经济单位用于最终产品和劳务的支出加总起来。在四部门经济中,支出主要有四种:家庭消费支出、企业投资支出、政府购买支出和净出口(出口与进口额之差)。

家庭消费支出包括购买商品和劳务的支出以及其他支出。其中包括购买耐用消费品的支出,如汽车、洗衣机、电视机等;购买非耐用消费品的支出,如食品、衣服等;劳务支出,如理发、医疗和教育等。消费支出用 C 表示。

企业投资支出是指企业用于机器设备、厂房和存货方面的支出。投资支出用 I 表示。

政府购买支出是指各级政府购买商品和劳务的总和。修建道路、桥梁,添置军事设备和支付警察的工资是政府购买的例子。政府购买用 G 表示。

净出口定义为出口额减进口额,以 X 表示出口,M 表示进口,NX 表示净出口,则有:$NX = X - M$。

(2)根据支出法有:国内生产总值 = 消费支出 + 投资支出 + 政府购买 + 净出口,即 $GDP = C + I + G + NX$。

(3)在实际应用中应注意以下两个问题:① 有些支出项目不应计入GDP,这些项目包括对过去时期生产的产品的支出(如购买旧设备)、非产品和劳务的支出(如购买股票、债券的支出)等。② 避免重复计算。由于最终产品和中间产品并无明显区别,因而计算过程中容易造成重复计算。在实际计算中,如果最终产品的价值全部记入GDP,即使这种产品是生产最终产品的企业购买来的也是如此。如果中间产品在此之前已计入GDP中,那么该产品生产的最终产品价值只能扣除中间产品价值后,方可计入GDP中。

七、案例分析

【案例 1 参考答案】

(1)目前在评价经济状况、经济增长趋势及社会财富的表现时,使用最为广泛的国民经济核算所提供的GDP指标,不能完全反映自然与环境之间的平衡,不能完全反映经济增长的质量。这些缺陷使传统的国民经济核算体系不仅无法衡量环境污染和生态破坏导致的经济损失,相反还助长了一些部门和地区为追求高的GDP增长而破坏环境、耗竭式使用自然资源的行为。可以肯定的是,目前GDP数字里有相当一部分是靠牺牲后代的资源来获得的。有些GDP的增量用科学的发展观去衡量和评价,不但不是业绩,反而是一种破坏。我们要加快发展、加速发展,但不能盲目发展。

(2)尽管GDP存在着种种缺陷,但这个世界上本来就不存在一种包罗万象、反映一切的经济指标,在我们现在使用的所有描述和衡量一国经济发展状况的指标体系中,GDP无疑是最重要的一个指标。正因为有这些作用,所以我们说,GDP不是万能的,但没有GDP是万万不能的。

(3)建立绿色GDP统计指标体系。

【案例 2 参考答案】

（1）人均 GDP 差距仍然存在。国富民强主要体现在该国的人均国民收入而不完全是该国的 GDP。衡量一个国家发展水平最科学的方法是人均 GDP。

（2）国内生产总值即（GDP）是指一个国家（或地区）在本国领土上，在一定时期内生产的全部产品和劳务的市场价值总和。

怎样缩小我国与发达国家的差距，把我国 GDP 这个蛋糕做大呢？

（i）提高生产能力，加大自主创新和技术进步，提高自然资源和人力资源的效率。

（ii）大力发展服务业，做长产品价值链。美国的农民生产出的麦子，自己不磨面、不烤面包。从市场把面包、黄油、蛋类、蔬菜等买回来吃，这样一来，他们的价值链就做长了，GDP 的总量就做大了。

（iii）立足于人口多的基本国情，扩大就业、扩大内需。

【案例 3 参考答案】

（1）中国 GDP 跃居世界第二，是全中国人民努力了几十年，等了一百多年的大好事，标志着中国在世界经济地位的提高，这是全国人民努力的结果。但是，我们不要过度宣扬这件事情，或者过分地高兴，因为这对中国来说并没有什么根本的变化。从衡量一个国家经济实力最重要的指标人均 GDP 来说，中国目前与发达国家的差距还很大，日本的人口只是中国的 1/10。从历史上看，1840 年鸦片战争时，中国占全世界 GDP 的 25%～30%，总量居世界第一，但那时候中国的人均 GDP 只是英国的 1/5。所以，GDP 总量能说明一定问题，但衡量一个国家的强大或者一个民族的强大，更重要的是要从人均 GDP 来看，而且也不能只看 GDP，还要看人的素质、创新能力、工业、农业、军事以及国际竞争力等其他很多方面。从这些方面来看，我们都还差得很远。

（2）第一，追求 GDP 质量，那些虚的、老百姓没得什么实惠的 GDP 不值得追求。要以人为本，以改善老百姓的生活为经济增长的出发点，讲求增长的质量，而不是为了增长而增长，为了 GDP 而 GDP。第二，要注意收入分配和贫富差距的问题，这已经是迫在眉睫的问题。第三，还要注重环境保护，如果 GDP 增长，东西生产出来了，但大家都得病了，那么，这样的 GDP 也没有多大意义。第四，转变 GDP 增长方式，从粗放到集约。如果靠拼资源、大量消耗土地、搞人海战术而获得快速发展，那么这种经济发展依然会面临"不稳定、不平衡、不协调、不可持续"的问题。协调好经济增长三驾马车之间的关系，以扩大内需为重点，保证经济可持续发展。

第二章 国民收入的决定：收入—支出模型

第一部分 习 题

一、名词解释

1. 有效需求 2. 消费函数 3. 平均消费倾向 4. 边际消费倾向 5. 储蓄函数 6. 平均储蓄倾向 7. 边际储蓄倾向 8. 边际消费倾向递减规律 9. 乘数 10. 投资乘数 11. 政府购买支出乘数 12. 税收乘数 13. 充分就业 14. 凯恩斯消费函数 15. 短期消费函数 16. 长期消费函数 17. 相对收入假说 18. 生命周期假说 19. 投资 20. 自发性投资 21. 投资函数 22. 资本边际效率（MEC） 23. 节俭悖论 24. 棘轮效应 25. 消费函数之谜

二、单项选择题

1. 边际消费倾向的值越小,则（　　）。
   A. 总支出曲线就越平坦　　　　　B. 边际储蓄倾向的值越小
   C. 乘数的值就越大　　　　　　　D. 总支出曲线就越陡峭
2. 假定其他条件不变,厂商投资增加将引起（　　）。
   A. 国民收入增加、消费水平提高　　B. 国民收入增加,消费水平下降
   C. 国民收入增加,储蓄水平提高　　D. 国民收入增加,储蓄水平下降
3. 乘数的作用必须在（　　）条件下可发挥。
   A. 总需求大于总供给　　　　　　B. 政府支出等于政府税收
   C. 经济中存在闲置资源　　　　　D. 经济实现了充分就业
4. 根据消费函数,引起消费增加的因素是（　　）。
   A. 收入增加　　　　　　　　　　B. 储蓄增加
   C. 利率降低　　　　　　　　　　D. 价格水平下降
5. 在简单的凯恩斯宏观经济模型中,投资增加使储蓄（　　）。
   A. 减少　　　　B. 不变　　　　C. 增加　　　　D. 不确定
6. 在收入的均衡水平上,（　　）。

A. GDP 没有变动的趋势　　　　B. 计划支出等于实际支出
C. 非自愿的存货累积为 0　　　　D. 以上说法都正确

7. GDP 的均衡水平与充分就业的 GDP 水平的关系是(　　)。
　A. GDP 的均衡水平不可能是充分就业的 GDP 水平
　B. GDP 的均衡水平就是充分就业的 GDP 水平
　C. GDP 的均衡水平可能是也可能不是充分就业的 GDP 水平
　D. 除了特殊失衡状态,GDP 的均衡水平通常是充分就业的 GDP 水平

8. 比较存在所得税时政府购买对 GDP 的作用与没有所得税时政府购买对 GDP 的作用,前者的作用(　　)。
　A. 较大　　　　　　　　　　　B. 较小
　C. 取决于边际消费倾向　　　　D. 不能确定

9. 边际消费倾向是指(　　)。
　A. 在任何收入水平上,消费与收入的比率
　B. 在任何收入水平上,消费变化与收入变化的比率
　C. 在任何水平上,收入发生微小变化引起的消费变化与收入变化的比率
　D. 以上都不对

10. 在其他因素不变的情况下,以下哪种因素引起消费的减少(　　)。
　　A. 收入的增加　　　　　　　B. 价格水平的提高
　　C. 对某物的偏好的增加　　　D. 储蓄减少

11. 在坐标图上,表示收入和消费关系的 45°线意味着(　　)。
　　A. 直线上所有的点表示消费等于储蓄
　　B. 所有的点表示收入等于储蓄
　　C. 所有的点表示消费等于收入
　　D. 以上都不对

12. 消费者收入水平决定(　　)。
　　A. 流动资产的存量　　　　　B. 购买力水平
　　C. 财富的分配　　　　　　　D. 消费者负债的水平

13. 根据凯恩斯消费理论,随着收入增加(　　)。
　　A. 消费增加、储蓄下降　　　B. 消费下降、储蓄增加
　　C. 消费增加、储蓄增加　　　D. 消费下降、储蓄下降

14. 边际消费倾向与边际储蓄倾向之和等于 1,这是因为(　　)。
　　A. 任何两个边际量相加总是等于 1
　　B. MPC 和 MPS 都是直线

C. 国民收入不是用于消费就是用于储蓄

D. 经济中的投资水平不变

15. 边际消费倾向小于1意味着当前可支配收入的增加将使意愿的消费支出（　　）。

　　A. 增加，但幅度小于可支配收入的增加幅度

　　B. 有所下降，这是由于收入的增加会增加储蓄

　　C. 增加，幅度等于可支配收入的增加幅度

　　D. 保持不变，这是由于边际储蓄倾向同样小于1

16. 根据相对收入假说，下面哪种情况边际消费倾向较高（　　）。

　　A. 生活水平较低　　　　　　B. 社会地位较低

　　C. 发生经济衰退　　　　　　D. 周围人群消费水平较高

17. 根据生命周期理论，下面哪种情况可使消费倾向下降（　　）。

　　A. 社会上年轻人和老年人比例增大

　　B. 社会上中年人比例增大

　　C. 更多的人想及时行乐

　　D. 社会保障制度逐步健全

18. 若资本存量增加，则净投资（　　）。

　　A. 增加　　　B. 减少　　　C. 不变　　　D. 不确定

19. 实际利率与储蓄之间的关系为（　　）。

　　A. 实际利率上升

　　B. 实际利率上升，储蓄下降

　　C. 实际利率上升，储蓄可能上升也可能下降，要视情况而定

　　D. 实际利率的变化与储蓄无关

20. 若资本边际效率低于市场利率，则企业投资（　　）。

　　A. 过多　　　B. 过少　　　C. 正好　　　D. 都不对

21. 人们在工作岁月中储蓄是为了在退休时消费的观点被称为（　　）。

　　A. 凯恩斯消费函数　　　　　B. 生命周期假说

　　C. 持久性收入假说　　　　　D. 无法确定

22. 人们在好的年景中储蓄以便在不好的年景中提供额外消费的理论被称为（　　）。

　　A. 凯恩斯消费函数　　　　　B. 生命周期假说

　　C. 持久性收入假说　　　　　D. 以上所有答案

23. 边际储蓄倾向等于（　　）。

A. 边际消费倾向 B. 1加上边际消费倾向
C. 1减去边际消费倾向 D. 边际消费倾向的倒数

24. 在两部门经济中,均衡发生于( )之时。
    A. 实际储蓄等于实际投资
    B. 实际消费加实际投资等于产出值
    C. 计划储蓄等于计划投资
    D. 总支出等于企业部门的收入

25. 假定其他条件不变,厂商投资增加将引起( )。
    A. 国民收入增加,但消费水平不变
    B. 国民收入增加,同时消费水平提高
    C. 国民收入增加,但消费水平下降
    D. 国民收入增加,储蓄水平下降

26. 消费者储蓄增多而消费支出减少,则( )。
    A. GDP将下降,但储蓄将不变 B. GDP将下降,但储蓄将上升
    C. GDP和储蓄都将下降 D. GDP不变,但储蓄下降

27. GDP的均衡水平与充分就业的GDP水平的关系是( )。
    A. 两者完全等同
    B. 除了特殊的失衡状态,GDP均衡水平通常就意味着充分就业时的GDP水平
    C. GDP的均衡水平完全不可能是充分就业的GDP的水平
    D. GDP的均衡水平可能是也可能不是充分就业的GDP水平

28. 下列( )情况不会使收入水平增加。
    A. 自发性支出增加 B. 自发性税收下降
    C. 自发性转移支付增加 D. 净税收增加

29. 平均消费倾向和平均储蓄倾向之间存在着互补关系,两者之和( )。
    A. 大于1 B. 小于1
    C. 永远等于1 D. 永远不等于1

30. 在以下四种情况中,乘数最大的是( )。
    A. 边际消费倾向为0.8 B. 边际消费倾向为0.75
    C. 边际消费倾向为0.5 D. 边际消费倾向为0.4

31. 若其他情况不变,所得税的征收会使( )。
    A. 支出乘数和税收乘数都增大
    B. 支出乘数增大,净税收乘数变小

C. 支出乘数和税收乘数都变小

D. 支出乘数变小,而净税收乘数变大

32. 如果由于投资支出下降而导致 GDP 下降,可预期( )。

A. 消费和储蓄将上升　　　　B. 消费和储蓄将下降

C. 消费将下降,但储蓄将上升　D. 消费将上升,但储蓄将下降

33. 四部门经济与三部门经济相比,乘数效应( )。

A. 变大　　　　　　　　　　B. 变小

C. 不变　　　　　　　　　　D. 以上均有可能,不能确定

三、判断题

1. 消费水平的高低会随着收入的变动而变动,收入越高,消费水平也越高。( )

2. 收入很低时,平均消费倾向可能会大于1。( )

3. 在短期内,如果居民的可支配收入等于0,则居民的消费支出也等于0。( )

4. 消费和收入之间如果存在线性关系,那么边际消费倾向不变。( )

5. 乘数效应不是无限的,是以充分就业作为最终极限的,并且其发生作用的必要前提是存在可用于增加生产的劳动力和生产资料。( )

6. 当经济处于均衡时,边际消费倾向必然等于边际储蓄倾向。( )

7. 如果边际消费倾向递减,平均消费倾向也一定递减;反之,平均消费倾向递减,边际消费倾向也一定递减。( )

8. 如果消费的变化是国民收入变化带来的,那么,这样的消费和自发投资对国民收入会有同样大的影响。( )

9. 货币政策对住宅投资影响特别大。( )

10. 消费者易于随收入的提高而增加消费,也易于随收入的降低而减少消费。( )

11. 消费支出与消费是有区别的。( )

12. 预期收入变化和当年收入变化对消费的影响是不相同的。( )

13. 生命周期理论和永久收入理论都认为暂时性税收变化对当前消费的影响很小。( )

14. 当一社会建立起健全的社会保障体系,人们的平均消费倾向是会变大的。( )

15. 当一社会步入老年人社会,社会消费倾向将会下降。( )

四、简答题

1. 简述生命周期假说。
2. 居民的可支配收入为零时,为什么其消费支出不为零?
3. 为什么消费函数在长期中是稳定的?
4. 试述乘数理论的适用性。
5. 简述凯恩斯分析有效需求不足的三大基本心理规律。
6. 短期消费函数与长期函数的差别表现在哪些方面?
7. 在凯恩斯的收入决定论中,收入水平是如何决定的?利息率的变动对此有什么作用?
8. 简要论述消费理论的几种观点。
9. 什么是平均消费倾向和边际消费倾向?
10. 什么是长期消费函数?长期消费函数与短期消费函数有什么区别?
11. 试用永久收入理论分析消费不会随经济的繁荣与衰退作太大变化。
12. 试述凯恩斯的边际消费倾向递减规律与经济稳定性之间的关系。
13. 试述生命周期理论与凯恩斯消费理论之间的区别。
14. 为什么资本边际效率是递减的?
15. 乘数作用的发挥在现实生活中会受到哪些限制?
16. 政府购买和政府转移支付都属于政府支出,为什么计算总需求时只计算政府购买而不包括政府转移支付?
17. 根据生命周期理论,社会保障制度对你的支配收入的平均消费倾向有何影响?
18. 为什么说 $i=s$ 是简单收入决定模型中的基本均衡条件?应当怎样看待这一均衡条件?

五、计算题

1. 假设某经济社会的消费函数为 $C=100+0.8Y$,投资为 50,试求:
(1) 均衡的国民收入、均衡的储蓄水平、均衡的消费。
(2) 如果由于某种原因,实际产出为 800,企业非自愿存货积累为多少?
(3) 如果投资增加到 100,均衡收入为多少?
(4) 若消费函数变为 $C=100+0.9Y$,投资仍是 50,则均衡的收入为多少?
(5) 在第(4)题中,投资增加到 100 时,收入增加多少?
(6) 上述两种消费函数在投资增加后,乘数如何变化?

2. 假定某经济的社会消费函数 $C=300+0.8Y_d$,私人意愿投资 $I=200$,税收函数 $T=0.2Y$(单位:亿美元)。求:

(1) 均衡收入为 2 000 亿美元时,政府支出(不考虑转移支付)必须是多少? 预算盈余还是赤字? 具体数值是多少?

(2) 政府支出不变,而税收提高为 $T = 0.25Y$,均衡收入是多少? 这时预算将如何变化?

3. 假设经济模型为:
$C = 20 + 0.75(Y - T); I = 380; G = 400; T = 0.20Y; Y = C + I + G$

(1) 计算边际消费倾向。

(2) 计算均衡的收入水平。

(3) 在均衡的收入水平下,政府预算盈余为多少?

(4) 若 G 从 400 增加到 410,计算政府支出乘数,并解释它不等于 $\frac{1}{1 - MPC}$ 的原因(MPC 为边际消费倾向)。

4. 假定边际消费倾向为 0.9,所得税为收入的三分之一,政府决定增加支出以使国民生产总值增加 750 美元,政府开支应该增加多少? 这对财政赤字有何影响?

5. 假设某经济的消费函数为 $C = 100 + 0.8Y_d$(其中 Y_d 为个人可支配收入);投资 $I = 100$,政府购买支出 $G = 200$,政府转移支付 $TR = 62.5$(单位均为 10 亿美元),税率 $t = 0.25$。问:

(1) 均衡国民收入是多少?

(2) 投资乘数和政府税收乘数分别是多少?

(3) 当政府将一笔支出用在政府购买上对国民收入的影响是否和将这一笔支出用在政府转移支付上对国民收入的影响一样? 为什么?

6. 在三部门经济中,已知消费函数为 $C = 100 + 0.9Y_d$,投资 $I = 300$ 亿美元,政府 $G = 160$ 亿美元,税收 $T = 0.2Y$。试求:

(1) 均衡的国民收入水平。

(2) 政府购买乘数。

(3) 若政府购买增加到 300 亿美元时,新的均衡国民收入。

7. 已知:$C = 50 + 0.75Y, I = 150$(单位:亿元)。试求:

(1) 均衡的收入、消费、储蓄和投资各为多少?

(2) 若投资增加 25,在新的均衡下,收入、消费和储蓄各为多少?

(3) 如果消费函数的斜率增大或减小,乘数有何变化?

8. 假定某经济在均衡状态 $Y_0 = 800$ 下运行,如果政府进行两次财政改革,税率 t 增加 0.03,政府购买增加 24,预算盈余是上升还是下降? 为什么?

9. 设某封闭经济中有如下资料:$C=80+0.75Y_d$,$Y_d=Y-T$,$T=-20+0.2Y$,$I=50+0.1Y$,$G=200$。试计算均衡时收入、消费、投资与税收水平。

10. 假设有一个经济可用如下函数来描述:$C=50+0.8Y_d$,$I=150$,$G=200$,$TR=100$,$t=0.35$。试计算:

(1) 均衡收入水平及各乘数值。

(2) 预算盈余 BS。

(3) 假设 t 降至 0.15,那么新的均衡收入水平为多少?新的乘数为多少?计算预算盈余的变化。

(4) 当边际消费倾向变为 0.9,其他条件不变时,预算盈余是变大还是变小?

11. 设政府购买和税收分别为 500 美元和 400 美元,投资为 200 美元,消费中自发性部分为 100 美元,边际消费倾向为 0.9,求国民生产总值水平。

12. 假定边际消费倾向为 0.9,所得税为收入的三分之一,政府决定增加支出以使国民生产总值增加 750 亿美元。政府开支应该增加多少?

13. 假设社会消费函数 $C=100+0.8Y_d$(Y 为可支配收入),投资支出为 $I=50$,政府购买支出为 $G=200$,政府转移支付为 $TR=62.5$,定额税收为 $T_0=250$(单位均为 10 亿美元)。求:

(1) 均衡收入。

(2) 投资乘数、政府购买乘数、税收乘数、转移支付乘数与平衡预算乘数。

(3) 假定该社会的充分就业所需要的国民收入为 1200,试问:

(i) 增加政府购买;

(ii) 减少税收;

(iii) 增加政府购买和税收同一数额(以便预算平衡)来实现充分就业,各需多少数额?

六、论述题

1. 凯恩斯消费函数有何理论意义?

2. 试述产品市场的均衡条件并加以简要评论。

3. 什么是投资?影响投资的因素有哪些?

4. 投资为什么对国民收入具有乘数作用?乘数在经济中发生作用的前提条件是什么?

5. 请推导四部门经济中总储蓄和投资的恒等式。

6. 请推导四部门经济中国民收入的决定公式。

7. 假设 A 为高收入集团(城镇居民),B 为低收入集团(乡村居民),在经济增长的城市化进程中,B 转变为城镇居民,与 A 的收入差距大为缩小,分别用绝对收入假说和相对收入假说说明上述情况对消费的影响。

七、案例分析

【案例1】 中美边际消费倾向之比较。

据估算,美国的边际消费倾向现在约为 0.68,中国的边际消费倾向约为 0.48。也许这种估算不一定十分准确,但是一个不争的事实是,中国的边际消费倾向低于美国。为什么中美边际消费倾向有这种差别呢?

一些人认为,这种差别在于中美两国的消费观念不同,美国人崇尚享受,今天敢花明天的钱,中国人有节俭的传统,一分钱要掰成两半花。但在经济学家看来,这并不是最重要的。消费观念属于伦理道德范畴,由经济基础决定,不同的消费观来自不同的经济基础。

还要用经济与制度因素来解释中美边际消费倾向的这种差别。美国是一个成熟的市场经济国家,经济总体上是稳定的;美国的社会保障体系较为完善,覆盖面广而且水平较高。而我国正在从计划经济转向市场经济,社会保障体系还没有完全建立起来。

讨论题:

1. 从这个案例当中你可以得出什么结论?
2. 如果要提高我国的边际消费倾向,我们应该从哪几个方面入手?

【案例2】 乘数是一把"双刃剑"。

乘数反映了国民经济各部门之间存在着密切的联系。比如建筑业增加投资 100 万,它不仅会使本部门收入增加,而且会在其他部门引起连锁反应,从而使这些部门的支出与收入也增加,在边际消费倾向为 80% 时,在乘数的作用下最终使国民收入增加 5 倍,使国民收入增加 500 万。为什么会有这种倍数关系,让我们举一例来说明。例如,你花了 50 元去买了 10 斤苹果,这样卖水果的小贩收到 50 元后,留下 20% 即 $50 \times 20\% = 10$(元)去储蓄,拿其余的 80% 即 $50 \times 80\% = 40$(元)去购买其他商品,这 40 元又会成为其他人的收益。假如这个小贩把 40 元用去购买蔬菜,这又使菜农收益增加了 40 元。菜农再拿 20% 即 $40 \times 20\% = 8$(元)去储蓄,其余 $40 \times 80\% = 32$(元)去买大米,这样,卖大米的农户又会增加 32 元的收益。如此连续循环下去,社会最后的收益上升到 250 元,其计算方法是:$50 + 50 \times 80\% + 50 \times 80\% \times 80\% + 50 \times 80\% \times 80\% \times 80\% \cdots\cdots = 50 \times (1 + 80\% + 80\% \times 80\% + 80\% \times 80\% \times 80\%) = 50 \times [1/(1 - 80\%)] = 250$(元)。

250 元是最初需求增加量 50 元的 5 倍,这就是乘数效应的结果。但乘数的作用是双重的,如果上述最初需求不是"增加"而是"减少",那么同样也会使国民收入减少 250 元。即当自发总需求增加时,所引起的国民收入的增加要大于最初自发总需求的增加；当自发总需求减少时，所引起的国民收入的减少也要大于最初自发总需求的减少。所以，经济学家形象地把乘数效应称为一把"双刃剑"。

讨论题：

1. 乘数理论的含义是什么？
2. 为什么说乘数理论是一把"双刃剑"？
3. 乘数效应发生作用需要什么条件？

【案例3】 蜜蜂的寓言。

18世纪初，一个名叫孟迪维尔的英国医生写了一首题为《蜜蜂的寓言》的讽喻诗，大意是：很久以前，有一群蜜蜂过着挥霍、奢华的生活，整个蜜蜂王国兴旺发达、百业昌盛。后来，从遥远的地方来了一只老蜜蜂，它劝导挥霍、奢华的蜂群要节俭持家。于是，蜂群在老蜜蜂的教导下改变了原来的生活习惯，崇尚节俭朴素。结果，整个蜜蜂王国经济衰落、社会凋敝，终于被敌手打败而逃散。蜜蜂的寓言的确引人深思。这首诗所宣扬的"浪费有功"，在当时受到指责。英国中塞克斯郡大陪审团委员们就曾宣判它为"有碍公众视听的败类作品"。但在二百多年之后，这部当时声名狼藉的作品却启发凯恩斯发动了一场经济学上的"凯恩斯革命"，建立了现代宏观经济学和总需求决定理论。

众所周知，自古以来节俭是中华民族的传统美德，人们崇尚节俭，鼓励节俭，从一定意义上来说这是值得提倡和弘扬的，但从经济学上来说，这是"节约悖论"。回顾我国经济发展历程，不难看出，近年来我国政府为拉动消费，刺激有效需求，扩大内需，出台了一系列相关政策。

讨论题：

1.《蜜蜂的寓言》与扩大内需有何联系？
2. 如何正确认识"节约悖论"？

第二部分 参考答案

一、名词解释

1. 有效需求：凯恩斯把总需求函数曲线和总供给函数曲线交点处的需求量称为有效需求，并认为有效需求决定了国民收入的均衡值，经济学通常把有支付能力的需求看作有效需求。

2. 消费函数：在决定人们消费的众多因素中，假定除收入以外的其他因素给定不变，则消费函数可记为 $C = C(Y)$，指人们的消费支出是其收入的函数，消费随收入的变化而变化。

3. 平均消费倾向：指人们的消费支出在其收入中所占的比例，可记为 $APC = \frac{C}{Y}$。

4. 边际消费倾向：收入每增加一个单位时所引起的消费增加量，简写为 MPC。

5. 储蓄函数：在凯恩斯宏观经济模型中，假定其他影响储蓄的因素不变，则储蓄函数可以记为 $S = S(Y)$，指人们的储蓄是其收入的函数。

6. 平均储蓄倾向：简写为 APS，指人们储蓄金额在其收入中所占的比例，可记为 $\frac{S}{Y}$。

7. 边际储蓄倾向：收入每增加一个单位时所引起的储蓄增加量，简写为 MPS。

8. 边际消费倾向递减规律：又称消费倾向的基本心理法则，是凯恩斯提出的三大基本心理规律之一。在凯恩斯看来，无论是从人的本质看，还是根据日常观察到的通常的具体经验来看，人们的消费支出与其收入之间具有一种稳定的函数关系：收入增加，消费支出也会增加，但消费的增量小于收入的增量，边际消费倾向递减规律的作用，随着人们收入的增加，储蓄的份额将加大，如果没有投资吸纳储蓄，则会出现消费不足和投资不足并存的有效需求不足的局面。

9. 乘数：指收入的变化带来这种变化支出的初始变化之间的比率。用公式表示为 $K = \frac{\Delta Y}{\Delta J}$，式中，$\Delta Y$ 是国民收入的变化，ΔJ 是支出的变化。乘数作用可通过初始支出后的消费的收入变化来说明。初始支出增加引起收入的增加，增加的收入中将有一部分花费在其他商品和劳务上，这意味着生产这些商品和劳务的人的收入增加，随后他们也将花费一部分增加的收入，如此继续下去，最终引起的收入增量多倍于初始支出量，其大小取决于每一阶段有多少收入用于消费，即决定于人们的边际消费倾向。

10. 投资乘数：指收入的变化与带来这种变化的投资变化量的比率，$K_I = \frac{\Delta Y}{\Delta T} = \frac{1}{1-b}$，式中，$K_I$ 是投资乘数，ΔY 表示收入的变动，ΔJ 表示投资的变动，b 是边际消费倾向。投资增加会引起收入的多倍增加，投资减少会引起收入成比例减少。

11. 政府购买支出乘数：指收入变动与带来这种变动的政府购买支出变动的比率，即 $K_G = \frac{\Delta Y}{\Delta G} = \frac{1}{1-b}$，式中，$K_G$ 是政府购买支出乘数，ΔY 表示收入的变动，

ΔG 表示政府支出的变动，b 是边际消费倾向。政府购买支出乘数和投资乘数相等，即 $K_I = K_G$。

12. 税收乘数：是指收入变动对税收变动的比率。即 $K_T = \dfrac{\Delta Y}{\Delta T} = \dfrac{-b}{1-b}$，（税收乘数有两种：一种是税率变动对总收入的影响，另一种是税收绝对量变动对总收入的影响，既定量税收对总收入的影响，我们所说的税收乘数指的是后者。）式中，K_T 表示税收乘数，ΔY 表示收入的变动，ΔT 表示税收变动，b 是边际消费倾向。税收乘数为负值，表示收入随税收增加而减少，随税收减少而增加。

13. 充分就业：是指在一定的货币工资水平下所愿意工作的人都可以得到就业的一种经济状况。充分就业是凯恩斯在《通论》中提出的范畴，凯恩斯认为，充分就业是由有效需求决定的，如果有效需求不足，从而造成非自愿性失业，社会就不能实现充分就业。充分就业与某些失业现象的存在并不矛盾，如摩擦性失业和自愿失业，这两种失业都是正常的。只要有非自愿性失业，社会就不能实现充分就业。充分就业也可以理解为各种经济资源得到了充分利用。

14. 凯恩斯消费函数：凯恩斯认为消费与收入有关，随着收入的增加，消费也会增加，但消费的增加不及收入增加的多，以公式表示可写成 $C = C(Y)$，凯恩斯消费函数理论主要包含以下几个观点：① 消费支出取决于收入的绝对水平；② 边际消费倾向大于零小于1；③ 边际消费倾向小于平均消费倾向，这意味着平均消费倾向随着收入的增加而递减，收入超高，消费在收入中的比例越小。

15. 短期消费函数：短期是相对于长期而言，短期消费函数是指在相对而言较短的时期内消费与个人可支配收入的比例关系，根据美国从1929年到1976年的可支配个人收入与消费支出的时间数列数据，把这段时期划分为四个阶段，可以得出四个短期的消费函数，其基本形式可写成 $C = a + BY$。短期消费函数具有以下几个特性：① 消费是收入的函数；② 消费与收入之间是非比例函数关系；③ 边际消费倾向小于平均消费倾向。

16. 长期消费函数：美国经济学家西蒙·库兹涅茨研究了1869～1938年长达70年的美国消费资料，发现了长期消费函数为 $C = \beta Y$，β 是长期消费倾向，长期消费函数有如下特性：① 消费是收入的函数；② 消费与收入之间有固定比率，即平均消费倾向是常数，并非随收入增加而降低；③ 边际消费倾向始终等于平均消费倾向。

17. 相对收入假说：相对收入假说由杜森贝里提出的，该假说认为：① 人们的消费会相互影响，有攀比倾向，即"示范效应"，人们的消费不决定于其绝对真理收入水平，而决定于同别人相比的相对收入水平；② 消费有习惯性，某期消费不仅受到当期收入影响,而且受过去所达到的最高收入和最高消费的影响,消费具有不可逆性,即所谓"棘轮效应"。

18. 生命周期假说:是由莫迪里安尼提出,认为人的一生可分为两个阶段,第一阶段参加工作,第二阶段纯消费而无收入,用第一阶段的储蓄来弥补第二阶段的消费所需。这样个人可支配收入和财富的边际消费倾向取决于该消费者的年龄。它表明当收入相对于一生平均收入高(低)时,储蓄是高(低)的;它同时指出总储蓄取决于经济增长率及人口的年龄分布等变量。

19. 投资:经济学中所讲的投资是指资本的形成,即社会实际资本的增加,包括厂房、设备和存货的增加,新住宅的建筑等,其中主要是厂房、设备的增加。决定投资的因素主要有实际利率水平、预期收益率和投资风险等。

20. 自发性投资:是指即使利率为零时也可能有的投资量,如果把投资函数写成 $I = I(r) = e - dr$,则式中 e 即为自发性投资。

21. 投资函数:是指导投资与决定投资的各因素之间的关系,投资函数可表示为 $I = I(r) = e - dr$,则式中 e 即为自发性投资,r 为利率,d 为投资的利率弹性。

22. 资本边际效率(MEC):所谓资本边际效率乃等于一贴现率,用此贴现率将该资本资产的未来收益折为现值,则该现值恰等于该资本资产之供给人格,所谓供给人格并不是实际在市场上购置该资产所会之市场价格,而是能满足厂家增产该资产一新单位所需的价格。它取决于两项因素,即预期的未来收益 R 和购置的投资资产的成本。

23. 节俭悖论:根据凯恩斯主义的国民收入决定理论,消费的变动会引起国民收入同方向变动,储蓄的变动会引起国民收入反方向变动。增加储蓄会减少国民收入,使经济衰退,是恶的;而减少储蓄会增加国民收入,使经济繁荣,是好的,这种矛盾被称为"节约悖论"。"节约悖论"是根据凯恩斯主义的国民收入决定理论推导出来的结论,它在资源没有得到充分利用的情况下是存在的,是短期的。长期中或当资源得到充分利用时,"节约悖论"是不存在的。

24. 棘轮效应:杜森贝认为消费具有可逆性,实际上是不可能的,尤其是在短期内消费是不可逆的,其习惯效应较大。因为消费决策不可能是一种理想的计划,它还取决于消费习惯。这种消费习惯受许多因素影响,如生理和社会需要、个人的经历、个人经历的后果等。特别是个人在收入最高期所达到的消费标准对消费习惯的形成有很重要的作用。消费者易于随收入的提高而增加消费,但不易于随收入降低而减少消费,以致产生有正截距的短期消费函数,"由俭入奢易,由奢入俭难"。

第二章　国民收入的决定：收入—支出模型

25. 消费函数之谜：1942年美国经济学家西蒙·库兹涅茨针对凯恩斯提出的消费倾向递减理论，对1869~1938年的资料进行回归分析时发现，消费函数表达式应为 $C = bY_d$，即在长期内，自发性消费为零；任何收入水平上边际消费倾向与平均消费倾向相等。并指出，凯恩斯理论和统计数据相矛盾：在美国尽管个人收入有很大增长，但国民收入中的储蓄份额并无长期上升现象。这种短期消费函数和长期消费函数表现出来的差异被称为"消费函数之谜"或"凯恩斯—库兹涅茨悖论"。

二、单项选择题

1．A　2．A　3．C　4．A　5．C　6．D　7．C　8．B　9．C　10．B
11．C　12．B　13．C　14．C　15．A　16．D　17．B　18．D　19．C　20．A
21．B　22．C　23．C　24．C　25．B　26．C　27．D　28．D　29．C　30．A
31．C　32．B　33．B

三、判断题

1．正确。【提示】影响居民消费的因素很多，如收入水平、商品价格水平、利率水平、收入分配状况、消费者偏好、家庭财产状况、消费信贷状况、消费者年龄构成以及制度、风俗习惯等等。凯恩斯认为，这些因素中有决定意义的是居民收入。凯恩斯认为根据基本的心理规律可以相信，当收入增加的时候，人们就会增加他们的消费。

2．正确。【提示】平均消费倾向指人们的消费支出在其收入中所占比例，当现期收入很低，暂时低于持久收入时，平均消费倾向会上升，甚至会大于1。

3．错误。【提示】在短期内，如果居民的可支配收入等于0，但居民的消费支出则大于0。

4．正确。【提示】边际消费倾向是收入每增加一个单位时所引起的消费增加量，亦即消费和收入线性方程的斜率，因此不变，为一常数。

5．正确。【提示】在消费函数或储蓄函数既定的条件下，一定的投资可以引起收入某种程度的增加，即投资的乘数作用可以相当顺利地发挥出来。要有一定数量的劳动可以被利用。没有充分的劳动力和生产资料，投资增加并不会使产量和收入增加。

6．错误。【提示】边际消费倾向为收入每增加一个单位时所引起的消费增加量，边际储蓄倾向为收入每增加一个单位时所引起的储蓄增加量，而当经济处于均衡时，收入每增加一个单位时所引起的消费增加量并不必然等于所引起的储蓄增加量。

7. 错误。【提示】$MPC = \dfrac{dc}{dy}$，$APC = \dfrac{c}{y}$，假定消费函数为 $C = a + by$，则 $MPC = b$，$APC = \dfrac{c}{y} = \dfrac{a}{y} + b$，可见，如果边际消费倾向 b 递减，则 APC 一定递减，但是不能反过来说 APC 递减，MPC 也一定递减，因为即使 MPC 不变，APC 也会随收入 y 的增大而变小（因为是 a 常数，y 变大时，a/y 会越来越小，从而 APC 递减）。

8. 错误。【提示】没有同样大的影响，由自发投资导致国民收入增加以后引起的消费称引致消费，这样的消费对国民收入的影响小于自发投资对国民收入的影响，只有消费不是收入变化带来的，而是其他因素引起的时候，才会和自发投资一样对国民收入产生影响。

9. 正确。【提示】货币政策是通过利率变动发挥作用的，而住宅投资对利率变动十分敏感，因为购买住房要靠长期抵押贷款，这种长期贷款有固定利率，并在贷款期中按月归还。由于贷款数额大、期限长，因此利率影响就很大，利率的稍微变动都会使购房成本差别大，因此，住宅需求对利率最为敏感，当利率上升时，对住宅的需求就会下降，从而住宅售价会下降，新住宅建设速度就会放慢，即住宅投资需求就下降。

10. 错误。【提示】相对收入假说认为：人们的消费会相互影响、相互攀比形成"示范效应"，人们的消费不是决定于其绝对的收入水平而是取决于和别人相比的相对收入水平。消费具有习惯性，当期的消费不是取决于当期的收入，而是取决于过去所达到的最高收入和最高消费，具有不可逆性，这就是"棘轮效应"。

11. 正确。【提示】消费是指消费者购买消费品后的消费过程，消费支出则指消费者购买消费品的开支。从数量上来看，消费和消费支出的区别在于耐用消费品的消费和消费支出上。由于耐用消费品的消费期不仅是购买的当年，而要连续几年，而耐用消费品的购买是在某一年一次性完成的，因此，消费的波动要比消费支出小。

12. 正确。【提示】按照终身收入假说和持久收入假说，预期收入变化和当年收入对消费的影响是不同的：前者影响大，后者影响小。以收入提高为例，预期收入提高是指预期以后各年收入都提高，这对消费的影响当然非常大。当年收入提高是指仅仅当年收入提高，而预期以后各年收入都不变。这样，当年提高的收入必须分配于以后各年的消费支出，对年消费的影响当然很小。

13. 正确。【提示】生命周期理论和永久收入理论虽然有一定的差异，但都强调消费不决定于暂时收入，而暂时性税收只对暂时收入产生影响，因而暂时性税收变化对当前消费支出的影响很小。

14. 正确。【提示】健全的社会保障体系使得更多人退休后能够享受养老金,因而人们在退休前不必保留很多的储蓄,这样将会提高人们的平均消费倾向。

15. 错误。【提示】由于老年人只消费而不生产,因而当社会上老年人比例增大时,社会消费倾向将会提高。

四、简答题

1. 答:生命周期假说是由美国经济学家 F·莫迪利安尼、R·布伦伯格和 A·安东提出的一种消费函数理论,该理论指出,在人一生中的各个阶段,个人消费占其一生收入现值的比例是固定的。消费不取决于现期收入,而主要取决于一生的收入。生命周期假说的消费函数可以表示为:

$$C = bY_L + \sigma W_R$$

其中,C 代表消费,b 代表劳动收入的边际消费倾向,Y_L 代表劳动收入,σ 代表实际财产的边际消费倾向,W_R 代表实际财产。生命周期假说认为,理性人根据自己一生的收入和财产来安排自己一生的消费并保证每年的消费保持在一定水平。人们在一生中的消费规律是:青年时以未来收入换取借款,中年时或清偿或储蓄防老,老年人逐日消耗一生积蓄。一般而言,中年人具有较高水平的收入,青年人和老年人收入水平较低。所以,中年人具有较低的平均消费倾向。这就很好地解释了消费函数在长期和短期中的不同形式。

2. 答:消费支出分为两部分:一部分是保证生存必需的自主消费,它表示全部消费支出中不随收入的变化而变化的那部分消费支出;另一部分是由可支配收入决定的引致性消费。当没有可支配收入时仍然有自发消费,如果没有这部分消费支出生活就无法保障。在没有可支配收入时,这部分消费可能来源于过去的储蓄或借款。这种情况在短期中是可能的,但在长期中没有可支配收入就没有消费支出。

3. 答:消费统计资料表明,在长期中消费函数,即消费支出与可支配收入之间的关系是稳定的,各种消费函数理论都对这一点做出了解释。生命周期假说认为,人要从一生的角度来安排自己的消费,使一生的效用达到最大,这样,人就根据一生的不同生命周期来安排支出,在青年时期消费少而储蓄多,到老年时收入少就用过去的储蓄。从一生看,消费支出与收入的财产相等。当社会人口结构没有发生重大变化时,从整个社会来看,消费支出与收入之间的关系是稳定的,持久收入假说认为,消费取决于持久收入,人们的暂时收入会有变动,但持久收入是稳定的,所以,消费支出也是较稳定的。理性预期的消费函数理论认为,人们都做出理性预期,并根据对收入的理性预期来决定消费支出,所以,消费函数也是较稳定的。

4. 答:(1)根据公式 $\Delta Y = a \cdot \Delta A$,其中 a 为乘数值,ΔA 为自发支出的变化,包括投资变化 ΔI,政府购买变化 ΔG 和转移支付变化 ΔTR 等因素,这个公式表明了自发需求变化导致产生以 a 倍变化。这个理论反映了现代经济的特点,即由于经济中各部门之间的密切关系,某一部门支出(即需求)的增加必须在经济中引起其他部门的连锁反应,从而使收入以 a 倍值增加。

(2)一般说来,需求的增加有两个后果:一是价格水平上升;二是产出水平(即收入水平)上升。只有当经济中存在没有得到充分利用的资源时,并且假定自发需求变化时,利率、汇率等都不变化,则自发需求增加 ΔA 会导致收入水平增加 $a \cdot \Delta A$。当经济中已实现了充分就业时,即没有可利用的闲置资源时,自发需求增加 ΔA 只会导致价格水平上升而不会使产出水平(或实际收入水平)上升。一般情况下,需求的增加将导致价格水平和产出水平同时上升,上升幅度一般不等。还应该指出,有时经济中的大部分资源没有得到充分利用,但由于某一种或几种重要资源处于"瓶颈状态",这也会限制乘数发挥作用。

5. 答:有效需求不足的三大基本心理规律是:边际消费倾向规律、资本边际效率规律和流动偏好规律。

(1)边际消费倾向规律。边际消费倾向 MPC 随着个人可支配收入的增加而递减,表示收入越增加,收入增量中用于消费量的部分越来越小。

(2)资本边际效率规律。资本边际效率是企业投资支出增加最后一单位货币所带来的报酬增量,资本边际效率是递减的。一方面,随着投资增加,对资本的需求扩大,就会使资本品价格上升;另一方面,随着投资增加,产品数量增多,供过于求,产品价格下降或库存积压,使同期预期收益下降,资本边际效率递减,投资者不愿较多投资或减少投资,从而投资需求和有效需求不足,导致经济危机和失业。

(3)流动性偏好规律。人们愿意以通货和活期存款的形式保存财富的要求,称之为流动性偏好。产生流动性偏好的动机主要有交易动机、预防动机和投机动机。

6. 答:根据凯恩斯的绝对收入假说,消费取决于现期绝对的实际收入水平,边际消费倾向大于 0 但小于 1,平均消费倾向将随收入的增加而下降。也就是说,消费与收入的关系是非比例的:$C = a + bY$,对于经验数据的研究证明,在短期消费与收入间确实存在有这样一种关系。但长期来看,消费函数表现为:$C = cY$,这表明在长期中,假如抽象掉经济周期中收入与消费的上下波动,消费与收入的关系是成正比例的,消费支出随收入同比例增长,因而平均消费倾向是相当稳定的。

7. 答：在凯恩斯的收入决定论中,收入水平是由需求决定的,当不考虑政府部门和对外部门时,需求由投资需求和消费需求组成,由于投资需求被假定为是外生决定的,因此,利息率的变动对需求没有影响;而消费需求与利息率也无关,因而利息率的变动对国民收入没有影响。

8. 答：产出与需求是相关联的,消费又是需求中的重要组成部分。由此,西方的经济学家们提出了不同的消费理论,主要有：

(1) 绝对收入假说,该理论认为消费是绝对收入水平的函数,随着收入水平的上升,边际消费倾向是递减的。绝对收入假说是凯恩斯理论的重要组成部分。

(2) 相对收入假说,杜森贝里提出：人们的消费会相互影响、相互攀比形成"示范效应",人们的消费不是决定于其绝对的收入水平而是取决于和别人相比的相对收入水平。消费具有习惯性,当期的消费不是取决于当期的收入而是取决于过去所达到的最高收入和最高消费,具有不可逆性,这就是"棘轮效应"。

(3) 生命周期假说,莫迪里安尼提出：人的一生可以分为两个阶段,前一阶段参加工作挣取收入,第二阶段纯消费而没有收入,靠第一阶段的积蓄维持消费。这样,个人的可支配收入和财富的边际消费倾向取决于该消费者的年龄。它表明在人生的某一年龄段,当收入相对于一生收入高时储蓄也高,当收入相对于一生平均收入低时,储蓄也低。同时,还指出总储蓄取决于增长率和人口的年龄分布等变量。

(4) 持久收入假说。弗里德曼提出消费行为与人们的持久收入密切相关,而与当期收入很少有关联。因此,持久收入改变对消费的影响较大,当期收入改变对消费的影响较小。

(5) 理性预期学派认为消费者是理性的,是前向预期决策者。消费者利用经验及信息对未来收入进行预测,从而做出消费决策,而不是将过去收入的平均值作为持久收入水平。

9. 答：平均消费倾向是指任一收入水平上消费支出在可支配收入中的比率,平均消费倾向的公式是：$APC = \dfrac{C}{Y}$。边际消费倾向是指消费增量与可支配收入增量之比率,边际消费倾向的公式是：$MPC = \dfrac{\Delta C}{\Delta Y}$。

10. 答：美国经济学家西蒙库兹涅茨通过研究1869~1938年美国的国民收入与个人消费支出的数据,发现在长达70年的时期内,消费函数具有 $C = bY$ 的形式,b 是长期消费倾向;而根据美国1929~1976年的可支配收入与消费支出的时间数据,把它们分成四个阶段,可以发现消费与可支配收入呈 $C = a + bY$ 的函数关系,相对于长期消费函数,这可以视为短期消费函数。长期消费函数与短期消费函数具有如下区别:① 长期消费函数的消费与收入之间有固定比率,即平均消费倾向为常数,而短期消费函数的平均消费倾向随着收入的增加而降低;② 长期消费函数的边际消费倾向与平均消费倾向始终相等,而短期消费函数的边际消费倾向始终小于平均消费倾向。

11. 答:永久收入理论认为,消费者根据过去历年收入平均值形成永久收入,其值是长期平均值,因而不大受短期的经济繁荣或衰退时收入的影响。永久收入比较平稳,而消费只受永久收入的影响,因而,在经济繁荣阶段,消费者不会增加消费如收入那么多,在经济衰退时期,消费者也不会减少消费如收入那么多,所以消费不会随着经济的繁荣与衰退作太大的变化。

12. 答:在凯恩斯的绝对收入假设中,认为边际消费倾向随收入的增加而逐渐递减,凯恩斯认为经济在没有达到充分就业的状态下仍可以处于一种稳定状态。这种稳定状态的存在与边际消费倾向递减有关。具体地说,当社会的实际收入下降时,由于边际消费倾向递减(即收入增加时,消费增加的幅度比收入增加幅度小一些;收入减少时,消费减少的幅度比收入减少的幅度小一些)消费量不会同比例减少,这样就不会使经济进一步衰退,这就是说,边际消费倾向背叛实际上起了一种自动稳定器的作用,使经济不会过度繁荣,也不会过度衰退、萧条,而处于充分就业之下又在最低就业之上的稳定状态。

13. 答:凯恩斯消费理论假定人们在特定时期的消费是与他们在该时期的可支配收入相联系的,而生命周期理论强调人们会在更长时间范围内计划他们的生活消费开支,以达到他们在整个生命周期内的最佳配置。例如,年轻人家庭收入偏低,这时消费可能会超过收入,随着他们进入壮年和中年,收入日益增长,收入会大于消费,不仅可以偿还青年时代的债务,还可以积累储蓄以备养老,等到年老退休,收入下降,消费又会超过收入。这样,在他们一生中并没有随着收入的波动而变动,消费得以稳定进行。

14. 答:投资的回报率一般是随着投资数量的增加而递减,其主要原因是:① 随着投资规模的递减,产品供给将增加,产品价格随之下降,预期收益会减少;② 随着投资的增加,资本存量增加,资本资产之成本会增加,也会降低预期收益。凯恩斯认为,资本边际效率随投资增加而递减,在短期内主要由于资本资产成本上升,在长时期内主要在于资本存量的大量积累,资本存量的大量积累意味着其稀缺性日益减少,从而借贷资本的利息率趋近于零。

15. 答:在现实生活中,乘数作用的大小要受到一系列条件的限制:① 社会中过剩生产能力的大小;② 投资和储蓄决定的相互独立性;③ 货币供给量增加能否适应支出增加的需要;④ 增加的收入不能购买进口货物,否则 GDP 增加会受到限制。

16. 答:政府增加转移支付,虽然对总需求也有影响,但是这种影响是通过增加人们可支配收入进而增加消费支出实现的。如果把转移支付也计入总需求,就会形成总需求的重复计算。

17. 答:生命周期消费理论由美国经济学家弗朗科·莫迪利安尼提出。生命周期消费理论认为,人们会在相当长的时期跨度内计划自己的消费开支,以便于在整个生命周期内实现消费的最佳配置。根据生命周期理论,年轻的时候储蓄得少,消费得多,因此消费倾向大,如果有社会保障系统的话影响不大;随着年龄的增长,储蓄增多,消费倾向减少,此时如果有社会保障系统则会增加消费也就是消费倾向增大。

18. 答:均衡国民收入是指与总需求(或总支出)相等的产出,即 $Y = C + I$。又因为生产创造的产出(或收入)等于计划消费加计划储蓄,即 $Y = C + S$(这里,Y、C、S 都是剔除了价格变动的实际收入、实际消费和实际储蓄),因此有 $C + I = C + S$,等式的两边消去 C,则得:$I = S$。这就是简单国民收入均衡的基本条件,反映的是投资等于储蓄,即经济要达到均衡时计划投资必须等于计划储蓄。

五、计算题

1. 解:(1) 消费函数 $C = 100 + 0.8Y$

    投资函数 $I = I_0 = 50$

    由均衡条件:总供给 = 总需求,得

$$Y = C + I_0 = 100 + 0.8Y + 50$$

解得均衡国民收入

$$Y = (100 + 50) \times \frac{1}{1 - 0.8} = 750$$

均衡消费 $C = 100 + 0.8 \times 750 = 700$

均衡储蓄 $S = Y - C = 750 - 700 = 50$

(2) 当实际产出为 800 时,

    企业非自愿存货积累 $= 800 - (100 + 0.8 \times 800 + 50) = 10$

(3) 当投资增加到 100 时,

消费函数 $C = 100 + 0.8Y_1$

投资函数 $I = I_1 = 100$

由均衡条件:总供给 = 总需求,得

$$Y_1 = C + I_1 = 100 + 0.8Y_1 + 100$$

解得均衡国民收入

$$Y_1 = (100 + 100) \times \frac{1}{1 - 0.8} = 1\,000$$

(4) 消费函数 $\quad C = 100 + 0.9Y$

投资函数 $\quad I = I_1 = 50$

均衡条件总供给 = 总需求

$$Y = C + I_0 = 100 + 0.9Y + 150$$

解得均衡国民收入

$$Y = (100 + 50) \times \frac{1}{1 - 0.9} = 1\,500$$

均衡消费 $\quad C = 100 + 0.9 \times 1\,500 = 1\,450$

均衡储蓄 $\quad S = Y - C = 1\,500 - 1\,450 = 50$

(5) 投资增至 100 时,收入增加

$$Y = (100 + 50) \times \frac{1}{1 - 0.9} - 1\,000 = 500$$

(6) 消费函数为 $C = 100 + 0.8Y$ 时,乘数

$$K = \frac{1}{1 - 0.8} = 5$$

消费函数 $C = 100 + 0.8Y$ 时,乘数

$$K = \frac{1}{1 - 0.9} = 10$$

2. 解:(1) 根据题意可得

$$Y = C + I + G = 300 + 0.8Y_d + 200 + G$$
$$= 300 + 0.8(Y - T) + 200 + G = 300 + 0.8 \times 0.8Y + 200 + G$$
$$= 2\,000$$

解得 $\quad G = 220$

又 $T = 0.2 \times 2\,000 = 400$,所以预算盈余为

$$T - G = 180$$

(2) $Y = C + I + G = 300 + 0.8Y_d + 200 + G$
$\quad = 300 + 0.8(Y - T) + 200 + 220 = 300 + 0.8 \times 0.75Y + 200 + 220$

解得 $\quad Y = 1\,800$

此时 $\quad T = 1\,800 \times 0.25 = 450$

所以,预算盈余为 $\quad T - G = 230$

第二章 国民收入的决定：收入—支出模型

3. 解：(1) 因为 $C = 20 + 0.75(Y-T)$，所以
$$边际消费倾向 = 0.75$$
(2) $Y = C + I + G = 20 + 0.75(Y-T) + 380 + 400$
$= 20 + 0.75 \times 0.8Y + 380 + 400$

解得 $Y = 2\,000$

(3) 预算盈余为 $T - G = 0.2 \times 2\,000 - 400 = 0$

(4) 政府支出乘数
$$k_g = \frac{1}{1-b(1-t)} = \frac{1}{1-0.75(1-0.20)} = 2.5$$

k_g 之所以不等于 $\frac{1}{1-MPC}$，是因为税收不为收入的函数时，收入中要有一定比例作为税收上缴给政府，因而可支配收入减少了。

均衡时 $Y = C + I + G = a + b(1-t)Y + I + G$，所以
$$k_g = \frac{1}{1-b(1-t)} \neq \frac{1}{1-MPC}$$

4. 解：政府购买支出乘数为
$$k_g = \frac{1}{1-b(1-t)}$$

所以 $\Delta G = \frac{\Delta Y}{k_g} = \Delta Y[1-b(1-t)]$ 代入已知参数，得
$$G = 750 \times [1 - 0.9(1-1/3)] = 300$$

预算赤字的变动即政府开支的变动减去税收的变动。政府开支上升 300 美元。因国民生产总值增加 750 美元，同时边际税率为 1/3，所以，税收增加 250 美元。因而，预算赤字上升 50 美元。

5. 解：(1) 根据题意可得
$Y = C + I + G = 100 + 0.8 \times (Y - 0.25Y + 62.5) + 100 + 200$
$= 450 + 0.6Y$

解得 $Y = 1\,125$

(2) 投资乘数 $K_I = \frac{1}{1-b(1-t)} = \frac{1}{1-0.8 \times (1-0.25)} = 2.5$

政府税收乘数 $K_T = \frac{-b}{1-b(1-t)} = \frac{-0.8}{1-0.8 \times (1-0.25)} = -2$

(3) 不一样。

因为，政府购买乘数

$$K_G = \frac{1}{1-b(1-t)} = \frac{1}{1-0.8\times(1-0.25)} = 2.5$$

政府转移支付乘数

$$K_{TR} = \frac{b}{1-b(1-t)} = \frac{0.8}{1-0.8\times(1-0.25)} = 2$$

所以,同样一笔支出用于政府购买比用于转移支付对国民收入的影响更大。

6. 解:(1) 根据题意可得

$$Y = C + I + G = 100 + 0.9\times(Y-0.2Y) + 300 + 160$$

解得 $Y = 2\,000$

(2) 政府购买乘数

$$K_g = \frac{1}{1-b(1-t)} = \frac{1}{1-0.9\times(1-0.2)} = 3.57$$

(3) $Y' = C + I + G' = 100 + 0.9(Y-0.2Y) + 300 + 300$,解得

$$Y' = 2\,500$$

7. 解:(1) 根据题意可得

$$Y = C + I = 50 + 0.75Y + 150$$

解得 $Y = 800$,从而有

$$C = 650, S = 150, I = 150$$

(2) 根据题意可得

$$Y = C + I = 50 + 0.75Y + 175$$

解得 $Y = 900$,从而有

$$C = 725, \quad S = 175$$

(3) 若消费函数斜率增大,即 MPC 增大,则乘数亦增大;反之,若消费函数斜率减小,乘数亦减小。

8. 解:设原税率为 t_0,则新税率 $t_1 = t_0 + 0.03$。原税收额 $T_0 = 800t$,由于税率上升,收入减少,设减少的收入为 ΔY,故税率提高后收入为 $800 - \Delta Y$。

新税收额为

$$T_1 = (800 - \Delta Y)\times(t_0 + 0.03)$$

税收变动量为

$$\Delta T = T_1 - T_0 = 800t_0 - t_0\Delta Y + 24 - 0.03\Delta Y - 800t_0$$
$$= 24 - \Delta Y(t_0 + 0.03)$$

预算盈余变动为

$$\Delta BS = \Delta T - \Delta G = 24 - \Delta Y(t_0 + 0.03) - 24 = -\Delta Y(t_0 + 0.03) < 0$$

因此,预算盈余下降。

9. 解:消费函数 $\quad C = 80 + 0.75 Y_d$

投资函数 $\quad I = 50 + 0.1 Y$

政府购买 $\quad G = G_0 = 200$

均衡条件总供给 = 总需求

$$Y = C + I + G_0 = 80 + 0.75 Y + 50 + 0.1 Y_d + 200$$

可支配收入

$$Y_d = Y - T = Y + 20 - 0.2 Y = 0.8 Y + 20$$

$$Y = 80 = 0.75 \times (0.8 Y + 20) + 50 + 0.1 Y + 200$$

解得均衡国民收入 $Y = 1150$,所以

$$T = -20 + 0.2 Y = -20 + 0.2 \times 1150 = 210$$

$$I = 500 + 0.1 Y = 50 + 0.1 \times 1150 = 165$$

$$Y_d = Y - T = 1150 - 210 = 940$$

$$C = 80 + 0.75 Y_d = 80 + 0.75 \times 940 = 785$$

10. 解:(1) 消费函数 $\quad C = 50 + 0.8 Y_d$

投资函数 $\quad I = 150$

政府购买 $\quad G = G_0 = 200$

均衡条件 $\quad$ 总供给 = 总需求

$$Y = C + I + C_0 = 50 + 0.8 Y_d + 150 + 200$$

因为可支配收入为:$Y_d = Y - TR = Y - 0.35 Y + 100 = (1 - 0.35) Y + 100$,所以

$$Y = 50 + 0.8 \times (1 - 0.35) Y + 80 + 150 + 200$$

解得均衡国民收入

$$Y = 480 \times \frac{1}{1 - 0.8 \times (1 - 0.35)} = 1000$$

投资乘数 $\quad K_I = \dfrac{1}{1 - 0.8 \times (1 - 0.35)} = \dfrac{25}{12}$

政府购买乘数 $\quad K_G = \dfrac{1}{1 - 0.8 \times (1 - 0.35)} = \dfrac{25}{12}$

税收乘数 $\quad K_T = \dfrac{-0.8 \times (1 - 0.35)}{1 - 0.8 \times (1 - 0.35)} = -\dfrac{13}{12}$

转移支付乘数 $\quad K_{TR} = \dfrac{0.8 \times (1 - 0.35)}{1 - 0.8 \times (1 - 0.35)} = \dfrac{13}{12}$

平衡预算乘数 $\quad KB = K_G + K_T = 1$

(2) 预算赢余

$$BS = t \cdot Y - G - TR = 0.35 \times 1000 - 200 - 100 = 50$$

(3) 直接用公式计算均衡国民收入

$$Y = 480 \times \frac{1}{1 - 0.8 \times (1 - 0.15)} = 1500$$

投资乘数 $\quad K_I = \dfrac{1}{1 - 0.8 \times (1 - 0.15)} = \dfrac{25}{8}$

政府购买乘数 $\quad K_G = \dfrac{1}{1 - 0.8 \times (1 - 0.15)} = \dfrac{25}{8}$

税收乘数 $\quad K_T = \dfrac{-0.8 \times (1 - 0.15)}{1 - 0.8 \times (1 - 0.15)} = -\dfrac{17}{8}$

转移支付乘数 $\quad K_{TR} = \dfrac{0.8 \times (1 - 0.15)}{1 - 0.8 \times (1 - 0.15)} = \dfrac{17}{8}$

平衡预算乘数 $\quad K_B = K_G + K_T = 1$

预算盈余 $\quad BS = t \cdot Y - G - TR = 0.15 \times 1500 - 200 - 100 = -75$

预算盈余变化 $\quad \Delta BS = -75 - 50 = -125$

(4) 当边际消费倾向变为 0.9 时,

$$Y = C + I + G_0 = 50 + 0.9 Y_d + 150 + 200$$

因为可支配收入

$$Y_d = Y - T + TR = Y - 0.35Y + 100 = (1 - 0.35)Y + 100$$

解得可支配收入

$$Y = 490 \times \frac{1}{1 - 0.9 \times (1 - 0.35)} = 1180.72$$

预算盈余

$$BS = t \cdot Y - G - TR = 0.35 \times 1180.72 - 100 = 113.25$$

预算盈余变化

$$\Delta BS = 113.25 - 50 = 63.25$$

11. 解:消费函数 $C = 100 + bY_d = 100 + 0.9 Y_d$,投资函数 $I = I = 200$,政府购买 $G = G_0 = 500$,税收 $T = 400$

均衡条件 $\qquad$ 总供给 = 总需求

$$Y = C + I_0 + G_0 = 100 + 0.9 Y_d + 200 + 500$$

可支配收入 $\quad Y_d = Y - T = Y - 400$

$$Y = 100 + 0.9 \times (Y - 400) + 200 + 500$$

解得国民生产总值 $\quad Y = 440 \times \dfrac{1}{1 - 0.9} = 4400$

第二章 国民收入的决定：收入—支出模型

12. 解：根据已有公式

$$\Delta Y = \Delta G \cdot \frac{1}{1-b(1-t)} = \Delta G \cdot \frac{1}{1-0.9\times(1-1/3)} = 750$$

解得政府开支应增加 $\Delta G = 300$。

13. 解：(1) 根据国民均衡条件 $Y = C + I + G$，得

$$Y = C + I + G$$
$$C = 100 + 0.8(Y - 250 + 62.5)$$
$$I = 50$$
$$G = 200$$

解上述方程组，得

$$y = \frac{1}{1-0.8}(100 + 50 + 200 - 0.8\times 250 + 0.8\times 62.5) = 1000 （10亿美元）$$

(2) 根据三部门经济中有关乘数计算公式，得到各种乘数值：

投资乘数 $\qquad k_i = \dfrac{\Delta y}{\Delta i} = \dfrac{1}{1-0.8} = 5$

政府购买支出乘数 $\qquad k_g = \dfrac{\Delta y}{\Delta g} = \dfrac{1}{1-0.8} = 5$

税收乘数 $\qquad k_t = \dfrac{\Delta y}{\Delta t} = \dfrac{-0.8}{1-0.8} = -4$

转移支付乘数 $\qquad k_{tr} = \dfrac{\Delta y}{\Delta tr} = \dfrac{-0.8}{1-0.6} = 4$

平衡预算乘数 $\qquad k_b = \dfrac{\Delta y}{\Delta g} = \dfrac{\Delta y}{\Delta t} = \dfrac{1-0.8}{1-0.8} = 1$

(3) 假定该社会的充分就业所需要的国民收入为1 200时，均衡国民收入和充分就业国民收入相差200(10亿美元)。

(i) 按照政府购买支出乘数 $k_g = \dfrac{\Delta y}{\Delta g} = 5$，有 $\Delta g = \dfrac{\Delta y}{k_g} = 40$。所以，单独增加政府购买支出40(10亿美元)就可实现充分就业所需的国民收入1 200(10亿美元)。

(ii) 同理，有 $\Delta t = \dfrac{1200-1000}{-4} = -50$ （10亿美元）。

(iii) 根据 $1200 = 100 + 0.8\{1200 - (t + \Delta t) + tr\} + i + (g + \Delta g)$，并且 $\Delta g = \Delta t = 200$，解之得：$\Delta g = \Delta t = 200$(10亿美元)，即同时增加政府购买支出200和税收200就能实现充分就业。

六、论述题

1. 答:凯恩斯消费函数理论又叫绝对收入假说。凯恩斯在1936年出版的《通论》中,使消费函数成为他的经济波动理论的中心,从那时起这种消费函数在宏观经济分析中起了关键作用。尽管他的某些观点受到质疑,但他的消费函数在理论上具有重要的意义。

(1) 消费与收入之间的关系。凯恩斯以前的经济学家分析消费问题时,是从微观经济学角度来分析个人消费行为的,中心是简要说明了在收入水平既定时,消费需求是价格的函数。凯恩斯第一次把消费与收入水平联系起来,从宏观经济学角度把消费支出作为收入水平的函数,并作平均消费倾向和边际消费倾向这些概念来说明消费与收入之间的关系。以后的消费函数理论正是沿着这一基本思想发展起来的。

(2) 边际消费倾向的概念与乘数原理之间的关系。凯恩斯用乘数原理说明投资增加对国民收入倍增的作用。凯恩斯的重要贡献就在于把乘数与边际消费倾向联系在一起,指出乘数大小取决于边际消费倾向的大小。边际消费倾向这一概念的提出使乘数的作用具体化。

(3) 消费函数理论与经济的稳定性。凯恩斯认为消费函数是比较稳定的,因此,在有效需求中,与消费相比,投资更重要。凯恩斯没有把边际消费倾向作为影响有效需求的最重要因素,而是强调资本边际效率递减。这一点对以后的消费函数理论和经济周期理论的发展有重要影响,后来的消费函数理论都证明消费函数的稳定性,而经济周期理论都把投资波动作为经济周期波动的主要根源。凯恩斯还用边际消费倾向递减规律来说明资本主义经济体系的稳定性。由于边际消费倾向递减,当社会的实际收入增加时,消费量不会同比例增加,这样就不会刺激经济过度膨胀;相反,当社会的实际收入减少时,消费量不会同比例减少,从而不会使经济过度萧条。

2. 答:在国民收入中,总支出由消费支出和投资支出构成。E 表示总支出,那么
$$E = C + I \tag{2.1}$$
总收入 Y 有两个用途:消费 C 和储蓄 S,所以
$$Y = C + S \tag{2.2}$$
产品市场均衡条件是总支出等于总收入。于是有 $C + I = C + S$,那么投资等于消费;即 $I = S$。只要这个均衡条件得到满足,产品市场的实现问题就能解决,社会总产品的流通就能顺利进行。

这一均衡条件并没有真正触及到社会总资本再生产和流通的关键问题。资

第二章 国民收入的决定：收入—支出模型

本主义再生产的关系是要第一部类和第二部类的生产成比例。同时，产品市场的均衡条件混淆了储蓄和资本积累。资本积累是剩余价值的资本化，它发生在企业内部而不是发生在家庭部门。信用制度固然打破了企业货币资本量的限制，然而即使在信贷关系相当发达的现代资本主义条件下，投资仍然主要源于资本积累。至于家庭储蓄只不过是补充。此外，产品市场均衡条件中的投资和储蓄，是经济主体依据自己的心理规律进行决策的结果，因而它们都是捉摸不定的东西，很难对二者真正加以讨论。

3. 答：在经济学中，投资是资本的形成，即社会实际资本的增加，包括厂房、设备和存货的增加，新住宅的建筑等，这与现实生活中，人们把购买证券、土地和其他财产称作投资不一样，投资分为总投资和净投资，总投资等于净投资加资本设备折旧，净投资是资本形成或实际资本的净增加。影响投资的因素很多，主要包括以下几个：

（1）实际利率。实际投资大致上等于名义利率减通货膨胀率，在投资的预期利润率既定时，企业是否进行投资首先取决于实际利率的高低，利率上升时，投资需求量就会减少，利率下降时，投资需求量就会增加，投资是利率的减函数。

（2）预期收益率。预期收益率是指一个预期项目在未来各个时期估计可得到的收益。预期收益率越高，投资需求越高，预期收益率越低，投资需求越低。影响预期收益率的因素很多，主要有：① 对投资项目的产出的需求预期。企业决定对某项目是否投资及投资多少会考虑市场对该项目的产品在未来的需求情况，预期需求越大，预期收益率也会越高，从而会提高企业的投资意愿。② 产品成本。投资的预期收益在很大程度上也取决于投资项目的产品的生产成本，生产成本越高预期收益也越低，反之则越高。③ 投资税抵免。在一些国家，政府为鼓励企业投资会采用一种投资税抵免政策，税收减免必定会提高企业的预期收益率。

（3）投资风险。投资风险主要包括未来的市场走势，产品的价格变化，生产成本变动，实际利率的变化，政府宏观政策的变化等等，投资需求会随人们承担风险的意愿和能力的变化而变动。

4. 答：（1）投资乘数指收入的变化与带来这种变化的投资变化量的比率。投资乘数的大小与居民边际消费倾向有关。居民边际消费倾向越高，投资乘数则越大；居民边际储蓄倾向越高，投资乘数则越小。公式为：$K_I = \dfrac{\Delta Y}{\Delta I} = \dfrac{1}{1-b}$，或 $K_I = \dfrac{1}{1-MPC} = \dfrac{1}{MPS}$，式中，$\Delta Y$ 是增加的收入，ΔI 是增加投资，MPC 或 b 是边际消费倾向，MPS 是边际储蓄倾向。投资增加会引起收入多倍增加，投资减少会引起收入成比例减少。由于这是凯恩斯最早提出来的,所以又叫"凯恩斯乘数"。

(2) 投资乘数定理成立的条件。① 在消费函数或储蓄函数既定的条件下,一定的投资可以引起收入某种程度的增加,即投资的乘数作用可以相当顺利地发挥出来。② 要有一定数量的劳动可以被利用。没有充足的劳动力,投资增加并不会使产量和收入增加。③ 要有一定数量的存货可以利用。

(3) 在现实生活中,乘数作用的大小要受到一系列条件的限制:一是社会中过剩生产能力的大小,如果没有过剩生产能力,没有闲置资源,则投资增加及由此造成的消费支出增加,并不会引起生产增加,只会刺激物价水平上升。二是投资和储蓄决定的互相独立性,要假定它们相互独立,否则,乘数作用要小得多,因为增加投资所引起的对货币资金需求的增加会使利率上升,而利率上升会鼓励储蓄,消弱消费,从而会部分地抵消由投资增加引起收入增加进而使消费增加的趋势。三是货币供给量增加能否适应支出增加的需要。假使货币供给受到限制,则投资和消费支出增加时,货币需求的增加就得不到货币供给相应增加的支持,利率会上升,不但会抑制消费,还抑制投资,使总需求降低。四是增加的收入不能用于购买进口货物,否则 GDP 不会增加。

此外,一些西方学者也指出,对政府增加的公共工程的支出,也可能存在一些抵消作用。例如,如果政府为增加公共工程方面支出而提高税收,则在公共工程支出方面那些就业者已增加的开支就将由于纳税人在不同程度上减少支出而被抵消。又如,假使政府的支出是靠借钱而不是靠提高税收,则可能影响私人投资。因为政府借钱,一方面会使私人部门的货币减少,另一方面支出增加使收入增加时,消费者和工商企业通常都要增加货币储备,从而增加货币需求,这就会提高利率,进而排挤私人投资。

5. 答:(1) 四部门指私人、企业、政府和国外部门。四部门中,由于有了对外贸易,国民收入的构成从支出角度看就等于消费、投资、政府购买和净出口的总和,用公式表示是

$$Y = C + I + G + (X - M)$$

(2) 从收入角度看,国民收入构成的公式可写成:$Y = C + S + T + Kr$。这里,$C + S + T$ 的意义和三部门经济中的意义一样,Kr 则代表本国居民对外国人的转移支付。例如,对外国遭受灾害时的救济性捐款,这种转移支付也来自生产要素的收入。

(3) 这样,四部门经济中国民收入构成的基本公式是

$$C + I + G + (X - M) = Y = C + S + T + Kr$$

公式两边消去 C,则得到

$$I + G + (X - M) = S + T + Kr$$

$I + G + (X - M) = S + T + Kr$ 这一等式,也可以看成是四部门经济中的储蓄—投资恒等式,因为这一恒等式可以转化为以下式子

$$I = S + (T - G) + (M - Y + Kr)$$

这里,S 代表居民私人储蓄,$(T - G)$ 代表政府储蓄,而 $(M - Y + Kr)$ 则可代表外国对本国的储蓄,因为从本国的立场看,M(进口)代表其他国家出口商品,从而这些国家获得收入,X(出口)代表其他国家从本国购买商品和劳务,从而这些国家需要支出,Kr 代表其他国家从本国得到收入。可见,当 $M + Kr > X$ 时,外国对本国的收入大于支出,于是就有了储蓄,反之,则有负储蓄。这样,$I = S + (T - G) + (M - X + Kr)$ 的公式就代表四部门经济中总储蓄(私人、政府和国外)和投资的恒等关系。

(4) 在分析时把折旧和企业间接税先撇开,实际上,即使把它们考虑进来,上述收入构成公式及储蓄和投资的恒等关系也都成立。如果 Y 指 GDP,则等式两边的 I 和 S 分别表示把折旧包括在内的净投资和储蓄。如果 Y 指 NDP,则等式两边的 I 和 S 分别表示不含折旧的净投资和净储蓄。如果 Y 指 I,则 C、I、G 是按出厂价计量的,等式两边减少了一个相同的等于间接税的量值。可见,不论 Y 代表哪一种国民收入概念,只要其他变量的意义能和 Y 的概念相一致,储蓄—投资恒等式总是成立的。

6. 答:四部门指私人、企业、政府和国外部门。国外部门的经济活动分为经常项目和资本项目,这里只考虑经常项目,一般用净出口表示,净出口为一国出口与进口之差,即:

$$NX = X - M$$

其中,NX 为净出口。X 为出口,取决于汇率、国内外价格比和国外的收入水平,是本国国民收入的外生变量。M 为进口,主要受汇率、国内外价格比及本国国民收入的影响,为简化起见,假定产品和国内外价格比及汇率保持不变,进口本国国民收入的函数,则进口函数可表示为:

$$M = M_0 + mY \quad (M_0 > 0, 0 < m < 1)$$

其中,M_0 是与收入无关的进口额,称为自发进口,mY 是与收入相关的进口额,称为引致进口,参数 m 为边际进口倾向,它表示收入中将转化为对国外产品购买的份量。

在四部门经济中,总收入不变,仍由家庭收入和政府净税收构成,但总支出除包括消费、投资、政府购买外,还包括净出口,即:

$$AE = C + I + G + (X - M)$$

根据国民收入均衡条件,可以得到下列简单的宏观经济模型:

$$Y = C + I + G + X - M$$
$$C = C_0 + bY_d$$
$$Y_d = Y - Y_N$$
$$T_N = T - R$$
$$T = T_0 + tY$$
$$M = M_0 + MY$$
$$M = M_0 + mY$$
$$I = I_0,\ G = G_0,\ R = R_0,\ X = X_0$$

联立方程可解得均衡国民收入的决定公式为:

$$Y_e = \frac{1}{1 - b(1 - t) + m}(C_0 + (C_0 + I_0 + G_0 - bT_0 + cR_0 + X_0 - M_0))$$

7. 答:(1) 绝对收入假说:凯恩斯在《通论》中提出,消费支出和收入之间有稳定的函数关系,消费函数若假设为 $C = a + bY$,其中,$a > 0, 0 < b < 1, C, Y$ 分别是当期消费和收入,b 为边际消费倾向,但凯恩斯提出,边际消费倾向随收入 Y 的增加而递减,平均消费倾向 C/Y 也随收入的增加而有递减趋势。相对收入假说:由杜森贝里提出,认为:①人们的消费会相互影响,有攀比倾向,即"示范效应",人们的消费不决定于其绝对收入水平,而决定于同别人相比的相对收入水平。②消费有习惯性,某期消费不仅受当期收入影响,而且受过去所达到的最高收入和最高消费的影响。消费具有不可逆性,即所谓"棘轮效应"。

(2) 绝对收入假说的说明:城市化使 B 转变为城镇居民。为了适应城镇生活的要求,B 的自发性消费必然提高。这就导致整个社会自发性消费提高。这样,在收入增加的过程中,消费倾向几乎不变,即消费大致按收入增加的比例增加。

(3) 相对收入假说的说明:城市化进程使居民相对收入发生变化,从而引起消费倾向的变化;A 相对收入下降,其消费倾向提高;B 相对收入提高,其消费倾向下降。如果这种变化相互抵消,则全社会的消费倾向不变;如果不能抵消,则会变化。

七、案例分析

【案例 1 参考答案】

(1) 边际消费倾向是指增加的消费在增加的收入中所占的比例。中美边际消费倾向之比较说明我国边际消费倾向明显低于美国。

(2) 首先来看收入。美国是一个成熟的市场经济国家,尽管也经常发生经济周期性波动,但经济总体上是稳定的。经济的稳定决定了收入的稳定性。当收入稳定时,人们就敢于消费,甚至敢于借贷消费了。中国是一个转型中的国家,正在从计划经济转向市场经济,尽管经济增长速度快,但就每个人而言有下岗的危险,收入并不稳定。这样,人们就不得不节制消费,以预防可能出现的下岗及其他风险。

其次来看制度。人们敢不敢花钱,还取决于社会保障制度的完善性。美国的社会保障体系较为完善,覆盖面广而且水平较高。失业有失业津贴,老年人有养老金,低于贫困线有帮助,上大学又可以得到贷款。这样完善的社会保障体系使美国人无后顾之忧,敢于消费。

但中国过去计划经济下的社会保障体系被打破了,新的市场经济条件下的社会保障体系还没有完全建立起来,而且受财政实力的限制也难以在短期内有根本性的改变,从而要为未来生病、养老、孩子上学等必需的支出进行储蓄,消费自然少了。

其三,边际消费倾向还与收入分配状况相关。在总收入为既定时,收入分配越平等,社会的边际消费倾向越高,收入分配越不平等,社会的边际消费倾向越低。这是因为富人的边际消费倾向低而穷人的边际消费倾向高。中国目前的收入不平等比美国严重,因此,边际消费倾向低也是正常的。解决我国边际消费倾向偏低的问题就要从以上这几方面入手。

【案例2参考答案】

(1) 乘数是指自发总需求(包括消费、投资和政府支出)的增加所引起的国民收入增加的倍数,或者说是国民收入增加量与引起这种增加量的自发总需求增加量之间的比率。乘数理论回答了总需求增加与国民收入增加量之间的关系。

(2) 乘数的大小取决于边际消费倾向。边际消费倾向越高,乘数就越大;边际消费倾向越低,乘数就越小。如果上例的边际消费是90%,乘数就是10倍,最初需求50元乘上10,社会收益就是500元。这是因为边际消费倾向越大,增加的收入就有更多的部分用于消费,从而使总支出和国内生产总值增加得更多。当自发总需求增加时,所引起的国民收入的增加要大于最初自发总需求的增加;当自发总需求减少时,所引起的国民收入的减少也要大于最初自发总需求的减少。所以,经济学家形象地把乘数称为一把"双刃剑"。

(3) 只有在社会上各种资源没有得到充分利用时,总需求的增加才会使各种资源得到利用,产生乘数作用。如果社会上各种资源已经得到了充分利用,或者某些关键部门(如能源、原料或交通)存在着制约其他资源利用的"瓶颈状态",乘数也无法发挥作用。如在改革开放初期,增加需求,导致加工业膨胀,但我国的基础产业和基础设施非常薄弱,无法满足新增需求,在旺盛的需求面前,能源、原料等初级品供不应求,价格上涨。

【案例3参考答案】

(1) 经济学中,推动经济发展的三驾马车是消费、出口、投资,其中,消费是推动经济发展的最主要因素。由此可见,扩大内需特别是消费需求,是充分利用有利条件促进我国经济发展的必然选择,是实现我国经济均衡发展的根本途径,是增强抵御国际经济风险能力的迫切需要,是促进经济社会谐调发展的内在要求。扩大内需是我国经济发展的基本立足点和长期战略方针。

内需与外需、投资与消费关系的严重失衡,带来两个严重后果:一是经济增长过多依靠资本形成,在产能过剩问题日趋严重的同时,重复建设、盲目建设得不到有效控制,容易导致经济波动;二是强化了经济的外部依赖性,使我国在国际分工中长期处于低端位置,加剧了国内能源资源和环境约束。这种发展模式难以为继。我们必须尽快走上均衡发展之路,立足扩大内需,促进经济增长。经济全球化深入发展,在给我国带来新机遇的同时,也增加了新的挑战和风险。今后一个时期,世界经济可能处在一个缓慢复苏、低速增长、结构转型的时期,外需的不稳定性加大,国际竞争日益激烈。这客观上对我国转变发展方式、调整内需外需和投资消费关系形成倒逼机制。同时,各种形式的保护主义增多,对我国经济发展的影响也不可忽视。在积极参与经济全球化的进程中,我们只有立足扩大内需,努力开拓国内市场,才能有效克服外部环境变化的不利影响,防范和化解外部冲击带来的各种风险,增强我国经济的安全性和稳定性。实施扩大内需战略,有利于把发展经济与保障和改善民生有机结合起来,推动经济社会谐调发展。

(2) 其一,必须认识到节俭悖论的存在有其特定的时空条件。只有在大量资源闲置,社会有效需求不足,存在严重失业时,才有可能出现这种悖论所呈现的矛盾现象。如果社会已经达到充分就业,但资源紧缺,甚至存在膨胀缺口,这时节俭可能就会抑制过高的总需求,也有助于消除通货膨胀。

其二,正确理解节俭悖论,有助于提高我们对高储蓄可能带来的不良后果的认识。目前,我国居民的高储蓄不能有效转化为投资;同时居民消费需求不足,造成大量商品生产过剩,企业开工不足,失业人员增加,经济增长受到影响。为了刺激消费扩大内需,国家采取了积极的财政政策,鼓励大家消费。显然,高储蓄是不利于解决消费需求不足问题的,也是不利于经济发展的。

其三,因此,我们不仅要鼓励老百姓增加消费,也要大力提倡理性消费,理直气壮地反对浪费。扩大消费,特别是有利于经济可持续增长的人力资本消费,是我们提倡的。反对畸形消费,比如出于面子需要和攀比心理所导致的炫耀性消费、奢侈浪费等非理性的现象。

第三章 货币、利率和国民收入

第一部分 习 题

一、名词解释

1. 货币供给量 2. 法定准备金率 3. 超额准备金率 4. 货币的交易动机 5. 货币需求的预防动机 6. 投机动机 7. 基础货币 8. 货币创造乘数 9. 资本边际效率 10. 货币需求函数 11. 投资 12. 均衡利率 13. 流动偏好 14. "货币失踪"之谜 15. 货币幻觉 16. 实际利率 17. 流动性陷阱

二、单选题

1. 货币供给(M_1)大致等于(　　)。
   A. 公众持有的通货
   B. 公众持有的通货加上活期存款
   C. 公众持有的通货加上银行准备金
   D. 公众持有的通货加上银行存款

2. 如果商品和劳务的价格用盐的数量来表示,则盐就是(　　)。
   A. 计价单位　　　　　　B. 延期支付的标准
   C. 价值储藏　　　　　　D. 准货币

3. 下列哪一种情况是 M_2 的一个组成部分,但不是 M_1 的一个组成部分(　　)。
   A. 旅行支票　　　　　　B. 活期存款
   C. 储蓄存款　　　　　　D. 其他支票存款

4. 下列哪一种情况是准货币或近似货币的例子(　　)。
   A. 旅行支票　　　　　　B. 活期存款
   C. 储蓄存款　　　　　　D. 其他支票存款

5. 下列各种资产中流动性最大的是(　　)。
   A. 股票　　B. 名画　　C. 长期国债　　D. 小额定期存款

6. 下列哪一项是商业银行的负债(　　)。

A. 库存现金 B. 贷款
C. 投资证券 D. 活期存款

7. 银行创造货币的做法是( )。
   A. 出售自己的部分投资证券 B. 增加自己的准备金
   C. 把超额准备金作为贷款发放 D. 印刷更多的支票

8. 如果所有的银行都持有100%的准备金,那么简单的货币乘数就是( )。
   A. 0 B. 1 C. 10 D. 无限大

9. 凯恩斯的货币需求取决于债券收益和( )。
   A. 实际资产的收益 B. MPC
   C. 收入 D. 投资乘数

10. 下列哪一项不是中央银行的职能?( )
    A. 发行货币 B. 向银行提供贷款
    C. 向企业提供贷款 D. 主持全国各银行的清算

11. 制定并实施货币政策的机构是( )。
    A. 财政部 B. 中央银行 C. 商业银行 D. 国家元首

12. 下列哪一项不是居民户和企业持有货币的主要动机?( )
    A. 储蓄动机 B. 交易动机 C. 预防动机 D. 投机动机

13. 在凯恩斯的理论体系中,货币需求和货币供给函数决定( )。
    A. 价格水平 B. 消费水平 C. 实际利率 D. 名义利率

14. 货币乘数的大小与多个变量有关,这些变量是( )。
    A. 法定准备率 B. 现金存款比率
    C. 超额准备率 D. 以上都是

15. 当利率降得很低时,人们购买债券的风险将会( )。
    A. 变得很小 B. 变得很大 C. 不发生变化 D. 难以确定

16. 按照凯恩斯货币理论,货币供给增加将( )。
    A. 降低利率,从而减少投资 B. 降低利率,从而增加投资
    C. 提高利率,从而减少投资 D. 提高利率,从而增加投资

17. 当法定准备率为10%,商业银行最初所吸收的存款为2000货币单位时,银行所能创造的货币总量为( )。
    A. 20 000货币单位 B. 40 000货币单位
    C. 30 000货币单位 D. 15 000货币单位

18. 月工资制变为周工资制,预防货币需求量( )。
    A. 不变 B. 增加 C. 减少 D. 不确定

19. 产出不变而工资增加,交易货币需求量( )。
    A. 增加　　　B. 不变　　　C. 减少　　　D. 不确定
20. 一笔投资为2 850亿美元,年利率为3%,以后三年每年都可以带来1 000亿美元收入,则这笔投资的资本边际效率( )年利率。
    A. 不确定　　B. 小于　　　C. 大于　　　D. 等于
21. 随着自动取款机的出现,交易货币需求量( )。
    A. 不确定　　B. 不变　　　C. 提高　　　D. 下降
22. 存款准备金率越高( )。
    A. 银行贷款意愿越大　　　　B. 货币供给越大
    C. 货币乘数越小　　　　　　D. 物价水平越高
23. 人们用一部分收入来购买债券,这种行为属于( )。
    A. 储蓄　　　　　　　　　　B. 投资
    C. 既非储蓄也非投资　　　　D. 既是储蓄又是投资
24. 如果证券价格低于均衡价格,可得出( )。
    A. 利率将上升　　　　　　　B. 证券持有者将遭受损失
    C. 货币供给超过了货币需求　D. 货币需求超过了货币供给
25. 消费者收入水平决定( )。
    A. 流动资产存量　　　　　　B. 购买力水平
    C. 财富分配　　　　　　　　D. 消费者负债的水平
26. 下列哪一项不影响货币需求?( )
    A. 一般物价水平　　　　　　B. 银行利率水平
    C. 公众支付习惯　　　　　　D. 商品和劳务的相对价格
27. 从经济学意义上说,以下各项不属于投资的是( )。
    A. 厂房的增加　　　　　　　B. 企业存货的增加
    C. 新住宅的增加　　　　　　D. 人们购买土地
28. 关于资本边际效率和投资边际效率,以下判断正确的是( )。
    A. 在相同的预期收益下,投资边际效率小于资本边际效率
    B. 投资边际效率不能准确反映企业的投资需求情况
    C. 投资边际效率曲线比资本边际效率曲线更为平缓
    D. 在相同的预期收益下,投资边际效率大于资本边际效率
29. 公开市场业务是通过下列哪种方式来影响货币供给( )。
    A. 对商业银行向中央银行借款所要支付的利率的影响
    B. 商业银行法定准备金率的改变

C. 短期国库券利率的改变

D. 其对银行体系储备量的影响

30. 在1929~1933年大萧条期间,不是货币供给下降的原因是(　　)。

　　A. 准备金率上升　　　　　　B. 现金—存款比率上升

　　C. 基础货币增加　　　　　　D. 货币乘数下降

三、判断题

1. 货币并不是所有资产中最具有流动性的。(　　)
2. 存款准备金制度赋予了商业银行创造货币的能力。(　　)
3. 货币交易需求反映了交换媒介职能。(　　)
4. 加速数指投资增减会引起收入更大幅度增减。(　　)
5. 当人们预期利率要下降时,他们将出售债券。(　　)
6. 商业银行发放更多的信用卡将会降低通货在货币供给量中的比例。(　　)
7. 私人和工商企业由于未来利率和价格的不确定性而要持有用于投机目的的货币余额。(　　)
8. 商业银行的经营目标不是最大利润。(　　)
9. 如果货币供给是利率的函数,则货币当局对它就没有任何控制权。(　　)
10. 假定货币供给不变,且经济不处于流动陷阱中,收入的增加将导致利率上升。(　　)
11. 如果一个人把5 000元作为活期存款存入商业银行,需求存款增加5 000元,通货减少5 000元,因而货币供给量保持不变。(　　)
12. 货币学派认为货币存量的变化不影响价格水平。(　　)
13. 如果能在极短的时间内以极小的损失出售,就可以说这种资产具有很好的流动性。(　　)
14. 按照凯恩斯理论,利率由货币投机需求和货币总供给之间的关系决定。(　　)
15. 高能货币实质上是商业银行储备与流通中的货币之和。(　　)
16. 资本边际效率曲线能准确代表企业的投资需求曲线。(　　)
17. 利率水平的变动引起投资曲线的水平移动。(　　)
18. 只要增加货币供给,就会引起利率下降。(　　)

四、简答题

1. 如何区分经济中的货币与其他资产?
2. 什么是商品货币?什么是法定货币?我们用哪一种货币?
3. 一种资产的哪些特点使它成为交换媒介?哪些特点使它成为一种价值储

藏呢?

4. 商业银行是如何创造货币的?

5. 试说明凯恩斯的三种货币需求动机。

6. 如何理解货币需求的经济含义。

7. 简述"流动性陷阱"的基本原理。

8. 简述货币需求曲线斜率变化的经济意义。

9. 均衡利率是如何决定的?

10. 投资、利率与实际 GDP 之间有何关系?为什么?

11. 为什么说资本边际效率曲线不能准确代表企业的投资需求曲线?

12. 什么是有效需求?简述凯恩斯分析有效需求不足的三大基本心理规律。

13. 简述消费的实际货币余额效应(哈伯勒—庇古效应)。

14. 简述货币供给量的概念及划分货币供给层次的标准。

15. 详述投资的边际效率和资本的边际效率,并在同一坐标系中画出这两条线。(东北财经大学 2010研)

16. 说明在证券市场购买债券和股票不能看作经济学意义上的投资活动。

五、计算题

1. 假设某人把价值1000元的政府债券卖给中央银行,并把这1000元存入银行A。这种新存款最初增加了1000元的货币量。再假设银行的法定存款准备率为20%,超额准备率、通货比率均为0。表3.1给出了这笔存款引起的货币扩张过程的第一轮的有关信息。

表 3.1

第 n 轮	新存款(元)	新贷款(元)	新准备金(元)	货币增加量(元)	累积的货币增加量(元)
1	1000	800	200	1000	1000
2					
3					
4					
5					
6					

(1) 填写表3.1。

(2) 在6轮结束之后,货币总共增加了多少?

(3) 货币乘数是多少？

(4) 在整个过程结束之后,货币总共增加了多少？

2. 计算下列每种情况时的货币乘数：

(1) 当货币供给为 5 000 亿元,基础货币 H 为 2 000 亿元时的货币乘数。

(2) 当银行存款 D 为 5 000 亿元,通货 C 为 1 000 亿元,准备金(包括法定准备金和超额准备金)R 为 500 亿元时的货币乘数。

(3) 当法定准备金和超额准备金之和 R 为 500 亿元,通货 C 为 1 500 亿元,准备金 R 与银行存款 D 的比率为 0.1 时的货币乘数。

3. 假定一国在某一时期有：小额定期存款＝1 050,大额定期存款＝425,活期存款＝345,储蓄存款＝375,通货＝130(单位均为 10 亿美元),试计算 M_1、M_2、M_3 各为多少？

4. 若货币交易需求为 $L=0.2Y$,货币投机需求 $L_2=2000-500r$。求：

(1) 货币总需求函数。

(2) 当利率 $r=6$,收入 $Y=10\,000$ 亿元时货币需求量为多少？

(3) 若货币供给 $M_S=2\,500$ 亿元,收入 $Y=6\,000$ 亿元时,可满足投机性需求的货币是多少？

(4) 当收入 $Y=10\,000$ 亿元,货币供给 $M_S=2\,500$ 亿元时,货币市场均衡时利率为多少？

5. 假定法定准备金率为 0.12,没有超额准备,对现金的需求为 1 000 亿元,求：

(1) 假定总准备金是 400 亿元,货币供给是多少？

(2) 若中央银行把准备金率提高到 0.2,货币供给变动多少？(假定总准备金仍是 400 亿元)

(3) 中央银行买进 10 亿元政府债券(存款准备金率是 0.12),货币供给变动是多少？

6. 假定某人每月赚 1 600 元,储蓄存款账户中每月利率是 5‰,交易成本是 1 元,试求此人的最佳交易次数及他持有的平均现金金额？如果此人的收入增加到 1 800 元,则此人货币需求会有什么变化？

六、论述题

1. 你拿出你放在枕头下的 300 元人民币并存入你的银行账户。如果这 300 元作为准备金留在银行体系中,而且如果银行保持的准备金等于存款的 15%,银行体系的存款总量会增加多少？货币供给会增加多少？

2. 联邦储备进行 1 000 万美元政府债券公开市场购买。如果法定准备金率是10%,这会引起的最大可能货币供给增加是多少？最小可能增加是多少？并解释之。

3. 为什么要研究货币需求？影响货币需求的因素有哪些？

4. 凯恩斯理论是如何解释西方国家20世纪30年代经济大萧条原因的？

5. 解释下面每种发展会如何影响货币供给、货币需求和利率。用图形说明你的答案。

(1) 美联储的债券交易商在公开市场活动中购买债券。

(2) 信用卡可获得性的提高减少了人们持有的现金。

(3) 中央银行降低了法定准备金。

(4) 居民决定把更多钱用于节日购物。

6. 假设银行在每个街区设立了自动取款机,并通过易于得到货币进而减少了人们想持有的货币量。

(1) 假设中央银行并没有改变货币供给。根据流动偏好理论,利率会发生什么变动？总需求会发生什么变动？

(2) 如果中央银行想稳定总需求,它该如何作出反应？

七、案例分析

【**案例1**】 中国的老百姓为什么偏好储蓄。

高储蓄率往往是高GDP增长的后果。道理很简单,普通老百姓收入增长后,会小心地"奖励"一下自己,但不愿大量花钱。日本在20世纪70年代GDP增长很快,在那个时期的储蓄存款率也是很高的。到了90年代,日本经济增长变缓,储蓄存款率也随着下降了。中国目前还是处在高GDP增长期间,较高的储蓄存款率其实是正常的。缺少有吸引力的投资渠道是高储蓄率的一个重要原因。其实,不光老百姓缺少投资渠道,近来很多企业也因缺少投资欲望而把资金存入银行。在中国,企业存款增加后,广义货币M_2(定活期存款为主)就会随着增长。2005年的M_2同比增长18.3%,很多人推测这个增长主要来自企业高达1.2万亿元的利润。所以,老百姓不投资不是孤立的现象。中国是个高储蓄率的国家,老百姓把收入的40%放在银行里。但是,对中国这么一个大国来说,15万亿元存款并不是一个很大的数目。如果让13亿人平摊存款余额,人均不过只有一万多元。假定那些存款都来自5亿城镇居民,人均不过三万元。一个典型的城镇三口之家,也就是大约10万元存款。这个平均家庭存款数,购买房子不足,供养车不够,不断上涨的医疗费和教育费也让普通家庭不敢轻易花费银行存款。与发达国家相比,中国的高储蓄率是在平均收入水平较低的基础上形成的。老百姓储蓄多是对养老风险和医疗风险没有信心。美国的经历证明了这一点。20世纪70年代,美国经济不景气,美国人储蓄较多。随着经济改善和各种社会保险机制的建立,大多数美国人对未来的担忧没有了。2005年,美国人的储蓄率是负数,说明他们不光不存钱,而且开始花过去的存款。不过,美国人并没有过度担心。储蓄是个复杂的现象,需要把居民存款余额放到更大的图像里去看。美国的老百姓只想花费,不愿储蓄,而中国的情况稍稍不同,老百姓感到银行里有储蓄,心里才能获得一些安全感。目前我国百分之八十以上的劳动者没有基本养老保险,百分之八十五以上的城乡居民没有医疗保险,而培养一个孩子上到大学需要19.1万元。在这种情况下,人们有钱不敢花就不难理解了。消费低并不是"节约的习惯",而是未来要花钱的地方实在太多。

讨论题:中国老百姓偏爱储蓄的根本原因是什么?

【案例2】

2007年以来,我国固定资产投资延续高增长趋势。1~5月份,我国城镇固定资产投资32 045亿元,同比增长25.9%。尽管增幅低于2003年开始的投资启动以来的27.4%平均增速,但是投资增速仍然大大高于消费增速,投资消费比例关系失衡的局面难以扭转,并且投资增幅随时存在反弹的压力。一方面,产业链较长的房地产投资呈反弹走势,1~5月份完成投资额7 214亿元,同比增长27.5%,增幅较2006年全年加快了5.7个百分点。另一方面,在电力等能源供给约束缓解的情况下,高耗能产业出现快速反弹,前5个月大多数高耗能产品的产量增长幅度都在20%以上,其中钢材产量1.96亿吨,同比增长20%;铁合金643.9万吨,同比增长38.8%;氧化铝761.6万吨,增长55.4%;焦炭1.28亿吨,增长21.7%;电石560.6万吨,增长27.2%。1~5月份,钢铁、电解铝和水泥等重点调控行业的投资增长速度加快反弹。

根据案例内容请回答下列问题:

1. 从上面这段资料来看,引起投资增速过大的原因是什么?
2. 投资过快增加的后果将会如何?
3. 从投资和利率的关系来看,政府应如何抑制投资增速过快?

第二部分 参考答案

一、名词解释

1. 货币供给量:通常是指一国经济中的货币存量。货币供给量有广义和狭义之分。狭义的货币量是指M_1,广义的货币量是指M_2、M_3和L。初级宏观经济学中,一般所使用的货币供给量的概念指的是狭义的货币量(M_1),即流通中的通货和活期存款之和。

2. 法定准备金率:指中央银行规定的各商业银行和存款机构必须遵守的存款准备金占其存款总额的比率。

3. 超额准备金率:指商业银行超过法定要求数量保留的准备金占其存款总额的比率。

4. 货币需求的交易动机:是由于个人和企业为了进行正常的交易活动而持有的货币。由于收入和支出在时间上的不同步,因此个人和企业必须有足够的货币资金来支付日常开支。在进行短期分析时,一般把作为交易动机的货币需求视为收入的增函数。

5. 货币需求的预防动机:也称为谨慎动机,是指人们为了预防意外支出而需要持有一部分货币的动机。货币的预防需求产生于人们未来收入和支出的不确定性。西方经济学家认为,从全社会而言,这一货币需求大体上也和收入成正比,是收入的增函数。

6. 投机动机:是指人们根据对市场利率变化的预见预测,持有货币以便从中获利的动机。货币投机性动机的货币需求的必要前提是有价证券价格的未来不确定性,这一货币需求与利率呈反方向变动。

7. 基础货币:是指一国金融当局的货币供给量,由流通中的通货与商业银行的储备金组成。其中,商业银行储备又由法定存款储备金和超额准备金两部分构成。基础货币是商业银行借以扩张货币供给的基础,因此又称高能货币或强力货币。

8. 货币创造乘数:指货币供给量 M 与基础货币 H 之比,即当基础货币变动1单位时,货币供给量的变动规模。货币乘数可以用 $\frac{M}{H}$ 来表示(或用 K 表示),货币乘数公式为

$$K = \frac{M}{H} = \frac{C_u + D}{C_u + R_d + R_e} = \frac{r_c + 1}{r_c + r_d + r_e}$$

其中,r_c 是通货比率,r_d 是法定存款准备金率,r_e 是超额准备金率。由货币乘数公式可知,影响货币乘数的因素有:通货比率或现金漏损率、法定存款准备金率、超额准备金率。

9. 资本边际效率:是指使一项资本物品使用期内各预期收益的现值之和等于这项资本品的供给价格或者重置成本的贴现率或折现率,它可以被视为将一项投资按复利方法计算得到的预期利润率。资本边际效率是递减的。一方面,随着投资增加,对资本的需求扩大,就会使资本品价格上升;另一方面,随着投资增加,

产品数量增多,供过于求,产品价格下降或库存积压,使其预期收益下降,资本边际效率递减,投资者不愿较多投资或减少投资,从而投资需求和有效需求不足,导致经济危机和失业。

10. 货币需求函数:是货币需求与收入和利率之间的关系,可以写成 $L=kY-hr$。货币需求是国民收入的增函数,是利率的减函数,即货币需求与收入水平同方向变动,与利率反方向变动。

11. 投资:也叫资本形成,是指在一定时期内社会的实际资本(包括厂房、设备和存货等)的增加,表现为生产能力的扩大。投资和资本是两个不同的概念,投资是流量,而资本是存量。经济学中所说的投资也就是资本存量的变动。

12. 均衡利率:是指一个时期内,整个货币市场上,当货币需求和货币供给相等时的利率。凯恩斯在讨论货币供求决定利率时,是以收入水平既定和经济中的货币供给量的大小由中央银行控制为条件。即货币供给量是个不随利率变化而变化的量,是一个外生变量,由于货币供给为既定,因此,均衡利率由货币需求决定。货币供求由失衡到均衡,只通过货币需求的变化即可决定。

13. 流动偏好:又称灵活偏好,是指人们为应付日常开支、意外支出和进行投机活动而愿意持有现金的一种心理偏好。该理论由凯恩斯 1936 年在《就业、利息和货币通论》中提出。它根源于交易动机、预防动机和投机动机。

14. "货币失踪"之谜:是指实际的货币需求量小于根据传统的货币需求函数计算出的货币需求量,这就意味着实际货币需求的下降,被认为是金融制度创新引起的,传统的货币需求是利率水平和国民收入的函数,并不包括这种因素。

15. 货币幻觉:人们在经济生活中只看到商品或劳务的货币价值的变化,而没有发现商品或劳务的实际价值的变化。结果,不是对商品或劳务的实际价值作出反应,而是对用货币来表示的价值作出反应的现象。

16. 实际利率:是指名义利率扣除通货膨胀率后的利率。实际利率的意义在于它考虑了通货膨胀因素对利息真实水平的影响。

17. 流动性陷阱:又称为"灵活偏好陷阱"或"凯恩斯陷阱"。当利率极低时,人们手中无论增加多少货币,都不会再去购买有价证券,而是都愿意将货币保留在手中,因而流动性偏好趋于无限大,这种情况称之为"流动性陷阱"。

二、单项选择题

1. B 2. B 3. C 4. B 5. D 6. D 7. C 8. B 9. C 10. C 11. B
12. A 13. D 14. D 15. B 16. B 17. A 18. A 19. B 20. A 21. D
22. C 23. A 24. D 25. B 26. D 27. D 28. A 29. D 30. C

三、判断题

1. 错误。【提示】在所有资产中,流动性最强的是通货。

2. 正确。【提示】商业银行创造货币的能力就是缘于存款准备金制度。

3. 正确。【提示】交易需求是为了进行日常交易活动,反映了交换媒介职能。

4. 错误。【提示】乘数是投资增减会引起收入更大幅度增减,而加速原理描述相反的影响。

5. 错误。【提示】根据凯恩斯货币需求理论,货币需求的投机动机是利率的反函数,当人们预期利率要下降时,即债券价格要上升,故他们将购买债券而不是出售债券。

6. 正确。【提示】商业银行发放更多的信用卡将会降低通货在货币供给量中的比例。

7. 正确。【提示】私人和工商企业由于未来利率和价格的不确定性而要持有用于投机目的的货币余额。

8. 错误。【提示】商业银行是企业,西方经济学的基本假定之一就是,企业的经营目标是追求利润最大化。

9. 错误。【提示】保持货币经济的稳定是货币当局的一大目标。

10. 正确。【提示】根据 $M_S = L = L_1(Y) + L_2(r)$ 可知,收入的增加将导致货币的交易需求和预防需求即 L_1 的增加,在货币供给不变的情况下,L_1 的上升必然会导致货币投机需求 L_2 的下降,而货币投机需求是利率的反函数,故在货币供给不变,且经济不处于流动陷阱中,收入的增加将导致利率上升。

11. 错误。【提示】这是考查商业银行的存款创造知识点。如果一个人把5 000元作为活期存款存入商业银行,需求存款会派生出数倍于原始存款金额,货币供给量会增加。

12. 错误。【提示】货币学派认为货币存量变化的唯一结果是对物价水平的影响。

13. 正确。【提示】这是考查资产流动性的含义。资产流动性是指资产的变现能力的强弱,它是说明一种资产可以变为经济中的交换媒介的容易程度。

14. 错误。【提示】按照凯恩斯理论,货币市场的利率是由货币需求和货币总供给之间的关系决定的,而货币需求是由货币交易需求、预防需求和投机需求组成的。

15. 正确。【提示】高能货币就是基础货币,由基础货币的构成可知,它由流通中的通货与商业银行的储备金组成。

16. 错误。【提示】本题是考查资本边际效率和投资边际效率之间的关系。能准确代表企业的投资需求曲线的是投资边际效率曲线,而不是资本边际效率曲线。

17. 错误。【提示】投资是利率的反函数,利率水平的变动只会引起投资水平的变动,而不可能引起投资曲线的移动。

18. 错误。【提示】利率是由货币市场上货币供给与货币需求共同决定的,在货币需求不变时,增加货币供给,会引起利率下降;若货币需求随货币供给同幅度增加,则不会引起利率下降。

四、简答题

1. 答:货币在经济中有四种职能:交换媒介、计价单位、价值储藏和延期支付,这四种职能共同区分经济中的货币与其他资产。

2. 答:当货币采取有内在价值的商品形式时,它被称为商品货币。当货币没有内在价值,由政府法令而作为通货使用的货币时,它被称为法定货币。我们用法定货币。

3. 答:交易媒介是指当买者在购买商品和劳务时给予卖者的东西。一种资产只有当它能被人们普遍接受时才有可能成为交换媒介,另外,它还必须便于携带且易于分割。价值储藏是指人们可以用来把现在的购买力转变为未来的购买力的东西。一种资产如果有价值且它的价值具有稳定性,它就有可能成为一种价值储藏。

4. 答:个人或企业所拥有的现金货币通常都会存入银行而成为银行的存款。银行所有的存款除了要准备一定数量应付日常的现金提取外,其他部分可用于信用贷款。由于贷出的现金又会以存款形式出现在别的银行,得到这笔存款的银行除预留一定比例的现金应付现金支取外,又可信用贷出。依次类推,所有的信用贷款之和称为货币的信用创造。即货币信用创造是指最初的存款所能带来的信用货币总和为最初存款的倍数。

5. 答:凯恩斯的流动性偏好理论分析了人们持有货币的三大动机,即交易动机、预防动机和投机动机。前两种动机的货币需求是对交易媒介的需求,可合称为"交易性的货币需求",后一种动机的货币需求则是对闲置的货币余额的需求,即对资产形式的需求,可称为"投机性的货币需求"。凯恩斯认为,交易性的货币需求是收入的增函数,而投机性的货币需求则是利率的减函数。

6. 答:(1) 货币经济学中研究的货币需求是指有效的货币需求,它是持有货币的愿望与持有货币的能力二者的结合。

(2) 货币需求的经济含义可从宏观和微观两个层面来理解。从宏观层面上讲,货币需求是指在一定时间内,在一定的资源和制度约束下,整个社会应有多少货币来执行交易媒介、支付手段和价值储藏职能。从微观层面上讲,货币需求是指有行为能力的经济主体在一定的财务约束下,持有货币的动机和行为,是经济主体在进行资产选择后,在其认为的资产组合最佳水平持有一定数量货币的愿望与行为。

货币需求理论就是研究在一定时间内,在一定的经济条件下,决定经济主体货币需求量的因素有哪些以及这些因素和货币需求存量之间的关系如何。

7. 答:流动性陷阱是凯恩斯流动偏好理论中的一个概念。"流动性陷阱"的基本原理:凯恩斯认为,对利率的预期是人们调节货币和债券配置比例的重要依据,利率越高,投机需求所需的货币量就越少,当利率极高时,这一需求量为零,因为人们认为这时利率不大可能上升,或者说有价证券价格不大可能再下降,因而人们都愿意将所持有的货币全部换成有价证券。反之,当利率极低,人们会认为这时利率不大可能再下降,或者说有价证券市场价格不大可能再上升而只会下跌,因而人们会将所持有的有价证券全部换成货币。这时,人们有了货币也决不肯再去买有价证券,以免证券价格下跌时遭受损失,人们不管有多少货币都愿意保留在手中,这种情况称之为"流动偏好陷阱"或"凯恩斯陷阱"。在这种场合,投机性货币需求的利率弹性为无穷大,投机性货币需求曲线将变成一条与横轴平行的直线。凯恩斯认为,在经济严重萧条时就有可能出现这种情况。此时,货币政策完全无效,而财政政策极为有效。

8. 答:货币需求曲线可分为向下倾斜、呈水平状和呈垂直状三个区段:① 在向下倾斜区段,利息率下降时,货币需求有限地增加;② 在水平变动区段,表明利息率变化对货币需求影响无限大;③ 在垂直变动区段,表示利息率变化对货币需求无影响。

9. 答:当货币需求等于货币供给时,货币市场就达到均衡,据此便决定了均衡利率。由于货币供给量的大小是由中央银行控制的,所以在分析货币市场时,通常把货币供给量视为外生变量。这样,货币市场的均衡,即通过利率调节货币需求以达到某个给定的货币供给。实际的货币供求相等时,货币市场就达到均衡。

10. 答:(1) 经济学中的投资是指添置新的建筑物、设备以及增加存货的支出,其中主要是厂房、设备的增加,即社会实际资本的增加。投资水平的大小取决于利率、预期通货膨胀率、资本边际效率、投资风险等许多因素。其中,利率是决定投资的首要因素,这是因为企业进行投资是为了实现利润最大化,企业是否要对新的实物资本如机器、设备、厂房等进行投资,取决于这些新投资的预期利润率同为购买这些资产而必须借进的款项所要求的利率的比较,若前者大于后者时,投资是值得的,若前者小于后者时,投资就不值得。这也就是说,在投资的预期利润率既定时,企业是否进行投资,首先取决于利率的高低,如果利率上升时,投资需求量就会减少,利率下降时,投资需求量就会增加。总之,投资与利率反方向变化,投资是利率的减函数。

(2) 既然投资是利率的函数,即投资量与利率之间存在反方向变化关系。那么,国民收入水平必然会受到利率的影响,这是因为投资是总需求的一个组成部分,投资的变动必然引起总需求的变动。

11. 答:资本边际效率曲线表明了社会总投资量与利率之间的反向变动关系,它仅考虑了每个厂商单独增加投资时的情况,是以投资品的供给价格不变为前提的。实际上,社会上所有厂商都增加投资,投资品的供给价格必然上升,在相同的预期收益下,资本边际效率就会下降。这种由于投资品的供给价格上升而缩小了的资本边际效率称为投资的边际效率。在相同的预期收益下,投资边际效率小于资本边际效率,随着投资量的增加以及由此引起的投资品的供给价格的上涨,二者的差距也会拉大。由于投资边际效率考虑了投资所引起的投资品的价格变动这一因素,而资本边际效率没有考虑这一因素,因此,决定企业投资大小应以投资边际效率为依据。

12. 答:有效需求是凯恩斯经济学的枢纽性概念。所谓有效需求,是指经济社会对产品和劳务的需求总量,通常用产出水平来表示。在不考虑国外需求的情况下,经济社会的总需求是指价格收入等既定条件下,家庭、企业和政府将要支出的数量。

凯恩斯试图用三大基本心理规律解释有效需求不足,这三大基本心理规律是边际消费倾向规律、资本边际效率规律和流动性偏好规律。

(1) 边际消费倾向规律:边际消费倾向MPC随着个人可支配收入的增加而递减,表示收入越增加,收入增量中用于消费增量的部分越来越小。

(2) 资本边际效率规律:资本边际效率是企业投资支出增加最后一单位货币所带来的报酬增量。资本边际效率是递减的。一方面,随着投资增加,对资本的需求扩大,就会使资本品价格上升;另一方面,随着投资增加,产品数量增多,供过于求,产品价格下降或库存积压,使其预期收益下降,资本边际效率递减,投资者不愿较多投资或减少投资,从而投资需求和有效需求不足,导致经济危机和失业。

(3) 流动性偏好规律。人们愿意以货币形式或存款形式保持财富的要求,称之为流动偏好。产生流动偏好的动机主要有交易动机、预防动机和投机动机。

13. 答：哈伯勒—庇古效应，又称财产效应或消费的实际货币余额效应。

如果名义货币供给 M_S 不变，价格下降时，实际货币余额 m_S 增加，人们的消费增加，从而导致总需求增加，反之亦然。这种由于价格水平下降导致实际货币余额上升，进而带动消费支出和总需求增加的原理被称为消费的实际货币余额效应。

14. 答：货币供给量是指一个国家在一定时点上流通的现金与存款货币的总和，它包括企业、个人、政府及各金融机构等的货币总存量。

货币供给层次的划分标准主要是流动性。流动性就是指金融资产能够以较低的成本迅速转化为现实购买力的性质，也就是变为现实的流通手段和支付手段的能力。

15. 答：其他条件不变时，利率水平下降，人们借款的成本将减少，人们对投资的需求将增加。利率和投资需求之间的这种反向变动关系我们定义为投资的需求函数。这种衡量利率对投资影响程度的指标就是投资的边际效率（MEI），它表示利率每上升或下降一个百分点，投资会减少或增加的数量。投资边际效率曲线表明了每一利率水平下的投资量，因此，投资边际效率曲线就是投资需求曲线。它是一条斜率为负、向右下方倾斜的曲线（见图3.1）。

资本边际效率（MEC）是指使一项资本物品使用期内各预期收益的现值之和等于这项资本品的供给价格或者重置成本的贴现率或折现率，它可被视为将一项投资按复利方法计算得到的预期利润率。我们把对应着各个投资量的资本边际效率点连接起来就是资本边际效率曲线。一般地，如果资本边际效率大于市场利率，则值得投资，否则就不值得投资。

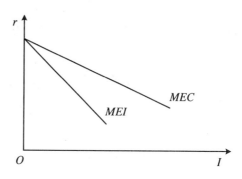

图 3.1 投资的边际效率曲线与资本的边际效率曲线

16. 答：经济学上所讲的投资是指在一定时期内社会的实际资本的增加，表现为生产能力的扩大，即购买新厂房、设备和存货行为；而人们购买债券和股票只是一种证券交易活动，并不是实际的生产经营活动。人们买债券或股票仅仅是一种产权转移活动，因而不属于经济学意义上的投资活动，也不能计入 GDP。当公司从人们手中取得了出售债券或股票的货币资金再去购买厂房或机器设备时，才是投资活动。

五、计算题

1. 解:(1)

表 3.1

第 n 轮	新存款（元）	新贷款（元）	新准备金（元）	货币增加量(元)	累积的货币增加量(元)
1	1 000	800	200	1 000	1 000
2	800	640	160	800	1 800
3	640	512	128	640	2 440
4	512	409.6	102.4	512.	2 952
5	409.6	327.68	81.92	409.2	3 361.6
6	327.68	262.14	65.54	327.68	3 689.28

(2) 由表 3.1 中的结果可见，在第 6 轮结束之后，累积的货币增加量为 3 689.28 元。

(3) 由货币乘数公式 $K = \dfrac{M}{H} = \dfrac{1+r_c}{r_c+r_d+r_e}$ 得: $K = 1/0.2 = 5$。

(4) 在整个过程结束之后，货币总增加量=最初的存款增加量×货币乘数= 1 000 元×5=5 000 元。

2. 解:(1) 货币乘数 $K = \dfrac{M}{H} = \dfrac{5\,000}{2\,000} = 2.5$。

(2) 根据货币乘数公式，$K = \dfrac{M}{H} = \dfrac{1+r_c}{r_c+r_d+r_e}$。其中，$r_c = \dfrac{C}{D}$，$r_d = \dfrac{R_d}{D}$，$r_e = \dfrac{R_e}{D}$。这里，$C$ 表示现金即通货，D 表示存款，R_d 表示法定准备金，R_e 表示超额准备金。代入相关参量，得

$$K = \dfrac{1+1\,000/5\,000}{1\,000/5\,000+500/5\,000} = \dfrac{1.2}{0.3} = 4$$

(3) 已知 $\dfrac{R}{D} = 0.1$，可知存款 $D = \dfrac{500}{0.1} = 5\,000$，再代入货币乘数公式，得

$$K = \dfrac{M}{H} = \dfrac{1+r_c}{r_c+r_d+r_e} = \dfrac{1+1\,500/5\,000}{1\,500/5\,000+500/5\,000} = \dfrac{1.3}{0.4} = 3.25$$

3. 解: $M_1 = 130+345 = 475$，$M_2 = 475+1\,050+375 = 1\,900$，$M_3 = 1\,900+425 = 2\,325$。

4. 解：(1) 货币总需求函数为
$$L = L_1 + L_2 = 0.2Y + 2000 - 500r$$
(2) 将 $r=6, Y=10\,000$ 亿元代入货币总需求函数,得
$$L = 0.2 \times 10\,000 + 2000 - 500 \times 6 = 1000$$
(3) 根据货币市场均衡条件 $M_S = L = L_1(Y) + L_2(r)$ 和已知条件 $M_S = 2500$ 亿元,$Y = 6000$ 亿元得：$2500 = 0.2 \times 6000 + L_2$,推出投机性需求的货币 $L_2 = 1300$ 亿元。

(4) 将 $Y = 10000$ 亿元、$M_S = 2500$ 亿元代入 $M_S = L = 0.2Y + 2000 - 500r$,得出货币市场均衡时利率 $r = 3$。

5. 解：(1) 在法定准备金率为 0.12,没有超额准备,总准备金是 400 亿元时,则存款为 $400 \div 0.12 = 3333$ 亿元,因此,货币供给
$$M_S = 1000 + 3333 = 4333(亿元)$$
(2) 在总准备金为 400 亿元,现金仍是 1000 亿元,准备金率提高到 0.2 时,则货币供给变为
$$M_S = 1000 + 400 \div 0.2 = 3000(亿元)$$
即货币供给减少了 1333 亿元。

(3) 中央银行买进 10 亿元政府债券,即基础货币增加 10 亿元,可使货币供给增加 $10 \times \left(\dfrac{1}{0.12}\right) = 83.3(亿元)$。

6. 解：(1) 假定该人交易两次,即一次在月初把收入的一半变成储蓄存款；另一次在月中取出,则他平均持有的货币是收入的 $\dfrac{1}{4}$,即 $\dfrac{1600}{4} = 400$ 元。若交换 n 次,则平均持有的收入为 $\dfrac{1600}{2n}$。若月利率是 5‰,则丧失的利息或者说机会成本为 $\dfrac{1600}{2n} \times 5‰ = \dfrac{4}{n}$,再加上每次交易成本为 1 元,则 n 次交易成本为 n 元。总成本为 $TC = \left(\dfrac{4}{n}\right) + n$。

最佳交易次数应是总成本最小的次数,为此,可令
$$\dfrac{\mathrm{d}TC}{\mathrm{d}n} = -\dfrac{4}{n^2} + 1 = 0$$
得 $n = 2$,此为最优交易次数。

因此,此人持有的平均现金金额为：
$$\dfrac{Y}{2n} = \dfrac{1600}{4} = 400(元)$$

（2）假如此人的收入增加到1800元，，则根据上述方法求出的最优交易次数 $n = 2.12$ 次。显然，不可能有2.12次，而仍只能是整数2次，因此，他持有的平均现金金额为

$$\frac{Y}{2n} = \frac{1800}{4} = 450(元)$$

即货币需求会增加50元。

六、论述题

1. 答：银行体系的存款总量会增加2000元人民币，货币供给会增加2000元人民币。

2. 答：联邦储备进行1000万美元政府债券公开市场购买。如果在法定准备金率是10%，且银行不保留超额准备金（即银行除保留法定准备金外，其余的资金全部以贷款的形式贷出）和没有现金漏损的情况下，这会引起的最大可能货币供给增加是1亿美元（=1000万÷10%）；如果最初得到这1000万美元的银行除把其中的10%，即100万美元作为法定准备金外，其余的资金全部作为超额准备金保存在银行，则货币乘数是1，银行不创造货币，最小可能增加是1000万美元。

3. 答：（1）货币需求是指人们愿意以货币的形式保持财富的数量。研究货币需求是为了以下3个目的：

第一，研究货币需求是研究利息率决定的准备。凯恩斯认为利息率决定于货币需求与货币供给。因此，要研究利息率的决定，需研究货币需求。

第二，研究货币需求是为了解决发行的货币有多大部分转化为交易货币需求，从而成为总需求的形成要素的问题。这是因为：货币需求中的交易、预防货币需求是人们准备购买商品和劳务的货币持有。交易货币需求和总需求水平之间有着很密切的联系。通过某种处理，可以认为，交易货币需求量直接衡量了总需求水平。如果发行的货币全部为了满足交易货币需求，那么问题就非常简单：发行多少货币，总需求就有多大。问题在于发行的货币一部分满足了交易需求，一部分满足了投机货币需求。这样，发行的货币一部分与总需求有关，一部分与总需求无关。为了解决发行的货币有多大部分转化为交易货币需求，从而成为总需求的形成要素问题，我们必须研究货币需求。

第三，研究货币需求是为了更好地控制货币供给量提供依据。宏观经济的重要问题是控制货币供给量，为了解决这一目标，必须对货币需求进行研究。

（2）影响货币需求的因素主要有3个：一是人们的实际收入。实际收入越高，支出水平越高，需要的货币数量也就越多。二是商品价格水平。在其他条件

不变的情况下,价格水平越高,对货币需求量也就越大。三是利息率。利息率越高,持有货币的机会成本就越大,货币需求就越小。

4. 答:根据凯恩斯总需求决定理论,已有的收入、消费倾向、货币需求、货币供给、预期收益和资本品价格是影响总需求从而影响国民收入量的因素。

在社会经济条件既定的情况下,已有的收入、货币供给数量以及资本的供给价格可以视为常量,因而国民收入则主要取决于人们的消费倾向、对货币的流动偏好以及投资者对投资未来收益的预期。

对于发生在20世纪30年代的大萧条,凯恩斯理论给出的理由如下:① 边际消费倾向递减,决定了消费不足。② 资本边际效率下降,即在萧条时期投资者对未来收益预期偏低决定了投资不足。③ 流动偏好。当人们处于流动偏好陷阱时,经济中的货币需求趋于无穷大,无论货币供给多少,利息率居高不下,从而也导致投资不足。

消费不足和投资不足的共同作用,使得总需求不足,最终决定均衡国民收入处于较低水平,从而使得经济出现萧条。

5. 答:(1) 美联储的债券交易商在公开市场活动中购买债券,将增加货币供给,在货币需求不变的情况下,均衡利率下降。如图3.2所示。

(2) 信用卡可获得性的提高减少了人们持有的现金,进而减少了人们的货币需求,在货币供给不变的情况下,降低了均衡利率。如图3.3所示。

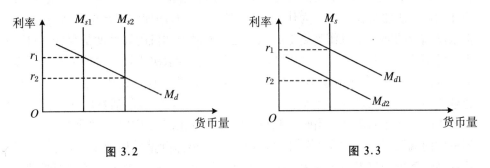

图 3.2　　　　　　　　　　　　图 3.3

(3) 中央银行降低了法定准备金,实际上增加了货币供给,货币需求不变的情况下,均衡利率下降。如图3.4所示。

(4) 当居民决定把更多钱用于节日购物,便使得总需求曲线右移,在货币市场上增加了货币需求,在货币供给不变的情况下,将导致均衡利率上升。如图3.5所示。

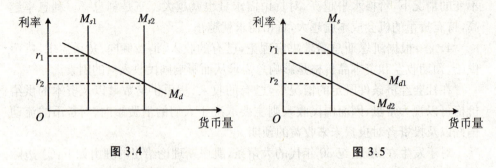

图 3.4　　　　　　　　　　图 3.5

6. 答：(1) 在货币供给不变的情况下，人们的货币需求减少时，均衡利率会下降。利率下降会降低投资和消费成本以及储蓄的收益，因而会刺激投资和消费，增加总需求。

(2) 如果中央银行想稳定总需求，也就是维持原有的均衡利率水平不变，它应该减少货币供给。

七、案例分析

【案例1 参考答案】

我们把增加的收入中所增加的消费（即增加的消费与增加的收入之比）称为边际消费倾向。凯恩斯曾提出边际消费倾向递减规律。经济学家从消费统计资料中发现，在发达国家，消费是稳定的，并不存在边际消费倾向递减。但是这个规律在我国现阶段是存在的。为什么在增加的收入中，增加的储蓄这么多？凯恩斯把未雨绸缪的谨慎动机作为储蓄的原因之一。谨慎动机的储蓄就是存钱，以应对未来的不确定性和风险。这种谨慎动机储蓄的多少取决于社会保障的完善程度。不确定性越高，社会保障越不完善，储蓄就越多。凯恩斯还指出了边际消费倾向递减的另一个原因是收入差距扩大。通常来说，富人的边际消费倾向极低，但穷人的边际消费倾向极高。当收入和财富主要集中在富人手中时，整个社会的边际消费倾向就低了。这种收入分化格局决定了整体边际消费倾向不高，消费不足。这种谨慎动机在我国储蓄的增加中起了重要作用。我们正处于经济转型时期，不确定性增加，社会保障体系不够完善。

【案例2 参考答案】

(1) 引起投资增速过大的原因主要是投资消费比例的失衡。从消费、储蓄和投资的关系看，居民消费减少，储蓄增加；而储蓄的增加，引起可用于投资的资金增加。从目前我国的状况来看，由于各种现实和预期的因素影响，居民的消费率偏低，甚至降至50%以下，对应着低消费率必定是高储蓄率。据统计，截至2007

年3月末,银行存贷款差额已经高达11.46万亿元。这表明大量资金滞留于银行间市场,使得可供借贷的资金规模大(所谓的流动性过剩),企业通过银行借款来扩大投资的可能性和现实性增加。

(2) 投资的过快增加,再加上投资乘数的影响,必然引起国民经济各部门的连锁反应,从而导致国民收入的成倍增加,但是要注意两方面的影响。一般来说,投资是利率的减函数。利率越高,投资成本就越高,投资需求相应减少;利率越低,投资成本越低,投资需求相应增加。

(3) 为了抑制投资增速过快,政府应提高利率,增加企业的投资成本,减少投资需求。2007年～2008年上半年,政府几次提高金融机构存款准备金率、提高存贷款基准利率,并决定自2008年8月15日起,将储蓄存款利息所得个人所得税的适用税率由现行的20%调减为5%,可以看到政府抑制投资过快的政策着眼点和政策力度。

第四章 国民收入的决定:IS-LM模型

第一部分 习 题

一、名词解释
1. 产品市场均衡 2. IS 曲线 3. 货币市场的均衡 4. LM 曲线 5. IS-LM 模型 6. LM 曲线的凯恩斯区域 7. LM 曲线的古典区域

二、单项选择题
1. 自发投资支出增加 10 亿美元,会使 IS 曲线(　　)。
   A. 右移 10 亿美元
   B. 左移 10 亿美元
   C. 右移支出乘数乘以 10 亿美元
   D. 左移支出乘数乘以 10 亿美元

2. 如果净税收增加 10 亿美元,会使 IS(　　)。
   A. 右移税收乘数乘以 10 亿美元
   B. 左移税收乘数乘以 10 亿美元
   C. 右移支出乘数乘以 10 亿美元
   D. 左移支出乘数乘以 10 亿美元

3. 假定货币供给量和价格水平不变,货币需求为收入和利率的函数,则收入增加时(　　)。
   A. 货币需求增加,利率上升
   B. 货币需求增加,利率下降
   C. 货币需求减少,利率上升
   D. 货币需求减少,利率下降

4. 假定货币需求 $L = kY - hr$,货币供给增加 10 亿元而其他条件不变,则会使 LM(　　)。
   A. 右移 10 亿元
   B. 右移 k 乘以 10 亿元
   C. 右移 10 亿元除以 k(即 $10/k$)
   D. 右移 k 除以 10 亿元(即 $k/10$)

5. 利率和收入的组合点出现在 IS 曲线右上方,LM 曲线的左上方的区域中,则表示(　　)。
   A. 投资小于储蓄且货币需求小于货币供给
   B. 投资小于储蓄且货币供给小于货币需求
   C. 投资大于储蓄且货币需求小于货币供给

D. 投资大于储蓄且货币需求大于货币供给

6. 如果利率和收入都能按供求情况自动得到调整,则利率和收入的组合点出现在 IS 曲线左下方,LM 曲线右下方的区域中时,有可能(　　)。

　A. 利率上升,收入增加　　　　B. 利率上升,收入不变

　C. 利率上升,收入减少　　　　D. 以上三种情况都有可能

7. IS 曲线表示满足(　　)关系。

　A. 收入—支出平衡　　　　　　B. 总供给和总需求均衡

　C. 储蓄和投资均衡　　　　　　D. 以上都对

8. 在 IS 曲线上,存在储蓄和投资均衡的收入和利率的组合点有(　　)。

　A. 一个　　　　　　　　　　　B. 无数个

　C. 小于 100 个　　　　　　　　D. 上述三者都不对

9. 当投资支出与利率负相关时,产品市场上的均衡收入(　　)。

　A. 与利率不相关　　　　　　　B. 与利率负相关

　C. 与利率正相关　　　　　　　D. 随利率下降而下降

10. 如果投资对利率变得很敏感,(　　)。

　　A. IS 曲线会变得很快　　　　B. IS 曲线会变得很平坦

　　C. LM 曲线会变得很快　　　　D. LM 曲线会变得很平坦

11. 如果 K_t 表示税收乘数,则自发税收增加 ΔT 会使 IS 曲线(　　)。

　　A. 左移 $K_t \Delta T$　　　　　　　B. 左移 $K_t \Delta T$(K_t 为支出乘数)

　　C. 右移 $K_t \Delta T$　　　　　　　D. 右移 $K_t \Delta T$(K_t 为支出乘数)

12. IS 曲线为 $Y = 500 - 2\,000r$,下列哪个组合不在 IS 曲线上?(　　)

　　A. $r = 0.05, Y = 400$　　　　B. $r = 0.03, Y = 450$

　　C. $r = 0.01, Y = 480$　　　　D. $r = 0.09, Y = 320$

13. 如果货币市场均衡方程为 $r = \dfrac{k}{h} \cdot Y - \dfrac{M}{hp}$,则引致 LM 曲线变得平坦是由于(　　)。

　　A. k 变小,h 变大　　　　　B. k 和 h 同比例变大

　　C. k 变大,h 变小　　　　　D. k 和 h 同比例变小

14. 货币市场和产品市场同时均衡出现于(　　)。

　　A. 各种收入和利率上

　　B. 一种收入水平和利率上

　　C. 各种收入水平和一定利率水平上

　　D. 一种收入水平和各种利率水平上

15. 净税收和政府购买支出的等量增加,使得 IS 曲线( )。
   A. 不变
   B. 向左平移 $K_b \Delta G$ 单位(K_b 指平衡预算乘数)
   C. 向右平移 $K_b \Delta G$ 单位
   D. 向右平移 ΔG 单位

16. 以下哪一项不能使 LM 曲线产生位移?( )
   A. 降低法定准备金   B. 扩大政府购买
   C. 公开市场业务   D. 通货膨胀

17. 若经济处于"流动性陷阱",乘数为 4,政府支出增加了 80 亿元,则( )。
   A. 收入增加 320 亿元   B. 收入增加小于 320 亿元
   C. 收入增加将超过 320 亿元   D. 收入增加不确定

18. LM 曲线表示( )。
   A. 产品市场均衡时,收入与利率之间同方向变动关系
   B. 产品市场均衡时,收入与利率之间反方向变动关系
   C. 货币市场均衡时,收入与利率之间同方向变动关系
   D. 货币市场均衡时,收入与利率之间反方向变动关系

19. 在 IS 曲线与 LM 曲线的交点( )。
   A. 经济一定处于充分就业状态
   B. 经济一定不处于充分就业状态
   C. 经济有可能处于充分就业状态
   D. 经济资源一定得到了充分利用

20. 在凯恩斯区域 LM 曲线( )。
   A. 水平   B. 垂直   C. 向右上方倾斜   D. 不能确定

三、判断题

1. IS 曲线是用来表示货币市场供求均衡的条件。( )
2. 其他条件不变时,货币供给的减少将使 LM 曲线向左移。( )
3. LM 曲线不变,IS 曲线向右上方移动会增加收入和降低利率。( )
4. 当物价上涨时,LM 曲线会向右下方移动。( )
5. IS 曲线右移会增加总需求并降低利率。( )
6. 产品市场决定收入,货币市场决定利率。( )
7. 自发消费增加,投资曲线上移,IS 曲线左移。( )
8. IS 曲线左边的点,代表着产品市场的短缺。( )
9. 若边际消费倾向提高,则 IS 曲线横截距增加。( )

第四章 国民收入的决定：IS-LM模型

10. 在中间区域，LM曲线向右下方倾斜。（ ）
11. 政府税收的增加将引起 IS 曲线右移。（ ）
12. 价格水平不变属于 IS-LM 模型的假定条件。（ ）
13. IS 曲线所表示的利率与实际国民收入之间的关系中，利率是原因，实际国民收入是结果，前者决定后者。（ ）

四、简答题

1. IS 曲线和简单的凯恩斯模型有什么联系？
2. 简述 IS 曲线所描述的宏观经济含义。
3. 简述 LM 曲线所描述的宏观经济含义。
4. 在 IS-LM 模型中，保证产品市场和货币市场可以自动维持平衡的经济机制是什么？
5. 简述 IS-LM 模型的缺陷。
6. 如果产品市场和货币市场没有同时达到均衡，而市场又往往能使其走向同时均衡或者说一般均衡，为什么还要政府干预经济生活？
7. 根据 IS-LM 模型，在下列情况下，利率、收入、消费和投资会发生什么变动？
   (1) 央行增加货币供给。
   (2) 政府支出增加。
   (3) 政府增加税收。
8. 用 IS-LM 模型分析下述情况对需求的影响。
   (1) 由于大量公司破产而引起的悲观情绪。
   (2) 货币供给量的增加。
   (3) 所得税的增加。
   (4) 边际消费倾向降低。
   (5) 与本国贸易关系密切的国家经济发生衰退。
   (6) 物价水平的上涨。
9. 凯恩斯极端如何说明财政政策的挤出效应为零？
10. 古典主义极端如何说明货币政策对实际 GDP 的作用最大？
11. 图 4.1 表明，通过货币量或充分就业赤字的扩张，经济均能趋向充分就业

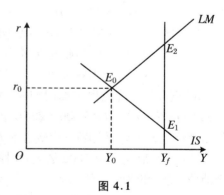

图 4.1

状态。什么政策可以使经济达到点 E_1,什么政策可使经济达到 E_2 点?

五、计算题

1. 假定货币需求为 $L=0.2Y-5r$,请完成下列任务:

(1) 画出利率为 10%、8% 和 6% 而收入为 800 元、900 元以及 1000 元时的货币需求曲线。

(2) 若名义货币供给量为 150 元,价格水平 $P=1$,找出货币需求与供给相均衡的收入与利率。

(3) 画出 LM 曲线,并说明什么是 LM 曲线。

(4) 若货币供给为 200 元,再画一条 LM 曲线,这条 LM 曲线与(3)中的 LM 曲线相比,有何不同?

(5) 对于(4)中这条 LM 曲线,若 $r=10\%$,$Y=1100$ 元,货币需求与供给是否均衡? 若不均衡,利率会怎样变动?

2. 若货币供给量用 M 来表示,价格水平用 P 来表示,货币需求用 $L=kY-hr$ 表示,试完成下列任务:

(1) 求 LM 曲线的代数表达式和 LM 曲线的斜率表达式。

(2) 找出 $k=0.20, h=10$; $k=0.20, h=20$; $k=0.10, h=10$ 时 LM 的斜率的值。

(3) 当 k 变小时,LM 曲线的斜率将如何变化? 当 h 增大时,LM 曲线的斜率将如何变化? 并说明变化原因。

(4) 当 $k=0.20, h=0$ 时,LM 曲线的形状如何?

3. 如果边际消费倾向为 0.8,那么想要国民生产总值增加 460 亿元,在其他条件不变的情况下,政府支出需要增加多少?

4. 假定货币需求为 $L=0.2Y$,货币供给为 $M=200$,消费 $C=90+0.8Y_d$,税收 $T=50$,投资 $I=140-5r$,政府支出 $G=50$。(单位:美元),求:

(1) 导出 IS 和 LM 方程,求均衡收入、利率和投资。

(2) 若其他情况不变,政府支出 G 增加 20,收入、利率和投资有什么变化?

(3) 是否存在"挤出效应"?

5. 假设某经济是由三部门构成:$Y=C+I+G$,且消费函数为 $C=800+0.63Y$,投资函数为 $I=7500-20000r$,货币需求 $L=0.1625Y-10000r$,名义货币供给量为 6000 亿美元,价格水平 $P=1$,问:

(1) 当政府支出为 7500 亿美元时的 GDP 是多少? 并证明所求的 GDP 值等于消费、投资和政府支出总和。

(2) 从 7500 亿增加到 8500 亿时,政府支出的增加挤占了多少私人投资?

第四章 国民收入的决定:IS-LM模型

6. 假设经济中的消费函数和投资函数分别为 $C = 100 + 0.8Y_d$ 和 $I = 200 - 1000r$,货币需求函数为 $L = Y - 10000r$,政府支出为 550 元,税率为 0.2,实际货币供给为 900 元。

(1) 求 IS 曲线和 LM 曲线。

(2) 试求经济达到均衡状态时的国民收入、利率、消费和投资?

六、论述题

1. 什么是 IS-LM 模型?

2. 分析 IS 曲线和 LM 曲线的斜率及其决定因素有何意义?

3. 为什么要讨论 IS 曲线和 LM 曲线的移动?

4. 在 IS 和 LM 两条曲线相交时所形成的均衡收入是否就是充分就业的国民收入?为什么?

5. 简述影响"挤出效应"的基本因素,什么样的政策可有效削弱或消除"挤出效应"?

6. 怎样理解 IS-LM 模型是凯恩斯主义宏观经济学的核心?

7. 凯恩斯的经济理论奠定了现代西方宏观经济学的基础。请概括地阐述凯恩斯经济理论的基本框架。

8. 画图说明 LM 曲线的三个区域,并说明各区域的经济含义及各区域内货币需求的利率弹性的不同。

9. 用图形说明产品市场和货币市场从失衡到均衡的调整(IS-LM 模型中的产品市场和货币市场实现均衡的机制是什么?)。

10. 请解释 IS-LM 曲线的政策含义,并试评价这一理论。

11. 20 世纪 90 年代末期,我国宏观经济为有效需求不足。试用你掌握的西方经济学原理,分析造成这种状况的具体原因和可以采取的对策。

七、案例分析

【案例 1】 中国的 IS-LM 模型。

改革开放前,中国经济供给严重不足,根据 IS-LM 模型的假定,"需求决定产出(社会需要多少产品,厂商就愿意生产多少产品)"可知,不能用 IS-LM 模型来分析改革开放前的中国经济。随着改革开放的发展,中国经济逐渐显示出需求约束性特征的背景和条件,就有必要建立中国的 IS-LM 模型。

假设:根据统计资料中相关经济数据测算,我国居民的消费函数为:$C = 412.839 + 0.453y$;投资函数为:$I = -725.5516 + 0.4264y - 19.5494r$;货币需求函数为:$L = 0.4939y - 104.2760r$。则可以推算出 IS 曲线:$y = 1312.4325 - 60.6808r + 2.8788G$;LM 曲线:$y = 20.247M + 211.1276r$。

443

(资料来源:圣才学习网,2013年4月11日,http://yingyu.100xuexi.com/view/specdata/20130411/e0785250-1ea8-47ea-8955-1cd350cb3c75.html。)

讨论题:

1. 若将政府支出和货币供应看作固定常数,请大致画出中国的 IS - LM 模型。

2. 根据画出的 IS - LM 图形,说明各自形状的主要原因。

【案例2】 刺激经济:消费还是投资。

短期总需求分析尽管有其不现实的假设条件(总供给不变等),但对我们认识宏观经济问题,实现经济稳定仍然是有意义的。应该承认,总需求在短期中对宏观经济状况的确有重要的影响。我国政府近年来一直重视增加内需已说明需求成为经济稳定的一个重要因素。但如何增加内需呢? 我们知道,就内需而言,如果不考虑政府支出,重要的在于消费和投资。消费函数理论说明了消费的稳定性,这就告诉我们,要刺激消费是困难的。前些年,我们先后八次降息,但对内需的拉动有限,居民储蓄一直增加,这说明拉动消费不易。拉动内需的重点在于拉动投资。第一,我们要区分投资与消费的差别。例如,我们过去一直把居民购买住房作为消费就是一个误区。应该把居民购买住房作为一种投资,并用刺激投资的方法拉动这项投资。应该说,在我国人口多,而居住条件仍然较差的情况下,在未来几十年中,住房仍是投资的热点,只要政策得当,住房可以增加内需,带动经济。第二,在我国经济中,私人经济已有了长足的发展,成为经济的半壁江山。投资中的企业固定投资应该是以私人企业投资为主。这就要为私人企业投资创造更为宽松的环境。现在几乎每个人都认识到了内需的重要性。学习宏观经济学可以为我们寻找增加内需的方法提供一个思路。

(资料来源:http://jingji.100xuexi.com/view/specdata/20121129/95cf48bf-9740-4310-9264-bf614780239f.html)

讨论题:

1. 为什么拉动内需的重点不是消费而是投资?

2. 联系实际说明制约目前投资需求的主要障碍有哪些?

【案例3】 英国政府应对金融危机的对策。

2008年11月24日,英国正式宣布总额200亿英镑(占GDP的1%)的综合性经济刺激方案。

1. 降低增值税税率。自2008年12月1日起,将增值税税率由17.5%降至欧盟规定的最低水平15%,为期13个月。可向消费者让利100亿英镑。

2. 辅助中小企业。向中小企业提供10亿英镑的临时融资安排,为出口企业提供 10 亿英镑额外支持。允许小企业分期支付公司税、社会保险以及增值税。从英跨国公司的公司税中免去其外国股息。

3. 增加公共支出。2008 年额外增加 7.5 亿英镑用于建设学校和医院。拟将 2010～2011 财政年支出的 30 亿英镑提前至 2008～2009 两年使用,拨款 5.35 亿英镑支持低碳型公共交通开发和能源建设。

4. 扶持弱势群体。增加对按揭贷款者的支持力度,避免其住房被强制收回。提供 13 亿英镑加大对失业者的培训。

5. 弥补财政赤字。2010 年至 2011 年消减部分公共开支,提高资金使用效率,计划节省开支 50 亿英镑。2010 年 4 月后,将年收入 15 万英镑或以上人群的个人所得税税率提高至 45%,削减年收入 10 英镑及以上人群的个人所得税抵免。

(根据龚辉文《英国应对金融危机的启示》,中国财经报,2009-01-13;人民网,《英国政府将拨 10 亿英镑建银行为中小企业提供贷款》,2012-09-24 整理。)

讨论题: 英国政府为应对国际金融危机,出台了哪些应对措施?

第二部分 参考答案

一、名词解释

1. **产品市场均衡**:是指产品市场上总供给与总需求相等。在二部门经济中总需求等于总供给是指 $C + I = C + S$,而在三部门、四部门经济中,总需求等于总供给分别是指 $C + I + G = C + S + T$; $C + I + G + X = C + S + T + M$。

2. **IS 曲线**:也称投资储蓄曲线,是描述产品市场达到均衡时,即投资等于储蓄($I = S$)时,利率与国民收入之间存在着反方向变动关系的曲线。

一般说来,在产品市场上,位于 IS 曲线右方的利率和收入组合,都是投资小于储蓄的非均衡组合;位于 IS 曲线左方的利率和收入组合,都是投资大于储蓄的非均衡组合;只有位于 IS 曲线上的利率和收入组合,才是投资等于储蓄的均衡组合。

3. **货币市场的均衡**:是指货币市场上货币需求等于货币供给时的状况。根据凯恩斯的货币需求理论,货币的需求主要由交易需求,预防需求和投机需求三部分组成,货币的交易需求和预防需求是收入水平的增函数,即 $L_1 = L_1(Y) = kY$;货币的投机需求是利率的减函数,即 $L_2 = L_2(r) = -hr$。货币的总需求 $L = L_1(Y) + L_2(r) = kY - hr$。其中,$k$ 是货币需求的收入弹性,h 为货币需求的利率弹性。在价格水平不变的条件下,在一定时期内的货币供给被假定为由中央银行所控制的既定常量,与利率的变动无关,即货币的供给 $M_s = m$,则货币市场的均衡就可表示为:$m = L = L_1(Y) + L_2(r) = kY - hr$。

4. LM 曲线:是指货币市场达到均衡时,即 $L = M$ 时,国民收入与利率之间存在着同方向变动关系的曲线。LM 曲线上的每一点都代表货币市场的均衡,即实际货币需求(L)等于实际货币供给(M),因此,称为 LM 曲线。

一般说来,在货币市场上,位于 LM 曲线右方的收入和利率组合,都是货币需求大于货币供给的非均衡组合;位于 LM 曲线左方的收入和利率组合,都是货币需求小于货币供给的非均衡组合;只有位于 LM 曲线上的收入和利率组合,才是货币需求等于货币供给的组合。

5. IS-LM 模型:是描述产品市场和货币市场之间相互关系的理论结构。产品市场和货币市场是紧密联系的。一方面,货币市场影响产品市场。产品市场上的国民收入决定于消费、投资、政府购买和净出口加总起来的总支出或总需求,而总需求,尤其是其中的投资需求又决定于市场利率,利率本身又是由货币市场上货币的供给和货币的需求决定的。另一方面,产品市场影响货币市场。产品市场上的国民收入影响货币交易需求,从而影响市场利率,这又对货币市场产生了影响。因此,产品市场和货币市场是相互联系、相互作用的,收入和利率只有在这种相互联系、相互作用中才能确定。

6. LM 曲线的凯恩斯区域:是指 LM 曲线处于水平状态的区域。凯恩斯认为:当利率很低,即债券价格很高时,人们觉得用货币购买债券风险极大,因为债券价格已很高,从而预期其会跌不会涨,因此买债券很可能亏损,人们若有货币在手的话,就不肯去买债券。这时,货币投机需求成为无限大,从而使 LM 曲线呈水平状态。由于这种分析是凯恩斯提出的,所以水平的 LM 区域也称为凯恩斯区域。

7. LM 曲线的古典区域:是指 LM 曲线处于垂直状态的区域。垂直的 LM 曲线意味着 LM 曲线的斜率为无穷大或者货币的投机性需求对利率接近于零($h \to 0$)。之所以将 LM 曲线呈垂直状态的区域称为"古典区域",是因为这种情况正符合古典学派关于货币的唯一职能是作为交易媒介这一观点(即凯恩斯以前的古典学派实际上是假定,在每一利率水平上的货币投机性需求等于零)。

二、单选题

1. C 2. B 3. A 4. C 5. A 6. A 7. D 8. B 9. B 10. B
11. A 12. B 13. C 14. B 15. C 16. B 17. A 18. C 19. C 20. A

三、判断题

1. 错误。【提示】IS 曲线表示产品市场均衡时 r 与 Y 的组合,LM 曲线表示货币市场供求均衡时 r 与 Y 的组合。

2. 正确。【提示】$M\downarrow \to r\uparrow \to I\downarrow \to Y\downarrow$，所以 LM 曲线左移。

3. 错误。【提示】可以画图求解。

4. 错误。【提示】P 上升时，名义货币供给 M 不变，而实际货币供给减少，使 LM 曲线左移。

5. 错误。【提示】IS 曲线右移会增加总需求并提高利率。

6. 错误。【提示】根据 IS-LM 模型可知，均衡的国民收入和利率水平是由产品市场和货币市场相互作用、相互影响的。

7. 错误。【提示】根据二部门产品市场的 IS 曲线代数式 $r = \frac{\alpha + e}{d} - \frac{1-\beta}{d}Y$ 可知，自发消费 α 增加，在 IS 曲线斜率不变的条件下，IS 曲线就会平行地向右上方移动，其移动量等于自主性支出变动量乘以相应的乘数。

8. 正确。【提示】IS 曲线上任何一点利率和国民收入的组合都表明产品市场实现了均衡的组合，而在 IS 曲线以外任何一点上利率和国民收入的组合都是产品市场的失衡。其中，在 IS 曲线右上方的任何一点所对应的国民收入与利率的组合都是产品市场存在过度供给的情况，即 $S > I$。同时，总需求<总供给；在 IS 曲线左下方的任何一点所对应的国民收入与利率的组合都是产品市场过度需求的情况，即 $I > S$。同时，总需求>总供给。

9. 正确。【提示】在其他条件不变的情况下，如果边际消费倾向 β 提高，IS 曲线的斜率就会较小，则 IS 曲线横截距将增加。

10. 错误。【提示】LM 曲线表示货币市场均衡时，国民收入与利率之间同方向变化的关系。根据货币的投机性需求对利率变动的反应强度不同，将 LM 曲线分为凯恩斯区域、古典区域和中间区域。在中间区域，LM 曲线是向右上方倾斜的。

11. 错误。【提示】政府税收的增加将会引起 IS 曲线左移，移动的幅度为 $\Delta Y = -k_t \Delta T$。

12. 正确。【提示】在研究 IS-LM 模型时，西方经济学者提出了几个假定条件，其中，价格水平不变是假定条件之一。

13. 错误。【提示】IS 曲线所表示的利率与实际国民收入之间的关系是一种互为因果的关系。这就是说，不是利率决定实际国民收入，也不是实际国民收入决定利率，而是它们之间相互影响，只有在利率与实际国民收入都为一个特定值时，才能保证产品市场的均衡。

四、简答题

1. 答:(1) 两者均以萧条经济为基本背景。

(2) 简单的凯恩斯模型没有考虑利率因素,而 IS 曲线则突出分析了利率对总需求进而对国民收入的影响。

(3) IS 曲线是在简单的凯恩斯模型的基础上,通过引进利率因素而形成的。

2. 答:IS 曲线是一条描述产品市场达到宏观均衡即 $I=S$ 时,国民收入和利率之间关系的曲线。在产品市场上,国民收入与利率之间存在着反方向变化的关系,即利率提高,国民收入水平趋于减少,利率下降时,国民收入水平趋于增加。在 IS 曲线上任何一点都是产品市场均衡时利率与国民收入的组合。这就是说,IS 曲线上任何一点利率和国民收入的组合都表明产品市场实现了均衡的组合,而在 IS 曲线以外任何一点上利率和国民收入的组合都是产品市场的失衡。如果某一点位于 IS 曲线右边,表示 $I<S$,即现行的利率水平过高,从而导致投资规模小于储蓄规模;如果某一点位于 IS 曲线左边,表示 $I>S$,即现行的利率水平过低,从而导致投资规模大于储蓄规模。

自主性支出的变动会引起 IS 曲线的平行移动。自主性支出(如消费、投资或政府支出等)的增加会引起 IS 曲线右移,表示在同等利率水平上收入增加了;反之,自主性支出的减少会使 IS 曲线左移,表示在同等利率水平上收入减少了。

3. 答:LM 曲线是一条描述货币市场达到宏观均衡即 $L=M$ 时,国民收入和利率之间关系的曲线。在货币市场上,国民收入与利率之间存在同方向变动的关系,即利率提高,国民收入水平趋于增加,利率下降时,国民收入水平趋于减少。在 LM 曲线上任何一点都是货币市场均衡时利率与国民收入的组合。这就是说,LM 曲线上任何一点利率和国民收入的组合都表明货币市场实现了均衡的组合,而在 LM 曲线以外任何一点上利率和国民收入的组合都是货币市场的失衡。如果某一点位于 LM 曲线右边,表示 $L>M$,即现行的利率水平过低,从而导致货币需求大于货币供给;如果某一点位于 LM 曲线左边,表示 $L<M$,即现行的利率水平过高,从而导致货币需求小于货币供给。

LM 曲线的形成是由货币的交易需求(包括预防需求)、投机需求和货币供给共同决定的,因此,LM 曲线的移动主要取决于这三个因素的变化。在货币需求比较稳定的情况下,LM 曲线的移动主要由货币供给的变动引起。货币供给增加使 LM 曲线向右平移,货币供给减少使 LM 曲线向左平移。

4. 答:在 IS - LM 模型中,产品市场和货币市场的失衡可以分别通过产品市场的供求和债券市场的变动自动得到校正。

在产品市场上,一方面,当产品的供给大于需求时,企业就会减少供给;反之,

第四章 国民收入的决定:IS-LM 模型

企业就会增加供给。另一方面,供给大于需求意味着储蓄大于投资,利率将下降;反之,利率将上升。由于上述两种调整机制的存在,产品市场的均衡将自动得到恢复。

在货币市场上,当货币市场出现供大于求时,对债券的需求大于债券的供给。债券价格上升,利率下降,而利率的下降又将导致对货币需求的增加,从而导致货币市场均衡自动的恢复。相反,当货币市场出现供小于求时,债券价格下降,利率上升,而利率的上升会减少对货币的需求,最终使货币市场自动达到均衡。

5. 答:(1) IS-LM 模型同简单的凯恩斯模型一样,均未考虑价格水平对总需求的影响,即是以价格水平不变为前提的。

(2) IS-LM 模型没有考虑总供给对宏观经济的影响,只是总需求分析。

(3) IS-LM 模型只是封闭经济分析,而未考虑开放经济的情况。

(4) IS-LM 模型难以解释经济"滞胀"现象。

6. 答:产品市场和货币市场的非均衡尽管通过市场的作用可以达到同时均衡,但不一定能达到充分就业水平上的同时均衡,因此,还需政府运用财政政策和货币政策干预经济生活,使其达到充分就业或消除通货膨胀。

7. 答:(1) 央行增加货币供给,LM 曲线向右下方平移,利率下降,从而投资增加,收入增加,消费增加。

(2) 政府支出增加,IS 曲线向右上方平移,利率上升,从而使投资减少,收入增加,消费增加。

(3) 政府增加税收,IS 曲线向左下方平移,利率下降,投资减少,收入减少,消费减少。

8. 答:(1) 首先大量公司破产将迫使厂商降低投资规模,引起投资下降;其次,由于投资规模的缩小会减少对劳动力的需求,社会失业将增加,从而引起消费支出的下降。二者的共同作用使得总需求下降,IS 曲线向左移动,利率下降,收入下降。如图 4.2 所示。

(2) 在货币需求不变的情况下,货币供给量的增加,会使得 LM 曲线向右下方移动,如图 4.3 所示,结果导致更低的利率和更高的国民收入水平。

(3) 所得税的增加对需求的影响如图 4.2 所示。由于所得税的增加减少了可支配收入,使得消费下降,这将导致产量下降。而产量下降将进一步引起收入下降,从而导致货币的交易需求下降,在货币供给不变的情况下,利率下降。所以产量和利率的同时下降将导致 IS 曲线左移。

(4) 边际消费倾向的降低将使得收入中用于消费的数量下降,所以均衡收入将下降。而这一过程是通过改变 IS 曲线的斜率来实现的,即边际消费倾向的下降使得 IS 曲线斜率增加,IS 曲线斜率的增加而与 LM 曲线相交于一个较低的收入水平上,同时利率也有所下降。

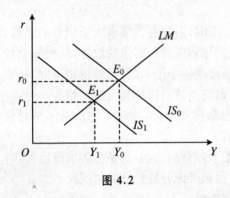

图 4.2

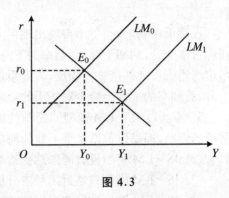

图 4.3

(5) 与本国贸易关系密切的国家经济发生衰退,会使得本国的出口减少,进而使得净出口减少,其对需求的影响同样如图 4.2 所示。净出口减少将减少总需求,使得 IS 曲线向左下方移动,从而导致利率下降和国民收入水平的降低。

(6) 如图 4.4 所示,物价水平的上涨降低了实际货币余额,结果导致 LM 曲线向左上方移动,最终导致总需求下降,利率上升和国民收入水平的下降。

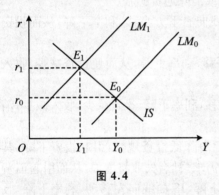

图 4.4

9. 答:极端的凯恩斯主义者认为,当存在流动性陷阱时,人们在既定的利率时愿意持有任何数量的货币,所以,LM 曲线为一条水平线,自发支出的增加使 IS 曲线右移,实际国民收入增加而利率不变。由于财政政策所引起的自发支出增加不会引起利率上升,所以,也就没有挤出效应,财政政策的作用最大。而且流动陷阱的情况在现实中是存在的。

10. 答:古典主义极端主义者认为,当在某种利率以下时,人们想进行的投资是无限的,所以 IS 曲线是一条水平线。在这种情况下,货币供给增加将引起实际国民收入增加,而利率水平不变,因此,货币政策的作用最大。

11. 答:货币扩张导致利率降低,刺激投资,国民收入水平上升。本题图 4.1 (见本书 P445)中 LM 曲线右移,新的均衡点为 E_1。财政扩张带使得 IS 曲线右移,导致利率上升,国民收入水平上升,新的均衡点为 E_2。

财政扩张可以通过增加政府购买支出使得公共支出增加,与此同时,会挤占部分私人投资支出。财政扩张也可以通过减税,如所得税的下降会提高消费支出,减税也会使得利率提高同样会挤出部分私人投资。而货币扩张会降低利率,利率下降将导致投资支出增加,结果使得国民收入水平增加和消费水平提高。

而投资补贴政策会使 IS 曲线右移,新的均衡点为 E_2。此时即使利率上升,投资补贴的影响也不会全部消失。一般而言,可以通过扩张性的财政政策和扩张性的货币政策组合来实现充分就业目标,这将使得 IS 曲线和 LM 曲线均向右移,最后的均衡点将位于 E_1 和 E_2 之间的某个位置,即达到保持利率不变的条件下的充分就业的均衡水平。

五、计算题

1. 解:(1)根据已知条件可画图求出。

(2)根据 $L=0.2Y-5r$ 和 $M=150$ 元, $P=1$,可求出 LM 曲线代数式为 $0.2Y-5r=150$,即 $r=-30+0.04Y$,再根据 $r=-30+0.04Y$ 可划出 LM 曲线。

(3)LM 曲线的含义可参见简答题的第 3 题。

(4)若 $M=200$ 元, $P=1$,同样根据(2)中所用方法求出 LM 曲线的代数表达式为 $0.2Y-5r=200$,即 $r=-40+0.04Y$,画出 $r=-40+0.04Y$ 与(2)中 $r=-30+0.04Y$ 曲线相比会发现:(4)中 LM 曲线位于(2)中的 LM 曲线的右下方,且两线平行,这说明货币供给增加会引起 LM 曲线右移。

(5)对于(4)中这条 LM 曲线 $r=-40+0.04Y$,当 $r=10$, $Y=1100$ 元时,货币需求量为 $L=0.2\times1100-5\times10=170$,而(4)中货币供给量是 200,可见此时 $M>L$,货币供给大于货币需求,处于非均衡状态,由于 $M>L$,将导致利率下降。

2. 解:(1)由 $L=\dfrac{M_S}{P}$,可知 LM 曲线斜率代数表达式为 $r=-\dfrac{M_S/P}{h}+\dfrac{k}{h}Y$,其斜率代数式为 $\dfrac{k}{h}$。

(2)当 $k=0.20$, $h=10$ 时,LM 曲线斜率为 $\dfrac{k}{h}=\dfrac{0.20}{10}=0.02$;

当 $k=0.20$, $h=20$ 时,LM 曲线斜率为 $\dfrac{k}{h}=\dfrac{0.20}{20}=0.01$;

当 $k=0.10$, $h=10$ 时,LM 曲线斜率为 $\dfrac{k}{h}=\dfrac{0.10}{10}=0.01$。

(3)由于 LM 曲线斜率为 $\dfrac{k}{h}$,因此,当 k 越小时,LM 曲线斜率越小,其曲线越平坦;当 h 越大时,LM 曲线斜率也越小,其曲线也越平坦。

(4) 当 $k = 0.20, h = 0$ 时,则 LM 曲线为 $0.2Y = \dfrac{M_S}{P}$,即 $Y = \dfrac{5M_S}{P}$,此时 LM 曲线为一垂直于横轴 Y 的直线,$h = 0$ 表明货币与利率的大小无关,这正好是 LM 曲线的古典区域情况。

3. 解:根据政府支出乘数 $k_g = \dfrac{\Delta Y}{\Delta G} = \dfrac{1}{1-\beta}$ 得:

$$\dfrac{460}{\Delta G} = \dfrac{1}{1-0.8} \Rightarrow \Delta G = 92$$

即如果想要国民生产总值增加 460 亿元,在其他条件不变的情况下,政府支出需要增加 92 亿元。

4. 解:(1) 在产品市场均衡时,有下列方程成立:

$$Y = C + I + G, \quad C = 90 + 0.8Y_d, \quad Y_d = Y - T,$$
$$T = 50, \quad I = 140 - 5r, \quad G = 50$$

联立解方程组可得 IS 曲线表达式:

$$Y = 1200 - 25r \tag{4.1}$$

在货币市场均衡时,有下列方程成立:

$$L = \dfrac{M_S}{P}, \quad L = 0.2Y, \quad \dfrac{M_S}{P} = 200$$

联立解方程组可得 LM 曲线表达式:

$$Y = 1000 \tag{4.2}$$

联立(4.1)式和(4.2)式得均衡利率为 $r = 8$,均衡收入为 $Y = 1000$,投资 $I = 140 - 5r = 100$。

(2) 在其他条件不变时,政府支出 G 增加 20 将会导致 IS 曲线发生移动,在产品市场均衡时,新的 IS 曲线方程变为 $Y = 1300 - 25r$,与 LM 曲线 $Y = 1000$ 联立解出均衡收入 $Y = 1000$,均衡利率 $r = 12$,投资 $I = 140 - 5r = 80$。

(3) 由(2)中投资变化可看出,当政府支出增加 20 时,投资减少 20,这说明存在"挤出效应"。由于 LM 曲线处于古典区域(与横轴 Y 垂直),因而政府支出增加导致利率提高而等量地减少私人投资,均衡国民收入没有任何改变,是一种完全挤出效应。

5. 解:(1) 根据产品市场的均衡条件 $Y = C + I + G$,当政府支出为 7500 亿美元时,可得 IS 曲线方程为

$$Y = 800 + 0.63Y + 7500 - 20000r + 7500$$

整理化简得 IS 曲线为

第四章 国民收入的决定:IS-LM模型

$$Y = \frac{15800}{0.37} - \frac{20000r}{0.37} \tag{4.3}$$

在名义货币供给量为6000和价格水平为1时,实际货币供给为6000,根据货币市场均衡条件 $L = \frac{M_s}{P}$,可得LM曲线方程为:$6000 = 0.1625Y - 10000r$,即

$$Y = \frac{6000}{0.1625} + \frac{10000r}{0.1625} \tag{4.4}$$

联立(4.3)式和(4.4)式得均衡利率为 $r = 0.05$,均衡收入为 $Y = 40000$,则
消费 $C = 800 + 0.63Y = 800 + 0.63 \times 40000 = 2600$
投资 $I = 7500 - 20000r = 6500$
政府支出 $G = 7500$
$C + I + G = 2600 + 6500 + 7500 = 40000 = Y$
这说明所求的GDP值等于消费、投资和政府支出之和,总收入等于总支出。

(2) 当政府支出从7500亿美元增加到8500亿美元时,在产品市场均衡时,可得新的IS曲线方程:$Y = 800 + 0.63Y + 7500 - 20000r + 8500$,即

$$Y = \frac{16800}{0.37} - \frac{20000r}{0.37}$$

与LM曲线 $Y = \frac{6000}{0.1625} + \frac{10000r}{0.1625}$ 联立解出均衡收入 $Y = 41230$,均衡利率 $r = 0.0732$,投资 $I = 7500 - 20000r = 6036$。即当政府支出从7500亿增加到8500亿时,政府支出的增加挤占了464亿美元私人投资。

6. 解:(1) 在产品市场均衡时,有下列方程成立:
$Y = C + I + G$, $C = 100 + 0.8Y_d$, $Y_d = Y - T$,
$T = 0.2Y$, $I = 200 - 1000r$, $G = 550$
联立解方程组可得IS曲线表达式:

$$Y = \frac{850}{0.36} - \frac{1000}{0.36}r$$

在货币市场均衡时,有下列方程成立:

$$L = \frac{M_s}{P}, \quad L = Y - 10000r, \quad \frac{M_s}{P} = 900$$

联立解方程组可得LM曲线表达式:

$$Y = 900 + 10000r$$

(2) 由(1)中求出的IS曲线和LM曲线方程联立求得均衡利率为 $r = 0.114$,均衡收入为 $Y = 2040$,消费 $C = 100 + 0.8Y_d = 1406$,投资 $I = 200 - 1000r = 86$。

六、论述题

1. 答:IS-LM 模型是描述产品市场和货币市场之间相互作用共同决定国民收入与利率的理论模型,在这里,I 代表投资,S 代表储蓄,IS 代表产品市场均衡的条件 $I=S$;L 代表货币需求,M 代表货币供给,LM 代表货币市场均衡的条件 $L=M$。

在产品市场上,国民收入决定于消费(C)、投资(I)、政府支出(G)和净出口($X-M$)加起来的总需求水平,而总需求尤其是投资需求主要由利率水平决定,而利率本身又是由货币市场上货币的供给和货币的需求决定的。也就是说,货币市场影响产品市场。同时,产品市场上所决定的国民收入又会通过直接影响货币交易需求和预防需求,从而间接影响利率水平,这就是产品市场对货币市场的影响。可见,产品市场和货币市场通过相互影响、相互作用来决定国民收入水平和利率水平。

2. 答:分析 IS 曲线和 LM 曲线的斜率及其决定因素,主要是为了分析有哪些因素决定着宏观经济政策执行效果。

通过分析 IS 曲线和 LM 曲线的斜率及其决定因素,可以比较直观地了解财政政策和货币政策效果的决定因素。如在分析财政政策效果时,使 IS 曲线斜率较小的因素(如投资对利率的弹性 d 的值较大,边际消费倾向 β 较大从而支出乘数较大,边际税率 t 越小从而也使支出乘数较大),以及使 LM 曲线斜率较大的因素(如货币需求的收入弹性 k 越大或货币需求的利率弹性 h 越小),都是使财政挤出效应较大的因素。由于挤出效应较大,故财政政策执行效果较小。

同样,在分析货币政策效果时,例如,分析一项增加货币供给的扩张性政策效果时,如果增加一笔货币供给会使利率下降很多(当 LM 曲线较陡峭时),或利率上升一定幅度会使私人部门投资增加很多(当 IS 曲线较平缓时),则货币政策效果较明显;反之则反是。可见,通过分析 IS 曲线和 LM 曲线的斜率及其决定因素,可以比较直观地了解货币政策的决定因素:使 IS 曲线斜率较小的因素和使 LM 曲线斜率较大的因素,都是使货币支持效果较大的因素。

3. 答:在 IS-LM 模型中,讨论影响 IS 曲线和 LM 曲线移动的因素,实际上是分析均衡收入变化与财政政策和货币政策的关系。

引起 IS 曲线移动的因素主要有税收、政府购买支出和政府的转移支付等因素,而货币供给量、货币需求等因素的变动将引起 LM 曲线变动。在众多可使得 IS 和 LM 曲线移动的因素中,西方学者特别重视对财政政策和货币政策影响的分析。当政府实行扩张性财政政策时,会使得 IS 曲线右移,收入增加同时利率上升,并且通过与不同斜率的 LM 曲线相交,新的均衡水平可表示财政政策的执行结果。若政府实行紧缩的货币政策,会使得 LM 曲线左移,与 IS 曲线相交于新的均衡水平,利率上升,收入减少。因此,对 IS 曲线和 LM 曲线移动的分析是在讨论不同的宏观经济政策对均衡收入和利率的影响。

4. 答:在 IS 和 LM 两条曲线相交时所形成的均衡收入不一定就是充分就业的国民收入。这是因为,IS 和 LM 都只是表示产品市场上供求相等和货币市场上供求相等的收入和利率的组合,因此,两条曲线的交点所形成的收入和利率也只表示两个市场同时达到均衡的利率和收入水平,并没有说明这种收入水平一定就是充分就业的收入水平。当整个社会的有效需求严重不足时,即使利率再低,企业投资意愿也不高,这也会使较低的收入和较低的利率相结合达到产品市场的均衡,即 IS 曲线离 IS 曲线坐标图形上的原点 O 较近,当这样的 IS 曲线和 LM 曲线相交时,交点上的收入往往就是非充分就业的均衡收入。

5. 答:(1)"挤出效应"是指政府支出的增加所引起的私人消费或投资降低的作用,这样,扩张性财政政策刺激经济的作用就被削弱了。影响"挤出效应"的因素主要是投资需求的利率弹性 d 与货币需求的利率弹性 h。若投资需求的利率弹性 d 越大,则一定利率水平的变动就会对投资水平的影响越大,则"挤出效应"就大;反之,则"挤出效应"就越小。若货币需求的利率弹性 h 越大,说明只有当货币需求很大,才会引起利率的上升,因此当政府支出增加引起货币需求增加所导致的利率上升幅度较小,因而,对投资的"挤占"也就越少,反之,若 h 越小,则"挤出效应"就越大。

如果当货币需求的利率弹性 h 为无穷大,而投资需求的利率弹性 d 为零时,即 LM 为水平线,IS 曲线为垂直线时,政府支出的"挤出效应"将为零,反之,若当 $h=0,d\to\infty$ 时,"挤出效应"将是 100%,或者说是完全的"挤出效应",即政府支出增加多少,私人投资支出就被挤占多少。

(2)削弱或消除"挤出效应"的宏观经济政策:减少 β,k,d,增大 h 的措施都可以削弱"挤出效应"。如政府采取措施抑制消费,如减少转移支付和减少公务员工资等,这样可以使 β 变小,使支出乘数变小。

6. 答:凯恩斯理论的核心是有效需求原理,认为国民收入决定于有效需求,而有效需求原理的支柱又是边际消费倾向递减、资本边际效率递减和流动偏好这三个心理规律的作用。以上三个心理规律涉及边际消费倾向、资本边际效率、货币供给和货币需求四个变量。这里,凯恩斯通过利率把货币经济和实物经济联系起来,打破了新古典学派的"两分法",认为货币不是中性的,货币市场上的均衡利率会影响投资和收入,而产品市场上的均衡收入又会影响货币需求和利率,这就是产品市场和货币市场的相互联系和作用。但凯恩斯本人并没有把上述四个变量联系在一起,此项工作是由希克斯和汉森用 IS－LM 模型把这四个变量放在一起,构成一个产品市场和货币市场之间相互作用共同决定国民收入与利率的理论框架,从而使凯恩斯的有效需求理论得到较为完整的表述。此外,凯恩斯主义的宏观经济政策分析也是围绕 IS－LM 模型而展开的,因此可以说,IS－LM 模型是凯恩斯主义宏观经济学的核心。

7. 答:凯恩斯经济理论的基本框架如下图所示(见图 4.5)。

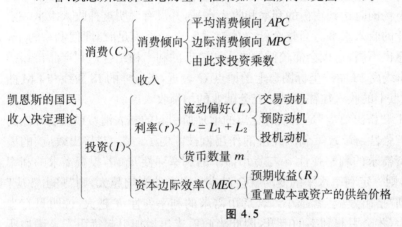

图 4.5

(1) 国民收入决定于消费和投资。

(2) 消费由消费倾向和收入决定。

(3) 消费倾向比较稳定。

(4) 投资由利率和资本边际效率决定,投资与利率成反方向变动关系,与资本边际效率成正方向变动关系。

(5) 利率决定于流动偏好与货币数量。

(6) 资本边际效率由预期收益率和资本资产的供给价格或者说重置成本决定。

8. 答:(1) LM 曲线上斜率的三个区域分别指 LM 曲线从左到右所经历的水平线、向右上方的倾斜线和垂直线三个阶段。LM 曲线这三个区域被分别称为凯恩斯区域、中间区域、古典区域。如图 4.6 所示。

(2) 在水平线上阶段的 LM 曲线上,即在凯恩斯区域,货币需求曲线处于水平状态,对货币的投机需求已达到"流动性陷阱"阶段,货币需求的利率弹性无穷大($h\to\infty$)。凯恩斯认为,在此种情况下,经济一般处于萧条时期,货币政策无效,而财政政策有很大效果。

在垂直阶段,即在古典区域,LM 曲线斜率为无穷大。呈垂直状态表示不论利率怎样变动,货币的投机需求为0。在古典区域,经济一般处于繁荣时期,财政政策无效,而货币政策有效。

在中间区域,LM 曲线的斜率是介于0与无穷大之间的正值,因此,货币需求的利率弹性及经济状况介于凯恩斯区域和古典区域之间。

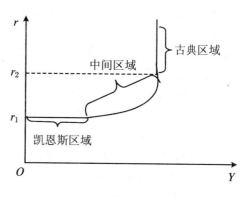

图 4.6

9. 答:(1) 两个市场的失衡及调整。当经济运行中出现各种失衡时,市场经济本身的力量将使失衡向均衡状况调整。对于任何位于 IS 曲线右上方的收入和利率的组合点,都有 $S>I$,即存在产品供给过剩,会导致国民收入下降,组合点会左移;同理,对于任何位于 IS 曲线左下方的收入和利率的组合,都有 $S<I$,即存在产品需求过度,会导致国民收入上升,组合点会右移。对于任何位于 LM 曲线右下方的收入和利率的组合,货币总需求大于货币供给($L>M$),会导致利率上升,抑制货币需求,组合点会上升;而对于任何位于 LM 曲线左上方的收入和利率组合,货币的总需求总是小于货币的总供给($L<M$),会导致利率下降,提高货币需求,组合点会下移。这四种调整使不均衡组合点最终趋向均衡利率和均衡收入,即直到 $IS = LM$ 为止。

(2) 如图 4.7 所示,我们假定经济处于Ⅲ区域的 A 点所表示的国民收入 Y 和利率 r 的组合的失衡状态。在 A 点这一组合中,一方面存在着过剩的产品需求,从而导致国民收入上升,其运动方向表现为以 A 点为起点的向右的水平方向;另一方面,存在着过剩的货币需求,从而导致利率上升,其运动方向表现为以 A 点为起点的垂直向上方向。在这两个合力的作用下,经济的发展将向 B 点发展。在 B 点这一组合中,$I = S$,但货币需求仍过剩,即 L 仍大于 M,这时经济发展将向 B 点垂直向上方向的 C 点发展。在 C 点这一组合中,$I<S$,$L>M$,这时在二合力的作用下,经

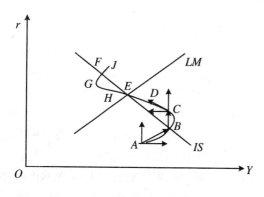

图 4.7 IS-LM 曲线的运动轨迹

济将向 D 点发展,最后,再由 D 点向均衡点 E 发展。同理,我们假定位于第一区域的 J 点作为始点,在市场的作用下,最终也会向均衡点 E 回复。图 4.7 中曲线表示 IS-LM 模型中,失衡状态如何向均衡状态调整的动态过程。

10. 答:(1) IS-LM 曲线的政策含义:

IS-LM 模型是一个二元方程组,它通过产品市场和货币市场的同时均衡来确定以收入 Y 和利率 r 为变量的宏观经济空间中的均衡点。IS 曲线代表产品市场处于均衡状态的收入和利率的所有组合;LM 曲线代表货币市场处于均衡状态的收入和利率的所有组合;IS 曲线和 LM 曲线的交点代表两市场同时处于均衡状态的收入 Y 和利率 r 的唯一组合。

IS 曲线的斜率主要取决于投资对利率的敏感度 d(因为 β,t 都较稳定)。d 越小,IS 曲线的斜率越大,IS 曲线就越陡峭;d 较大,IS 曲线的斜率越小,IS 曲线就越平坦;$d=0$,IS 曲线成一条垂线。LM 曲线的斜率主要取决于货币需求的利率弹性 h,h 越小,LM 曲线的斜率越大,LM 曲线就越陡峭;h 较大,LM 曲线的斜率就越小,LM 曲线就越平坦;$h\to\infty$ 时,LM 曲线近乎一条水平线。(并说明 IS 曲线、LM 曲线在各种形状时,货币政策与财政政策效果的大小。)

IS-LM 模型为执行与选择货币政策与财政政策提供了理论依据,当均衡产出水平低于充分就业的产出水平时,政府便利用财政政策和货币政策来改变 IS 曲线与 LM 曲线的位置,从而提高产出水平。(相反情况的论述从略。)

(2) 对 IS-LM 模型的理论评价:

(i) 积极方面:① 这一模型不仅实现了收入决定论和货币论的结合,完成了财政政策和货币政策的配合,而且还可以把凯恩斯主义与货币主义结合起来。② 这一模型不仅能说明收入 Y 和利率 r 的确定,而且还有明显的政策含义,具有很强的适用性,为凯恩斯国家干预经济的主张提供了理论说明。③ 可以用来解释衰退、高涨和充分就业状态,并选择相应的宏观经济政策。

(ii) 缺陷:① 对消除失业和通货膨胀,此模型并未提出彻底的解决办法。② IS 曲线和 LM 曲线不是相互独立的,而是相互依存的。一条曲线移动的同时另一条曲线也可能发生移动,这样,IS-LM 模型就失去了它的理论和政策意义,因为它不能决定国民收入的均衡值,从而也就不能预测经济前景和政策效果。③ 此模型把社会总资本再生产中的矛盾和冲突仅仅归结为社会资本流通中商品的供求和货币供求的一种暂时的不均衡,掩盖了社会总资本再生产过程中所包含的本质矛盾和冲突。④ 它不可能按照劳动二重性原理研究社会总资本的价值形式和物质形式的补偿问题。⑤ 此模型不能解释滞胀,不能说明价格的决定,所以其作为分析工具的影响在减弱。

11. 答:自1996年下半年,我国宏观经济成功实现"软着陆"之后,经济增长的势头开始减弱。以后几年,曾出现了有效需求不足,经济增长放缓的情况。

(1) 凯恩格斯的宏观经济理论认为,国民收入决定于消费和投资。消费由边际消费倾向和收入决定,消费倾向比较稳定,因此,国民收入变动主要来自于投资的变动,投资的增加或减少会通过投资乘数引起国民收入的多倍增加或减少,投资乘数又和边际消费倾向有关,投资由利率和资本边际效率决定,投资与利率反向变动关系,我国的有效需求不足表现为消费需求和投资需求所构成的总需求不足,难以实现充分就业。

(2) 20世纪90年代末期,我国消费需求和投资需求不足的原因在于:首先,我国经济正处于转轨时期,各种改革方兴未艾,未来不确定性很强,而且很多制度,尤其是社会保障制度还很不完善,因此,人们对未来的预期收入有很强的不确定性,这就使得人们保持较低的边际消费倾向,这是造成消费需求不足的主要原因;其次,投资需求的降低也包含边际消费倾向降低的因素,尤其是经济转型的时期,国有企业的改革正处在攻坚阶段,企业的效益和发展均不稳定,在这种情况下,企业的投资需求非常弱;再次,我国近年利率已降到很低水平,再降息的空间已经很小,因此,通过再降息以刺激投资的扩张的货币政策也很难拉动投资的增长。

七、案例分析

【案例1参考答案】

1. 将政府支出和货币供应视为固定常数时,画出的中国IS-LM模型如图4.8所示。

2. 根据图4.8所示的IS-LM图形可以看出:① IS曲线较陡。较陡的IS很大程度上是由于投资对利率变化反映不灵敏导致的;② LM曲线较平坦。较平坦的LM是货币需求对利率变动较敏感导致的。

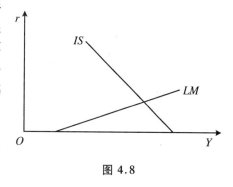

图 4.8

【案例2参考答案】

1. 构成总需求有消费、投资、政府支出和净出口,在其中消费占的比重最大,但消费是非常稳定的,每一年的消费水平变化非常小;投资仅次于消费,但投资不稳定,经济繁荣时投资增加,萧条时投资减少;政府行为是可以控制的,在经济繁荣时采取紧缩性的财政政策,经济萧条时采取扩张性的财政政策。一个国家一般追求的是国际收支平衡即出口等于进口。因此拉动内需的重点应放在投资上。

2. 但是国家应运用好调控政策预防投资过热和重复建设以及结构失衡。从2008年算起,围绕国际金融危机的爆发、蔓延和演变,我国宏观经济政策搭配格局大致可以分为两个阶段:积极财政政策加适度宽松货币政策,积极财政政策加稳健货币政策。这两种搭配,总的倾向都是扩张,只是扩张的力度和结构有所不同。

在连续实施5年的扩张性操作之后,相对于以往,2013年的财政扩张性操作至少有三点不同:其一,在边际效应递减规律的作用下,扩张性操作的效果有所下降。即使再采用类似2008年那样的大规模经济扩张措施,其扩张作用也不会达到当年的程度。其二,在扩张性经济政策自身规律的作用下,粗放型扩张对于结构调整的负作用有所显现。较之危机前,我们今天面临的结构调整压力更大、任务更重,也更加紧迫。其三,随着全球经济持续震荡和我国经济不平衡、不协调、不可持续问题突出,越来越多的人意识到,真正意义上的复苏不可能在现有的经济结构基础上实现;要使经济走上持续健康发展的轨道,必须加大经济结构战略性调整力度,加快转变经济发展方式。

不能简单采用类似2008年那样的大规模经济扩张措施,更不能以牺牲调结构为代价实现经济增长目标,而必须以实现有质量、有效益、可持续的经济增长为目标,在加快转变经济发展方式、不断优化经济结构中实现增长。为此,积极财政政策必须满足逆周期调节和推动结构调整的双重需要,同时锁定稳增长、调结构、控物价和防风险等多重目标。

【案例3参考答案】

英国政府为应对国际金融危机,出台了包括扶持弱势群体、弥补财政赤字在内的内在稳定器功能,以实现稳定经济波动的第一道防线的同时,为了进一步防止经济波动较大,出台了降低增值税税率的减税、增加公共支出的政府购买支出和辅助中小企业的投资补贴等扩张性财政政策。

第五章 宏观经济政策

第一部分 习 题

一、名词解释

1. 宏观经济政策 2. 充分就业 3. 财政政策 4. 货币政策 5. 再贴现率 6. 挤出效应 7. 自动稳定器 8. 充分就业预算盈余 9. 相机抉择 10. 公开市场业务 11. 货币政策乘数 12. 凯恩斯极端 13. 古典主义极端 14. 需求管理

二、单项选择题

1. 货币供给增加使 LM 曲线右移,若要均衡收入变动接近于 LM 曲线的移动量,则必须( )。

  A. LM 曲线和 IS 曲线都陡峭   B. LM 曲线和 IS 曲线都平缓
  C. LM 曲线陡峭而 IS 曲线平缓   D. LM 曲线平缓而 IS 曲线陡峭

2. 下列哪种情况中,增加货币供给不会影响均衡收入?( )

  A. LM 曲线和 IS 曲线都一样陡峭   B. LM 曲线和 IS 曲线一样平缓
  C. LM 曲线陡峭而 IS 曲线平缓   D. LM 曲线平缓而 IS 曲线垂直

3. 政府购买增加使 IS 曲线右移,若要均衡收入变动接近于 IS 曲线的移动量,则必须( )。

  A. LM 曲线平缓,IS 曲线陡峭   B. LM 曲线垂直,IS 曲线陡峭
  C. LM 曲线和 IS 曲线一样平缓   D. LM 曲线陡峭,而 IS 曲线平缓

4. 货币供给的变动如果对均衡收入有更大的影响,是因为( )。

  A. 私人部门的支出对利率不敏感   B. 私人部门的支出对利率更敏感
  C. 支出乘数较小   D. 货币需求对利率更敏感

5. 在下述何种情况下,挤出效应比较大?( )

  A. 非充分就业   B. 存在货币的流动性陷阱
  C. 投资对利率的敏感度较大   D. 现金持有率较低

6. 在下述何种情况下,会产生挤出效应?( )
   A. 货币供给的下降提高利率,从而挤出了对利率敏感的私人支出
   B. 对私人部门税收的增加引起私人部门可支配收入和支出的下降
   C. 政府支出增加使利率提高,从而挤出了私人部门的支出
   D. 政府支出的下降导致消费支出的下降

7. 以下何种情况不会引起收入水平的上升?( )
   A. 增加自主性支出   B. 增加净税收
   C. 增加自主性转移支付   D. 减少自主性税收

8. 如果政府支出的增加与政府转移支付的减少相同时,收入水平会( )。
   A. 增加   B. 减少   C. 不变   D. 不相关

9. 如果所得税率既定不变,政府预算为平衡性的,那么增加自主性投资在其他条件不变时会增加均衡的收入水平,并且使政府预算( )。
   A. 有盈余   B. 出现赤字
   C. 保持平衡   D. 以上三种情况都有可能

10. 下列哪一项不是宏观经济政策的主要目标?( )
    A. 失业率为自然失业率   B. 稳定的实际 GDP 增长率
    C. 国际收支平衡   D. 政府预算盈余

11. 财政和货币政策的有效性在很大程度上取决于( )。
    A. 决策人的意愿   B. IS 和 LM 曲线的交点
    C. IS 和 LM 曲线的斜率   D. 货币供给量

12. 中央银行变动货币供给可通过( )。
    A. 变动法定准备率以改变货币乘数
    B. 变动再贴现率以变动基础货币
    C. 通过公开市场业务以变动基础货币
    D. 以上都是

13. 中央银行在公开的证券市场上买入政府债券会使货币供给量( )。
    A. 增加   B. 减少   C. 不变   D. 难以确定

14. 中央银行在公开市场卖出政府债券是企图( )。
    A. 筹集资金以弥补财政赤字
    B. 减少流通中基础货币以紧缩货币供给
    C. 减少商业银行在中央银行的存款
    D. 获取债券价差

15. 古典主义极端对财政政策挤出效应为 100% 的解释是( )。

A. IS 曲线向右下方倾斜,LM 曲线向右上方倾斜

B. IS 曲线向右下方倾斜,LM 曲线为一条水平线

C. IS 曲线向右下方倾斜,LM 曲线为一条垂线

D. 无论 IS 曲线和 LM 曲线的形状如何,结果都一样

16. 凯恩斯极端对货币政策不能增加实际 GDP 的解释是( )。

A. IS 曲线向右下方倾斜,LM 曲线向右上方倾斜

B. IS 曲线向右下方倾斜,LM 曲线为一条水平线

C. IS 曲线向右下方倾斜,LM 曲线为一条垂线

D. 无论 LM 曲线和 IS 曲线的形状如何,结果都一样

17. 认为财政政策与货币政策对增加实际 GDP 都有一定作用的中间立场者的解释是( )。

A. LM 曲线向右上方倾斜,IS 曲线为一条水平线

B. IS 曲线向右下方倾斜,LM 曲线为一条水平线

C. IS 曲线与 LM 曲线中一条为水平线,则另一条为垂线

D. IS 曲线向右下方倾斜,LM 曲线向右上方倾斜

18. 财政政策的实际作用往往比简单乘数所表示的要小,这主要是因为简单乘数( )。

A. 没有考虑时间因素

B. 没有考虑货币和价格因素

C. 没有考虑货币政策的作用

D. 没有考虑国际市场因素对国内市场的影响

19. 下述哪一项不是经济的内在稳定器?( )

A. 累进税率制   B. 与国内收入同方向变动的政府开支

C. 社会保障支出   D. 农业支持力量

20. 在下述何种情况下,挤出效应更有可能发生?( )

A. 货币需求对利率敏感,私人部门支出对利率也敏感

B. 货币需求对利率敏感,私人部门支出对利率不敏感

C. 货币需求对利率不敏感,私人部门支出对利率不敏感

D. 货币需求对利率不敏感,私人部门支出对利率敏感

21. 2011 年 12 月 5 日,我国的存款准备金率经过 2010 年 1 月 18 日(大型金融机构调为 16%)至 2011 年下半年,先后 12 次调高准备金率后,首次下调,大型金融机构的存款准备金率由原来的 21.5%调整到 20%,这属于( )。

A. 扩张性的财政政策   B. 扩张性的货币政策

C. 紧缩性财政政策　　　　　　D. 紧缩性货币政策

22. 扩张性财政政策对经济的影响是(　　)。
   A. 缓和了经济萧条但增加了政府债务
   B. 缓和了经济萧条也减轻了政府债务
   C. 缓和了经济过热但增加了政府债务
   D. 加剧了经济过热但减轻了政府债务

23. 通常认为,扩张性货币政策是(　　)。
   A. 增加政府支出　　　　　　B. 增加转移支付
   C. 增加税收　　　　　　　　D. 减少税收

24. "双紧政策"使利率(　　)。
   A. 提高　　　B. 下降　　　C. 不变　　　D. 不确定

三、判断题

1. 流动性陷阱指 LM 曲线呈水平状,此时财政政策最有效。(　　)
2. 当经济处于非充分就业状态时,可采取紧缩性的财政和货币政策来刺激就业。(　　)
3. 央行在公开市场买入债券将使利率下降,投资增加。(　　)
4. 若 LM 曲线是完全垂直的,那么财政政策在增加就业方面是无效的。(　　)
5. 内在稳定器仅指累进所得税制。(　　)
6. MPS 越高,政府购买对 GDP 的贡献越大。(　　)
7. 公开市场业务是中央银行最常用的货币政策工具。(　　)
8. 政府支出增加时,可能会使私人支出减少,这一效应称为替代效应。(　　)
9. 挤出效应与货币的利率敏感程度正相关,与投资利率敏感性正相关。(　　)
10. 在其他条件不变时,货币需求对利率变动敏感性越大,货币政策的效果就越大。(　　)
11. 当 LM 曲线的斜率不变时,IS 曲线越平坦,IS 曲线移动对国民收入变动的影响就越小。(　　)
12. 宏观经济政策的目标之一是使失业率降到自然失业率之下。(　　)
13. 在凯恩斯主义出现后,财政政策不以实现收支平衡为目标,而是为实现充分就业服务。(　　)
14. 税率提高一定能增加税收。(　　)
15. 不论挤出效应为多少,财政支出政策的效力都大于财政收入政策。(　　)

第五章 宏观经济政策

16. 通货膨胀缺口可以通过增加政府支出和减少税收来加以解决。(　　)
17. 假定其他条件不变,政府增加福利支出使洛伦兹曲线更远离 45°线。(　　)
18. 凯恩斯学派认为,要对付经济萧条,宏观财政政策比宏观货币政策更有效。(　　)
19. 转移支付增加 1 美元对总需求的影响总是与政府支出增加 1 美元相同。(　　)
20. 失业保险制度对国民收入水平变动能起自动稳定的作用。(　　)

四、简答题

1. 什么是扩张性财政政策？什么是紧缩性财政政策？
2. 简述宏观财政政策和货币政策的局限性。
3. 简述财政政策与货币政策的主要区别。
4. 不同的政策工具有哪些主要标准？
5. 为什么货币需求对利率越敏感,即货币需求的利率弹性越大,财政政策效果越大？
6. 为什么边际消费倾向越大,边际税率越小,财政政策效果越小？
7. 是否边际税率越高,税收作为自动稳定器的作用越大？
8. 平衡预算的财政思想和功能财政思想有何区别？
9. 简述中央银行运用公开市场业务调节货币供给量的具体过程。
10. 简述税收的特征。
11. 简述有关相机抉择争论的主要内容。
12. 充分就业预算赤字如何计算出来？相较于实际赤字而言,充分就业预算赤字是高还是低？为什么？
13. 为什么必须重视各种政策工具后果的不确定性？
14. 如何理解自动稳定器与相机抉择的财政政策的政策效力？
15. 财政赤字对宏观经济有哪些影响？

五、计算题

1. 假定某经济的社会消费函数 $C = 300 + 0.8Y_d$,私人意愿投资 $I = 200$,税收函数 $T = 0.2Y$(单位为亿美元)。求:
   (1) 均衡收入为 2 000 亿美元时,政府支出(不考虑转移支付)必须是多少？预算盈余还是赤字？
   (2) 政府支出不变,而税收提高为 $T = 0.25Y$,均衡收入是多少？这时预算将如何变化？

2. 假定某国政府当前预算赤字为 75 亿美元,边际消费倾向为 $\beta=0.8$,边际税率 $t=0.25$,如果政府为降低通货膨胀率要减少支出 200 亿美元,试问:支出的这种变化能否最终消灭赤字?

3. 假设 LM 方程为 $Y=500+25r$(货币需求为 $L=0.2Y-5r$,实际货币供给量为 100)。计算:

(1) 当 IS 为 $Y=950-50r$(消费 $C=40+0.8Y_d$,投资 $I=140-10r$,税收 $T=50$,政府支出 $G=50$)时的均衡收入、利率、消费和投资?

(2) 当 IS 曲线变为 $Y=800-25r$(消费 $C=40+0.8Y_d$,投资 $I=110-5r$,税收 $T=50$,政府支出 $G=50$)时的均衡收入、利率、消费和投资?

(3) 政府支出从 50 增加到 80 时,情况(1)和(2)的均衡收入和利率各为多少?

(4) 说明政府支出从 50 增加到 80 时,为什么情况(1)和(2)中的收入增加有所不同。

4. 假设货币需求 $L=0.2Y-5r$,货币供给 $M=200$,消费 $C=60+0.8Y_d$,税收 $T=100$,投资 $I=150-5r$,政府支出 $G=100$。求:

(1) IS 和 LM 方程、国民收入、利率和投资。

(2) 政府支出从 100 增加到 120 时,收入、利率和投资会有什么变化?

(3) 是否存在"挤出效应"?为什么?

5. 假定 LM 方程 $k=\frac{1}{h}\left(kY-\frac{M_s}{P}\right)$ 中的 $k=0.5$,IS 方程 $Y=a(A-br)$ 中的 $a=2$,问当联储增加实际货币量 10 亿美元时,如果要保持利率不变,政府支出必须增加多少?

6. 假定货币需求函数 $L=kY-hr$ 中的 $k=0.5$,消费函数 $C=a+bY$,$C=a+bY$ 中的 $b=0.5$,现假设政府支出增加 10 亿美元,试问货币供给量(假定价格水平为 1)要增加多少才能使利率保持不变?

7. 假定价格具有伸缩性,且经济满足 $Y=C+I+G+NX$,其中 $Y=5\,000$,消费 $C=470+0.9Y_d$,投资 $I=600-3\,000r$,净出口 $NX=400-0.09Y-2\,000r$,货币需求 $L=0.8Y-7\,000r$,名义货币供给 $M=2\,580$,税率 $t=0.2$,政府购买 $G=700$,试求:

(1) 均衡利率 r。

(2) 价格水平 P。

(3) 若政府支出减少到 620,其他条件不变,利率和价格水平各为多少?

(4) 若货币供给减少为 1 720,其他条件不变,利率和价格各为多少?

8. 假设一经济体系的消费函数为 $C = 600 + 0.8Y$，投资函数为 $I = 400 - 50r$，政府购买为 $G = 200$，货币需求函数为 $\dfrac{Md}{P} = 250 + 0.5Y - 125r$，货币供给 $M_s = 1250$（单位均是亿美元），价格水平 $P = 1$，试求：

（1）IS 和 LM 方程。

（2）产品市场和货币市场同时均衡时的收入和利率。

（3）财政政策乘数和货币政策乘数。

（4）若充分就业收入为 $Y = 5000$（亿美元），若用增加政府购买实现充分就业，需要增加多少政府购买量？

（5）若用增加货币供给实现充分就业，要增加多少货币供给量？

六、论述题

1. 举出一个起到自动稳定器作用的政府政策效应的例子。解释为什么这种政策有这种效应？

2. 试述宏观货币政策工具的作用和特点。

3. 作图并说明 LM 曲线的三个区域，并分析在这三个区域中财政政策和货币政策各自效果如何。

4. 如何利用财政政策和货币政策的搭配来解决"滞涨"问题。

5. 请用 IS‐LM 模型概述财政政策和货币政策的作用及其局限性。

七、案例分析

【案例1】 财政政策还是货币政策。

2008 年后，为了应对全球金融风暴带来的危机，中国政府决定实施积极财政政策和适度宽松货币政策，此举传递了清晰的信号：直接有力、扩大内需的调控措施将推动中国经济走出困境，迈向新的发展阶段。

在财政政策方面，2008 年国家投资 4 万亿元拉动内需，促进经济增长。除了扩大投资规模以外，积极财政政策还将实行结构性减税，用减税、退税或抵免的方式减轻税负，促进企业投资和居民消费。此外，为稳定外需，出口退税率在 2008 年经历四次调整，涉及纺织、服装、轻工和机电产品等，为出口企业缓解困难、减少金融危机带来的负面影响提供了有力支持。

货币政策方面，从 2007 年 9 月到 12 月，央行在 4 个月内五次下调基准利率，四次下调存款准备金率，以保持银行体系流动性充足，促进货币信贷稳定增长。从适度宽松货币政策的不断落实，到国务院常务会议提出促进经济发展的 9 项金融措施，再到进一步细化的金融促进经济发展的 30 条意见，金融体系正在多渠道为经济发展提供流动性。

人们通常运用IS-LM模型来分析宏观经济政策的效力,并以该模型所体现的经济思想作为政府宏观经济政策选择的理论依据。但我国宏观经济学的实践表明,以IS-LM模型为依据的扩张性宏观经济政策,尤其是扩张性货币政策往往很难取得预期的效果。

IS-LM模型的形状取决于IS曲线和LM曲线的斜率。以我国投资的利率弹性对IS曲线斜率的影响看,由于市场经济体制在中国还没有完全确立,政府在企业投资中还起着一定的作用,企业自身还不能自觉地按市场经济原则办事,这必然导致企业投资对利率的反应没有一般市场经济国家敏感,从而导致中国的IS曲线比一般市场经济国家的IS曲线陡峭。从边际消费倾向变化对IS曲线的影响看,储蓄的超常增长表明,中国的边际消费倾向已经远远低于在目前收入水平应具有的水平,收入与消费之间已出现了严重的失衡,这种失衡必然导致我国的IS曲线比在正常情况下陡峭。

中国的LM曲线的斜率如何呢?首先,中国正处于新旧体制交替的过程中,中国居民对货币的预防性需求急剧膨胀,从而打破了收入与消费之间的稳定关系,使中国的货币交易需求的收入弹性不再稳定,导致LM曲线不断趋向平坦。其次,从货币投机需求的利率弹性对我国LM曲线斜率的影响看,在目前的中国,由于金融市场、资本市场尚不十分完善,广大居民缺乏多种投资渠道,利率的变化对人们的投机性货币需求影响并不大,投机需求的利率弹性较小,其对LM曲线的影响是使LM曲线比较陡峭。

讨论题:
1. 利用IS-LM模型分析我国财政政策和货币政策的选择和配合。
2. 在中国,货币政策要想发挥更大作用,需要有哪些条件?

【案例2】
2007年6月,十届全国人大常委会第二十八次会议审议通过了《关于规范财政转移支付情况的报告》。根据《报告》,2006年中央对地方财政转移支付达到9 143.55亿元,比1994年增加8 682.8亿元,增长18.8倍,年均增长28.3%。1994~2006年,中央对地方财政转移支付占地方财政支出总额的比重从11.4%提高到30%;其中,中部地区由14.7%提高到47.2%;西部地区由12.3%提高到52.5%。目前,中央对地方财政转移支付制度体系由财力性转移支付和专项转移支付构成。① 财力性转移支付。财力性转移支付包括一般性转移支付、民族地区转移支付、县乡财政奖补资金、调整工资转移支付、农村税费改革转移支付等。2006年中央对地方财力性转移支付由1994年的99.8亿元提高到4 731.97亿元,年均增长38%,占转移支付总额的比重由21.6%提高到51.8%。② 专项转移支付。专项转移支付重点用于教育、医疗卫生、社会保障、支农等公共服务领域,2006年中央对地方专项转移支付由1994年的361.37亿元增加到4411.58亿元,年均增长23.2%,新增的专项转移支付资金主要用于支农、教科文卫、社会保障等事关民生领域的支出。

根据案例内容回答下列问题:
1. 从上述我国财政转移支付情况看,公共财政注重发挥哪些职能?
2. 试对我国财政转移支付政策的效应进行分析。
3. 如何理解我国加大财政转移支付政策对构建"和谐社会"的意义?

第二部分 参考答案

一、名词解释

1. **宏观经济政策**:是在市场机制无法自动使总供求平衡的情况下,政府对经济总量进行干预和调节,根据经济目标使经济总量增加或减少而采取的一系列行为的规范准则和手段。

2. **充分就业**:有两种含义,其一是指除了摩擦失业和自愿失业之外,所有愿意接受各种现行工资的人都能找到工作的一种经济状态,即消除了非自愿失业就是充分就业。其二是指包括劳动在内的各种生产要素,都按其愿意接受的价格,全部用于生产的一种经济状态,即所有资源都得到充分利用。

3. **财政政策**:就是指政府为提高就业水平,减轻经济波动,防止通货膨胀,实现稳定增长而采取的税收、借债水平和政府支出的政策,即政府为了实现其宏观经济政策目标而对其收入和支出水平所做出的决策。

4. **货币政策**:中央银行通过控制货币供给量,进而调节利率,以便影响投资和整个经济,以达到经济政策目标的行为。

5. **再贴现率**:央行从商业银行手中买进已贴现的银行票据时预先扣除一定百分比的利息作为代价,这种利息叫做中央银行对商业银行的再贴现率。

6. **挤出效应**:指政府支出的增加所引起的私人消费或投资水平下降的经济效应。在IS-LM模型中,若LM曲线不变,向右移动IS曲线,两种市场同时均衡时会引起利率上升和国民收入的增加。但这一增加的国民收入小于不考虑货币市场的均衡或利率不变条件下的国民收入的增量,这两种情况下的国民收入增量之差,就是利率上升而引起的"挤出效应"。对财政支出挤出效应的发生机制有两种解释:一是财政支出扩张引起利率上升,利率上升抑制民间投资。二是政府向公众借款引起政府和民间部门在借贷资金需求上的竞争,减少了对民间部门的资金供应。

7. 自动稳定器:又称内在稳定器,是指财政制度本身所具有的能够调节经济波动,维持经济稳定发展的机制。就是说,即使在政府支出和税率保持不变的时候,财政制度本身会影响社会经济的活动,能够在经济繁荣时期自动抑制膨胀,在经济衰退时期自动减轻萧条,从而减轻以致消除经济波动。财政制度的内在稳定经济的功能,主要是通过累进税制度、政府转移支付制度和农产品价格维持制度来发挥作用的。

8. 充分就业预算盈余:指既定的政府预算是在充分就业的国民收入水平,即潜在的国民收入水平上所产生的政府预算盈余,即潜在的国民收入对应的财政收入与政府预算支出之间的差额。

9. 相机抉择:也称为斟酌使用,指政府进行需求管理时根据市场情况和各项调节措施及其特点,机动灵活地采取一种或几种措施,使财政政策和货币政策相互搭配。根据宏观财政政策和货币政策在决策程度、作用速度、预测的可靠程序和中立程序这四个方面的差异,相机抉择一般具有四种搭配方式:① 松的财政政策与紧的货币政策;② 紧的财政政策与紧的货币政策;③ 松的财政政策与紧的财政政策;④ 紧的财政政策与松的货币政策。实行相机抉择的目的在于既保持总需求稳定,又不引起较高的通货膨胀。

10. 公开市场业务:是指中央银行在金融市场上公开买卖各种政府债券及银行承兑票据等有价证券的业务活动,以影响基础货币和货币供给量的一种政策手段。中央银行可以根据经济形势的变化决定公开市场业务的操作方向,当中央银行认为金融市场资金短缺时就购入债券,增加流通中的现金或银行的准备金,从而增加基础货币和货币供应量;反之则卖出债券,以回笼货币,收缩信贷规模,减少货币供应量。

11. 货币政策乘数:指当财政政策不变时,实际货币供给量的变化对均衡的国民收入变动的影响倍数。

12. 凯恩斯极端:指 IS 曲线为垂线而 LM 曲线为水平线,财政政策十分有效而货币政策完全无效的情况。

13. 古典主义极端:指 IS 曲线为水平线而 LM 曲线为垂线,财政政策完全无效而货币政策十分有效的情况。

14. 需求管理:是通过调节总需求来达到一定政策目标的宏观经济政策工具。需求管理是要通过对总需求的调节,实现总需求等于总供给,达到既无失业又无通货膨胀的目标。它包括财政政策和货币政策。

第五章 宏观经济政策

二、单项选择题

1．C 2．D 3．A 4．B 5．C 6．C 7．B 8．A 9．A 10．D
11．C 12．D 13．A 14．B 15．C 16．B 17．D 18．B 19．B 20．D
21．B 22．A 23．D 24．D

三、判断题

1．正确。【提示】从 IS－LM 模型来看,当利率降得很低时,此时 LM 曲线为水平线,货币需求的利率弹性为无限大,人们无论有多少货币都只想保持在手中,形成"流动性陷阱"。此时若希望通过增加货币供给来降低利率以刺激投资是不可能有效的,而通过增加支出或减税的财政政策来增加总需求,其效果很大(此时由于扩张性财政政策对私人投资产生的"挤出效应"为0)。

2．错误。【提示】非充分就业时,应采用扩张性政策,使 AD 右移。

3．正确。【提示】央行在公开市场买入债券,使货币供给 $M\uparrow \to r\downarrow \to I\uparrow$。

4．正确。【提示】LM 曲线垂直时财政政策完全无效。

5．错误。【提示】内在稳定器的功能是通过财政收入、支出两方面发挥作用的。具体来说,内在稳定器的功能主要通过累进所得税制、政府转移支付制度和农产品价格维持制度等三项制度发挥作用的。

6．错误。【提示】MPS 越高,意味着 MPC 越低,从而使得政府购买乘数越小,最终导致相同的政府购买对 GDP 的贡献越小。

7．正确。【提示】中央银行最常用的货币政策工具是公开市场业务。

8．错误。【提示】政府支出增加时,可能会使私人支出减少,这一效应称为挤出效应。

9．错误。【提示】影响挤出效应大小的因素主要是投资需求的利率弹性 d 与货币需求的利率弹性 h。若投资需求的利率弹性 d 越大,则"挤出效应"就大;反之,则"挤出效应"就越小。若货币需求的利率弹性 h 越大,"挤出效应"就越小;反之,若 h 越小,则"挤出效应"就越大。

10．错误。【提示】在其他条件不变时,货币需求的利率弹性 h 越大,货币政策效果越弱;h 越小,货币政策效果越强。

11．正确。【提示】当 LM 曲线的斜率不变时,对于相同的财政政策,若 IS 曲线越平坦,财政政策引起的国民收入变动越小,财政政策效果就越小;若 IS 曲线越陡峭,财政政策变动越大,财政政策效果就越大。

12．错误。【提示】宏观经济政策的目标之一是实现充分就业,也就是使失业率降到自然失业率水平。

13．正确。【提示】本题主要考察不同时期执行财政政策的目的。在凯恩斯

471

主义出现以前,执行财政政策主要是为了实现预算平衡,在凯恩斯主义出现以后,则是为实现经济的稳定发展和充分就业服务的功能财政。

14. 错误。【提示】税收的增加不仅取决于税率的高低,更重要的是收入水平的高低。只有在收入水平增加的情况下,提高税率才能增加税收。

15. 错误。【提示】不论挤出效应为多少,财政支出政策的效力都要大于财政收入政策。

16. 错误。【提示】潜在 GDP 和实际 GDP 之间的差距称为 GDP 缺口。在有效需求不足或经济萧条期间,潜在 GDP 大于实际 GDP,二者间的差额就是萧条缺口(通货紧缩缺口);反之,当经济过热,实际 GDP 大于潜在 GDP,二者间的差额就是通货膨胀缺口。可见,要解决通货膨胀缺口可以通过减少政府支出和增加税收来加以解决。

17. 错误。【提示】洛伦兹曲线是判断某一社会收入分配的平均程度的常用工具,洛伦兹曲线的弯曲程度越大或者说洛伦兹曲线越远离 45°线,收入分配程度越不平等,反之则反是。在其他条件不变的情况下,政府增加福利支出会缩小收入分配差距,将使洛伦兹曲线离 45°线越近。

18. 正确。【提示】凯恩斯学派强调的是宏观财政政策对走出经济萧条的重要性。

19. 错误。【提示】以二方经济为例,由于政府支出乘数大于政府转移支付乘数,即 $k_g > k_{tr}$,转移支付增加 1 美元对总需求的影响应小于政府支出增加 1 美元对总需求的影响。

20. 正确。【提示】政府转移支付制度是内在稳定器的具体作用机制之一,而失业保险制度是政府转移支付制度的具体体现形式之一,故失业保险制度对国民收入水平变动能起自动稳定的作用。

四、简答题

1. 答:当认为总需求较低,即出现经济衰退时,政府应通过降低税收或增加政府购买或双管齐下以刺激消费和投资,进而刺激总需求。反之,当认为总需求过高,即出现经济过热时,政府应采取增加税收或减少政府购买等措施,以抑制总需求的过分高涨。前者被称为扩张性财政政策,后者被称为紧缩性财政政策。

2. 答:(1) 财政政策的局限性主要有:① 财政政策产生的挤出效应。② 当经济接近充分就业状态时,扩张性财政政策只能使利率、价格上升而不能使收入增加。③ 一味采用积极财政政策,会发生严重的财政赤字,增加未来还债的负担,不利于国民经济的健康发展。

(2) 货币政策的局限性主要有:① 在经济过热时实施紧缩性的货币政策效果

第五章 宏观经济政策

显著,但在经济衰退时,实行扩张性的货币政策效果不显著。② 从货币市场均衡看,通过增减货币供给量来影响利率是以货币流通速度不变为前提的,而在现实的商业周期中,货币流通速度是变动的。③ 货币政策作用的外部时滞也影响货币政策效果(货币主义者反对货币政策的原因)。④ 在开放经济中,货币政策效果还要受资金国际流动的影响。

3. 答:财政政策与货币政策的区别主要有:

(1) 财政政策是指通过改变政府收支来调节宏观经济,而货币政策是指通过调节货币供给量来调节宏观经济。

(2) 财政扩张本身就是总需求扩张的因素,通过乘数作用,总需求会进一步扩张;而货币扩张是通过降低利率以刺激投资需求增加带动总需求扩张的。

(3) 在凯恩斯陷阱区域和古典区域,两种政策的产出效应正好相反。

(4) 财政扩张存在一个财政融资问题,而货币扩张则没有此问题。

4. 答:调控总需求的财政政策和货币政策工具并不能完全符合主要的宏观经济政策四大目标。政府选择各种政策工具时所要考虑的几个主要因素是:

(1) 政策工具达到目标的有效性。为达到一定目标,有些政策可能比另一些政策有效,在有些情况下,私人部门的行动可能会抵消政策工具的效果。

(2) 对产出构成的影响。同样是增加或降低一定总需求,有些政策扩大的是公共部门投资,有些政策是增加当前消费或刺激私人部门投资的。

(3) 影响的范围。有些政策影响范围较小,如货币政策;有些政策如减税则有较广泛的影响。

(4) 执行的灵活性和速度。有些政策如扩大货币供给会比另一些政策如减税更有灵活性,执行起来也会更快。

(5) 政策后果的确定性程度。如减税会不会增加消费,增加货币供给,降低利率会不会使厂商增加投资,很大程度上取决于人们的预期,从而使政策效果很不确定。

(6) 非意图的副作用。一些政策往往会产生不希望有的副作用。

5. 答:货币需求对利率变动越敏感,即 h 越大,则政府支出增加使货币需求增加一定量时所引起的利率上升较少,在其他条件不变时,对私人部门投资不会产生很大的影响,使得挤出效应较小,结果使国民收入水平增加较多,财政政策效果较大。在 IS-LM 模型中,货币需求对利率弹性 h 越大,LM 曲线就越平坦,财政政策效果就越明显。

6. 答:边际消费倾向 β 越大,边际税率 t 越小,投资支出乘数就越大,因此,当扩张性财政政策使利率上升并挤出私人部门投资时,国民收入减少得越多,即

"挤出效应"越大,因而财政政策效果越小。在 IS-LM 模型中,边际消费倾向 β 越大,边际税率 t 越小,IS 曲线越平坦,这时财政政策效果就越小。

7. 答:在三部门经济中,投资变动所引起的国民收入变动比二部门经济中的变动要小,原因是:当总需求由于意愿投资增加而增加时,会导致国民收入和可支配收入的增加。但在三部门经济中,可支配收入增加量要小于国民收入的增加量,因为在国民收入增加时,税收也在增加,增加的数量等于边际税率乘以国民收入。结果三部门经济中消费支出的增加量要比二部门经济中的小,从而通过乘数作用使国民收入累计增加量也小一些。同样,总需求下降时,三部门经济中收入下降也比二部门经济中要小一些。这说明税收制度是一种对国民收入波动的自动稳定器。三部门经济中支出乘数与二部门经济中支出乘数的差额决定了税收制度的自动稳定程度,其差额越大,自动稳定作用越大。这是因为在边际消费倾向 MPC 一定的条件下,三部门经济中支出乘数越小,说明边际税率越高,从而自动稳定性越大。

8. 答:平衡预算的财政思想是指财政收入与支出相平衡,财政预算盈余等于零的思想。按其历史发展阶段分为三种:① 年度平衡预算,这是一种要求实现每财政年度的收支平衡的思想;② 周期平衡预算,是指政府在一个经济周期中保持预算平衡;③ 充分就业平衡预算,指既定的政府预算在充分就业的国民收入水平,即潜在的国民收入水平上所产生的政府预算盈余。这三种思想表明,平衡预算已由以往的每年度收支相抵的思想逐步发展到以一定的经济目标为前提的平衡预算思想,在一定周期内,或某年度可以出现一定的财政盈余或赤字。但是,这类思想的本质仍是机械追求收支平衡,仍是一种消极的财政预算思想。

功能财政思想是一种积极的权衡性或补偿性财政政策。它强调财政预算的功能是为了实现经济稳定发展,预算可以盈余,也可以赤字,因而称之为功能财政。

平衡预算与功能财政的共同点是两者的目的均是为了设法使经济保持稳定。两者的区别在于前者强调财政收支预算的平衡,甚至以此作为预算目标,而后者则强调财政预算的平衡、盈余或赤字都是手段,目的是追求无通货膨胀的充分就业以及经济的稳定发展。

9. 答:公开市场业务是指货币当局在金融市场上公开买卖各种政府债券的经济活动,以影响基础货币和货币供给量的一种政策手段。央行若想扩大货币的供给,就在公开市场上买进有价证券。当中央银行在公开市场上从公众那里购买政府债券时,它是用中央银行的支票支付的。出卖政府债券的公众,将得到的中央银行的支票存入自己的开户银行,公众在银行的存款增加,这是新增的原始存

第五章 宏观经济政策

款。该银行又将支票存入央行,那么该银行在央行的存款准备金增加。这相当于基础货币增加。该银行可以就此增加对公众的贷款,从而使货币创造的乘数过程继续进行下去。如果央行想减少货币供给,则可以出售政府债券。

10. 答:税收制度是一项重要的财政政策。在给定税率下,政府税收随经济周期自动地发生同方向变化。当经济衰退时,国民产出下降,税收自动减少,人们可支配收入下降的幅度相对减小,特别在实行累进税时,纳税人收入将自动进入较低的纳税档次,税收下降幅度超过收入下降幅度,从而起到抑制衰退的作用。反之,经济繁荣时,生产扩张,就业增加,国民收入上升,个人收入和公司利润普遍上升,税收自动增加,具有遏制总需求扩张和经济过热的作用。因此,税收这种随经济变动而主动发生变化的内在机动性和伸缩性是一种有助于减轻经济波动的自动稳定因素。

11. 答:相机抉择的争论又称规则与斟酌使用的争论,是指货币主义者与凯恩斯主义者在要不要,以及如何进行总需求管理的争论。

货币主义代表米尔顿·弗里德曼认为,市场经济有其内在稳定性,国家干预的需求管理只会加剧经济的不稳定,因而政府只要采用简单规则的货币政策即按一固定比率增加货币供给,稳定币值与物价,就可以为市场的正常运转创造良好环境,消除严重的失业和通货膨胀。同样,政府开支也应被限制在国民收入中一个固定的比例,这样可以消除经济中不确定性的根源,让未来政策进程为人们知道,不用与政府斗智。

而凯恩斯主义者则认为,市场没有力量迅速自我调整,保持充分就业,政府有必要也能够为稳定经济发挥作用,没有必要,也不应当把自己局限于固定规则,而应采取斟酌使用的政策:当经济萧条,失业率较高时,扩大总需求;当经济过热,通货膨胀过高时,紧缩总需求。至于与政策改变相联系的不确定性,实际上是不可能消除的。即使政府承诺实行不变的规则,当经济情况变化时,政府也得放弃这种承诺。面对迅速变化的经济,想实行不变的规则,是根本行不通的。

13. 答:充分就业预算赤字是政府预算在充分就业的收入水平上出现的赤字。在经济繁荣时期,实际赤字和充分就业预算赤字大致相等;经济衰退时期,实际赤字大于充分就业预算赤字。因为经济不景气时,政府的所得税收入会减少,但支出尤其是如失业救济金等转移支付会增加,从而使得实际赤字上升超过充分就业预算赤字。

14. 答:调节总需求的效果在相当大程度上取决于消费者和厂商如何作出反应。一项减税的政策会不会以及在多大程度上刺激消费,取决于消费者认为减税是永久的还是暂时的。若认为是暂时的,减税增加的收入只会用来增加储蓄而对消费不会产生多大影响。同样,扩张的货币政策能不能刺激投资,也取决于厂商对投资前景的预测和信心。政策效果的这种不确定性必须受到重视,如果在某些情况下,这种不确定性可以迅速判别,则政府可以在政策上迅速加以调整。

15. 答:自动稳定器主要指那些对国民收入水平的变化自动起到缓冲作用的财政调节工具,如政府税收等,而不需要政府采取任何措施。而相机抉择的财政政策则是指政府对经济发展的形势进行分析权衡,斟酌使用相应的财政经济政策。

尽管各种自动稳定器一直都在起减轻经济波动的作用,但效果毕竟有限,尤其是对于剧烈的经济波动,自动稳定器就更难以扭转。而相机抉择的财政政策因为是政府审时度势,主动采取适当的财政措施,"逆经济风向行事",所以相对来说其效果就较为明显。从2008年下半年金融危机爆发以来,我国政府就采取了相机抉择的财政政策,积极及时地扩大政府支出,降低企业税负,取得了明显效果。由于乘数作用的大小难以确定、财政政策作用的滞后以及可能产生的"挤出效应"等因素的影响,相机抉择的财政政策作用同样有其局限性。

16. 答:财政赤字是国家预算开支超过收入的结果,一般是由政府实施扩张性财政政策导致的。根据凯恩斯主义的观点,财政赤字作为政府管理总需求的一个重要的宏观经济政策工具,可以在熨平经济周期波动性方面发挥作用。但任何一种经济手段的应用,都具有两面性。特别是财政赤字本身一直是一把双刃剑,过度的财政赤字会损害一国经济长期增长的能力,给后代造成负担,会导致政府极端的不平衡和债务危机。所以世界各国对于财政赤字的应用都控制在一个严格的安全线内。

五、计算题

1. 解:(1) 由已知条件得

$$Y = C + I + G = 300 + 0.8(Y - T) + 200 + G = 500 + 0.64Y + G$$

简化得 $0.36Y = 500 + G$

将 $Y = 2000$ 代入上式,解得 $G = 220$ 亿美元,所以预算盈余

$$BS = TY - G = 0.2Y - 220 = 0.2 \times 2000 - 220 = 180$$

(2) 政府支出 $G = 220$ 不变,而税收提高为 $T = 0.25Y$,可由 $Y = C + I + G$,求出均衡国民收入 $Y = 1800$,所以预算盈余

$$BS = TY - G = 0.25Y - 220 = 0.25 \times 1800 - 220$$
$$= 230(预算盈余增加10亿美元)$$

2. 解:在三部门经济中,政府购买支出乘数为

$$k_g = \frac{1}{1-\beta(1-t)} = \frac{1}{1-0.8(1-0.25)} = 2.5$$

当政府支出减少 200 亿美元时,收入和税收均会减少,为
$$\Delta Y = \Delta G \times k_g = 2.5 \times (-200) = -500$$
$$\Delta T = t \times \Delta Y = 0.25 \times (-500) = -125$$

于是预算盈余增量为
$$\Delta BS = \Delta T - \Delta G = -125 - (-200) = 75$$

这说明当政府减少支出 200 亿美元时,政府预算将增加 75 亿美元,正好与当前预算赤字相抵消,这种支出的变化能最终消灭赤字。

3. 解:(1) 联立 IS 曲线方程 $Y = 950 - 50r$ 和 LM 曲线方程 $Y = 500 + 25r$,解得

均衡利率 $r = 6$, 均衡收入 $Y = 650$

此时,消费
$$C = 40 + 0.8Y_d = 40 + 0.8(Y - T) = 40 + 0.8(650 - 50) = 520$$

投资
$$I = 140 - 10r = 80$$

(2) 由 IS 曲线方程 $Y = 800 - 25r$ 和 LM 曲线方程 $Y = 500 + 25r$ 联立解得

利率 $r = 6$, 均衡收入 $Y = 650$

此时,消费
$$C = 40 + 0.8Y_d = 40 + 0.8(Y - T) = 40 + 0.8(650 - 50) = 520$$

投资
$$I = 110 - 5r = 80$$

(3) 若政府支出从 50 增加到 80,其 IS 曲线会向右移动,(1)(2)中的 IS 曲线分别变为
$$Y = C + I + G = 40 + 0.8(Y - T) + 140 - 10r + 80 = 1100 - 50r$$
$$Y = C + I + G = 40 + 0.8(Y - T) + 110 - 5r + 80 = 950 - 25r$$

然后将(1)、(2)中新的 IS 曲线方程 $Y = 1100 - 50r$ 和 $Y = 950 - 25r$ 分别与 LM 曲线方程 $Y = 500 + 25r$ 联立解得:

情况(1)的均衡收入为 $Y = 700$,均衡利率为 $r = 8$;

情况(2)的均衡收入为 $Y = 725$,均衡利率为 $r = 9$。

(4) 政府支出从 50 增加到 80 时,情况(1)和(2)中的收入增加之所以不同,是因为(1)和(2)中的投资函数中 d 大小不同,在政府支出增加相同量时所产生的"挤出效应"不同。

4. 解:(1) 由已知条件:消费 $C = 60 + 0.8Y_d$,税收 $T = 100$,投资 $I = 150 - 5r$,政府支出 $G = 100$,得 IS 方程

$$Y = C + I + G = 60 + 0.8(Y - T) + 150 - 5r + 100 = 1150 - 25r$$

由货币需求 $L = 0.2Y - 5r$,货币供给 $M = 200$,求得 LM 方程

$$0.2Y - 5r = 200 \quad 即 \quad Y = 1000 + 25r$$

联立 IS 方程和 LM 方程,求出

均衡国民收入 $Y = 1075$, 利率 $r = 3$, 投资 $I = 135$

(2) 若政府支出从 100 增加到 120,则会引起 IS 曲线右移,此时由 $Y = C + I + G$ 可得新的 IS 曲线为 $Y = C + I + G = 1250 - 25r$,与 LM 曲线联立解得

均衡收入 $Y = 1125$, 利率 $r = 5$, 投资 $I = 125$

(3) 由(1)(2)得存在"挤出效应",挤出效应为 $10(= 135 - 125)$,这是因为政府支出增加,IS 曲线右移,在 LM 曲线不变情况下,利率上升,利率上升使得投资下降。

5. 解:将 IS 方程 $Y = a(A - br)$ 代入 LM 方程 $r = \dfrac{1}{h}\left(kY - \dfrac{M_s}{P}\right)$,整理得

$$hr = ka(A - br) - \dfrac{M_s}{P}$$

在利率不变而实际货币供给和政府支出改变的情况下,有

$$h\Delta r = ka\Delta A - \Delta \dfrac{M_s}{P} = 0$$

即

$$\Delta A = \Delta\left(\dfrac{M_s}{P}/ka\right) = 10 \div (0.5 \times 2) = 10$$

6. 解:在利率保持不变的情况下,政府支出的增加不会引致私人投资的挤出,此时在支出乘数的作用下,均衡收入增加量为

$$\Delta Y = k_g \Delta G = \dfrac{1}{1 - 0.5} \times 10 = 20$$

随着收入的增加,货币的交易需求增加,为保持原来的利率水平不变,则须增加货币供给量,且货币供给量必须等于货币交易需求增加量,故应增加的货币供给量为

$$\Delta \dfrac{M_s}{P} = \Delta L = k\Delta Y = 0.5 \times 20 = 10$$

7. 解:(1) 根据产品市场的均衡条件 $Y = C + I + G + NX$,可得 IS 曲线的方程为

$$Y = 470 + 0.9 \times (1 - 0.2) \times Y + 600 - 3000r + 700 + 400 - 0.09Y - 2000r$$

其中，$Y = 5000$，得均衡利率为 $r = 0.06$。

(2) 在名义货币供给 $M = 2580$ 的情况下，根据货币市场的均衡条件 $L = \dfrac{M}{P}$，可得

$$L = 0.8Y - 7000r = \dfrac{M}{P}$$

即价格水平

$$P = \dfrac{M}{0.8Y - 7000r} = 0.72$$

(3) 若政府支出减少到 620，其他条件不变，根据产品市场的均衡条件 $Y = C + I + G + NX$，可得 IS 曲线的方程为

$$Y = 470 + 0.9 \times (1 - 0.2) \times Y + 600 - 3000r + 620 + 400 - 0.09Y - 2000r$$

其中，$Y = 5000$，得均衡利率为 $r = 0.04$。

在名义货币供给 $M = 2580$ 的情况下，根据货币市场的均衡条件 $L = \dfrac{M}{P}$，可得

$$L = 0.8Y - 7000r = \dfrac{M}{P}$$

即价格水平

$$P = \dfrac{M}{0.8Y - 7000r} \approx 0.70$$

(4) 若货币供给减少为 1720，其他条件不变，则产品市场没有改变，均衡利率 $r = 0.04$ 没有改变。

在名义货币供给 $M = 1720$ 的情况下，根据货币市场的均衡条件 $L = \dfrac{M}{P}$，可得

$$L = 0.8Y - 7000r = \dfrac{M}{P}$$

即价格水平

$$P = \dfrac{M}{0.8Y - 7000r} = 0.46$$

8. 解：将消费函数 $C = 600 + 0.8Y$、投资函数 $I = 400 - 50r$ 和政府购买 $G = 200$ 代入三部门经济产品市场均衡条件 $Y = C + I + G$，可以求出 IS 曲线代数表达式

$$Y = 6000 - 250r$$

将货币需求函数 $\frac{Md}{P} = 250 + 0.5Y - 125r$ 和货币供给 $M_s = 1250$ 代入货币市场均衡条件 $L = \frac{M_s}{P}$，可求出 LM 曲线代数表达式

$$Y = 2000 + 250r$$

(2) 联立(1)中所求出的 IS 和 LM 方程，解得均衡收入为 $Y = 4000$，均衡利率 $r = 8$。

(3) 财政政策乘数为

$$k_g = \frac{\partial Y}{\partial G} = \frac{1}{(1-\beta) + \frac{dk}{h}} = \frac{1}{(1-0.8) + \frac{50 \times 0.5}{125}} = 2.5$$

货币政策乘数为

$$k_m = \frac{\partial Y}{\partial M} = \frac{d}{(1-\beta)h + dk} = \frac{50}{(1-0.8) \times 125 + 50 \times 0.5} = 1$$

(4) 由于充分就业收入为 $Y_f = 5000$，而实际收入 $Y = 6000 - 250r$，因而 $\Delta Y = 1000$，若用增加政府购买实现充分就业，需要增加政府购买量为

$$\Delta G = \frac{\Delta Y}{k_g} = \frac{1000}{2.5} = 400$$

(5) 若用增加货币供给实现充分就业，要增加的货币供给量为

$$\frac{\Delta M_s}{P} = \frac{\Delta Y}{k_m} = \frac{1000}{1} = 1000$$

六、论述题

1. 答：自动稳定器亦称内在稳定器，是指财政制度本身所具有的能够调节经济波动，维持经济稳定发展的作用。最重要的自动稳定器是税制。当经济进入衰退时，政府所征收的税收量自发地减少了，这是因为几乎所有税收都与经济活动密切相关。个人所得税取决于家庭收入，工薪税取决于工人的收入，而公司所得税取决于企业利润。由于收入、工薪和利润在衰退时都减少，所以政府的税收收入也减少了。这种自动的减税刺激了总需求，从而降低了经济波动的程度。

2. 答：宏观货币政策的主要工具一般包括公开市场业务、调整再贴现率和改变法定存款准备率三种。

公开市场业务指中央银行在证券市场上买卖政府债券的活动。一方面，通过扩大或缩小商业银行存款准备金，导致货币供给量的增减和利率的变化，最终决定生产、就业和物价水平；另一方面，通过债券价格的升降对利率产生影响，从而

最终影响国民经济。这一政策工具特点是灵活可变,容易操作,效果明显。

贴现率是中央银行向商业银行贷款时的利率。提高再贴现率,商业银行向央行借款减少,从而货币供给量就会减少,反之,货币供给量会增加。但是,改变再贴现率是一项被动的政策,取决于商业银行是否到央行借款,同时,确定贴现率的大小也是一个相当复杂而困难的工作。

改变法定存款准备率会影响货币乘数的变动,从而在短期内导致较大幅度的货币存量和利率的变动,最终影响宏观经济活动。调整法定准备率对金融市场是一种强有力的调节措施,见效快,但容易引起宏观经济的剧烈震动。因此,政府只有在少数场合才使用这一政策工具。

此外,其他货币工具还有选择性信贷控制和道义劝告。

3. 答:(1) LM 曲线上斜率的三个区域分别指 LM 曲线从左到右所经历的水平线、向右上方的倾斜线和右方的垂直线三个阶段。LM 曲线这三个区域被分别称为凯恩斯区域、中间区域、古典区域。如图 5.1 所示。

(2) 在水平线上阶段的 LM 曲线上,即在凯恩斯区域,货币需求曲线处于水平状态,对货币的投机需求已达到"流动性陷阱"阶段,货币需求的利率弹性无穷大。凯恩斯认为,在此种

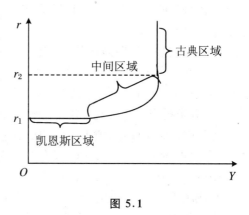

图 5.1

情况下,经济一般处于萧条时期,货币政策无效,而财政政策有很大效果。

在垂直阶段,即在古典区域,LM 曲线斜率为无穷大。呈垂直状态表示不论利率怎样变动,货币的投机需求为 0。在古典区域,经济一般处于繁荣时期,财政政策无效,而货币政策有效。

在中间区域,LM 曲线的斜率介于 0 与无穷大之间的正值,因此,货币需求的利率弹性及经济状况介于凯恩斯区域和古典区域之间。

4. 答:现代市场经济条件下,运用财政政策和货币政策调节经济的理论依据主要源于两者在宏观调控中所处的重要地位和作用,源于国家干预经济的政策主张。

财政政策是国家运用财政政策工具,调节财政收支规模、收支结构,以实现宏观经济调控目标的一系列方针、准则、措施的总称。财政政策的构成要素包括:财政政策目标、财政政策工具、财政政策的传导机制等内容。货币政策是中央银行

运用货币政策工具,调节货币供求,以实现宏观经济调控目标的方针和策略的总称。货币政策的构成要素包括:货币政策最终目标、货币政策传导机制等内容。

两者配合模式一般有:双紧、双松、松紧和中性等模式。不同模式的具体运用是:当社会总需求大于社会总供给,通货膨胀严重时,选择财政、货币双紧政策。财政采取增加税收和减少支出的方式压缩社会需求;中央银行采取提高存款准备金率、提高利率、减少贷款和再贴现等方式减少货币供应量。两者配合对经济产生紧缩效应。当社会有效需求严重不足时,选择财政、货币双松政策。财政增支减税;中央银行降低利率、扩大信贷,增加货币供应量。两者配合对经济产生扩张效应。当整体经济状况良好,为了促使经济更快发展时,采取紧财政、松货币的政策选择,将有限的经济资源更合理地配置到生产经营领域,以促进经济快速增长。当经济出现滞胀局面时,采取紧货币、松财政的政策选择。紧货币有利于抑制通货膨胀,但为了不造成经济的进一步衰退,需求适当减税、提供投资优惠待遇和增加财政支出的扩张性财政政策,以促进经济回升。当经济处于平稳发展状态时,中性的财政货币政策组合是最好的选择。财政力求收支平衡,货币供应量增长与经济增长相适应。以上模式的划分是一般性的,实践中财政货币政策配合模式的选择,主要根据当时的宏观经济运行状况及政府的宏观调控目标来确定。

关于财政货币政策,值得一提的是最近流行的一个新理论——蒙代尔—弗莱明模型,它由 Mundell-Fleming(蒙代尔—弗莱明)提出,其主要论点是:由于现实世界中资本具有不完全流动性,财政政策和货币政策都是有效的,但其政策效应的大小取决于资本流动的完全程度。资本流动性越大,财政政策的作用越小,而货币政策的作用越大;反之,资本流动性越小,财政政策的作用越大,而货币政策的作用越小。

5. 答:(1)财政政策效果的 IS-LM 分析。

(i) 当 LM 曲线的斜率不变时,若 IS 曲线越平坦,即 IS 曲线的斜率绝对值越小,财政政策引起的国民收入变动越小,财政政策效果就越小;若 IS 曲线越陡峭,即 IS 曲线的斜率绝对值就越大,财政政策变动越大,财政政策效果就越大。IS 曲线较平坦,也就是投资需求的利率弹性 d 较大,即利率变动一定幅度所引起的投资变动的幅度较大。这时实行扩张性财政政策使利率上升时,就会使私人投资下降很多,也就是"挤出效应"大,从而使国民收入增加量就较少,因而财政政策效果就较小。反之,IS 曲线越陡峭,也就是投资需求的利率弹性 d 越小,当扩张性财政政策使利率上升时,被挤出的私人投资就越小,从而使国民收入增加量就越大,因而财政政策效果就较大。如图 5.2(a)和图 5.2(b)所示。

(ii) 在 IS 曲线斜率不变时,若 LM 斜率越大,即 LM 曲线越陡峭,扩张性财政政策引起的国民收入增加就越小,财政政策效果就越小。反之,LM 曲线越平坦,则财政政策效果就越大。这是因为 LM 曲线较平坦,表示货币需求的利率弹性 h 较大,这意味着一定的货币需求增加所引起的利率变动较小,从而对私人部门投资不会产生很大的影响,使得挤出效应较小,结果使国民收入水平增加较多,财政政策效果较大。相反,当 LM 曲线较陡峭,也就是货币需求的利率弹性 h 较小时,这意味着一定的货币需求增加所引起的利率变动较大,从而对私人部门投资产生较大的挤出效应,结果使财政政策效果较小。如图 5.2(c)、5.2(d)所示。

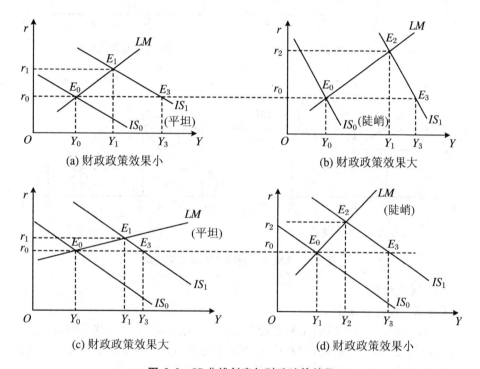

图 5.2 IS 曲线斜率与财政政策效果

(2) 货币政策效果的 IS-LM 分析。

(i) 在 LM 曲线斜率不变时,若 IS 曲线越平坦,一定货币供给量的变动引起的 LM 曲线的移动对国民收入水平变动的影响就越大,货币政策的效果就越强。反之,若 IS 曲线越陡峭,一定货币供给量的变动引起的 LM 曲线的移动对国民收入水平变动的影响就越小,货币政策的效果也就越弱,如图 5.3(a)和(b)所示。

(ii) 在 IS 曲线斜率不变时,LM 曲线越平坦,由于货币供给量的变动引起 LM 曲线移动对国民收入水平变动的影响就越小,货币政策的效果就越小;反之,则货币政策的效果就越大。如图5.3(c)和5.3(d)所示。

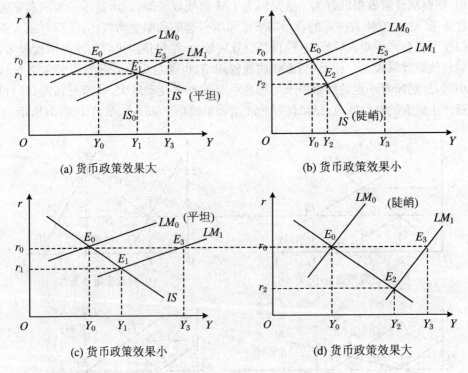

图 5.3 LM 曲线斜率与货币政策效果

七、案例分析

【案例1 参考答案】

1. 针对我国目前的 IS-LM 模型特点：IS 曲线陡峭，LM 曲线平坦，根据其宏观经济政策效力可知：这时，财政政策效果十分有效，货币政策效果有限。因此，在运用扩张性经济政策以刺激需求时，应把重点放在财政政策上。

在运用扩张性财政政策时，应选择使用加大政府开支和用于失业、养老等方面的转移支付和直接投资；通过增加居民收入以刺激消费上，应把重点放在增加边际消费倾向较高的低收入阶层上。

2. 货币政策的重点应放在为其充分发挥作用创造制度环境上。目前我国 LM 曲线的形状表明，希望通过降低利率以刺激投资和消费的货币政策注定不会有多大作用。在这种情况下，人们很容易回到老路上去，即希望通过直接增加或减少货币供给量来达到一定的宏观经济目标，这种带有明显行政色彩的货币政策是我们以前常用的。如果说，在经济"软着陆"时期，行政性的货币政策曾经起过很大作用的话,那么,在经济萧条时期,行政性的扩张货币政策很可能是一副毒药,这样做的后果是非常严重的,极易酿成严重的金融危机。中国金融机构存在的严重问题和东南亚金融危机已经使我们清醒地认识到了这一点。目前,我国货币政策的重点不在于扩张本身(因为间接的扩张效果有限,直接的扩张可能酿成灾难性后果),而在于完善金融市场、资本市场及需要银行介入的再分配制度和消费制度,为货币政策充分发挥作用创造良好的制度环境。

在市场机制发育不完善的条件下,宏观经济政策的实行不仅要服务于宏观经济管理的目标,而且要肩负起塑造市场体系的重任,以减少政策实施的制约因素。在目前至未来一个相当长的时期内,重建宏观经济运行环境比宏观经济政策实施更为重要。只有建立起完善的市场体系,才能找到渐进地实现宏观调控目标的途径。

【案例2参考答案】

1. 公共财政是以政府为主体的收支活动,它是以着眼于满足社会公共需求,提供社会公共产品服务为目的的。公共财政的职能是弥补"市场失灵",主要体现在三个方面:① 进行公平的社会再分配;② 解决公共产品的供给和外部效应;③ 减少失业,稳定物价,促进经济健康增长。2006年,从规模来看,财政转移支付已达9143.55亿元,这说明公共财政职能的发挥已有了很厚的基础。从转移比例来说,西部地区比东部地区高出5.3个百分点(即52.5% - 47.2% = 5.3%),这对于缩小东西部的差距,促进西部地区的发展意义重大。从转移项目来看,财力性转移支付主要用于民族地区、县乡地区、广大农村,其目的是通过社会公平的再分配,致力于促进落后地区发展、缩小贫富差距、解决"三农"问题等;专项性转移支付主要用于"三农"、教科文卫、社会保障等,其目的是提供关系国民的多种公共产品,提高广大民众的生活质量和水平。

2. 财政政策效应包括"自动稳定器"和"挤出效应"两个方面。从自动稳定器方面分析,我国不断加大的财政转移支付缩小了不同地区的发展差距,提高了国民的收入水平(尤其是落后地区和低收入人群),拉动了消费,增加了社会总需求,促进了经济平稳发展。

从挤出效应方面分析,财政转移支付的增加必然使得政府投资和政府购买的减少,政府的总需求下降,均衡国民收入减少,影响经济增长。所以,财政政策的制定和实施应结合我国社会经济现实情况,统筹综合考虑,以尽力达到最佳政策效应。

3. 分析思路:从我国目前经济中存在的主要热点问题出发,例如"三农问题"、贫富差距和百姓关心的上学、医疗、养老等,结合公共财政的特点和职能,来深入理解我国加大财政转移支付政策对构建"和谐社会"的意义。

第六章 国民收入的决定：
总需求—总供给模型

第一部分 习 题

一、名词解释

1. 总需求 2. 总需求函数 3. 总供给 4. 总供给函数 5. 古典的总供给曲线 6. 凯恩斯主义的总供给曲线 7. 利率效应 8. 总生产函数 9. 潜在就业量 10. 潜在产出

二、单项选择题

1. 价格水平上升时,将(　　)。
   A. 减少实际货币供给并引起 LM 曲线右移
   B. 减少实际货币供给并引起 LM 曲线左移
   C. 增加实际货币供给并引起 LM 曲线右移
   D. 增加实际货币供给并引起 LM 曲线左移

2. 下列哪一种观点是不正确的?(　　)
   A. 当价格水平的上升幅度大于名义货币供给的增长时,实际货币供给减少
   B. 当名义货币供给的增长大于价格水平的上升时,实际货币供给增加
   C. 在其他条件不变的情况下,价格水平上升,实际货币供给减少
   D. 在其他条件不变的情况下,价格水平下降,实际货币供给减少

3. 总需求向右下方倾斜是由于(　　)。
   A. 价格水平上升时,投资将减少   B. 价格水平上升时,消费将减少
   C. 价格水平上升时,净出口将减少   D. 以上几个因素都是

4. 当(　　)时,总需求曲线更平缓。
   A. 投资支出对利率变化较敏感   B. 支出乘数较小
   C. 货币需求对利率变化较敏感   D. 货币供给量较大

5. 总需求曲线(　　)。

A. 当其他条件不变时,政府支出减少时会右移

B. 当其他条件不变时,价格水平上升时会左移

C. 当其他条件不变时,税收减少会左移

D. 当其他条件不变时,名义货币供给增加会右移

6. 短期劳动力供给函数(　　)。

A. 由于不断增加的劳动负效用而呈正斜率

B. 由于不断减少的劳动负效用而呈负斜率

C. 由于不断减少的闲暇负效用而呈正斜率

D. 由于不断增加的闲暇负效用而呈负斜率

7. 在既定的劳动需求函数中(　　)。

A. 产品价格上升时,劳动需求减少

B. 产品价格上升时,劳动需求增加

C. 价格水平和名义工资同比例增加时,劳动需求增加

D. 价格水平和名义工资同比例增加时,劳动需求减少

8. 当劳动力的边际产出函数是 $800-2N$(N 是使用劳动的数量),产品的价格水平是2美元,每单位劳动的成本是4美元时,劳动力的需求量是(　　)。

A. 20 单位　　　B. 399 单位　　　C. 800 单位　　　D. 80 单位

9. 当(　　),古典总供给曲线存在。

A. 产出水平是由劳动力供给等于劳动力需求的就业水平决定时

B. 劳动力市场均衡不受劳动力供给曲线移动的影响时

C. 劳动力供给和劳动力需求立即对价格水平的变化作出调整时

D. 劳动力市场的均衡不受劳动力需求曲线移动的影响时

10. 如果(　　),总供给与价格水平正相关。

A. 摩擦性与结构性失业存在

B. 劳动力供给立即对劳动力需求的变化作出调整

C. 劳动需求立即对价格水平的变化作出调整,但劳动力供给却不受影响

D. 劳动力供给立即对价格水平的变化作出调整,但劳动力需求却不受影响

11. 假定经济实现了充分就业,总供给曲线是垂直线,减税将(　　)。

A. 提高价格水平和实际产出

B. 提高价格水平但不影响实际产出

C. 提高实际产出但不影响价格水平

D. 对价格水平和产出均无影响

12. 与第11题中假定相同,如果增加10%的名义货币的供给,将( )。
    A. 对价格水平没有影响   B. 提高利率水平
    C. 增加名义工资10%   D. 增加实际货币供给10%

13. 与第11题假定相同,如果政府支出增加,则( )。
    A. 利率水平上升,实际货币供给减少
    B. 利率水平上升,实际货币供给增加
    C. 利率水平上升,不影响实际货币供给
    D. 对利率水平和实际货币供给均无影响

14. 与第11题假定相同,名义货币供给增加,( )。
    A. 实际货币供给增加   B. 不影响实际货币供给
    C. 实际产出同比例增加   D. 利率水平下降

15. 假定经济尚未实现充分就业,总供给曲线有正斜率,那么减税会引起( )。
    A. 价格水平上升,实际产出增加
    B. 价格水平上升,但不影响实际产出
    C. 实际产出增加,但不影响价格水平
    D. 实际产出和价格水平都不变

16. 与第15题中假定相同,增加政府支出会提高( )。
    A. 产出和价格水平   B. 均衡产出和实际工资
    C. 均衡产出和实际利率   D. 以上都有可能

17. 与第15题假定相同,总需求曲线右移会增加( )。
    A. 实际工资、就业量、实际产出   B. 名义工资、就业量、实际产出
    C. 劳动生产率和实际产出   D. 劳动力需求、就业量、实际工资

18. 当总供给曲线有正斜率,大部分产品的原材料的价格上升时,总供给曲线会移向( )。
    A. 右方,价格水平下降,实际产出增加
    B. 左方,价格水平下降,实际产出增加
    C. 右方,价格水平上升,实际产出减少
    D. 左方,价格水平上升,实际产出减少

19. 当总供给曲线有正斜率,成本中可变成本所占的份额下降时,总供给曲线移向( )。
    A. 左方,价格水平下降,实际产出增加
    B. 右方,价格水平下降,实际产出增加

C. 左方,价格水平上升,实际产出减少

D. 右方,价格水平上升,实际产出减少

20. 总供给曲线右移可能是因为(　　)。

A. 其他情况不变而经济体对劳动的供给增加

B. 其他情况不变而所得税增加了

C. 其他情况不变而原材料涨价

D. 其他情况不变而劳动生产率下降

三、判断题

1. 未预期的通货紧缩会改变人们的收入再分配,从而进一步减少总需求。
2. 汇率上升能够增加总需求。
3. 总需求曲线向右下倾斜是因为替代效应和收入效应。
4. 如果没有工资刚性假设,凯恩斯扩张性总需求政策基本无效。
5. 在短期,由于工人存在"货币幻觉",因此,价格水平的上升可以增加就业。
6. 在长期,价格和名义工资可以自由伸缩,价格的变化不会引起产出的变化。
7. 政府采取扩张性总需求政策引起利率上升。
8. 乘数理论完全符合总供给理论。
9. 工资变化主要影响总供给而不是总需求。
10. 物价水平下降将引起总需求向右移动。
11. 边际消费倾向提高,均衡产出减少。
12. 非充分就业时,政府可采用紧缩的财政和货币政策来刺激就业。

四、简答题

1. 微观经济学中的需求曲线与宏观经济学中的总需求曲线的区别与联系。
2. 影响总需求曲线移动的因素主要有哪些?
3. 决定总需求曲线斜率的主要因素有哪些?
4. 影响总供给曲线移动的因素主要有哪些?
5. 微观经济学中的供给曲线与宏观经济学中的总供给曲线的区别与联系。
6. 政府在公开市场上买进债券又会怎样影响总需求,为什么?
7. 请说明简单凯恩斯模型、IS－LM 模型和 AS-AD 模型这三个模型之间有什么联系。
8. 总需求主要包括哪些内容?
9. 简述古典总供给曲线。
10. 总需求曲线的理论来源是什么?

五、计算题

1. (1) 名义货币供给为150美金,价格水平为1,实际货币需求函数为 $0.2Y-4r$ 时(这里 r 为利率水平, Y 为实际国民收入),求解货币市场均衡的 LM 方程。

(2) 在其他条件不变的情况下,如果价格水平上升到1.2,LM 方程如何变化?

2. (1) 如果消费需求 $C=100+0.8Y_d$ (这里 Y_d 为可支配收入),投资需求 $I=150-6r$, 税收 $T_x=50$, 政府支出 $G=40$, 求解产出市场均衡的 IS 方程。

(2) 如果经济的名义货币供给为150,货币需求为 $0.2Y-4r$,在 $P=1$ 时,LM 方程为 $Y=750+20r$;在 $P=1.2$ 时,LM 方程为 $Y=625+20r$;在 $P=1.5$ 时,LM 方程为 $Y=500+20r$, 求解在1、1.2 和 1.5 的价格水平下使产出市场和货币市场同时到达均衡的国民收入水平和利率水平。

(3) 如果在 $P=1$ 的价格水平下,名义货币供给从150下降到125和100,货币市场与市场的均衡有何变化?

3. 假定劳动力的边际产出函数为 $14-0.08N$,这里 N 是劳动投入量。

(1) 当 $P=1$, 单位劳动的名义工资分别为4、3、2、1美元时,劳动力需求各为多少?

(2) 给出劳动力需求方程。

(3) 当 $P=2$ 时, 在名义工资分别为4、3、2、1美元时,劳动力需求各为多少?

4. 假定经济的短期生产函数是 $Y=14N-0.04N^2$, 劳动力需求函数是 $N_d=175-12.5\dfrac{W}{P}$, 劳动力供给函数是 $N_s=70+5\dfrac{W}{P}$。

(1) 在 $P=1$ 和 $P=1.25$ 的水平下, 求解劳动力市场均衡的就业量。

(2) 求解 $P=1$ 和 $P=1.25$ 水平下经济的短期产出水平。

5. 经济的充分就业产出水平为700亿美元, 在 $P=2$ 时,总需求等于总供给。IS方程为 $Y=1000-30r$, 这里 $C=30+0.8Y_d$, $I=150-6r$, $T_X=100$ 和 $G=100$。LM曲线为 $Y=500+20r$, 这里 $M=200$, $P=2$, 货币需求为 $0.2Y-4r$。试问:

(1) 当政府支出增加15亿美元,总需求扩大,价格水平上升到2.22时,IS、LM 方程如何变化?

(2) 求解在 $P=2$ 和 2.22 水平下的利率、C 和 I 水平。

(3) 政府支出的增加对产出构成有何影响?

6. 假定短期供给函数为 $Y=14N-0.04N^2$, 劳动力需求 $N_d=175-12.5\dfrac{W}{P}$;

劳动力供给 $N_s = 70 + 5W$。劳动者预期 $P=1$ 的价格水平会持续下去。如果经济开始时位与 1000 的充分就业产出水平,价格水平为 1,名义工资为 6 美元,实际工资为 6 美元,就业量为 100。试问:

(1) 当政府支出扩大使总需求曲线右移,总产出增加,价格水平上升到 1.10 时,就业量、名义工资、实际工资有何变化?

(2) 当工人要求增加 10% 的名义工资(因为价格水平上升了 10%)使总供给曲线左移,总产出下降,价格水平上升到 1.15 时,就业量、名义工资、实际工资有何变化?

(3) 什么是长期的实际产出、实际工资和就业量?

(4) 为什么实际产出会超过 1000 美元的充分就业产出水平?

7. 已知 W 国的宏观经济可以用下列一组方程式来描述:

消费函数 $C = 120 + 0.8y$ (6.1)

投资函数 $I = 50 - 200r$ (6.2)

收入恒等式 $Y = C + I$ (6.3)

货币需求函数 $L = (0.5Y - 500r)P$ (6.4)

其中,C 为消费,Y 为国民收入,I 为投资,r 为利率,P 为价格总水平,L 为货币需求。

(1) 如果在 2003 年,W 国的价格总水平为 2,货币供应量为 500。试写出 W 国的 IS 曲线和 LM 曲线方程。

(2) 写出 W 国的总需求函数。

(3) W 国的宏观经济均衡时,国民收入和利率分别是多少?(中国人民大学 2004 研)

8. 已知某宏观经济中的总量生产函数 $Y = K^\alpha L^\beta$,$\alpha + \beta = 1$,K 和 L 分别为两个生产要素,它们相应的价格分别为 C 和 W,产出 Y 的价格为 P。

(1) 写出劳动需求函数。

(2) 写出总供给函数。

(3) 设 $\alpha = \beta = 0.5$,$K = 500$,$W = 25$,$W/P = 1$,写出凯恩斯学派的总供给函数和古典学派的总供给函数。

六、论述题

1. 试说明总需求曲线推导过程。

2. 试说明总需求曲线向右下方倾斜的原因。

3. 主流学派的短期总供给曲线是如何得到的?

4. 试推导古典的总供给曲线。

5. 主流经济学派是如何利用总供给和总需求均衡来解释宏观经济运行的?

6. 根据西方主流经济学派的相关理论,在什么情况下需要扩大总需求?通过哪些途径扩大总需求?

7. 试论述在何种情况下,AS曲线是水平的、垂直的或向右上倾斜的?政府政策对经济产出是否有效?

8. 为什么总供给曲线可以被分为古典供给、凯恩斯供给和常规供给这三种情况?

9. 为什么进行宏观调控的财政政策和货币政策一般被称为需求管理的政策?

七、案例分析

【案例1】 从1929年开始,资本主义世界爆发了空前的大危机。数千万人失业,三分之一的工厂停产,整个经济又倒退回到第一次世界大战前的水平。经济极度混乱,传统的经济学无法解释更无法解决这一问题,理论界纷纷进行探讨,当时英国经济学家凯恩斯从一则古老的寓言中得到了启示。这则寓言说:从前有一群蜜蜂,它们在一个蜂王的领导下,都过着挥霍、奢侈的生活,整个蜂群兴旺发达,百业昌盛。后来,他们的老蜂王去世了,换了一个新蜂王,他们改变了原有的生活习惯,开始崇尚节俭朴素,结果社会凋敝,经济衰落,终于被敌手打败而逃散。凯恩斯在这则寓言的启示下,建立了他的国民收入决定理论,并由此引发了凯恩斯革命,从而建立了宏观经济学。

请分析:

(1) 分析凯恩斯从这则寓言中得到的启示是什么。

(2) 说明凯恩斯国民收入决定理论的逻辑架构。

【案例2】 据估算,美国的边际消费倾向现在为0.7左右,中国的边际消费倾向为0.5左右,中国的边际消费倾向低于美国。为什么中美边际消费倾向有这种差别呢?一些人认为,这种差别在于中美两国的消费观念不同,美国人崇尚享受,今天敢花明天的钱,中国人有节俭的传统,一分钱要掰成两半花。但在经济学家看来,这并不是最重要的。请用经济学视角分析:我国边际消费倾向明显低于美国的原因是什么?

【案例3】 据中国商务部发布的信息,2005年上半年,统筹国内外市场供需情况,绝大多数商品特别是消费品基本延续了2004年下半年市场的供求局面,供过于求的商品(主要为工业品)比重依然较大,超过了70%。这份调查结果是商务部市场运行调节司与中华全国商业信息中心,会同各地商务主管部门及有关大型商业企业,通过对600种主要商品在上半年的全国市场供求情况进行分析后得

第六章 国民收入的决定:总需求—总供给模型

出的。调查显示,在600种主要商品中,供求基本平衡的商品160种,占26.8%,同比增加了1.3个百分点;供过于求的商品439种,占73.2%,同比减少了1.3个百分点;没有供不应求的商品。调查还指出,当前中国消费品市场的一个突出特点是供求波动性加大。请分析:产生供求波动大这一现象的主要原因是什么?

第二部分　参考答案

一、名词解释

1. 总需求:总需求是指整个经济社会在每一价格水平上对商品和劳务的需求总量,它由消费需求、投资需求、政府支出、国外需求构成。

2. 总需求函数:总需求函数表示产品市场和货币市场同时达到均衡时的价格水平与国民收入之间的依存关系。描述这种关系的曲线就称为总需求曲线。

3. 总供给:总供给是指经济社会在每一价格水平上提供的产品和劳务总量。

4. 总供给函数:总供给函数表示总产出量与一般价格水平之间的依存关系。描述这种关系的曲线就称为总供给曲线。

5. 古典的总供给曲线:又叫做长期总供给曲线,表示长期总供给与物价水平之间的关系。长期总供给曲线是一条位于充分就业产出水平的垂直线,表明在长期,实际产出主要由潜在产出决定,因而不受价格的影响,或者说,当价格水平发生变动,实际工资相应调整后,产出不会相应变化。

6. 凯恩斯主义的总供给曲线:又叫做短期的总供给曲线。在短期,名义工资表现为向下刚性,现实经济中即使存在就业,工资水平也不会下降,但当劳动市场处于过度需求时,工资却可以向上调整。在刚性的名义工资水平下,如果物价上升,实际工资就会下降,劳动力需求就会增加,导致就业量和总产出增加,因此,短期总供给曲线向右上倾斜。

7. 利率效应:是指价格水平的变动引起货币市场上利率同方向变动,进而导致投资和产出水平反方向变动的情况。

8. 总生产函数:是指总产出量与投入的各种要素量之间的关系。总生产函数反映的是与既定生产要素投入量相联系的最大产出。

9. 潜在就业量:潜在就业量或充分就业量是一个经济社会在现有的激励条件下所有愿意工作的人都能够参加生产时所能达到的就业量。

10. 潜在产出:潜在产出又称充分就业产出,是指在现有资本和技术水平条件下,经济社会的潜在就业时所能够达到的产出。

二、选择题

1. B 2. D 3. D 4. A 5. D 6. A 7. B 8. B 9. C 10. C
11. B 12. C 13. A 14. A 15. A 16. A 17. B 18. D 19. B 20. A

三、判断题

1. 答:正确。【提示】本题主要考察货币供应量的变化对利率及总需求的影响。未预期的通货紧缩会使利率提高,从而使投资与消费减少,总需求也随之减少。

2. 答:错误。【提示】汇率上升会使出口减少,进口增加,净进口增加,总需求减少。

3. 答:错误。【提示】厂商的需求曲线向右下倾斜是由于替代效应和收入效应,而总需求右下倾斜的原因主要在于利率效应(投资的货币余额效应)、实际货币余额效应(财富效应)、汇率效应。

4. 答:正确。【提示】可分两种情况考虑:

(1) 假设在价格水平既定情况下出现了失业。如果不是工资刚性而是工资弹性,那么,名义工资就会下降,从而劳动需求增加、就业增加、产出增加,最后直至充分就业。这样,根本就不需要凯恩斯扩张总需求的政策。

(2) 假设政府在失业的情况下采取扩张总需求的政策。在一般情况下,这会引起价格上升。如果不是工资刚性而是工资弹性,那么名义工资就会提高,如果名义工资和价格水平同比例提高,企业就会失去增加供给的刺激,这样政府扩张总需求的政策就失效了。

由此可知,在凯恩斯提出扩张总需求的政策建议所依据的宏观经济理论中,工资刚性的假设实在是非常重要的一环。

5. 答:正确。【提示】在短期,由于工人存在"货币幻觉",因此,价格水平的上升会使工人实际工资下降,从而可以增加就业。

6. 答:正确。【提示】理性预期学派认为,在长期,价格和名义工资可以自由伸缩,价格的变化不会影响实际工资水平,因而也不会引起产出的变化。

7. 答:错误。【提示】政府采取扩张性总需求政策一般会提高价格水平,对利率的影响分两种情况讨论:① 扩张性财政政策引起利率提高。价格水平提高引起实际货币供给减少,利率将进一步提高;② 扩张性货币政策导致利率下降。价格水平提高引起实际货币供给减少,利率下降受到一定限制。

8. 错误。【提示】乘数理论认为自发性支出增加时,均衡产出按一定倍数增加。根据总供给理论,乘数理论可以这样修正:自发性支出增加时,总需求按一定倍数增加。只要将均衡产出改成总需求就可以了(当然要保证利率不变,否则有

第六章 国民收入的决定:总需求—总供给模型

挤出效应)。至于均衡产出增加多少,要区别不同情况:如果价格不变,则均衡产出增加符合乘数理论;如果价格提高,则要小于乘数理论;如果充分就业,则均衡产出不变。

9. 答:正确。【提示】工资下降对总供给的影响是比较清楚的。按照凯恩斯理论,在一般情况下,工资下降使总供给曲线右移,在总需求不变时将导致价格水平降低、总产出增加。工资下降对总需求的影响,一种看法是:工资下降导致收入下降,收入下降导致消费需求下降,通过乘数的作用总需求进一步下降。但是,这种认识是似是而非的。关键在于工资下降不等于收入下降。工资下降是收入再分配的结果。工资下降必定导致其他要素收入,例如利润增加。这种收入再分配对总需求有何影响?这就需要看边际消费倾向(或更一般的边际支出倾向)的差异了。如果利润的边际消费倾向小于工资的边际消费倾向,这种收入再分配将导致总需求下降。如果二者相等或差别不大,那么对总需求就不会有什么影响。宏观经济学一般取后者,认为这种收入再分配对总需求没有重要的影响。所以,我们在总需求函数中没有看到工资这个变量。

10. 答:错误。【提示】价格是内生变量,价格变化只会使均衡点沿总需求曲线移动。

11. 答:错误。【提示】边际消费倾向提高,总需求曲线会逆时针转动,均衡的国民收入增加。

12. 答:错误。【提示】非充分就业时,应采用扩张性政策,使总需求曲线右移,来扩大需求和就业。

四、简答题

1. 答:(1)在宏观经济中,总需求曲线中的价格是各种商品的综合价格指数,并且是各种商品的价格加权平均数,并不是市场上一个实际的价格;而微观经济学中的价格是某一种商品的价格。总需求曲线中的需求总量用国民收入表示,不能表示成实物的数量;而微观中的需求曲线表明商品价格和数量的关系。

(2)总需求曲线的价格和收入反方向变化,是由于利率效应和实际余额效应;微观经济中的需求曲线的价格与需求量也是反方向变化,是由于商品的替代效应和收入效应。

2. 答:在给定的价格水平上,任何引起总支出曲线移动的因素都会导致总需求移动。这些因素主要包括:① 消费需求;② 投资需求;③ 政府需求;④ 国外需求。

3. 答:(1)总需求曲线斜率反映价格水平变动一定幅度引起国民收入(或均衡支出水平)变动多少。

(2) 从 IS-LM 模型可知,价格水平变动引起实际货币余额变动,从而导致 LM 曲线移动,进而影响收入水平,而 LM 移动究竟引起均衡收入变动多少,则取决于 IS 和 LM 的斜率。IS 曲线斜率不变时,LM 曲线越陡峭(货币需求对利率变动越不敏感即 h 越小,以及货币需求对收入变动越敏感即 k 越大),则 LM 移动时,收入变动就越大。从而 AD 曲线越平缓;相反,LM 曲线斜率不变时,IS 曲线越平缓(即投资需求对利率变动越敏感或边际消费倾向越大),则 LM 曲线移动时,收入变动越大,从而 AD 曲线也就越平缓。

4. 答:总供给曲线移动分为长期总供给曲线移动和短期总供给曲线移动。一个社会长期总供给主要受人口、资本存量、技术等因素的影响,因此,人口增加、资本存量增加、技术进步都会增加总供给,引起长期总供给曲线右移;反之将左移。

一个经济的短期总供给主要受工资、原材料价格的影响,工资水平和原材料价格的上涨会带动成本上升,从而导致短期总供给减少,而工资水平和原材料价格的下降则会造成短期总供给增加,即短期总供给曲线将右移;反之将左移。

5. 答:总供给曲线和厂商的供给曲线类似,都是向右上倾斜,但两者内涵有很大不同。微观经济分析中的厂商供给曲线表示个量,宏观经济分析中的总供给曲线表示总量;微观经济的厂商供给曲线简单反映供给法则,而宏观经济的总供给曲线反映了价格水平上升,引起实际工资水平下降,从而利润水平上升,导致就业扩大,进而使得实际收入水平上升的这样一种迂回复杂的传导机制。

6. 答:政府在公开市场上买进债券并不会直接影响总需求,但会间接导致总需求增加。政府在公开市场买进债券,实际上是扩大货币供应量,在货币需求不变的情况下,货币供应量的增加会降低利率水平。投资是利率的函数,投资的大小取决于借款的预期收益和成本的比较,在投资的预期收益不变的情况下,利率降低就降低了投资的成本,因此利率降低会刺激投资需求,投资需求增加也就导致了总需求增加。

7. 答:总需求曲线说明了物价水平与总支出之间的关系,而总支出曲线表明了物价水平不变时由实际国民收入决定的支出水平。如果物价水平改变了,总支出曲线就要移动,并形成新的支出水平。因此,每一个物价水平都有不同的支出水平。物价水平与相应的总支出结合的点在总需求曲线上。例如,如果物价水平上升,自发支出要减少,总支出曲线就要向下移动。这就使实际国民收入既定时总支出减少。由于物价水平上升与总支出的减少相关,所以,总需求曲线向右下倾斜。

8. 答:总需求是经济社会对产品和劳务的需求总量,这一需求总量通常以产出水平来表示。总需求由消费需求、投资需求、政府需求和国外需求构成。在不考虑国外需求的情况下,经济社会的总需求是指价格、收入和其他经济变量在既定条件下,居民部门、企业和政府将要支出的数量,因此总需求衡量的是经济中各种行为主体的总支出。

总需求包括消费需求、投资需求、政府需求和国外需求,其表达式可以表示为
$$Y = C + I + G + X - M$$

9. 答:古典总供给曲线是指一种长期总供给曲线。在长期中,根据西方的经济学,经济的就业水平并不随着价格的变动而变动,而是总处于充分就业的状态,此时,总供给曲线为一条垂直线,即古典的总供给曲线。其原因在于工资的充分弹性或劳动市场的充分竞争性。劳动市场的充分竞争性保证了劳动市场经常处于均衡位置即充分就业。劳动的供求主要受实际工资的影响。在名义工资既定时,价格变动将引起实际工资变动,从而导致劳动市场非均衡,或劳动供大于求,或劳动求大于供。由于充分竞争性,非均衡将导致名义工资变动,直至重新回到均衡位置。

10. 答:总需求是经济社会对产品和劳务的需求总量,这一需求总量通常以产出水平来表示。一个经济社会的总需求包括消费需求、投资需求、政府购买和国外需求。总需求量受多种因素的影响,其中价格水平是一个重要的因素。在宏观经济学中,为了说明价格水平对总需求量的影响,引入了总需求曲线的概念,即总需求量与价格水平之间关系的几何表示。在凯恩斯主义的总需求理论中,总需求曲线的理论来源主要由产品市场均衡理论和货币市场均衡理论。

五、计算题

1. 解:(1) 当实际货币需求等于实际货币供给时,货币市场达到均衡,即
$$\frac{M}{P} = 0.2Y - 4r$$
当 $M = 150, P = 1$ 时,LM 方程为
$$Y = 750 + 20r$$

(2) 如果 $P = 1.2$,那么 $\frac{150}{1.2} = 0.2Y - 4r$,即
$$Y = 625 + 20r$$

2. 解:(1) 当产品市场均衡时,有 $Y = C + I + G$,即
$$Y = 100 + 0.8(Y - 50) + 150 - 6r + 40$$
整理后,我们得到 IS 方程为
$$Y = 1250 - 30r$$

(2) 当 $P=1$ 时，IS、LM 方程分别为

$$IS: Y = 1250 - 30r$$
$$LM: Y = 750 + 20r$$

从 IS 和 LM 联立方程求解，即可得

$$Y = 95, \quad r = 10\%$$

当 $P=1.2$ 时，IS、LM 方程分别为

$$IS: Y = 1250 - 30r$$
$$LM: Y = 625 + 20r$$

求解可得

$$Y = 875, \quad r = 12.5\%$$

同理在 $P=1.5$ 的水平下，求解

$$IS: Y = 1250 - 30r$$
$$LM: Y = 500 + 20r$$

求解可得

$$Y = 800, \quad r = 15\%$$

这就意味着，总需求水平随价格水平的上升而减少，即总需求曲线（AD）为负斜率；在名义货币供给量一定的水平下，价格水平上升、实际货币供给减少，利率水平上升。

(3) 如果在 $P=1$ 的价格水平下，名义货币供给从 150 美元下降到 125 美元和 100 美元，实际货币供给水平也就相应地从 150 美元下降到 125 美元和 100 美元。货币市场利率水平上升，国民收入水平将从 950 美元下降到 875 美元和 800 美元。

3. 解：(1) 在完全竞争的市场上，企业在边际产值等于边际成本（即雇佣单位劳动的名义工资）处决定劳动力的需求量。这里，边际产值为：$P(14-0.08N)$，名义工资为 W，当 $P(14-0.08N)=W$ 时，就决定了价格水平 P 下对应于每个名义工资水平的劳动需求量。于是我们有，当 $P=1$ 时，4 美元的工资水平下就业量为 125 单位；3 美元下为 137.5 单位；2 美元下为 150 单位；以及 1 美元下为 162.5 单位。

(2) 从(1)中我们可求解在 P 和 W 水平下的劳动力需求 N。

$$P(14-0.08N) = W$$
$$0.08PN = 14P - W$$

这样，劳动力需求函数为

$$N = 175 - 12.5\frac{W}{P}$$

(3) 当 $P = 2$ 时,根据(2)中的劳动力需求函数即可求出不同 W 水平下的 N。 $W = 4$ 时, $N = 150$; $W = 3$ 时, $N = 156.25$; $W = 2$ 时, $N = 162.5$; $W = 1$ 时, $N = 168.75$。

4. 解:(1)当价格水平 $P = 1$ 时,劳动力市场上劳动力的需求与供给函数分别为

$$N_d: \quad N = 175 - 12.5W$$
$$N_s: \quad N = 70 + 5W$$

联立求解方程,即可得均衡就业量 $N = 100$;名义工资 $= 6$。

当 $P = 1.25$ 时,用同样的方法求解:

$$N_d: \quad N = 175 - 12.5 \cdot \left(\frac{W}{12.5}\right)$$
$$N_s: \quad N = 70 + 5\left(\frac{W}{12.5}\right)$$

可得

$$N = 100, \quad W = 7.50$$

(2) 从(1)中可看出,劳动力市场的均衡不受价格水平变化的影响,在 $P = 1$ 和 $P = 1.25$ 的水平下,均衡就业都为 100 单位。这时,短期产出为

$$Y = 14N - 0.04N^2 = 1400 - 400 = 1000$$

5. 解:(1)当政府支出从 100 增加到 115 时,产品市场上有

$$Y = 30 + 0.8(Y - 100) + 150 - 6r + 115$$

这样,IS 方程为

$$Y = 1075 - 30r$$

在 $P = 2.22$ 时,LM 方程为 $Y = 450.45 + 20r$。

(2) 在 $P = 2$ 时,利率 r 可从 IS 和 LM 方程联立求解:

$$\text{IS}: \quad Y = 1000 - 30r$$
$$\text{LM}: \quad Y = 500 + 20r$$

可得 $r = 10\%$,此时, $C = 510$, $I = 90$。

当 $P = 2.22$, $G = 115$,货币市场与产品市场同时达到均衡时

$$\text{IS}: \quad Y = 1075 - 30r$$
$$\text{LM}: \quad Y = 450.45 + 20r$$

求解可得 $r = 12.50\%$, $C = 510$, $I = 75$

(3) 增加 15 亿美元的政府支出就挤出 15 亿美元的私人部门的投资。

6. 解：(1) 当价格水平上升时，劳动力市场上有

$$N_d: N = 175 - 12.5\left(\frac{W}{1.15}\right)$$

$$N_s: N = 70 + 5W$$

均衡时 $W = 6.42$, $N = 102.08$

这就是说，随着政府支出的增加，均衡就业量从 100 增加到 102 单位，名义工资从 6 美元上升到 6.42 美元，实际工资从 6 美元下降到 5.84 美元（6.42/1.10 = 5.84）。

(2) 工人要求增加 10% 的名义工资水平时，劳动力市场上有

$$N_d: N = 175 - 12.5\left(\frac{W}{1.15}\right)$$

$$N_s: N = 70 + 5.0\left(\frac{W}{1.10}\right)$$

均衡时可得 $W = 6.81$, $N = 101$

这样，均衡就业量就从 102 单位下降到 101 单位，名义工资从 6.42 美元上升到 6.81 美元，实际工资从 5.84 美元上升到 5.92 美元。

(3) 我们知道，在充分就业产出水平上，总产出为 1000 美元，实际工资为 6 美元，均衡就业为 100 单位。如果现期劳动力市场上的实际工资水平低于 6 美元、实际就业超过 100 单位时，工人都会要求更高的名义工资。最终，在长期，实际产出会回到 1000 美元，就业量和实际工资也恢复到 100 单位和 6 美元的水平。

(4) 只要工人不预期原来的价格水平会有所提高，那么，面对价格水平的上升就不会立即反映到名义工资的上升中。工人实际工资水平的下降就会促使工人多就业，使实际产出超过充分就业水平。

7. 解：(1) 当产品市场均衡时，有

$$Y = C + I = 120 + 0.8Y + 50 - 200r$$

所以 IS 曲线为

$$r = 0.85 - 0.001Y$$

当货币市场均衡时，有

$$M = L \cdot P$$

即

$$500 = (0.5Y - 500r) \times 2$$

所以 LM 曲线为

$$r = 0.001Y - 0.5$$

第六章 国民收入的决定:总需求—总供给模型

(2) 由 IS 曲线
$$r = 0.85 - 0.001Y$$

LM 曲线
$$M = (0.5Y - 500r)P$$

联合上述二式,消去 r,得
$$Y = 425 + \frac{500}{P}$$

即为总需求曲线。

(3) 将 $r = 0.85 - 0.001Y$ 和 $r = 0.001Y - 0.5$ 联立并解此联立方程组,得
$$r = 0.175, \quad Y = 675$$

所以宏观经济均衡时的均衡利率为 0.175,均衡收入为 675。

8. 解:(1) 由已知条件可得利润函数为
$$\pi = PY - WL - CK$$

要求利润最大化的劳动投入,须使 $\dfrac{d\pi}{dL} = 0$,即
$$\frac{d\pi}{dL} = P\beta K^a L^{\beta-1} - W = 0$$

$$L = K\beta^{1/a}\left(\frac{W}{P}\right)^{-1/a}$$

若 K, a, β 给定,劳动需求函数可以简写为 $L = f\left(\dfrac{W}{P}\right)$,显然,劳动需求是实际工资的减函数。

(2) 将劳动需求函数代入总量生产函数,可得总供给函数
$$Y = K\beta\left(\frac{W}{P}\right)^{-1}$$

可见,总供给 Y 是价格水平 P 的增函数。

(3) 将 $a = \beta = 0.5, K = 500, W = 25$ 代入总供给函数,得
$$Y = 10P$$

它表明在技术条件给定,短期资本存量不变,工资刚性假设下,总供给是价格水平的增函数,这正是凯恩斯学派的观点。

再将 $\dfrac{W}{P} = 1$ 代入,得 $Y = 250$。劳动市场的竞争性导致充分就业的实现,而实际工资为一常数(是否等于 1 是无所谓的)。这样,产出是充分就业的产出(潜在产出),不受价格的影响,这正是古典学派的观点。

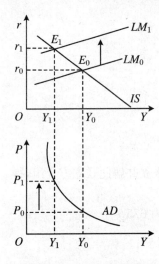

图 6.1 IS‑LM 模型推导总需求曲线

六、论述题

1. 答：如图 6.1 所示，当价格水平为 P_0 时，LM_0 曲线与 IS 曲线交于 E_0，确定实际收入水平为 Y_0。当价格水平从 P_0 提高到 P_1 时，在名义货币供给既定的情况下，实际货币供给将减少，LM 曲线向左上方移动，即从 LM_0 移动到 LM_1，LM_1 与 IS 曲线交于 E_1，这使得利率从 r_0 上升到 r_1，随着利率的上升，投资将减少，实际收入水平随之从 Y_0 减少到 Y_1。以纵轴表示价格水平，以横轴表示实际收入水平，就可以得到一条向右下方倾斜的 AD 曲线。

2. 答：在开放经济中，总支出是由消费支出、投资支出、政府购买支出、净出口支出。政府购买一般认为是由政府政策决定的，是外生变量，其他三个支出取决于经济状况，特别取决于物价水平。所以，要想知道总需求曲线为什么向右下倾斜，我们必须知道物价水平如何影响消费、投资、净出口的物品和劳务的需求量。

第一，物价水平与投资。

价格水平上升时，人们需要更多的货币从事交易。如果货币供给没有变化，价格上升引起货币需求增加时，利率一定上升。利率上升导致投资水平下降，故总支出水平与收入水平也就下降。我们将价格水平变动引起利率同方向变动，进而引起投资和产出反方向变动的情况叫做利率效应(interest-rate effect)，也叫做投资的实际货币余额效应。

第二，物价水平与消费。

价格水平的变动改变了人们拥有的货币资产购买力。价格上升，表示人们实际拥有的财富减少了，他们的消费和投资支出就会下降；价格下降，表示人们的财富增加了，他们的消费和投资支出就会增加，这就叫做实际货币余额效应或财富效应。

第三，物价水平与进出口。

国内物价水平上升，相比之下，本国公民购买洋货比较合算，故进口增加，同时，本国货涨价后，外国公民购买国货将减少，故出口减少；相反，物价水平下降，进口减少，出口增加，这就是汇率效应。

总需求曲线右下倾斜的关键在于价格水平的变动引起实际货币供给变动，在货币市场中，引起利率的变化，从而导致投资和收入水平的变动。

3. 答:如图6.2所示,在短期内,在劳动合同的制约下,劳动的供给曲线保持不变,劳动的供给量会随货币工资的上升而提高;劳动的供给曲线的斜率为正数值但曲线的位置不会移动,能移动的是劳动的需求曲线,因为厂商对劳动的需求取决于市场实际价格水平,当价格由 P_1 上升到 P_2 时,厂商的边际收益产量大于生产要素的边际成本,从而劳动的需求曲线由 $N_D\left(\dfrac{W}{P_1}\right)$ 向右移至 $N_D\left(\dfrac{W}{P_2}\right)$,与此同时,工人在"货币幻觉"下名义工资率从 W_1 上升至 W_2。劳动市场上的均衡劳动就业量由 N_1 增加至 N_2。在图6.2(b)中,原有的就业量 N_1 和新的就业量 N_2 代入宏观生产函数可得到 Y_1 和 Y_2 的产出量。通过图6.2(c)的45°线的转换,可以在图6.2(d)上找到相应的 Y_1 和 Y_2 以及与图6.2(a)货币工资率上升幅度相配合

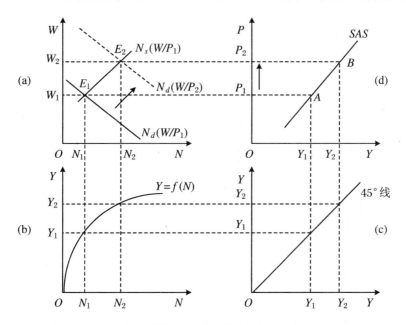

图6.2 凯恩斯的或短期的总供给曲线

的 P_1 和 P_2 的两个组合点 $A(P_1,Y_1)$ 和 $B(P_2,Y_2)$ 点。连接 A 和 B 即构成凯恩斯主义的短期总供给曲线。但是在长期条件下,工人的"货币幻觉"会消失,劳动的供给曲线会发生位置的移动,短期总供给曲线会转变为长期总供给曲线。故按照凯恩斯主义者的看法,在短期内总供给曲线是向右上方倾斜的(修正的凯恩斯主义总供给曲线)或水平的(极端的凯恩斯主义总供给曲线),但在长期则转变为垂直线(古典主义的总供给曲线)。

4. 答:图 6.3(a)表示劳动市场,横轴为就业量 N,纵轴为名义货币工资率;图 6.3(b)表示生产函数 $Y=f(N)$;图 6.3(c)表示将纵轴数字转换为横轴数字的 45°线,纵横轴均为产出量;图 6.3(d)为古典的或长期的总供给曲线。

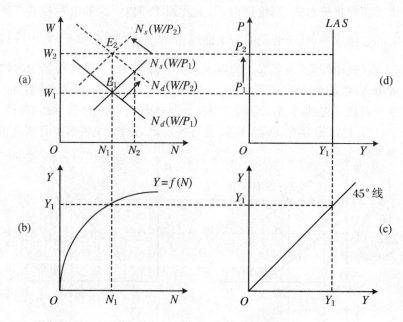

图 6.3 古典的或长期的总供给曲线

在图 6.3(a)上,如果价格水平由 P_1 上升为 P_2,如果货币工资率为 W_1,厂商将发现他们的边际工人现在增加的收益大于雇佣他们的成本,从而厂商将需要更多的劳动,这会使劳动的需求曲线由 $N_d\left(\dfrac{W}{P_1}\right)$ 右移至 $N_d\left(\dfrac{W}{P_2}\right)$,在劳动供给曲线不变的条件下,社会就业水平会从 N_1 增至 N_2。但是根据古典供给曲线的假设,在长期条件下,工人完全知道整个社会市场价格已经上升的信息,货币工资具有完全的伸缩性。在价格由 P_1 向 P_2 的上升中,工人知道实际工资水平已经下降,会要求增加名义工资率,从而导致 N_s 曲线向左上方移动,由 $N_s\left(\dfrac{W}{P_1}\right)$ 移至 $N_s\left(\dfrac{W}{P_2}\right)$。货币工资率由 W_1 上升至 W_2,正好抵消价格上升所造成的 E_1E_2 的垂直距离的幅度,在新的均衡点 E_2 点,厂商所能雇佣的工人数仍旧是原来 E_1 点时的就业水平 N_1。货币工资上升(由 W_1 上升至 W_2)的比例与市场实际价格上升的比例(由 P_1 上升至 P_2)正好相同。故在长期条件下,社会存在着一个自愿的失

业量 N_1N_2,和一个自然就业量 ON_1,这就是充分就业的水平。

在图 6.3(b)中,把图 6.3(a)上的充分就业量 N_1 代入生产函数 $Y=f(N)$,可以得到一个相应的均衡的国民收入 Y_1。通过图 6.3(c)的 45°线,把 Y_1 转换到图 6.3(d)上,再结合与图 6.3(a)的工资率上升相适应的物价总水平 P_1 和 P_2,就会得到不论价格怎样变动,国民收入一直为 Y_1 古典的或长期的总供给曲线 LAS。

5. 答:我们先假定长期总供给曲线 LAS 与短期总供给曲线 SAS 不变,总需求曲线 AD 的变动将影响价格和收入即总需求 AD 的变动将导致经济波动(见图 6.4)。

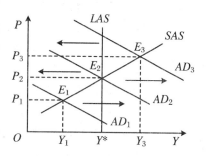

图 6.4 短期均衡与经济波动

第一,经济萧条(失业均衡)。

如果总需求曲线处于 AD_1 位置,此时,经济社会出现经济萧条情况,处于经济萧条的短期均衡就是失业均衡,即短期均衡产量低于长期潜在产量的均衡状态。此时,经济处在短期均衡状态但并没有达到长期均衡,短期均衡产出要低于长期的潜在产出水平,表明整个社会的生产资源没有得到充分利用。

第二,充分就业(充分就业均衡)。

如果政府采取扩张性经济政策刺激总需求,AD_1 将移动到 AD_2。在 E_2 点达到短期均衡,E_2 点正好在长期总供给曲线上,故 E_2 点既是短期均衡点,也是长期均衡点,即宏观经济在达到短期均衡的同时也达到了长期均衡。此时,整个社会的生产资源得到充分利用,经济达到充分就业均衡,即短期均衡产量正好等于长期潜在产量的均衡状态。

第三,经济过热(超充分就业均衡)。

如果政府采取的扩张性经济政策过于猛烈或错误判断经济形势,导致总需求曲线 AD_2 移动到 AD_3,在 E_3 点达到短期均衡,此时的短期均衡产量高于长期潜在的产量,表明社会生产资源得到了超充分水平的利用,此时的均衡就是超充分就业均衡,即现实均衡产量大于潜在总供给的均衡。

一个经济可能出现三种短期均衡状态不是一个随机的过程,而是由三种均衡状态依次不断转化构成的、有一定规律的过程。一般来讲,一个社会由失业均衡转为充分就业均衡,再由充分就业均衡转化为超充分就业均衡,这一过程也就构成了经济的扩张时期。但是扩张不可能持久,宏观经济会由超充分就业均衡转为充分就业均衡,再由充分就业均衡转化为失业均衡,这一过程就是经济的收缩时期。这样,短期均衡围绕着长期均衡波动形成了一个周而复始的过程,这也就是经济周期的扩张、顶峰、收缩、谷底四个阶段。故周期经济波动实际上就是短期均衡不断地、有规律地偏离长期潜在均衡的过程,而短期均衡与长期均衡的偏差也就反映了周期经济波动的幅度。

第四,经济滞涨(通货膨胀与经济萧条)。

我们以上讨论的是总供给不变,仅仅是总需求的变动,如何影响价格水平和国民收入。反过来,如果总需求曲线和长期总供给曲线不变,短期总供给曲线发生移动,价格和收入将如何变动呢?

总供给冲击是造成宏观经济的短期均衡偏离长期均衡的另一因素。影响总供给波动的因素也是相当多的,如工资、原材料价格等的影响。

假定短期总供给曲线受到冲击而向左移动,总需求不变,此时的短期均衡产量低于原产量,而价格却高于原价格,这种情况表示经济处于滞胀状态,即经济停滞与通货膨胀结合在一起的状态。

6. 答:(1) 总需求是指整个社会经济在每一价格水平下对产品和劳务的需求总量,总需求函数表示产品市场和货币市场同时达到均衡时的价格水平和国民收入之间的数量关系。描述这一函数关系的曲线被称为总需求曲线。总需求由消费需求、投资需求、政府需求和国外需求构成。在不考虑国外需求的情况下,经济社会的总需求是指价格、收入和其他经济变量在既定条件下,居民部门、企业和政府将要支出的数量,由于实际资产效应、跨期替代效应和开放替代效应等因素的影响,总需求曲线向右下方倾斜,表明在其他条件不变的情况下,价格水平和国民收入的反方向变动关系。可以从简单的凯恩斯模型和 IS - LM 模型中推导出总需求曲线。

(2) 根据西方主流经济学派的观点,由消费需求和投资需求构成的有效需求不足以实现充分就业,或者说资本主义的通常状态是有效需求不足,即是处在低于充分就业的均衡。有效需求不足是由边际消费倾向、资本边际效率和流动性偏好这三个基本心理因素的作用所造成,所以市场机制不能使总需求与总供给在充分就业水平上达到均衡,于是必然要出现萧条和失业。因此,当经济中存在大量闲置资源,即总需求小于总供给,也就是有效需求不足,出现通货紧缩趋势时,应采取措施扩大总需求,促进经济增长和结构调整,抑制通货紧缩。

(3) 政府采取扩张性财政政策,如政府支出扩大、减税等,或扩张性货币政策,如增加货币供应量等,都会使总需求扩大。

7. 答:在凯恩斯极端的情况下,AS 曲线是水平的。因为当物价上升时,名义工资水平还没有变化。实际工资下降,就业量会迅速扩大,因而产出可迅速扩大,即产出对物价的敏感度无穷大。相反,物价对产出的敏感度无穷小,即价格水平不随产量发生变化,也即总需求曲线的移动将导致产出水平的变动而不会导致物价水平的变动。按凯恩斯主义理论,政府宏观经济政策是有效的。按照古典主义理论,即在价格是完全灵活的情况下,总供给曲线是一条垂直线。因为工资和物价可以自由变化,就业量的决定就完全独立于价格的变化。当物价上升时,名义工资水平就会同比例上升,劳动力市场恢复到原来的均衡,就业量也恢复到原来的均衡,就业量不随物价水平的变动。因而总产出也不随物价水平的变动。即总供给曲线是一条垂直线,即政府宏观经济政策是无效的,需求管理无法影响经济的供给方面;当考虑名义工资刚性时,可以推导出向上斜的供给曲线,政府宏观经济政策也是有一定效力的,即此时政府政策也影响经济的供给方。

8. 答:总供给曲线的理论主要是由总量生产函数和劳动力市场理论来反映的。在劳动力市场理论中,经济学家对工资和价格的变化和调整速度的看法是分歧的。

古典总供给理论认为,劳动力市场运行没有阻力,在工资和价格可以灵活变动的情况下,劳动力市场得以出清,使经济的就业总能维持充分就业状态,从而在其他因素不变的情况下,经济的产量总能保持在充分就业的产量或潜在产量水平上。因此,在以价格为纵坐标,总产量为横坐标的坐标系中,古典供给曲线是一条位于充分就业产量水平的垂直线。

凯恩斯的总供给理论认为,在短期,一些价格是粘性的,从而不能根据需求的变动而调整。由于工资和价格粘性,短期总供给曲线不是垂直的,凯恩斯总供给曲线在以价格为纵坐标、收入为横坐标的坐标系中是一条水平线,表明经济中的厂商在现有价格水平上,愿意供给所需的任何数量的商品。作为凯恩斯总供给曲线基础的思想是,作为工资和价格粘性的结果,劳动力市场不能总维持在充分就业状态,由于存在失业,厂商可以在现行工资下获得所需劳动。因而他们的平均生产成本被认为是不随产出水平变化而变化的。

一些经济学家认为,古典的和凯恩斯的总供给曲线分别代表着劳动力市场的两种极端的说法。在现实中,工资和价格的调整经常介于两者之间。在这种情况下,以价格为纵坐标、产量为横坐标的坐标系中,总供给曲线是向右上方延伸的,这即为常规的总需求曲线。

9. 答:财政政策是指政府变动税收和支出,以便影响总需求,进而影响就业和国民收入的政策。货币政策是指货币当局即中央银行通过银行体系变动货币供应量来调节总需求的政策。无论是财政政策还是货币政策,都是通过影响利率、消费和投资进而影响总需求,使就业和国民收入得到调节的。通过对总需求的调节来调控宏观经济,所以称为需求管理政策。

现用图形加以说明。图 6.5(a)是对应于一定价格水平 P_0 的 IS_0 曲线和 LM 曲线。均衡点为 E 点,在图 6.5(b)的 AD_0 曲线中有对应的 E' 点。现假设增加政府支出,其结果是图 6.5(a)中的 IS_0 曲线右移到 IS_1 曲线。在原来的价格水平下,新的均衡点为 E_1,对应地,在图 6.5(b)中,也画出对应的 E'_1 点,该点是新的总需求曲线 AD_1 上的一点。可见,在既定的价格水平下,政府支出的增加也就意味着总需求的增加,进而影响国民收入及就业量。同理,无论是财政政策还是货币政策,都是通过影响利率、消费和投资进而影响总需求,通过对总需求的调节来调控宏观经济。因此,AD 曲线就能直观地说明财政政策和货币政策

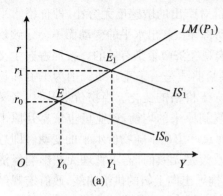

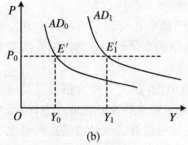

图 6.5　需求管理政策

都是影响总需求的需求管理政策。

七、案例分析

【案例 1 参考答案】

(1)凯恩斯从这则寓言中得到启示,悟出了需求的重要性。他看到蜂群的兴旺发达,是由于他们的挥霍奢侈而创造的足够的需求,一旦他们节俭以后,由于有效需求不足,致使经济衰落,凯恩斯认为我们的社会也和蜂群一样。

(2)凯恩斯的国民收入理论由以下几方面构成:

(i)国民收入大小取决于经济中的总需求。总需求由消费需求和投资需求构成,所以国民收入决定于消费和投资。

(ii)消费决定于消费倾向和收入水平。

(iii)由于消费倾向是比较稳定的,所以国民收入变动主要来源于投资的变动。

(iv)投资由利率和资本边际效率决定,与利率呈反方向变动关系,与资本边际效率呈同方向变动关系。

(v)利率决定于流动偏好与货币数量。

(vi) 资本边际效率由预期收益和资本资产的供给价格或者说重置成本决定。

根据凯恩斯国民收入决定理论,形成资本主义经济萧条的根源是由于消费需求和投资需求所构成的总需求不足而造成的。

【案例2 参考答案】

边际消费倾向是指增加的消费在增加的收入中所占的比例。我国边际消费倾向明显低于美国,存在以下原因:

第一,收入因素。美国是一个成熟的市场经济国家,尽管也经常发生经济周期性波动,但经济总体上是稳定的。经济的稳定决定了收入的稳定性。当收入稳定时,人们就敢于消费,甚至敢于借贷消费了。中国是一个转型中的国家,尽管经济增长速度快,但就每个人而言有下岗的风险,收入并不稳定。由此,人们就不得不节制消费,以预防可能出现的下岗及其他风险。

第二,制度因素。人们敢不敢花钱,还取决于社会保障制度的完善性。美国的社会保障体系较为完善,覆盖面广而且水平较高。失业有失业津贴,老年人有养老金,低于贫困线有帮助。这样完善的社会保障体系使美国人无后顾之忧,敢于消费。但中国的市场经济条件下的社会保障体系还没有完全建立起来,而且受财政实力的限制也难以在短期内有根本性的改变,从而要为未来生病、养老、孩子上学等必需的支出进行储蓄,消费自然少了。

第三,收入分配因素。在总收入为既定时,收入分配越平等,社会的边际消费倾向越高,收入分配越不平等,社会的边际消费倾向越低。这是因为富人的边际消费倾向低而穷人的边际消费倾向高。中国目前的收入不平等比美国严重,这也是造成我国边际消费倾向低于美国的原因之一。

【案例3 参考答案】

造成本案例中这一现象的主要原因如下:

第一,居民消费升级的欲望增强,对手机、汽车等热点消费品需求的集中释放,短期内造成某些型号产品市场供求的波动。技术水平导致的商品价格下降等对居民消费有相当的刺激作用,也推动了供给的增加。

第二,随着全球经济一体化,中国市场更大范围更深程度融入全球市场,中国市场的发展与世界经济的大环境紧密相连,大宗贸易产品受国际市场影响加大,国际市场价格的波动会在一定程度上影响国内市场的供应。

第三,在市场机制作用下,一些行业经过几年激烈的竞争后开始改变经营策略,从以低水平的价格战谋求更大的市场份额转到提高产品质量和服务以引起消费者的青睐。除了价格之外,通过提高质量和服务等也可以刺激消费,并促使供给的增加。

第七章 失 业

第一部分 习 题

一、名词解释

1. 劳动力参工率 2. 失业 3. 自然失业率 4. 摩擦性失业 5. 周期性失业 6. 季节性失业 7. 结构性失业 8. 自愿失业 9. 非自愿失业 10. 需求不足型失业 11. 效率工资 12. 集体谈判 13. 牺牲率 14. 痛苦指数 15. 菲利普斯曲线 16. 滞涨 17. 货币幻觉 18. 奥肯定律

二、选择题

1. 由于经济萧条而形成的失业属于(　　)。
   A. 摩擦性失业　　　　　　　　B. 结构性失业
   C. 周期性失业　　　　　　　　D. 永久性失业

2. 如果某人由于化工行业不景气而失去工作,这种失业属于(　　)。
   A. 摩擦性失业　　　　　　　　B. 结构性失业
   C. 周期性失业　　　　　　　　D. 永久性失业

3. 下列人员哪一类不属于失业人员?(　　)
   A. 调动工作的间歇在家休养者
   B. 半日工
   C. 季节工
   D. 对薪水不满意而待业在家的大学毕业生

4. 由于劳动者素质较差而导致的失业属于(　　)。
   A. 摩擦性失业　　　　　　　　B. 结构性失业
   C. 需求不足型失业　　　　　　D. 自愿失业

5. 下列关于自然失业率的说法哪一个是正确的?(　　)
   A. 自然失业率是历史上最低限度水平的失业率
   B. 自然失业率与一国的经济效率之间关系密切

C. 自然失业率恒定不变

D. 自然失业率包含摩擦性失业

6. 以下哪两种情况不可能同时发生？（　　）

A. 结构性失业和成本推进的通货膨胀

B. 需求不足失业和需求拉上的通货膨胀

C. 摩擦性失业和需求拉上的通货膨胀

D. 失业和通货膨胀

7. 菲利普斯曲线说明（　　）。

A. 通货膨胀导致失业

B. 通货膨胀是由行业工会引起的

C. 通货膨胀率与失业率之间呈负相关

D. 通货膨胀率与失业率之间呈正相关

8. 长期菲利普斯曲线说明（　　）。

A. 通货膨胀和失业之间不存在相互替代关系

B. 传统菲利普斯曲线仍然有效

C. 在价格很高的情况下通货膨胀与失业之间仍有替代关系

D. 离原点越来越远

9. 长期菲利普斯曲线说明（　　）。

A. 政府需求管理政策无效

B. 政府需求管理政策只在一定范围内有效

C. 经济主体存在货币幻觉

D. 自然失业率可以变动

10. 按照（　　）的观点，菲利普斯曲线所阐明的通货膨胀率和失业之间的替代关系是不存在的。

A. 凯恩斯主义　　　　　　　B. 货币主义

C. 供应学派　　　　　　　　D. 理性预期学派

11. "滞胀"理论不符合（　　）的观点。

A. 货币主义　　　　　　　　B. 凯恩斯主义

C. 理性预期学派　　　　　　D. 供应期学派

三、判断题

1. 有劳动能力的人都有工作做了，才是充分就业。

2. 成年人口都是劳动力。

3. 摩擦性失业是一种自愿失业。

4. 菲利普斯曲线的基本含义是失业率与通货膨胀率同时上升。

5. 当社会上失业率很高时,人们估计政府要实行膨胀性经济政策,这属于适应性预期。

6. 菲利普斯曲线与标准的凯恩斯理论是有差异的。

7. 失业率与通货膨胀率的交替是有一定限度的。

8. 当预期的通货膨胀率和现实的通货膨胀率相等时,菲利普斯曲线是垂直的。

9. 当人们集中注意名义收入而忽视了物价水平的变化时,我们称这种现象为货币幻觉。

10. 指数化是根治通货膨胀的有效手段。

四、简答题

1. 什么是自然失业率?哪些因素影响自然失业率的高低?

2. 在什么意义上说,通货膨胀像一种税?把通货膨胀作为一种税如何有助于解释超速通货膨胀?

3. 西方经济学中哪些失业是可以消除的?哪些失业是无法消除的?为什么?

4. 解释企业通过提高它所支付的工资增加利润的四种方式。

5. 最低工资法能更好地解释青少年的失业还是大学毕业生的失业?为什么?

6. 简述奥肯定律,并说明潜在产出的含义。(西南财经大学 2008研)

五、计算题

1. 假定某经济社会的菲利普斯曲线为 $\frac{\Delta P}{P} = \frac{36}{U} - 8$,其中 $\frac{\Delta P}{P}$,U 均为百分数值表示。求:

(1) 失业率为4%时的价格上涨率。

(2) 价格水平不变时的失业率。

(3) 使失业率下降20%时的价格上涨率的表达式。

2. 劳动力供给方程为

$$100 + 2\frac{W}{P}$$

劳动力需求方程为

$$200 - 8\frac{W}{P}$$

求解均衡状态下的实际工资和就业水平。假定劳动力需求有所下降,其方程

变为

$$190 - 8\frac{W}{P}$$

问:均衡工资下降多少?就业减少多少?解释为什么工资下降的百分数要比就业下降的百分数大?

3. 假设某经济社会的总需求曲线为

$$Y = 800 + 1.6G + 1.6\frac{M}{P}$$

价格调整曲线为

$$\pi = \frac{(Y_{-1} - 1600)}{1600} + \pi^e$$

政府支出 $G=200$,货币供给 $M=600$。若预期的通货膨胀 π^e 率始终等于 0,求出经济从 $P_0=1.5$ 开始的运行路径 P_1。

六、论述题

1. 论述"摩擦性失业"与"结构性失业"对经济产生的实际影响。
2. 论述凯恩斯的就业理论。你认为凯恩斯理论对中国经济是否具有指导或借鉴意义,并加以分析。
3. 试述工资刚性的各种理论。
4. 试述失业的代价。

七、案例分析

经济学家约翰·梅纳德·凯恩斯写道:"据说列宁曾声称,摧毁资本主义的最好方法是摧毁其通货。通过一个持续的通货膨胀过程,政府可以秘密而隐蔽地把其公民的大部分财富收归国有。"试分析列宁论断的正确性。

第二部分 参 考 答 案

一、名词解释

1. 劳动力参工率:劳动力在成年人口中的百分比。用公式表示为:

$$劳动力参工率 = \frac{劳动力}{成年人口} \times 100\%$$

这个基本统计数字告诉我们,人口中选择参与劳动市场的人口比率。

2. 失业:是指有劳动能力的人找不到工作的社会现象。所有那些未曾受雇以及正在变换工作岗位或未能按当时通行的实际工资率找到工作的人都是失业者。就业者和失业者总和,称为劳动力。失业者占劳动力百分比称为失业率。

3. 自然失业率:指在没有货币因素干扰的情况下,让劳动市场和商品市场的自发供求力量起作用时,总需求与总供给处于均衡状态下的失业率。所谓没有货币因素干扰,指的是失业率的高低与通货膨胀的高低之间不存在替代关系。自然失业率是充分就业时仍然保持的失业水平。

4. 摩擦性失业:是指从一个工作转换到另一个工作的过渡之中所产生的失业。一个因厌倦原有工作而辞职并重新寻找工作的人,就属于摩擦性失业者之列。它是因劳动力市场运行机制不完善而产生的失业,它被看作一种求职性失业,即一方面存在职位空缺,另一方面存在着与此数量对应的寻找工作的失业者。

5. 周期性失业:指经济周期中的衰退或萧条阶段因需求下降而造成的失业。

6. 季节性失业:随着季节变化而变化的失业被称为季节性失业。如农业、旅游业和农产品加工业对劳动的需求有季节性,在需求淡季时,就会存在失业。

7. 结构性失业:是指由于劳动者缺乏新创造出来的工作机会所要求的技能而产生的失业。像产业兴衰、技术进步所引起的失业,都属于结构性失业。

8. 自愿失业:指劳动者不愿意按照现行货币工资水平和工作条件就业而引起的失业。这种失业在西方不被看作是真正的失业。

9. 非自愿失业:是指具有劳动能力并愿意按现行工资率就业,但由于有效需求不足而得不到工作造成的失业,因而这种失业是可能被总需求的提高而消除的那种失业,这种失业与需求不足型失业是一致的。

10. 需求不足型失业:如果一个经济社会的有效需求水平过低,不足以为每一个愿意按现行工资率就业的人提供就业机会,即失业人数超过了以现行工资率为基础的职位空缺,由此产生的失业便是需求不足型失业。

11. 效率工资:企业为了提高工人生产率而支付的高于均衡水平的工资。

12. 集体谈判:工会和企业就就业条件达成协议的过程。

13. 牺牲率:(作为反通货膨胀政策结果的)GDP损失的累积百分比与实际获得的通货膨胀降低量之间的比率。

14. 痛苦指数:把通货膨胀率与失业率加在一起所计算出的指数,也称遗憾指数。

15. 菲利普斯曲线:经济学家菲利普斯给出的工资变化率和失业率之间的经验性关系;货币工资增长率和失业率之间具有负相关关系。通常用通货膨胀率代替货币工资上涨率来表示。

16. 滞涨:指经济生活中出现的生产停滞、失业增加和物价水平居高不下同时并存的现象。

17. 货币幻觉:指人们忽视货币收入的真实购买力,而只注重名义价值的一种心理错觉。

18.奥肯定律:奥肯定律说明的是实际国内生产总值与失业率之间的关系。奥肯定律的内容是:失业率每高于自然失业率1个百分点,实际GDP将低于潜在GDP 2个百分点。

二、单项选择题

1．C 2．B 3．B 4．B 5．D 6．B 7．C 8．A 9．A 10．D 11．B

三、判断题

1.错误。【提示】充分就业是指在一定的货币工资水平下所有愿意工作的人都有工作岗位的一种经济状态。充分就业不是百分之百就业。即使实现了充分就业,也仍然存在摩擦性失业与自愿性失业。

2.错误。【提示】成年人口分为三种类型:就业者、失业者,以及非就业人口。其中,劳动力是就业者与失业者的工人总量。

3.错误。【提示】摩擦性失业是指从一个工作转换到另一个工作的过渡之中所产生的失业。自愿失业是指劳动者不愿意按照现行货币工资水平和工作条件就业而引起的失业。

4.错误。【提示】菲利普斯曲线的基本含义:货币工资增长率和失业率之间具有负相关关系,通常用通货膨胀率代替货币工资上涨率来表示。

5.错误。【提示】适应性预期是指人们按以往的通货膨胀经历来预期未来的通货膨胀率。理性预期是指人们利用目前可能利用的信息,对未来做出合乎理性和未来客观事实的预期。显然,此种情况属于理性预期。

6.正确。【提示】凯恩斯理论认为,失业和通货膨胀两者是不会并存的,在未达到充分就业时增加总需求并不会引起通货膨胀,只有在实现充分就业后再增加总需求才会引起通货膨胀。而菲利普斯曲线却表明失业和通货膨胀可以并存,两者为负相关关系,可以此消彼长,只有高失业率和高通货膨胀率才不会并存。

7.正确。【提示】失业率与通货膨胀率的交替受制于社会临界点,即失业率和通货膨胀率的社会可以接受程度。超过了临界点,会加剧城乡矛盾、种族矛盾,会引起社会不安定和政治混乱,也使经济无法承受。

8.正确。【提示】当预期的通货膨胀率和现实的通货膨胀率相等时,通货膨胀率与失业率之间不存在交替关系,即政府无法通过较高的通货膨胀率来降低失业率,因此菲利普斯曲线是垂直的。

9.正确。【提示】货币幻觉是指人们忽视货币收入的真实购买力,而只注重名义价值的一种心理错觉。

10.错误。【提示】所谓指数化就是以条文规定的形式把工资和某种物价指

数联系起来,

当物价上升时,工资也随之上升,以保证实际购买力不受损失。可见,指数化只能减轻通货膨胀在收入分配上的后果,但却不能消除通货膨胀本身。

四、简答题

1. 答:(1)自然失业率是指在没有货币因素干扰的情况下,让劳动市场和商品市场自发供求力量作用时,总需求和总供给处于均衡状态的失业率。或者是经济中正常情况下存在的失业率。

(2)影响自然失业率高低的因素有:寻找工作、工会和集体谈判、效率工资理论、最低工资法。

2. 答:当政府通过印刷货币增加收入时,可以说是征收一种通货膨胀税。但是,通货膨胀税与其他税不一样,因为没有一个人收到政府这种税的税单。相反,通货膨胀税是较为隐蔽的。当政府增发货币时,物价水平上升,每个人手中的货币都变得不值钱了。因此,通货膨胀税像是一种向每个持有货币的人征收的税。

3. 答:西方经济学家认为,对于由摩擦性失业和结构性失业所构成的自然失业,只能降低其失业程度,而不可能完全消除。因为摩擦性失业是由于劳动力市场的不断变化及信息的不完全而出现的,由于劳动力流动需要一个过程,因而摩擦性失业不可避免。而结构性失业是在经济结构的变化过程中,由于劳动力的供给和对劳动力需求在职业、技能、产业等方面的不一致所引起的失业。而这种结构的变化在经济增长过程中是必然会发生的。因此,摩擦性失业和结构性失业是无法消除的。

另一些失业,如需求不足型失业是有效需求不足引起的。对于这种失业,凯恩斯主义者认为可通过国家的积极干预经济,设法刺激有效需求以消除它们。也就是说,非自愿失业或需求不足型失业才是真正的失业,只要非自愿失业或需求不足型失业业已消除,就实现了充分就业。

4. 答:企业通过提高它所支付的工资可以在以下四个方面提高生产率:

(1)增加工人的健康。工资高的工人可以吃营养更为丰富的饮食,吃更好饮食的工人更健康、更有生产率。这种效率工资理论较适用于发展中国家的企业。

(2)减少工人的流动率。工人会由于许多原因而离职。工人是否离职取决于他们面临的一整套激励,包括离去的利益与留下来的利益。企业向工人支付的工资越多,工人离去的机会成本就越高,通常选择离去的工人也就越少。因此,企业可以通过支付高工资来减少其工人的流动率。因为,流动率高的企业往往生产成本也高。流动率的下降可以增加企业的利润。

(3)提高工人的努力程度。企业支付的工资水平越高,工人就会越珍惜现有的工作岗位,从而激励工人尽自己的最大努力去工作。

(4)吸引高素质的工人。当一个企业雇佣新工人时,它无法完全断定申请者的素质。通过支付高工资,企业就吸引了素质更好的工人来申请这些工作。

5. 答:最低工资法能更好地解释青少年的失业。由于绝大多数大学毕业生的工资高于最低工资水平,因而最低工资法并不是大学毕业生失业的主要原因。最低工资法通常主要是限制劳动力中最不熟练工人和经验最少的工人,如青少年,因为青少年的均衡工资往往低于最低工资。结果雇主就会减少对青少年劳动力的需求,青少年失业增加。

6. 答:奥肯定律是美国经济学家阿瑟·奥肯在研究美国 55 个季度(从 1947 年第二季度到 1960 年第四季度)中失业率变化和实际国内生产总值变化的资料之后发现二者之间的一个规律。奥肯定律的内容是:失业率每高于自然失业率 1 个百分点,实际 GDP 将低于潜在 GDP 2 个百分点。奥肯定律的主要结论是:实际 GDP 必须保持与潜在 GDP 同样快的增长,以防止失业率的上升。也就是说,GDP 必须不断增长才能保证失业率留在原地,如果想让失业率下降,实际 GDP 的增长必须快于潜在 GDP 的增长。

潜在产出是充分就业状态下的社会总产出水平,是指在合理稳定的价格水平下,使用最佳可利用的技术、最低成本的投入组合并且资本和劳动力的利用率达到充分就业要求所能生产出来的物品和服务。

五、计算题

1. 解:(1)将 $U=4\%$ 代入菲利普斯曲线方程可得

$$\frac{\Delta P}{P} = \frac{36}{U} - 8 = \frac{36}{4} - 8 = 1$$

即失业率为 4% 时,价格上涨率为 1%。

(2)当价格水平不变时,即 $\frac{\Delta P}{P}=0$ 时,代入菲利普斯曲线方程可得

$$\frac{36}{U} - 8 = 0 \text{ 即 } U = 4.5$$

价格水平不变时,失业率为 4.5%。

(3)若失业率下降到 20%,则 $U_1 = U \times (1-20\%) = 0.8U$,将其代入菲利普斯曲线方程得

$$\frac{\Delta P}{P} = \frac{36}{U_1} - 8 = \frac{36}{0.8U} - 8 = \frac{45}{U} - 8$$

2. 解:当劳动力市场上劳动力需求等于劳动力供给时,市场达到均衡,决定均衡工资和就业水平,即

$$100 + 2\frac{W}{P} = 200 - 8\frac{W}{P}$$

可得

$$实际工资\left(\frac{W}{P}\right) = 10$$

代入劳动力需求方程可得均衡就业为

$$200 - 8\left(\frac{W}{P}\right) = 200 - 8 \times 10 = 120$$

当劳动力需求下降时,实际工资及就业水平随之下降,在新的劳动力需求方程下

$$100 + 2\left(\frac{W}{P}\right) = 190 - 8\left(\frac{W}{P}\right)$$

实际工资$\left(\frac{W}{P}\right)=9$,均衡就业为

$$190 - 8\left(\frac{W}{P}\right) = 190 - 8 \times 9 = 118$$

从而可计算出,实际工资下降了10%,均衡就业下降了1.67%$\left(即\frac{2}{120}\times100\%\right)$。

工资下降百分数大于就业下降百分数,是因为此模型中劳动供给曲线斜率较大,从而导致劳动供给对实际工资变动不敏感,也就是实际工资下降或上升很多时,就业减少或增加得不多。因此,当实际工资变动时,就业变动幅度就较小。

3. 解:根据题意,这是没有通货膨胀预期($\pi^e=0$)的价格调整方程。在$P_0=1.5$的水平下,我们可以通过总需求方程求得一个期初的产出水平Y_0:

$$Y_0 = 800 + 1.6G + 1.6\frac{M}{P}$$

$$= 800 + 1.6 \times 200 + 1.6 \times \frac{600}{1.5} = 1760$$

再由价格调整方程可获得下一年的通货膨胀率水平π_1:

$$\pi_1 = \frac{(Y_0 - 1600)}{160} + \pi^e = \frac{(1760 - 1600)}{1600} + 0 = 0.1$$

这样,第一年的价格水平P_1就为

$$P_1 = P_0 + P_0\pi_1 = 1.5 + 1.5 \times 0.1 = 1.65$$

即价格水平P_1为1.65。

六、论述题

1. 答:(1)摩擦性失业是指劳动力在正常流动过程中所产生的失业。在一个动态经济中,各行业、各部门和各地区之间劳动需求的变动是经常发生的。即使

在充分就业状态下,由于人们从学校毕业或搬到新城市而要寻找工作,总是会有一些人的周转。摩擦性失业量的大小取决于劳动力流动性的大小和寻找工作所需要的时间。由于在动态经济中,劳动力的流动是正常的,所以摩擦性失业的存在也是正常的。

结构性失业是指因经济结构的变化,劳动力的供给和需求在职业、技能、产业、地区分布等方面不协调所引起的失业。一种情况是某些具有劳动能力的工人,由于他们工作的产业进入萧条而失去工作机会,而他们不一定适应新工业部门的技术要求,因而一部分人找不到工作;另一种情况是由于地区经济发展不平衡,落后地区的剩余劳动力因地理位置的限制,不能迅速流动到发展迅速的地区,因而也有一部分劳动者失业。结构性失业的存在必然引起失业与工作空位并存,在对劳动力的供求不一致时产生的。供求之所以会出现不一致是因为对某种劳动的需求增加,而对另一种劳动的需求减少,与此同时,供给没有迅速做出调整。因此,当某些部门相对于其他部门出现增长时,经常看到各种职业或地区之间供求的不平衡。在这种情况下,往往"失业与空位"并存,即一方面存在着有工作无人做的"空位",而另一方面存在着有人无工作的"失业"。

(2) 在社会保障体系尚不健全的情况下,摩擦性失业率偏高对于经济增长会产生一些负面影响:① 摩擦性失业率偏高会破坏就业工资的"棘轮效应"。棘轮效应指的是:一旦工资涨上去便很难再降下来,就像"棘轮"一样,只能前进、不能后退。在西方国家,它是一种可以被检验的、普遍存在的经验事实。但是,在摩擦性失业率偏高,且社会保障体系尚不健全的情况下,较大的生存压力所导致的劳动者与劳动者相互之间的恶性竞争会使工资水平下降。而工资水平下降会使本来就偏小的总消费水平进一步降低,从而使经济形势进一步恶化,而经济形势的恶化会使失业率进一步上升,这就进入了就业和经济形势的恶性循环。② 当摩擦失业率偏高,且社会保障体系尚不健全时,会增加失业者本身的不安全感。因此,失业者会进一步调整他的消费预算,使他的消费结构进一步趋于保守,并且,失业者本身的不安全感将会向在职群体产生一个传导的扩散效应,也会同时增加在职群体的不安全感(这对于尚未进入社会保障体系的在职群体表现尤为明显)。进而增加社会整体的不安全感。社会整体的不安全感增加将会进一步使消费倾向下降,并且降低投资风险的承受能力,因此,这也会将经济形势引入恶性循环。

结构性失业对经济的实际影响主要表现在:① 社会资源的大量浪费。一方面存在着有工作无人做,没有充分使用物力;另一方面又存在着有人无工作的情形,浪费大量人力。② 减缓经济发展速度。企业开工不足,投资者会减少投资。③ 导致了"滞胀并存"的局面。由于存在劳动力市场的结构矛盾,经济生活中可能出现生产停滞、失业增加和物价水平居高不下同时存在的现象,即滞胀。

2. 答:凯恩斯的就业理论以主张政府在非常时期干预国家经济,以政府公共投资拉动社会投资,扩大消费需求为突出特征。这一理论不但在20世纪产生了巨大的理论和实践价值,而且对解决目前我国的就业问题仍有重要的借鉴意义。

1929年至1933年,发生了一场波及全球的经济大萧条。在这次严重的经济危机中,共有4 000多万工人长期失业,社会经济几乎陷于瘫痪状态。恶性经济危机和恶性失业的现实,使得传统经济学"供求自动均衡、自动达到充分就业"的理论成为幻想,现实亟须一种新的理论来解释和帮助人们摆脱经济危机。正是在这种背景下,英国经济学家约翰·梅纳德·凯恩斯以古典经济理论叛逆者的姿态,提出了需求不足理论,主张以国家干预经济生活来摆脱失业带来的萧条。

由于凯恩斯所处时代的西方主要发达国家当时的经济发展水平与我国目前的经济发展水平较为相似,所以他的有关产生失业原因的分析和解决失业问题的办法,对于正确认识我国目前失业状况和科学制定对策,仍具有重要的启示。

凯恩斯的就业理论是整个现代经济学的经典。他的主要思想集中体现在其1936年发表的《就业、利息和货币通论》中,凯恩斯通过分析发现,在自由资本主义社会,并不是总能达到充分就业。由于有效需求的不足,实际就业量常常小于充分就业量,充分就业只是可能达到的各种就业水平的一个特例。

在总供给与总需求均衡、相交时,或者说储蓄等于投资时,这时的国民收入就是均衡的国民收入,这时的总需求就是有效需求。因此,国民收入的均衡点,不仅决定了国民收入的多少,而且决定了社会总就业量的大小。这样,国民收入的决定与就业量的决定就是一致的了。

但是,总供给价值与总需求价格一致时的总需求,即处于有效需求时,并不一定保证充分就业的实现。这种有效需求可能大于、等于或小于实现充分就业时的有效需求。同样,均衡的国民收入也并不等于充分就业时的国民收入,它可能小于或等于充分就业的国民收入,也可能大于充分就业的国民收入,存在过度需求。

当达到均衡的国民收入小于充分就业的国民收入时,就存在着"紧缩的缺口"(deflationary gap)。紧缩的缺口是指实际的有效需求与充分就业时的有效需求之间的差距。在社会上存在紧缩缺口时,社会上就存在失业。

当实际的有效需求大于充分就业的有效需求时,必然存在一部分过度的需求,即存在着膨胀的缺口。膨胀的缺口是指实际的有效需求与充分就业的有效需求的差距。在社会上存在膨胀的缺口时,就会出现通货膨胀。

凯恩斯认为,在完全竞争的条件下,资本主义社会的正常情况不是充分就业的国民收入均衡,而是小于充分就业的国民收入均衡,这样就必然存在失业。造成失业的原因是"三个基本心理因素,即心理上的边际消费倾向、心理上的灵活偏好,以及心理上对资产未来收益之预期"。

所谓心理上的边际消费倾向,是指人们心理上的消费支出增量同他们收入的增量的比率。凯恩斯认为,一般情况下,当人们的收入增加时,用于消费支出的总量虽然也会增加,但其消费支出在总收入中所占比重却是下降的。

所谓心理上的灵活偏好,是指人们手持货币,以便灵活应付各种用途支出的做法。凯恩斯认为,利息率是灵活偏好这一心理法则的重要组成要素,利息是对人们在一定时期内放弃灵活偏好的报酬。在一般情况下,当利息率高时,能引起人们储蓄;当利息率低时,则引起人们投资。但利息率的降低有一个最低限度,低于这一点时人们就不肯储蓄而宁可把货币留在手中。这时即使政府增加货币发行量,利息率也不会降低,从而进入"灵活偏好的陷阱"(liqidtytrap)。处于灵活偏好的陷阱时,因为利息率不再降低,人们的投资欲望就会受到遏制,就会导致社会有效需求不足。所谓心理上对资产未来收益之预期,就是对利润率的预期。当投资增加以后,对生产资料需求量的增大,将会引起生产资料价格上涨,从而使可以预见的未来利润率下降。这就是说,在投资增加以后。虽然利润总金额增大,但由于生产资料涨价,产品价格下降,而使今后的利润率减少。利润率下降的这种趋势,反映在资本家心理上,就会使其减少投资,从而引起投资不足。

凯恩斯所分析的社会不能达到充分就业的原因,在于有效需求的不足,而有效需求的不足又根源于心理上的边际消费倾向、心理上的灵活偏好以及心理上对资产未来收益之预期三个因素。对此,凯恩斯从宏观的角度,提出了一套以国家干预、扩大需求为主要内容的改革措施。

(1) 政府干预。凯恩斯认为。资本主义社会缺乏调节需求使之达到充分就业的力量,而且社会越富足,消费倾向递减和投资下降就越严重,因而经济困难和失业现象就越严重。在这种情况下,只有由政府出面,采取干预经济的办法,通过税收、利率、政府投资等措施进行调节,才能消灭危机和失业。

(2) 扩大消费需求。凯恩斯认为,国家要运用各种经济杠杆来扩大消费需求。其侧重点有两个:其一是增加消费乃至挥霍浪费,反对节俭和储蓄;其二是对所得进行再分配,通过征收各种所得税来缩小财富所得的过分悬殊,以促进消费,进而提高就业水平。

(3) 扩大投资需求。凯恩斯认为,消费倾向是相对稳定、一时不易改变的,所以扩大投资就成为重点。对此,凯恩斯提出实行"全国范围的调节投资的计划"。这种计划包括两个方面:其一是调节私人投资,即国家增加货币数量、降低借贷利息来刺激私人投资;其二是"投资社会化",即由政府直接承办公共工程,弥补私人投资的不足、消除投资者的悲观心理,使经济自动复兴。凯恩斯强调这种投资是一种能带来一系列相关部分的发展,从而形成国民收入总量翻倍增长和就业翻倍增长的投资,故只须投资量增加少许,就可达到充分就业。

(4) 增加货币发行。压低利息和工资。通过增发货币和压低利息,来刺激投资,从而增加就业机会。但是,在这样情况下,必然造成通货膨胀和物价上涨,并导致工人的实际工资下降。但在凯恩斯看来,在必要的情况下必须放弃传统的健全财政的原则,甚至实行赤字财政和有节制的温和的通货膨胀,只有这样,才能刺激投资,从而扩大就业。

凯恩斯的经济理论不但在理论界被誉为"凯恩斯革命",而且对实际经济生活也产生了重大的影响。从20世纪40年代到70年代,凯恩斯学说一直是主要资本主义国家社会经济决策的理论依据。但是需要指出,凯恩斯学说也并非完美无缺。比如凯恩斯认为,当经济活动小于充分就业状态时,通货膨胀率应该为零,只有当经济活动大于充分就业时,才会出现通货膨胀。可是,20世纪70年代以后,西方国家出现滞胀的事实却无情地否定了这一结论。因此,我们在学习借鉴凯恩斯的经济理论的同时,一定要结合我国的具体情况作出正确决策,以解决我国当前的失业问题。

3. 答:工资刚性是指工资对外部环境的变化反应迟钝,不能灵敏地对劳动供求关系的变化作出及时调整。其原因主要有以下几种:

(1) 最低工资限制。政府制定的最低工资法律使企业不能降低工资。最低工资限制(在美国相当于制造业工人平均工资的30%~50%),使非熟练工人特别是青年工人失业率增长1%~3%。

(2) 工会集体谈判。工资刚性的另一来源是工会的垄断力量。在美国1/5的工人属于工会,在欧洲,工会力量则更为强大。工会工人的工资不是由劳动力市场的供求均衡而是由工会的谈判力量决定的。工资谈判的最后协议往往规定了高于市场的均衡水平的工资,而让企业去决定所雇佣工人的人数。通过工会谈判而得到的高工资还将进一步提高非工会组织工人的工资。支持工会集体谈判导致工资刚性的重要论据是,欧洲比美国的工资有更明显的刚性。

(3) 效率工资理论。效率工资理论主张高工资将导致高效率。效率工资理论可分为四种:第一种效率工资理论认为,高工资有助于提高和保持企业的整体素质。如果企业支付的工资与其他企业并无不同,如果本企业的工人要找新工作,能辞掉工作而离去的往往是能干的工人,留下的往往是不能干的工人。到最后,企业保留的将是低素质工人。第二种效率工资理论强调,高工资有利于调动工人的工作积极性。假设当工人偷懒被发现时,将受开除的惩罚。被开除的损失对于工人来说是丢掉的工资。如果工资很低,丢掉工作的损失并不大。但是如果工资很高,丢掉工作的损失就很大。这样,高工资将鼓励工人提高工作的自觉性。第三种效率工资理论主张,高工资有利于保持企业工人的稳定性。由于高工资企业工人不会轻易调离原工作,因而有助于企业节约培训时间提高效率。最后,在发展中国家高工资有助于改善工人的健康状况,从而提高劳动生产率。总之,效率工资理论认为,支付高于均衡水平的工资对企业本身有利,而这又造成劳动力市场工人因等待而失业的现象。

(4) 隐含合同论。是指企业和工人间没有正式的工资合同,但是劳资双方有把工资相对稳定的协议或默契,使实际工资不随经济波动而相对稳定下来,把风险从工人工资转移到企业利润中去,而工人情愿接受低于市场出清的工资水平,当作是转移风险的代价。因此,隐性合同的存在,也造成了工资刚性。

4. 答:失业给社会和个人都带来损失,这就是社会和个人为失业而付出的代价。

(1) 对社会来说,失业表明一部分资源没有得到充分利用:愿意工作并且有能力工作的人没有被用于生产。根据奥肯法则,失业率每提高1%,实际产量会损失2.5%。而且对社会来说,失业津贴也是从有工作的家庭和企业所纳税金中筹得的,因而失业津贴也是加给社会的负担。

(2) 对失业者及其家庭来说,失业意味着经济拮据以及生活方式的改变:不得不放弃度假,孩子们可能不得不放弃上大学的梦想,寻找更便宜的住房,节约着花每一元钱等等。失业工人及其家庭的地位和声望也会因失业而下降,因而他们的身心健康也会受到摧残。

(3) 失业也使社区付出沉重代价。如果一个城镇中有一大批人丢了工作,比如说由于一个大雇主关闭或决定迁出该地,那么城镇中的每一个人都可能因此而受到损害,因为城镇中用于购买从汽车和住宅到汽油和食品等商品的钱减少了。由于更多的失业使缴纳地方税的人减少,这意味着学校、图书馆、公园与警察服务等方面的质量下降。

除了上面的分析,失业的存在也可能加剧长期存在于整个社会中的种族隔阂、城乡矛盾。为此,降低失业率,实现充分就业,总成为各国政府进行宏观经济管理的重要目标之一。

七、案例分析

【参考答案】 因为在货币供给与需求理论中,政府是债务人,公民是债权人,当经济发生持续的通货膨胀时,未预期的通货膨胀会以一种既与才能又与需要无关的方式在债权人与债务人之间重新分配财富。持续的通货膨胀以损害债权人为代价使债务人致富,因而政府可以秘密而隐蔽地获得大部分公民的财富。

第八章 通货膨胀理论

第一部分 习 题

一、名词解释

1. 通货膨胀 2. 价格指数 3. 消费价格指数 4. 生产者价格指数 5. 通货膨胀率 6. 需求拉上的通货膨胀 7. 成本推进的通货膨胀 8. 结构性通货膨胀 9. 开放性通货膨胀 10. 抑制性通货膨胀 11. 皮鞋成本 12. 菜单成本 13. 通货膨胀税 14. 通货紧缩

二、选择题

1. 通货膨胀是（   ）。
   A. 货币发行量过多而引起的一般物价水平普遍持续的上涨
   B. 货币发行量超过流通中的黄金量
   C. 货币发行量超过流通中商品的价值量
   D. 以上都不是

2. 某一经济社会在5年中，货币增长速度为10%，而实际国民收入增长速度为12%，货币流通速度不变。这5年期间价格水平将（   ）。
   A. 上升   B. 下降   C. 不变   D. 上下波动

3. 在充分就业的情况下，下列哪一因素最可能导致通货膨胀？（   ）
   A. 进口增加   B. 工资不变但劳动生产率提高
   C. 出口减少   D. 政府支出不变但税收减少

4. 在经济已实现充分就业的情况下，扩张性财政政策使得价格水平（   ）。
   A. 提高   B. 不变   C. 下降   D. 不确定

5. 已知充分就业的国民收入是120 000亿元，实际国民收入是110 000亿美元，边际消费倾向是80%，在增加1000亿元的投资以后，经济将发生（   ）。
   A. 需求拉上的通货膨胀   B. 成本推进的通货膨胀
   C. 结构性能通货膨胀   D. 需求不足的失业

6. 在下列引起通货膨胀的原因中,哪一个最可能是成本推进的通货膨胀的原因?( )

　　A. 银行贷款的扩张　　　　　　B. 预算赤字

　　C. 世界性商品价格的上涨　　　D. 投资率下降

7. 经济处于充分就业均衡时,( )。

　　A. 降低政府支出会使经济的通货膨胀率一直降下去

　　B. 在短期内降低名义货币供给的增长会降低通货膨胀率但不会影响产量

　　C. 在短期内降低名义货币供给的增长会降低通货膨胀率和产量水平

　　D. 在短期内降低政府支出会降低通货膨胀率但不影响产量

8. 通货膨胀的收入分配效应指( )。

　　A. 收入结构的变化　　　　　　B. 收入普遍上升

　　C. 收入普遍下降　　　　　　　D. 债权人收入上升

9. 经济实现充分就业,扩张货币而未发生通货膨胀,表明经济运行于LM曲线( )。

　　A. 一般区域　　B. 凯恩斯区域　　C. 古典区域　　D. 不确定

10. 抑制需求拉上的通货膨胀,应该( )。

　　A. 控制货币供应量　　　　　　B. 降低工资

　　C. 解除托拉斯组织　　　　　　D. 减税

11. 应付需求拉上的通货膨胀的方法是( )。

　　A. 人力政策　　　　　　　　　B. 收入政策

　　C. 财政政策　　　　　　　　　D. 三种政策都可以

12. 收入政策主要是用来对付( )。

　　A. 需求拉上的通货膨胀　　　　B. 成本推进的通货膨胀

　　C. 需求结构性通货膨胀　　　　D. 成本结构性能通货膨胀

13. 通货膨胀使债权人利益( )。

　　A. 增加　　　　B. 受损　　　　C. 不变　　　　D. 不确定

三、判断题

1. 通货膨胀意味着不同商品的价格将按相同的比例上升。

2. 如果你的房东说:"工资、公用事业及别的费用都涨了,我也提高你的房租。"这属于需求推进的通货膨胀。

3. 如果店主说:"可以提价,别愁卖不了,店门口排队争购的多着呢!"这属于成本类型的通货膨胀。

4. 如果通货膨胀率上升,但实际利率仍然保持不变,那么名义利率就下降了。

5. 通货膨胀是否被预期到对经济活动的影响都是相同的。

四、简答题

1. 在一国发生严重的通货紧缩的情况下该国居民的边际消费倾向的变动特征如何?为什么?

2. 判断通货膨胀的性质对于宏观经济政策的选择有何重要意义?

3. 在发生通货紧缩时,经济是否就会出现停滞或负增长?

4. 有人说:高价格就是通货膨胀。你认为对吗?

5. 如何根据适应性预期和理性预期来解释菲利普斯曲线。

6. 通货膨胀对名义利率和实际利率有何影响?

7. 通缩比通胀的危害性更大,请对这一观点加以评析。

五、计算题

1. 若价格水平 1950 年为 54,1960 年为 69,1970 年为 92,1980 年为 178,试问 20 世纪 50 年代、60 年代和 70 年代的通货膨胀率各为多少?

2. 若价格水平在 1984 年为 107.9,1985 年为 111.5,1986 年为 114.5。试问 1985 年和 1986 年通货膨胀率各是多少?如果人们以前两年通货膨胀率的平均值作为第三年通货膨胀率的预期值,计算 1987 年的预期通货膨胀率。如果 1987 年的利率为 6%,计算该年的实际利率。

3. 假定总需求函数为 $Y = 120 + \left(\dfrac{200}{P}\right)$,充分就业产出为 300。

(1) 求充分就业时的价格。

(2) 若总需求扩张为 $Y = 160 + \left(\dfrac{120}{P}\right)$,价格提高多少?

4. 假设充分就业产出为 120 000 亿元,总需求函数为 $Y = M + \left(\dfrac{60\,000}{P}\right)$,其中货币供给 $M = 30\,000$ 亿元。

(1) 求均衡价格。

(2) 以上条件不变,假设准备率为 8%,现金持有倾向为 0.2,政府向中央银行借债弥补 1000 亿财政赤字,对货币供给有何影响?

(3) 在(2)的情况下,对价格水平的影响如何?

5. 货币供给增加 5%,货币流通速度降低了 1%,实际产出增长 2%,通货膨胀率是多少?

六、论述题

1. 通货膨胀(inflation)、通货收缩(disinflation)、通货紧缩(deflation)和滞胀(stagflation),这几个概念有何区别?
2. 通货膨胀是怎样形成的?对经济活动有什么影响?
3. 什么是通货紧缩?通货紧缩对经济运行有哪些影响?
4. 假如货币供给量不变,通货膨胀能长久持续下去吗?
5. 试述西方经济学家对通货膨胀原因的解释。

七、案例分析

【案例1】 货币主义经济学的代表人物米尔顿·弗里德曼有一句名言:"通货膨胀无处不在,并且总是一种货币现象。"试分析这种观点。

【案例2】 20世纪20年代的德国正经历着一场历史上最为严重的通货膨胀。1923初,1马克能兑换2.38美元,而到夏天的时候,1美元能换4万亿马克!早上能买一栋房子的钱,傍晚只能买一个面包。在1923年,德国街头的一些儿童在用大捆大捆的纸币马克玩堆积木的游戏;一位妇人用手推车载着满满一车的马克,一个小偷趁她不注意,掀翻那一车纸币,推着手推车狂奔而逃;一位家庭主妇正在煮饭,她宁愿不去买煤,而是烧那些可以用来买煤的纸币。到了发工资的时候,领到工资就以百米冲刺的速度冲到商店,跑得稍微慢一点,东西就涨一大截。试分析德国当时发生通货膨胀的原因。

第二部分 参考答案

一、名词解释

1. 通货膨胀:一般指大多数商品和服务的价格,在一定时期内持续普遍的上升过程,或者是说货币价值在一定时期内持续下降的过程。可见,通货膨胀不是指这种或那种商品及劳务价格的上升,而是指物价总水平的上升。

2. 价格指数:是用来衡量整个经济的价格水平的指标。常用的价格指数有消费价格指数、生产者价格指数与国内生产总值价格折算指数。

3. 消费价格指数(CPI):又称生活费用指数,指通过计算城市居民日常的社会用品和劳务的价格水平变动而得的指数。用公式表示为:

$$\text{一定时期消费价格指数} = \frac{\text{本期价格指数}}{\text{基期价格指数}} \times 100\%$$

4. 生产者价格指数(PPI):又称批发价格指数,指通过计算生产者在生产过程中所有阶段上所获得的产品的价格水平变动而得的指数。这些产品包括产成品和原材料。

5. 通货膨胀率:用来衡量通货膨胀程度的指标。其具体含义是价格水平从一个时期到另一个时期变动的百分比。用公式表示为:$\pi_t = \dfrac{P_t - P_{t-1}}{P_{t-1}}$,其中,$\pi_t$ 为 t 时期的通货膨胀率,P_T 和 P_{T-1} 分别为 t 时期和 $t-1$ 时期的价格水平。

6. 需求拉上的通货膨胀:是指总需求超过总供给所引起的一般物价水平的持续显著的上涨。西方经济学家认为,不论总需求的过度增长是来自消费需求、投资需求,或是来自政府需求、国外需求,都会导致需求拉上的通货膨胀。

7. 成本推进的通货膨胀:是指物价水平上升是由生产成本提高而推动的。它又可细分为工资推进的通货膨胀和利润推进的通货膨胀。

8. 结构性通货膨胀:在没有需求拉动和成本推动的情况下,只是由于经济结构因素的变动所引起的一般物价水平的持续上涨,被称作结构性通货膨胀。

9. 开放性通货膨胀:在市场机制完全发挥作用的前提下,价格对供求反应灵敏,任何过度需求都将表现为物价和货币工资的上升,这种通货膨胀被看作是开放性的。

10. 抑制性通货膨胀:如果政府对价格进行某种形式的控制使得价格变动脱离供求关系时,过度需求便不会引起社会物价水平的上升,或者社会物价水平上升有限而不足以反映过度需求的真实水平,此时的通货膨胀则为抑制性的通货膨胀。

11. 皮鞋成本:当通货膨胀鼓励人们减少货币持有量时所浪费的资源。包括经常去银行而增加的跑路量和为避免货币贬值所牺牲的时间与方便。

12. 菜单成本:企业改变价格的成本。包括印刷新清单和目录的成本、把这些新价格表和目录送给中间商和顾客的成本、为新价格做广告的成本、决定新价格的成本,甚至还包括处理顾客对价格变动怨言的成本。

13. 通货膨胀税:指政府以通货膨胀政策来代替增税以支付其开支的做法。当政府通过印刷货币筹集收入时,可以说是在征收一种通货膨胀税。

14. 通货紧缩:通货紧缩是指由于货币供应量相对于经济增长和劳动生产率增长等要素减少而引致的有效需求严重不足、一般物价水平持续下跌、货币供应量持续下降和经济衰退等现象。

二、单项选择题

1. A 2. B 3. D 4. A 5. D 6. C 7. C 8. A 9. B 10. A
11. C 12. B 13. B

三、判断题

1. 错误。【提示】如果按照对价格影响的差别加以区分,则存在着两种通货膨胀类型。一种为平衡的通货膨胀,即每种商品的价格都按相同比例上升。另一种为非平衡的通货膨胀,即各种商品价格的上升比例并不相同。同时,不同商品价格按相同比例上升的通货膨胀在历史上从未出现过。

2. 错误。【提示】成本推进通货膨胀是指物价水平上升是由生产成本提高而推动的。它又可细分为工资推进的通货膨胀和利润推进的通货膨胀。"工资、公用事业及别的费用都涨了,我也提高你的房租。"这显然属于成本推进的通货膨胀。

3. 错误。【提示】需求拉上的通货膨胀是指总需求超过总供给所引起的一般物价水平的持续显著的上涨。店门口排队争购说明需求大于供给,所以应属于需求拉动的通货膨胀。

4. 错误。【提示】名义利率 = 实际利率 + 通货膨胀率。可见,名义利率随着实际利率与通货膨胀率的变化而变化。

5. 错误。【提示】如果通货膨胀是突发的、未被预期到的,那么,货币工资率的增长滞后于物价的上涨,从而使利润上升,至少暂时会具有一种扩大就业、扩大总产量的效应。如通货膨胀事先已被完全预期到,那么,各经济主体就将按其预期来调整其行为,如厂商要提高利润率水平,银行要提高利率水平,工会在物价上涨之前要求增加工资,那么,通货膨胀在短期的扩张效应也将不复存在,同时还具有自我维持的特点。

四、简答题

1. 答:在一国发生严重的通货紧缩情况下,该国居民的边际消费倾向减小,分析如下:

边际消费倾向是指增加1单位收入中用于增加消费部分的比率,用公式表达即为 $MPC = \dfrac{dC}{dY}$。在消费曲线图中,随着收入增加,消费也增加,但增加的幅度越来越小,即边际消费倾向是递减的。

在一国发生严重通货紧缩情况下,居民的名义货币收入没变,但实际货币收入却因为物价的下跌而升高。所以相当于居民的可支配收入上升了,根据边际消费递减规律,收入的增加会导致边际消费倾向的下降。同时,物价下跌使消费者处于持币待购的观望状态中,这会导致消费的进一步下降。

2. 答:判断通货膨胀的性质对于宏观经济政策选择的意义在于:一方面,不同类型的通货膨胀与经济增长的关系是不同的;另一方面,通货膨胀的性质不同,政府所需要采取的宏观经济政策的选择也是不同的。我们不妨以需求拉动型通货膨胀与成本推动型通货膨胀为例来进行分析。

(1)需求拉动型通货膨胀,一般而言经济增长与通货膨胀率成正方向变化。政府有必要在经济增长与通货膨胀之间作出选择。为治理通货膨胀就必须控制总需求,从而导致经济增长率的下降。

(2)成本推动型通货膨胀不会导致经济增长率的提高,反之,通货膨胀率的上升是同经济低(甚至负)增长率并存的。为了治理成本推动型通货膨胀,降低总需求是有用的,但这样往往会导致经济增长速度的急剧下降,甚至把经济推入严重的萧条。

因此,在发生通货膨胀时,决策者在进行决策时必须要分清通货膨胀类型。

3. 答:经济增长的本质是,商品的生产供应和消费需求相对应的同步增长。通货紧缩一般指经济增长速度、物价水平与货币供应量的持续下降。当通货紧缩不严重时,尽管经济增长速度会放慢,但整个国民经济仍然可以保持一定的增长速度,如1997年东南亚金融危机爆发后的我国国民经济。如果陷入严重的通货紧缩的泥潭而不能自拔,经济就有可能出现停滞或负增长,如20世纪90年代的日本经济。

4. 答:通货膨胀是一个普遍现象,而高价格是一种商品的个别现象。

一般物价水平的高低是衡量一定数量的商品购买所需支付的货币数量的多少,或一定数量的货币所能购买的商品和劳务的数量多少的指标。通货膨胀是价格水平的增长率,它衡量的是从一个时期到另一个时期一般价格水平变动的百分比。因而通货膨胀率的高低是反映价格水平变动幅度大小的指标。

5. 答:菲利普斯曲线的基本含义是失业率与通货膨胀率之间存在一种负相关关系,即失业率上升,通货膨胀率下降;反之,通货膨胀率提高。

但菲利普斯曲线没有考虑到预期的因素。美国经济学家弗里德曼和费尔普斯根据适应性预期对这条曲线作了新的解释。他们认为,在短期内,当预期的通货膨胀率低于以后实际发生的通货膨胀率时,存在菲利普斯曲线所表示的失业率与通货膨胀率的关系。但在长期中人们要根据适应性预期来决定自己的行为,即人们可以根据过去预期的失误来修改对未来的预期。这样,当预期的通货膨胀率与实际的通货膨胀率一致时,失业与通货膨胀就不存在这种交替关系,从而长期菲利普斯曲线是一条垂直线。

理性预期学派进一步以理性预期为依据解释了菲利普斯曲线。他们认为,由于人们的预期是理性的,预期的通货膨胀率与以后实际发生的通货膨胀率总是一致的,不会出现短期内实际通货膨胀率大于预期通货膨胀率的情况,所以,无论在

第八章 通货膨胀理论

短期或长期中,菲利普斯曲线所表示的失业与通货膨胀的关系都不存在。

6. 答:(1)名义利率是指因贷款所产生的以货币支付来衡量的利率,实际利率是指以商品和劳务来衡量的货款的报酬或成本。预期的通货膨胀率与名义利率之间存在一种正向关系,它们一起上升,这种关系称为费希尔关系。它是以著名的美国经济学家欧文·费希尔的名字命名的。通货膨胀率与名义利率和实际利率水平之间大致存在这样的关系:

名义利率=实际利率+预期的通货膨胀率

费希尔认为在经济的长期均衡中实际利率大致维持一个固定的水平,它取决于经济中的一些实物因素,主要是资本生产率。这样在长期,实际利率近似一个恒定水平,人们按照实际的通货膨胀率不断调整预期的通货膨胀率,名义利率水平又随着通货膨胀率的调整而变化。

在短期,名义利率不能对通货膨胀作完全调整,且政府很可能在制度上不允许银行对银行存款支付高利息,例如,美国1960年以后通货膨胀上升的情况。这样实际利率水平就不再恒定。

(2)实际利率=名义利率-预期的通货膨胀率。有时实际利率可能会非常高,如1980年以来美国的情况;也可能为负值,如一些发生剧烈通货膨胀的国家。

7. 答:(1)通货膨胀指经济社会在一定时期价格总水平持续地和显著地上涨。通货紧缩是指货物与服务的货币价格普遍地、持续地下降。

(2)通货紧缩与通货膨胀一样,都是经济发展过程中宏观经济运作失衡、失调的一种非良性经济现象。两者的区别在于:通货膨胀表现为"供不应求",通货紧缩表现为"供大于求"。前者是,太多的货币追逐太少的商品;后者是,太多的商品追逐太少的货币。

(3)通货紧缩冲击和阻碍国民经济的健康发展。其危害在于:造成企业效益下滑,库存大量增加,占用资金,增大费用,影响利润。产品销售不旺,导致生产能力闲置,影响企业发展;造成下岗人数增加,就业压力增大,居民收入减少。企业的不景气和失业率上升,必然减少居民家庭收入;导致实际利率上升,抑制社会投资和消费需求的增长;造成银行坏账增多,利息支付增多,直接影响银行的效益、生存和发展;造成社会不安定因素增大;若解决不力,易产生进一步通货紧缩的恶性循环,必然制约经济的正常运行,影响经济结构调整的步伐和经济运行质量的提高。虽然没有通货膨胀来得快,但通货紧缩的慢性特点使得它的破坏力也是巨大的,这种力量积累起来,在短期的危害就是大量的生产力不能释放出来,大量资金无法利用,就业成问题,消费需求也就上不去。从这些方面讲。通缩可以说比通胀的危害性更大。

五、计算题

1. 解：设20世纪50年代的通货膨胀率为 π_{50}，则根据已知条件有

$$\pi_{50} = \frac{P_{1960} - P_{1950}}{P_{1950}} = \frac{69-54}{54} \times 100\% = 27.8\%$$

同理类推

$$\pi_{60} = \frac{P_{1970} - P_{1960}}{P_{1960}} = \frac{92-69}{69} \times 100\% = 33.3\%$$

$$\pi_{70} = \frac{P_{1980} - P_{1970}}{P_{1970}} = \frac{178-92}{92} \times 100\% = 93.5\%$$

2. 解：设1985年的通货膨胀率为 π_{1985}，则根据已知条件有

$$\pi_{1985} = \frac{P_{1985} - P_{1984}}{P_{1984}} = \frac{111.5-107.9}{107.9} \times 100\% = 3.34\%$$

同理

$$\pi_{1986} = \frac{P_{1986} - P_{1985}}{P_{1985}} = \frac{114.5-111.5}{111.5} \times 100\% = 2.69\%$$

如果1987年的预期通货膨胀率 π_t^e 为前两年的平均值，即

$$\pi_{1987}^e = \frac{\pi_{t-1} + \pi_{t-2}}{2} = \frac{\pi_{1986} + \pi_{1985}}{2}$$

$$= \frac{3.34\% + 2.69\%}{2} = 3.015\%$$

按照名义利率、实际利率与预期通货膨胀率之间的关系，我们有

1987年的实际利率 = 1987年的名义利率 − 1987年的预期通货膨胀率
$$= 6\% - 3.015\% = 2.985\%$$

3. 解：(1) 因为充分就业时的产出水平为300，所以有

$$Y = 120 + \left(\frac{200}{P}\right)$$

$$P = \frac{200}{(Y-120)} = \frac{200}{(300-120)} = 1.1$$

在此经济水平下，充分就业的价格水平为1.1。

(2) 当充分就业的产出水平为300时，

$$Y = 160 + \frac{200}{P}$$

$$P = \frac{200}{(300-160)} = 1.4$$

所以，价格提高了 $\Delta P = 1.4 - 1.1 = 0.3$。

第八章 通货膨胀理论

4. 解：(1) 由题意可知：

$$Y = 120\,000, \quad Y = M + \frac{60\,000}{P}, \quad M = 30\,000$$

所以

$$120\,000 = 30\,000 + \frac{60\,000}{P} \Rightarrow P = 0.67$$

即经济均衡时的价格水平为 0.67。

(2) 由题意可知：

$$r_c = 0.2, \quad r_d = 8\% = 0.08, \quad \Delta H = 1\,000$$

所以

$$\Delta M = \frac{\Delta H}{r_c + r_d} = \frac{1\,000}{0.2 + 0.08} = 3\,571.4 (亿元)$$

在此经济水平下，货币供给增加了 3 571.4 亿元。

(3) 由于货币供给增加为 30 000 + 3 571.4 = 33 571.4 亿元，所以有

$$120\,000 = 33\,571.4 + \frac{60\,000}{P} \Rightarrow P = 0.69$$

故

$$\frac{\Delta P}{P} = \frac{(0.69 - 0.67)}{0.67} = 0.298 = 3\%$$

在此经济水平下，价格上涨 3%。

5. 解：通货膨胀率近似地等于货币供给增加率 + 货币流通速度增加率 − 实际产出增长率。

依题意，有

$$\pi = 5\% - 1\% - 2\% = 2\%$$

在此经济水平下，通货膨胀率为 2%。

六、论述题

1. 答：(1) 通货膨胀。一般指大多数商品和服务的价格，在一定时期内持续普遍的上升过程，或者是说货币价值在一定时期内持续的下降过程。可见，通货膨胀不是指这种或那种商品及劳务价格的上升，而是指物价总水平的上升。一般认为，通货膨胀只有在纸币流通的条件下才会出现，在金银货币流通的条件下不会出现此种现象。因为金银货币本身具有价值，作为储藏手段的职能，可以自发地调节流通中的货币量，使它同商品流通所需要的货币量相适应。而在纸币流通的条件下，因为纸币本身不具有价值，它只是代表金银货币的符号，不能作为储藏手段，因此，纸币的发行量如果超过了商品流通所需要的数量，此时，流通中的纸币量比流通中所需要的金银货币量增加了，货币就会贬值。在宏观经济学中，通

货膨胀主要是指价格和工资的普遍上涨。

通货收缩。在宏观经济的实际运行中,若总需求大于总供给,表现为物价上升;若总需求小于总供给,表现为物价下降;若总供求大体平衡,则物价将大体稳定。在经济学中,持续的物价下跌即是指通货收缩。

通货紧缩是指在经济均衡的状况下,由于企业债务负担加重、货币供给锐减或银行信贷收缩等原因造成投资需求突然下降或泡沫破灭,居民财富萎缩造成消费需求突然剧减等原因使总需求下降,出现供给大于需求,于是物价下降。

滞胀又称为萧条膨胀或膨胀衰退。指经济生活中出现了生产停滞、失业增加和物价水平居高不下同时存在的现象,它是通货膨胀长期发展的结果。长期以来,资本主义国家经济一般表现为:物价上涨时期经济繁荣、失业率较低或下降,而经济衰退或萧条时期的特点则是物价下跌。西方经济学家据此认为,失业和通货膨胀不可能是同向发生。但是,自20世纪60年代末、70年代初以来,西方各主要资本主义国家出现了经济停滞或衰退、大量失业和严重通货膨胀以及物价持续上涨同时发生的情况。西方经济学家把这种经济现象称为滞胀。以弗里德曼为代表的货币主义者直接批判凯恩斯主义的通货膨胀政策,认为滞胀是长期实施通货膨胀的必然结果,以增加有效需求的办法来刺激经济,实质上是过度发行货币,经济中的自然失业率是无法通过货币发行来消除的。

(2) 通货膨胀、通货收缩和通货紧缩的区别在于:通货膨胀是一般价格水平在某一时期的持续上涨。通货收缩指消除或减少通货膨胀的过程。通货紧缩指价格水平在一定时间内的持续下降。当高通货膨胀与高失业率并存时,经济即陷入滞胀。

2. 答:按照西方经济学的解释,通货膨胀的主要原因有:需求拉上、成本推进、混合性以及结构性等因素。

(1) 需求拉上的通货膨胀。这是从总需求的角度来分析通货膨胀的原因,它是指商品市场在现有的价格水平下,经济的总需求水平超过总供给水平,导致的一般物价水平上升引起的通货膨胀。西方经济学家认为,不论总需求的过度增长是来自消费需求、投资需求,或是来自政府需求、国外需求,都会导致需求拉上的通货膨胀。需求拉上的通货膨胀发源于两大类因素:实际因素和货币因素。实际因素是导致 IS 曲线右移的因素,如资本边际效率上升从而使投资需求增加,出口需求增加而进口需求下降,以及增加政府支出或减税从而使消费需求增加等。货币因素是指能使 LM 曲线右移的因素,如货币供给增加或货币供给不变条件下货币需求减少。在经济的总供给没有达到充分就业的产出水平之前,总需求的增加在使价格水平上升的同时,也使总产出增加。随着经济接近充分就业产出水平,总需求再增加,产出也不会再增加,而只会导致价格水平的上升。

(2) 成本推进的通货膨胀。这是从供给的角度来分析通货膨胀的原因,它是指由于生产成本的提高而引起的一般物价水平的上升。供给就是生产,根据生产函数,生产取决于成本。因此,从总供给的角度看,引起通货膨胀的原因在于成本的增加。成本的增加意味着只有提高原有的价格水平才能达到原来的产出水平,即总供给曲线向左上方移动。在总需求不变的情况下,总供给曲线向左上方移动会使国民收入减少,价格水平上升。根据引起成本增加的原因不同,成本推进的通货膨胀可以分为工资成本推进的通货膨胀、利润推进的通货膨胀和进口成本推进的通货膨胀三种。

(3) 供求混合推进的通货膨胀。这是把总需求与总供给结合起来分析通货膨胀的原因。许多经济学家认为,通货膨胀的根源不是单一的总需求拉上或总成本推进,而是两者共同作用的结果。

(4) 结构性通货膨胀。结构性通货膨胀是由于各经济部门劳动生产率的差异、劳动力市场的结构特征和各经济部门之间收入水平的攀比等引起的通货膨胀。

通常,通货膨胀对经济活动的影响主要表现在以下四个方面:

(1) 通货膨胀的再分配效应。① 降低固定收入阶层的实际收入水平。即使就业工人的货币工资能与物价同比例增长,在累进所得税下货币收入增加使人们进入更高的纳税等级。税率的上升也会使工人的部分收入丧失。② 通货膨胀对储蓄者不利。随着价格上涨,存款的实际价值或购买力就会降低。③ 通货膨胀还可以在债务人和债权人之间发生收入再分配的作用。具体地说,通货膨胀靠牺牲债权人的利益而使债务人获利。只要通货膨胀率大于名义利率,实际利率就为负值。

(2) 通货膨胀的产出效应。① 在短期,需求拉动的通货膨胀可促进产出水平的提高;成本推动的通货膨胀却会导致产出水平的下降。② 需求拉动的通货膨胀对就业的影响是清楚的,它会刺激就业、减少失业;成本推动的通货膨胀在通常情况下,会减少就业。③ 超级通货膨胀(hyperinflation)导致经济崩溃。

(3) 通货膨胀税。一般来说,政府是通货膨胀的受益者。第一,政府是净的债务人。也就是说,政府是大债务人,居民户是债权人。于是,在通货膨胀时期,财富从债权人向债务人转移,亦即从居民户手中转移到政府手中。第二,通货膨胀还会使政府在累进制的税收制度中受益。这是因为在一般情况下,税收的基础是名义值。发生通货膨胀后,即使家庭和厂商的实际收入没有改变,但名义收入的增加,使得他们当中的一些人名义上成为高收入者,进入纳税阶层,另一些人则进入较高的纳税级别。指政府以通货膨胀政策来代替增税以支付其开支的做法。

(4) 增加交易成本。通货膨胀还会带来不确定性。通货膨胀率越高,不确定性也随着增大。因此,同不发生通货膨胀的时期相比,在通货膨胀时期,经济资源更多地被用于预期方面。同时,人们也不愿意签定长期的合同。结果,经济中交易费用上升。这都会给社会的产出水平带来不利的影响。另外,在发生通货膨胀时,人们会尽量减少货币的持有。因此,家庭和厂商都会在资产管理和物物交易等方面浪费比较多的经济资源。这会对社会的产出水平带来不利的影响。

3. 答:(1) 通货紧缩是指经济中货币供应量少于客观需要量,社会总需求小于总供给导致单位货币升值(货币代表的价值量增加或购买力增强),价格水平普遍和持续下降的经济现象。对这一定义的理解,需主要把握两点:一是通货紧缩的核心内容是货币供应量少于客观需要量;二是通货紧缩的标志是价格总水平的持续下降。

(2) 通货紧缩对经济运行的影响。

通货紧缩在一定程度上来说,对每一个持币待购的消费者都是有利的,因为在低利率和低物价的情况下,人们的实际购买力会增加。因此,伴随着经济增长率上升的长期轻度通货紧缩,能使社会经济在安定的环境中以一个恰当的速度增长。但是,通货紧缩对经济运行的消极影响是主要的。其消极影响具体表现在以下几个方面:

(i) 通货紧缩会形成经济衰退。由于通货紧缩增加了货币的购买力,倾向于使人们更多地储蓄,更少地支出。这样,通货紧缩会大大抑制个人消费支出。与此同时,物价的持续下跌会提高实际利率水平,即使名义利率下跌,资金实际成本仍然有所上升,致使企业投资成本昂贵,投资项目越来越缺乏吸引力,企业因此而减少投资支出。此外,商业活动的萎缩会产生更低的就业增长,并形成工资下降的压力,投资和消费需求的下降最终会造成经济衰退。

(ii) 通货紧缩会加重债务人的负担。通货紧缩一旦形成,企业负债的实际利率较高。与此同时,产品价格会出现非预期下降,收益率也随之下降,企业进一步扩大生产的动机随之减弱。生产出现停滞,企业归还银行贷款的能力有所减弱,这便使银行贷款面临更大的风险。一旦银行资产变坏,居民便倾向于更多地持有现金,从而导致"流动性陷阱"。如果企业要通过降低产品价格来保留产品销售市场,而实际上产量难以保证,企业就得减少就业,减少资本支出。消费者因此产生的第一反应是减少消费。这样,降低成本成为企业继续生存的必要条件,竞争导致价格下跌。

(iii) 通货紧缩会抑制消费。初看起来,通货紧缩对消费者是一件好事,因为消费者只需较低的价格便于工作可获得一定数量和质量的商品。但是,在通货紧缩条件下,就业预期、价格和工资收入、家庭资产和负债趋于下降,消费者会因此缩减支出,增加储蓄。总的来说,通货紧缩使消费总量趋于下降。

(iv)通货紧缩会增加银行业不良资产。通货紧缩一旦形成,便可能形成"债务——通货紧缩陷阱"。此时,货币的内在价值有所上升,实际债务负担则因货币成本上升而相应上升。虽然名义利率未变甚至下降,但实际利率居高不下,债务的实际负担会有所加重。而企业经营的困难,会最终体现在银行的不良资产上。当银行业面临系统性恐慌时,一些资不抵债的银行便会因存款人"挤提"而被迫破产。

4. 答:按照货币主义者的观点,只有在货币供给持续增长时,才会引起持续的通货膨胀,否则总供给曲线与总需求曲线的移动都不会引起持续的通货膨胀。货币供给保持不变,价格的上涨会减少实际货币量,提高利率,最终通货膨胀将会消失。货币与通货膨胀之间的关系,可通过货币市场均衡时,实际货币供给等于实际货币需求推导出来。即在货币市场均衡时,

$$价格水平 = \frac{名义货币供给量}{实际货币供给量}$$

这是通货膨胀的基本公式,它说明只有名义货币流通量相对于实际货币需求有所增加时,价格水平才会提高。这样,在实际货币需求量保持不变的情况下,货币供给量不变,价格水平的上升就不会长久持续下去。

另一方面,如果货币供给保持不变,但实际货币需求变化了,也会引起价格水平的上下波动。实际国民收入增长会增加实际货币需求,从而降低价格水平。第二个因素是利率水平,它是持有货币的机会成本,利率水平越高,人们对货币的实际需求就越少。

5. 答:关于通货膨胀的原因,西方经济学家对于通货膨胀的解释可分为三个方面:

(1)作为货币现象的通货膨胀。

货币数量论在解释通货膨胀方面的基本思想是,每一次通货膨胀背后都有货币供给的迅速增长,通货膨胀的产生主要是货币供给增加的结果。货币主义强调货币和货币政策的重要作用,认为通货膨胀只是一种货币现象,通货膨胀的最根本原因是货币供给量多于需求量,于是"通货膨胀是一定会到处发生的货币现象"。

(2)需求拉动通货膨胀。

需求拉动通货膨胀又称超额需求通货膨胀,是指总需求超过总供给所引起的

一般价格水平的持续显著上涨。总供给曲线起初呈水平状,总需求的增加不会引起价格水平的上涨。当总产量达到较高水平以后,继续增加总需求,就会遇到生产过程中所谓的瓶颈现象,即由于劳动、原料、生产设备等的不足而使成本提高,从而引起价格水平的上涨。当总产量达到充分就业的产量时,整个社会的经济资源全部得到利用。如果总需求继续增加,总供给就不再增加,因而总供给曲线呈垂直状。这时总需求的增加只会引起价格水平的上涨。

(3) 成本推动通货膨胀。

成本推动通货膨胀又称成本通货膨胀或供给通货膨胀,是指在没有超额需求的情况下由于供给方面成本的提高所引起的一般价格水平持续和显著的上涨。成本推动通货膨胀理论把推动通货膨胀的成本因素归结为工资和利润两个方面,所以,成本推动通货膨胀理论又分为两种,即工资推动通货膨胀理论和利润推动通货膨胀理论。① 工资推动通货膨胀是指不完全竞争的劳动市场造成的过高工资所导致的一般价格水平的上涨。工资推动通货膨胀理论把这种工资和价格的螺旋上升运动,即工资—价格螺旋视为通货膨胀的直接原因,把工会的存在所导致的不完全竞争的劳动市场视为通货膨胀的根源。② 利润推动通货膨胀是指垄断企业和寡头企业利用市场势力谋取过高利润所导致的一般价格水平的上涨。如果市场是垄断市场或寡头垄断市场,垄断企业和寡头垄断企业就可以利用其垄断的优势,通过控制产量和提高产品价格来获取高额垄断利润,这必然会推动价格水平上升,并使价格水平的上升速度超过生产成本的增长速度,从而引发通货膨胀。

(4) 结构性通货膨胀。

在经济运行过程中,在既不存在需求拉动,也不存在成本推动的情况下,仅仅是由于经济结构因素的变化也可以导致价格水平持续、显著的上涨,引发通货膨胀,这就是结构性通货膨胀。从经济结构本身所具有的特点来看,国民经济中各个部门各具特点且千差万别,这是导致结构性通货膨胀的根源。在工会追求工资均等化和公平原则的压力下,在劳动市场竞争的作用下,那些劳动生产率较低的部门、发展缓慢处在衰退阶段的部门和非开放的部门,其工资的增长速度会向生产率提高较快、正处于上升期和开放度高的先进部门看齐,使整个社会的货币工资增长速度具有同步增长的趋势。如果整个社会的工资增长速度都向那些先进的经济部门看齐,势必会导致全社会的工资增长率高于社会劳动生产率的平均增长率,这必然会导致价格水平的普遍上涨,从而引发通货膨胀,这种通货膨胀就是结构性通货膨胀。

七、案例分析

【案例 1 参考答案】 (1) 按照货币主义者的观点,只有在货币供给持续增长时,才会引起持续的通货膨胀,否则总供给曲线与总需求曲线的移动都不会引起持续的通货膨胀。货币供给保持不变价格的上涨会减少实际货币量,提高利率,最终通货膨胀将会消失。

(2) 按照货币主义自然率假说的观点,就业量是技术水平、风俗习惯、资源数量等非货币因素所决定的,因此 Y 与 M 无关。按照弗里德曼的看法,V 在长期中又是不变的常数,因此,货币数量 M 能影响的只是价格 P 以及由货币所表示的常量。因此,通货膨胀归根到底是一种货币现象。

【案例 2 参考答案】 (1) 通货膨胀一般指物价水平在一定时期内持续普遍的上升过程,或者是说货币价值在一定时期内持续的下降过程。造成通货膨胀的直接原因是国家货币发行量的增加,例如政府为了弥补财政赤字,或刺激经济增长,或平衡汇率等会增加货币的发行量,进而引发通货膨胀。

(2) 第一次世界大战之后,同盟国要求德国支付巨额赔款。这种支付引起德国财政赤字,德国支付最终通过大量发行货币来为赔款筹资,引发国内发生通货膨胀。

第九章 开放的宏观经济理论

第一部分 习 题

一、名词解释

1. 边际进口倾向 2. 汇率 3. 外汇 4. 国际收支 5. 经常项目 6. 资本项目 7. 贸易顺差 8. 贸易逆差 9. 资本净流出 10. BP 曲线 11. 浮动汇率制度 12. 固定汇率制度 13. 套汇 14. 国内均衡 15. 国外均衡 16. 购买力平价

二、单项选择题

1. 假定 $MPS=0.4, MPT=0, MPM=0.1$，如果出口增加 30 亿元，则国内收入将增加（　　）。

    A. 75 亿　　　　B. 45 亿　　　　C. 15 亿　　　　D. 60 亿

2. X-M 曲线斜率为负是因为（　　）。

    A. 收入增加时进口会减少

    B. 收入增加时出口会减少

    C. 收入增加时出口不变而进口减少

    D. 收入增加时出口不变而进口增加

3. 包含引致投资的 IS 曲线斜率为负因为（　　）。

    A. 储蓄比投资增加得快

    B. 收入变动时储蓄和投资的变动方向相同

    C. 储蓄比投资增加得慢

    D. 只有减少进口，增加投资，才能增加国民收入

4. 一般地说，国内投资增加将（　　）。

    A. 减少向其他国家的进口　　　　B. 增加出口而进口保持不变

    C. 改善外贸情况　　　　　　　　D. 恶化外贸情况

    E. 使进口、出口都增加，但进口的增加少于出口的增加

第九章 开放的宏观经济理论

5. 从均衡出发,出口增加将( )。
   A. 减少外贸差额　　　　　　B. 使储蓄超过国内投资
   C. 使投资超过储蓄　　　　　D. 降低均衡收入水平

6. 假定 $MPT=0$, $MPI=0$, $MPC=0.6$, $MPM=0.1$, $C_0=350$ 亿, $I=1050$ 亿, $T_0=0$, $G=1400$ 亿, $X=400$ 亿, $M_0=350$ 亿, 均衡收入为( )。
   A. 5 700 亿　　　　　　　　B. 9 000 亿以上
   C. 7 100 亿　　　　　　　　D. 约 3 600 亿

7. 经常项目账户上剩余为正,则( )。
   A. 进口大于出口
   B. 出口大于进口
   C. 进、出口都变化
   D. 进口和出口相等,且以相同速率变动

8. 如果经常项目账户上出现赤字,则( )。
   A. 出口和进口都在减少　　　B. 出口和进口相等
   C. 出口和进口相等且均减少　D. 出口小于进口

9. 如果自主进口为600亿元, $MPM=0.1$, $MPS=0.2$, $MPT=0.1$, 总收入为4 500亿元, 总进口为( )。
   A. 450亿　　　B. 1 050亿　　　C. 1 350亿　　　D. 1 500亿

10. 如果自主进口为150亿, $MPM=0.03$, 收入为5 000亿元, 则进口总值为( )。
    A. 150亿　　　B. 200亿　　　C. 250亿　　　D. 300亿

11. 假定 $MPC=0.55$, $MPI=0.14$, $MPT=0.2$, $MPM=0.05$, 开放经济中的有效外贸乘数的数值为( )。
    A. 1.5　　　B. 2.0　　　C. 2.5　　　D. 3.0

12. 一家英国厂商向美国出口商品,并把所得的10万美元的收入存入美国的银行,这样,应该在英国的国际收支平衡表中做出( )记录。
    A. 经常账户、资本账户的借方同记入10万美元
    B. 经常账户、资本账户的贷方同记入10万美元
    C. 经常账户的借方记入10万美元,资本账户的贷方记入10万美元
    D. 经常账户的贷方记入10万美元,资本账户的借方记入10万美元

13. 一家德国厂商在美国出售50万美元的长期政府债券,然后将收入暂时存入美国银行,这样,应该在美国的国际收支平衡表中做出( )记录。
    A. 经常账户、资本账户的借方同记入50万美元

B. 经常账户、资本账户的贷方同记入50万美元

C. 资本账户的短期资本项目借方,长期资本项目的贷方分别记入50万美元

D. 资本账户的长期资本项目借方,短期资本项目的贷方分别记入50万美元

14. 国际收支逆差将导致(　　)。
   A. 黄金、外汇储备减少　　　　　B. 本国货币贬值
   C. 国内产出水平下降　　　　　　D. 以上各项均正确

15. 美元贬值将会(　　)。
   A. 扩大美国出口并减少进口　　　B. 减少美国的出口和进口
   C. 增加美国的出口和进口　　　　D. 减少美国的出口并增加其进口
   E. 对美国的外贸无影响

16. 人民币升值将会(　　)。
   A. 增加美国对中国的出口　　　　B. 减轻中国的通货膨胀压力
   C. 增加美国的通货膨胀压力　　　D. 改善美国的国际收支状况
   E. 以上说法全部正确

17. 货币对外贬值可以(　　)。
   A. 促进出口,限制进口并减少外资流入
   B. 减少出口,限制进口并减少外资流入
   C. 促进出口,限制进口,鼓励外资流入
   D. 促进出口和进口,并鼓励外资流入

18. 如果世界上其他国家的物价上升得比美国的快,那么(　　)。
   A. 美元在国际市场中的地位会增强
   B. 外国货币将相对于美元升值
   C. 美国的国际收支状况将恶化
   D. 美国将能通过使用限制性的财政和货币政策来抵消对国际收支的影响

19. "黄金输出点"机制正常起作用时(　　)。
   A. 汇率是波动的,其变动幅度恰好等于黄金输出的运费加保险费
   B. 汇率是波动的,其变动幅度与战后布雷顿森林体系下的汇率波动幅度相等
   C. 汇率是波动的,其变动幅度大于"有管理的浮动"体系下的波动幅度
   D. 以上说法均不正确

第九章 开放的宏观经济理论

20. 在开放经济中 IS 曲线反映了利率和实际收入水平之间的关系,所以(　　)。
    A. 投资等于储蓄
    B. 政府支出减税收加出口减进口加投资减储蓄等于零
    C. 投资加税收等于储蓄加政府支出
    D. 投资加税收加进口等于储蓄加政府支出加出口

21. 世界实际收入提高将使下列(　　)。
    A. IS 曲线右移　　　　　　　　B. BP 曲线右移
    C. LM 曲线右移　　　　　　　　D. 三条曲线全部右移
    E. 以上说法均不准确

22. 国外利率的提高将使(　　)。
    A. IS 曲线左移　　　　　　　　B. LM 曲线上移
    C. BP 曲线右移　　　　　　　　D. BP 曲线左移

23. 在国际收支调节理论中(　　)。
    A. 在固定汇率下,LM 曲线总是在移动
    B. 在浮动汇率下,LM 曲线绝不移动
    C. 在固定汇率下,国际收支盈余会使 LM 曲线左移
    D. 在浮动汇率下,国际收支总是均衡的,所以对 LM 曲线无影响

24. 在固定汇率、固定价格水平、收入低于充分就业时的收入水平、完全的资本流动条件下,政府支出的增加将(　　)。
    A. 提高利率　　　　　　　　　　B. 提高国内信用
    C. 提高货币供给　　　　　　　　D. 产生一个国际收入逆差

25. 在浮动汇率、固定价格水平、收入低于充分就业水平、完全的资本流动条件下,货币供给的增加,将(　　)。
    A. 降低外汇储备的存量　　　　　B. 降低利率
    C. 使货币贬值　　　　　　　　　D. 使实际收入并不变化

26. 在浮动汇率、固定价格水平、收入低于充分就业水平、完全的资本流动条件下,国外价格水平的提高,将(　　)。
    A. 提高国内价格水平　　　　　　B. 提高实际收入
    C. 提高货币供给　　　　　　　　D. 降低外汇汇率

27. 在资本在国际间是完全流动的、汇率固定的条件下,总需求取决于(　　)。
    A. 国内货币与财政政策
    B. 国内货币政策、国际价格水平、国际利率水平和国际实际收入
    C. 国内货币政策和国际利率水平

· 543 ·

D. 国内财政政策、汇率、国际价格水平、国际利率和国际实际收入

28. 在资本在国际间完全流动、汇率浮动的条件下,总需求取决于( )。

   A. 国内货币与财政政策

   B. 国内货币政策、国际价格水平、国际利率水平和国际实际收入

   C. 国内货币政策和国际利率水平

   D. 国内财政政策、汇率、国际价格水平

29. 如果在美国,一辆汽车价格上涨5%,当加拿大元贬值时,在加拿大,进口的美国汽车价格将上升( )。

   A. 低于5%　　　　　　　　　B. 高于5%

   C. 正好5%　　　　　　　　　D. 幅度不确定

30. 如果在加拿大利息年率为10%,在美国是12%,加元对美元的汇率值可以预期( )。

   A. 下降　　　B. 上升　　　C. 不变　　　D. 波动

31. 在固定汇率条件下,国内信用增长率上升时( )。

   A. 将改善经常项目　　　　　B. 将使经常项目恶化

   C. 将使资本项目恶化　　　　D. 将使官方储备余额赤字增加

32. 在固定汇率条件下,货币供给由( )。

   A. 中央银行政策决定　　　　B. 外国中央银行政策决定

   C. 货币需求决定　　　　　　D. 外汇储备和国内信用决定

33. 当一国由封闭经济转向开放经济时,( )。

   A. GDP 增加了　　　　　　　B. 支出乘数提高了

   C. 一次性税收不会发生变化　D. 总支出曲线的斜率不会变

34. 开放经济的乘数( )。

   A. 与总支出曲线的斜率有关　B. 等于支出乘数乘以 MPC

   C. 等于 $\dfrac{1}{MPM}$　　　　　D. 当进口大于出口时下降

35. 推行经济增长措施需要( )。

   A. 鼓励储蓄　　　　　　　　B. 扩大投资

   C. 实行适宜的贸易政策　　　D. 上述答案都正确

三、判断题

1. 行业间贸易取决于各国不同行业的比较优势,此比较优势也决定了行业内部的贸易。

2. 在浮动汇率制下,一国国际收支可自动得到调整,不需要任何政府调节

影响。

3. 如果出口量和进口量对汇率的变化非常敏感,就不会出现 J 曲线效果。

4. 中央银行在外汇市场上购买美元时,本国的货币供给量就减少了。

5. 一国政府决定购买美元时,所采取的中立化政策即是在公开市场上出售债券。

6. 在浮动汇率制下,中央银行对外汇市场的干预,可减弱浮动汇率制的隔离效果。

7. 凯恩斯理论假定出口波动直接与国内收入相关,而进口则是自发地决定的。

8. 增加出口有助于增加国民收入;而增加进口则会减少国民收入。

9. 开放经济中 IS 曲线比封闭经济中的更为平缓。

10. 国际间资本流动越少,BP 线越陡峭。

11. 固定汇率下货币供给的增加总会提高总需求。

12. 浮动汇率下政府支出的增加将增加国民收入。

13. 开放经济总支出曲线的斜率较之封闭经济的陡峭。

14. 投资、储蓄的变化将引起经常账户赤字与政府预算赤字的变化。

15. 国际债务是较贫穷国家经济增长的一个障碍。

四、简答题

1. 假如政府想通过改变汇率而减少贸易赤字,那么,政府应采取何种货币政策?

2. 为什么对货币变化的预期会影响汇率?

3. 在开放经济中,如果价格、汇率等不变,IS 曲线如何变化? 有何经济含义?

4. 在开放经济中,乘数有何变化?

5. 进出口主要受哪些因素的影响?

6. 在开放经济中,IS 曲线怎样移动?

7. 国际收支平衡曲线的形态如何? 有何经济含义? 试解释。

8. 说明 BP 曲线移动的经济含义及其原因。

9. 在浮动汇率情况下,国际收支平衡的机制如何?

10. 在固定汇率情况下,国际收支平衡的机制如何?

11. 在顺差的萧条经济情况下,应该采取怎样的宏观经济政策?

12. 在逆差的萧条经济情况下,应该采取怎样的宏观经济政策?

13. 在顺差的过热经济情况下,应该采取怎样的宏观经济政策?

14. 在逆差的过热经济情况下,应该采取怎样的宏观经济政策?

15. 在开放经济中,货币政策如何影响产出?

五、计算题

1. 假设美国第一年的价格水平(百分比)$P_1 = 100$,外国(英国)的价格水平 $P_{1f} = 100$,它们第二年的价格水平分别为 $P_2 = 180, P_{2f} = 130$,汇率最初是每英镑兑 2 美元。

(1) 如果第 1~2 年间没有实质性的失调,第二年的汇率是多少?

(2) 如果实际汇率 $\dfrac{eP_f}{P}$,在第 1~2 年间下降 50%,第二年的汇率是多少?

2. 假设你预期英镑明年贬值 6%。美国的利率现为 4%,英国的证券(如政府公债)的利率是多少时,你才愿意用美元去购买,一年后再出售,换回美元?

3. 假设一个国家每年储蓄为 100 亿美元。在下列情况下,该国的投资为多少?

(1) 经常账户与政府预算都是平衡的;

(2) 政府预算是平衡的,经常账户赤字为 100 亿美元;

(3) 政府预算是平衡的,经常账户盈余为 100 亿美元;

(4) 经常账户是平衡的,政府预算赤字为 100 亿美元;

(5) 经常账户是平衡的,政府预算盈余为 100 亿美元。

4. 一年期间某国的有关资料如下:

国民生产总值	8 000 亿元
税收(减转移支付)	2 000 亿元
政府预算赤字	500 亿元
消费	5 000 亿元
投资	1 500 亿元
进口	1 500 亿元

(1) 政府对物品与劳务的支出是多少?

(2) 私人部门盈余或赤字是多少?

(3) 出口价值是多少?

(4) 贸易余额或赤字是多少?

5. 假定某经济的消费函数 $C = 20 + 0.8Y_d$,Y_d 为可支配收入,净税收 $NT = 40$,投资支出 $I = 100$,政府购买 $G = 50$,净出口函数 $NX = 50 - 0.05Y$。试求:

(1) 均衡收入。

(2) 在均衡收入水平上净出口余额。

(3) 投资从 100 增加到 120 时均衡收入和净出口余额。

第九章 开放的宏观经济理论

(4) 投资不变,当净出口函数变为 $NX = 40 - 0.05Y$ 时的均衡收入和净出口余额。

6. 在不考虑资本流动和汇率变动的情况下,已知某经济社会的宏观模型为

$$Y = C + I + X - M$$
$$C = 40 + 0.8Y$$
$$I = 50$$
$$X = 100$$
$$M = 0.2Y + 30$$

充分就业时的产出水平 $Y_f = 500$。求:
(1) 外贸乘数。
(2) 产品市场均衡的产出水平及贸易收支。
(3) 使贸易收支均衡的产出水平。
(4) 实现充分就业时的贸易收支。

7. 假设某国的宏观经济模型为:

$$\begin{cases} C = a + bY_D = 28 + 0.8Y_D \\ I = \bar{I} = 20 \\ G = \bar{G} = 26 \\ TR = \overline{TR} = 25 \\ T = T_0 + tY = 25 + 0.2Y \\ X = \bar{X} = 20 \\ M = M_0 + mY = 2 + 0.1Y \text{ (单位:10亿美元)} \end{cases}$$

(1) 试求该国的均衡产出与贸易赤字(或盈余)。
(2) 用图示说明均衡产出与贸易赤字的关系。

8. 考虑某宏观经济模型:(甲国)

收入 $Y = C + I + G + NX$ (9.1)

消费 $C = 80 + 0.63Y$ (9.2)

投资 $I = 350 - 2000r + 0.1Y$ (9.3)

实际货币需求 $\dfrac{M}{P} = 0.1625Y - 1000r$ (9.4)

净出口 $NX = 500 - 0.1Y - 100\left(\dfrac{EP}{P_w}\right)$ (9.5)

实际汇率 $\dfrac{EP}{P_w} = 0.75 + 5r$ (9.6)

547

其中，政府支出 G 为 750，名义货币供给 M 为 600，假定其他国家的价格水平 P_w 始终为 1.0，美国的价格水平前定为 1.0。

(1) 推导出总需求曲线的代数表达式。

(2) 求由模型所决定的 Y、r、C、I、NX 的值。

9. 利用第 8 题中的模型及给定的数字，计算能使产量仍保持原有水平，但利率下降 2% 时所需的货币政策和财政政策的组合，说明这一变化对美元币值、净出口、政府预算赤字和投资的影响。

10. 如果乙国经济中，净出口函数是 $NX = 800 - 0.1Y - 400\left(\dfrac{EP}{P_w}\right)$，利率和汇率间的关系是 $\dfrac{EP}{P_w} = 10r + 0.5$，其他关系式与第 8 题中的相同。

(1) 比较哪一国的开放程度更高？为什么？

(2) 计算政府支出增加 10 后宏观经济的变化情况。

(3) 计算货币供给增加 20 后宏观经济的变化情况。

六、论述题

1. 均衡汇率是如何决定的？影响汇率变化的因素是什么？

2. 试分析"马歇尔—勒纳条件"和"贸易 J 曲线"。

3. 国际收支平衡表包括哪些主要内容？下列各项情况应分别在国际收支平衡表中作何反映？

(1) 本国公民以美元支付到外国旅游观光的开支。

(2) 本国向外国出口商品，对方应在 90 天内付款。

(3) 本国一企业收到其海外子公司的股利，即投资于该国一公司的股票上。

(4) 本国一居民得到其海外亲友的外汇现款捐赠。

4. 在市场经济中，国际收支如何自动得到调整？

5. 什么是 BP 曲线，如何推导 BP 曲线？

6. 对进口商品征收关税和实行进口限额对本国经济分别会产生什么影响？

7. 当一国经济既处于通货膨胀又有国际收支赤字状况时，应当采取什么政策措施？

8. 冲销政策对宏观经济的稳定性的作用与影响是什么？

9. IS 曲线斜率在封闭经济和开放经济中有何不同？

10. 用资本流动下蒙代尔—弗莱明（Mundell-Fleming）模型讨论固定汇率与浮动汇率下的财政政策和货币政策作用。

七、案例分析

【案例 1】 A 国采取单方面盯住美元的汇率政策，一美元兑换 8.27A 元。A

国政府每年的财政赤字为3000亿A元,如果政府采用直接对央行发行国债来为财政赤字融资。

请分析:
(1)每年A国的外汇储备量能否平稳进行?
(2)该汇率制度崩溃前后,汇率、价格、名义货币及实际货币的变化情况。
(3)如果改成对公众发行国债,能否无限期推迟通货膨胀,为什么?(北京大学 2005研)

【案例2】 凯恩斯主义的宏观经济思想的核心是需求管理和相机抉择,凯恩斯主义认为,经济是不稳定的,会经常受到各种冲击,而冲击后由于存在价格和工资的粘性,所以经济体系往往很难进行自我调节,因而也需要政策工具对宏观经济进行调控。在开放经济条件下,财政政策和货币政策必须合理搭配,方可以发挥其政策效应。当前我国的宏观经济运行已经出现重大转折,经济发展的中期上升趋势已经确立,而且汇率制度亦有所调整,原有的行之有效的财政和货币政策组合因此难以适应当前经济形势的需要,必须及时进行相应的调整,才能使经济稳定持续地增长。

请分析:新形势下,经济政策搭配需如何调整?

第二部分 参考答案

一、名词解释

1. 边际进口倾向:新增加的收入中用于购买进口货部分所占的比例$\left(\frac{\Delta M}{\Delta Y}\right)$。

2. 汇率:买卖外国货币或对外国货币索取权需支付的价格,即两种不同货币之间的交换比例。

3. 外汇:以外币表示的能用于进行国际间结算的使用凭证和支付手段,包括外国货币、以外币表示的支票。

4. 国际收支:一个国家在一定时期内对外经济交易的全部系统记录。国际收支平衡表是系统记录一定时期内各种国际收支项目及金额的统计表。一国国际收支项目包括经常项目、资本项目、平衡项目。

5. 经常项目:在国际收支中涉及的商品和服务交易。包括贸易收支、服务收支、转移收支。

6. 资本项目:国际收支中涉及资产的交易部分。包括官方和私人的短期和长期资本输入和输出。

7. 贸易顺差:当经常项目中收入大于支出时,表现为盈余或顺差。

8. 贸易逆差:当经常项目中支出大于收入时,经常项目就表现为赤字或逆差。

9. 资本净流出:资本流出额减去资本流入额的差额,也是资本账户的逆差。

10. BP曲线:国际收支平衡线,是根据国际收支平衡模型推导出的表示国际收支平衡时收入和利率之间关系的一条曲线。

11. 浮动汇率制度:政府不加任何干预,由外汇市场上的供求力量自行决定汇率的制度。

12. 固定汇率制度:一国货币与它国货币之间的汇率基本固定不变的汇率制度,即使有波动,幅度也是极其微小的。如果出现促使汇率发生变化的压力,各国有关当局必须动用本国的黄金或外汇储备来稳定汇率,维持既定的汇率水平。

13. 套汇:利用各种汇票差异贱买贵卖以赚取汇价差额的外汇交易活动,分为时间套汇和地点套汇。

14. 国内均衡:宏观经济处于充分就业的水平上,并且没有通货膨胀的压力,经济稳定增长。

15. 国外均衡:国际收支平衡,既无国际收支顺差,也无国际收支逆差。

16. 购买力平价:是指一种传统的汇率决定理论,它认为货币如果在各国国内具有相等的购买力,那么这时的汇率就是均衡汇率。如果2美元和1英镑在各自的国内可以购买等同的货物,则2美元兑换1英镑便存在购买力平价。

二、单项选择题

1. D 2. D 3. A 4. D 5. B 6. A 7. B 8. D 9. B 10. D 11. B
12. D 13. D 14. D 15. A 16. E 17. C 18. A 19. E 20. B 21. E
22. D 23. D 24. D 25. C 26. D 27. D 28. C 29. B 30. A 31. D
32. C 33. C 34. A 35. D

三、判断题

1. 答:错误。【提示】行业间贸易取决于各国在不同行业的比较优势,但行业内的贸易则不能说是由这种比较优势决定的。产业行业内部贸易的原因是:第一,各国消费者偏好的多样性;第二,规模需要。

2. 答:正确。【提示】在浮动汇率制下,如果一国国际收支发生赤字时,外汇需求增加,供给减少,本国货币就会贬值,这就会刺激出口,抑制进口,使经常项目收支状况改善,国际收支赤字自动消除。相反情况发生时,国际收支同样可自动得到调整。

3. 答:错误。【提示】J曲线产生原因不在于进出口对汇率变化是否敏感,而

第九章 开放的宏观经济理论

在于汇率变动到进出口变动之间存在"时滞"。即使进出口对汇率变动很敏感,如果原来进出口合同还要履行,则并不会使进出口发生相应变动,因而曲线仍会产生。

4. 答:错误。【提示】一国在外汇市场上只能用本国货币购买美元,因此,中央银行在外汇市场上购买美元时,本国的货币供给量就增加了。

5. 答:正确。【提示】一国政府购买美元时,本国货币流通量会增加。为防止由此产生的通货膨胀,政府所采取的中立的政策应当是在公开市场上出售债券,把流通中增加的货币供给量收回到中央银行手中。

6. 答:正确。【提示】浮动汇率制的隔离效果是通过汇率本身的变动而产生的,并不需要中央银行对外汇市场的干预。如果中央银行进行干预,就减弱浮动汇率制的隔离效果。

7. 答:错误。【提示】凯恩斯理论假定,一国的出口主要取决于外国的收入,而进口则取决于国内的收入。

8. 正确。【提示】增加出口就是增加外国居民对本国产品的需求,从而有助于增加国民收入;而增加进口就是减少本国产品的需求,因此,会减少本国的国民收入。

9. 正确。【提示】在开放经济中,总需求中加入了净出口,利率的变动对影响支出的因素增多了,利率的上升不仅会减少投资,还会提高汇率,从而减少净出口和总需求,因此,开放经济的 IS 曲线比封闭经济中的 IS 曲线更平缓一些。

10. 正确。【提示】在国际间资本流动受到一些限制的情况下,利率的一定幅度变动,仅引起资本净流出的较少变动,为保持国际收支平衡,净出口变动也较少,从而国民收入也变动较少,所以,BP 线比较陡峭。

11. 错误。【提示】政府增加货币供给,货币市场供大于求,利率下降,引起投资需求从而总需求上升,导致国民收入增加。在开放经济中,利率下降引起资本外流,同时,收入增加,引起进口增加,导致国际收支逆差。在固定汇率制度下,政府只得动用外汇储备,抛售外汇,从而国内货币供给减少,抵消了扩张性货币政策效果。因此,在固定汇率下,扩张性货币政策只是暂时扩大总需求,从长期看,货币政策并不能调节经济。

12. 错误。【提示】政府支出增加,引起利率上升,收入增加。利率增加,引起资本流入,国际收支盈余。在浮动汇率制度下,收支顺差导致本币升值,从而出口减少,进口增加,从而净出口减少,收入减少,直至回复到原来的收入水平和利率水平。因此,在浮动汇率制度下,扩张性财政政策基本无效。

13. 错误。【提示】开放经济中,进口规模与国民收入水平相关。当收入增加时,部分增加的收入将用于购买国外的商品和服务;当国民收入下降时,国民将减少对外国商品和服务的购买。所以,开放经济的总支出曲线斜率较封闭经济的总支出曲线斜率平缓。

14. 正确。【提示】可以用介绍过的国民收入核算恒等式来说明,投资等于储蓄加经常账户赤字减政府预算赤字。

15. 正确。【提示】如果一个贫穷国家有大量国际债务,就需要有经常账户的盈余,以便支付利息与本金。从上题的等式可以看出,这就意味着一国的部分储蓄要用来进行债务支付,这就会减少能用于投资的储蓄。

四、简答题

1. 政府应采取扩张性的货币政策,促使利率下降,资本流出增加,减少对本币的需求,增加对外币的需求,从而导致本币贬值,以减少进口,增加出口,减少贸易赤字。

2. 答:如果投资者认为紧缩性的货币政策会引起通货膨胀率下降,那么相信美元一定会升值,从而出口会减少,进口会增加。尽管这种进出口的调整比汇率的变化缓慢得多,但这种调整迟早会发生。

3. 答:在开放经济中,IS 曲线更为陡峭,这表示当利息率下降时,产出增加的幅度变小。原因是:利息率下降时,投资会增加。这使收入增加,通过乘数的作用,总需求进一步增加。在开放经济中,在增加的收入中,有一部分要购买进口品,这使乘数变小。因此,当利息率下降时,产出增加的幅度变小。

4. 答:参考第 3 题。在封闭经济中,乘数为 $\frac{1}{1-b}$。在开放经济中,乘数为 $\frac{1}{1-b+m}$,其中,m 是边际进口倾向。可见,在开放经济中,乘数变小。

5. 答:价格下降引起出口增加、进口减少。本币贬值引起出口增加、进口减少。收入提高引起进口增加。

6. 答:在开放经济中,IS 曲线的位置不仅受到各种国内因素的影响,而且受到净出口的影响。这里仅考虑净出口的影响。净出口主要受到价格、汇率的影响。当价格下降或本币贬值时,净出口增加、总需求增加,IS 曲线向右边移动;反之,向左边移动。

7. 答:在利息率—产出平面上,BP 曲线向右上方倾斜。这表示当产出增加时,保持国际收支平衡要求利息率提高。当总产出(收入)增加时,进口增加,净出口减少。保持国际收支平衡要求资本净流出减少。而当利息率提高时,资本净流出减少。

第九章 开放的宏观经济理论

8. 答:BP曲线向上移动表明当收入不变时,实现国际收支平衡要求利息率提高。例如,当价格提高或本币升值时,净出口减少国际收支平衡要求资本净流出减少。而当利息率提高时,资本净流出减少。所以,当价格提高或本币升值时,BP曲线向上移动。

9. 答:在浮动汇率情况下,国际收支平衡的机制是汇率变动。逆差导致本币贬值,净出口增加,逆差减少,趋于国际收支平衡;顺差则导致本币升值,进行反方向的调整。

10. 答:在固定汇率情况下,国际收支平衡的机制是货币供给量的变化。顺差导致本币升值的压力。为了维持固定汇率,中央银行必须投放本币、回收外币。货币扩张一方面使利息率下降,资本净流出增加,顺差减少;另一方面使需求增加,收入增加,进口增加,顺差减少。这样,顺差逐渐趋于国际收支平衡。逆差则会导致货币收缩,以及进一步的调整,最后使逆差减少,趋于国际收支平衡。

11. 答:(1) 扩张货币一方面引起需求增加,产出增加,一方面引起顺差减少(见第10题),所以可取。

(2) 本币升值固然可以引起顺差减少,但同时引起净出口减少,需求减少,产出减少,所以不可取。

12. 答:(1) 扩张货币固然可以引起需求增加,产出增加,但同时引起逆差增加(见第8题),所以不可取。

(2) 本币贬值一方面引起需求增加,产出增加,另一方面引起净出口增加,逆差减少,所以可取。

13. 答:(1) 紧缩货币可以使需求减少。同时,紧缩货币导致收入减少,进口减少,顺差增加;另一方面,紧缩货币导致利息率提高,资本净流出减少,顺差增加。因此,紧缩货币政策不具有兼容性。

(2) 本币升值一方面引起顺差减少,另一方面引起净出口减少,需求减少。所以,本币升值政策具有兼容性。

14. 答:(1) 紧缩货币可以引起需求减少。同时,紧缩货币一方面引起收入减少,进口减少,逆差减少;一方面引起利息率提高,资本净流出减少,逆差减少。所以,紧缩货币政策具有兼容性。

(2) 本币贬值可以引起净出口增加,逆差减少;另一方面引起需求增加,导致过热经济"火上加油"。所以,本币贬值政策不可取。

15. 答:在开放经济中,由于本国人可以向外国人借钱,因此,货币政策在影响国内外支出方面的效力减弱了。但是另一方面这种效力又加强了,这种加强主要是通过改变汇率影响整个经济活动。例如,美联储实行紧缩性货币政策,提高利率,而其他国家没有调整利率,则外国资本就会流入美国,引起美元升值,美元升值限制了出口,刺激了进口,从而降低了总需求,降低了产出。

五、计算题

1. 解:(1) 由题意,第一年的实际汇率为

$$\text{实际汇率} = \text{名义汇率} \times \frac{P_{1f}}{P_1} = 2 \times \frac{100}{100} = 2$$

即实际汇率也是每英镑兑 2 美元。由于第 1~2 年间没有实质性失调,故保持原实际汇率水平,则第 2 年的名义汇率 e_2 为

$$e_2 = \text{实际汇率} \times \frac{P_2}{P_{2f}} = 2 \times \frac{180}{130} \approx 2.77$$

即每英镑兑 2.77 美元。

(2) 如果第二年的实际汇率下降 50%,则第二年的实际汇率和名义汇率为

$$\text{第二年的实际汇率} = \text{第一年实际汇率} \times (1-50\%) = 2 \times (1-50\%) = 1$$

$$\text{第二年的名义汇率 } e_2 = \text{第二年实际汇率} \times \frac{P_2}{P_{2f}} = 1 \times \frac{180}{130} = 1.38$$

即每英镑为 1.38 美元。

2. 解:国际间的投资活动(如证券买卖),除了考虑各国利率的差异,还应考虑到各国货币之间的汇率变化对收益的影响。

如果以 R_e 表示英国的证券利率,R_a 表示美国的利率水平,π 表示英镑明年的贬值率,e_i 表示第 i 年英镑的汇率,如果现在持有的美元数量为 M_a,则第 2 年的本利和应为

$$M_{2a} = M_a \times (1+R_a) = M_a \times (1+4\%) = 1.04 M_a$$

即如果用美元购买英国证券,一年后至少应获得 $1.04 M_a$ 单位的美元。

在现期汇率 e_1 下,M_a 可换英镑数量为

$$M_e = \frac{M_a}{e_1}$$

一年后本利和为

$$M_{2e} = M_e \times (1+R_e) = \frac{M_a}{e_1} \times (1+R_e)$$

一年后的汇率

$$e_2 = e_1 \times (1-n) = e_1 \times (1-6\%) = 0.94 e_1$$

一年后的本利和换成美元可得

$$M'_{2a} = M_{2e} \times e_2 = \frac{M_a}{e_1} \times (1+R_e) \times 0.94 e_1$$

第九章 开放的宏观经济理论

$$= 0.94(1 + R_e)M_a$$

由于 M'_{2a} 至少要等于 M_{2a}，由此有 $M'_{2a} \geqslant M_{2a}$，即

$$0.94(1 + R_e)M_a \geqslant 1.04M_a$$
$$R_e \geqslant 10.6\%$$

所以，只有当英国证券的利率超过 10.6% 时，在预期的英镑贬值率下，用美元购买英国证券才是有利可图的。

3. 解：根据国民收入恒等式：投资 = 储蓄 + 经常账户赤字 - 政府预算赤字，就可以计算出各种情况下的投资水平。

(1) 如果经常账户和政府预算都平衡，则投资等于储蓄，即 100 亿美元。

(2) 如果经常账户赤字为 100 亿美元，政府预算平衡，则投资为经常账户赤字加储蓄，即 200 亿美元。

(3) 如果经常账户盈余为 100 亿美元，则这一项减去储蓄，投资为零，即所有储蓄都作为贷款借给了外国人，以便他们购买该国出口品。

(4) 如果政府预算赤字为 100 亿美元，经常账户平衡，那么，投资为零，即所有储蓄都借给政府为预算赤字筹资。

(5) 如果政府预算盈余为 100 亿美元，则投资为这项盈余与储蓄之和，即 200 亿美元。

4. 解：(1) 由于政府预算赤字为 500 亿元，税收（减转移支付）为 2 000 亿元，所以，政府对物品与劳务的支出为 2 500 亿元。

(2) 储蓄减投资就是私人部门的盈余或赤字。投资为 1 500 亿元，但要计算储蓄。储蓄等于国民生产总值减税收减消费 1 000 亿元，因此，私人部门的赤字为 500 亿元。

(3) 国民生产总值为消费加投资加政府对物品和劳务的支出，再加净出口。由于已经知道出口价值之外的所有量，所以，就可以计算出出口价值。出口价值等于实际国民生产总值加进口减消费减投资再减政府对物品与劳务的支付，所以，出口价值为 500 亿元。

(4) 贸易余额赤字为 1 000 亿元。可以用两种方法计算出这一结果。第一是出口价值（500 亿元）减进口价值（1 500 亿元）得出贸易额赤字。第二是贸易余额赤字等于政府预算赤字（500 亿元）与私人部门的赤字之和。

5. 解：(1) $Y_d = Y - NT = Y - 40$，消费函数 $C = 20 + 0.8(Y - 40) = 0.8Y - 12$，由收入恒等式 $Y = C + I + G + NX$，有 $Y = 0.8Y - 12 + 100 + 50 + 50 - 0.05Y$，求得均衡收入 $Y^* = 752$。

(2) 在均衡收入下的净出口余额：

· 555 ·

$$NX = 50 - 0.05$$
$$Y^* = 50 - 0.05 \times 752 = 12.4$$

(3) 类似地,可以计算投资从 100 增加到 120 时,均衡收入为 832,净出口余额为 8.4。

(4) 净出口函数改变后,由收入恒等式可求得均衡收入为 712,净出口余额为 4.4。

6. 解:(1) 外贸乘数 K 与边际消费倾向 b、边际进口倾向 m 有关,根据已知的消费函数及进口函数可得 $b = 0.8, m = 0.2$。所以,外贸乘数为:
$$K = \frac{1}{1 - b + m} = \frac{1}{1 - 0.8 + 0.2} = 2.5$$

(2) 将 C, I, X, M 各式代入 Y 的均衡方程,得
$$Y = C + I + X - M = 40 + 0.8Y + 50 - (0.2Y + 30)$$

整理后得均衡产出为 $Y = 400$;此时的贸易收支 $(X - M)$ 为
$$X - M = 100 - (0.2Y + 30)$$
$$= 100 - (0.2 \times 400 + 30) = -10$$

即贸易赤字为 10。

(3) 为使贸易收支均衡,要求 $X - M = 0$,即 $100 = 0.2Y + 30$,所以,使贸易收支均衡的产出水平为
$$Y = \frac{(100 - 30)}{0.2} = 350$$

(4) 在 $Y = Y_f$ 的情况下,贸易收支为
$$X - M = 100 - (0.2Y_f + 30)$$
$$= 100 - (0.2 \times 500 + 30) = -30$$

即贸易赤字为 30。

7. 解:(1) 由已知的某国宏观经济模型,可知该国为开放经济条件下的状况,即均衡的国民收入取决于国内消费、投资、政府支出及净出口四个部门的经济总量。因此,收入恒等式为
$$Y = C + I + G + (X - M) \tag{9.7}$$

由于已知,有
$$C = a + bY_D = a + b(Y - T + TR)$$
$$= a + b(Y - T_0 - tY + TR) = a + b \times (1 - t)Y + b \times (TR - T_0)$$
$$= 28 + 0.8 \times (1 - 0.2)Y + b \times (25 - 25)$$

故

$$C = 28 + 0.64Y \quad (9.8)$$

将(9.8)式代入(9.7)式,有

$$Y = 28 + 0.64Y + 20 + 26 + (20 - 2 - 0.1Y)$$
$$(1 - 0.64 + 0.1)Y = 28 + 20 + 26 + 18$$
$$0.46Y = 92, \quad Y = 200$$

此时,$M = M_0 + mY = 2 + 0.1 \times 200 = 22$,则

$$X - M = 20 - 22 = -2(单位:10亿美元)$$

即该国的均衡收入为2 000亿美元,在此收入水平下有贸易逆差20亿美元。

(2) 图9.1(a)表示开放经济下均衡的国民收入的决定,取决于C、I、G及$X-M$线的大小及形状。

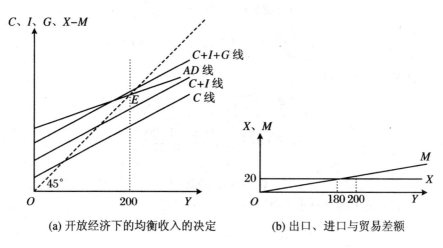

(a) 开放经济下的均衡收入的决定   (b) 出口、进口与贸易差额

图 9.1

当总收入为零时,总需求为$C + I + G + X - M = 92$,其中消费为28,投资与政府支出为46,而18为净出口。当收入增加时,总需求也增加。考虑了所得税后的边际消费倾向为0.64,因此,在既定的边际进口倾向为0.1的情况下,收入每增加1美元,将使消费增加0.64美元,而其中购买本国商品(即增加本国商品的需求)的为0.54美元,0.1美元用于进口商品的消费,在图形上表现为AD线较$C + I + G$线平缓。

均衡的收入为E点。此时,投资与政府支出为46,出口为20,而消费为$156 \times (28 + 0.64 \times 200)$,其中22单位用于进口商品,此时总需求为200,恰好等于收入水平,达到均衡状态。

图9.1(b)说明进、出口与贸易差额的关系。当均衡的收入达到200时,进口额

被收入的增加而增为22,此时出口仍为20,出现贸易逆差2。由图9.1所示还可知,只有当收入为180时,进口额为$2+0.1\times180=20$,恰好等于出口额,贸易平衡。

8. 解:(1)
$$Y = C + I + G + NX$$
$$= 80 + 0.63Y + 350 - 2000r + 0.1Y + 750 + 500 - 0.1Y - 100(0.75 + 5r)$$
$$= 1605 - 2500r + 0.63Y, 得$$
$$0.37Y = 1605 - 2500r$$
$$Y = \frac{1605}{0.37} - \frac{2500}{0.37}r \cdots\cdots\text{IS 曲线}$$

由货币市场均衡得
$$0.1625Y - 1000r = \frac{600}{P}$$

即
$$r = \frac{0.1625}{1000}Y - \frac{600}{1000P} \cdots\cdots\text{LM 曲线}$$

将 LM 代入 IS 方程,有
$$Y = \frac{1605}{0.37} - \frac{2500}{0.37}\left(\frac{0.1625}{1000}Y - \frac{600}{1000P}\right)$$

即
$$2.09797Y = \frac{1605}{0.37} + \frac{1500}{0.37P}$$

或
$$Y = \frac{1605}{0.37\times2.09797} + \frac{1500}{0.37\times2.09797P} \cdots\cdots\text{总需求曲线}$$

(2) 如果美国的价格水平前定为1.0,则收入为
$$Y = \frac{1500 + 1605}{0.37\times2.09797} = 4000$$
$$r = \frac{0.1625}{1000}\times4000 - \frac{600}{1000} = 0.05$$
$$C = 80 + 0.63\times4000 = 2600$$
$$I = 350 - 2000\times0.05 + 0.1\times4000 = 650$$
$$NX = 500 - 0.1\times4000 - 100\times(0.75 + 5\times0.05) = 0$$

9. 解:由第8题,当$G = 750, M = 600$时的产出水平为4000,利率为5%。

现要使利率由5%下降2%成为3%,但产出水平仍为4000,此时,由第8题(9.4)式得
$$M = (0.1625Y - 1000r) \times P$$
$$= (0.1625\times4000 - 1000\times3\%)\times1 = 620$$

由(9.2)式计算得:C仍然为2600;

第九章 开放的宏观经济理论

由(9.3)式计算得：$I = 350 - 2\,000 \times 3\% + 0.1 \times 4\,000 = 690$；

由(9.6)式计算得：$\dfrac{EP}{P_w} = 0.75 + 5 \times 3\% = 0.9$；

由(9.5)式计算得：$NX = 500 - 0.1Y - 100 \times 0.9 = 10$；

所以，$G = Y - C - I - NX = 4\,000 - 2\,600 - 690 - 10 = 700$。

即应实行扩张性的货币政策，增加 20 单位的货币供给总量；同时实行紧缩性的财政政策，减少 50 单位的政府支出额，才能使利率下降 2 个百分点，而总产出不变。

采取松的货币政策，将导致利率下降，投资增加；同时汇率下降，导致净出口额增加。由于产出保持不变，则政府财政收入保持稳定，但由于采取了紧的财政政策，政府支出减少，因此有助于减少政府的赤字。

10. 解：(1) 本题中所述的乙国的开放程度更高。

首先比较两国的利率与汇率的关系式：

$$\begin{cases} 甲国： \dfrac{EP}{P_w} = 0.75 + 5r \\ 乙国： \dfrac{EP}{P_w} = 0.5 + 10r \end{cases}$$

乙国的实际汇率对国内利率变动的敏感程度为 10，大于甲国的实际汇率对国内利率变动的敏感程度(为 5)。由于汇率可以直接影响一国的对外收支情况，因此乙国的国内利率变动与该国国际收支状况更密切相关，也说明乙国的开放程度更高。

其次，再比较两国的净出口函数

$$\begin{cases} 甲国： X = 500 - 0.1Y - 100\left(\dfrac{EP}{P_w}\right) \\ 乙国： X = 800 - 0.1Y - 400\left(\dfrac{EP}{P_w}\right) \end{cases}$$

那么，在不考虑汇率的前提下，乙国的自发性净出口额为 $800 - 0.1Y$，高于甲国(为 $500 - 0.1Y$)。同时，如果考虑汇率对净出口的影响，乙国的汇率变动对净出口的影响更大。(乙国为 400，而甲国为 100)

(2) 由第 8 题(1)中计算，有

$$r = \dfrac{0.162\,5}{1\,000}Y - \dfrac{M}{1\,000P} \tag{9.9}$$

$$I = 350 - 0.225Y + \dfrac{2M}{P} \tag{9.10}$$

将(9.9)式及实际汇率函数代入净出口函数,可得

$$X = 800 - 0.1Y - 400(0.5 + 10r)$$
$$= 800 - 0.1Y - 200 - 4000 \times \left(\frac{0.1625}{1000}Y - \frac{M}{1000P}\right)$$
$$= 600 - 0.75Y + \frac{4M}{P}$$

分别将 C、I、G、X 的表达式代入 Y 式,则有

$$Y = C + I + G + X$$
$$= 80 + 0.63Y + 350 - 0.225Y + \frac{2M}{P} + G + 600 - 0.75Y + \frac{4M}{P}$$

$$1.345Y = 1030 + G + \frac{6M}{P}$$

$$Y = 765.8 + 0.74G + 4.46\frac{M}{P}$$

因此,当政府支出增加 10 后,$\Delta G = 10$,有

$$\Delta Y^* = 0.74 \times 10 = 7.4$$
$$\Delta r = \frac{0.1625}{1000} \times \Delta Y = 0.12\%$$
$$\Delta C = 0.63 \times \Delta Y = 0.63 \times 7.4 = 4.66$$
$$\Delta I = -0.225 \times \Delta Y = -0.225 \times 7.4 = -1.67$$
$$\Delta X = -0.75 \times \Delta Y = -0.75 \times 7.4 = -5.55$$
$$\Delta E = 10 \times \Delta r = 10 \times 0.12\% = 1.2\%$$

(3) 政府增加 20 单位的货币供应量,即 $\Delta M = 20$,有

$$\Delta Y = 4.46 \times 20 = 89.2$$
$$\Delta r = \frac{0.1625}{1000} \times \Delta Y - \frac{1}{1000}\frac{\Delta M}{P} = -0.55\%$$
$$\Delta C = 0.63 \times \Delta Y = 0.63 \times 89.2 = 56.26$$
$$\Delta I = -0.225 \times \Delta Y + 2 \times \Delta M = -0.225 \times 89.2 + 2 \times 20 = 19.93$$
$$\Delta X = -0.75 \times \Delta Y + 4 \times \Delta M = -0.75 \times 89.2 + 4 \times 20 = 13.1$$
$$\Delta E = 10 \times \Delta r = 10 \times (-0.55\%) = 5.5\%$$

六、论述题

1. 答:在西方经济理论中,均衡价格理论被用来作为解释汇率决定的理论基础,这就是说,汇率也像商品的价格一样,是由外汇的供给和对外汇的需求所决定的,均衡汇率处于外汇的供给曲线和需求曲线的交叉点上。如果外汇的供给或者

需求发生变化,那么汇率就会变化,并按照新的供求关系达到新的均衡点,如图 9.2 所示。

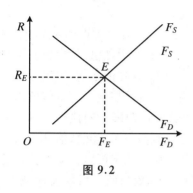

图 9.2

E 点即为由外汇供给曲线 F_S 与外汇需求曲线 F_D 所决定的均衡点,R_E 即为均衡汇率。

如果政府不对汇率进行干预,听任汇率市场上的供求关系自发地决定,那么这样的汇率就是浮动汇率。浮动汇率是通过外汇供给和需求的自发调节,最终实现均衡的。但在固定汇率下,政府可以通过干预外汇的供、求状况使汇率保持在固定的数值上,即以维持固定汇率的办法来实现汇率的均衡。当然,这种通过政府干预来维持固定汇率而实现的均衡汇率是需要付出代价的。

汇率变化由外汇市场上的供给和需求决定,而这种供求由以下三因素决定:

第一,进出口。如中国对美元的需求,由进口决定,即中国要买美国货时,必须用美元,形成对美元的需求,而美元的供给由出口决定,即中国厂商出口商品到美国,要用美元换成人民币,从而形成美元供给。中国出口大于进口时,美元供给超过需求,美元相对人民币就有贬值压力,即人民币有升值压力,反之则反是。

第二,投资或借贷。如果美国的利率或投资回报高于他国,则其他国家资本就会流入美国,形成对美元的需求;反之,如果美国人想到外国投资,就会形成对美元的供给。如果想到美国的投资超过了美国想到外国的投资,则美元就会升值,或者说汇率要上升。

第三,外汇投机。如果欧洲人预期美元相对欧元要升值,则会买进美元,以赚取美元升值的资本增益;相反,如果人们预期美元要贬值,则会卖出美元,从而使外汇市场上美元和有关外币的供求发生变化,进而影响汇率。

2. 答:汇率下降或者说本国货币贬值能在多大程度上增加出口,减少进口,从而改变国际收支,取决于该国出口商品在世界市场上需求弹性和该国国内市场对进口商品需求弹性。先看出口:只有出口商品的需求弹性大,本币贬值所引起的商品出口增加的幅度才会大于外币价格下降的幅度,从而使外汇收入增加;如果出口商品的需求弹性小,本币贬值(从而使出口商品便宜)所引起的出口增加幅度会小于本币贬值幅度,就只会使外汇收入减少。再看进口:本币贬值使进口减少,但如果国内市场对进口商品的需求弹性很小,则本币贬值(从而使进口商品价格上升)所引起的进口的减少幅度会很小,这时外汇支出不仅不会减少,反而还会增加。因此,货币贬值能否改善一国经常项目收支状况,取决于出口商品的需求弹性和进口商品的需求弹性。如果两者之和的绝对值大于 1，则贬值可改善一国经常项目收支状况，这一理论首先是由英国经济学家 A·马歇尔提出，后又经美国经济学家 A·勒纳发挥，因此，称"马歇尔—勒纳条件"。

一国货币贬值或升值时，该国贸易收支状况往往并不能立即改善或恶化，这是因为，进出口变动速度往往慢于价格变动速度。例如，本币贬值时，出口并不会立即增加，进口也不会立即减少。为什么呢？这是因为，在贬值之前，进出口合同一般早已签订好，进口或出口的数量一般都在事前几个月就规定了。本国货币贬值后，在新的出口或进口合同还未签约前，进出口数量仍照旧合同执行。本币贬值，即外币升值后，一国出口余额反而就会减少。例如，假定 1 美元从值 6 元人民币变为值 8 元人民币时，如果按旧合同出口一定数量商品原来可以得 4 万美元的话，现在只能得 3 万美元了。就是说，在贬值初期，一国出口收入可能反而减少，进口支出可能反而增加，因而经常项目收支状况可能反而恶化。只有经过一段时间以后，随着旧合同结束，新合同履行，一国出口收入才会增加，进口支出才会减少，从而使经常项目收支状况得以改善。当本币升值时，经常项目收支状况的变动则往往先有改善，随着时间的推移，才会逐步恶化。这种变动的轨迹呈 J 字形状，故称 J 曲线。J 曲线可见图 9.3 所示。

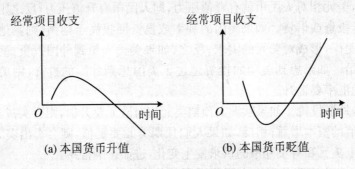

图 9.3　汇率与经常收支变动的 J 曲线

3. 答：国际收支平衡表是系统记录某一特定时间内一国与外国在一切经济往来中的收支状况的统计表，它是一国制定贸易、关税政策、决定汇率、利率水平、进行对外投资等宏观经济活动的重要依据。根据国际货币基金组织（IMF）的规定及各国的编制现状，国际收支平衡表一般分为三个部分。

第一，是经常账户。反映一国与国外之间真实资源的转移情况，包括货物、劳务、单方面转移等项目的收支情况，通常分为商品的进出口、运输、保险、旅游等劳务收支，私人或官方的单方面转移等项目。经常账户是国际收支中最基本的账户。

第二,是资本账户。反映一国与国外之间金融资产与负债的所有交易,通常分为直接投资、证券投资等长期资产,一年以下的短期资产等项目。

第三,是平衡账户。主要记录官方储备的增减,分配的特别提款权以及因统计误差带来的错误和遗漏,平衡账户的作用在于保证国家收支平衡表在采用借贷复式记账法记账与编表时,借方余额与贷方余额始终保持一致。

国际收支平衡表采用复式记账法,一般来说,进口商品和劳务,增加外国金融资产或官方储备,或减少对外负债时,记入相关账户的借方;而出口商品和劳务,减少外国金融资产或官方储备,或增加对外负债时,记入相关账户的贷方。

因此,发生某项国际收支业务时应在表中相关账户分别作出反应。

(1) 该项业务中,一方面本国发生劳务项目的支出,记入"经常账户—劳务支出"的借方;另一方面,减少本国的外汇资产,记入"资本账户—外汇"贷方。

(2) 该项业务中,一方面增加本国的短期对外金融资产,记入"资本账户—短期资产"的借方;另一方面减少本国的商品,记入"经常账户—出口"的贷方。

(3) 该项业务中,一方面本国长期对外金融资产增加,记入"资本账户—长期资产"的借方;另一方面,其来源是从国外取得的投资收入,记入"经常账户—投资收入"的贷方。

(4) 该项业务中,一方面本国增加外汇资产,记入"资本账户—外汇"的借方;另一方面属于国外对本国的私人单方面转移,记入"经常账户—单方面转移"的贷方。

4. 答:在市场经济中,当一国国际收支失衡时,主要是通过价格、收入、汇率等的变化,在市场作用下,使国际收支自动得到调节,趋向平衡。历史上在金本位制度下,如果一国发生了国际收支逆差,外汇供不应求,汇率就要上升,这时该国就要输出黄金,于是货币发行量及存款都要收缩,物价就会下降,这样出口增加,进口减少,国际收支就会得到改善。反之,则会发生相反的过程。这样,国际收支的不平衡就会通过黄金流动机制自动得到调节。金本位制度被纸币本位制取代后,这种经济中的自动调节作用是通过影响国民收入、物价水平及资本流动等各方面的变化,使国际收支自动得到调整的。例如,一国发生国际收支顺差时,国内金融机构持有的国外资产增加,使银行信用扩张,银根松弛,利率下降,由此导致① 国内消费和投资都增加,国民收入水平提高,进口增加,缩小原来的国际收支顺差。② 国内总需求增加,物价上涨,从而削弱本国商品在国际市场上的竞争能力,引起出口下降.进口增加。缩小原来的国际收支顺差。③ 资本外流,外国资本流入受阻,也缩小了原来的国际贸易顺差。④ 对外汇的供给大于需求,汇率下降,本国货币升值,使出口减少,进口增加,减少了贸易顺差。反之,如果出现国际收支逆差,则通过相互的调节过程,使国际收支状况自动得到改善。总之,在市场经济中,国际收支失衡会影响利率、价格、收入、汇率水平在市场作用下发生相应变化,从而自动调节国际收支状况。

5. 答:(1)BP 曲线指国际收支保持不变时收支和利率组合的轨迹,即 BP 曲线上的任何一点所代表的利率和收支的组合都可以使当期国际收支均衡。

(2)BP 曲线的推导有两种方法:公式法和图形法。

(i)公式法:结合开放经济中的 IS 曲线和净资本流出函数来推导。

BP 指国际收支差额,即净出口与资本净流出的差额:

$$国际收支差额 = 净出口 - 净资本流出$$

或者

$$BP = nx - F$$

按照宏观经济学的定义,一国国际收支平衡也称为外部均衡,是指一国国际收支差额为零,即 $BP=0$。如果国际收支差额为正,即 $BP>0$,称国际收支出现顺差,也称国际收支盈余。如果国际收支差额为负,即 $BP<0$,则称国际收支逆差,也称国际收支赤字。

当国际收支平衡时,即 $BP=0$ 时,有:$nx=F$,将净出口函数:$nx = q - \gamma Y - n\frac{EP_f}{P}$ 和净资本流出函数:$F = \sigma(r_w - r)$ 代入中,有

$$q - \gamma Y - n\frac{EP_f}{P} = \sigma(r_w - r)$$

化简为

$$r = \frac{\gamma}{\sigma}Y + \left(r_w - \frac{n}{\sigma}\frac{EP_f}{P} - \frac{q}{\sigma}\right)$$

上式表示,当国际收支平衡时,收入 Y 和利率 r 的相互关系。宏观经济学称此关系式为国际收支均衡系数,简称国际收支函数。在其他有关变量和参数既定的前提下,在以利率为纵坐标,收入为横坐标的直角坐标系内,国际收支函数的几何表示即为国际收支曲线或称 BP 曲线。从上式可知,BP 曲线的斜率为正,即 BP 曲线向右上方倾斜。

(ii)图形法:用图形转换的方法来推导(见图 9.4)。

如图 9.4 所示,其中,(a)图为净资本流出曲线,它是向右下方倾斜的。(b)图是横纵坐标的转换线,即 45°线,它表示净资本流出额与净出口额相等,两个项目的差额正好互相补偿,国际收支达到平衡。(c)图为净出口曲线。在(a)图中,当利率从 r_1 上升到 r_2 时,净资本流出量将从 F_1 减少到 F_2。假如,资本项目原来是平衡的,这时将出现顺差。为了保持国际收支平衡,根据 45°线,净出口必须从

nx_1 减少到 nx_2，按照净出口曲线，国民收入要从 Y_1 增加到 Y_2。这样，在保持国际收支平衡的条件下，利率和收入有两个对应点 C 和 D，同理也可以找到其他对应点，把这些对应点连接起来便得到 BP 曲线。

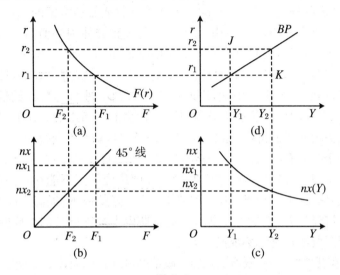

图 9.4

如图 9.4(d)中的 BP 线所示：BP 曲线上的每一点，都代表一个使国际收支平衡的利率和收入的组合。而不在 BP 曲线上的每一点都是使国际收支失衡的利率和收入组合。具体而言，在 BP 曲线上方的所有点均表示国际收入顺差即 $nx > F$；在 BP 曲线下方的所有点均表示国际收支逆差，即 $nx < F$。在 BP 曲线上方取一点 J，J 与均衡点 D 相比较，利率相同，收入较低，而其相交的净出口较高，即有 $nx > F$，在 BP 曲线下方任取一点 K，K 与均衡点 C 比较，利率相同，收入较高，故相应的净出量较低，即有 $nx < F$。另外，从上述 BP 曲线的推导中容易看到，净出口减少使 BP 曲线右移，净出口增加使 BP 曲线左移。

6. 答：一国政府可以采取各种不同的手段来干预本国的进出口，从而影响本国的经济活动。征收关税和实行进口限额是影响进口的两种主要方法，他们都可以起到限制本国的进口，保护国内同类产品的生产，调节国际贸易收支状况的作用，但它们对本国经济的影响是不同的。

对进口商品征收关税后，本国经济可能受到下述影响：

（1）该种商品的国内价格提高，不利于进口商品的销售，使进口数量受到限制。对进口数量的影响大小，取决于关税率的大小及该商品国内市场需求弹性的大小。税率越高，进口越受限制；弹性越大，进口也越受限制。

(2)由于国内价格提高,将促进本国同类产品生产厂商产量增加,导致成本下降,价格也随之下降,从而促进本国同类产品的生产和销售。

(3)政府得到了关税收入,可以用这种收入来从事与增加公共福利有关的事业,补偿消费者的损失。当然,关税要达到既有效地保护本国的产业又不使国际贸易状况恶化,就必须有一定的限度。过高的关税会使国外商品不再进口,同时引起贸易伙伴国报复,引起出口的缩减,国内经济状况恶化。

实行进口限额与关税不同的是:只要支付了进口税,进口商仍可以自己决定进口的数量;而实行了进口限额,则政府严格限制了进口商品的数量或者价值。因此,它排除了外国厂商的价格竞争对国内价格的任何影响。比如,如果外国厂商为了对付关税而压低价格,那么,关税对进口的影响就不会很明显,而进口限额则仍可以完全控制商品的进口。另外,进口限额也更有利于本国厂商免受国外同类产品的竞争,只要进口的数量达到限额,外国厂商甚至不能在本国市场上免费赠送产品,当然,这也不利于本国厂商改进技术,降低成本,提高产品的国际竞争力。同时,进口限额也给政府提供了一定时期内本国进口量的准确数据,便于政府加强对国际贸易状况的宏观控制。

7. 答:在开放经济中,政府宏观经济政策的最终目标应该是实现宏观经济的国内均衡和国外均衡,即使宏观经济处于充分就业的水平上,并且没有通货膨胀的压力,经济均衡增长,国际收支平衡。如果一国经济出现国内非均衡或国外非均衡,则可以采取相应的财政、货币、对外贸易政策的组合,使宏观经济趋向既定的目标。

当一国处于通货膨胀和国际收支赤字状况时,政府应当采取如下的政策组合:

(1)紧缩性的货币政策。如出售债券,回笼货币,提高准备率、再贴现率等。紧缩性的货币政策使国内利息率上升,一方面可以使投资下降,压缩总需求,有利于物价水平下降,减轻通货膨胀压力;另一方面进口量亦随收入水平的下降而减少,使国际收支赤字减少。同时,较高的利息率可以减少国内资本的外流,并吸收更多的国外资本流入,改善国际收支状况。

(2)紧缩性的财政政策。如削减财政支出,提高税率等紧缩性的财政政策可以抑制总需求,以配合紧缩性的货币政策的影响。

(3)贸易保护性政策。如提高进口关税,进口许可证与进口配额,非关税壁垒等;外汇管制政策,如制订限制外汇流出,促进外汇流入的政策等。贸易保护性政策和外汇管制政策可以减少进口,促进资本流入,有效改善国际收支状况,但会影响与本国经济往来密切的国家的利益,因此,需要考虑对方的反应,以免采取报复措施。一般来说,财政政策的作用对国内经济活动的调节效果比较直接;外贸、外汇政策对调节国际收支效果比较显著,但同时又会影响多边贸易关系;而货币

第九章 开放的宏观经济理论

政策是通过利息率来间接地调节国内总需求水平及国际收支状况的。在实际运用中,应考虑各种政策对经济总量的不同影响,相互配合、相互补充,以有利于客观经济同时实现国内、外的均衡。

8. 答:(1) 外汇储备的增加等于资本净流入和贸易顺差之和,即 $\Delta F = LTC + STC + X - M$,在弗列明—蒙代尔模型中,当国际收支处于平衡状态时,$\Delta F = 0$。但是,在更多的时候,国际收支是处于由非均衡向均衡过渡的状态。当一国的外汇市场供求因某种原因出现不均衡,外汇储备面临增加或减少的压力时,政府所必须做出的第一个抉择是对外汇市场是否进行干预。在浮动汇率制度下,政府一般不对外汇市场进行干预。国际收支黑字(国际收支顺差)将引起本币的升值。在其他情况不变的条件下,本币的升值将导致贸易状况的恶化。在通货膨胀的条件下,调整过程可能进行得更快,结果是外贸逆差将以更快速度出现。在固定汇率制度下,为保证汇率的稳定,政府必须进行干预,在出现国际收支黑字的情况下,政府干预的具体形式是由中央银行在外汇市场上买进外汇。这种做法能够维持汇率的稳定,因而贸易形式不会恶化,但却会给宏观经济的稳定带来问题。

(2) 当政府为维持汇率的稳定而由中央银行买进外汇时,在中央银行资产负债表上我们可以看到,由于外汇储备的增加,中央银行必须增发等值的基础货币,中央银行的负债也增加了。在其他条件不变的情况下,物价水平必然上升,通货膨胀形势恶化。面对这种形势,政府还需进一步做出选择:采取冲销政策以抑制物价上升还是不采取冲销政策听任物价上涨;如果听任物价逐步上涨,实际汇率会因物价上涨而逐步下降,即本币升值,出口竞争能力将逐步下降,外贸也将最终从顺差转变为逆差。在其他条件不变的情况下,官方外汇储备也将下降。最终的结果同政府采取不干预政策是类似的。所不同的是,采取干预政策,名义汇率得到维持,但汇率的稳定是以宏观经济中其他变量的不稳定为代价而取得的。

(3) 如果已经决定采取冲销政策,政府又有几种不同方法可以选择:第一,中央银行通过公开市场操作出售国债;第二,减少中央银行给银行系统的贷款;第三,提高准备率以降低乘数;第四,更严厉的信贷控制;第五,紧缩财政,增加税收,减少政府开支。

冲销政策可以降低因外汇储备增加而对经济产生的通货膨胀压力,以维持原有的宏观经济政策不变。但是,冲销政策也可能使国家付出沉重的代价。如果中央银行通过出售国债来冲销外汇储备的增加,中央银行减持国债所损失的利息可能大大高于中央银行增持外国资产所得到的利息。如果政府通过减少中央银行给银行系统的贷款来冲销外汇储备的增加,中央银行给各银行原有的贷款计划被打乱,许多企业将得不到应得到的贷款,整个经济的正常运行将受到破坏。如果政府通过提高准备率的办法来冲销外汇储备的增加,利息率水平将提高。一方面,整个经济运行将受到高利息率的不良影响;另一方面,高利息率很可能进一步刺激外资的进入,使外汇储备进一步增加。如果对利息率同时加以管制则整个金融体系的效率将会降低。如果政府采取更严厉的信贷控制来冲销外汇储备的增加,其消极影响可能比采用前两种办法更严重。政府采取紧缩财政的办法是可取的,但财政的严峻定位可能会使政府无法采取这种办法。

9. 答:在封闭经济中,总需求由个人消费、投资及政府支出三个部分组成,$AD = C + I + G$,由 $Y = AD$ 的恒等式推导出产品市场的均衡时总产出与利率之间的反向关系,即 IS 曲线。但在开放经济中,由于加入了国际经济部分,最大的变化是国内产出水平不完全取决于本国商品的国内消费。国内的消费中的一部分是对本国商品的消费,而一部分则来自于对外国商品的消费;同时,本国商品亦要提供给国外消费。对国内商品的总需求必须加入国外对国内商品的需求,即出口,再减去国内对外国商品的消费,即进口,$AD = (C + I + G) + (X - M)$,其中 $(X - M)$ 表示国外对本国商品的消费与本国消费的国外商品的差额,即净出口。如果外国的需求相对恒定为 X,而国内对外国商品的需求依据收入、汇率水平而变化,则收入提高时国内进口增加,净出口减少。由此可推导出开放经济下当国内产出等于国内总需求,即商品市场达到均衡时的 IS 曲线。

由于在开放经济中总需求一方加入了净出口,利率变动对影响支出的因素增多了,利率的上升不仅会减少投资,还会提高汇率(这是因为,本国利率上升,会影响更多国外资金流入本国,从而增加对本国货币需求,促使本国货币升值),从而减少净出口和总需求,因此开放经济中的 IS 曲线比封闭经济中的 IS 曲线更平坦一些。更平坦的 IS 曲线使支出的乘数作用要小一些,即由于开放经济中收入也会同时导致进口的增加,因而国内开支增加时,其作用的影响要小于封闭经济中的影响,如图 9.5、图 9.6 所示。

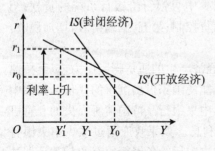

图 9.5 开放经济的 IS 曲线

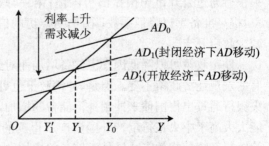

图 9.6 开放经济的 AD 曲线

第九章 开放的宏观经济理论

10. 答:(1)蒙代尔—弗莱明模型(Mundell-Fleming Model)是在开放经济条件下分析财政货币政策效力的主要工具,被称为开放经济下进行宏观分析的工作母机。蒙代尔—弗莱明进一步扩展了米德对外开放经济条件下不同政策效应的分析,说明了资本是否自由流动以及不同的汇率制度对一国宏观经济的影响,因而被称为蒙代尔—弗莱明模型。它将封闭经济下的宏观分析工具 IS-LM 模型扩展到开放经济下,并按照资本国际流动性的不同,对固定汇率制与浮动汇率制下财政政策和货币政策的作用机制、政策效力进行了分析研究。

蒙代尔—弗莱明模型的政策含义十分明确:在固定汇率和资本完全流动条件下,由于利率和汇率保持相对稳定,货币政策的传递机制,即通过利率变动影响投资,进而影响产出水平的机制,其功能自然会遭到比较严重的削弱,从而货币政策无效;同样道理,利率稳定即可以基本消除财政政策引起的挤出效应,从而实现财政政策的最佳效果。因此,当一国面临的外部冲击,主要是国际金融和货币因素的冲击时,则固定汇率制应该是较为理想的汇率制度。毕竟在固定汇率制下,国际资本套利活动可以自发化解货币因素的外部冲击,并且使财政政策纠正经济失衡的效果达到最优。

(2)固定汇率条件下 M-F 模型的宏观政策效应:

(i)资本自由流动条件下的 M-F 模型。

在 M-F 模型中,如图 9.7 所示,BP 线的斜率为零,即 BP 线为水平直线如图 9.7 所示。当国内利率超过国际利率,资本流入;反之,国内利率低于国际利率,资本流出。因此,一国的国内利率水平受国际市场利率水平的影响,政策当局的经济政策不但不能改变利率水平,反而要受国际资本流动的影响。

(ii)货币政策无效论。

如图 9.8 所示,中央银行通过扩张性的货币政策促进经济增长。货币供应量增加,$LM_0 \to LM_1$,利率下降到 E_1 点,则资本外流,国际收支逆差,并增加本币贬值的压力。为维持固定汇率,中央银行进行市场干预,$LM_1 \to LM_0$。其结果货币供应量与收入不变,但国际储备下降了。因此,在固定汇率与资本自由流动的情况下,货币存量是内生的,它主要取决与商品市场需求的影响。

假定由于种种原因,人们对商品需求增加(特别是扩张的财政政策刺激总需求),此时,$IS_0 \to IS_1$(如图 9.8 所示)国内利率上升,资本大量流入,则国际收支顺差,汇率面临升值压力。为维持汇率水平,中央银行市场干预使货币供应量上升,$LM_0 \to LM_1$。最终结果是总需求、收入与货币供应量均上升,国际储备增加。

M-F 模型的结论:在固定汇率制度下,资本流动的条件使得货币政策无力影响收入；而财政政策在影响收入方面则更有效力。

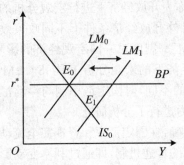

图 9.7 资本自由流动条件下的 M-F 模型

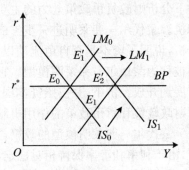

图 9.8 资本控制下的 M-F 模型

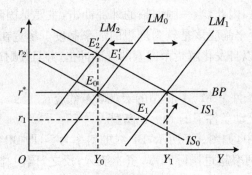

图 9.9 资本完全管制下的 M-F 模型

(iii) 资本完全管制下的情形。

在固定汇率条件下，如果政策当局实行资本管制，资本在国际间不能流动，则国内利率与国际利率水平存在差异，中央银行只需对经常项目下的外汇供求负责，LM_0 线会随国际收支的变化而移动。

假定中央银行主动采取扩张性货币政策，货币供应量增加，$LM_0 \to LM_1$，如图 9.9 所示，利率下降，总需求增加，为实现均衡，中央银行抛出外汇，满足进口，$LM_1 \to LM_0$，利率上升。这一过程将持续进行，直至恢复原来水平。可见，货币政策对经济没有实质性影响。

同样，以扩张性财政政策刺激总需求，使 $IS_0 \to IS_1$。中央银行进行干预，则 $LM_0 \to LM_2$。最终总需求、国民收入不变，只有 $r^* \to r_2$。

因此，在固定汇率和资本管制下，扩张性货币政策对总需求短期有效，长期无效。而在长期内，扩张性财政政策对总需求只影响结构，不影响水平。

第九章 开放的宏观经济理论

(3) 浮动汇率制度下 $M-F$ 模型的宏观政策效应：

(i) 资本自由流动条件下的货币政策（如图9.10）。

如果中央银行增加货币供应量，$LM_0 \to LM_1$，$r^* \to r_1$，资本外逃，本币贬值，进口增加，IS_0 上移直至 LM_1 与 BP 的交点 E_2，即新的均衡点，国内利率等于国际利率，总需求从 $Y_0 \to Y_1$。可见，在资本可以自由流动的前提下，货币政策对经济活动的影响是通过汇率来实现的。

(ii) 资本自由流动下的财政政策（如图9.11）。

考虑扩张性财政政策的后果。财政支出增加，$IS_0 \to IS_1$，IS_1 与 LM_0 交点 E_1，资本流入，本币升值，净出口减少，IS_1 向左移直至恢复到原位均衡才实现，此时，总需求不变。财政政策的扩张效应完全被净出口的减少所"挤出"。

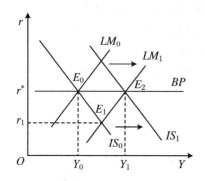

图9.10　货币扩张效应

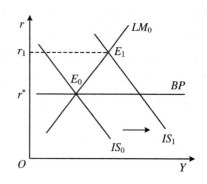

图9.11　财政政策效应

(iii) 资本管制条件下的宏观政策效应分析。

在浮动汇率制度下，若资本处于管制状态，中央银行无须动用外汇储备，汇率不断调整使经常项目总处于不平衡状态。对财政政策而言，政府的扩张增加产出，但汇率会贬值。对货币政策而言，货币供应量增加，也会引起产出增加，汇率下降，这与在资本自由流动条件下是一样的。需要注意的是，在资本管制情况下，需求变化的构成会与在资本自由流动条件下有所不同。

七、案例分析

【案例1参考答案】

(1) 如果直接对央行发行国债为财政赤字融资，同时要保证固定汇率时，必定会使外汇储备有所减少。在A国外汇储备丰富的情况下，通常造成的影响不大，但如果达到一定限度时，势必会导致其固定汇率制度的崩溃。

(2) 汇率制度崩溃前，汇率、价格、名义及实际货币都不变；汇率制度崩溃后，汇率开始浮动，货币贬值，汇率上升，价格上升，名义货币增加，但实际货币不变。

(3) 如果对公众发行国债,不能无限期地推迟通货膨胀。毕竟国债最终是要偿还的,并且需要支付利息,除非政府在对公众发行债券后能采取有关措施增加政府收入或削减政府支出,否则不能无限期地推迟通货膨胀。

【案例 2 参考答案】

根据凯恩斯主义理论,财政政策在拉动经济走出萧条时更有效,因为在经济萧条时货币政策处于流动性陷阱,难以发挥作用。而货币政策则能很好地控制经济过热,并且能推动经济持续增长。要实现经济持续地增长,就要适当调整目前的政策搭配,特别是开放经济条件下货币政策所发挥的作用。在财政政策方面,可以把原来直接投资基础设施的财政支出更多地投入公共服务领域,因为其投入增加的乘数效要少于投资基础设施建设,再大力投资基础设施也可能会进一步引发价格水平攀升,不利于经济稳定。在货币政策方面,要改善货币政策工具作用发挥的环境,主要是加快货币市场的基础性建设,使利率在调节投资方面起着更重要的作用。在汇率制度方面,要稳步放宽汇率浮动幅度、增强利率—汇率的联动作用。综上所述,我国当下宜实行稳健的财政政策和扩张的货币政策搭配,制定经济政策要根据当前的宏观经济形势,才可以使经济更稳定与长期增长。

第十章 经济增长理论

第一部分 习 题

一、名词解释

1. 经济增长 2. 实际增长率 3. 有保证的增长率 4. 自然增长率 5. 不稳定原理 6. 资本广化 7. 人力资本 8. 经济增长的黄金分割律 9. 技术进步 10. 资本深化 11. 经济发展 12. 内生经济增长 13. 索洛剩余

二、单项选择

1. 经济增长的标志是(　　)。
   A. 社会生产能力的不断提高　　B. 社会福利水平的提高
   C. 城市化步伐的加快　　D. 工资水平的提高
2. 经济增长在图形上表现为(　　)。
   A. 生产可能性曲线内的一点　　B. 生产可能性曲线向内移动
   C. 生产可能性曲线向外移动　　D. 生产可能性曲线外的一点
3. 可持续发展指的是(　　)的经济增长。
   A. 没有过度的技术进步　　B. 没有过度的人口增长
   C. 没有过度的资本投资　　D. 没有过度地使用自然资源
4. 资本深化是指(　　)。
   A. 增加每单位资本的工人数　　B. 增加人均资本量
   C. 减少人均资本量　　D. 将资本从低效部门重新配置到高效部门
5. 在哈罗德—多马模型中,刻画投资需求效应的是(　　)。
   A. 乘数　　B. 资本边际效率
   C. 加速数　　D. 以上都不对
6. 已知资本—产量比是5,储蓄率是20%,按照哈罗德增长模型,要使储蓄全部转化为投资,增长率应该是(　　)。

A. 4%   B. 6%   C. 5%   D. 8%

7. 按照哈罗德的看法,要想使资本主义在充分就业的情况下稳定地增长下去,其条件是(   )。

　　A. $G_A = G_W = G_n$　　　　　　B. $G_A = G_W$
　　C. $G_A = G_n$　　　　　　　　　D. $G_A > G_n$

8. 经济增长很难保持稳定,呈现出剧烈的波动状态,这是(   )。

　　A. 哈罗德增长模型的结论
　　B. 新古典增长模型的结论
　　C. 哈罗德增长模型和新古典增长模型的共同结论
　　D. 既不是哈罗德增长模型的结论,也不是新古典增长模型的结论

9. 在长期内最有可能实现的是(   )。

　　A. 实际的增长率　　　　　　　　B. 有保证的增长率
　　C. 自然增长率　　　　　　　　　D. 以上都不对

10. 在生产函数 $F = AK^a N^{(1-a)}$ 中,全要素生产率是指(   )。

　　A. a B. A C. K D. N

11. 资本与劳动在生产上是可以相互替代的,是(   )。

　　A. 哈罗德模型的假设条件
　　B. 新古典增长模型的假设条件
　　C. 新剑桥经济增长模型的假设条件
　　D. 哈罗德模型和新古典增长模型共同的假设条件

12. 新古典增长模型的均衡点是指(   )。

　　A. 实际增长率等于有保证的增长率
　　B. 整个社会的积累正好用于装备新增加的人口
　　C. 有保证的增长率等于自然增长率
　　D. 实际增长率等于自然增长率等于有保证的增长率

13. 根据新古典增长模型,若资本增长 1%,劳动投入不变,则经济增长(   )1%。

　　A. 大于   B. 等于   C. 小于   D. 不确定

14. 根据丹尼森的研究,经济增长最大的可衡量源泉是(   )。

　　A. 物质资本的积累　　　　　　　B. 工时的缩短
　　C. 资源的重新配置　　　　　　　D. 人力资本的积累

15. 罗伯特·索洛在对生产率增长的研究中,将注意力集中在(   )。

　　A. 减少人口增长　　　　　　　　B. 对物质资本的投资

C. 技术革新　　　　　　　　　D. 人力资本的投资

16. 托马斯·马尔萨斯曾经预测人口将以超出生产能力增长所能支撑的速度扩张。他的预言之所以没有兑现可以归因于(　　)。
    A. 劳动力的增长　　　　　　B. 收益递减规律
    C. 乘数—加速原理　　　　　D. 技术进步

17. 经济增长理论主要论述的是(　　)。
    A. 投资对潜在的实际国民收入的影响
    B. 投资在短期内对总需求的影响
    C. 实际国民收入围绕潜在国民收入周期性的波动
    D. 某段时期结构性失业的减少

18. 经济增长的程度可以用(　　)来表示。
    A. 产量　　　B. 增长率　　　C. 人均产量　　　D. 收入

19. 根据索洛模型,劳动投入增加对经济影响是(　　)。
    A. 经济不增长　　B. 经济倒退　　C. 经济增长　　D. 无关

20. 根据索洛模型,生活水平的不断提高是由于(　　)。
    A. 持续高增长的储蓄率　　　B. 技术进步
    C. 较高的人口增长率　　　　D. 以上都对

21. 下面哪些不是贫穷国家经济发展的障碍?(　　)
    A. 人口增长　　　　　　　　B. 跨国公司存在
    C. 低储蓄率　　　　　　　　D. 技术进步

22. 提高经济增长率的重要途径是(　　)。
    A. 建立多项税收　　　　　　B. 削减就业人数
    C. 提高投资产出比率　　　　D. 增加人口

23. 下面哪种情况属于资本深化(　　)。
    A. 人口增长5%,资本存量增加4%
    B. 人口增长5%,资本存量增加10%
    C. 人口增长5%,资本存量增加5%
    D. 人口增长5%,资本存量不增长

24. 下列哪一项体现了过度经济增长带来的负面影响(　　)。
    A. 气候变暖　　　　　　　　B. 森林被过度砍伐
    C. 物种灭绝　　　　　　　　D. 以上都是

25. 假设要把产量的年增长率从5%提高到7%,在资本—产量比率等于4的前提下,根据哈德罗增长模型,储蓄率应达到(　　)。

A. 28%　　　　B. 30%　　　　C. 32%　　　　D. 20%

26. 根据索洛模型，n 表示人口增长，$\&$ 表示折旧率，每个工人资本的变化等于（　　）。

　　A. $sf(k)+(\&+n)k$　　　　　B. $sf(k)+(\&-n)k$

　　C. $sf(k)-(\&+n)k$　　　　　D. $sf(k)-(\&-n)k$

27. 根据索洛模型，人口增长率的上升将（　　）。

　　A. 提高每个工人资本的稳定状态水平

　　B. 降低每个工人资本的稳定状态水平

　　C. 对每个工人没影响

　　D. 无法判断

28. 随着技术进步和知识更新（　　）。

　　A. 投资的收益递减将导致资本—产出比率下降

　　B. 资本边际收益曲线呈一水平线

　　C. 资本边际收益曲线向左移动

　　D. 资本边际收益曲线向上移动

29. 在没有技术变故的情况下，资本的深化最终会（　　）。

　　A. 提高资本—产出比率

　　B. 降低资本—产出比率

　　C. 使产出数量增加，而且增加的比例大于资本增加的比例

　　D. 使产出数量增加，而且增加的比例小于资本增加的比例

30. 多马模型意味着（　　）。

　　A. 为了维持充分就业，投资不仅必须在整个时期内增长，而且必须以一种递增的速度增长

　　B. 如果净投资保持不变，则生产能力、总需求都不会增长

　　C. 总需求将毫无困难地跟上生产能力

　　D. 技术因素在经济增长中具有十分重要的意义

31. 哈罗德的自然增长率（　　）。

　　A. 使企业家满意于他们已经做出来最优的决策，并将在未来继续做出类似的决策

　　B. 确保没有过剩的生产能力

　　C. 往往是经济自发的经历

　　D. 考虑到了人口增长和技术进步

32. 如果劳动和其他的投入基本固定，生产中使用的资本数量增加了，且资

本—产出比率为常量,那么(　　)。
　　A. 资本—劳动比率一定下降了　　B. 资本价格一定下降了
　　C. 收益递减规律一定在起作用　　D. 一定有技术进步
33. 下列哪些政府活动会使长期增长率有效?(　　)
　　A. 货币政策　　　　　　　　　B. 劳动力市场政策
　　C. 教育和科研政策　　　　　　D. 财政政策

三、判断题

1. 两个有着相同储蓄率的国家,由于人口增长率不同,人均收入也不相同。
2. 劳动和资本在生产中可以相互替代是哈罗德模型和新古典增长模型的共同假设。
3. 根据新古典增长理论,储蓄率直接决定稳定状态的收入水平。
4. 黄金分割率的提出可以帮助政府在稳定当前生活水平的同时,实现经济的稳定发展。
5. 促进不发达国家经济长期增长的关键因素是增加总需求,扩大市场。
6. 根据卢卡斯的观点,虽然知识可以自由传播,但是人力资本的流动却有一定的方向,这是造成穷国更穷的一个主要原因。
7. 根据哈罗德增长模型,若理想储蓄率小于实际储蓄率,且理想的资本产出比等于实际的资本产出比,则有保证的增长率大于实际增长率。
8. 根据索洛经济增长模型,一国人均收入的长期增长主要取决于资本积累速度,即取决于储蓄率。

四、简答题

1. 简述哈罗德增长模型的基本假设条件。
2. 简述哈罗德模型与多马模型的联系和区别。
3. 简述哈罗德—多马模型与凯恩斯国民收入决定论的异同点。
4. 简述哈罗德—多马增长模型的主要贡献和主要缺陷。
5. 简述新古典增长模型的基本公式。
6. 简述新古典增长模型与哈罗德—多马模型的主要区别。
7. 简述新古典增长模型中的黄金分割律。
8. 简述新经济增长理论的基本观点。
9. 简述新古典经济增长模型的基本假设。
10. 政府可以影响决定经济增长的因素有哪些?
11. 简述新古典经济增长模型中,储蓄率的变动对经济增长的影响。
12. 简述新古典增长理论的四个关键结论。

五、计算题

1. 假设资本—产出率为 3，一国的国民收入为 1000 亿美元，消费为 700 亿美元，而该年的储蓄全部转化为投资，按照哈罗德增长模型，第二年的增长率应该为多少？

2. 假如一国的产出要实现年增长率 G 从 4% 提高到 6%，在资本—产出比率 V 等于 2 的情况下，根据哈罗德增长模型，储蓄率 S 应怎样变化？

3. 一国国民收入中资本的份额 K 为 0.7，劳动的份额 L 为 0.3，若劳动供给增加了 5%，而资本供给减少了 8%，对产出的影响会怎样？

4. 在新古典经济增长模型中，人均生产函数为 $y=f(k)=2k-0.5k^2$，人均储蓄率为 0.2，人口增长率为 2%，求：

(1) 使经济均衡增长的 k 值。

(2) 黄金分割律所要求的人均资本量。

5. 假设某经济中的利润收入者的储蓄率为 15%，工资收入者的储蓄率为 5%，利润收入占总收入的 30%，工资收入占总收入的 70%。

(1) 求社会储蓄率。

(2) 如果劳动增长率为 2.5%，资本生产率为 0.25，一致性条件是否满足？若不满足，怎样调节？

(3) 若劳动增长率为 1.5%，又如何？

6. 假设在某一时期，资本的增长率 k 为 4%，劳动的增长率 n 为 2%，实际产出的增长率 y 为 5%。由统计资料得知资本的国民收入份额 a 为 0.3，劳动的国民收入份额 b 为 0.7。

(1) 计算总要素生产率的增长率。

(2) 假定一项减少预算赤字的政策使投资增加，资本的增长率 k 上升到 1%，产出的增长率将上升多少？

(3) 假定实行一项减税政策，使劳动供给增长 1%，实际产出的增长率将如何变动？

7. 一国国民经济增长率为 5%，其中资本增长率为 4.2%，劳动增长率为 1.7%，土地增长率为 2.2%。资本收入占国民收入的比例为 30%，劳动收入占国民收入的比例为 60%，土地收入占国民收入的比例为 10%，那么技术进步对国民经济增长率的贡献是多少？

六、论述题

1. 评述哈罗德模型。

2. 评述新古典增长模型。

第十章 经济增长理论

3. 评述哈罗德中性技术进步、希克斯中性技术进步和索洛中性技术进步理论。

4. 根据西蒙·库兹涅茨关于经济增长的定义,论述经济增长的含义和基本特征。

5. 为什么说哈罗德—多马增长模型是以凯恩斯的有效需求理论为基础的?

七、案例分析

【案例1】 1. 促进国际社会的共同发展是联合国和当前世界面临的头等大事,也是联合国千年首脑会议的重要话题。在经济全球化的趋势下,发展不平衡问题变得更加突出,南北差距扩大,贫富悬殊加深,人类财富正日益集中到世界少数富国和富人手中。正如安南在报告中指出的,近一半的世界人口每天只依靠不到2美元度日。因此,不少成员国希望联合国在全球化进程中发挥积极的主导作用,推动各国制订法规,以便建立公正、合理的国际政治、经济新秩序。

安南在报告中敦促各国积极行动起来,力争在2015年以前帮助10亿人口摆脱贫困。报告还要求发达国家对贫穷国家的产品敞开大门,减免其债务负担,并向其提供经济援助。

2. 在20世纪60年代和70年代的时候,反增长的游说主要受到一些学者的支持。然而,到了80年代和90年代,其支持的范围从某些大学的派别扩展到国会的下议院。游说争论的中心主要与空气污染有关。污染是增长的副产品,特别是某些条件放松以及某种经济活动有多种副产品时,污染情况就更严重。工业污染主要包括空气和水的污染,也包括噪音以及对自然风景的污染。

问题:

(1) 说明经济增长带来了哪些严重问题?

(2) 说明经济增长与经济发展的区别。

【案例2】 "十二五"规划确定未来五年我国经济增长的预期目标是年均增7%。对于这一目标的确定,温家宝总理的解释是:在今后五年以至中国经济发展的相当长时期,我们要把转变经济增长方式作为主线。真正使中国经济转到主要依靠科技进步和提高劳动者素质上来,着重提高经济增长的质量和效益。也就是由原来的追求经济增长速度向追求经济增长质量转变。

问题:运用新古典经济增长理论,并结合我国经济增长的实际,论述加大教育投入和企业研发投资的必要性。

第二部分 参考答案

一、名词解释

1. 经济增长：在宏观经济学中，经济增长通常被定义为产量的增加，这里，产量既可以表示为经济的总产量，也可以表示为人均产量。对经济增长的具体定义有：① 经济增长是指一国或地区所生产的物质产品和劳务在一个相当长时期内的持续增长，即实际总产出的持续增加。② 经济增长是按人口平均计算的实际产出，即人均实际产出的持续增长。③ 库兹涅茨认为经济增长是为人们提供各种经济物品的能力的长期增长，这一能力的不断增长是由技术进步以及体制和意识的相应调整。这一定义强调生产的可能性，而不是实际的生产。经济增长的程度以实际国民生产总值的增加额或增长率为指标来衡量。

2. 实际增长率：是指实际上所发生的增长率，即事后统计的增长率，它是根据储蓄率（s）与实际资本—产量比（v）而计算出来的，用 G_A 来表示：

$$G_A = \frac{s}{v}$$

3. 有保证的增长率：也称合意的增长率，是出自人们的意愿并愿意维持下去的增长率，用 G_W 表示：$G_W = \dfrac{s}{v_r}$ 其中 v_r 为意愿的资本—产量比。

4. 自然增长率：是自然资源、人口增长和技术进步所允许达到的最大、"最适宜的"增长率，以 G_N 来表示，显然 $G_N = n$。

5. 不稳定原理：哈罗德认为在现实生活中，实际增长率 G_A 并不必然等于有保证的增长率 G_W，二者的相等只能是偶然的事情。而一旦实际增长率与有保证的增长率之间出现偏差，经济活动不仅不能自我纠正，反而还会产生更大的偏离，这个结论被称为哈罗德的"不稳定原理"。

6. 资本广化：资本广化与资本深化相对应，又称"资本宽化"，是指经济增长过程中，资本积累和人口增长保持相同的速度，因而人均占有的资本量或资本劳动比率固定不变。资本广化的结果是在保持固定的资本—劳动比率的同时，使占有这样资本水平的人数增多了。

7. 人力资本：是指体现在劳动者身上的技术知识和技能存量。它不仅包括劳动力数量及其平均技术水平，还包括花费在教育、技能、健康、知识的改善以及新技术、新产品创新能力等方面开支所形成的"资本"。它之所以被称为"人力资本"，是因为无法将该资本和它的所有者分离。人力资本投资是指为了提高劳动

第十章 经济增长理论

者文化技术水平和劳动者素质而投到劳动者身上的投资,是无形资本,它与物质资本共同构成了经济增长因素中的投资。

8. 经济增长的黄金分割律:是经济增长理论中的一个重要结论。是由经济学家普尔普斯运用新古典增长模型分析得出的,认为如果资本—劳动比率达到使得资本的边际产品等于劳动的增长率这样一个数值,则可以实现社会人均消费的最大化。假定经济可以毫无代价地获得所需要的任何数量的资本,但将来它不得不生产出更多的资本存量。黄金律的内容是,要使每个人的消费达到最大,则对每个工人的资本存量的选择应使资本的边际产品等于劳动的增长率。如果目标是走上使每个工人的消费最大化的稳定增长道路,黄金分割律决定的数量是一个经济一开始应该选择的每个工人的资本量。

9. 技术进步:指科学技术和组织管理的改进导致劳动力和资本的效率提高,就是说,技术进步使劳动和资本这两种生产要素在一给定的投入量所生产的产量较之前增加。或者说,生产既定数量的产品所需投入量较前减少。

10. 资本深化:"资本广化"的对称,指在经济增长过程中,资本积累快于劳动力增加的速度,从而资本—劳动比率或人均资本量在提高。资本深化一般意味着经济增长中存在着技术进步。

11. 经济发展:经济发展不仅包括经济增长,而且还包括国民的生活质量,以及整个社会各个不同方面的总体进步,是一个综合性的概念。

12. 内生经济增长:用规模收益递增和内生技术进步来说明一个国家经济长期增长和各国增长率的差异。

13. 索洛剩余:又称索洛残差,是指不能为投入要素变化所解释的经济增长率。具体而言,索洛剩余是指在剥离资本和劳动对经济增长贡献后的剩余部分。一般认为剩余部分是技术进步对经济增长的贡献分析。

二、单项选择

1. A 2. C 3. D 4. B 5. A 6. A 7. A 8. A 9. C 10. B
11. B 12. B 13. C 14. D 15. B 16. D 17. A 18. B 19. C 20. B
21. B 22. C 23. B 24. D 25. A 26. C 27. B 28. D 29. A 30. A
31. D 32. D 33. C

三、判断题

1. 正确。【提示】根据新古典经济增长模型,人口增长率的提高会降低人均资本的稳态水平,进而降低人均产量的稳态水平。

2. 错误。【提示】哈罗德模型中假设资本和劳动不能相互替代,因而得出了一条非常狭窄的经济增长路线。而在新古典经济增长模型中,假设二者在价格机制的调解下可以相互替代,从而保证经济可以实现稳定增长。

3. 正确。【提示】新古典增长模型中,储蓄率的增加可以直接导致 $sf(k)$ 曲线上移,从而导致 k^* 右移,这样储蓄率的提高增加了稳定状态的人均资本和人均产量。

4. 正确。【提示】黄金分割率指稳定状态人均消费最大化所对应的人均资本水平。它具有这样的性质:经济稳态时,如人均资本存量与黄金分割状态下的人均资本存量不相等,则可以通过调节消费或储蓄,使人均资本达到黄金分割水平。对政府而言,可以在稳定当前生活水平的前提下,实现经济稳定均衡增长。

5. 错误。【提示】根据内生经济增长理论,使经济长期稳定增长的重要因素是对知识生产和人力资源进行投资,而增加总需求,扩大市场只能在短期内促进经济增长。

6. 正确。【提示】根据相卢卡斯的观点,人力资本和知识是有关系但又有区别的概念。人力资本密集的地方往往会出现递增的规模收益,因此,人力资本会从人力资本稀少的地方流向人力资本稠密的地方,同时相关的物质资本也会流动,因此造成了穷国的贫困。

7. 错误。【提示】有保证的增长率 $G_w = \dfrac{s_r}{v_r}$,实际增长率 $G_A = \dfrac{s}{v}$,若 $s_r < s$,$v_r = v$,则 $G_w < G_A$,即有保证的增长率小于实际增长率。

8. 错误。【提示】根据索洛增长模型,一国人均收入长期增长只与该国的技术进步有关,且人均收入增长率等于技术进步率,与储蓄率无关。

四、简答题

1. 答:哈罗德增长模型包括以下几个假设前提:① 全社会只生产一种产品,它既是消费品,又可以是投资品。② 储蓄是国民收入 Y 的函数,即 $S = sY$,这里的 s 代表储蓄率,即储蓄在国民收入中所占的比例。③ 生产过程中只使用两种生产要素,即劳动 L 和资本 K。④ 劳动力按照一个固定不变的比率增长。⑤ 规模报酬不变,如果资本与劳动同比例增加(如一倍),产量也增加一倍。⑥ 不存在技术进步,资本存量 K 也不存在折旧问题。

2. 答:哈罗德模型与多马模型的联系和区别可归纳为:

(1) 它们都是以凯恩斯有效需求理论为基础的,并把凯恩斯的分析方法扩展到长期的、动态的分析,尤其是明确提出了投资对生产能力的扩大作用。

(2) 它们都说明了使经济保持均衡增长,收入、投资应按一定的比例增长。但在论述长期均衡增长的困难时,多马的解释是投资不足,而哈罗德的解释是缺乏使自然增长率与有保证的增长率相等的机制。

(3)它们都论述了均衡增长的不稳定性,一旦经济偏离均衡增长,其差距会越来越大。

(4)它们在假设中均包含了劳动和资本相互之间不能替代的约束,即资本和劳动的配合比例是固定不变的。

(5)它们的侧重点有所不同,哈罗德模型主要是研究保持什么经济增长率才能使储蓄全部转化为投资;而多马模型主要是研究投资的增长率为多少时可以充分利用扩大的生产能力。

由于两个模型研究的方法、内容基本一致,经济学家将它们合称为哈罗德—多马模型。

3. 答:"哈罗德—多马模型"与凯恩斯的国民收入决定论的相同点在于:两者都运用均衡分析法,考察总供给与总需求相互平衡所需具备的条件和有关变量的数值;均衡条件都是储蓄和投资相等。

二者的不同点在于:凯恩斯认为投资是表示对生产资料的需求,并通过"乘数"效应,连续带动人们的消费需求,从而在经济重新恢复均衡时,多倍地扩大了产品的生产量和参与生产的人们的收入。而按照哈罗德和多马的论证,投资不仅具有引起需求增加的效应,还有引起生产能力增加的效应,即必须注意到生产能力的增加,并使新的生产能力在下一期中得到充分利用,才能使经济长期地均衡发展下去。西方经济学界认为哈罗德—多马经济增长模型是对凯恩斯主义经济学的一个发展。

4. 答:该模型的主要贡献包括:将凯恩斯理论动态化、长期化,开创了新的动态经济理论——现代经济增长理论;突出了资本积累在经济增长中的作用;强调经济不稳定性的"内生性",并且经济不稳定的周期波动具有"累积"效应,认为需要政府干预来消除经济波动。

主要缺陷是:第一,没有考虑技术进步对经济增长的促进作用,降低了该模型的解释力;第二,过于强调储蓄和资本形成的作用,忽视了其他因素。

5. 答:新古典增长模型的假设是:全社会只生产一种产品;储蓄函数为 $S = sY$;不存在技术进步和资本折旧;规模报酬不变;劳动和资本可以相互替代,且这两个生产要素总能得到充分利用;劳动力按一个不变的比率 n 增长。

在这些假定条件下,索洛将生产函数理论引入经济增长理论,推导出新古典增长模型的基本公式:

$$sf(k) = k^* + nk$$

其中,s 为储蓄率,k^* 为单位时间内人均资本的改变量,k 为人均资本占有量,$y = f(k)$ 为人均资本形式的生产函数。

这一基本公式说明,一个社会在单位时间内(如1年)的人均储蓄($sf(k)=\frac{sY}{L}$)可被用于两个部分:一部分为人均资本的增加(k^*),即为每一个人配备更多的资本设备,这被称为资本的深化;另一部分则是为每一增加的人口配备每人平均应得的资本设备(nk),这被称为资本的广化。这里的意思是说:在投资总是等于储蓄的条件下,整个社会的储蓄(即全部产量减去消费以后的剩余部分)可被用于两部分:一部分给每个人增添更多的资本设备;一部分为新生的每一人口提供平均数量的资本设备。

6. 答:新古典经济增长模型与哈罗德—多马模型的主要区别包括:

(1) 哈罗德—多马模型继承了凯恩斯经济学的传统,在研究经济增长的均衡条件时,非常重视总需求因素的分析;而新古典经济增长模型则十分强调劳动增长、资本增长和技术进步等总供给方面的因素在经济均衡增长中的决定作用。

(2) 哈罗德—多马模型根据凯恩斯的理论,重视对有效需求不足时的经济失衡分析,认为经济均衡增长时投资和储蓄相等是通过储蓄调整达到的;新古典经济增长理论则引进了新古典经济学的价格理论,认为通过市场调整生产要素的价格,各种生产要素都将得以充分利用,从而使经济达到充分就业的均衡增长,而且由于利息率升降的调节,投资总是被调整到与储蓄相等。

(3) 哈罗德—多马模型中含有固定生产系数的假定,即资本—产出比率是固定的;新古典经济增长理论则根据新古典经济学关于边际生产力决定生产要素价格的理论,认为生产要素相对价格的变化使资本家改变生产要素组合(前提条件是生产要素之间具有完全的替代性),因而可以通过改变资本—产出比率,调整投资和储蓄的关系,以保证经济达到充分就业的均衡增长。

7. 答:如果一个经济的目标是使人均消费量达到最大,那么在技术和劳动增长率固定不变的条件下,人均资本量达到哪种水平时才能够使人均消费量最大化?经济学家普尔普斯利用新古典增长模型提出明确答案:如果对每个人的资本量的选择使得资本的边际产品等于劳动的增长率,那么每个人的消费就会达到最大。普尔普斯的这一结论被称为经济增长的黄金分割律。

利用图形(见图10.1),可以更为直观地表述黄金分割律。当人均资本量为k^*时,曲线$f(k)$和直线nk之间的距离最大,此时代表人均消费量的线段MM'最长,k^*被认为是黄金分割律所要求的人均资本量。从图10.1中可以看出,在k^*处,曲线$f(k)$在M'点的切线的斜率与直线nk的斜率相等。由于直线nk的斜率为n,曲线$f(k)$的斜率为$f'(k)$,所以$f'(k^*)=n$。在$k=k^*$处则有:

$$f'(k^*)=n$$

上式即为经济增长的黄金分割律的解析表达式。

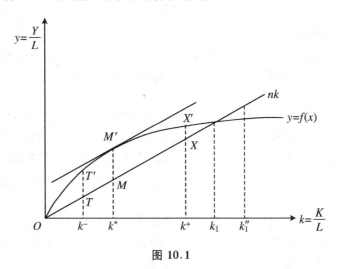

图 10.1

经济增长的黄金分割律包含了某种意义上的最优化思想,也暗示了最优化思想和方法应用于经济增长问题的可能性。

8. 答:新经济增长理论的基本观点包括以下几个方面:

(1) 经济增长是经济系统内部因素相互作用而不是外部力量推动的结果,这些内生因素也可以实现经济的持续均衡增长。

(2) 在众多的因素中,技术进步是经济增长的决定因素。

(3) 技术、知识积累和人力资本投资等都具有外部效应,这种外部效应使得生产呈现出规模收益递增的趋势,而且正是这种外部性构成了经济实现持续增长所不可缺少的条件。

(4) 由于外部效应的作用,经济在处于均衡增长状态时,通常不能达到社会最优状态,即经济的均衡增长率通常低于社会最优增长率。

(5) 影响经济当事人最优选择行为的政策可以影响经济的长期增长率。

9. 答:新古典增长模型的基本假设是:① 经济由一个部门组成,该部门生产一种既可以用于投资也可以用于消费的商品;② 该经济是不存在国际贸易的封闭经济,而且政府部门被忽略;③ 生产规模报酬不变;④ 该经济的技术进步、人口增长及资本折旧的速度都由外生因素决定;⑤ 社会储蓄函数为 $S=sY$,其中,s 为储蓄率。

10. 答:增长核算方程是:产出增长 = 劳动份额×劳动增长 + 资本份额×资本增长 + 技术进步。从方程可知,产出增长可以由三种力量来解释,即劳动量变动、资本量变动和技术进步。政府可以从劳动投入、资本形成和技术进步来影响经济增长。

（1）增加劳动供给。劳动供给增加会引起经济增长，政府通过减少所得税激励人们努力工作，从而增加了劳动供给，进而引起经济的增长；政府通过提供良好的教育、培训，并且鼓励人们接受教育和培训，提高劳动质量，有利于促进经济增长。

（2）鼓励资本的形成。资本的增加会拉动经济增长。资本存量的增长是储蓄和投资拉动的，政府可以通过鼓励人们增加储蓄和投资，从而促进经济增长。

（3）鼓励技术进步。政府在改善技术进步方面一个重要的领域是教育，政府提供对中小学和大学的支持，提高教育的质量，促进技术进步；建设高素质的研究与开发团队也是一个关键因素。

11. 答：在新古典增长模型中，储蓄率上升会导致人均资本的上升，而人均收入是人均资本的增函数，因而储蓄率上升会增加人均产量，直到经济达到新的均衡为止。储蓄率下降的结果则相反。

12. 答：新古典增长理论是美国经济学家索洛提出的，产生于20世纪50年代后期及整个60年代。新古典增长理论的四个关键结论是：

（1）稳态中的产出增长率是外生的，它等于人口增长率 n，因而独立于储蓄率 s。

（2）虽然储蓄率增加不影响稳态增长率，但可以提高人均资本比率来提高稳态收入水平。

（3）若允许生产率增长，并存在稳态增长率的话，可得出稳态产出增长率仍是外生的。稳态的人均收入增长率由技术进步率决定。总产出的稳态增长率是技术进步率和人口增长率之和。

（4）趋同是新古典增长理论的最终预言。如果两国人口增长率、储蓄率和生产函数相同，它们最终将达到相同的收入水平。

五、计算题

1. 解：根据题意

$$s = 1 - \frac{c}{y} = 1 - \frac{700}{1\,000} = 30\%, \quad v = 3$$

据哈罗德增长模型基本公式

$$G = \frac{s}{v} = \frac{30\%}{3} = 10\%$$

所以第二年的增长率应为10%。

2. 解：据哈罗德增长模型的基本公式 $G = \frac{s}{v}$ 得出 $s = G \times v$，当产出年增长率

为 4%,资本—产出比率 v 为 2 时,有
$$s_1 = G_1 \times v = 4\% \times 2 = 8\%$$
当产出年增长率为 6% 时,有
$$s_2 = G_2 \times v = 6\% \times 2 = 12\%$$
所以当年增长率从 4% 提高到 6%,而资本—产出比率为 2 的情况下,储蓄率 s 应从 8% 提高到 12%。

3. 解:根据经济增长理论,资本和劳动这两种要素供给的变化对总产出的综合增长率的影响为
$$K \times k + L \times l$$
由题中已知条件 $K = 0.7, k = -0.8\%; L = 0.3, l = 5\%$,则
$$K \times k = 0.7 \times (-8\%) = -5.6\%, \quad L \times l = 0.3 \times 5\% = 1.5\%$$
所以 $\qquad K \times k + L \times l = -5.6\% + 1.5\% = -4.1\%$

即劳动供给的增长使总产出增长了 1.5%,而资本供给的减少使总产出下降了 5.6%,在其他条件不变的情况下,两者相抵后,总产出将下降 4.1%。

4. 解:(1) 经济均衡增长时,$sf(k) = nk$,代入数值得
$$0.2(2k - 0.5k^2) = 0.02k, \quad 解得 \quad k = 3.8$$
(2) 由题意,得 $f'(k) = n, f'(k) = 2 - k$,则有
$$2 - k = 0.02, \quad 得 \quad k = 1.98$$

5. 解:(1) 由题意可知,社会储蓄率为
$$s = 15\% \times 30\% + 5\% \times 70\% = 8\%$$
(2) $s\sigma = 8\% \times 0.25 = 2\% < 2.5\%$

这说明一致性条件不满足,必须提高社会储蓄率。设所要求的社会储蓄率为 s^*,则
$$0.25 \times s^* = 2.5\% \quad 得 \quad s^* = 0.1$$

设应将利润收入占总收入的比例调整到 x,则工资收入占总收入的比例应为 $1-x$,于是有
$$15\% x + 5\%(1-x) = 0.1$$
解得 $\qquad\qquad\qquad\qquad x = 50\%$
即应使工资收入和利润收入各占总收入的一半。

(3) $s\sigma = 8\% \times 0.25 = 2\% > 1.5\%$

这说明一致性条件不满足,必须使社会储蓄率降低。设所要求的储蓄率为 s^*,则
$$0.25 \times s^* = 1.5\%, \quad 得 \quad s^* = 0.06$$

设应将利润收入占总收入的比例调整到 x,则工资收入占总收入的比例应为 $(1-x)$,于是有

$$15\%x + 5\%(1-x) = 0.06$$

解得 $x = 10\%$

即应使利润收入占总收入的比例下降至 10%,而使工资收入占总收入的比例提高到 90%。

6. 解:(1)根据经济增长理论,由资本和劳动这两种要素供给的增加取得的综合增长率为

$$ak + bn = 0.3 \times 4\% + 0.7 \times 2\% = 2.6\%$$

由已知,实际的产出增长率 $y = 5\%$,两者的差额即为因要素生产率的提高而取得的增长率,即 $5\% - 2.6\% = 2.4\%$。

(2)若资本的增长率 k 上升 1%,则

$$k^* = 4\% + 1\% = 5\%$$

在其他条件不变时,新的产出增长率 y^* 是要素生产率的增长率与因资本和劳动供给增加而取得新的综合增长率之和,有

$$y^* = 2.4\% + 0.3 \times 5\% + 0.7 \times 2\% = 5.3\%$$

即实际产出的增长率将上升 0.3%。

(3)若劳动的增长率 n 上升 1%,则

$$n^* = 2\% + 1\% = 3\%$$

在其他条件不变时,新的产出增长率 y^* 是要素生产率的增长率与因资本和劳动供给增加而取得新的综合增长率之和,有

$$y^* = 2.4\% + 0.3 \times 4\% + 0.7 \times 3\% = 5.7\%$$

即实际产出的增长率将上升 0.7%。

7. 解:由题意可知,劳动份额 $\alpha = 0.6$,资本份额 $\beta = 0.3$,土地份额 $\gamma = 0.1$,国民经济增长率 $\frac{\Delta Y}{Y} = 5\%$,劳动增长率 $\frac{\Delta N}{N} = 1.7\%$,资本存量增长率 $\frac{\Delta K}{K} = 4.2\%$,土地增长率 $\frac{\Delta L}{L} = 2.2\%$。将相关数值代入经济增长核算方程

$$\frac{\Delta Y}{Y} = \alpha \times \frac{\Delta N}{N} + \beta \times \frac{\Delta K}{K} + \gamma \times \frac{\Delta L}{L} + \frac{\Delta A}{A}$$

可得

$$\frac{\Delta A}{A} = \frac{\Delta Y}{Y} - \alpha \times \frac{\Delta N}{N} - \beta \times \frac{\Delta K}{K} - \gamma \times \frac{\Delta L}{L} = 2.5\%$$

所以,技术对国民经济增长率的贡献是 2.5%。

六、分析题

1. 答:从哈罗德模型的假设前提、基本公式及其含义、三种不同的增长率、实现均衡增长的条件以及模型的缺陷分析。

哈罗德模型是在凯恩斯的有效需求理论基础上发展起来的,该模型采用的是长期化和动态化的分析方法。模型的基本假设前提包括:① 全社会只生产一种产品,它既是消费品,又可以是投资品。② 储蓄是国民收入 Y 的函数,即 $S = sY$。③ 生产过程中只使用两种生产要素,即劳动 L 和资本 K。④ 劳动力按照一个固定不变的比率增长。⑤ 规模报酬不变。⑥ 不存在技术进步,资本存量 K 也不存在折旧问题。

哈罗德模型的基本公式为 $G = \frac{s}{v}$,其中,G 为经济增长率;s 为储蓄率;v 为资本—产量比。该公式的意思是:要实现均衡的经济增长,国民收入增长率必须等于社会储蓄率与资本—产量比这二者的比例。

哈罗德在基本公式的基础上,进一步定义了实际增长率、合意的增长率与自然增长率。实际增长率是指实际上所发生的增长率,即事后统计的增长率,它是根据储蓄率与实际资本—产量比而计算出来的,用 G_A 来表示:$G_A = \frac{s}{v}$。

合意的增长率是出自人们的意愿并愿意维持下去的增长率,故而又称为有保证的增长率,用 G_W 表示:$G_W = \frac{s}{v_r}$。

自然增长率是自然资源、人口增长和技术进步所允许达到的最大、"最适宜的"增长率,以 G_N 来表示。

在长期内,实现最理想的均衡增长的条件是 $G_A = G_W = G_N$。但是,G_A、G_W、G_N 都是由各自不同的因素决定的,实现经济长期均衡增长相当困难。而当三者不一致时,社会经济就会出现波动,这种波动不但不能自我纠正,还会产生更大的偏离。

哈罗德增长模型也存在一些显著缺陷:没有考虑技术进步对经济增长的促进作用;过于强调储蓄和资本形成的作用,忽视了其他因素。

2. 答:新古典增长模型的假设、基本公式及其含义、模型的结论、特点等。

新古典增长模型建立在以下假设前提上:① 全社会只生产一种产品。② 储蓄函数为 $S = sY$,s 为常数,且 $0 \leq s < 1$。③ 不存在技术进步,也不存在资本折旧。④ 生产的规模报酬不变。⑤ 劳动和资本可以相互替代,且在任何时候,这两个生产要素都可以得到充分利用。⑥ 劳动力按一个不变的比率 n 增长。

该模型的基本公式:

$$sf(k) = k^* + nk$$

该公式意思表明:整个社会的储蓄可被用于两部分:一部分给每个人增添更多的资本设备和为新生的每一人口提供平均数量的资本设备。

索洛认为,不管经济社会中最初的人均资本为多少,经济活动总是趋向均衡增长,在资本主义经济中存在一条稳定的均衡增长途径,即资本主义可以在充分就业的情况下保持长期的稳定增长。

新古典经济增长模型的主要特点在于资本与劳动可以相互替代,强调市场机制的作用,把经济增长主要归结为资本增长和技术进步。所以在经济政策上主张鼓励私人投资,提高资本对劳动的比例,不断推动技术进步。

3. 答:技术进步通过提高生产效率来增加产量,或者以原有的一种生产要素的组合生产出更多的产品,或者用比以前少的要素组合生产出和以前一样多甚至更多的产品。因此,技术进步是提高劳动边际生产力的因素,也是工资和利润增长的因素。

哈罗德的中性技术进步理论认为:若利润率和利率不变,资本—产出比率也不变,技术进步就是中性的。哈罗德认为,如果资本—产出比率和利润率不变,则资本和劳动力在国民产出中的份额也是不变的。即当劳动力和资本正在生产一种产品且存在哈罗德中性技术进步时,可能会使工资和利润的提高同产出的增长成正比。

英国经济学家希克斯把技术进步分成"节约资本"技术进步、"中性"技术进步和"节约劳动"技术进步三类。他所指的中性技术进步是使资本的边际生产力对劳动边际生产力的比例保持不变的技术进步,也就是技术进步增加了和每一个资本—劳动比率相应的产出量,即在技术进步之前和之后两种生产函数中,在 $\frac{K}{L}$ 相等的情况下,如果与之相应的工资率—利润比例也是一样的,从而国民收入在工资和利润之间的分配数额也不变。希克斯定义的中性技术进步理论认为技术进步并没有改变工资和利润在国民收入中的分配比例。

如果工资率固定,人均产出不变,则这种技术进步为索洛中性技术进步。在人均产出固定不变,从而工资率固定不变的条件下,技术进步使得生产函数向上移动(与任一 $\frac{K}{L}$ 相应的 $\frac{Y}{L}$ 增加),这种技术进步好像是纯粹提高了资本的效率,从这个方面讲,索洛中性技术进步等同于纯粹扩大资本的技术进步。

三种中性技术进步理论都不会改变工资和利润在国民收入分配中的相对份额。根据琼·罗宾逊证明,如果劳动力与资本之间的替代弹性是1,且收入分配没有发

第十章 经济增长理论

生变化,则希克斯中性技术进步也是哈罗德中性技术进步。如果劳动力和资本保持不变,且收入分配不变,则存在希克斯中性技术进步。劳动力情况给定,资本与国民收入增加的比例相同,而且收入分配是相同的,则存在哈罗德中性技术进步。

4. 答:经济增长是一个复杂的经济和社会现象。影响经济增长的因素很多,正确地认识和估计这些因素增长的贡献,对于理解和认识现实的经济增长和制定促进经济增长的政策至关重要。库兹涅茨对经济增长因素的分析是运用统计分析方法,通过对国民产值及其组成部分的长期估量、分析与研究,进行各国经济增长的比较,从各国经济增长的差异中探索影响经济增长的因素。他认为影响经济增长的因素主要是知识存量的增加、劳动生产率的提高和结构方面的变化。

经济增长的基本特征有如下三点:

(1) 知识存量的增长。库兹涅茨认为,随着社会的发展和进步,人类社会迅速增加了技术知识和社会知识的存量,当这种存量被利用的时候,它就成为现代经济高比率的总量增长和迅速的机构变化的源泉。但知识本身不是直接生产力,由知识转化为现实的生产力要经过科学发现、发明、革新、改良等一系列中间环节。在知识的转化过程中需要有一系列中介因素,这些中介因素是:对物质资本和劳动力的训练进行大量的投资;企业家要有能力克服一系列从未遇到的障碍;知识的使用者要对技术是否适宜运用做出准确的判断等。在这些中介因素的作用下,经过一系列知识的转化过程,知识最终会变为现实生产力。

(2) 劳动生产率的提高。库兹涅茨认为,现代经济增长的特征是人均产值的高增长率。为了弄清什么是导致人均产值的高增长率的主要因素,他对劳动投入和资本投入对经济增长的贡献进行了长期分析。得出的结论是,以人均产值高增长率为特征的现代经济增长的主要原因是劳动生产率的提高。

(3) 结构变化。库兹涅茨认为,发达的资本主义国家在增长的历史过程中,经济结构转变迅速。从部门来看,先是农业活动转向非农业活动,后又从工业活动转移到服务性行业。从生产单位的平均规模来看,是从家庭企业或独资企业发展到全国性,甚至跨国性的大公司。从劳动力在农业和非农业生产部门的分配来看,以前要把农业劳动力降低50个百分点,需要经过许多世纪的时间,现在一个世纪中,农业劳动力占全部劳动的百分比减少了30个到40个百分点,这是由于迅速的结构变化。库兹涅茨强调,发达国家经济增长时期的总体增长率和生产结构的转变速度都比他们在现代化以前高得多。他把知识力量因素与结构因素相联系起来,以强调结构因素对经济增长的影响。

5. 答:哈罗德—多马增长模型主要研究社会经济要实现充分就业的稳定增长所必须满足的条件,即为了使经济在充分就业下保持均衡的增长,投资及储蓄的增长和收入的增长之间应保持什么关系。哈罗德—多马模型是以凯恩斯理论为基础并在此基础上发展起来的。

凯恩斯理论认为：社会经济达到均衡的条件是，在一定国民收入水平上，厂商准备进行的投资（即意愿投资）恰好等于该收入水平上人们提供的储蓄，而均衡国民收入的大小取决于有效需求。由于凯恩斯采取的短期比较静态的分析方法，因此从有效需求不足出发，只考察投资在增加总需求方面的作用。实际上，投资一旦形成就能形成新的生产能力，增加总供给。也就是说，由于前期投资扩张而形成的生产能力将在下一期提供比以前一期更多的产出。因而，为了维持下期的充分就业，必须扩大投资以提高有效需求。在这方面凯恩斯没有考虑，而哈罗德—多马模型正是基于这个考虑，仍以储蓄等于投资这一基础公式为依据，把分析方法长期化、动态化，来考虑长期内（即人口、资本和技术可变的时期内）社会经济实现均衡增长所需要的条件，提出在一定的假设条件下，经济增长中三个变量即储蓄率 s、资本—产出比例 v 和有保证的经济增长率 G_w 之间的关系应为 $G_w = \dfrac{s}{v}$。因此，哈罗德—多马模型不仅考虑了投资对总需求的作用，且从长期、动态的角度，考虑收入增加对投资的加速作用。经济要保持长期均衡增长，投资也要保持一定的增长率。

哈罗德—多马模型也可以进行如下变化，从而看出与凯恩斯均衡国民收入决定理论的联系。已知经济增长公式为

$$G = \dfrac{s}{v}$$

而

$$G = \dfrac{\Delta Y}{Y}, \quad s = \dfrac{S}{Y}, \quad v = \dfrac{I}{\Delta Y}$$

可以推导出 $\dfrac{I}{Y} = \dfrac{S}{Y}$，即 $I = S$。

这正是凯恩斯关于均衡国民收入决定的条件。由此可见，哈罗德—多马模型是以凯恩斯理论为基础的。

七、案例分析

【案例1 参考答案】

(1) 经济增长带来了一系列严重的问题：

(i) 经济增长拉大了各国之间的贫富差距，加剧了世界经济的不平衡。

(ii) 盲目的经济增长使世界环境遭到了严重的破坏，直接影响到人们的生活质量甚至人类的生存。

(iii) 经济增长中对一些资源的过度开采，造成部分资源面临枯竭。

第十章　经济增长理论

（iv）许多国家盲目追求经济指标，忽略了经济的均衡发展，造成了对整个国民经济的破坏。

（2）经济增长是指国民生产总值的增加，是一个"量"的概念，一般用国民生产总值的增长率或人均国民生产总值的增长率来衡量。经济发展不仅包括经济增长，而且包括国民的生活质量以及整个社会经济结构和制度结构的总体进步，是比较复杂的"质"的概念。为了谋求经济发展，必须启动经济增长，并保持经济稳定增长的势头，但是并不是经济增长一定能带来经济发展，决不能把经济增长的指标等同于经济发展战略，或者把经济发展战略简单化为经济增长指标。

【案例2参考答案】

（1）根据新古典增长理论得出增长核算公式 $\frac{\Delta Y}{Y} = \alpha \frac{\Delta N}{N} + \beta \frac{\Delta K}{K} + \frac{\Delta A}{A}$，其中，$\frac{\Delta Y}{Y}$ 为总产出增长率，$\frac{\Delta N}{N}$ 为劳动增长率，$\frac{\Delta K}{K}$ 为资本增长率，$\frac{\Delta A}{A}$ 为技术进步率，α 为劳动收益在产出中所占的份额，β 为资本在产出中所占的份额。因此，劳动对增长的贡献可以用 $\alpha \frac{\Delta N}{N}$ 来表示，资本对增长的贡献可以用 $\beta \frac{\Delta K}{K}$ 来表示，技术进步对增长的贡献可以用 $\frac{\Delta A}{A}$ 来表示。

（2）根据新古典的经济增长核算公式，转变经济增长方式的含义是改变传统的倚重于资本和劳动的高投入的经济增长方式，转为依靠技术进步来促进经济的发展，利用现代技术提升传统产业的生产效率和生产能力，更好地促进经济节约、快速的发展。由经济增长核算公式可见，资本和劳动投入对经济增长所产生的作用大小取决于其投入增长率乘以其产出弹性，而技术进步对经济增长的作用更大，技术进步1%，能引起产出增长1%。因此，转变经济增长方式就是充分利用现代科技实现节约型经济增长。

（3）目前，我国经济的增长主要靠资本、劳动拉动，技术进步对经济增长的贡献率仍然处于较低水平。这种经济增长模式越来越不适应我国的经济形势。首先，我国的劳动力的增长已进入瓶颈，一方面因为农村剩余劳动力在大量减少，部分地区出现民工荒；另一方面，我国进入了老龄化社会，劳动力人口在减少。其次，能源、资源消耗过度，缺口越来越大，供给越来越跟不上需求，成为限制经济增长的一个重要瓶颈。因此，提高劳动生产率，提高资源、能源的使用效率成为维持我国经济持续增长的重要因素。

因此，加大教育和企业研发投入，可以有效推动技术进步，提高劳动者素质，提高技术进步对经济增长的贡献率，加快经济增长方式转变。

第十一章 经济周期理论

第一部分 习 题

一、名词解释
1. 经济周期 2. 朱格拉周期 3. 基钦周期 4. 康德拉耶夫周期 5. 库兹涅茨周期 6. 加速原理 7. 加速数 8. 长期增长趋势

二、单项选择
1. 经济周期的四个阶段依次是(　　)。
   A. 繁荣　衰退　萧条　复苏   B. 繁荣　萧条　衰退　复苏
   C. 复苏　衰退　繁荣　萧条   D. 萧条　衰退　繁荣　复苏
2. 按照萨缪尔森的理论,经济发生周期性的波动,是因为(　　)。
   A. 乘数作用   B. 加速数作用
   C. 乘数和加速数的共同作用   D. 外部因素
3. 经济周期的中心是(　　)。
   A. 价格的波动   B. 利率的波动   C. 收入的波动   D. 工资的波动
4. 乘数原理和加速原理的联系在于(　　)。
   A. 前者说明投资的变化对国民收入的影响,后者说明国民收入的变化对投资产生的影响
   B. 两种都说明了投资是怎样产生的
   C. 前者说明了经济如何走向繁荣,后者说明经济怎样走入萧条
   D. 前者说了经济怎样陷入萧条,后者说明经济如何走向繁荣
5. 下面哪项不属于内生因素解释经济周期的理论(　　)。
   A. 产生经济周期是由于创新过程的阶段性
   B. 产生经济周期是由于乐观与悲观预期的交替
   C. 产生经济周期是由于信用的扩张和收缩
   D. 产生经济周期是由于资本边际效率的循环变动

6. 在经济周期里，波动最大的一般是( )。
   A. 资本产品   B. 农产品
   C. 日用消费品的生产   D. 没有规律
7. 导致经济周期性波动的投资主要是( )。
   A. 投资存货   B. 固定资产的投资
   C. 意愿投资   D. 重置投资
8. 朱格拉周期是一种( )。
   A. 短周期   B. 中周期   C. 长周期   D. 不能确定
9. 基钦周期是一种( )。
   A. 短周期   B. 中周期   C. 长周期   D. 不能确定
10. 康德拉季耶夫周期是一种( )。
    A. 短周期   B. 中周期   C. 长周期   D. 不能确定
11. 库兹涅茨周期是一种( )。
    A. 短周期   B. 中周期   C. 长周期   D. 不能确定
12. 当国民收入在乘数和加速数的作用下趋于增加的时候，它的增加将因下述哪一因素限制而放慢( )。
    A. 失业的存在   B. 充分就业
    C. 边际消费倾向提高   D. 边际消费倾向降低
13. 当国民收入在乘数和加速数的作用下趋于下降的时候，它的下降将因下述哪一因素限制而放慢( )。
    A. 总投资降为零   B. 失业增加
    C. 边际消费倾向下降   D. 以上都不对
14. 中周期的每一个周期为( )。
    A. 5~6 年   B. 9~10 年   C. 25 年左右   D. 40 个月左右
15. 50 年左右一次的周期为( )。
    A. 朱格拉周期   B. 基钦周期
    C. 康德拉耶夫周期   D. 库滋涅茨周期
16. 加速数原理认为( )。
    A. 消费增加导致 GDP 数倍增加
    B. GDP 增加会引起投资数倍增加
    C. GDP 增加会导致消费数倍增加
    D. 投资增加会引起 GDP 数倍增加
17. 一般而言，测度经济周期的宏观经济指标为( )。

A. GDP 绝对值的变动

B. GDP 增长率的变动

C. 包括 GDP 在内的多种指标的综合指标

D. 失业率和通货膨胀率

18. 下列关于经济特征的描述,哪一个是错误的?(　　)

    A. 实际 GDP、就业、价格水平和金融市场变量等是理解经济周期的重要变量

    B. 经济周期一般可以分为波峰和波谷两个阶段

    C. 经济周期具有循环性

    D. 经济周期的长短具有较大的差别

19. 下列哪一项属于供给冲击?(　　)

    A. 自然灾害和能源价格的显著变化

    B. 战争、政治动荡或劳动者的罢工

    C. 政府调控如进口配额等,破坏了激励,使有企业家才能的人转向寻租活动

    D. 上述都是

20. 以下哪种情况在经济衰退中不会发生?(　　)

    A. 产量增长下降　　　　　　B. 每位工人工作小时数增加

    C. 通货膨胀率降低　　　　　D. 实际工资降低

21. 下列哪个选项不是实际经济周期理论的特征?(　　)

    A. 当事人的目的是在约束条件下的效用最大化

    B. 当事人理性的形成预期不会受到信息不对称的危害

    C. 价格的灵活性可以确保持续的市场出清

    D. 货币冲击是影响产出、就业波动的主要因素

22. 根据实际经济周期模型,正向技术冲击将使(　　)。

    A. 产量暂时增加　　　　　　B. 产量持续增加

    C. 产量保持不变　　　　　　D. 以上都不对

三、判断题

1. 根据纯货币理论,避免经济周期波动的前提条件是使货币流动稳定。
2. 实际经济周期理论认为货币是中性的。
3. 加速原理只有在经济活动由萧条走向繁荣时才起作用。
4. 如果某时期的国民收入持续增加,说明净投资持续增加。
5. 加速原理实现的条件是有闲置的生产设备。

6. 消费不足论认为经济周期波动的主要原因是分配不均。
7. 实际经济周期理论是从总供给方面解释宏观经济波动的。

四、简答题
1. 简述经济周期的几种类型。
2. 为什么乘数和加速数的作用意味着经济更大的不确定性?
3. 简述库兹涅茨的倒U假说。
4. 简述纯货币周期理论。
5. 简述创新周期理论。
6. 简述政治周期理论。
7. 乘数原理和加速原理有什么联系和区别?
8. 经济周期各个阶段的特征是什么?
9. 按乘数—加速数模型,经济波动为什么有上限和下限的界限?

五、计算题
1. 某经济的动态模型为: $Y_t = C_t + I_t, I_t = I_0 + \beta(C_t - C_{t-1}), C_t = \alpha Y_{t-1}$,实际运行的产出水平满足以下方程:
$$Y_t = 2.5Y_{t-1} - 2Y_{t-2} + 40$$
求该经济的边际消费倾向 α 和加速系数 β。

2. 假设边际消费倾向 $C = 0.7$,加速数 $v = 2$,政府每期开支 G_t 为 10 亿元。在这些假定下:
(1) 若不考虑第1期以前的情况,那么从上期国民收入中来的本期消费为零,引致投资也为零,则第一期的国民收入总额是多少?
(2) 在此经济条件下,求第二期的国民收入总额是多少?

六、论述题
1. 实际经济周期理论是如何解释宏观经济波动的?
2. 概述加速原理,并进行分析和评论。
3. 用乘数—加速数模型解释经济周期发生的原因。
4. 论述解释经济周期的几种主要理论。
5. 按照乘数—加速数模型,政府可以采取什么措施对经济波动实施控制?

七、案例分析
材料1:第一代电子计算机是从1946年至1958年,它们体积较大,运算速度较低,存储容量不大,而且价格昂贵……第三代计算机是从1965年至1970年,这一时期的主要特征……是出现操作系统,使计算机的功能越来越强,应用范围越来越广。第四代计算机是指从1970年以后采用大规模集成电路和超大规模集成电路为主要电子器件制成的计算机……第五代计算机把信息采集、存储、处理、通信和人工智能结合在一起,具有推理、联想、学习和解释能力。

材料2:在第二次世界大战结束以来的美国经济运行中,出现了几个较长的经济周期,它们分别是1961年2月到1970年11月、1982年11月到1991年3月、1991年3月到2000年12月。

根据这两则材料,试分析美国经济周期产生的原因。

第二部分 参考答案

一、名词解释

1. 经济周期:又称经济波动或国民收入波动。指总体经济活动的扩张和收缩交替反复出现的过程。现代经济学中关于经济周期的论述一般是指经济增长率的上升和下降的交替过程,而不是经济总量的增加和减少。一个完整的经济周期包括繁荣、衰退、萧条、复苏(也称为扩张、持平、收缩、复苏)四个阶段。

2. 朱格拉周期:1860年,法国经济学家朱格拉在他的《论法国、英国和美国的商业危机及其发生周期》一书中把经济周期分为三个阶段,即繁荣、危机与清算阶段,平均每一周期是9~10年,这就是人们经常说的中周期,也叫朱格拉周期。

3. 基钦周期:1923年,美国经济学家基钦在《经济因素中的周期与倾向》一文中把经济周期分为大周期和小周期,小周期平均长度约为40个月,而大周期包括两个或三个小周期。一般把基钦提出的小周期称为短周期,也叫基钦周期。

4. 康德拉耶夫周期:1925年,前苏联经济学家康德拉耶夫在《经济生活中的长波》一书中根据美、英、法三国一百多年的批发物价指数、利息率和工资率、对外贸易量、煤铁产量与消耗量等的变动,认为经济有一种较长的循环,其平均长度为50年左右。这被称为长周期,也称"康德拉耶夫周期"。

5. 库兹涅茨周期:库兹涅茨在1930年提出的平均长度为20年左右的经济周期。由于该周期主要是以建筑业的兴旺和衰落这一周期性波动现象为标志加以划分的,所以也被称为"建筑周期"。

6. 加速原理:是指产出水平变动和投资支出之间的数量关系,用来说明收入或消费的变动是如何引起投资大幅度地加速变动的原理。

7. 加速数:又称加速系数,是指资本增量与产出增量之比,它反映新增加一单位产出(产量、收入)所需要增加的资本量。以 v 表示加速数,ΔK 表示资本增量,ΔY 表示产出增量,则加速数可以表示为 $v = \dfrac{\Delta K}{\Delta Y}$。

第十一章 经济周期理论

8. 长期增长趋势:是指假设经济发展过程中社会一直处于充分就业状态下的潜在国民生产总值的增长趋势。由于一个国家的人口(劳动)和资本存量一般是逐年递增的,技术水平也在不断进步,劳动生产率逐年提高,所以经济发展的长期趋势是逐年递增的。

二、单项选择

1. A 2. C 3. C 4. A 5. A 6. A 7. B 8. B 9. A 10. C
11. C 12. B 13. A 14. B 15. C 16. B 17. C 18. B 19. D 20. B
21. D 22. A

三、判断题

1. 正确。【提示】纯货币理论认为"货币流动"是造成经济周期发生的唯一原因,因此要避免经济周期波动,必须使货币流动稳定。

2. 正确。【提示】实际经济周期理论认为引起经济波动的主要原因是以技术冲击为代表的实际因素,排出了货币政策作为经济周期波动最初原因的可能性,因此在实际经济周期理论中,货币是中性的。

3. 错误。【提示】加速原理表明国民收入对引致投资有加速作用,但是这种作用只有在没有闲置生产能力的条件下才出现。当收入增加从而对产品需求增加引致产品生产扩大时,为了增加产量,要求增加资本存量、要求有新的投资。收入增加也会引致资本存量增加,这为加速原理。

4. 正确。【提示】净投资也被称为资本存量的增量。从动态角度看,它是本期资本存量与上期资本存量的差值。当国民收入持续增加时,根据加速原理,净投资也会持续增加。

5. 错误。【提示】加速原理实现的条件是没有用闲置的生产设备。如果设备闲置,产量扩大只需要动用闲置设备而不必增加投资。

6. 正确。【提示】消费不足论认为经济中出现萧条是因为社会对消费品的需求增长赶不上消费品供给的增长,从而导致生产过剩的经济危机。而这种消费不足的原因在于国民收入分配不公而造成的富人储蓄过度。

7. 正确。【提示】实际经济周期理论的逻辑起点是从技术变化引起生产函数变化着手,故属于从总供给方面解释宏观经济波动。

四、简答题

1. 答:经济学家在探讨经济周期问题时,根据各自掌握的资料提出了不同长度和类型的经济周期。西方经济学家根据一个周期的长短将经济周期分为长、中、短三种周期。

朱格拉把经济周期分为三个阶段,即繁荣、危机与清算阶段,平均每一周期是

9～10年,这就是人们经常说的中周期,也叫朱格拉周期。

基钦在《经济因素中的周期与倾向》一文中把经济周期分为大周期和小周期,小周期平均长度约为40个月。基钦提出的小周期被称为短周期,也叫基钦周期。

前苏联经济学家康德拉耶夫认为经济有一种较长的循环,其平均长度为50年左右。这被称为长周期,也称"康德拉耶夫周期"。还有一种长周期称为"库兹涅茨周期",平均长度为20年左右。

奥地利经济学家熊彼特对朱格拉周期、基钦周期和康德拉耶夫周期进行了综合分析。熊彼特认为,每一个长周期包括6个中周期,每一个中周期包括3个短周期,他以重大创新为标志,划分了三个长周。在每个长周期中仍有中等创新所引起的波动,这就形成若干个中周期。在每个中周期中还有小创新所引起的波动,这就形成若干个短周期。

2. 答:乘数原理指的是投资的变动导致收入的数倍变动,而加速数的作用则是指收入的变动所导致的投资的数倍变动。这意味着投资的微小变动通过乘数和加速数的双重作用后将导致国民收入同方向上的较大变动。具体而言:如果增加投资,那么经乘数作用后国民收入将数倍增长,再经加速数作用后投资会在此基础上数倍增长,如此循环往复,使经济迅速扩张。反之亦然,投资的较小收缩会导致国民收入相应的较大收缩。因此,乘数和加速数双重作用的彼此加强,使得经济呈现出更大的不确定性。

3. 答:1955年美国经济学家库兹涅茨提出了经济增长与收入分配之间著名的倒U形假说:在前工业文明向工业文明过渡的经济增长早期阶段,收入差距会扩大,而后是短暂的稳定,然后在增长后期会逐渐的缩小。表现在图形上是一条先向上弯曲后向下弯曲的曲线,形似颠倒过来的U,故被称之为"倒U"曲线,也被称为"库兹涅茨曲线"。国际上比较流行用此曲线来解释一国市场经济发展的不同阶段所引发的收入差距问题,而且有人称"倒U"假说"已经获得了经济规律的力量"。从此假说来看,发展中国家在发展市场经济的长期过程中,居民收入差距先恶化、后改善的变动趋势是不可避免的,是一种客观规律。

4. 答:这种理论认为,经济周期是一种纯货币现象。经济周期性的波动完全是由于银行体系周期性扩大和紧缩信用造成的。在发达资本主义社会,流通工具主要是银行信用。商人运用的资本主要来自银行信用。当银行体系降低利率,扩大信用时候,商人会向银行增加贷款,从而增加向生产者的订货。这样就引起了生产的扩张和收入的增加,而收入的增加又引起对商品需求的增加和物价的上涨,经济活动进一步扩大,经济进入繁荣阶段。但是,信用不可能无限制的扩大,当银行体系减少信用扩张,紧缩信用时,商人得不到贷款,就减少订货,由此出现

第十一章 经济周期理论

生产过剩危机,经济也进入萧条阶段。银行体系周期性扩大和紧缩信用,造成经济也随之扩张和收缩,出现经济周期现象。

5. 答:熊彼特用创新理论来解释经济周期,认为创新和模仿活动是经济周期性波动的原因。熊彼特将经济运动的过程分为两个基本阶段,即繁荣和衰退。那些富于冒险精神、勇于创新的企业家借助银行信贷,创办新企业、购置新设备、开拓新市场,推动生产技术的进步并将新技术应用于生产活动,降低生产成本,增加产量,从而在"创新"中获得了超额利润。这种超额利润吸引其他企业家纷纷模仿,引起对银行信贷和生产资料的需求的增加,导致经济高涨,形成繁荣。当经济的扩张经历一段时间之后,"创新"普及,对银行信用和生产资料的需求也逐渐减少,经济的扩张趋向终结,最终走向衰退。繁荣和衰退构成经济周期。熊彼特承认,在资本主义经济高涨阶段,由乐观情绪而导致的过度投资行为以及决策失误、投机行为引起的破坏是不可避免的,它们使得经济在衰退之后还会出现一个病态的失衡阶段——萧条,而为了医治这种病态,则有必要经过一个调整阶段——复苏。萧条和复苏是经济周期中的两个非基本阶段。这四个阶段周而复始,资本主义经济将在这个运动过程中前进。

6. 答:政治周期理论是波兰经济学家卡列茨基提出来的。该理论认为,政府交替执行扩张性政策和紧缩性政策的结果,造成了扩张和衰退的交替出现。后来的经济学家还用民主国家总统选举和政党轮替来解释政治周期理论。他们认为,政府为了当选连任,往往在大选年份到来之前采取扩张的经济政策,刺激经济增长,增加就业机会,人为地制造经济繁荣的局面,以争取更多的选票。可是,大选过后,新当选的总统往往采取紧缩的宏观经济政策,造成经济衰退,并把经济困难的责任推写给自己的前任,为以后自己竞选连任留下经济空间。

7. 答:(1)在凯恩斯国民收入决定理论中,乘数原理考察投资的变动对收入水平的影响程度。投资乘数指投资支出的变化与其带来的收入变化的比率。投资乘数的大小与消费增量在收入增量中的比例(即边际消费倾向)有关。边际消费倾向越大,投资引起的连锁反应越大,收入增加得越多,乘数就越大。同样,投资支出的减少,会引起收入以数倍减少。

加速原理则考察收入或消费需求的变动反过来又怎样影响投资的变动。其内容是:收入的增加会引起对消费品需求的增加,而消费品要靠资本品生产出来,因而消费增加又会引起对资本需求的增加,从而必将引起投资的增加。生产一定数量产品需要的资本越多,即资本—产出比率越高,则收入变动对投资变动影响越大,因此,一定技术条件下的资本—产出比率被称为加速系数。同样,加速作用也是双向的。

· 601 ·

(2) 乘数原理和加速原理是从不同角度说明投资与收入、消费之间的相互作用。只有把两者结合起来,才能全面地、准确地考察收入、消费与投资三者之间的关系,并从中找出经济依靠自身因素发生周期性波动的原因。乘数原理和加速原理不同的是,投资的乘数作用是投资的增长(下降)导致收入的数倍增长(下降),而投资的加速作用是收入或消费需求的增长(下降)导致投资的数倍增长(下降)。

8. 答:经济周期又称经济波动或国民收入波动。指总体经济活动的扩张和收缩交替反复出现的过程。现代经济学中关于经济周期一般是指经济增长率的上升和下降的交替过程,而不是经济总量的增加和减少。一个完整的经济周期包括繁荣、衰退、萧条、复苏(也称扩张、持平、收缩、复苏)四个阶段。在繁荣阶段,经济活动处于高水平时期,就业增加,产量扩大,社会总产出逐渐达到了最高水平,经济活动全面扩张,不断达到新的高峰。在衰退阶段,投资下降,失业增加,产出下降,经济短时间保持均衡后出现紧缩的趋势。在萧条阶段,经济活动处于最低水平时期,存在大量失业,生产能力闲置。经济出现急剧的收缩和下降,很快从活动量的最高点下降到最低点。在复苏阶段,经济从最低点恢复并逐渐上升到先前的活动量高度,进入繁荣。衡量经济周期处于什么阶段,主要依据国民生产总值、工业生产指数、就业和收入、价格指数、利息率等综合经济活动指标的波动。

9. 答:经济波动的上限,是指产量或收入无法突破的一条界线,即生产可能性边界。它取决于社会的技术水平和资源的利用程度。在既定技术条件下,如果一切可以被利用的资源都被充分利用,经济扩张就达到了极限。经济波动的下限是指产量或收入无法再下降的界限,它取决于总投资的特点和加速数作用的局限性。总投资的量最少会为零,但不会小于零。这就构成了衰退的下限。同时,加速原理是在没有生产能力剩余的情况下起作用的,如果经济收缩而开工不足,那么企业就有过剩的生产能力,加速原理就不起作用了。这就是经济波动的下限。

五、计算题

1. 解:由给出的模型

$$Y_t = C_t + I_t$$
$$I_t = I_0 + \beta(C_t - C_{t-1})$$
$$C_t = \alpha Y_{t-1}$$

整理可得到产出的动态方程:

$$Y_t = \alpha(1-\beta)Y_{t-1} - \alpha\beta Y_{t-2} + I_0$$

与实际运行模型 $Y_t = 2.5Y_{t-1} - 2Y_{t-2} + 40$,可得

$$\begin{cases} \alpha(1-\beta) = 2.5 \\ \alpha\beta = 2 \end{cases}$$

解此方程组,得
$$\alpha = 0.5, \quad \beta = 4$$

2. 解:(1) 根据题意有 $Y_t = C_t + I_t + G_t$, $C_t = cY_{t-1}$, $I_t = v(C_t - C_{t-1})$,所以

$$Y_t = cY_{t-1} + v(C_t - C_{t-1}) + G_t$$

又因为 $C_t = 0, I_t = 0, c = 0.7, v = 2, G_t = 10$,将这些数据代入上式,可得第一期的国民收入总额 $Y_t = 10$(亿元)。

(2) 依据题意有:
$$\begin{aligned} Y_{t+1} &= cY_t + v(C_{t+1} - C_t) + G_{t+1} \\ &= 0.7 \times 10 + 2 \times (0.7 \times 10 - 0) + 10 = 31(亿元) \end{aligned}$$

所以,第二期的国民收入总额为 31 亿元。

六、论述题

1. 答:(1) 实际经济周期理论是 20 世纪 80 年代美国经济学家提出的一种新的经济周期理论模型。该理论认为,经济的实际冲击是经济周期波动的主要原因,实际冲击指对经济的实际方面发生的扰动,比如影响生产函数的冲击、影响劳动力规模的冲击、影响政府购买实际数量的冲击等。但实际经济周期理论认为,技术冲击即生产函数随时发生的变化是最主要的冲击,通常称为供给冲击。

(2) 实际经济周期理论对宏观经济波动的解释:

第一,反向冲击对经济的影响。反向的经济冲击会降低劳动的边际产品,相应地,在任何实际工资水平下降对劳动的需求造成影响进而实现新的均衡时,实际工资水平和就业量下降。由于反向技术供给降低了等量资本和劳动的产出数量,以及均衡就业数量的下降,产出的均衡水平将低于技术冲击发生前的产出水平。当产出的一般均衡水平(充分就业产出)发生变化时,由于快速的价格调整可以使实际产出等于充分就业产出,因此经济衰退时实际产出下降,繁荣时实际产出增加,并且始终处于一般均衡状态。

第二,技术冲击是经济衰退的原因。尽管经济中存在许多类型的冲击,但实际周期理论认为,技术冲击是最主要的甚至是唯一的衰退源泉。经济波动可以由较大的、对整个经济都产生影响的技术冲击形成,也可以由一系列较小的技术冲击的累积效果产生。因此,尽管识别特别的、较大的技术冲击比较困难,经济周期仍可以是技术冲击的结果。

第三,对技术冲击的测量。索洛剩余是衡量技术进步最常用的测度标准,索洛剩余测量的是全要素生产率的变化。根据道格拉斯生产函数,A 为全要素生产率,表示总产出中没有被资本投入和劳动投入所直接解释的部分。

2. 答:凯恩斯在简单的国民收入模型中,只分析了投资的乘数作用,而忽视了收入变化对投资的影响,因此,要对整体经济活动及其变化进行全面分析,必须用加速原理予以补充。加速原理主要说明收入或消费需求的变动引起投资的变动的过程。假设不存在闲置未用的过剩的生产能力和既定的资本—产出比,产品需求增加引致产品生产扩大,为了增加产量,就需要增加资本存量,有新增投资。即收入或消费需求的变动会导致投资的多倍变动。

加速原理的含义主要包括:① 投资并不是产量(或收入)绝对量的函数,而是产量变动率的函数。即投资变动取决于产量的变动率,如果产量的增加逐期保持不变,则投资总额也不变。② 投资变动率的幅度大于产量(或收入)变动率的幅度,即如果产量发生微小的变化,则会引起投资出现较大幅度的变化。③ 若要保持增长率不至于下降,产量必须持续按一定比例增长。因为一旦产量的增长率变慢,投资增长率就会停止或下降。即使产量的绝对数没有减少,只是相对地放慢了增长速度,也可能引起投资缩减。④ 加速数和乘数一样都从两个方向产生作用。当产量增加时,投资加速增长;当产量停止增长或下降时,投资将加速减少。⑤ 要使加速原理正常发挥作用,其前提之一便是要全部消除过剩的生产能力。

加速原理是根据现代化大生产大量应用固定资产的技术特点,说明收入或消费变动与投资变动之间关系的理论。收入增加,消费也增加,消费品的需求增大势必会导致对投资品需求的增加。因此,加速原理的基本观点在于,投资是收入(或消费需求)的函数,收入或产量的增加将引起投资的多倍增加。总体说来,加速原理运用的关键概念主要有两个:一个是资本—产出比。它是指生产一单位产品所需要的资本量。一般假定它在一定时期内保持不变。另一个是加速数。它是指增加一单位产量所需要增加的资本量,即资本增量与产量增量之比。

加速原理是对乘数原理的补充,这样能全面地解释经济波动的原因。加速数在一定程度上反映了现代化大生产中固定资产比重较大的技术特点,有一定的实际意义。但也应看到,加速原理中有些假设和前提条件不符合现实,如产量变动同投资之间具有严格的固定关系、社会上不存在闲置的生产能力等。

3. 答:根据乘数—加速数模型,在乘数作用下,投资变动会导致收入的多倍变动;在加速数作用下,收入(或消费需求)的变动又会引起投资的多倍变动。正是这种双重作用导致了经济的周期性波动。

假设由于新发明(或新技术)的出现,投资数量增加。投资的增加会通过乘数的作用引起收入的多倍增加。如果边际消费倾向不变,当收入增加时,人们会购买更多的商品,从而使全社会的商品销售量增加。通过加速数的作用,商品销售量的增加会促使投资以更快的速度增加,而投资的增加又导致国民收入增加,从

第十一章 经济周期理论

而使销售量再次上升。如此循环往复,国民收入不断扩大,于是,社会便处于经济周期的扩张阶段。

但是,社会的可用资源总是有限的,收入的增加会遇到资源的限制。这时,经济达到顶峰,收入不再增加,商品销售量也不再增长。根据加速原理,这意味着净投资将下降为零。由于投资下降,收入减少,从而销售量也减少。于是,投资会进一步减少,投资减少又导致国民收入的进一步下降。这样,在国民收入持续下降的过程中,社会将处于经济周期的衰退阶段。

国民收入的持续下降最终将使经济处于周期的谷底阶段。此时,总投资为零。部分企业感到有必要更新设备,进行重置投资。随着投资的增加,收入又开始回升。上升的国民收入通过加速数的作用又一次使经济进入扩张阶段。于是,新的经济周期又开始了。

4. 答:(1) 纯货币理论。不仅认为资本主义经济周期性波动的唯一原因在于银行体系周期性地扩张和紧缩信用,而且认为危机的产生完全是由于繁荣后期银行采取的紧缩信用政策而造成的。只要繁荣后期银行继续扩张信用,就能防止经济危机爆发。

(2) 消费不足论。认为经济中出现萧条是因为社会对消费品的需求增长赶不上消费品供给的增长,从而导致生产过剩的经济危机。而这种消费不足的原因在于国民收入分配不公而造成的富人储蓄过度。

(3) 投资过度理论。投资的增加首先引起对投资品需求的增加和投资品价格的上涨,这样就进一步刺激了投资的增加,从而形成繁荣。在这一过程中,因为需求的增加和价格上涨都首先表现在资本品上,所以投资也主要集中于生产资本品的产业,而生产消费品的产业则没有受到足够重视,导致生产结构失调,最终将引起萧条而使经济发生波动。

(4) 创新理论。熊彼特用创新理论来解释经济周期,认为创新和模仿活动是经济周期性波动的原因。

(5) 心理预期理论。该理论强调形成经济周期各阶段的主要因素是人们对经济活动的预期。当经济高涨时,企业家对于未来的乐观预期一般总会超过合理的经济考虑下应有的预期程度,因而会加大投资力度,扩大生产规模,形成经济繁荣。而当企业家察觉到自己的预期失误时,又变成不合理的悲观预期,由此减少投资,导致萧条。如此循环,形成经济周期。

(6) 太阳黑子理论。该理论认为太阳黑子周期性出现会造成恶劣的气候,引起农业减产。农业减产又对工业、商业、工资、购买力及投资等多方面产生不利影响,从而引起整个经济的萧条。太阳黑子出现的周期与经济周期大致相符合。

(7) 政治周期论。该理论认为大企业主担心政府干预经济的扩展会削弱他们控制社会经济的权力，出于政治原因，他们总会反对政府为实现和保持充分就业而进行的干预。因此，在萧条阶段，政府采取相应扩张性经济政策刺激经济并使经济转向复苏之后，如果企图将就业率推向更高水平，企业主和食利阶层将反对政府对生产和就业的进一步刺激。这样，尽管经济扩张还没有达到充分就业水平，政府迫于大企业主等阶层的压力转而采取紧缩性措施，导致生产下降和失业增多。因此资本主义的经济发展将由于政治的原因而表现为繁荣与萧条交替更迭的经济周期。

5. 答：西方经济学家认为，虽然在乘数和加速数的相互作用下，经济会自发地形成周期性波动，但政府在这种经济波动面前仍可有所作为。政府可根据对经济活动变化的预测，采取预防性措施，对经济活动进行调节，以维持长期的经济稳定。而政府主要通过以下3个措施来实现：① 调节投资。经济波动是在政府支出及自发性投资不变的情况下发生的，如果政府及时变更政府支出或采取影响私人投资的政策，就可使经济的变化比较接近政府的意图，从而达到控制经济的目的。② 影响加速数系数。如果不考虑收益递减问题，加速系数与投资—产出比率是一致的。政府可采取措施影响加速系数以影响投资的经济效果。例如，政府可采取适当措施提高劳动生产率，使同样投资能够增加更多的产量，从而对收入的增长产生积极作用。③ 影响边际消费倾向。政府可通过适当的政策影响人民的收入在消费中的比重，从而影响下一期的收入。例如，当经济将要下降时，政府可采取鼓励消费的政策，提高消费倾向，增加消费，进而促进下期收入的增加。

七、案例分析

【案例参考答案】 根据实际经济周期理论，技术冲击是造成经济周期的主要原因。当技术冲击永久存在时，可能不会立刻使劳动供给发生变化，但生产者会进行新的资本投资以便将来的生产。而技术冲击本身是序列相关的，它鼓励生产者进行新的资本投资，因此产量会在冲击后相当长时间内随资本扩大而逐渐增加，经济步入繁荣；而当技术进一步发生冲击时，这种经济繁荣会一直持续下去。

在计算机刚出现的时候，由于价格昂贵，工人没有立刻增加劳动时间，因此并未对当时的经济产生影响；而生产者对计算机继续投资，开发研制出更适于推广的计算机，产量在冲击后逐渐增加，因此从20世纪60年代开始，美国经济逐渐开始繁荣。当技术冲击结束时，经济开始逐渐恢复到稳定增长状态。由于对计算机的研发不断展开，当二代、三代等新计算机出现时，表明更新的技术冲击又出现了，在一定程度上促进了美国经济在第二次世界大战后的飞速发展。

第十二章 西方经济学主要流派

第一部分 习 题

一、名词解释

1. 货币主义 2. 货币数量论 3. 费雪交易方程 4. 剑桥方程 5. 拉弗曲线 6. 萨伊定律 7. 适应性预期 8. 理性预期 9. 市场出清 10. 卢卡斯批评 11. 真实经济周期 12. 货币非中性 13. 非市场出清 14. 芝加哥学派 15. 新制度学派 16. 产权学派

二、单项选择题

1. 卢卡斯供给曲线表示的是（　　）。
   A. GDP 和价格变动之间的正相关关系
   B. GDP 和未被预期的价格变动之间的正相关关系
   C. GDP 和被预期的价格变动之间的正相关关系
   D. GDP 和未被预期的价格变动之间的负相关关系

2. 关于公债是否会影响经济，下列说法正确的是（　　）。
   A. 凯恩斯主义认为，公债的效果是中性的
   B. 新古典主义认为，公债的效果是中性的
   C. 凯恩斯主义认为，短期公债的效果是中性的，长期公债的效果是非中性的
   D. 新古典主义认为，短期公债的效果是中性的，长期公债的效果是非中性的

3. 以下何种宏观经济学流派的思想认为货币供应量以一固定的比例增长（　　）。
   A. 实际经济周期论者　　　　　　B. 新凯恩斯主义者
   C. 新古典宏观经济学家　　　　　D. 货币主义者

4. 以下何种宏观经济学流派的思想最不可能主张货币供应量的增长应盯住

实际产量的增长(　　)。

　　A. 新凯恩斯主义者　　　　　　B. 实际经济周期论者

　　C. 新古典宏观经济学家　　　　D. 货币主义者

5. 有一种观点认为"理性的人们的行为抵消了政府行为的影响"。与这一思想相关的理论是(　　)。

　　A. 供应学派经济学　　　　　　B. 新凯恩斯主义者

　　C. 货币主义　　　　　　　　　D. 新古典宏观经济学

6. 宏观经济政策无效的关键是(　　)。

　　A. 价格和工资是完全伸缩的

　　B. 预期是合乎理性的

　　C. 价格和工资是完全伸缩的,预期是合乎理性的

　　D. 信息是不完全的

7. 下列(　　)不属于新古典宏观经济学的主要假说(　　)。

　　A. 理性预期假说　　　　　　　B. 市场出清假说

　　C. 自然率或总供给假说　　　　D. 政策的时间不一致性假说

8. 下列(　　)是新凯恩斯主义的假设(　　)。

　　A. 经济当事人的最大化原则　　B. 价格刚性

　　C. 市场出清　　　　　　　　　D. 理性预期

9. 新凯恩斯主义吸收了新古典学派的观点是(　　)。

　　A. 理性预期　　　　　　　　　B. 价格刚性

　　C. 市场出清　　　　　　　　　D. 自然率假说

10. 以下(　　)观点不是货币主义的主要观点(　　)。

　　A. 在长期中,货币数量不能影响就业量和实际国民收入

　　B. 在短期中,货币数量能影响就业量,但不影响实际国民收入

　　C. 私人经济具有稳定性,国家经济政策会使它的稳定性遭到破坏

　　D. 货币供给对名义收入具有决定性作用

11. 削减税收、减少政府对经济的管制,是(　　)的主要政策主张。

　　A. 新凯恩斯主义　　　　　　　B. 货币主义

　　C. 新古典宏观经济学　　　　　D. 供给学派

12. 新凯恩斯主义认为,劳动供过于求时(　　)。

　　A. 一方面会产生非自愿性失业,一方面工资会跌落

　　B. 工资会跌落

　　C. 会产生非自愿性失业

D. 工资不会跌落,非自愿性失业也不会产生

13. 局内人—局外人模型认为,来源于职员变动成本的局内人的权力使得( )。

    A. 实际工资高于市场出清工资   B. 实际工资低于市场出清工资

    C. 名义工资不断降低   D. 实际工资不断降低

三、判断题

1. 古典货币数量论中,货币只具有媒介交易的职能,没有储藏手段的职能。
2. 根据弗里德曼提出的货币需求函数,当人力财富在总财富中所占的比例愈大,或非人力财富再总财富中所占的比例愈小,对货币的需求愈小。
3. 货币主义者认为,经济不稳定主要根源于货币当局实施的相继抉择的货币政策。
4. 供给学派的理论基础是适应性预期。
5. 供给学派认为,20世纪70年代初,美国经济出现的"滞胀",是财政庞大的开支、过高的税率和政府对经济管制过多等多种因素综合作用的结果。
6. 新古典宏观经济学家认为,由于价格具有灵活性,市场总是出清的,任何被私人部门理性地预期到的宏观经济政策,都不会对经济产生实质性的影响。
7. 在真实经济周期理论中,经济周期被认为是实际收入围绕充分就业收入所作的波动。
8. 新凯恩斯主义认为,由于市场的不完全性,工资的粘性、菜单成本、交错价格合同等原因,使得价格具有刚性(或粘性)。
9. 在新凯恩斯主义理论中,货币工资的变动具有逆周期性。
10. 新凯恩斯主义与新古典宏观经济学在理论基础上的主要区别不在于私人经济部门是否拥有理性预期,而在于工资与价格是否存在粘性。

四、简答题

1. 简述货币主义的货币政策。
2. 简述供给学派的主要理论观点和政策主张。
3. 简述货币主义的基本观点。
4. 新古典宏观经济学的政策无效性命题建立在哪些关键性假说基础之上?
5. 关于市场非出清假说,新凯恩斯主义与正统凯恩斯主义有何区别?
6. 试述现代产权理论。
7. 试说明新古典综合派衰落的原因。
8. 简述伦敦学派。

五、论述题

1. 试述威克塞尔的货币理论。
2. 试评述现代经济自由主义。
3. 简述激进供给学派的基本理论观点和政策主张。
4. 新凯恩斯主义是从哪些方面来解释真实工资粘性的?
5. 试述社会市场经济理论。

六、案例分析

材料1:

(1) 1995年颁布的《中国人民银行法》明确规定:"货币政策目标是保持货币币值的稳定,并以此促进经济增长"。

(2) 1997年之前,我国货币政策主要以反通货膨胀为目标。在此之后至2002年,反通缩、促增长成为此时期的主要目标。货币供应量作为中介目标得到加强,但更加重视 M_2 指标。政府采取的稳健货币政策的效果非常理想,经济出现了高增长和低通胀的运行态势。

(3) 2003年,我国经济进入了新一轮的发展时期。中国人民银行综合运用了多种货币政策工具,合理调控货币供应量和信贷结构,有效地维护了金融体系的流动性和人民币汇率的基本稳定,继续促进了我国经济的增长和通胀率的稳定。这一时期的货币政策在名义上仍旧将"稳健"作为调整经济的基调,但事实上已经逐步表现出来适度从紧的趋势。2003年至2004年,中国人民银行屡次加息和提高准备金率。

(4) 从2006年开始,我国经济在高速增长的同时出现了投资增长加快,物价蠢蠢欲动的现象;而2007年更为严峻,出现了高房价、高股价、高物价("三高")情形。由此,中国人民银行的货币政策突然转向从紧的方向,采取了一系列的货币紧缩政策,如五次上调存贷款基准利率,九次上调存款准备金率,加大央票的发行力度和频率等等。虽然取得了一定程度的紧缩效果,但是效果不甚明显。到2007年年底,伴随着美国金融危机的爆发,我国面临的国内外经济形势更加错综复杂。为防止经济增长由偏快转为过热,防止价格由结构性上涨演变为明显的通货膨胀,货币政策的基调由"稳健"逐渐转为"从紧",存款准备金率出现多达十次的连续上调。结果,上证综指巨幅下降,沿海企业大面积倒闭。

(5) 鉴于之前连续的紧缩政策带来的后果令经济难以承受,2008年年底,货币政策的导向突然又由"从紧"变为"适度宽松"。2010年至今,中国人民银行在调控经济时则变为适时地采取扩张或紧缩的货币政策,但都是比较常规性的调整,一直到现在我国的宏观经济运行较为顺畅,各个经济指标基本保持平稳。

材料2：

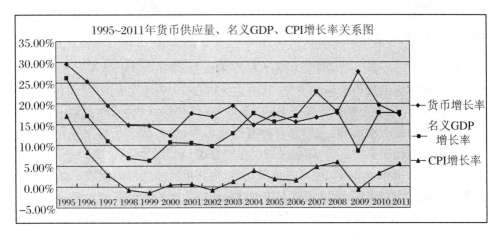

图 12.1

结合上述材料回答：
1. 简述各经济学流派关于货币中性及非中性的争议。
2. 对于上述时期的中国经济而言，货币是中性还是非中性？
3. 货币是否中性对货币政策的制定有何重要意义？

第二部分 参考答案

一、名词解释

1. 货币主义：又称为货币学派，是20世纪50年代后期在美国出现的一个学派，代表人物是弗里德曼。货币学派认为货币在产量、就业和价格变化中扮演最主要的角色，货币供给量的变动是货币推动力的度量标准，货币当局主管货币发行量，因此经济周期都可以运用货币发行量来调节。货币主义的基本理论是新货币数量论和自然率假说。

2. 货币数量论：货币数量论是关于货币数量与一般价格水平之间关系的理论。它的基本论点是：商品的价格水平和货币的价值是由货币数量决定的。假定其他条件（商品数量、货币流通速度等）不变，则商品的价格水平与货币数量正相关，货币价值与货币数量负相关，即流通中的货币越多，商品价格水平越高，货币价值越小，反之则反是。

3. 费雪交易方程：美国经济学家欧文·费雪在1911年出版的《货币的购买

力》一书中,提出了关于货币数量论的交易方程式:$MV = PT$。假定货币流通速度或货币周转率(V)与实际交易量(T)不变,社会一般价格水平(P)就唯一地取决于货币数量,与货币数量正相关:$P = \dfrac{MV}{T}$。

4. 剑桥方程:英国剑桥学派创始人马歇尔认为,货币与物价水平的关系取决于人们手中掌握的货币余额。据此,其学生庇古在1917年发表的《货币的价值》一书中提出了"现金余额说",即著名的"剑桥方程":$M = kY = kPy$。其中,M代表人们对货币的需求量,即人们愿意持有的货币数量;P代表价格水平;Y代表以货币计量的国民生产总值,即名义国民生产总值;y为实际国民生产总值;k表示货币需求总量和名义国民生产总值的比例,为货币流通速度的倒数。由于庇古所关心的是货币需求量,所以剑桥方程也就是剑桥学派的货币需求方程。该方程表明,人们对货币的需求量取决于货币流通速度和名义国民生产总值,它与Y成正比,与货币流通速度$\dfrac{1}{k}$成反比。

5. 拉弗曲线:是反映税收与税率之间关系的曲线,由供给学派主要代表之一的拉弗提出,他认为,在增加生产的各种刺激中,最主要的是税收,税收的多少与税率之间存在着一种函数关系,它可以用直角坐标曲线表示。拉弗曲线存在的意义就是说明税率存在一个最佳点,高于和低于这个最佳点都会减少税收。

6. 萨伊定律:法国经济学家萨伊在1803年出版的《政治经济学概论》中提出的"生产给产品创造需求"的观点,被后人称为萨伊定律。萨伊定律有强弱两种版本。弱版本的萨伊定律仅仅强调总产出与总需求相等,即不论产出是多少,总产出总能找到销路。但它不保证与总需求相等的总产出一定就是充分就业产出。强版本的萨伊定律认为,总产出不仅与总需求相等,而且与总需求相等的总产出一定就是充分就业产出。一般我们总是在强版本的意义上来使用萨伊定律的。

7. 适应性预期:是指经济主体根据他们以前的预期的误差程度来修正每一时期的预期。人们进行适应性预期时,事先没有掌握足够的信息,没有经过严密的思考和仔细的判断,只能随着客观情况的变化来调整自己的预期,以适应已变化了的经济形势,合理预期概念出现前,资产阶级经济学中的预期概念就是适应性预期。

8. 理性预期:又称合理预期,是指人们的预期符合实际将发生的事实。它是新古典经济学的重要基础假设,也是他们攻击凯恩斯主义的重要武器。理性预期是由约翰·穆思在1961年首先提出的,这一假设包含三个条件,分别是:① 经济主体是理性的;② 经济主体做出决策之前,会收集到一切有关的信息;③ 经济主

第十二章 西方经济学主要流派

体在预期时不会犯系统性错误。也就是说,由于正确的预期能使经济主体得到最大的利益,所以经济主体能随时随地根据它所得到的信息来修正它的预期值的错误,从而从整体上看,变量未来预期值与实际值是一致的。

9. 市场出清:即假定商品价格和工资可以适应市场供求状况,及时迅速地通过价格的调整(即不存在工资和物价的刚性)一直到每种产品和每种生产要素市场上出现一种价格,与该价格相应的供给量和需求量恰好相等为止,这种价格就是均衡价格。

10. 卢卡斯批评:卢卡斯批评认为,面对政策的变化,大规模的宏观经济计量模型中的参数不会保持不变。因为经济主体会对经济环境或经济政策的变化做出反应,调整他们的行为。由于政策制定者预期不到新的和不同的经济政策对模型中的参数的影响,因此,既定的凯恩斯主义宏观非均衡模型就不能正确地预测新的政策实施的后果,或者说政府的任何政策,不论是货币的还是财政的,都不会产生任何有益于社会的效果。卢卡斯批评本质上是对凯恩斯主义者企图用相机抉择的宏观经济政策来调节市场经济的批判或否定。

11. 真实经济周期:真实经济周期是指由技术水平对生产函数或供给的随机冲击引起的充分就业收入或自然率本身的波动。如果技术变迁引起的对生产函数的冲击是经常性的并且是随机的,那么随机游走之后的产量轨迹将表现出类似经济周期的特征。然而在这种情况下,观察到的收入波动是收入的自然率(趋势)的波动,而不是对充分就业收入变动趋势的偏离。即表面上像是围绕充分就业收入变动趋势的产量波动,事实上是由一系列持久的技术冲击引起的充分就业收入趋势自身的波动,每一次持久的技术或生产率冲击决定一个新的经济增长轨迹。因此,经济增长与经济周期是紧密结合在一起的。将经济增长理论与经济波动分析隔离的传统做法是不合逻辑的。通过消除充分就业收入变动趋势和周期之间的区别,真实经济周期理论家已经开始整合经济增长理论和经济波动理论。

12. 货币非中性:与货币中性相对,是关于货币在经济中的作用问题的理论,指名义货币供给量的变动能够引起相对价格和利率的变动,从而引起消费或投资方式的变化,进而改变经济中的实际变量,这是因为从短期来看,价格不可能立即随货币数量的变动而同比例的变动。相反,各类价格以不同的比率对某种货币做出不同的反应,进而影响相对价格体系的变化,并对就业和产出产生影响。

13. 非市场出清:非市场出清的基本含义是指在出现需求冲击或供给冲击后,工资和价格不能迅速调整到使市场出清的状态。缓慢的工资和价格调整使经济回到实际产量等于正常产量的状态需要一个很长的过程,在这一过程中,经济处于持续的非均衡状态。这一假设来自原凯恩斯主义,它使新凯恩斯主义和原凯恩斯主义具有相同的基础。但原凯恩斯主义的非市场出清模型假定名义工资刚性,新凯恩斯主义的非市场出清模型则假定工资和价格粘性,或者缓慢调整。

14. 芝加哥学派:在美国芝加哥大学发展起来的支持经济自由主义的现代经济学理论。芝加哥学派在理论上有两个传统,一是重视货币理论的研究,二是坚持经济自由主义的思想,反对政府的直接干预。他们始终认为货币是经济活动中的主要角色,货币流通速度的波动是物价水平波动的最主要的原因。政府的作用只是创造一个良好的经济环境了。

15. 新制度学派:它是制度经济学发展的第三个阶段,它强调运用结构分析和制度分析来解释经济现实及发展趋势,形成于20世纪50年代。在理论观点上,否定均衡论、和谐论,认为社会不能和谐发展关键是制度结构的不合理。加尔布雷思和缪尔达尔分别用著名的二元结构体系和循环累积因果原理来解释。新制度学派据此提出了运用国家力量进行社会结构改革的政策主张,即通过改革资本主义的不完善的制度结构来达到社会各阶层权力和收入分配均等化的政策目标。新制度学派还宣扬技术决定论,认为科技的不断进步和发展不仅会使权力从资本家的手中转移到技术专家手中,而且最终使社会趋同。

16. 产权学派:兴起于20世纪50年代,兴盛在90年代,主要代表人物有罗纳德·科斯、阿尔钦、张五常、德姆塞茨等,主要内容有科斯定理、产权理论、制度选择与交易成本、制度变迁理论。产权学派主要研究如何通过界定、变更和确定产权结构来协调利益冲突,降低交易成本,提高经济绩效,实现资源最优配置;并探讨不同产权结构对资源配置的影响。

二、单项选择题

1. B 2. B 3. D 4. A 5. D 6. C 7. D 8. B 9. A 10. B 11. D 12. C 13. C

三、判断题

1. 正确。【提示】古典货币数量论认为,货币数量决定商品的价格。货币数量多了,商品价格就上升;货币数量少了,商品价格下降。在这种货币数量理论里,货币只具有媒介交易的职能。

2. 错误。【提示】弗里德曼把总财富分为非人力财富和人力财富两部分,非人力财富和人力财富的形式可以互相转换,但由于受到制度上的限制,这种转换有一定的困难,主要是人力财富转为非人力财富比较困难。比如,在萧条时期存在大量失业量的时候,工人的人力财富就不容易转变为货币收入,而在转变为收入之前,人们又需要有货币来维持生存。因此,非人力财富在总财富中所占比例对货币需求量就会产生影响。当人力财富在总财富中所占比例愈大,或非人力财

第十二章 西方经济学主要流派

富在总财富中所占比例愈小,则对货币的需求也愈大;反之亦然。

3. 正确。【提示】弗里德曼认为,相继抉择的货币政策因其时间滞后性质,不仅不能解决经济波动问题,反而会加剧经济波动的幅度,使经济运行更加不稳定。

4. 错误。【提示】供给学派的理论渊源是萨伊定律:供给自动创造需求。该学派强调增加供给或生产,提高生产率,并主张用以减税为基本政策的"供给管理"取代凯恩斯主义的以补偿性财政政策为主的"需求管理"。

5. 正确。【提示】供给学派认为,滞胀完全是需求管理政策造成的后果:政府增加支出并不能直接增加总需求和总产量,片面刺激需求反而会对经济造成的伤害——储蓄减少使利率上升,从而投资下降,最终导致经济增长迟滞。

6. 正确。【提示】此即新古典宏观经济学的"政策无效"主张。同时认为,经济如果不反复遭受政府的冲击,就会基本上是稳定的。

7. 错误。【提示】真实经济周期理论认为,经济周期本质上是充分就业收入本身的波动。

8. 正确。【提示】① 制定价格的不完全竞争厂商不愿意降价。② 工资粘性使得成本不发生变化或者变化幅度不大,故厂商改变价格的动机不强。③ 菜单成本的存在,使得厂商不愿意经常改变价格。④ 一部分商品的价格由于受到合同的限制,不能任意改变;而即使没有合同限制,厂商单独大幅度改变价格也可能招致不利后果,因而在改变价格时往往采取试探性步骤,即仅仅对价格作出微小的变动。

9. 错误。【提示】新凯恩斯主义认为货币工资的调整是缓慢的、滞后的、小幅度的,即具有粘性表现,而非逆周期性。

10. 正确。【提示】事实上,新凯恩斯主义在模型中虽然增加了经济当事人的最大化原则假设和理性预期假设,但"非市场出清"假设才是新凯恩斯主义最重要的假设。按照新古典宏观经济学的说法,任何被预期到的货币冲击的结果是,名义工资和价格立即跳至其新的均衡值,因此产量和就业保持不变,从而系统性的货币政策是无效的。但新凯恩斯主义认为,价格是具有粘性的,即在总需求冲击之后,名义价格不能迅速调整至新的市场出清水平,从而可能使收入在一段比较长的时间内低于充分就业收入,因而政府采取一定的经济干预是必要的。因而,新凯恩斯主义与新古典宏观经济学在理论基础上的主要区别不在于私人经济部门是否拥有理性预期,而在于工资与价格是否存在粘性。

四、简答题

1. 答:货币主义的货币政策是所谓单一货币政策,是货币主义的政策核心。

具体来说包括如下几点：① 凯恩斯主义的财政政策是无效的。尤其是在没有相应的货币政策的配合下，而且由于政府支出可能对私人投资产生"挤出效应"更降低了整个经济的增长能力。② 反对逆经济风向而动，即斟酌使用的货币政策。由于经济政策的时滞效应不仅起不到熨平经济周期的作用，反而会造成加剧经济波动的后果。③ 为了有效控制货币总量，应该取消贴现率和法定准备率制度，只保留公开市场业务，但必须规定一个固定的货币年增长率来作为业务活动的约束条件。按平均国民收入的增长率来规定一个长期不变的货币增长率，并公之于众是货币政策的唯一最佳选择。④ 实行负所得税和降低失业率的政策，有利于提高低收入者工作的积极性。⑤ 提倡浮动汇率制，反对固定汇率制，认为后者会加剧世界性的通货膨胀，有损失货币增值国家的利益，可能会引起国际金融动荡。

2. 答：供给学派的理论特点是强调供给效应，反对凯恩斯需求管理政策。其主要理论观点是：① 否定凯恩斯有效需求理论，主张恢复萨伊定律；② 反对高额的边际税率，力主减税、增加供给；③ 主张减少政府干预，减少政府财政支出，加强市场调节；④ 认为应在刺激供给的同时实行限制性货币政策。

从供给学派对经济政策的供给效应和供给学派经济理论的基本命题中，可以直接看出供给学派经济学的政策主张：

（1）减税。滞涨的原因在于凯恩斯主义经济政策所引起的不利的供给效应。减税既可以提高人们工作的积极性，增加劳动供给，又可以提高储蓄和投资的积极性，增加资本存量。这样，既可降低失业率，又可以增加产量，从而降低供给小于需求造成的通货膨胀。

（2）在减税的同时，削减社会福利支出。因为供给学派认为社会福利制度一方面增加政府支出从而增加了税收，产生了不利的供给效应；另一方面助长了穷人依赖政府的思想。

（3）紧缩性政策反通货膨胀也会产生不利的供给效应，结果反而引起价格水平上涨。反通货膨胀的需求管理是提高税率和减少货币供给，提高税率会减少劳动供给和资本形成，减少货币供给会提高利率，从而减少投资，这些都会减少产量，导致总供给曲线向左移动使价格水平提高。与此相反，减税和适当增加货币供给会抑制通货膨胀。

（4）稳定币值，恢复金本位制。

（5）减少政府的规制，让企业更好的按市场经济原则行动。

3. 答：（1）货币需求函数是一个稳定的函数。这是弗里德曼在给出货币需求函数后得出的一个关键性结论。也就是说，人们平均经常自愿在身边储存的货币数量与决定它的为数不多的几个自变量（如人们的财富或收入、债券、股票等的预期收益率和预期的通货膨胀率等)之间,存在着一种稳定的且可以借助统计方法加以估算的函数关系。其中,恒久性收入在长期中是稳定增长的,因此对货币的需求也是稳定增长的。因此,凯恩斯主义企图通过变动货币供应量来影响货币需求,进而影响产量和就业量的理论不仅值得怀疑,而且还会破坏经济体系的稳定性。要保持经济的稳定,就应使货币供应量与货币需求一致。

(2) 货币供给量对货币国民收入具有决定性的影响。弗里德曼认为,货币数量的变化在一定时期内不仅影响物价水平的变动,而且也影响产量的变动。他认为,货币供给的变动在一开始并不影响全社会的收入,而是只对现有资产的价格产生影响。由于货币需求具有内在的稳定性,并且其需求函数中不包括任何货币供给的因素,因而货币供给的变化不会直接引起货币需求的变化。所以,当货币供给增加而实际货币需求并不增加时,人们会发现手中持有的货币超过了他们愿意持有的数量,这会导致支出的增加。人们用多余的货币购买金融资产或非金融资产或进行人力资本投资,从而使这些资产的价格上升,从而刺激消费和投资,导致产量和全社会收入的增加。但这样,物价也就必然随之上涨。因此,在短期内,货币数量的变化是决定名义收入和实际收入的主要因素,以至成为经济变动的主要原因;而在长期内,货币数量的变动只决定物价水平。弗里德曼得出这样的结论,旨在说明:货币供给量是决定社会经济活动的最重要因素,因而是调节经济运行的最适宜的政策工具。

(3) 货币供应量过快增长是通货膨胀的主要原因。弗里德曼认为,货币供应量的快速增长主要原因有三个:① 政府开支的迅速增长;② 政府推行充分就业政策;③ 中央银行实行错误的货币政策。政府受到各方面的压力,不得不增加名目繁多的开支。如果政府开支是靠税收或靠向公众借债以取得资金,则政府开支的增加并不会引起通货量的较快增长,因为在这样的情况下,政府支出的增加是出私人消费和投资支出的减少来抵补。但弗里德曼认为,税收和向公众借债以抵补政府增加的支出,在政治上是不得人心的,因此,政府增加开支主要就是靠发行通货或建立银行存款以取得资金。而这势必导致货币增长率超过产量增长率而发生通货膨胀。因此,弗里德曼认为通胀的根本原因是货币供应增长超过了产量增长,货币不能被货币需求(收入或产量)吸收所致。

(4) 长期内,失业和通货膨胀之间没有互相替代的关系。弗里德曼认为,在短期内,菲利普斯曲线所表明的通货膨胀和失业率之间的替代关系是存在的,而在长期内,这种替代关系是不存在的。在引入了通货膨胀预期和自然失业率概念后,弗里德曼认为,最初旨在消除自然失业率的货币政策会降低一点失业率,但也会造成通胀。当人们预期到这种政策后果,并采取防范性措施时;失业会回到自然率水平,但通胀已经产生。也就是说,菲利普斯曲线在长期中将演变为一条直线。而只有在发生了未预期到的名义总需求的扩张和未预期到的通货膨胀时,经济中的实际失业率才会暂时低于自然失业率,才产生菲利普斯曲线所描绘的通货膨胀和失业之间的替代关系。弗里德曼旨在表明:由于在长期失业与通货膨胀之间不存在替代关系,那么当凯恩斯主义实施以充分就业为目标的扩张性政策时,就不仅无法消除失业,而且只能使货币供给增加,引发通货膨胀,出现"滞胀"现象。

4. 答:新古典宏观经济学的政策无效性命题建立在理性预期、价格和工资的灵活性引起的市场连续出清以及自然率等三大假说基础之上。自然就业量的变动(即大于或小于自然率水平)取决于实际和预期的通货膨胀率之间的差额,那么旨在改变就业量的宏观经济政策不论是财政政策还是货币政策都必须通过影响这两个通货膨胀率之间差额才能发生作用,而影响该差额的目的又在于给经济主体造成幻觉,使他们形成错误的看法。因此要使宏观经济政策有效,必须使其具有"欺骗"性质。然而,"你在一段时期内可以欺骗所有的人,或在长期中欺骗一部分人,但决不能在长期中欺骗所有的人。"也就是说,按照理性预期假说,人们不会在长期中系统地和持续地犯认识上的错误,所以宏观政策无效。例如,央行实施公开宣布的货币扩张政策,一定会被理性的私人部门预期到,并做出相应的反应,导致一般价格水平和工资及时而又完全的调整,使得市场依然保持出清状态,从而就业量依然是充分就业量,不受货币冲击的影响,货币政策无效。如果央行实施未公开宣布的货币扩张政策,厂商和工人可能产生错误的预期,并做出错误的反应,分别增加产量和劳动供给。然而,一旦当事人意识到相对价格并没有变化,产量和就业就又回到长期均衡(自然)水平。

5. 答:新凯恩斯主义和原凯恩斯主义都坚持非市场出清的假设,但两者的非市场出清理论模型存在着较大的差别。第一,正统凯恩斯主义的非市场出清模型假定工资和价格是固定的,不能及时调整。受总需求冲击以后,市场常常在比较长的时间内不能出清。新凯恩斯主义认为,工资和价格具有粘性。在受到源于各种因素的冲击以后,工资和价格能够调整,但是调整的速度十分缓慢,需要耗费相当时日才能让市场重新出清。第二,正统凯恩斯主义对工资和价格刚性的假定是相当武断地做出的,没有进行必要的解释。而新凯恩斯主义则不同,它在模型中增加了经济当事人的最大化原则假设和理性预期假设,使其突破了正统凯恩斯主义的理论框架。这也表明,新凯恩斯主义想解决正统凯恩斯主义经济学和传统微观经济学之间的矛盾,试图在微观经济学基础上重建宏观经济学。

6. 答:现代产权理论是现代西方经济学中的新制度经济学的理论基础。它产生和发展的基础主要是美国经济学者科斯的所谓科斯定理。产权理论涉及的内容较多但又缺乏规范的体系,概括地说,它论及的基本范畴主要包括以下几个方面:① 关于财产权或产权。产权理论主要讨论私有产权。他们强调,产权是一组权利,包括占有、使用、改变、馈赠、转让和不受侵犯的权利。② 关于产权明晰化。产权明晰化有两种意义。一般意义上的解释是:对产权的归属要作明确的定义、界定或规定,即产权归属要清楚。产权界定或定义明确就叫产权清晰,否则就叫做产权不清晰。特殊意义上的解释是:产权明晰化是指私有财产的明晰化。只有当私有产权变成无条件的绝对的权利时,才能叫做产权完全明晰化,即要彻底私有,这是值得注意的。③ 交易成本。西方产权理论借助的另一个概念是交易成本。科斯在他1937年发表的文章中第一次用到交易成本的概念。交易成本有狭义和广义之分。狭义交易成本是指一次交易所花费的时间和精力;广义交易成本指协商谈判和履行协议所需要的各种资源。在经过上述概念的界定之后,作为现代产权理论核心的科斯定理可以描述为:只要产权明晰,只要交易成本为零,不管财产权开始时如何分配,有关当事人都可以通过谈判和协商来消除有害的外部影响,实现资源的有效配置。科斯定理的实质是市场机制可以矫正市场失灵。据此,现代产权理论认为:有害的外在性具有相互性,不是单方面的;外在性不需要政府干预,可以通过私人谈判、协商来解决。解决之后同样可以达到资源的最优配置。

7. 答:新古典综合派是西方宏观经济学的正统,自第二次世界大战后兴盛达20余年,在20世纪60年代中期以后它开始衰落。从经济理论方面来看,导致新古典综合派衰落的原因至少有以下三方面:① 不能解释滞胀问题。20世纪70年代中期以来,西方主要资本主义国家在通货膨胀率居高不下的同时,失业率上升,即出现滞胀现象。从新古典综合派对宏观经济波动的解释的三条曲线图形来看,滞胀现象与新古典综合派的理论发生了明显的冲突。按照新古典综合派所信奉的菲利普斯曲线,只有当总需求大于总供给时,通货膨胀率的数值才会为正,即存在着通货膨胀。在总供给大于总需求时,通货膨胀率的数值只能是负值,即价格下降,从而不可能存在着通货膨胀。因此,根据菲利普斯曲线,失业和通货膨胀不可能同时并存。这显然违背滞胀的事实。② 新古典综合派不但不能在理论上说明滞胀现象,而且对解决这一困难也束手无策。根据新古典综合派的理论,如果存在过度繁荣,从而通货膨胀加剧,那么政府应该采取紧缩性的财政政策和货币政策,减少总需求。然而,同样依据它的理论,紧缩性政策所造成总需求降低的直接结果是减少就业,从而失业率增加。同样,为了降低失业率,政府应该增加总需求。但总需求的增加将导致通货膨胀的加剧。这意味着,治理失业和通货膨胀的政策选择处于两难的境地;消除"滞"的政策将导致"胀"的加剧,而降低"胀"会使得"滞"更加严重。由此可见,滞胀问题将是新古典综合派难以克服的困难。③ 导致新古典综合派失败的另一个原因是劳动生产率问题。第二次世界大战后,美国、英国、加拿大等国普遍存在劳动生产率增长缓慢的问题,对于这一经济现象,需要在理论上加以说明,并提出相应的对策。然而,在新古典综合派的理论中,影响劳动生产率的因素经常被看成经济系统的外生变量而被假定为已知。所以,有关劳动生产率的论述很少,更谈不上对此提出相应的政策措施。

8. 答:伦敦学派是20世纪20～30年代开始形成的以英国伦敦经济学院为中心的一个重要流派,是新自由主义四大中心之一(新自由主义的四大中心是维也纳大学、伦敦大学、德国弗莱堡大学、芝加哥大学)。其奠基人是爱德温·坎南,主要代表人物有莱昂那尔·罗宾斯、西奥多·格雷高里、尼古拉斯·卡尔多等。伦敦学派的发展大致可分为两个阶段:

第一阶段为伦敦学派的形成时期,以坎南和罗宾斯为代表。主要理论观点有:① 坎南从货币数量论出发,认为进行通货膨胀管理往往难以奏效,主张恢复金本位制,控制货币数量保证物价稳定。② 罗宾斯在微观经济理论方面开创了对劳动供给的微观分析,提出了收入价格和收入需求弹性的概念,认为劳动时间的供给取决于收入需求弹性。在宏观经济学方面,罗宾斯支持奥地利学派的经济周期理论,认为经济周期的原因在于储蓄不足或消费过度。在政策主张上,罗宾斯认为货币政策是处理通货膨胀问题的可行且有效的办法,反对以充分就业为目标制定计划。

第二阶段为哈耶克的新自由主义时期。其基本观点有:① 市场机制理论。哈耶克提出了理想社会的理论,展开了同社会主义的大论战,主张彻底的经济自由,否定社会主义计划经济。他分别用信息分散和消费者主权论解释了市场机制的优越性,批判了传统的完全竞争理论。② 货币非国家化学说。他主张取消国家对货币发行的垄断权,用私营银行的竞争性货币作为国家货币的替代物。③ 机会平等学说。他认为如果不讲机会平等而讲收入平等并企图用牺牲效率来换取平等,将得不偿失。④ 通向奴役的道路论。他把统制经济、计划经济和公有制看成是通向奴役的道路,是自由主义的最大障碍。哈耶克的新自由主义有三大特征:第一,表现为极端的经济自由主义,反对任何形式的国家干预;第二,具有浓厚的伦理学色彩,从更广阔的范围和更基本的意义上研究自由主义;第三,纯理论性和纯学术性,反对将经济理论数学化,也不直接提出政策主张。

五、论述题

1. 答:威克塞尔对西方经济学的贡献主要是在货币利息理论方面。他的货币理论的突出成就,即他全部理论的突出成就,表现在初步将货币理论与价值理论或纯经济理论结合起来进行分析。在这个过程中,他运用了一些新的分析工具,提出了一些新的、富于启发性的经济观点:

(1) 他放弃从狭义的货币(硬币与银行券)数量开始分析的传统方式,第一次从银行的信用货币开始分析。同时由于信用货币的伸缩性较大,于是放弃了传统的货币流通速度不变的假定,把银行信用即他所谓制度对流通速度的影响也考虑在内;在流通速度的分析上更为细致。此外,还引进了现金余额概念,以代替过去只考虑国家和银行所发行的货币数量的传统,这些都使他的货币理论具有崭新的视角。

(2) 既然重视银行有组织的信用和货币在经济上的重要性,必然联系到银行的储蓄与投资的职能,这才导致他的货币理论跨入一个新的领域,成为他最突出的理论贡献。银行运用其储蓄作为资本而投放,从而发挥了资本转移的作用。资本的来源得之于社会各成员在满足购买商品的需求以后的储蓄。资本的运用除为社会各成员提供收入外,同时为社会提供了商品的供给。不论是储蓄或资本,事实上都是以货币形式来实现,这就将生产与消费或商品的供给与需求同货币的总供给与总需求沟通起来。而且货币市场与以货币表现的资本市场通常是同一个市场,于是利率在这里就起着它的决定性作用。关于商品的总供给与总需求的均衡背离的问题,不是威克塞尔研究的重点,而利率对货币均衡的作用才是他研究的主题。他认为货币达到均衡要有三个条件:① 货币利率必须等于真实资本的边际技术生产率;② 利率必须能使储蓄的供给与需求相等;③ 利率能保证一个稳定的价格水平主要是消费品价格水平。显然,如果能实现这三个条件,则商品市场与货币市场必然同时达到均衡,即实物分析与货币分析相结合,其中特别是第二个条件储蓄的需求与供给相等。用现代术语来说,即储蓄等于投资。

(3) 在他的货币分析中还提出了一个中性货币的概念,时常为近代西方经济学家提及。其含义是指:在实量分析中或静态分析中必须去掉货币的扰乱作用。故此时如有必要以货币单位表示时,则此时的货币被假定为只具有交换手段的职能,故称为中性货币,一旦引进货币对经济的作用时,则货币就成为非中性的。所以,这绝不是一个独立存在的经济范畴。

2. 答:(1) 现代经济自由主义的产生和发展。现代经济自由主义是在国家直接干预经济的政策不仅无法继续稳定资本主义经济,反而导致一系列新的严重的问题的条件下产生和发展起来的。1929~1933 年资本主义国家爆发的经济大危机表明原有的经济自由主义理论已经失效,一些经济自由主义者对自由主义思想进行修改,这样就产生了现代经济自由主义。第二次世界大战之后,凯恩斯主义的国家干预理论的弊病日益显现,在这种情况下,现代经济自由主义思潮的影响日益扩大。现代经济自由主义主要包括哈耶克新自由主义和弗莱堡学派自由主义。

(2) 哈耶克新自由主义和弗莱堡学派自由主义的主要理论。哈耶克自由主义的主要理论包括以下几个方面:① 强调消费者主权,抨击凯恩斯主义关于国家干预经济的理论和政策,为市场自由竞争恢复名誉。② 根据滞胀的现实,建立一套比较独特的失业与通货膨胀理论,从货币因素开始,强调货币发行的垄断权,认为政府对货币发行权的垄断是经济不稳定的根源;失业和通货膨胀都是由此引起的。③ 为了对付失业和通货膨胀,哈耶克提出了对现行资本主义货币制度进行根本性变革的理论和政策主张。建议取消政府发行货币的垄断权,废除国家货币制度,改用私营银行发行的竞争性货币。④ 崇尚个人自由,反对计划经济;认为私有制是"理想社会"的最好制度,而实行法治是"理想社会"的重要保证。⑤ 认为国际垄断一旦取代了自由竞争,就会引起国际冲突,因此应组成经济自由主义,超国家机构,实行世界一体化。弗莱堡学派新自由主义理论主要有社会市场经济理论等,其具体内容包括:① 理念模型是发现有益经济秩序的前提。② 第三条道路是最理想的经济模型。认为资本主义模式和社会主义模式都不可取,只有非资本主义、非社会主义的第三条道路才是经济人道主义的道路。③ 自由竞争是保证繁荣的有效手段。弗莱堡学派认为,有效的自由竞争制度是所有经济制度中最经济、最民主的制度,可以极大地激发人们的积极性。④ 私有制是建立竞争秩序的先决条件,反对生产资料公有制,反对社会主义。⑤ 国家的有限干预是保障自由竞争的根本手段,弗莱堡学派肯定积极的有限度的间接有效的国家干预,因此他们在自己的市场经济理论上冠以社会二字。

(3) 哈耶克新自由主义和弗莱堡学派自由主义的异同。二者的共性:① 以萨伊定律(供给创造对自身的需求)为理论基础,认为通过市场供求关系的自动调节作用,能够实现充分就业的均衡,使资源得到充分利用。② 反对凯恩斯主义的政府干预政策,主张把政府干预降到最低限度。③ 坚决反对凯恩斯的赤字财政政策,主张坚持传统的健全财政原则。④ 主张物价稳定,反对通货膨胀。现代经济自由主义反对国家直接干预企业的生产经营活动,反对规定价格政策,主张实行量入为出、开支力求节省、税收力求降低、收支平衡的财政政策。二者的差别:弗莱堡学派宣扬社会市场经济理论,力求采取以市场经济为主、国家调节为辅的方式来保证经济的"和谐"增长;哈耶克的新自由主义学说则强调彻底的经济自由主义,反对任何形式的国家调节,要求给私人经济以最充分的自由。

(4) 现代经济自由主义理论的启发作用。首先,关于消费者"主权"原则的论述,在一定程度上,反映了商品经济条件下共同存在的某些带有规律性的东西。这对我们发展社会主义市场经济有参考意义。其次,他们关于提倡竞争,反对垄断的论述以及关于有限度的间接有效的国家干预,是保障自由竞争根本手段等论述对我们亦有帮助。最后,他们对计划经济体制弊端的评述,如计划过于僵硬而造成资源浪费、权力滥用和机会平等的丧失等,应当说是切合实际的。但是他们混淆社会发展的各个历史阶段以及不同的范畴,把社会主义、法西斯主义和资产阶级政府对经济的干预三者混为一谈,或抽去生产关系这一根本标准,而以生产过程的管理形式来划分社会经济形态是不科学的。在哈耶克和弗莱堡学派之后,公共选择学派、货币学派、供给学派、理性预期学派等分别从不同的角度对凯恩斯的国家干预主义进行抨击,加入了现代经济自由主义的联盟。

3. 答:供给学派是一个偏重于政策分析的经济学流派,它常常是先提出政策主张,然后逐步提出一些理论来解释和论证这些政策主张。供给学派不是一个成熟的经济学流派,缺乏严密的体系,而且内部存在比较大的分歧。大体上可以将供给学派分成"正统的供给学派"或激进的供给学派和"中间的供给学派"或温和的供给学派两支。激进供给学派的经济政策主张主要有:

(1) 大幅度地和持续地削减个人所得税和企业税,以刺激人们的工作积极性,并增强储蓄和投资的引诱力。

(2) 采取相对紧缩的货币政策,使货币供给量的增长和长期的经济增长潜力相适应,从而恢复某种形式的金本位制。

(3) 减少国家对经济生活的干预,特别是要改变国家干预的方向和内容,主张更多地通过减税实行"供给管理",更多地依靠市场的力量自动调节经济。

(4) 缩小政府开支,大规模缩减福利开支,提高私人投资的能力。

在上述政策主张中,减税是最主要的经济政策。因此,激进供给学派的主要经济理论集中在解释减税的必要性方面。供给学派认为,日益增加的税收和政府开支这根"楔子",严重挫伤了储蓄、投资与工作的积极性,导致供给不足,引起通货膨胀和经济停滞增长。为了刺激人们储蓄、投资与工作的积极性,促进经济增长,政府必须降低税率。因为减税具有增加劳动就业、鼓励资本供给、增强投资引诱力的积极效应。拉弗曲线形象地解释了这个观点。拉弗曲线表明,政府既可以通过降低税率来增加税收量,也可以通过提高税率来增加税收量。政府的主要任务就是找到一个最优的税率,在该税率下,税基和税收量都达到极大。

4. 答:新凯恩斯主义对真实工资刚性的解释可以分为隐含合同理论、效率工资理论和局内人—局外人理论三种:

(1) 隐含合同理论。该理论认为,厂商是风险中性的,而工人是风险规避的。

由于工人希望在长期得到稳定的收入,厂商也试图保持职员对他的忠心,他们发现相互之间有必要达成一种默契:无论经济繁荣与否,厂商都给工人支付一种稳定的工资水平。不变的实际工资使单个工人的消费趋势平稳,而厂商又有能力提供此"保险",因为在经济波动中厂商比工人处于更好的境况(假设厂商能更好地出入资本市场和保险市场)。厂商与工人的这个协议可能被正式写入劳动合同,或者甚至在没有正式谈判的工资协议的情况下,它也可能会隐含地反映在企业制定工资的行为中。

(2) 效率工资理论。该理论认为,工资率与工人的生产率(或效率)有一定联系,更确切地讲,实际工资水平与工人的努力程度相互依存。为保持工人的劳动积极性,提高劳动生产率,厂商可能愿意支付高于市场出清水平的工资;如果企业削减工资,则要承受生产率下降的代价。当企业遭受冲击时,为了保持生产率,企业可能保持工资水平不变。现代效率工资理论一般都与选择或激励问题有关。效率工资理论可分为逆向选择模型、劳动力流失模型、偷懒模型和公平模型四种。

(3) 局内人—局外人理论。局内人指在职雇员,而局外人则是指那些失业工人。局内人拥有一定的决定工资和就业决策的权力。局内人的权力来源于职员变动成本,包括招募和辞退成本,如搜寻劳动市场的成本、广告和筛选成本、就工作条件谈判的成本、法定的解除就业支付和诉讼成本。其他重要成本与生产有关,来自培训新雇员的需要。除这些职员变动成本之外,还有一种新型的成本,即局内人对来自局外人阶层的新雇员的能力进行压制的激励。如果局内人感到其地位受到局外人的威胁,他们可能拒绝与新工人合作并培训他们,导致新工人工作生活极不愉快。通过提高工作的负效用,促使局外人的保留工资上升,最终使得企业较不愿意雇佣他们。另外,职员变动率较高的企业,既缺乏工作保障,又缺乏发展机会,工人们就缺乏甚至没有激励在其雇主心目中建立起声誉。低激励伤害了生产率,而这又成为高劳动力变动率的另一种成本。由于企业用失业的局外人替换现雇职工的代价很大,局内人就有一种力量可以用来抽取一份由职员变动成本所产生经济租金,即要求高工资。

5. 答:社会市场经济理论是弗莱堡学派经济学说的主要内容。按照他们的解释,社会市场经济不是放任不管的自由主义的市场经济,而是有意识地加以指导的,也就是社会指导的市场经济。具体说,弗莱堡学派的社会市场经济理论主要有以下五点内容:① 理念模型是发现有益经济秩序的前提。所谓理念模型,不是描绘具体经济的模型,也不表明经济组织或经济发展程度的实际模式,而是想像的模式、理想的形式,是真正的理想典型。弗莱堡学派认为,社会经济制度可概括为两种理念模型,即交换经济和中央管理经济。前者的整个经济过程由市场价格机制自动调节,后者则是通过中央机构统一制定计划,用计划和命令来调节经济。他们认为,这两种理念模型无论在何时都不会以单纯的形式存在,而是通过不同程度的组合形成各种具体的经济制度。② 第三条道路是最理想的经济模型。弗莱堡学派认为,不论是资本主义的自由市场经济,还是社会主义的集中计划经济,都不是人类社会理想的经济模型。人类社会最完善、最理想的经济模型,就是他们自己提出的社会市场经济。这是一条既非资本主义又非社会主义的、社会经济发展的第三条道路,由于这条道路既能克服自由市场经济的弊端,又能避免集中计划经济的缺陷,从而能够保证经济的高效发展、资源的合理配置、个性的充分发挥和人类生活的文明,所以它是经济人道主义的道路。③ 自由竞争是获得和保证繁荣的有效手段。他们认为自由竞争的经济制度是所有经济制度中最经济、最民主的制度。④ 私有制是建立竞争秩序的先决条件。弗莱堡学派认为,有效的竞争制度是"社会市场经济"最重要的前提,而私有制又是建立竞争秩序的先决条件。在他们看来,这种体制不同于自由放任的自由竞争,是实现全民繁荣和富裕的需要。公民的繁荣和富裕,是以经济发展作为前提保障的。而经济的发展在极大程度上取决于一个社会创业精神的有无与大小,取决于人们能否抓住一切发展机会努力奋进,能否冒一切风险对自己的命运负责。只有当所有人的精神、智慧和胆识都得到充分发挥时,社会经济才能蓬勃发展起来;而人的这种能量的释放,又完全依赖于人的独立、自由与竞争,才能使人们从经济发展中得到实惠。因此,他们认为自由竞争的经济制度是所有经济制度中最经济、最民主的制度。⑤ 国家的有限干预是保障自由竞争的根本手段。弗莱堡学派强调私有财产的神圣不可侵犯,但又认为私有制并不能保证自由竞争的完全实现。因为私有制可以同各种经济形式相联系,从而起完全不同的作用。他们认为,积极的、有限度的、间接有效的国家干预是保障自由竞争的根本手段。他们之所以在市场经济理论之前冠以社会一词并加以强调,是为了把他们的市场概念与古典经济学的自由放任的市场概念加以区别,也是为了表明他们所说的市场经济是有社会的职能的。

六、案例分析

【案例分析参考答案】

1.（1）古典学派关于货币作用的基本命题是"货币中性"和"古典两分法"。他们认为,货币对实际经济活动完全不起作用,货币供给只影响价格水平等名义变量,不影响实际产出和就业量等实际变量。

（2）凯恩斯主义的货币理论是一种货币非中性理论。在凯恩斯的理论中,货币不再是"面纱",它通过利率变动对经济产生实质性影响,强调可以通过财政和货币政策克服经济危机。凯恩斯的追随者们继承了他的货币理论传统,并在分析工具、货币需求、货币供给和货币传递机制方面进行了发展和完善。

(3) 货币主义学派认为,在短期内,货币数量的变化会通过真实余额效应影响就业与产出,以至成为经济变动的主要原因;而在长期内,实际货币需求是持久收入的函数相对稳定,货币供给增加只会导致超过需求的购买力,最终引起通货膨胀,故长期货币中性。

(4) 新古典宏观经济学派(理性预期学派)认为货币始终是中性的,实际经济变量始终不受货币数量的影响,那么由此所决定的失业率便始终处于自然失业率的位置。能预期到的货币供给的变化将只改变价格水平,而对实际产量和就业没有影响;只有未预期到的货币供给的变化才影响实际产量。其真实经济周期模型甚至放弃了以上思路,主张经济波动的根源不再是货币的意外波动这一总需求因素,而是来自影响总供给的实际变量的技术—生产率冲击。在此模型中,货币中性甚至超中性。

(5) 新凯恩斯主义虽然承认预期是合乎理性的,也承认预期对于总供给的决定也是重要的,但不承认新古典宏观经济学关于货币政策无效性和货币中性的结论。由于工资与价格的粘性,当经济出现需求拉动时,工资和价格的缓慢调整不能迅速调整到使市场出清,经济要恢复到正常的充分就业的均衡状态是一个缓慢而漫长的过程。但在长期内,货币是中性的。

2. 从上述材料可以看出,我国货币供应量的变动短期内对实物经济的增长有一定的作用,货币供应量的变化将对产出产生一定的影响,因此货币在短期是非中性的。但是从长期来看,货币供应量的变动不会对实物经济的增长产生系统性的影响,货币在长期是中性的,货币供应量的变动最终将导致物价同幅度的上涨。

3. 货币中性意味着实际经济变量始终不受货币数量的影响,试图通过货币供应量的扩张来实现经济增长和增加就业的货币政策就会大打折扣。货币主义因此而主张实行"单一规则"的货币政策,反对国家干预经济;理性预期学派甚至宣布"政策无效"。实证研究结果表明,货币供应量的变化在短期内对实际产出产生影响,在宏观经济处于不同运行状态下、周期的不同阶段上,采取相对应的货币政策仍然有重要作用。并且货币供应量的变动虽然在长期对经济增长没有作用,但是它仍然是影响物价水平的一个重要因素。然而货币长期中性也提醒我们,通过增加货币供应量来促进经济增长只能出现短期效应,不能使实质经济得到长期稳定的增长,实物经济长期增长的动力只能来源于技术进步、生产率的提高等实际经济因素。